NATIONAL GEOGRAPHIC TRAVELER

ÄGYPTEN

NATIONAL GEOGRAPHIC TRAVELER

ÄGYPTEN

Andrew Humphreys

EGYPT
EGYPT
EGYPT
ARZ

INHALT

Seiten 2–3: Die großen Pyramiden von Giseh
Links: Kräuter- und Teehändler in Luxor mit einer *sheesha*

RÜCKSICHTSVOLL REISEN

Umsichtige Urlauber brechen voller Neugierde auf und kehren reich an Erfahrungen nach Hause zurück. Wer dabei rücksichtsvoll reist, kann seinen Teil zum Schutz der Tierwelt, zur Bewahrung historischer Stätten und zur Bereicherung der Kultur vor Ort beitragen. Und er wird selbst reich beschenkt mit unvergesslichen Erlebnissen.

Möchten nicht auch Sie verantwortungsbewusst und rücksichtsvoll reisen? Dann sollten Sie folgende Hinweise beachten:

- Vergessen Sie nie, dass Ihre Anwesenheit einen Einfluss auf die Orte ausübt, die Sie besuchen.

- Verwenden Sie Ihre Zeit und Ihr Geld nur auf eine Weise, die dazu beiträgt, den ursprünglichen Charakter eines Ortes zu bewahren. (Auf diesem Weg lernen Sie ein Land auch sehr viel besser kennen.)

- Entwickeln Sie ein Gespür für die ganz besondere Natur und das kulturelle Erbe Ihres Urlaubslandes.

- Respektieren Sie die heimischen Bräuche und Traditionen.

- Zeigen Sie den Einheimischen ruhig, wie sehr Sie das, was den besonderen Reiz ihres Landes ausmacht, zu schätzen wissen: die Natur und die Landschaft, Musik, typische Gerichte, historische Dörfer oder Bauwerke.

- Scheuen Sie sich nicht, mit Ihrem Geldbeutel Einfluss zu nehmen: Unterstützen Sie möglichst solche Einrichtungen oder Personen, die sich um die Bewahrung des Typischen und Althergebrachten bemühen. Entscheiden Sie sich für Läden, Restaurants, Gaststätten oder Reiseanbieter, denen offensichtlich an der Bewahrung ihrer Heimat gelegen ist. Und meiden Sie Geschäfte, die den Charakter eines Ortes negativ beeinflussen.

- Wer auf diese Weise reist, hat mehr von seinem Urlaub, und er kann sicher sein, dass er seinen Teil zum Erhalt und zur Verbesserung eines Ortes oder einer Landschaft beigetragen hat.

Diese Art des Reisens gilt als zeitgemäße Form eines sanften, auf Nachhaltigkeit bedachten Tourismus; National Geographic verwendet dafür auch den Begriff des „Geo-Tourismus“. Gemeint ist damit ein Tourismus, der den Charakter eines Ortes – seine Umwelt, seine Kultur, seine natürliche Schönheit und das Wohlergehen seiner Bewohner – nicht aus den Augen verliert. Weitere Informationen zum Thema gibt es im National Geographic's Center for Sustainable Destinations unter *www.nationalgeographic.com/travel/sustainable.*

NATIONAL GEOGRAPHIC TRAVELER

ÄGYPTEN

ÜBER DIE AUTOREN

Andrew Humphreys wuchs in Nordengland auf und unternahm 1988 eine erste kurze Urlaubsreise nach Ägypten. Dort gefiel es ihm so gut, dass er sich entschloss zu bleiben. Seither teilt er sein Leben zwischen dem bunten Chaos von Kairo und dem grauen Himmel und den ordentlichen Terminvorgaben der Londoner Verlagswelt. Im Auftrag verschiedener Zeitungen und Verlage, darunter *National Geographic* und das *Wall Street Journal*, hat er im Laufe der Jahre alle Gegenden Ägyptens erkundet, ist auf dem Nassersee gesegelt, hat den Sonnenaufgang vom Berg Sinai aus betrachtet und im großen Sandmeer der Westlichen Küste unter den Sternen geschlafen. Die größte Faszination übt jedoch Kairo mit seinen Menschen und seiner Kultur auf ihn aus. 1997 wurde er Mitbegründer der englischsprachigen Zeitung *The Cairo Times,* um sich noch intensiver den Geschehnissen in der Um al-Dunya, der „Mutter der Welt", widmen zu können. Er ist außerdem Verfasser und Mitautor zahlreicher Reiseführer über Kairo, Ägypten sowie Syrien und den Nahen Osten.

Weitere Beiträge zu diesem Reiseführer stammen von **Dr. Joann Fletcher** (Kultur der Pharaonen), **Siona Jenkins** (Weiße Wüste, die Oasen Dakhla und Kharga, Katharinenkloster und Berg Sinai) und **Richard Hoath** (Vogelwelt Ägyptens).

Chip Rossetti, ein gebürtiger Bostoner, aktualisierte die Ausgabe von 2009 und schrieb neue Specials. Er arbeitete einige Jahre als Buchredakteur in New York und lernte dort abends noch Arabisch. Er reiste 2003 zum ersten Mal nach Ägypten und siedelte zwei Jahre später dorthin über, um als Redakteur für die American University in Cairo Press zu arbeiten. Hier arbeitete er mit arabischen Schriftstellern, Ägyptologen, Historikern und Nahost-Experten zusammen. Aus Harvard hat er einen B.A. in klassischer Philologie, momentan ist er als Student für Nahoststudien an der University of Pennsylvania eingeschrieben.

Die Reise planen

Das Land mit seinen unvergleichlichen antiken Denkmälern und Sehenswürdigkeiten, einer lebendigen, modernen Kultur und seiner schönen Natur wirkt fast schon wie eine Ansammlung mehrerer Urlaubsgebiete: Je nach Neigung kann man in die Zeit der Pharaonen oder in die atemberaubende Landschaft von Wüsten und Korallenriffen eintauchen oder die Reise als lebendige Einführung in die arabische Welt oder als eine Mischung aus all diesen Aspekten gestalten.

Obwohl manche Touristen auch mit Bussen oder Kreuzfahrschiffen anreisen, nutzt die Mehrzahl der Besucher den geschäftigen internationalen Flughafen von Kairo als Tor ins Land. Viele nutzen dann Kairo als Ausgangspunkt ihrer Unternehmungen: Hier sollte man sich die Sehenswürdigkeiten der Stadt ansehen, bevor man den Rest des Landes ansteuert. Mit Ägyptens regionaler Fluglinie EgyptAir gelangt man zu den wichtigsten Reisezielen im Inland. Züge sind auch nicht schlecht, aber nur in begrenzter Zahl vorhanden. Mit dem Schlafwagen von Kairo nach Luxor oder Assuan (oder umgekehrt) zu fahren, ist schon etwas Großartiges. Die bis zum letzten Platz gefüllten Überlandbusse sind eher etwas für Abenteuerlustige, obwohl man dort leicht mit Einheimischen ins Gespräch kommt. Für längere Ausflüge sollte man eher ein Auto mit Fahrer mieten. Die Reisebüros in Kairo (vielleicht auch Ihr Hotel) können verlässliche Ansprechpartner vermitteln.

Ägypten in einer Woche

Wer zum ersten Mal nach Ägypten kommt und nur eine Woche Zeit hat, sollte Kairo, Giseh, Luxor und Assuan besuchen. Hier ein Vorschlag, wie man das gut schaffen kann:

Am Morgen des **1. Tages** nehmen Sie ein Taxi (oder mieten ein Auto mit Fahrer) zu den **Pyramiden von Giseh** und der **Sphinx** – ein Muss für jeden Besucher. Wenn Sie früh genug losfahren, kommen Sie noch bis **Saqqara,** dem Ort der Stufenpyramide von Djoser und anderer Ausgrabung des Alten Reiches. Nach dem Mittagessen schlendern Sie durch die mittelalterlichen Straßen des **islamischen Kairo** und über den Khan al-Khalili, einen Basar, wo Sie den Tag mit einem Abendessen im Restaurant/Coffeeshop Naguib Mahfouz beschließen können (siehe S. 361).

Am **2. Tag** gehen Sie vormittags ins **Ägyptische Museum** am Tahrir Square.

Die Nachbildung eines Blatthornkäfers als Schmuckstück aus dem Schatz des Tutanchamun

Schauen Sie sich auf jeden Fall die Tutanchamun-Sammlung im oberen Geschoss sowie den Mumiensaal an. Am späten Vormittag ist das Museum bereits so voll, dass man besser frühmorgens kommt. Nach dem Mittagessen steuern Sie per Taxi oder U-Bahn (Station Mar Girgis) das **koptische Kairo** an. Neben den historischen koptischen Kirchen und der restaurierten Ben-Ezra-Synagoge können Sie zusätzlich noch das koptische Museum besuchen. Beenden Sie den Tag mit einem Dessert und Kaffee in Groppis Café (s. S. 82), einem berühmten Treffpunkt der 50er Jahre, und beobachten Sie das bunte Treiben auf dem Talaat Harb Square.

Den 3. Tag können Sie gut damit verbringen, die Zitadelle zu besuchen, wozu auch Palast und Moschee von Mehmed Ali, einige weitere historische Moscheen und großartige Aussichtspunkte gehören. Direkt unterhalb der Zitadelle liegt die Moschee Sultan Hasan. An diesem Abend besteigen Sie den Nachtzug nach Luxor.

Am frühen Morgen des **4. Tages** erreichen Sie **Luxor.** Nach dem Einchecken im Hotel begeben Sie sich zum Tempel von Luxor, der bequemerweise mitten in der Stadt nicht weit von der Uferstraße am Nil liegt. Nach der Mittagspause fahren Sie dann mit dem Taxi nach **Karnak** und verbringen dort den Rest des Nachmittags.

Am Morgen des **5. Tages** mieten Sie sich für einen Tag ein Auto mit Fahrer und erkunden die **West Bank.** Vielleicht möchten Sie mit dem Hatshepsut-Tempel beginnen und dann mit dem Ramesseum und dem Medinat Habu fortfahren. Nach dem Mittagessen fahren Sie ins **Tal der Könige.** Sie benötigen ein Eintrittsticket zum Tal, mit dem Sie dann in die drei Grabstätten gehen können, die an dem Tag gerade geöffnet sind. Anschließend nehmen Sie den Zug nach Assuan (Fahrzeit: drei Stunden).

Am Morgen des **6. Tages** besteigen Sie eine Feluke (kleines Segelboot) oder die örtliche Fähre zur **Elephanteninsel.** Besuchen Sie den Ort der antiken Handelsstadt an der Südspitze der Insel und wandern dann nördlich durch die nubischen Dörfer. Nach der Mittagspause mieten Sie eine Feluke für einen Segeltörn rund um **Assuan** und machen vielleicht an der Kitcheners Island Halt, um dort den botanischen Garten aufzusuchen. Erleben Sie den Sonnenuntergang auf der Terrasse des Old Cataract (siehe S. 371). Das

NICHT VERSÄUMEN

Reisezeit

Obwohl Ägypten das ganze Jahr über Touristen anzieht, herrscht von November bis Januar Hochsaison. In diesen Monaten können die Abende in Kairo kühl sein, in Alexandria ist es dann oft regnerisch und feucht, aber im oberen Ägypten um Luxor und Assuan ist es recht angenehm. Frühling und Herbst ist die beste Reisezeit, allerdings muss man im Frühling mit *khamsin,* heißen Sandwinden aus Richtung Sudan, rechnen. Die Sommer sind so heiß, dass man die Sommermonate, wenn es eben geht, meiden sollte.

Geld

Die Landeswährung ist das ägyptische Pfund (LE für *livre égyptienne*), auf Arabisch *Guinea* genannt. Ein Pfund ist in 100 Piaster *(irsh)* unterteilt. Als Geldscheine gibt solche zu 25 und 50 Piaster und Scheine zu 1, 5, 10, 20, 50, 100 und 200 LE Die verschiedenen Farben und Größen helfen, die Scheine zu unterscheiden. Es gibt auch 5, 10, 25 und 50 Piaster sowie 1 LE als Münzen, allerdings eher selten. In Ägyptenist Bargeld wichtig. Deshalb sollten Sie die kleinen Scheine sammeln, damit Sie sie fürs Taxi oder Trinkgeld parat haben.

Nubische Museum ist in einem guten Zustand und meistens bis 21 Uhr geöffnet.

Zum Abschluss Ihres einwöchigen Abenteueraufenthalts nehmen Sie den Morgenflug zurück nach Kairo. Kehren Sie ins islamische Kairo zurück, um noch rasch einige Souvenirs zu kaufen oder noch die Al-Azhar-Moschee zu besichtigen und gehen dann südlich zur Straße der Zeltmacher, um dann schließlich den Flughafen anzusteuern.

Wer mehr Zeit hat

Wer mehr Zeit hat, kann das eben skizzierte Kurzprogramm etwas intensiver erleben. So gibt es beispielsweise vier-, fünf- und siebentägige Touren mit Touristenfähren, die regelmäßig den Nil zwischen Luxor und Assuan befahren und dabei an vielen großartigen Stätten der Pharaonen anhalten. Wer mehr Zeit in **Assuan** hat, sollte einen ganzen Tag für einen Besuch im Abu Simbel einplanen. Busse und Kleinbusse fahren täglich gegen 4 Uhr morgens im Konvoi von Assuan los und kehren am späten Nachmittag zurück. Zurück in Kairo, wäre **Alexandria** ein Ziel**,** zwei bis drei Stunden mit dem Zug entfernt. Es lohnt sich, in Alexandria ein bis zwei Tage zu verbringen: Die Zitadelle am Hafen und die neue Bibliothek sind lohnende Ziele. Nach der Abreise von Alexandria können Sie einige Tage in der Oase **Siwa** in der libyschen Wüste verbringen (neun Stunden mit dem Bus, aber es ist möglich, die Reise in Marsa Matruh zu unterbrechen). Taucher, Schnorchler und andere Strandgänger sollten direkt nach **Sharm el-Sheikh** oder **Hurghada** fliegen. Sharm und andere Urlaubsorte am Sinai sind gute Ausgangspunkte für einen Ausflug zum Katharinenkloster im Sinai.

Fototipps

An manchen antiken Stätten müssen Sie eine Fotogebühr von etwa 2 Euro zusätzlich zum Eintrittsgeld entrichten. Wenn Sie nicht zahlen wollen, müssen Sie Ihre Kamera unter Umständen für die Dauer Ihres Besuches am Eingang abgeben. Sollten Sie die Kamera doch mit zur Sehenswürdigkeit nehmen, halten Sie sich an die Regeln und verzichten Sie aufs Blitzen, denn das grelle Licht schädigt die ohnehin oft schon verblassten Farben an den alten Gemäuern.

Die Gebühr für die Benutzung von Videokameras ist viel höher und liegt oftmals bei 20 bis 30 $ pro Sehenswürdigkeit.

Seien Sie vorsichtig, wenn Sie andere Dinge als die touristischen Sehenswürdigkeiten fotografieren wollen. Aus Sicherheitsgründen ist es nicht erlaubt, Flughäfen, Brücken, militärische Einrichtungen, Bahnhöfe oder wichtige öffentliche Bauwerke, wie etwa den Assuan-Staudamm, zu fotografieren. Seien Sie höflich und rücksichtsvoll, wenn Sie Einheimische fotografieren wollen. Fragen Sie erst nach, ob jemand auch wirklich aufs Bild möchte – besonders bei Frauen ist das wichtig. Meistens lieben es die Ägypter, fotografiert zu werden, und bitten darum, dass Sie ihnen das Bild später zuschicken.

Ägyptens zweitgrößte Stadt, Alexandria, ist wegen ihres mediterranen Ambientes beliebt und ist in den letzten Jahren erheblich verschönert worden

Andere Möglichkeiten

Wer eine Sehnsucht nach den Schönheiten der ägyptischen Wüsten verspürt, kann eine mehrtägige Rundreise durch die fünf **westlichen Oasen** entweder von Kairo oder Luxor aus unternehmen. Am besten ist es, in Kairo einen Geländewagen mit Fahrer fürs Off-Road-Trekking mieten. Echte Abenteurer bevorzugen vielleicht eine Wüstensafari ins berühmte **Gilf al-Kebir** und zum **Großen Sandmeer** – eine Expedition von 10 bis 14 Tagen. Dafür sollten Sie im Voraus bei den Trekking-Anbietern reservieren.

Eine weitere, wenig bereiste Strecke führt entlang der **Küste des Roten Meeres.** Entweder mieten Sie sich in Kairo ein Fahrzeug mitsamt Fahrer, fahren selbst oder Sie fliegen nach Hurghada und kümmern sich dort um alles Weitere. Abseits der Tauchzentren und Riffe bei Hurghada findet man überall entlang der Küste von Quseir bis in den Süden Tauchcamps; die nur wenig besuchten antiken Stätten und Naturschönheiten der **Arabischen Wüste** sind ebenfalls spektakulär.

Belästigungen ausweichen

Sexuelle Belästigungen vom Pfeifen bis zum Angrabschen können besonders für weibliche Touristen sehr unangenehm sein. Ursache dafür ist teilweise ein weit verbreitetes Bild, das ägyptische Männer von westlichen Frauen haben. Manchmal hilft es, wenn man weite Kleidung trägt, die Schultern und Knie bedeckt. Lauter Protest sollte Grabscher zurückweisen. Wer als Single reist, kann auch einen vermeintlichen Ehering tragen, um potenzielle Verfolger abzuschrecken. Belästigungen kommen meist nur im Zentrum Kairos und an öffentlichen Stränden (außer am Roten Meer) vor. Es kann aber nicht schaden, insgesamt umsichtiger zu sein, als man es von zu Hause aus gewohnt ist.

Geschichte & Kultur

Ein „Oberägypter" aus dem Süden des Landes
Links: Nofretete, „die Schönste von allen"

Ägypten heute

Ägypten ist das älteste Touristenziel der Welt. In einem der ältesten, etwa 450 Jahre vor Christi Geburt entstandenen Reiseberichte der Welt schrieb Herodot (484–424 v. Chr.): »Nirgendwo gibt es so viele wunderbare Dinge, auf der ganzen übrigen Welt sieht man nicht annähernd so viel Großartiges.« Eine Aussage, die noch heute zutrifft.

Moderne Architekten haben Türme mit mehr als hundert Stockwerken gebaut; der Mensch ist auf dem Mond umhergegangen und hat Sonden auf dem Mars landen lassen; zwei beliebige Orte können heute auf der Erde sofort miteinander Verbindung aufnehmen. Doch ungeachtet aller Wolkenkratzer, Raketen und Computer machen uns die Errungenschaften des alten Ägyptens, beispielsweise die Pyramiden oder die große Säulenhalle in Karnak, sprachlos vor Ehrfurcht. Am verblüffendsten ist wohl ihr Alter – immerhin war der antike Geschichtsschreiber Herodot, als er vor den Pyramiden stand, zeitlich von ihnen fast so weit entfernt wie von uns. Es verwundert nicht, dass manche Menschen glauben, die Pyramiden müssten von Außerirdischen geschaffen worden sein: Ägypten verwirrt ganz einfach.

Vor dem 19. Jahrhundert wurde Ägypten von westlichen Reisenden eher selten besucht. Der erste Amerikaner, der erwiesenermaßen nach Kairo kam, war John Ledyard, der 1788 dort starb, bevor er zu seiner geplanten Expedition ins Innere Afrikas aufbrechen konnte. Erst nach einem gescheiterten militärischen Feldzug, den der französische General Napoleon zehn Jahre später durchführte, erwachte das Interesse der Europäer. Doch als die Tür erst einmal aufgestoßen war, wurden Europa und Amerika regelrecht vom Ägyptenfieber erfasst. Während man in Frankreich die ersten Schritte zur Entzifferung der Hieroglyphen unternahm, versuchten die eben unabhängig gewordenen Vereinigten Staaten von Amerika, sich die ägyptischen Wahrzeichen von Größe und Macht anzueignen. Am deutlichsten wird dies an der unvollendeten Pyramide des Great Seal sichtbar, die heute die Rückseite jedes Dollarscheins ziert. Kairo, Illinois? Memphis, Tennessee? Die Orte wurden 1818 und 1819 gegründet, in der ersten freudigen Erregung über die Wiederentdeckung des antiken Landes. 1832 richtete man in Kairo und in der Hafenstadt Alexandria amerikanische Konsulate ein und in diesem Jahrzehnt besuchten erwiesenermaßen mindestens 65 Amerikaner das Land. Elizabeth Kirkland, die Frau des Rektors am Harvard College, ritzte ihren Namen 1830 in die Spitze der Großen Pyramide ein; Reverend Stephen Olin aus Connecticut segelte nilaufwärts und brachte 1843 zwei Bücher über seine Reisen heraus. Noch beachtlicher war, dass auch Mark Twain kam und sich über alles lustig machte, nur nicht über die Esel, die er „unbeschreiblich prächtig" fand. Die ersten Ägyptenreisenden fertigten Zeichnungen, Berichte und Skizzen von den Symbolen, Formen und rätselhaf-

Die ersten Ägyptenreisenden fertigten Zeichnungen, Berichte und Skizzen von den Symbolen, Formen und rätselhaften Bauwerken, die sie bestaunt hatten.

Ägypten – ein zugleich altes und junges Land: Etwa 60 Prozent der Bevölkerung sind jünger als 25 Jahre

ten Bauwerken, die sie bestaunt hatten. Skarabäen und Sphingen hielten Einzug in Paris, London und New York. Pharaonen und kunstvolle Hieroglyphen zierten Porzellanvasen und Möbel. Giuseppe Verdi schrieb seine altägyptische Oper „Aida". Der Fluch der Pharaonen begann, in Kurzgeschichten von Edgar Allan Poe und Arthur Conan Doyle seine ersten Opfer zu fordern.

Bedenkt man, dass Christian Jacqs historische Romane und Wilbur Smiths Schilderungen altägyptischer Abenteuer die Bestsellerlisten eroberten, dass Hollywood der Überzeugung ist, die Mumie habe noch immer ein Filmleben, dass Las Vegas fand, Luxor sei es wert, in der Wüste von Nevada nachgebaut zu werden, dann wird deutlich, dass der Westen sich nach wie vor für Ägypten begeistert.

ERLEBNIS:

Wie die Ägypter sprechen

Wenn Sie mit Einheimischen in Kontakt kommen, ist es nützlich, wenigstens ein paar Brocken Arabisch zu beherrschen. Hier einige Wörter für den Anfang. Ein umfangreicheres Glossar finden Sie auf S. 386.

aywa	ja
la	nein
min fadlak (*min fadlik* zu einer Frau)	bitte
shukran	danke
afwan	keine Ursache
salaam aleikum (förmlich)	Hallo
ahlan wa sahlan	Hallo
ahlan beek (*ahlan beekee* zu einer Frau)	Hallo (als Erwiderung)
bititkallim ingleezi?	Sprechen Sie Englisch?
maalesh	Kein Problem, keine Sorge

Ägypten heute

Ägypter neigen dazu, die Pharaonen, ihre Monumente und Geheimnisse den Touristen zu überlassen. Sie haben auch kaum eine andere Wahl, denn sie sind zu sehr mit dem heutigen Leben beschäftigt.

Mit zu dieser Situation hat zweifellos die Tatsache beigetragen, dass Ägypten in seiner langen Geschichte häufig von Fremdmächten regiert wurde. Seit das Land nach Kleopatras Selbstmord an Rom fiel, stand es unter dem Einfluss anderer Staaten und wurde seiner Einkünfte und Ressourcen beraubt. Diese Ausbeutung endete erst mit der Revolution von 1952. Danach stieg Ägypten unter dem charismatischen Präsidenten Gamal Abd al-Nasser zu einer der führenden Mächte der arabischen Welt auf, eine Rolle, die es bis heute innehat.

Ägypten, das mit seinen Nachbarn in Frieden lebt, mahnt in einer unruhigen Region zur Mäßigung und unterhält gute Beziehungen zu den meisten westlichen Ländern, besonders zu den Vereinigten Staaten. Von diesen erhält es jährlich etwa 2,3 Milliarden Dollar Unterstützung, ausdrücklich als Belohnung dafür, dass es als erster arabischer Staat mit Israel Frieden schloss.

Die Ägypter stehen jedoch vor schwierigen innenpolitischen Problemen. Weniger als zehn Prozent des Wüstenlandes sind landwirtschaftlich nutzbar, und an diesen Stellen, vor allem im Nildelta, drängen sich neunzig Prozent einer Bevölkerung zusammen, die alle neun Monate um rund eine Million wächst (im Jahr 2008 zählte sie 81,7 Millionen).

Etwa ein Viertel aller Ägypter lebt in Kairo. Laut den Vereinten Nationen ist Kairo das am dichtesten besiedelte Stadtgebiet der Welt mit einer Einwohnerzahl zwischen 13 und 17 Millionen. Man schätzt, dass in einigen innerstädtischen Bezirken über

270000 Personen auf einen Quadratkilometer kommen. Die Infrastruktur der Stadt steht permanent vor dem Kollaps. Die Wohnungsknappheit hat zur Folge, dass oft mehrere Generationen zusammenwohnen. Der Schulunterricht findet in bis zu drei Schichten statt. Die großen Durchgangsstraßen sind vom frühen Morgen bis Mitternacht verstopft.

Nur die Flexibilität der Einwohner verhindert, dass die Stadt explodiert. Sie sind absolute Meister darin, sich durchzumogeln. Man braucht sich nur einige der Autos auf den Straßen anzusehen: Drei Modelle zu einem zusammengeschweißt, die Lücken mit Weißblech abgedeckt, angetrieben gleichermaßen durch blanke Willenskraft wie durch Kraftstoff. Oft jongliert ein Lohnempfänger mit zwei oder sogar drei Jobs, arbeitet tagsüber als unterbezahlter, unterbeschäftigter Beamter oder betreibt ein kleines Familienunternehmen und verdient nachts als Taxifahrer dazu. Unterhalten Sie sich mit Ihrem Taxifahrer, und Sie erfahren mit ziemlicher Sicherheit, dass er ein studierter Ingenieur, Apotheker oder Arzt ist.

Ägypter neigen dazu, die Pharaonen, ihre Monumente und Geheimnisse den Touristen zu überlassen. Sie haben auch kaum eine andere Wahl, denn sie sind zu sehr mit den Anstrengungen des Alltags beschäftigt.

Die Cheops-Pyramide ist die älteste und größte der drei Pyramiden von Giseh und mit ihren 5,3 Hektar Grundfläche die größte, die je gebaut wurde

Beinahe ein Viertel der ägyptischen Bevölkerung lebt in Kairo, einer der am dichtesten besiedelten Städte der Welt

Solidarität und Nachbarschaftshilfe spielen in Kairo eine wichtige Rolle. Fremde reden bei erstbester Gelegenheit miteinander, Scherze und Witzeleien gehen zwischen allen hin und her, die in Hörweite sind. Echte Privatsphäre gibt es nicht, Im Gegenzug dafür aber auch keine Einsamkeit.

Als beliebteste Fernsehprogramme erweisen sich meist im Lande gedrehte Seifenopern, die sich mit der Liebe, dem Leben und den Leiden von Familien der Arbeiterklasse befassen. Kassenschlager in den Kinos sind Komödien heimischer Produktion, in denen es dem kleinen Mann durch Witz und eine scharfe Zunge gelingt, irgendwelche aufgeblasenen Typen niederzumachen. Singen und Tanzen spielen eine große Rolle, und es bedarf nur des kleinsten Winks, damit jemand einen Bauchtanz beginnt.

Familien und Glaube

Nach wie vor sind Familien die Stütze der ägyptischen Gesellschaft. Heiraten und Kinder großziehen, das hat vermutlich für jeden Jungen und jedes Mädchen über 16 Vorrang. Der Weg dorthin verlangsamt sich jedoch unweigerlich durch den Brauch, dass der potenzielle Bräutigam eine Wohnung und Möbel beschaffen muss (und sei es nur ein möbliertes Zimmer im Heim seiner Eltern). Bei einem Durchschnittslohn von etwa 60 Euro pro Monat kann es zehn Jahre oder länger dauern, bis ein Arbeiter das nötige Geld beisammen hat, um sich eine Braut zu sichern. Da Sex vor der Ehe tabu ist, verwundert es nicht, dass die Petting- und Bettszenen in Hollywoodfilmen, die es bis in die örtlichen Kinos schaffen, ägyptische junge Männer faszinieren – sogar wenn die Schere des Zensors alles nackte Fleisch herausgeschnitten hat.

Zur Schwangerschaft kommt es nach der Heirat gewöhnlich sehr schnell, fast immer im ersten Jahr. Das Ausbleiben kann zu Problemen führen. 1999 verfügte ein Gericht in Alexandria, dass eine Atomwissenschaftlerin ihre Forschung für ein Jahr auszusetzen und ein Kind zu bekommen habe, nachdem ihr Mann Klage eingereicht hatte, um sein „Recht" auf Fortpflanzung durchzusetzen. Jungen werden entsprechend der Vorrangstellung des Mannes in der ägyptischen (wie überhaupt in der islamischen) Gesellschaft bevorzugt. Ägypten hat aber auch seine profilierten Feministinnen wie die Schriftstellerin Nawal al-Saadawi. Deren berühmtestes Werk „Das verhüllte Antlitz Evas", das die Situation arabischer Frauen schildert, ist in Ägypten verboten. Die Frauen haben sich unterdessen mit ihrem zweitrangigen Status abgefunden. In einer 1999 durchgeführten landesweiten Umfrage unter Jugendlichen glaubten etwa 60 Prozent der Mädchen, eine Frau müsse die Meinung ihres Mannes akzeptieren, auch wenn sie damit nicht einverstanden sei, und 89 Prozent meinten, eine Frau solle nie ohne Erlaubnis ihres Gatten handeln. Der Anteil von Frauen, die ins Arbeitsleben einsteigen, nimmt zwar ständig zu, aber nur ein Fünftel der Kairoer Frauen arbeitet außer Haus. Außerhalb der Hauptstadt sinkt die Zahl der außer Haus arbeitenden Frauen stetig.

Singen und Tanzen spielen eine große Rolle im ägyptischen Alltag, und es bedarf nur des kleinsten Winks, damit jemand einen Bauchtanz beginnt.

Diese Einstellung erwächst unstreitig aus dem Islam, der die Vorrangstellung des Mannes betont. Die Religion durchdringt das Leben Ägyptens, doch nicht in so gnadenlos autoritärer Weise wie im Iran oder in Saudi-Arabien und anderen arabischen Ländern. Keine Musik, kein Tanzen, schwarze Kleider? Das würden sich die Ägypter nie gefallen lassen. Fragen Sie allerdings jemanden nach seiner Gesundheit, wird er antworten: *Alhamdilallah*, „Gut, Gott sei es gedankt". Sagen Sie zu Ihrem Führer: „Bis morgen", wird die Antwort lauten: *Insha'allah*, „So Gott will". Nur wenige Ägypter beten fünfmal am Tag, wie eigentlich vorgeschrieben, doch fast alle Männer folgen freitags zur Mittagsstunde dem aus Lautsprechern plärrenden Ruf des Muezzin, sie strömen danach in Scharen aus den Moscheen, blockieren Straßen und Gehsteige.

Genauso vereint ist die gesamte muslimische Bevölkerung beim Feiern des Ramadan, des heiligen Monats im islamischen Kalender, wo alle, die dazu fähig sind, von Sonnenaufgang bis Sonnenuntergang nicht essen, trinken und rauchen dürfen. Auf den Härtetest des Tages folgen die abendlichen Feiern, die mit *Iftar* beginnen, dem Fastenbrechen. Als typisches Gemeinschaftserlebnis ufert es jeden Abend zu einem landesweiten Straßenfest aus. Wer Geld übrig hat, versucht Segen zu erlangen, indem er „Gnadentische" mit kostenloser Nahrung für alle aufstellen lässt. Und weil wir in Ägypten

Der Islam prägt den Alltag der Ägypter: 90 Prozent von ihnen sind Muslime

sind, kommen genauso viele wegen der Gesellschaft wie wegen des Huhns mit Reis.

Andere islamische Feste und Feiertage verteilen sich übers Jahr. Sehr bedeutsam ist Eid al-Kebir, das „große Fest". Es dürfte den Schafen genauso „willkommen" sein wie der Martinstag den Gänsen. Wer empfindlich ist, sollte während dieser Zeit im Haus bleiben, weil die Gassen zu provisorischen Schlachthöfen mutieren.

Neben Muslimen bezeichnen etwa fünf Millionen koptische Christen Ägypten als ihre Heimat. Die Lehre Christi, angeblich vom Evangelisten Markus, der im Jahre 63 in Alexandria den Märtyrertod starb, nach Ägypten gebracht, fasste hier während der Römerherrschaft Fuß. Die heutigen Kopten tragen ihr Erbe in Form von tätowierten Kreuzen auf den Handgelenken stolz zur Schau. Obwohl es immer wieder zu Problemen zwischen Vertretern unterschiedlicher Glaubensrichtungen kommt, sind doch insgesamt die Beziehungen zwischen den Religionsgemeinschaften relativ harmonisch.

Ägypter, Araber oder beides?

Einerseits ist es offensichtlich, dass Ägypter Araber sind, denn schließlich ist Ägypten das größte arabischsprechende Land der Welt. Je nach Kontext haben die Ägypter jedoch ganz unterschiedliche Vorstellungen davon, wer eigentlich ein Araber ist: Ist das jeder, der Arabisch spricht oder ist es jemand, der aus dem Volk der arabischen Halbinsel stammt?

Ursprünglich benutzten die Ägypter das Wort „Araber" für die Beduinen des Sinai oder für die Araber des Golfes. Sich selbst betrachteten sie zuallererst als Ägypter, als Erben der großen Zivilisation der Pharaonenzeit. Erst in den letzten 50 Jahren, seit dem Erstarken eines arabischen Nationalgefühls, hat sich Ägypten an die gemeinsame arabische Identität gewöhnt, manchmal allerdings mit gemischten Gefühlen und kleinen Vorbehalten.

Mit Leib und Seele Ägypter

Ob Muslim oder Kopte, in erster Linie ist jeder Ägypter. Der Grund dafür liegt vielleicht in einem charakteristischen Merkmal: der großen Heimatliebe aller Ägypter. Die wirtschaftliche Lage treibt viele ins Ausland, vor allem in die Länder um den Persischen Golf, wo es reichlich gut bezahlte Arbeit gibt. Rund 3,5 Millionen Ägypter arbeiten im Ausland, in einigen Dörfern im Nildelta verdient mindestens ein Sohn aus jeder Familie in Kuwait, Bahrain oder Saudi-Arabien sein Brot und das Geld, das die jungen Männer nach Hause schicken, zählt zu den drei wichtigsten Einkommensquellen Ägyptens.

Betrachten Sie, wenn Sie auf dem Internationalen Flughafen Kairos durch den Zoll gehen, einmal die anderen Ankömmlinge. Unter den ausländischen Besuchern befinden sich immer mehrere junge Ägypter, die mit Kartons und Taschen beladene Gepäckwagen durch die Menge steuern. Sie bringen die Ausbeute jahrelanger Arbeit im Ausland mit nach Hause. Sie sind genauso aufgeregt wie die Touristen: Die Urlauber freuen sich vielleicht auf Sand und Meer, Kamele, Palmen und Pyramiden; diese Heimkehrer freuen sich auf Ägypten. ■

Die Landschaft

Aus der Höhe eines Satelliten betrachtet, ist Ägypten ein leeres, gelbes Gebiet, zweigeteilt durch eine dunkelblaue Ader, die sich am oberen Ende zu einem Fächer verbreitet und ins Meer mündet. Diese Ansicht unterstreicht die Richtigkeit der Aussage: »Der Nil ist Ägypten«. Trotz einer riesigen Gesamtfläche, konzentrieren sich die Zivilisationen auf eine Lebensader, das Niltal.

Der Nil, dessen zwei Quellflüsse in Ostafrika entspringen und sich im Sudan vereinigen, fließt 6650 Kilometer weit, bevor er ins Mittelmeer mündet. Nördlich von Khartoum, der Hauptstadt des Sudan, beschreibt er eine breite S-Kurve; einmal in Ägypten, fließt er fast gerade vom Süden (Oberägypten) bis hinab zum Meer im Norden (Unterägypten). Zwischen Assuan und dem weiter nördlich gelegenen Kairo durchzieht der Fluss ein grabenartiges Tal mit fruchtbarem Kulturland, dessen Breite sich nach und nach auf 19 Kilometer ausdehnt. Es ist das Geschenk des Nils. Jedes Jahr schwillt der Fluss in Folge heftiger jahreszeitlicher Regenfälle auf der äthiopischen Hochebene ab Mai stark an und erreicht im August seinen Höchststand. Vor der Fertigstellung des ersten Staudamms in Assuan im Jahr 1902 bedeckte jedes Jahr im September Wasser das gesamte ägyptische Niltal. Wenn es einige Wochen später zurückwich, hinterließ es eine dicke Schlickablagerung, fruchtbaren Boden, auf dem die Bauern ihre Saat ausbringen konnten. »Diese Menschen«, schrieb der griechische Geograph Herodot im 5. Jahrhundert v. Chr., »erhalten ihre Ernten mit weniger Arbeit als irgendwer sonst auf der Welt«. Die Menschen im alten Ägypten sahen ihr Glück keineswegs als selbstverständlich an, deshalb warfen die Priester ab und zu von den Granitklippen bei Assuan Jungfrauen ins Wasser, um die segensreiche Überflutung sicherzustellen. Heute können die jungen Frauen Oberägyptens ruhig schlafen, denn die Steuerung des Wassers bleibt nicht mehr den Göttern überlassen. Die Fertigstellung des Hochdamms mit dem riesigen Stausee, dem Nassersee, in den 70er Jahren ermöglichte zum ersten Mal die Kontrolle der jährlichen Überschwemmung durch den Menschen. Leider gibt es auch negative Auswirkungen, deren größte die abnehmende Fruchtbarkeit und somit ein Rückgang der landwirtschaftlichen Produktivität ist – eine Folge der fehlenden Schlickablagerung.

Das Land hat zwar eine riesige Gesamtfläche, aber die Jahrtausende seiner Zivilisation konzentrieren sich auf diese eine Lebensader, das Niltal.

Nirgendwo empfindet man diese Probleme stärker als im Delta, dem reichen, flachen, leuchtend grünen Fächer, der sich nördlich von Kairo ausbreitet. Ihn formte der Nil, der sich hier in sieben Arme spaltet. Heute jedoch konzentriert sich sein Wasser auf zwei Arme: Damiette im Osten und Rosette im Westen. Weil dieser Landstrich die gesamte Bevölkerung ernähren muss, gehört er zu den am intensivsten bebauten Gebieten der Welt. Die Bauern hier bringen drei Ernten im Jahr ein, vorrangige Erzeugnisse sind Baumwolle, Mais, Reis und Weizen. Das Klima begünstigt auch den intensiven Anbau von Obst und Gemüse, angefangen bei grünen Bohnen über Weintrauben bis zu Dattelpalmen. Fährt man mit der Bahn durch das Delta, hat man das Gefühl, einen grenzenlosen Garten Eden zu

Ein Heißluftballon begrüßt den Sonnenaufgang über den Bergen von Theben

ERLEBNIS: Ägypten vom Schiff aus

Eine Ägyptenreise ohne Kreuzfahrt auf dem Nil ist wie ein Besuch in Las Vegas ohne Glücksspiel. Die traditionelle Route führte immer von Kairo aus hinunter bis Luxor (siehe S. 302f), aber seit den frühen 1990er Jahren dürfen die Schiffe aus Angst um die Sicherheit der Touristen nicht mehr durch Mittelägypten fahren. Stattdessen verkehren sie drei bis vier Nächte zwischen Luxor und Assuan und legen unterwegs in Esna, Edfu und Kom Ombo an.

Jedes große Hotel oder Reiseunternehmen besitzt ein Schiff auf dem Nil. Insbesondere Abercrombie & Kents Passagierschiff *Sun Boat III* (40 Passagiere) und die *Sun Boat IV* (84 Passagiere) sind berühmt für Luxus und hervorragendes Essen.

Noch besser als eine Nilkreuzfahrt ist aber eine Fahrt über den Nassersee vom Assuan-Staudamm zum großartigen Tempel von Abu Simbel. Zu den besten Schiffen gehören die luxuriöse M.S. *Eugénie* und die M.S. *Qasr Ibrim* (s. S. 349), die beide aussehen wie schwimmende Paläste aus dem 19. Jahrhundert; zu den Highlights gehören die Wüstencocktails und eine private Licht-und-Ton-Show.

durchqueren. Nutznießer der Ernte ist jedoch das Ausland, weil die besten Produkte exportiert werden – im Tausch gegen die lebensnotwendigen Devisen. Das Ausbleiben der jährlichen Ablagerung von fruchtbarer schwarzer Erde hat eine übermäßige Verwendung von Düngemitteln und hohe Salzgehalte zur Folge. Außerdem wird das nördliche Delta, das nur knapp über dem Meeresspiegel liegt, vom Mittelmeer Stück für Stück weggenagt. Im Bemühen, diesen Trend umzukehren, versucht man jetzt, den Salzsümpfen an der Küste landwirtschaftliche Nutzfläche abzuringen.

Beim Blick aus einem Flugzeug verblüfft der krasse Unterschied zwischen dem Kulturland und der Wüste entlang des Niltals. Es gibt keinen allmählichen Übergang, kein Verblassen der Farben, sondern eine scharfe Trennlinie, grün auf einer Seite, gelb auf der anderen. Die Bebauung endet jäh an einem kleinen Erdwall, dann übernimmt der Sand die Herrschaft. Tatsächlich ist Ägypten eine einzige große Wüstentafel, die der Nil in die große Westliche (Libysche) Wüste und die Östliche (Arabische) Wüste teilt.

Die Westliche Wüste umfasst zwei Drittel der Gesamtfläche Ägyptens, ein Gebiet von etwa 680 600 Quadratkilometern. Ignoriert man die politischen Grenzen auf der Landkarte, erstreckt sie sich unter ihrem bekannteren Namen Sahara über ganz Nordafrika. Die dürre, gefährliche Wüste mit ihren extremen Temperaturschwankungen ist nicht ganz ohne Leben. In einer Reihe vom Wind geformter Depressionen kann das Wasser an die Oberfläche treten; dadurch entstand eine Kette kultivierbarer Oasen. Diese seit Jahrtausenden bewohnten grünen Inseln bildeten in alter Zeit wichtige Zwischenstationen auf den Handelsrouten zwischen Ägypten und dem benachbarten Libyen.

Seit einiger Zeit versucht die ägyptische Regierung, die Oasen zu entwickeln. Sie sollen im Rahmen des Projekts „Neues Tal" ein zweites Siedlungsgebiet neben dem Niltal werden. Seit den 50er Jahren ermutigt man Bauern ohne Land und Familien, in die Wüste zu übersiedeln. In den 90er Jahren machte man, um die Industrie anzulocken, große Pläne bekannt, nach denen die Oasen durch einen Kanal mit dem Nassersee verbunden werden sollen. Die Arbeit an diesem Projekt mit Namen Toshka-Kanal, das pharaonische Ausmaße hat, muss erst noch begonnen werden. Die Östliche Wüste, viel kleiner als die Westliche, erstreckt sich vom Nil zur Küste des Roten Meers. Sand und Dünen gibt es hier nicht, charakteristisch ist steiniges, bergiges Gelände, das viele Wadis (trockene Flusstäler) zerteilen. Die Wüste ist fast völlig unbewohnt, nur einige kleine Häfen säumen die Küste des Roten Meeres. Al-Quseir und Berenika liegen an den alten Handelsrouten, die vom Niltal über Jemen und das Horn von Afrika in weite Fernen führten. Über diese Häfen importierten die Pharaonen exotische Gewürze, lebende Elefanten und Sklaven. Im Tausch dafür konnten sie aus dem reichen Vorrat in den Bergen der Östlichen Wüste Erze anbieten – besonders Gold.

Später bauten die Römer im gleichen Gebiet Porphyr ab, ein dichtes, purpurfarbenes Gestein, das sie zu Blöcken zerschlugen, auf dem Landweg zum Nil schleiften und dann nach Rom verschifften. Dort schätzte man den Porphyr als Rohmaterial, das sich hervorragend für kaiserliche Büsten eignete.

Heute ist die Östliche Wüste reine Wildnis und die meisten Besucher sowie auch Ägypter sehen von ihr nur das, was man vom Fenster eines klimatisierten Busses erblickt, der die alten Karawanenstraßen zwischen dem Nil und der Küste befährt.

Die Halbinsel Sinai trennt Afrika von Asien. Sie ist im Wesentlichen eine Fortsetzung der Östlichen Wüste. Vor etwa 40 Millionen Jahren wurde sie abgespalten, als die afrikanische und die arabische Kontinentalplatte auseinander zu driften begannen. Im Süden der Sinai-Halbinsel ragt ein gewaltiges Bergmassiv mit Ägyptens höchstem Gipfel auf, dem 2642 Meter hohen Djebel Katerin, dem Katharinenberg. In den tiefen Tälern zwischen den Bergen gedeihen genügend robuste Pflanzen, um das Leben einer Vielzahl von Wildtieren sicherzustellen.

Der spärlich bevölkerte Norden senkt sich zum Mittelmeer. Die Regierung hat den Al-Salam-Kanal gebaut, der Süßwasser aus dem Gebiet des Sueskanals heranführt. Ab den 80er Jahren entstanden durch den Tourismus an der Süd- und Südostküste der Halbinsel neue Siedlungszentren. ■

Über Tausende von Jahren haben die Ägypter ihr Getreide und ihr Vieh am Nil gezogen, der durch Überschwemmungen fruchtbaren Schlick auf den Wüstenboden aufbrachte

Ägypten damals

Viele erinnern sich wohl noch an die ersten Szenen des Films „Der englische Patient" von 1996: In einer Höhle tief in der Wüste kopiert Kirsten Scott Thomas Wandbilder von Schwimmern. Die Filmepisode beruht auf einem wahren Kern. In den 30er Jahren entdeckte man in der Westlichen Wüste im Djebel Uweinat kilometerweit von der nächsten Süßwasserquelle entfernt solche Figuren.

Historiker nehmen diesen Fund als Beweis dafür, dass in Ägypten bereits in der Altsteinzeit Menschen lebten. Vor 25000 Jahren breitete sich über ganz Nordafrika eine weite, bewohnbare Grassteppe mit reichem Wildbestand und vielen Seen aus. Eine dramatische Klimaänderung verwandelte das Grasland in Wüste und zwang die ersten Menschen, weiterzuziehen zu Orten mit Wasser, seien es Oasen oder das Niltal. Jungsteinzeitliche Siedlungen von ca. 5000 v. Chr. wurden in den westlichen Oasen Siwa und Charga gefunden, ebenso in Al-Fayum. Die Menschen lebten von Ackerbau und Fischfang und waren handwerklich so weit fortgeschritten, dass sie Töpferwaren und gewebte Stoffe herstellen konnten. Über sie ist wenig bekannt, man weiß nur, dass sie im 4. Jahrtausend v. Chr. zwei Regionen gebildet hatten: Oberägypten entlang des Niltals und Unterägypten im fruchtbaren Nildelta.

Herodot: Erster Reiseführer über Ägypten

In seinen *Historien* aus dem 5. Jahrhundert v. Chr. erzählt der griechische Schreiber Herodot die Geschichte der persischen Kriege seiner Zeit, allerdings auch mit langen Abhandlungen zur Geschichte der damals bekannten Welt und anderer Gesellschaften. Der bekannteste Teil seines Buches ist Buch II. Darin geht es um Ägypten, seine Menschen, seine Geschichte und Bräuche. Herodot bezieht sich auf seine eigenen Forschungsreisen ins Nildelta, nach Siwa, Memphis und sogar Assuan. Obwohl viele seiner Darstellungen fehlerhaft sind, stellen seine Berichte über Ägyptens Traditionen, seine Religion und die Hauptsehenswürdigkeiten einen frühen Vorläufer moderner Reiseführer dar.

Die Erbauer der Pyramiden

Zwischen den unzähligen Ausstellungsstücken im Ägyptischen Museum in Kairo verliert sich eine schildförmige Schieferpalette, in die Schlachtszenen eingeritzt sind. Eine Seite zeigt einen König mit der weißen Krone Oberägyptens, der dabei ist, einem Knienden den Todesstoß zu versetzen. Auf der Rückseite trägt derselbe König die rote Krone Unterägyptens. Die sogenannte Palette des Königs Narmer (um 3100 v. Chr.) ist das älteste Stück des Museums und eines seiner bedeutendsten. Weil ein einziger König zwei Kronen trägt, ist es die erste Darstellung der Vereinigung Ägyptens unter einem Herrscher – jenes Ereignis, das gewöhnlich als Nullpunkt, als Anfang der ägyptischen Kultur angesehen wird. Mit ihm beginnt die Reihe der Herrscher, die sich über mehr als 3000 Jahre erstreckt und 170 oder mehr Könige und Pharaonen umfasst. Der Ausdruck „pharaonisches Ägypten" wird für diese gesamte Periode gebraucht, obwohl der König den Titel „Pharao" (siehe S. 12) erst im Neuen Reich annahm, das etwa 1550 v. Chr. begann.

Wichtigstes Dokument der altägyptischen Geschichte ist eine Liste, die im 3. Jahrhundert v. Chr. von einem Hohepriester namens Manetho aus Heliopolis erstellt wurde. Er

Ein Foto aus dem Jahre 1893 von der großen Säulenhalle in Karnak, erbaut im Neuen Reich, wiederentdeckt Mitte des 19. Jahrhunderts

unterteilte Ägyptens Herrscher in 30 Dynastien oder Herrscherhäuser. Moderne Ägyptologen gruppierten diese dann in drei Hauptperioden (Altes Reich, Mittleres Reich und Neues Reich), die jeweils durch Perioden des Niedergangs, sogenannte Zwischenperioden, voneinander getrennt sind. Natürlich konnten sich die Historiker nicht auf eine einzige, unbestätigte Quelle verlassen. Manetho wird deshalb durch mehrere andere alte Chroniken gestützt, darunter umfassende Königslisten wie jene, mit denen die Wände des Tempels von Sethos I. in Abydos (siehe S. 222) beschrieben sind, und ein Papyrusfragment, der „Königliche Kanon von Turin", so benannt nach dem Museum, wo es sich befindet (dem Ägyptischen Museum in Turin, Italien). Natürlich bestehen zwischen den verschiedenen Quellen viele Diskrepanzen, was zur Folge hat, dass der gesamte Zeitrahmen des pharaonischen Ägyptens noch immer Anlass zu leidenschaftlichen Debatten gibt.

Dies gilt besonders für die Dynastien der Frühzeit vor dem Alten Reich. So gut wie nichts ist über Narmer bekannt, den Einiger des alten Ägyptens, und über seine Nachfolger, darunter einen König Menes, bei dem es sich in Wirklichkeit um den unter anderem Namen auftretenden Narmer gehandelt haben könnte. Menes ist bedeutsam, weil ihm Historiker gewöhnlich die Gründung von Memphis zuschreiben, der Hauptstadt Ägyptens während des größten Teils der Pharaonenzeit. Die neue Stadt entstand an einer

Der Schatten von mehr als viereinhalb Jahrtausenden Geschichte liegt über dem heutigen modernen Ägypten

günstigen Stelle, dort, wo Ober- und Unterägypten aufeinander treffen. Von ihr aus ließen sich also das Niltal und das Delta gleichermaßen gut kontrollieren.

Herodot beschrieb Memphis als blühende Stadt und kosmopolitisches Zentrum, und wir müssen seinem Wort Glauben schenken, weil praktisch nichts von der Stadt erhalten blieb. Eine Vorstellung von der einstigen Pracht vermittelt nur die große Totenstadt, die im Alten Reich (2686–2181 v. Chr.) parallel zur übrigen Stadt entstand. Die Pyramiden kamen in der 3. Dynastie auf, sie kündigten sich in der Stufenpyramide von Sakkara an, die während der Herrschaft von Djoser (um 2667–2648 v. Chr.) erbaut wurde. Während der folgenden drei Dynastien entstanden etwa 21 weitere große Pyramiden, doch die wirklich gigantischen erbauten Vater, Sohn und Enkel in weniger als 80 Jahren. Snofru (um 2613–2589 v. Chr.) erreichte als Erster eine perfekte Pyramidenform in Dahschur; er ersetzte die Stufen (im zweiten Versuch) durch eine glatte Schräge. Ihn übertraf sein Sohn Khufu oder Cheops (um 2613–2566 v. Chr.), der seiner Großen Pyramide in Giseh noch gewaltigere Ausmaße gab. Aus unbekannten Gründen forderte Khafre oder Chephren (um 2558–2532 v. Chr.) seinen Vater Cheops nicht heraus; er gestaltete seine daneben errichtete Pyramide deutlich kleiner.

Der Aufschwung Thebens markiert den Beginn des Mittleren Reichs.

Dieses spektakuläre Pyramidenbauprogramm spricht Bände. Es kündet von der Macht der Herrscher des Alten Reichs, die imstande waren, Arbeitskräfte in der erforderlichen Zahl aufzubieten. Der Pyramiden-Experte Mark Lehner schätzt, dass an der Cheops-Pyramide 20 Jahre lang ständig 20000 Männer im Rotationsverfahren arbeiteten. Diese Arbeiterschaft musste ständig organisiert, ernährt, untergebracht und bezahlt werden, wofür ein außergewöhnlich gut entwickeltes Verwaltungssystem nötig war.

Chephrens Pyramide war das letzte Monumentalbauwerke dieser Art. Während der 5. und der 6. Dynastie entstanden zwar zahlreiche weitere Pyramiden, doch in wesentlich kleineren Maßstäben. Darin drückte sich auch die schwindende Macht der Könige aus. Gegen ihre Herrschaft gingen rivalisierende Fürsten an, was zwangsläufig zum Bürgerkrieg führte. Als nach mehr als einem Jahrhundert des Chaos schließlich Friede einkehrte, war die Kontrolle über das Land vom Norden an Oberägypten übergegangen, an ein Herrschergeschlecht, das in Theben residierte, wo heute Luxor liegt.

Theben und Karnak

Der Aufschwung Thebens markiert den Beginn des Mittleren Reichs. Ständige Zerwürfnisse und Kämpfe hielten den Fortschritt in Grenzen und nur wenige Könige der elf Dynastien sind heute außerhalb der Welt der Ägyptologie bekannt. Mentuhotep II. (um 2055–2004 v. Chr.) schreibt man die erneute Reichseinigung zu und Sesostris III.

(um 1874–1855 v. Chr.) wurde durch seine Granitporträts bekannt, die in den Museen von Kairo und Luxor hängen. Diese beiden sind jedoch unbedeutende Gestalten im Vergleich zu den Pharaonengöttern, die ihnen folgten.

Das Mittlere Reich endete mit der teilweisen Besetzung Ägyptens durch Invasoren aus dem Norden, die Hyksos. Sie führten Pferde und Wagen als Gespanne in den Krieg ein und waren geschickte Bogenschützen. Dadurch gelang es ihnen, die gesamte Deltaregion zu erobern. Erst als die Thebaner diese neue militärische Technik übernahmen, konnten sie die Hyksos vertreiben und Ahmosis I. (1550–1525 v. Chr.) als ersten König der 18. Dynastie einsetzen. Er wurde der Begründer des Neuen Reichs (1550–1069 v. Chr.).

Nun begann das Goldene Zeitalter der Pharaonen. In den nächsten 500 Jahren sollte Ägypten zu beispielloser Größe aufsteigen und seine Herrscher schufen ein Vermächtnis von Ehrfurcht gebietenden Tempeln, Gräbern und Schätzen, das uns noch heute fasziniert. Die großen Namen klingen noch nach: Thutmosis, Ramses, Echnaton und ganz besonders Tutanchamun.

Die ersten beiden Herrscher des Neuen Reiches widmeten sich der Sicherung der Grenzen Ägyptens, doch zur Zeit von Thutmosis I. (1504–1492 v. Chr.) war die Lage bereits so stabil, dass der Pharao eine Reihe glänzender militärischer Feldzüge unternehmen konnte. Als Zeichen seines Erfolgs errichtete er in Abydos eine Stele, auf der steht: „Ich dehnte die Grenzen Ägyptens so weit aus, dass sie alles umfassen, was die Sonne umkreist."

In den nächsten 500 Jahren sollte Ägypten zu beispielloser Größe aufsteigen und seine Herrscher schufen ein Vermächtnis ... das uns noch heute fasziniert.

Thutmosis III. (1479–1425 v. Chr.) übertraf seinen Großvater Thutmosis I. vor allem an militärischem Können. Er unternahm nicht weniger als 17 erfolgreiche Feldzüge nach Westasien. Der amerikanische Archäologe James Henry Breasted (1865-1935) gab ihm deswegen den Beinamen „Napoleon des alten Ägyptens".

Dieser Auf- und Ausbau des Reichs legte die Fundamente für die blühendste und stabilste Periode in der altägyptischen Geschichte. Reichtümer, die man bei Feldzügen in fremde Länder ansammelte, wurden für die Verschönerung der ägyptischen Tempel und Paläste verwendet, nicht zuletzt in Karnak, dem großen Gebäudekomplex, den Theben dem obersten Gott Amun-Re widmete. Besonders während der fast vierzigjährigen Herrschaft von Amenophis III. (um 1390–1352 v. Chr.) war kaum eine militärische Aktion erforderlich, deshalb konnten die verfügbaren Arbeitskräfte zur Errichtung großer Bauten wie

Tutanchamuns goldener Sarg – schönstes Beispiel für den Reichtum und Glanz Ägyptens während des Neuen Reiches

dem Tempel von Luxor eingesetzt werden. Alle Bereiche der Kunst konnten sich zu der Zeit voll entfalten. Einige der prächtigsten Skulpturen des Landes datieren aus der Regierungszeit dieses Pharaos, darunter mehrere Stücke im Museum von Luxor (siehe S. 240f) und eine Kolossalstatue des Pharaos mit seiner Gemahlin, die im Hauptatrium des Ägyptischen Museums in Kairo steht (siehe S. 74).

Amenophis IV. (um 1352–1336 v. Chr.) – den meisten besser bekannt unter dem Namen Echna-ton – leitete eine revolutionäre Periode in der Geschichte des alten Ägyptens ein (siehe S. 214ff). Er verlegte die Hauptstadt kurzfristig nach Amarna in Mittelägypten und heiratete die berühmte Nofretete. Er stellte den Kult der Sonnenscheibe Aton über Ägyptens traditionelle Götter und ging damit einen Schritt in Richtung Monotheismus. Wegen dieser Häresie verunglimpften ihn seine Nachfolger, und gleich nach seinem Tod wurde die alte Ordnung wiederhergestellt. Später tilgte man seinen Namen aus den Königslisten. Auch Echnatons unmittelbare Nachfolger wurden aus der Geschichte gestrichen. Es ist eine Ironie des Schicksals, dass einer von ihnen, ein unbedeutender Pharao namens Tutanchamun, der mit neun Jahren den Thron bestieg und mit 18 Jahren vermutlich ermordet wurde, zum bekanntesten aller Herrscher des alten Ägyptens avancierte – dank der weltberühmten Auffindung seines unversehrten, mit Schätzen gefüllten Grabes im Jahr 1922 durch Howard Carter (siehe S. 276f).

Nach Tutanchamuns frühzeitigem Tod war die Thronfolge kurze Zeit offen. Eje, ein königlicher Beamter, nutzte die Gelegenheit und heiratete rasch die verwitwete junge Königin, obwohl sie seine Enkelin war. Nach Ejes Tod ging der Thron an einen General namens Haremhab und nach dessen Tod an einen weiteren General, Ramses I., den Begründer einer Dynastie von Kriegerpharaonen. Am mächtigsten war Ramses II. (1279–1213 v.

Kleopatra beschäftigt seit langem die Fantasie von Schriftstellern und Künstlern. 1883 malte der Brite Alma-Tadema die Königin nach der Schlacht von Aktium

Chr.), auch Ramses der Große genannt. Dieser Pharao, im 19. Jahrhundert durch den englischen Dichter Percy Bysshe Shelley unsterblich gemacht als „König der Könige", ist der Inbegriff des allmächtigen Pharao-Gottes. Sein mächtiger Tempel in Abu Simbel, die Säulenhalle in Karnak und der große, Ramesseum genannte Totentempel in Theben verkörpern in der Vorstellung vieler Menschen das alte Ägypten. Kein anderer Pharao errichtete so viele Bauten, stellte so viele Kolosse auf und zeugte so viele Kinder (über hundert). Ramses II. stellte auch die mit 20000 Mann größte Streitmacht Ägyptens auf und führte sie in der Schlacht bei Kadesch (1275 v. Chr.) gegen die Hethiter.

Ramses II. wurde vermutlich 92 Jahre alt. Sein Grab war bei der Auffindung zwar leer, aber man entdeckte seinen Leichnam 1881 unter den königlichen Mumien in dem Versteck von Qurna (siehe „Wächter und Diebe", S. 264f). Heute liegt sie im Königlichen Mumiensaal des Ägyptischen Museums in Kairo.

Als Ramses III. etwa 30 Jahre nach seinem illustren Namensvetter an die Macht kam, hatte bereits der Verfall eingesetzt. Erneut herrschte Uneinigkeit und das Land wurde von Fremden belagert. Libyen nahm bald das Delta ein, die Nubier aus dem Süden eroberten Theben und andere Kulturen, wie jene der Assyrer und Perser, drangen ins Niltal ein. Ägypten war bankrott und machtlos; es blieb schließlich einem Fremden überlassen, das Land zu retten und die einstige Pracht wieder erstehen zu lassen.

Alexandria & die Ptolemäer

Als Alexander der Große 332 v. Chr. in Ägypten einzog, wurde er als Retter gefeiert. Im Jahr zuvor hatte er die Perser bei Issos im Südosten der heutigen Türkei besiegt. Er marschierte nach Memphis, wo man ihn als Pharao willkommen hieß, bevor er die Wüste durchquerte, um das Orakel von Amun in der Oase Siwa zu befragen. An der Mittelmeerküste gründete Alexander die Stadt Alexandria. Dann unternahm er einen Feldzug durch Asien bis nach Indien. Als er 323 v. Chr. in Babylon starb, teilten seine Generäle sein riesiges Reich unter sich auf. Sein Jugendfreund Ptolemäus beanspruchte Ägypten.

Der frisch gekrönte Ptolemäus I. (305–285 v. Chr.) musste seine Interessen gegen mehrere Rivalen verteidigen, tat dies jedoch erfolgreich und gründete eine Dynastie von 15 griechischen Herrschern, die 275 Jahre an der Macht blieben. Ägypten wurde nun zwar zum Teil der hellenistischen Welt, und Alexandria überflügelte Memphis und Theben an nationaler Bedeutung, aber die Ptolemäer versuchten im eigenen Interesse, an die Zeit der Pharaonen anzuknüpfen. Sie hielten an den bestehenden politischen und religiösen Strukturen fest, übernahmen Kleidung und Stil der Pharaonen, reparierten und restaurierten Tempel und bauten einige neu. Fast alle vollständig erhaltenen Tempel im heutigen Ägypten – Dendera, Edfu, Kom Ombo und Philae – sind ptolemäisch. Über 1000 Jahre trennen den Tempel von Luxor und jenen im 80 Kilometer weiter südlich gelegenen Edna. Die Ptolemäer verwendeten jedoch die älteren Tempel als „Pläne", wodurch sie Gebäudeformen und -stile erhielten.

Später zeigte die ptolemäische Dynastie alle Charakteristika einer mörderischen Seifenoper; es gab häusliche Intrigen und Dolchstöße aus dem Hinterhalt. Die Folge war eine schlimme innere Schwäche im Land. Rom, die aufsteigende Macht in der Mittelmeerregion, nutzte diese Situation rasch aus und mischte sich in die Angelegenheiten des reichen Ägyptens ein. Schließlich lieferte das Verhalten Kleopatras VII. den Römern einen Vorwand zum Eindringen in Ägypten.

Ptolemäus I. (305 bis 285 v. Chr.) musste seine Interessen gegen mehrere Rivalen verteidigen, tat dies erfolgreich und gründete eine Dynastie von 15 griechischen Herrschern.

Kleopatra, die Tochter Ptolemäus' XII., wurde nach dessen Tod 51 v. Chr. Königin; sie teilte sich die Herrschaft mit ihrem Brudergemahl, Ptolemäus XIII. (51–47 v. Chr.), bis dieser sie vertrieb. Die Geschwister schickten sich an, den Anspruch auf den Thron auszufechten, doch die Ankunft einer von Julius Cäsar geführten Flotte unterbrach ihren Zwist. Cäsar verfolgte Pompejus, seinen Rivalen um die Herrschaft über Rom, der kurz zuvor von ihm besiegt worden war und jetzt Zuflucht in Ägypten suchte. Ptolemäus ließ Pompejus enthaupten und überreichte Cäsar den Kopf. Kleopatra ließ sich bei Nacht in einer Teppichrolle versteckt in den Palast von Alexandria schmuggeln und stellte sich Cäsar vor. Am nächsten Morgen fand Ptolemäus seine Schwester bei Cäsar, was ihn aufs Höchste erzürnte. Kleopatra wurde wieder auf den Thron gesetzt und dort von ihrem neuen Liebhaber beschützt, dem sie einen Sohn gebar, Cäsarion, den „kleinen Cäsar".

Im Widerspruch zu dem populären Bild eines sinnlichen, hinreißenden Vamps beruhten Kleopatras Reize offenbar nicht auf ihrem Aussehen. „Ihre wirkliche Schönheit ... war nicht als solche bemerkbar", schrieb der griechische Biograf Plutarch (46–119 n. Chr). Ihr verlockender Charme, so berichtet er, lag in ihrem kühnen Witz und dem Zauber ihrer Gesellschaft. Nach der Ermordung Cäsars in Rom fuhr Kleopatra auf Geheiß von Marcus Antonius, dem neuen aufsteigenden Stern im Römischen Reich, per Schiff nach Tarsus in Kleinasien. Die beiden gingen ein politisches Bündnis ein: Antonius brauchte Geld, Kleopatra wollte Macht und Ländereien haben. Kleopatra wurde Antonius' Geliebte und gebar ihm zwei Kinder. Antonius war jedoch bereits mit der Schwester von Oktavian, dem legalen Erben Cäsars, verheiratet. In der Auseinandersetzung um die Nachfolge Cäsars entbrannte somit ein Krieg, in dem sich Marcus Antonius und Oktavian, der spätere Kaiser Augustus, gegenüberstanden. In der Seeschlacht von Aktium (31. v. Chr.) besiegte Oktavian Marcus Antonius und verfolgte ihn nach Ägypten. Antonius beging Selbstmord. Kleopatra versuchte, Oktavian für sich zu gewinnen, doch vergebens. Sie beging ebenfalls Selbstmord.

Der siegreiche Oktavian befahl danach den Tod von Kleopatras ältestem Sohn und Erben, Cäsarion. Er ernannte sich selbst zum Pharao und machte so der ptolemäischen Herrschaft in Ägypten ein Ende.

Der Nil

Bis zum Bau von Straßen und Eisenbahnlinien war der Nil der einzige Verkehrsweg Ägyptens. Die Pharaonen herrschten über ein Königreich entlang eines Flusses, der ihnen die Möglichkeit bot, ihr Reich regelmäßig zu bereisen. Auf dem Nil wurden Regimenter, aber auch Getreide und die Steine für den Pyramiden- und Tempelbau transportiert. Das Manövrieren der Schiffe auf dem Nil erforderte großes Können, besonders bei Niedrigwasser, weil die beladenen Kähne dann auf Grund setzen konnten. Die Schiffe nutzten die vorherrschenden Nordwinde, um flussaufwärts zu segeln. Doch nur wenige Schiffe taten dies im Sommer zur Überschwemmungszeit, denn dann erschwerten die Wassermassen die Fahrt. Die ägyptische Welt der Antike war geprägt von Überschwemmungen, fruchtbarer Erde, von Ordnung und unvorhersehbarem, bedrohlichem Chaos.

Misr al-Kahira, die siegreiche Stadt

Die Römer interessierten sich wenig für Ägypten. Sechs Jahrhunderte lang benutzten sie es als Kornkammer. In Ägypten erinnert nur wenig an ihre Herrschaft.

Das bedeutendste Vermächtnis aus der Zeit der Römer ist die Verbreitung des christlichen Glaubens in Ägypten. Der Überlieferung zufolge verbreitete der Evangelist Markus dort ab 45 n. Chr. die Lehren Jesu – die ägyptische Kirche zählt folglich zu den ältesten christlichen Kirchen. Nachdem der römische Kaiser Konstantin das Christentum zur offiziellen Religion erklärt hatte, durften Christen ihren Glauben frei ausüben. Die in Ägypten heimischen Kopten hatten im Lauf der Zeit ein Verständnis des Wesens Christi propagiert, das von jenem der Hauptkirche abwich. Bald betrachtete man die Kopten als Ketzer und verfolgte sie. Als im Jahre 641 ein arabisches Heer unter der Flagge des Islam erschien, hießen die christlichen Ägypter es willkommen. Die Kopten überlebten den Aufstieg des Islam und bilden noch heute eine starke religiöse Einheit.

Das arabische Heer ignorierte Alexandria und schlug sein Lager neben einer römischen Festung am Nil gegenüber der alten pharaonischen Hauptstadt Memphis auf. Dieses Feldlager, Fustat genannt, entwickelte sich bald zu einer eigenen Stadt. In den frühen Jahren des Islam, den der Prophet Mohammed um 610 n. Chr. begründet hatte, ging Ägypten durch die Hände mehrerer Kriegerdynastien, weil die direkte Erbfolge von Mohammed umstritten war. Mit jeder Dynastie breitete sich die neue arabische Stadt etwas weiter nach Norden aus. 969 kamen die Fatimiden an die Macht, eine nordafrikanische Dynastie, deren Führer behaupteten, Nachkommen der Tochter des Propheten zu sein. Sie errichteten Paläste und Moscheen, öffentliche Plätze und Durchgangsstraßen, alles innerhalb hoher, befestigter Mauern. Sie gaben der Stadt den Namen al-Kahira, „die Siegreiche", später machten die Europäer daraus Kairo.

Die Stadtmauer verstärkte der Heerführer Saladin, der Nachfolger der Fatimiden. Er regierte als Sultan (1171–1193) von der Zitadelle aus, die er für sich baute. Die größte Blüte erlebte Kairo jedoch während der 267-jährigen Herrschaft der Mamelucken. Das Wort bedeutet „in Besitz genommen", und sie waren tatsächlich Sklaven – hauptsächlich aus

Die Bibel wurde im 2. Jahrhundert zunächst ins Koptische übersetzt. Der Begriff koptisch bezieht sich auf Sprache, Schrift und Kultur der ägyptischen Christen

»Vierzig Jahrhunderte Geschichte schauen von diesen Pyramiden auf euch herab«, rief Napoleon seinen Truppen zu, bevor er die Mamelucken besiegte

dem Kaukasus, der Europa und Asien verbindet –, die man gekauft und als Palastwachen nach Ägypten gebracht hatte. Für ihren Militärdienst entlohnte man sie mit Land und mit der Freilassung. Um die Mitte des 13. Jahrhunderts waren die Mamelucken die stärkste Kraft im Lande, es gelang ihnen, die Erben Saladins zu enteignen und Ägypten für sich zu beanspruchen. Als Krieger groß geworden, bildeten sie eine furchterregende Kaste; sie fegten durch Palästina und Syrien und schufen ein Reich, das sich im Norden bis zur östlichen Türkei erstreckte.

Damit beherrschten die Mamelucken den gesamten Ost-West-Handel, und die Gewinne daraus machten Kairo zu einer der größten und reichsten Städte der Welt. Die Stadt entwickelte sich zum Durchgangsort für Gewürze und Seide aus China, Indien und Arabien, die nach Florenz, Genua und Venedig verschifft wurden und von dort aus nach ganz Europa gelangten. Mit den kostbaren Waren importierte die westliche Welt übrigens auch Wörter: So leitet sich vom arabischen *ruzz* der Reis her, von *kammun* der Kümmel, von *zafaran* der Safran, von *qahwa* der Kaffee, von *sharbat* das Sorbet, von *sukkar* der Zucker und von *makhzan*, dem arabischen Wort für Lager, das Magazin.

Leonardo Frescobaldi, ein italienischer Kaufmann, behauptete in einem Schreiben von 1384, dass in einer einzigen Straße Kairos mehr Menschen wohnten als in ganz Florenz. Genaue Zahlen gibt es nicht, doch Kairos Bevölkerung dürfte sich zu der Zeit auf eine halbe Milli-

on belaufen haben, folglich wäre die Stadt zweimal so groß gewesen wie Paris, die damals größte Stadt Europas. Der Historiker Max Rodenbeck schrieb in seinem Buch „Kairo: Die siegreiche Stadt" (1998), das mittelalterliche Kairo sei allein durch Maßstab und Dichte, Unternehmen und wirtschaftlichen Erfolg das New York seiner Zeit gewesen.

Die Blüte der Mameluckenperiode spiegelt sich heute in den Gebäuden wider, die den Höhepunkt der islamischen Architektur Ägyptens markieren. Charakteristisch sind schlanke Minarette mit mehreren Galerien, elegante Steinkuppeln und zarte Intar-sien aus Marmor und farbigen Steinen. In Kairo gibt es etwa 200 mameluckische Bauten, von Moscheen und Palästen bis zu Brunnen, und sogar ein Krankenhaus, das vor 700 Jahren entstand und noch heute
in Betrieb ist.

Diese Ära zeichnete sich jedoch nicht nur durch die Förderung von Reichtum und Schönheit aus, sondern auch durch blutige Gewalt und unvorstellbare Grausamkeit. Da es kein System der linearen Erbfolge gab, wurde um die Herrscherwürde hart gekämpft. Um Sultan zu werden, musste man zunächst alle potenziellen Rivalen eliminieren. Kaum ein Mamelucken-Sultan starb eines natürlichen Todes.

Ein Sultan, der wenigstens in, wenn auch nicht an hohem Alter starb, war Qansuh al-Ghouri. 1501 übernahm er als 46. Mamelucken-Sultan die Macht . Er hatte als Sklave und Page früherer Sultane begonnen und sich behutsam hochgearbeitet, sodass er, als er den Gipfel erreichte, bereits 60 Jahre alt war. Man weiß, dass er nicht davor zurückschreckte, Ungläubige bei lebendigem Leib auseinander sägen zu lassen. 1516, als er bereits dreimal so lange an der Macht war wie im Durchschnitt jeder andere Herrscher, musste er die Bedrohung durch das Osmanische Reich abwehren. Sein Mameluckenheer, zweieinhalb Jahrhunderte lang die Geißel des Nahen Ostens, unterlag in der Schlacht. Im Januar 1517 zogen die Türken in Kairo ein.

Leonardo Frescobaldi, ein italienischer Kaufmann, behauptete in einem Schreiben von 1384, dass in einer einzigen Straße Kairos mehr Menschen wohnten als in ganz Florenz.

Gegen Ende des 15. Jahrhunderts hatten zwei andere Ereignisse stattgefunden, die sich nachteilig auf die Zukunft Kairos und Ägyptens auswirken sollten. 1498 umrundete der Portugiese Vasco da Gama das Kap der Guten Hoffnung und erreichte Südwestindien. Sechs Jahre zuvor hatte Christoph Kolumbus Amerika entdeckt und damit den Europäern eine völlig neue Welt der Reichtümer erschlossen. Sie brauchten die Mamelucken nicht mehr als Handelsvermittler. Kairo sank zu einer Provinzhauptstadt ab, die Istanbul unterstand. Ägypten fiel in sich zusammen und wurde immer stärker isoliert.

Ägypten & Europa: Napoleon

Genau wie 2000 Jahre zuvor bei Alexander dem Großen bedurfte es wieder eines außergewöhnlichen Generals, um die Welt Ende des 18. Jahrhunderts auf Ägypten aufmerksam zu machen. Napoleon Bonaparte suchte nach einem Weg, die Engländer zu treffen, mit denen Frankreich im Krieg lag. Er kam zu dem Schluss, die schlaueste Lösung sei die Einnahme Ägyptens. Von dort konnte er die britischen Interessen in Indien gefährden. Seine Träume gingen noch weiter, wie ein späteres Schreiben enthüllt: »Ich sah mich eine Religion gründen, in Asien einmarschieren, einen Elefanten reiten, einen Turban auf dem Kopf und in der Hand den neuen Koran, den ich so gestaltet hätte, dass er meinen Bedürfnissen entsprach.« Sein Feldzug endete mit einer Katastrophe. Napoleon und seine Armee landeten 1798 bei Alexandria, wurden jedoch von der Heimat abgeschnitten, weil der englische Admiral Horatio Nelson die französische Flotte in der Seeschlacht bei Abukir vernichtete. Doch in der berühmten Schlacht bei den Pyramiden schlugen die Franzosen die Mamelucken Ägyptens, die wieder an die Macht gelangt waren, weil Istanbul keine wirksame Kontrolle ausübte.

Den Franzosen gelang es nicht, die Macht zu übernehmen. Geschlagen und erniedrigt brachen sie Ende 1801 die Expedition ab. Das militärische Scheitern wurde jedoch von den Leistungen einer zweiten Armee Napoleons aufgewogen, jenen 154 Wissenschaftlern, Malern, Ärzten und Anthropologen, die drei Jahre damit zubrachten, alles in und über Ägypten zu erforschen. Die Ergebnisse trugen sie in 24 Bänden als „Description de l' Egypte" (Beschreibung Ägyptens) zusammen, durch deren Veröffentlichung in Europa neues Interesse an dem alten Land erwachte.

Blau- und Graujacken aus dem amerikanischen Bürgerkrieg

Ende der 1860er Jahre bemühte sich der Khedive Ismail um einen Beweis dafür, dass sein Land genauso das Weltgeschehen mitbestimmen konnte wie andere Mächte. Er wollte seine Streitkräfte ausbauen und durch Expeditionen den Einfluss seines Landes bis nach Afrika ausdehnen. Wer war dazu besser geeignet als die Männer, die im amerikanischen West Point und Annapolis in Kampf und Disziplin ausgebildet worden waren? So zogen die Überlebenden des amerikanischen Bürgerkrieges, sowohl Nord- als auch Südstaatler, nach Ägypten, um dort für eine gemeinsame Sache, für Geld und Abenteuer oder die Verbesserung ihres geschädigten Rufes zu arbeiten. Dutzende amerikanischer Veteranen bildeten nun die Armee des Khediven aus, bauten militärische Befestigungsanlagen und vermaßen das Land.

Ägypten & Europa: Mehmed Ali

Napoleons Sieg über die Mamelucken bereitete in Ägypten den Weg für einen neuen Herrscher. In das Machtvakuum trat ein albanischer Söldner namens Mehmed Ali, der es binnen fünf Jahren nach dem Abzug der französischen Armee schaffte, osmanischer Statthalter in Ägypten zu werden.

Mehmed Ali (1805–1849) war erpicht darauf, die zwischen Ägypten und Europa angebahnte Beziehung auszuweiten. Er ermutigte begabte Ausländer, nach Kairo zu kommen. Die Einladung nahm unter anderen ein Veteran der napoleonischen Kriege namens Joseph Sèves an, der die Armeen des Statthalters ausbildete. Später bekehrte er sich zum Islam und nannte sich Süleyman Pascha. Eine Statue von ihm stand im Zentrum Kairos, bis die Revolution von 1952 sie in die Zitadelle verbannte.

Mehmed Ali warb auch westliche Lehrer und Experten auf allen Gebieten an, die das Land modernisieren sollten. Gleichzeitig wurden ägyptische Studenten und Gelehrte

Ägypten zog Touristen an, nachdem Mehmed Ali und seine Nachfolger es Mitte des 19. Jahrhunderts dem Westen geöffnet hatten

nach Europa geschickt, um die westliche Lebensweise kennenzulernen. Politisch unterstützte Mehmed Ali anfangs den osmanischen Sultan, doch seine eigenen militärischen Siege in Griechenland, Arabien und dem Sudan verliehen ihm so viel Selbstvertrauen, dass er seine Herren herausforderte. Als Sèves' Truppen 1839 eine osmanische Armee schlugen, erwog Mehmed Ali, Istanbul anzugreifen. Als man ihm die erbliche Herrschaft über Ägypten unter osmanischer Oberhoheit anbot, sah er jedoch davon ab und gab seine Landgewinne in Syrien auf.

Ägypten & Europa: Der Kanal

Mehmed Ali war nicht ohne Schwächen, aber seine Herrschaft wird im Allgemeinen als günstig für die Entwicklung des modernen ägyptischen Staates angesehen. Die von ihm gegründete Dynastie (ihre Herrscher trugen den Titel Khedive) wurde jedoch vom ägyptischen Volk zunehmend kritisiert, weil die Menschen unter den hohen Steuern litten. Mit ihnen förderte man neue Projekte, die in erster Linie den europäischen Mächten zu nützen schienen.

Ägypten galt als schnelle Überlandroute in den Osten. Unter Abbas (1848–1854) bauten die Briten eine Eisenbahnlinie von Alexandria nach Kairo. Unter Sa'id (1854–1863) bekam dann ein Freund des Herrschers, der französische Ingenieur Ferdinand Lesseps, die behördliche Genehmigung zum Bau eines Kanals durch den Isthmus von Sues. Dieser wurde 1869 fertiggestellt. Ismail Pascha (1863–1879), ein Enkel Mehmed Alis, organisierte die prächtigen Einweihungsfeiern; er ließ dafür eigens Hotels und Paläste bauen. Die Folge war Staatsbankrott.

Ismail wurde ins Exil geschickt, Großbritannien und Frankreich, die beiden größten Gläubiger Ägyptens, ernannten Finanzberater. Die Ägypter erkannten durchaus, dass das Land durch Fremde und für Fremde regiert wurde. Als das Volk jedoch allzu laut protestierte, 1882 sogar mit einem Aufstand in Alexandria, übernahmen die Briten die Kontrolle über das Land. Die Erben Mehmed Alis blieben auf dem Thron, aber die wirkliche Macht lag in den Händen des britischen Generalkonsuls. 1914 versprach man Ägypten die Selbstherrschaft, um sich seine Unterstützung im Ersten Weltkrieg zu sichern, doch das Versprechen wurde nicht gehalten. 1919 machten dann die Ägypter ihrem Ärger in einem Aufstand Luft. Drei Jahre später musste Großbritannien das Protektorat aufheben und Ägypten als unabhängigen Stadt mit einer erblichen konstitutionellen Monarchie anerkennen. Großbritannien behielt jedoch seinen Einfluss und ließ seine Truppen im Land.

Ein Vertrag von 1936 beendete die britische Besatzung offiziell, doch 1939 machte der Ausbruch des Krieges die Vereinbarung zunichte, weil Ägypten für die Briten große strategische Bedeutung besaß. Neben den Pyramiden und an den Nilufern wurden britische Soldaten stationiert. Militante ägyptische Nationalisten konspirierten mit deutschen Spionen.

Das verlorene Evangelium

Die Tatsache, dass Judas Jesus an die feindlichen Soldaten verraten hat, gehörte bis 2006, als ein neues Evangelium ans Licht kam, zum allgemeinen Glaubensgut der Christen. Das Judasevangelium, Teil einer 1700 Jahre alten Papyrusschrift, die in den 1970er Jahren in der Nähe von El Minya in Ägypten gefunden wurde, offenbart eine andere Version der Geschichte: Judas habe mit seinem Verrat nur Jesu Anordnungen befolgt. Weil das Evangelium nur in einer sehr schlechten Qualität in fast 1000 Einzelfragmenten vorliegt, ist die Deutung dieser Schrift immer noch in vollem Gange. Mehr Informationen dazu gibt es unter www.nationalgeographic.de/reportagen/topthemen/2006/das-judas-evangelium.

Die arabische Republik Ägypten

Nach Kriegsende setzten sich in Ägypten neue Kräfte durch. Es herrschte Unwillen gegenüber dem König und den politischen Repräsentanten, die mit den Briten kollaboriert und es nicht geschafft hatten, die Unabhängigkeit sicherzustellen. 1948 schließlich brach der katastrophale arabisch-israelische Krieg aus, in dem die ägyptische Armee von dem soeben ausgerufenen Staat Israel geschlagen wurde. Ägyptens Zorn über die Demütigung eskalierte. An einem Januarwochenende im Jahre 1952, dem sogenannten Schwarzen Samstag, steckten wütende Horden in Kairo etwa 700 Geschäfte, Hotels und Anwesen im europäischen Viertel in Brand. Sechs Monate später, am 23. Juli, besetzte eine Gruppe, die sich Komitee der Freien Offiziere nannte und von Gamal Abd al-Nasser angeführt wurde, in einem unblutigen Handstreich die strategischen Schlüsselpositionen. Der letzte König Ägyptens, Faruk I., wurde zur Abdankung gezwungen und ins Exil geschickt. Im Juni 1953 erfolgte die Ausrufung der Republik.

Nach der kurzen Präsidentschaft des Sudanesen Gen. Mohammed Naguib war Nasser der erste in Ägypten geborene Herrscher nach den Pharaonen. Britische und französische Staatsangehörige mussten ihre Sachen packen. Die Ländereien reicher Paschas wurden beschlagnahmt und in Parzellen unter die Fellachen, Angehörige des Bauernstandes, aufgeteilt. Nasser war ein sozialistischer Held, zumal nach seiner festen Haltung im Jahr 1956, als er während der Sueskrise erst den Kanal verstaatlichte und dann den vereinten britischen, französischen und israelischen Streitkräften die Stirn bot. Bald symbolisierte Nasser soziale Gerechtigkeit, Anti-Imperialismus und die panarabische Idee. 1967 sperrte

Nasser jedoch den Golf von Akaba für israelische Schiffe und löste damit den Sechstagekrieg aus, in dem die Israelis binnen weniger Tage die gesamten arabischen Luftstreitkräfte am Boden zerstörten.

Sein Nachfolger, Anwar as-Sadat, überraschte Israel im Oktober 1973, als er es zusammen mit Syrien angriff (siehe S. 138). Die anfänglichen Erfolge der ägyptischen Truppen stärkten trotz der späteren Rückschläge die Moral des Landes ungeheuer. Sie bahnten den Weg für Friedensverhandlungen, die am 26. März 1979 in der Unterzeichnung des Friedensvertrags von Camp David gipfelten. Sadat und der israelische Premierminister Menachem Begin erhielten 1978 für ihre Friedensbemühungen im Nahen Osten den Friedensnobelpreis.

Sadat wurde 1981 von islamischen Extremisten ermordet. Seine Nachfolge trat Vizepräsident Hosni Mubarak an. Mubarak, der nicht das Charisma seiner Vorgänger hat, erweist sich als solide. Die regionalen Beziehungen sind gut, und das internationale Ansehen stieg dank Kairos Rolle bei den Verhandlungen zwischen Palästina und Israel.

Projekte zur Gewinnung von Lebensraum aus der Wüste sind im Gang ... und immer mehr Regionen werden für den Tourismus erschlossen.

Die gemäßigten politischen Kräfte konzentrieren sich auf die Selbstentwicklung. Projekte zur Gewinnung von Lebensraum aus der Wüste sind im Gang, die Privatisierung hat der dahinsiechenden Staatswirtschaft eine Spritze verpasst, das Bildungsniveau steigt, die Bevölkerung wächst langsamer und immer mehr Regionen werden für den Tourismus erschlossen. ■

Ägyptens zweiter Präsident, der charismatische Gamal Abd al-Nasser (1918–1970), galt bei seinem Volk und in vielen Ländern der Dritten Welt als Held

Die Kultur der Pharaonen

Die Kultur wurzelte fest im Glauben an ein ewiges Leben und die Menschen waren bestrebt, sich den Weg dorthin mit Hilfe ihrer zahlreichen Götter zu sichern.

Die pharaonische Religion

Im alten Ägypten war die Religion ein höchst kompliziertes System von Ritualen und einem Glauben, dessen Kern das Bedürfnis bildete, die kosmische Ordnung in einem perfekten Gleichgewicht zu halten. Dies konnte jedoch nur mit Hilfe der Götter gelingen. Man ehrte sie in endlos langen Ritualen, damit sie halfen, die Harmonie des Universums zu bewahren.

Die vielen Gottheiten Ägyptens, ursprünglich als Personifizierungen der Natur verehrt, entwickelten immer komplexere Persönlichkeiten, je mehr Mythen sich um sie rankten. Jeder Mythos hatte lokale Varianten, sodass sogar die Schöpfungsgeschichte in mindestens drei verschiedenen Formen erhalten ist. Alle Schöpfungsmythen basierten zwar auf dem Glauben, dass das Leben erstmals aus den Wassern des Chaos auf einem Erdhügel entstand, aber mehrere Orte wollten ursprünglicher Standort dieses Hügels zu sein. Man glaubte, dass das Leben, das er barg, von Gottheiten erschaffen worden war, die mit diesem Ort verbunden waren, seien es die neun Götter von Heliopolis, die acht Götter von Hermopolis oder der eine Gott von Memphis. In der Version mit nur einem Schöpfer erdachte der Gott Ptah die Welt, bevor er allem darin einen Namen gab. Damit schuf er das Leben buchstäblich durch das Wort Gottes. Andernorts schrieb man die Schöpfung Atum zu, dem Erschaffer von Heliopolis, der seine Kinder Schu und Tefnut selbst gebar, indem er das eine ausnieste und das andere ausspuckte. Diese beiden Götter schufen ihrerseits den Erdgott und die Himmelsgöttin, deren Kinder wiederum Isis, Osiris, Seth und Nephthys waren.

Im alten Ägypten war die Religion ein ... kompliziertes System von Ritualen und einem Glauben, dessen Kern das Bedürfnis bildete, die kosmische Ordnung im Gleichgewicht zu halten.

Andere glaubten an umwälzendere Ereignisse, in deren Verlauf das Leben von acht geheimnisvollen Göttern erschaffen worden war. Ihre vereinten Energien ließen durch Funken Leben entstehen und formten den Urhügel, aus dem gemäß der ältesten Version der Urknall-Theorie die Sonne hervorbrach. Die Sonne, immer im Zentrum des ägyptischen Lebens, galt als allmächtig und fähig, Leben zu geben und zu nehmen. Der am häufigsten mit dieser Macht in Verbindung gebrachte Gott war der falkenköpfige Re, doch in der Dämmerung identifizierte man die Sonne auch mit dem Skarabäus Chepre, mit Horus, während sie im Osten aufging, und mit Atum, während sie im Westen unterging. Wenn sie dann in die Unterwelt eintrat, wurde sie wieder Re, der in den Stunden der Nacht die

Selket, hier als vergoldete Holzstatue, zählt zu den vier Schutzgöttinnen der Toten, die rund um den Kanopenschrein Tutanchamuns im Ägyptischen Museum von Kairo stehen

ERLEBNIS: Als Freiwilliger bei Ausgrabungen helfen

Für viele Menschen sind Archäologen der Inbegriff von Ägypten, entweder echte wie Howard Carter oder erfundene Charaktere (man denke an Indiana Jones oder Brendan Fraser in den Filmen „*Die Mumie*"). Tatsächlich werden noch immer antike Funde gemacht, darunter eine neue Kammer (KV63) im Tal der Könige Anfang 2006. Zudem liegen noch etwa 70 Prozent der Kunstwerke im Sand versteckt, wie der ägyptische Chef-Archäologe Zahi Hawass immer wieder gerne betont.

Selbst wer keine Ausbildung in Alter Geschichte hat, kann an einer laufenden Ausgrabung teilnehmen. Die Arbeit kann langweilig, aber auch sehr aufregend sein. Weil jedoch in der Vergangenheit viele Antiquitäten von Ausländern gestohlen wurden, ist es erforderlich, dass jeder, der bei einer Ausgrabung mithilft, offiziell registriert und vom Leiter des Projekts für geeignet befunden wird. Jeder Leiter muss dem ägyptischen Supreme Council of Antiquities vor Beginn eines Projekts eine Namensliste seiner Teammitglieder, einschließlich der freiwilligen Helfer, vorlegen, um ein gewisses Maß an Sicherheit zu gewährleisten.

Am besten wendet man sich an das American Research Center in Ägypten, das archäologische Projekte fördert und organisiert. Laufende oder künftige Expeditionen finden sich auf der Website unter www.arce.org. Man kann auch direkt mit dem Projektleiter Kontakt aufnehmen.

Mächte der Finsternis bezwang. In der Morgendämmerung kehrte die Sonne zurück, um den ewigen Zyklus erneut zu beginnen.

Der König (Pharao, vom ägyptischen *per-wer*, großes Haus), Vertreter des Sonnengottes auf Erden, war immer als Sohn des Re anerkannt, und sogar als der Ortsgott Amun aus politischen Gründen Landesgottheit wurde, sicherte man seinen Status, indem man Res Namen benutzte und Amun-Re schuf, den König der Götter.

Wichtig war, dass männliche Gottheiten ihre weiblichen Gegenstücke hatten, weil der ägyptische Glaube ja ein vollständiges Gleichgewicht zwischen dualen Mächten forderte, eine Vorstellung, wie sie die Göttin Maat verkörperte, die das Universum zusammenhielt. Sie war es, die jene Regeln aufstellte, nach denen jeder König regieren musste.

Die Mehrheit der Bevölkerung betete die vielen ägyptischen Götter, die man durch große, nur der Priesterschaft zugängliche Kulttempel ehrte, in kleinen häuslichen Schreinen an, zusammen mit einer Reihe beschützender Haushaltsgottheiten wie Bes, Taweret und den Geistern der Vorfahren jeder Familie. Große und geringere Götter bildeten einen wichtigen Teil des täglichen Lebens und begleiteten die Verstorbenen in die Ewigkeit des Lebens nach dem Tod.

Götter & Göttinnen

Die alten Ägypter stellten ihre Gottheiten in menschlicher und tierischer Gestalt dar sowie auch als Kombination von beidem. Viele von ihnen besaßen die gleichen Merkmale, Titel und Attribute, woraus sich ein ungemein kompliziertes System ergab. Hier eine Liste der Hauptdarsteller in den göttlichen Dramen:

Ammut: Diese aus einem Löwen, einem Flusspferd und einem Krokodil zusammengesetzte Gestalt aß die Herzen der Sünder nach deren Tod.

Amun: Der Stadtgott von Theben, „der Verborgene", wurde zum König der Götter, als man ihn in Kombination mit Re zu Amun-Re machte. Sein Kultzentrum war Theben.

Anubis: Schakalköpfiger Gott der Einbalsamierer und Wärter der Friedhöfe.

Atum: Der große Ur- oder Schöpfergott, bekannt als „der Eine, der aus sich selbst entstand"; gleich Re verehrte man ihn hauptsächlich in Heliopolis.
Bes: Grotesker, zwergenähnlicher Dämon, Schutzgott der Gebärenden und der Kinder.
Chepre: Der Sonnengott während der Morgendämmerung in der Gestalt eines Skarabäus.
Geb: Dieser Sohn von Schu und Tefnut verkörpert die Erde, dargestellt als grüner Mann.
Hathor: Göttin der Liebe, Freude und Schönheit, oft als Kuh dargestellt. Ihr Name bedeutet „Haus des Horus", das den Gott, den König und alle toten Seelen beschützt; ihr Kultzentrum war Dendera.
Horus: Gewöhnlich als Falke dargestellt, Sohn der Isis und des Osiris, empfangen nach der Wiederauferstehung seines Vaters, um diesen zu rächen und ihm nachzufolgen (siehe „Isis und Osiris", S. 305). Er war der Gott, mit dem man alle lebenden Könige identifizierte.
Isis: Die große Göttin der Magie, die den zerstückelten Körper des Osiris wieder zusammensetzte, also die erste Mumie schuf, und dann den Horus empfing. Ihr Name wurde mit einem Thronzeichen geschrieben; ihr Kultzentrum in Philae war der letzte Außenposten der alten Religion.
Maat: Göttin der Weltordnung und Symbol der Wahrheit, lag als Straußenfeder in einer Waagschale, in deren Gegenstück die Herzen der Verstorbenen auf ihre Sünden hin gewogen wurden.
Nechbet: Geierköpfige Göttin Oberägyptens, deren ausgebreitete Flügel den König schützen. Nechbet und Uto, die Göttin Unterägyptens, waren als die „zwei Herrinnen" bekannt.
Nephthys: Schwester der Isis. Zusammen waren sie die Beschützerinnen der Toten.
Nut: Die Himmelsgöttin wurde als Frau dargestellt, deren Körper den Himmel bildet und sich über den Körper ihres Bruders Geb reckt; getrennt wurden die beiden von ihrem Vater Schu, dem Luftgott.
Osiris: Ursprünglich ein irdischer Herrscher und Fruchtbarkeitsgott; sein Name ist ebenfalls mit dem Thronzeichen geschrieben. Nach seiner Ermordung und Wiederauferstehung wurde er zum Herrscher über die Unterwelt. Sein Kultzentrum in Abydos war ein Pilgerort.
Ptah: Schöpfergott und Patron der Handwerker; sein Kultzentrum war Memphis.

Die Göttin Nut streckt ihren Leib schützend über den Toten (Unterseite des Deckels von König Merenptahs Steinsarkophag)

Re: Vorherrschende Gestalt des Sonnengottes, dessen Name „die Sonne" bedeutet; meist falkenköpfig mit der Sonnenscheibe auf dem Haupt dargestellt. Sein Kultzentrum, Heliopolis, liegt heute teilweise unter Kairos Flughafen.
Sachmet: Löwengöttin, deren Name „die Mächtige" bedeutet; sie schützte die königliche Macht des Pharaos. Das Zentrum ihres Kults war Memphis.
Schu: Der Luftgott, dargestellt als menschliche Gestalt mit einer Feder auf dem Kopf. Er wurde geschaffen, indem Atum ihn ins Dasein nieste.
Seth: Gott des Chaos und der Stürme, Mörder seines Bruders Osiris; dargestellt wurde er als Mensch mit Tierkopf.

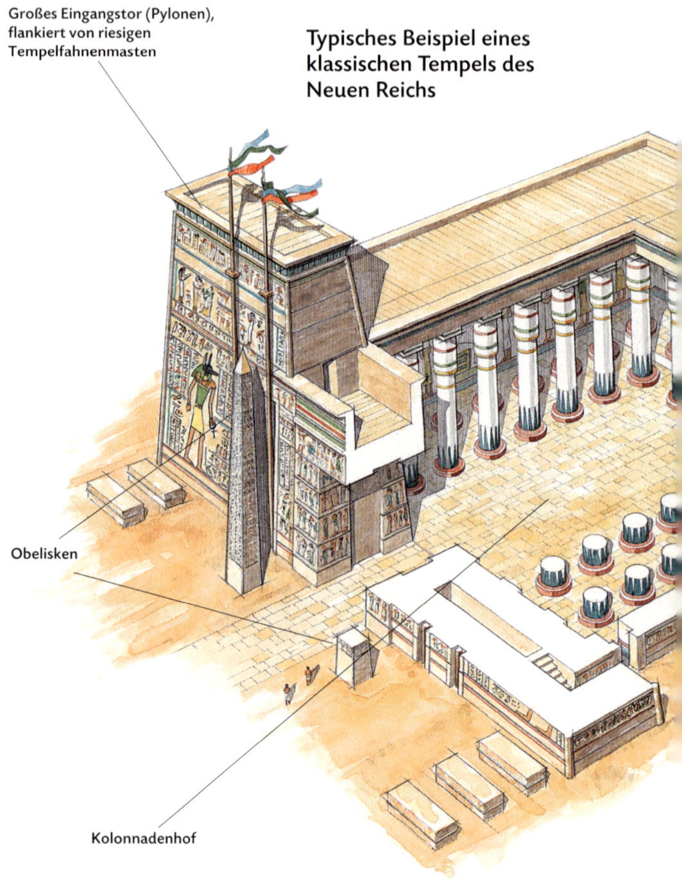

Tefnut: Göttin der Feuchtigkeit und Zwillingsschwester von Schu; sie entstand, als ihr Vater Atum sie ausspie.
Toeris: Nilpferdgöttin und Geburtshelferin.
Thot: Ibisköpfiger Gott der Wissenschaft und Patron der Schreiber, verehrt in Hermopolis.
Uto: Kobragöttin Unterägyptens, dargestellt durch die schützende Schlange oder die Uräusschlange auf dem Rand des königlichen Kopfschmucks.

Pharaonische Gottheiten treten in vielerlei Gestalten auf, und es gibt viele Überschneidungen bei ihren Eigenschaften und Zuständigkeiten, wie die obige Zusammenstellung

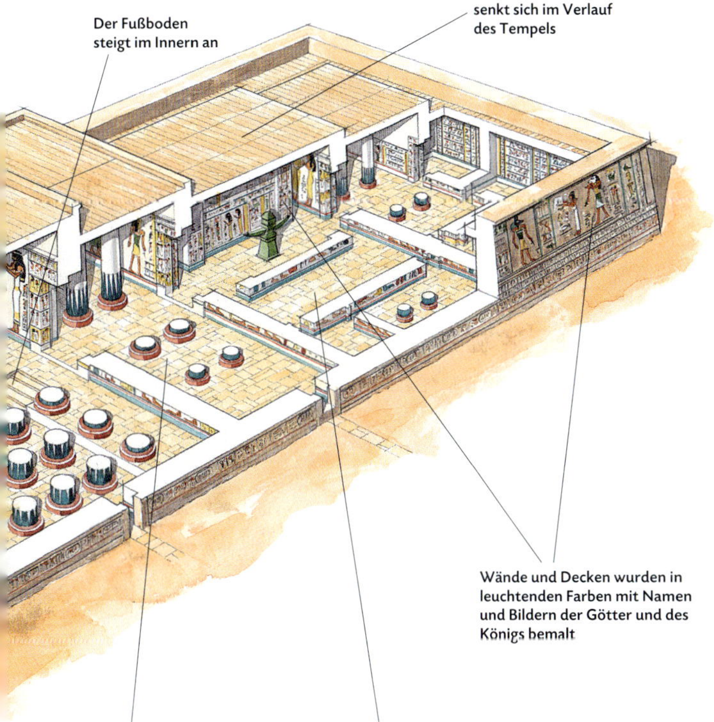

zeigt. Außerdem sind einige Götter bestimmten Religionen zugehörig und spielen dort Rollen, die anderswo ein anderer Gott innehat.

Der Tempel

Der Tempel stand im Mittelpunkt des ägyptischen Lebens und bildete den Kern jeder Siedlung. Er war gleichzeitig Rathaus, Schule sowie medizinisches Zentrum und hatte eine religiöse Funktion. Während jedoch die moderne Kirche oder Moschee eine Gemeinde hat, durfte nur die Priesterschaft die alten Tempel betreten. Dort dienten sie den Göttern, deren Kräfte dann zum Wohle aller genutzt werden konnten.

In Tempeln ganz Ägyptens agierte der Hohepriester, der den König vertrat, jeden Tag als Vermittler zwischen der sterblichen und der göttlichen Welt. Er wandte traditionelle Rituale an, in denen man die Götter mit einem ständigen Strom von Opfern ehrte. Damit wollte man sie ermutigen, ihre Statuen zu bewohnen. Sie wurden in kleinen Schreinen verwahrt, zu denen nur der König und der Hohepriester Zugang hatten.

Die Geistlichkeit selbst reichte vom hochgebildeten Priester bis zu dem Mann, der die heilige Kuh versorgte. Die Männer lebten in ihren kleinen, dem Tempel angeschlossenen Gemeinden, oft nahe an einem heiligen See, in dem sie jeden Tag und jede Nacht zweimal baden mussten, weil Ritualhandlungen völlige Reinheit erforderten. Die Häuser der Priester, die Lagerräume und Nebengebäude bestanden aus den üblichen Lehmziegeln,

Eine Bildfolge von Haremhab mit gestreiftem Kopftuch, der den Göttern Opfergaben darbietet, schmückt ein Grab im Tal der Könige

doch die Tempel selbst waren aus Stein gebaut. Farbige Bilder und Inschriften zierten die Mauern. Szenen von Krieg und Zerstörung auf den Außenwänden standen in krassem Gegensatz zu den ruhigen Szenen frommer Anbetung im Inneren, die grafisch die Vorstellung veranschaulichten, dass die Quelle weltweiter Ordnung nur innerhalb der Tempelmauern gefunden werden könne.

Grabkunst

Der charakteristische Stil der altägyptischen Grabkunst entwickelte sich bereits zu Beginn der Pharaonenzeit, etwa 3100 v. Chr., und blieb mehr als drei Jahrtausende fast unverändert. Im Gegensatz zu der Kunst, die um ihrer selbst willen geschätzt werden will, war die ägyptische Bildhauerei und Malerei in den meisten Fällen funktional.

Die atemberaubende Schönheit der Kunst ist besonders bemerkenswert, weil die Gemälde, Reliefs und Plastiken hauptsächlich sakralen Zwecken und dem Totenkult dienten. Sie befanden sich, verborgen vor den Blicken der Öffentlichkeit, in der Dunkelheit des Tempelinneren oder wurden mit den Toten begraben, um sie im künftigen Leben zu beschützen. Dies erklärt vor allem die Natur von gemalten und reliefartigen Szenen. Ihr täuschend einfaches Aussehen und das Fehlen der Perspektive machen Sinn, denn es kam darauf an, dass von abgebildeten Wesen oder Dingen jedes wichtige Merkmal möglichst klar zu sehen war. Menschengestalten erhielten ein klares Profil mit Nase und Mund, während das Auge als Ganzes gezeigt wurde: Man dachte, die richtigen Rituale würden die Dargestellten wiederbeleben und nur die klarsten Darstellungen würden es den Sinnen ermöglichen, nach dieser Wiederbelebung wirksam zu funktionieren.

Auch leblose Gegenstände stellte man möglichst deutlich dar, wobei man die in den Tempeln und Gräbern geopferten großen Mengen von Speisen und Getränken an den Wänden verdoppelte, um eine konstante Versorgung für die Ewigkeit sicherzustellen. Die dargestellten Opfergaben sind in bestimmten Schichten gestapelt, oft scheinen sie zu „schweben"; der Inhalt von Behältern wurde ebenso dargestellt. Die einstigen Künstler arbeiteten nach strengen Stilmustern, dennoch gelang es ihnen, die Vitalität der Bilder einzufangen. Diese Bilder betonen wiederholt die Vorstellung von Leben und Wiedergeburt, und man hielt sie für fähig, jene Vitalität zu vermitteln, die sie darstellten. Sie enthalten Skarabäen und Maulbrüter-Fische, denen man die Fähigkeit der Selbstzeugung zuschrieb, ferner die als Nahrung für die Verstorbenen und die den Göttern geopferten Tiere und Pflanzen sowie die Leben spendende Lotosblume (das heraldische Symbol Oberägyptens, wie für Unterägypten die Papyrusstaude).

Die Funktionalität der Kunst wurde auch durch sorgfältige Verwendung heller Grundfarben betont. Das Land Ägypten, politisch verkörpert durch die weiße Krone Oberägyptens und die rote Krone Unterägyptens, unterteilte sich auch in das fruchtbare schwarze Land und die öden roten Wüstenflächen. Diese Unterscheidung erklärt die Wahl von Schwarz und Grün für Darstellungen des Osiris, des Gottes der Fruchtbarkeit und ewigen Lebens, im Gegensatz zu dem Rot, das mit seinem mörderischen Bruder Seth, dem Gott des Chaos, assoziiert wird. Das ätherische Blau des Himmels birgt auch göttliche Assoziationen und wurde bei Darstellungen der Götter im Allgemeinen verwendet, wobei das Goldgelb der Sonne deren schützende Qualitäten ausdrückte. Sogar Menschen wurden mit verschiedenfarbigen Hauttönungen wiedergegeben; das Rotbraun der Männer steht im Kontrast zu den blasseren, gelblicheren Tönen weiblicher Figuren.

Hieroglyphen & Kartuschen

Die Erfindung der altägyptischen Schrift datierte man auf etwa 3100 v. Chr., bis man unlängst entdeckte, dass sie schon fast zwei Jahrhunderte früher in Gebrauch war. Das macht sie zur ältesten Schrift der Welt. Die Ägypter ersannen die Schrift zunächst als Mittel zur Organisation des Handels; es war eine Bilderschrift, die als Hieroglyphenschrift bekannt wurde, nach griechischen Wörtern, die „heilige geschnittene Lettern" bedeuten. Die Hieroglyphen, mehr als 3500 Jahre in ständigem Gebrauch, entwickelten sich aus ei-

Hieroglyphen

Dank der Entschlüsselung des Steins von Rosette durch den französischen Gelehrten Jean-François Champollion (1790–1832) sind die alten ägyptischen Hieroglyphen den heutigen Ägyptologen so zugänglich wie den Priestern zu Kleopatras Zeiten. Einige Hieroglyphen stehen für einzelne Laute oder Buchstaben, während andere ganze Wörter bedeuten oder einfach nur die Bedeutung oder den Kontext eines Wortes unmittelbar vor dem Zeichen angeben. Um die Sache noch komplizierter zu machen, können sie entweder von rechts nach links, von links nach rechts oder von oben nach unten gelesen werden.

Was immer wieder auffällt, ist der Umstand, dass die Namen von Pharaonen stets in einer Kartusche – einem ovalen Rechteck – auftauchen. Einen Überblick über die verschiedenen ägyptischen Gottheiten und ihre Symbole finden Sie in Manfred Lurkers *Lexikon der Götter und Symbole der alten Ägypter.* Wer sich mit der Entschlüsselung von Hieroglyphen beschäftigen möchte, kann auf zahlreiche Publikationen zurückgreifen, darunter etwa *Hieroglyphen. Entziffern, lesen, verstehen von Mark Collier und Bill Manley.*

Hier finden sich einige der an den antiken Stätten immer wiederkehrenden Wörter und Symbole:

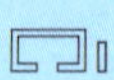
Haus

Sohn von Ra

Herrscher der Zwei Länder

Anubis

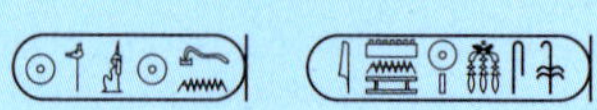
Voller Name von Ramses II.

Osiris

ner Hand voll Zeichen zu einer Sammlung von mehr als 6000 sehr komplizierten Bildzeichen, von denen jedes einen, zwei oder drei Konsonanten darstellt oder einfach als Determinativ für eine bestimmte Kategorie von Zeichen steht. Das Fehlen von Selbstlauten, Interpunktion und Zwischenräumen, dazu die Praxis, Hieroglyphen horizontal von rechts nach links und links nach rechts sowie vertikal zu schreiben, vergrößerten ihre Rätselhaftigkeit noch.

Obwohl sich für die alltäglichen Angelegenheiten bald eine Art Kurzschrift entwickelte (hieratische Schrift genannt), behielt man die Hieroglyphen für religiöse Zwecke bei. Man betrachtete sie als Worte des Thot, nach dem ibisköpfigen Gott der Schreibkunst, und ihr magischer Gehalt wurde dadurch verstärkt, dass nur ein Prozent der damaligen Bevölkerung des Lesens und Schreiben kundig war. Jene, die direkten Zugang zu dieser „göttlichen Weisheit" hatten, bildeten die elitäre Schreiberklasse.

Die Kartusche unterteilt die in die Wand eines Grabes gemeißelte Bestattungsliturgie

Die Hieroglyphen eigneten sich perfekt für Grab- und Tempelinschriften. Als solche bilden sie einen integralen Bestandteil von Szenen; Worte und Bilder sind gleichermaßen von göttlicher Kraft durchtränkt. Die Symbole von Stärke, Wohlergehen und vor allem Leben sah man als besonders wirksam an, ebenso die Namen des Königs und der Götter, die man wieder und wieder schrieb, um sie für alle Ewigkeit zu bewahren.

Die Ägypter glaubten, dass „den Namen der Toten zu sprechen sie lebendig macht", weil der Name für eine Person genauso wichtig war wie ihre Seele. Der Verlust des Namens oder der Seele würde ewige Vergessenheit bedeuten, weshalb es zu den härtesten Strafen gehörte, wenn man Könige wie etwa Echnaton aus den Listen tilgte. In der Regel wiederholte man die Namen der mächtigsten Gestalten nicht nur, sondern schützte sie mit Beiworten wie *ankh*, *wedja*, *seneb* („Leben, Wohlergehen, Gesundheit"). Teile des Königsnamens wurden auch in eine Festungsmauer geschrieben, woraus sich später ovale Kartuschen (vom französischen Wort für Patrone) entwickelten. Die Kartusche enthielt zwei der fünf Namen, die man jedem König gab: den bei der Krönung angenommenen Titel „König von Ober- und Unterägypten", versehen mit einem Schilfrohr und einer Biene, gefolgt von dem bei der Geburt erhaltenen Namen „Sohn des Re", versehen mit einer Sonnenscheibe und einer Gans.

Häufig enthielten die Namen als Glücksbringer Namen von Göttern, etwa Amenophis, „Amun ist zufrieden", oder Ramses, „geboren aus Re". Es gab auch einfache Namen wie Nefer („schön" oder „glücklich") oder Seneb („gesund"). Manchmal wählte man für Kinder Namen aus der Natur, darunter Miwt (Katze) und Seschen (Lotos).

Die letzte Hieroglyphen-Inschrift ist mit 394 n. Chr. datiert. Danach führte die Verbreitung des Christentums zur Schließung der Tempel. Das Wissen, das sie bargen, geriet für Jahrhunderte in Vergessenheit. Das Altägyptische war untergegangen und blieb verloren, bis man es 1824 dank der Entzifferung der Hieroglyphen wieder ans Licht holte (siehe S. 167). ■

Zeittafel der Pharaonen

Die genauen Daten der Ägyptischen Dynastien und der einzelnen Regierungszeiten sind noch immer Gegenstand hitziger wissenschaftlicher Debatten. Die nachfolgende Tabelle beruht auf der Chronologie im „British Museum Dictionary of Ancient Egypt" von Ian Shaw und Paul Nicholson. Sie nennt nur die wichtigen Könige und Pharaonen, gewöhnlich jene, die bleibende Denkmäler ihrer Herrschaft hinterließen.

Eine Statue im Ägyptischen Museum in Kairo stellt König Menkaura von Oberägypten mit Hathor und dem Ortsgott Hardai dar; sie stammt aus dem Tempel des Königs in Giseh

Frühzeit

Etwa 3100–2686 v. Chr.

Entwicklungszeit, in der viele bedeutende Aspekte der pharaonischen Kultur und Gesellschaft auftauchen.

1. Dynastie	3100–2891
Narmer/Menes	ca. 3000
2. Dynastie	2890–2686

Altes Reich

2686–2181 v. Chr.

Aufstieg von Memphis zur Hauptstadt Ägyptens und Entwicklung der absoluten Macht von Pharaonen, die gewaltige Pyramiden als Denkmäler errichten.

3. Dynastie	2686–2613
Djoser	2667–2648
Sechemchet	2648–2640
4. Dynastie	2613–2494
Snofru	2613–2589
Cheops	2589–2566
Djedefre	2566–2558
Chefren	2558–2532
Mykerinos	2532–2503
5. Dynastie	2494–2345
Userkaf	2494–2487
Sahure	2487–2475
Neferirkare	2475–2455
Niuserre	2445–2421
Unas	2375–2345

6. Dynastie	2494–2345
Teti	2345–2323
Pepi I.	2321–2287
Pepi II.	2278–2184

Erste Zwischenperiode

2181–2055 v. Chr.

Die geeinte Herrschaft weicht rivalisierenden Gaufürsten, es kommt zum Bürgerkrieg. Die Macht der Pharaonen schwindet.

7.–11. Dynastie

Mittleres Reich

2055–1650 v. Chr.

Weitere Unruhen, bis Ägypten unter den Herrschern von Theben wieder vereinigt wird. Thebens Bedeutung wächst, die Macht verlagert sich nach Oberägypten.

11. Dynastie	2055–1985
Mentuhotep II.	2055–2004
12. Dynastie	1985–1795
Amenemhet I.	1985–1955
Sesostris I.	1965–1920
Amenemhet II.	1922–1878
Sesostris II.	1880–1874
Sesostris III.	1874–1855
Amenemhet III.	1855–1808
Amenemhet IV.	1808–1799
13. und 14. Dynastie	1795–1650

Zweite Zwischenperiode

1650–1550 v. Chr.

Ägypten wird von den Hyksos besetzt, fremden Siedlern aus dem Norden.

15.–17. Dynastie

Neues Reich

1550–1069 v. Chr.

Das Goldene Zeitalter der Pharaonen, in dem Ägypten unter einer Reihe mächtiger Könige zu unübertroffener Größe aufsteigt; Theben ist nun die südliche Hauptstadt sowie Ägyptens Religions- und Begräbniszentrum.

18. Dynastie	1550–1295
Ahmose I.	1550–1525
Amenophis I.	1525–1504
Tuthmosis I.	1504–1492
Tuthmosis II.	1492–1479
Tuthmosis III.	1479–1425
Hatschepsut	1473–1458
Amenophis II.	1427–1400
Tuthmosis IV.	1400–1390
Amenophis III.	1390–1352
Echnaton	1352–1336
Tutanchamun	1336–1323
Haremhab	1323–1295
19. Dynastie	1295–1186
Ramses I.	1295–1294
Sethos I.	1294–1279
Ramses II.	1279–1213
Merenptah	1213–1303
Sethos II.	1200–1194
20. Dynastie	1186–1069
Ramses III.	1184–1153
Ramses IV.	1153–1147
Ramses V. – XI.	1147–1069

Dritte Zwischenperiode

1069–747 v. Chr.

Die Pharaonenherrschaft bricht zusammen. Libyer übernehmen die Herrschaft.

21.–24. Dynastie

Spätzeit 747–332 v. Chr.

Rivalisierende Herrscher in Theben und im Delta. Ägypten gerät unter kuschitische (Dynastie aus dem Süden) und persische Herrschaft. Die 26. Dynastie (664–525 v. Chr.) bringt wieder eine einheimische Herrschaft mit Sitz in Sais.

25.–31. Dynastie

Hellenistisch-römische Zeit

332 v. Chr. – 395 n. Chr.

Alexander der Große	332–323
Zeit der Ptolemäer	304–30
Ptolemäus I.	305–285
Ptolemäus II.	285–247
Ptolemäus III.	246–221
Kleopatra	51–30

Kunst & Kultur

Nach den westlichen Kenntnissen über die ägyptische Kultur scheint sie mit den Pharaonen untergegangen zu sein. Für die arabischsprachige Welt ist Kairo Hollywood und New York in einem, Zentrum für Film, Fernsehen, Musik, Theater und Literatur.

Literatur

Altägyptische Stoffe und Legenden hinterlassen mit Filmen wie „Kleopatra" oder „Der Herrscher von Ägypten" und den unzähligen Auferstehungen der untoten Mumie seit Jahren ihre Spuren in der Psyche von Amerikanern und Europäern. Zum bisher wohl letzten Mal kreuzten sich jedoch die Wege des modernen Ägypten und der internationalen

Folkmusiker und -sänger unterhalten die Gläubigen im heiligen Monat Ramadan

Kultur, als Omar Sharif in David Leans „Lawrence von Arabien" und „Doktor Schiwago" das weibliche Publikum in seinen Bann zog.

Aufmerksame Leser und Literaturliebhaber haben aber vielleicht 1988 den Auftritt eines weiteren Ägypters auf der internationalen Bühne bemerkt: Der gebürtige Kairoer Nagib Machfus erhielt den Nobelpreis für Literatur. Machfus, 1911 geboren, ist der große alte Mann der arabischen Literatur. Er veröffentlichte bis zu seinem Tod 2006 etwa 50 Romane und Bände mit Erzählungen. Machfus kann für sich in Anspruch nehmen, fast im Alleingang die ägyptische Literatur des 20. Jahrhunderts geformt und ihren Übergang von der Imitation des Europäischen zu einer eigenständigen Form mit nationaler Stimme gelenkt zu haben. Seine besten Werke, darunter die Romane „Die Midaq-Gasse" und „Zuckergässchen", greifen auf die Erzählkünste der arabischen Literatur zurück und inspirieren sich an mittelalterlichen Sammlungen von Geschichten wie „Tausendundeine Nacht" sowie jenen, die sich im Koran finden, dem heiligen Buch der Muslime. Viele Werke wurden in europäische Sprachen übersetzt und sind laut *Washington Post* „wunderbarer Lesestoff".

Machfus kann für sich in Anspruch nehmen, fast im Alleingang die ägyptische Literatur des 20. Jahrhunderts geformt und ... zu einer eigenständigen Form mit nationaler Stimme gelenkt zu haben.

Weit schöner wäre es jedoch, würden uns die Geschichten wie einst von einem meisterlichen Geschichtenerzähler vorgetragen. Geschichten wie jene, aus denen „Tausendundeine Nacht" besteht, waren nie dazu bestimmt, gelesen zu werden. Diese oft freizügigen Parabeln und Erzählungen, von denen viele im Kairo der Mamelucken spielen, wurden vielmehr von umherziehenden Schaustellern verbreitet, die sie im Kopf hatten und in den Kaffeehäusern kleiner Gassen erzählten. Als geschickte Manipulatoren ihrer Zuhörer beendeten sie jede Erzählung mit einer höchst spannenden Szene und verlangten ein paar Münzen, bevor sie enthüllten, was als Nächstes passierte. Leider ist öffentliches Geschichtenerzählen eine Kunst, die das 20. Jahrhundert praktisch nicht überlebte. Nur während des Ramadan, beginnt das Geschichtenerzählen wieder, neu belebt durch eine junge Generation von Erzählern, die im islamischen Kairo jeden Abend in einem der alten Häuser Zuhörer um sich versammelt und in die Erzählungen Scheherazades entführt.

An Machfus fesselt unter anderem, dass er seine Leser in eine Zeit vor dem Aufkommen des Fernsehens zurückversetzt. Ironischerweise wird Machfus trotz seiner Berühmtheit in seinem Heimatland kaum gelesen. Ägypter sind keine großen Leser und jene Bücher, die sich verkaufen, sind gewöhnlich geschmacklos verpackte Sensationsmache. Seinen Ruhm in der Heimat verdankt

Machfus Verfilmungen und Fernsehadaptionen; sogar seine Töchter gestehen, sein Werk von der Leinwand her zu kennen und nicht durch die Lektüre der Bücher.

Die Dame

Eine im Westen praktisch unbekannte Gestalt steht im Pantheon ägyptischer Kultur noch höher als Nagib Machfus: eine große Frau mit dunkler Brille und Taschentuch, die oft voll großer Hochachtung als Al-Sitt, „die Dame", bezeichnet wird. Es ist Umm Kolthum, die größte arabische Sängerin des 20. Jahrhunderts. Sie wurde in einem Delta-Dorf in ärmlichen Verhältnissen geboren und erlangte als Rezitatorin des Korans bei Hochzeiten frühen Ruhm. Ihr Debüt im Rundfunk gab sie 1935. Bis sie sich 1973 zurückzog, war der erste Dienstag im Monat ein Großereignis: Umm Kolthum gab ihr allmonatliches Konzert.

Könige, Präsidenten und Fürsten flogen dazu aus der ganzen arabischen Welt ein und die Straßen der Städte und Dörfer Ägyptens waren leergefegt, weil die Familien zu Hause blieben, um sich die Aufführung live im Radio anzuhören. Die Gesänge der Dame waren grandiose Epen mit Texten von berühmten Dichtern, vertont von zeitgenössischen Komponisten. Ein einziges Lied konnte eine Stunde oder länger dauern. Gegen Ende des Lieds schwoll ihre Stimme zu einer Intensität an, die bei den Zuhörern ekstatische Schreie auslöste. Man sagte, ihre Stimme habe das ganze Land umgarnt.

Zwei Millionen Trauernde drängten sich 1975 beim Begräbnis der National-Ikone Umm Kolthum mit ihrem Bild in den Straßen

Den Höhepunkt erreichte die Popularität der Sängerin in den 50er Jahre, als das unabhängig gewordene Ägypten eine Art Fackel für die ganze arabische Welt und die sich entwickelnden Völker Afrikas war, die noch um ihre Befreiung von der Kolonialherrschaft kämpften. Gamal Abd al-Nasser mag Präsident gewesen sein, aber die wirkliche Verkörperung der kulturellen Wiedergeburt Arabiens war Umm Kolthum. Der Kritiker Mustafa Mahmoud schrieb: »Umm Kolthum ist viel erfolgreicher darin, die arabische Welt zu vereinen als Tausende Fluglinien, mächtiger als Tausende Eisenbahnen oder Telefonleitungen. Steigen Sie am Abend ihres Konzerts ins Auto und durchstreifen Sie die arabischen Länder – Sie werden deren Grenzen leicht erkennen.«

Ihre männlichen Gegenstücke hatte sie in Halim Hafez und Farid al-Atrasch, den Antworten Ägyptens auf Bing Crosby und Frank Sinatra. Sie waren Schlagersänger mit ungeheurer Wirkung auf ihr Publikum, doch man umschmeichelte sie nie so wie die Dame. Als diese 1975 starb, kam eine ganze Schar arabischer Führer zu ihrem Begräbnis und mehr als zwei Millionen Trauernde füllten die Straßen Kairos.

Seit ihrem Tod hat die klassische arabische Musik viel an Popularität verloren. Ägypten erlebt einen Bevölkerungsboom und die Zahl der Menschen mittleren Alters sinkt. Eine neue Sängergeneration ist angetreten. Ägypten hat seine eigene Auffassung von Pop und Rap sowie anderen modernen Musiktrends und seine eigene heimische Hitparade mit Stars und Starlets. Für Menschen eines gewissen Alters jedoch bleiben die Gesänge Umm Kolthums Höhepunkte, Erinnerungen an das Goldene Zeitalter arabischer Kultur. Sie werden im Radio und im Fernsehen gespielt und eine Kassette von „Inta Omri" („Du bist mein Leben") oder „Al-Atlal" („Die Ruinen"), zwei grundlegenden Werken der Dame, gehören zur Ausrüstung jedes Kairoer Taxifahrers.

Arabische Musik

Wenn Sie sich mit arabischer Musik Ihr Urlaubsgefühl mit nach Hause nehmen wollen, sollten Sie eine CD mit ägyptischer Musik wie zum Beispiel die besten Stücke von Umm Kolthum oder Abdel Halim Hafez oder ein Album mit eingängigem arabischem Pop kaufen. Die neuesten Hits von Popstars wie Tamr Hosny, Amr Diab, Ruby und Nancy Ajram hört man fast überall in Kairo. Wenn Sie irgendetwas Nettes im Radio oder Restaurant hören, fragen Sie einfach jemanden nach dem Namen.

Diwan *(159 26th of July St., Zamalek)* hat die CDs in Ständern sortiert, die englisch beschriftet sind. Der Mirage Megastore *(71 Gamiat al-Duwal al-Arabiya, Mohandiseen)* hat eine noch größere Auswahl.

Hollywood am Nil

Zu Lebzeiten trat Umm Kolthum in sechs Filmen auf, darunter in „Wedad" von 1936, dem ersten abendfüllenden Spielfilm aus dem Studio Misr, Ägyptens Pendant zu MGM. In den friedlichen 40er und 50er Jahren drehten Kairos Studios jährlich 50 bis 100 Filme, von denen viele einen technischen Standard erreichten, der den besten europäischen und amerikanischen Produktionen ebenbürtig war. Ägypten brachte seinen eigenen Nachwuchs von Männern mit kantigem Kinn und in Ohnmacht fallenden Starlets hervor. Musicals, Liebesfilme und Melodramen verbreiteten den Kairoer Dialekt in der ganzen arabischsprachigen Welt. Das Zelluloid-Kairo mit seinen prächtigen Schauplätzen entfachte die Fantasie der Kinder zwischen Casablanca und Bagdad.

Heute ist dies kaum noch so. Die Produktion ging zurück, und Kritiker beklagen einen Verlust an Qualität. Ägyptens Filmkunst hat nicht mehr das Ansehen von einst. Doch in

Ägypten selbst werden noch immer eigene Produktionen den Hollywood-Importen vorgezogen. Durchstreifen Sie irgendeine Stadt, überall kündigen Plakate die neuesten Filme an, und die überlebensgroßen Stars schauen von hoch oben auf die Passanten herab.

Leider schaffte es der ägyptische Film nie, über sein arabischsprachiges Publikum hinauszugelangen. In diesem Sinne ist er ein bisschen wie Indiens Bollywood – allzu streng auf die heimischen Zuschauer zugeschnitten, um Ausländer anzusprechen. Typisch ist das Filmlustspiel, in dem gehobene Stimmen, übertriebene Gesten und gereizte Hysterie vorherrschen. Es gibt jedoch Ausnahmen: Shadi Abdelsalams „The Night of Counting the Years" (1969) ist ein schöner, wirklich origineller Film, der auf der Geschichte der Grabräuber-Brüder Abdel Rassoul basiert (siehe S. 264f). Für die Kritiker zählt er zu den besten je in Ägypten gedrehten Filmen.

Hohes Ansehen genießen auch die Produktionen des Regisseurs Youssef Chahine, der als Ägyptens Fellini bezeichnet und 1997 in Cannes mit einem Preis für seine Lebensleistung geehrt wurde. Chahine, 1926 geboren, führte bis heute bei etwa 40 Filmen Regie, ohne dass sich seine Laufbahn irgendwie einordnen ließe. Seine Filme zählen zu den verschwindend wenigen ägyptischen Produktionen, die mit englischen oder französischen Untertiteln versehen wurden, und sie machen regelmäßig die Runde durch internationale Filmfestspiele. Chahine war es, der den jungen Omar Sharif entdeckte und ihm Anfang der 50er Jahre Rollen in drei Filmen gab. Bis zu seiner Rolle als Sharif Ali in „Lawrence von Arabien" war Sharif nur in ägyptischen Filmen aufgetreten. Sollte sich jemand fragen, was aus Sharif geworden ist – er befindet sich wieder in Ägypten, dreht Filme fürs Fernsehen, die sich durch nichts auszeichnen, und macht Fernsehwerbung.

ERLEBNIS: Bauchtanzen

Die meisten Menschen sind damit zufrieden, sich Bauchtanz anzusehen (siehe S. 382), aber vielleicht möchten Sie diese recht schwierige, sinnliche Kunstform auch einmal selbst ausprobieren. Es ist eine wunderbare, wenn auch oft missverstandene Möglichkeit, sich mit der ägyptischen Kultur zu beschäftigen.

Bauchtanz – auf Arabisch genauer *raqs sharqi* oder „orientalischer Tanz" genannt – ist zudem eine gute sportliche Übung und wird in verschiedenen Fitness-Clubs als Kurs angeboten, wie etwa im **Creative Dance and Fitness Center** *(13B Rd. 254, Digla, Maadi)* oder in der **Fitness & Dance Academy** *(7. Stock, Yamama Center, 3 Taha Hussein St., Zamalek)*.

Wer etwas Zeit hat, sollte einen Kurs bei einem Bauchtanzlehrer machen. Bauchtanz ist auch unter Tänzern außerhalb der arabischen Welt populär geworden, während die religiös Konservativen Ägyptens den Tanz ablehnen und viele ägyptische Frauen davon abhalten wollten, diese Kunst zu erlernen.

Einer der berühmtesten Tanzlehrer ist **Raqia Hassan,** der sowohl Privatstunden als auch Gruppenstunden für Fortgeschrittene gibt *(Tel. 02/27482338, www.raqiahas san.net)*.

Fatiha Bouzidi *(Tel. 012/3282807)* lehrt eine „rekonstruierte Form des ägyptischen Tanzes". Ihre Stunden finden montags und mittwochs im Bowlingraum des Swiss Club *(90 El Gihad St., unweit der Sudan St. vom Kit Kat Sq. aus, Imbaba)* statt. Vier Stunden kosten 200 LE und eine Schnupperstunde ist für 70 LE zu haben.

Einige der engagiertesten Tänzer und Lehrer sind gar keine Ägypter: Die aus Australien stammende Keti Sharif tritt regelmäßig in den Hotels von Kairo auf und bietet das ganze Jahr über auch Stunden und Workshops an verschiedenen Orten an *(www.ketisharif.com)*.

Bauchtanz

Fifi Abdou, ein Superstar in der Welt des Bauchtanzes, trat auch als Darstellerin in Fernsehserien auf

Eines der Hauptthemen der meisten ägyptischen Filme ist das Rollen des Beckens. Diese einheimische Kunstform geht auf die Pharaonenzeit zurück. Im Mittelalter wurde Tanzen zu einer Institution, und zwar in Form einer Tänzerkaste, *Ghawazee* genannt. Die Tänzer reisten in Gruppen umher und konnten für öffentliche Auftritte gemietet werden. Die weiblichen Ghawazees, die laut Schilderungen aus dem 18. und 19. Jahrhundert in sackartigen Hosen und lockeren, manchmal bis zum Nabel offenen Hemden tanzten, waren oft auch Prostituierte.

Populär wurde der Bauchtanz in Ägypten mit dem Aufkommen von Filmen, als man die Tänzerinnen aus den Nachtclubs holte und ihnen Rollen auf der großen Leinwand gab. Die Filme verliehen dem Bauchtanz einen gewissen Zauber und machten einige Tänzerinnen bekannt. Die raffinierteste von ihnen war Tahiyya Carioca; sie hatte sich einen lateinamerikanischen Tanz als Künstlernamen ausgesucht, die dank Ginger Rogers und Fred Astaire bekannt gewordene *carioca*. Zwischen den 30er und den 90er Jahren trat sie in mehr als 200 Filmen auf. Künstlerinnen wie Carioca verbreiteten die moderne Form des Bauchtanzes als Superstars, die Honorare im Hollywood-Stil verlangen konnten. Tänzerinnen, die derzeit an der Spitze der Liga stehen, darunter Fifi Abdou, Lucy und Dina, dürfen für einen einzigen Auftritt mit Summen in Höhe von zehntausend Euro rechnen.

Trotz der Berühmtheit und des Reichtums einiger Tänzerinnen gilt der Bauchtanz noch immer nicht als achtbar, vor allem nicht bei den islamischen Fundamentalisten Ägyptens. Anfang der 1990er Jahre wurde erfolgreich Druck auf die Tänzerinnen ausgeübt, ihre Taille zu bedecken, doch inzwischen zeigen sie sie wieder.

Abseits des Glanzes der professionellen Szene blüht der Tanz auf volkstümlicher Ebene weiter. Bei der bescheidensten Hochzeit tanzen die ledigen Mädchen zum Schlag der *Tabla*, einer in der Hand gehaltenen Trommel. Die Hände über dem Kopf gefaltet, lassen sie die Hüften in der unverhohlenen Absicht kreisen, bei den Männern Aufmerksamkeit zu erregen und vielleicht selbst einen Bräutigam zu bekommen.

Den Bauchtanz üben ausschließlich Frauen aus, doch es gibt auch einen Männertanz. Er wird mit Holzstäben aufgeführt, die heftig gewirbelt und zu Scheinkämpfen benutzt werden. Der Tanz wirkt jedoch irgendwie künstlich, auch wenn Hotel-Nachtclubs, die ihn im Rahmen sogenannter Folkloretänze zeigen, nachdrücklich versichern, dass er echte ländliche Tradition sei.

Wunderbar dekorierte Wände wie jene in Gurna bei Luxor sind eine beliebte Kunstform. Sie verherrlichen oft die Pilgerreise nach Mekka

Kunst

Die Plakate, auf denen heimische Filme angekündigt werden, sind eine wunderbar lebendige Form der Straßenkunst. In der Vergangenheit hat Ägypten gute, verdienstvolle und originelle Künstler hervorgebracht, vor allem Abd al-Hady al-Gazzar (siehe S. 121) und Mahamud Said, dessen Werk in Alexandria ein Museum gewidmet ist (siehe S. 190), sowie den Bildhauer Mahmud Mochtar (1891–1934). Die zeitgenössische Szene wird jedoch stark eingeengt, weil das staatliche Lehrsystem weiterhin Originalität bestraft und Experimentierfreude erstickt.

Architektur für die Armen

Die Volkstradition steht zweifellos im Mittelpunkt der Architektur von Hassan Fathy (1900–1989), einem der wenigen nahöstlichen Architekten, deren Namen man auch im Westen kennt. Er hatte jedoch nicht nur einen Namen als Architekt, er war auch Philosoph, Künstler, Menschenfreund und sogar Visionär. Von Kairo, seinem Stützpunkt, aus (in seinen späteren Jahren lebte er in einem Haus neben der Zitadelle im islamischen Viertel) widmete sich Fathy der Unterbringung der Armen in Entwicklungsländern.

Er nutzte alte Baumethoden und Baumaterialien und integrierte das Wissen der bäuerlichen Wirtschaft in uralte, vernünftige Konstruktionstechniken. Beispiele hierfür sind dichte Lehmziegelwände zur Verringerung der Wärmeleitung, damit die Räume tagsüber kühl bleiben und abends nach Sonnenuntergang die Wärme halten, sowie eine natürliche Klimatisierung durch sorgfältig platzierte Öffnungen.

Fathy war mit seinen Versuchen der Zeit voraus und hatte nicht immer Erfolg damit. Sein Schaustück, das Dorf Neu-Gurna (siehe S. 252) am rechten Nilufer bei Luxor ist bis heute leer geblieben. Doch seine Vorstellungen von einem architektonischen Weg zur Bewältigung unserer Abhängigkeit von abnehmenden natürlichen Ressourcen setzen sich allmählich durch.

Neue Hotels wie das Adrere Amellal in Siwa (siehe S. 367) entwirft man nach seinen Prinzipien. Die Ergebnisse sind umweltgerecht, vor allem aber bieten die Gebäude mit ihren unzähligen, zu den Sternen hin offenen Innenhöfen einen schönen Anblick und angenehmes Wohnen.

Globale Öffnung

Nagib Machfus und Hassan Fathy haben internationale Anerkennung erlangt, und der Bauchtanz wurde in die ganze Welt exportiert, wo er neben Aerobic und Pilates als vergnüglicher Weg zur Fitness gilt.

Nun gibt es Anzeichen dafür, dass andere Aspekte der modernen Kultur Ägyptens endlich den Durchbruch schaffen könnten. Im Sommer 2000 behaupteten Anwälte, der Produzent Timbaland und der amerikanische Rap-Künstler Jay-Z hätten den Refrain eines seiner Single-Hits („Big Pimpin") aus einem alten Lied von Abdel Halim Hafez gestohlen. Der Streit über die Urheberrechte dauert seit Jahren an.

Der in Ägypten umstrittene Bestseller „Der Jakubijan-Bau" des in Kairo lebenden Schriftstellers Alaa Al-Aswani erschien sowohl in englischer als auch in deutscher Übersetzung und stieß bei Kritikern und Lesern auf reges Interesse.

Unterdessen ist Kairo nach wie vor ein wichtiges Zentrum der arabischen Welt und zieht, so abgewirtschaftet die Stadt auch sein mag, die Elite der arabischen Künstler aus den verschiedensten Kunstsparten an. ■

Erstaunliches künstlerisches Geschick

Der Stärke und Kraft, die eine Moschee von außen ausstrahlt, steht oft das Zarte und Anmutige der Innenausstattung gegenüber. Den islamischen Künstlern wird oft durch eine bestimmte Auslegung des Korans vorgeschrieben, wie sie ihre gegenständlichen Kunstwerke schaffen sollen, aber in die brillante nichtgegenständliche Kunst lassen sie ihr ganzes Genie und ihre Kunstfertigkeit einfließen. Kein Material erscheint ihnen zu schwierig, um wundervolle Muster hineinzugravieren; ob reich oder arm, die Gläubigen sehnen sich nach originellen Werken zur Verschönerung des Innenraums ihrer Moscheen.

Muslimische Künstler trugen ausgefeilte Muster auf Fußböden und Wände auf. Sie verschönerten Fenster und Lampen mit buntem Glas. Metallverarbeiter gestalteten geometrische Formen auf ungewöhnliche Weise, indem sie ihr Metall gossen oder mit dem Hammer bearbeiteten. Die *minbar* oder Kanzel bestand oft aus sorgfältig geschnitztem Holz mit Einlegearbeiten aus Elfenbein oder Ebenholz. Die Künstler verzierten das Innere der Moschee mit vielen Dekorelementen aus Stein, Marmor und Terrakotta, damit alles mit der Pracht der Gebets- und Bodenteppiche harmonierte. Nichts war zu aufwendig, um den Raum zu gestalten, in dem sich die Gläubigen zu Studium und Gebet versammelten. Und zu all dem fügten die Künstler noch die Kalligrafie der arabischen Schrift hinzu, die in sich bereits von Anmut geprägt ist.

Essen & Trinken

Die Speisen, die man in Ägypten isst, gibt es auch bei nahöstlichen und anderen orientalischen Nachbarn. Die meisten Gerichte, die Ägypten für sich beansprucht, sind wahrscheinlich türkisch, libanesisch oder persisch, doch einige Spezialitäten kann man zu Recht als Nationalgerichte bezeichnen.

Das wichtigste dieser Nationalgerichte ist *Fuul*, auch als *Fuul medames* bekannt, kleine braune Bohnen, die über Nacht eingeweicht und dann zum Essen gekocht werden. *Fuul* galt in diesem Land als eine Art Armeleuteessen, dennoch wurde es zum nationalen Grundnahrungsmittel. Bei einer verfeinerten Variante bespritzt man die Bohnen mit Olivenöl, presst etwas Zitronensaft darüber, würzt sie mit Salz, Pfeffer und Kümmel und dekoriert sie noch mit einem in Scheiben geschnittenen harten Ei. Viel häufiger werden die Bohnen zu Brei zerquetscht, in kleine Taschen aus flachem Pittabrot gefüllt und als Sandwich gegessen. Viele Ägypter verspeisen zum Frühstück und zum Mittagessen ein Fuul-Sandwich.

Die Ägypter essen auch große Mengen *Felafel* (in Kairo *Taamiyya* genannt), Pastetchen aus getrockneten weißen breiten Bohnen *(Fuul nabeid)*, stark gewürzt und in schwimmendem Öl gebacken. *Felafel* ist im Nahen Osten zwar überall zu finden, doch auch von dieser Speise wird behauptet, sie stamme aus dem alten Ägypten. Als Teil einer Mahlzeit werden die *Felafel* ganz auf einem kleinen Teller serviert, aber man isst auch sie oft als Straßenimbiss: Dazu werden sie zerbrochen und in ein Pitta-Sandwich gegeben, zusammen mit Salat und kleinen Pickles-Stückchen, Torschi genannt.

Gefülltes Gemüse ist beliebt, besonders Auberginen *(Bedingan)* und Paprikaschoten *(Filfil)*. Beides isst man heiß und kalt. Auberginen werden geröstet, zerstampft und mit *Tahina* (einer Paste aus Sesamsamen), Olivenöl und Knoblauch gewürzt; der so entstandene Brei heißt *Baba ghanoug*. Typisch sind auch gefüllte Weinblätter, *Warak enab*. In die Füllung kommt neben Hackfleisch ein würziges Gemisch aus Reis, gehackten Tomaten, Zwiebeln, Minze und Zimt oder eine ähnliche Variante.

Weizen ist in ländlichen Gebieten das Hauptgetreide, doch bei den meisten Mahlzeiten verwendet man Reis als Grundlage oder Beilage. Eine besondere Note verleiht man ihm, indem man kleine, sehr dünne Fadennudeln untermischt. Auch Bohnen aller Art, halbe Erbsen, Linsen und Kichererbsen sind wichtige Bestandteile der Nahrung. Man bereitet daraus viele verschiedene Suppen und Eintöpfe zu, die ägyptische Frauen so gern kochen – leider gelangen sie nur selten in Restaurants. Die Kichererbsen werden häufig zu einer Paste zermahlen, die *Hummus* heißt und oft als Beilage zu Brot gereicht wird.

ERLEBNIS: Kulinarische Leckerbissen

Während Ihres Ägyptenaufenthalts sollten Sie auf jeden Fall folgende regionale Spezialitäten probieren:

basboosa: Grießkekse in Zuckersirup. Da dieses Dessert supersüß ist, passt es gut zum bitteren arabischen Kaffee

kushari: eine Schale mit Makkaroni, Linsen, Reis, Fadennudeln und Kichererbsen in einer essighaltigen Tomatensoße. Für viele Ägypter ein preiswertes, aber leckeres Mittagessen

umm ali: Gebäck mit Nüssen und Rosinen, durchtränkt mit Sahne und Milch, dann gebacken

shurbat ads: eine herzhafte Linsensuppe, die mit Kumin, Zitrone und Dill abgeschmeckt ist.

Ägyptens Geschichte zeigt Einflüsse der Türkei, des Libanon und des Iran, doch die ägyptische Küche hat ihren eigenen Charakter

Ein Essen ohne Brot ist schlicht undenkbar und *Aisch*, das arabische Wort dafür, bedeutet auch „Leben". Am üblichsten ist eine flache, runde Scheibe aus gemahlenem Mehl.

Beim Fleisch ist Lamm am beliebtesten. Rind wird viel seltener serviert und Schweinefleisch kommt wegen der Vorschriften des Islam nie auf den Tisch. Normalerweise sind die Preise für Fleisch horrend, deshalb reicht man es gewöhnlich in gegrillten Stückchen, *Kabobs* genannt, oder als zerkleinerte Zutaten in Eintöpfen und Gemüsefüllungen. Hühnchen ist verbreitet, ebenso Tauben, die besonders gefüllt als ägyptische Delikatesse gelten. In Alexandria kann man auch Wachteln auf der Speisekarte finden.

Ein besonderes, berüchtigtes Gericht heißt *Molochiyya*, nach dem wie Spinat aussehenden Blatt, aus dem es zubereitet wird – als Suppe von überaus klebriger Konsistenz. Beim

Essen hat man deshalb ein Gefühl, als ob man warmes, würziges Gelee schlucke, was manche unangenehm finden. Trotzdem, das Gericht hat in Ägypten eine symbolische, fast patriotische Bedeutung erlangt, und man sollte es wenigstens einmal probieren.

Süsses & Desserts

Ägypter sind fast süchtig nach einer wahren Zuckerbombe, nach *Baklava*: Schichten von Blätterteig werden dafür mit gemahlenen Nüssen und Pistazien gefüllt und mit Sirup getränkt. Gebacken wird es auf Blechen, dann schneidet man es in kleine diamantförmige Stücke, die nach Kilogramm verkauft werden. *Konafa* ist ebenfalls eine verbreitete Variante. Hierzu gießt man geschlagenen dünnen Eierteig auf ein heißes Blech, sodass Streifen entstehen; diese werden rasch heruntergenommen, damit sie weich bleiben. Man häuft sie dann auf einen Quark- oder Sahneboden.

Ägypter sind fast süchtig nach einer wahren Zuckerbombe, nach *Baklava*: Schichten von Blätterteig werden dafür mit gemahlenen Nüssen und Pistazien gefüllt und mit Sirup getränkt.

Auf Märkten und in Basaren sieht man manchmal Verkäufer, die Wägelchen mit kleinen Glaskästen schieben; die Kästen sind mit, das ähnlich aussieht wie Grießbrei; es ist *Muhalabiyya* gefüllt, eine mit Maisstärke oder gemahlenem Reis verdickte Milchcreme, oft mit Rosenwasser gewürzt und mit gehackten Mandeln oder Kokosflocken bestreut.

Getränke

Tee *(Schai)* und Kaffee *(Ahwa)* sind ein wesentlicher Bestandteil der Kultur und der Gastfreundschaft. Geschäftliche Zusammenkünfte und das Feilschen im Suk (Basar), dem Geschäftsviertel, beginnen nie, bevor die betroffenen Parteien sich nicht gesetzt und mindestens eine Tasse getrunken haben. Beide Getränke werden sehr stark und süß genossen. Tee bekommt man im Glas, die Blätter wirbeln auf dem Boden herum, während der ägyptische Kaffee in kleinen Tassen serviert wird, die halb voll Satz sind. Oft ist er mit Zimt gewürzt, bleibt aber sehr bitter. »Von all den unchristlichen Getränken, die je über meine Lippen gingen«, schrieb Mark Twain, »ist türkischer Kaffee am schlimmsten. Der Tassenboden ist einen halben Zoll hoch mit schmutzigem Satz bedeckt«.

Falls Sie westlichen Instantkaffee vorziehen, bestellen Sie „neskaf". Weit gesünder ist es, wenn Sie Ägyptens Reichtum an frischem Obst nutzen. Gewöhnlich wird am Ende eines Mahls eine Obstschale serviert, doch es gibt in fast jeder Straße Ägyptens auch einen Saftstand, wo man Ihnen die Früchte der jeweiligen Jahreszeit auspresst. Am häufigsten sind Guave *(Guafa)*, Mango *(Manga)*, Orange *(Bortuaan)*, Zuckerrohr *(Asab)* und Zitrone *(Limoon)*. Letztere bekommt man auch in vielen Cafés und Restaurants.

In den Kaffeestuben trinken viele Gäste im Winter *Sahlab*, ein mit der pulverisierten Knolle einer Orchideenart verdicktes milchiges Getränk, das mit gehackten Nüssen und Zimt gewürzt wird. Im Sommer sollten Sie *Karkade* versuchen, das man aus gekochten Hibiskusblättern zubereitet; es wird aus einem mit Eis gefüllten großen Becher getrunken.

Der Konsum von Alkohol gehört in diesem islamischen Land nicht zur Kultur. Doch jene Hotels und Restaurants, die Touristen verpflegen, servieren Bier oder Wein, wenn man danach fragt. Das im Lande gebraute Stella-Bier schmeckt gut, und Ägypten erzeugt eine Reihe von Weinen, weiße wie rote (Omar Chayyam wird am häufigsten angeboten). ■

Schauen Sie über die Pyramiden und Tutanchamuns Schätze hinaus, und Sie werden feststellen, dass die Hauptstadt Ägyptens noch viel mehr zu bieten hat: Kultur, Künste, gute Laune und Gastfreundschaft sind garantiert

Kairo

Theaterplakat in der Innenstadt von Kairo

Kairo

Wer einmal in Kairo war, weiß, dass nichts die Stadt so stark bestimmt wie der Verkehr. Die Fahrt vom Flughafen in die Stadt gibt in dieser Hinsicht einen guten Einblick: Die Autos sind verbeult, zusammengeflickt; an die Busse klammern sich außen Passagiere; ein kleines Motorrad, das eine fünfköpfige Familie befördert, rast durch die Straßen, schwankend, hopsend, bremsend, begleitet von einem frenetischen Hupkonzert.

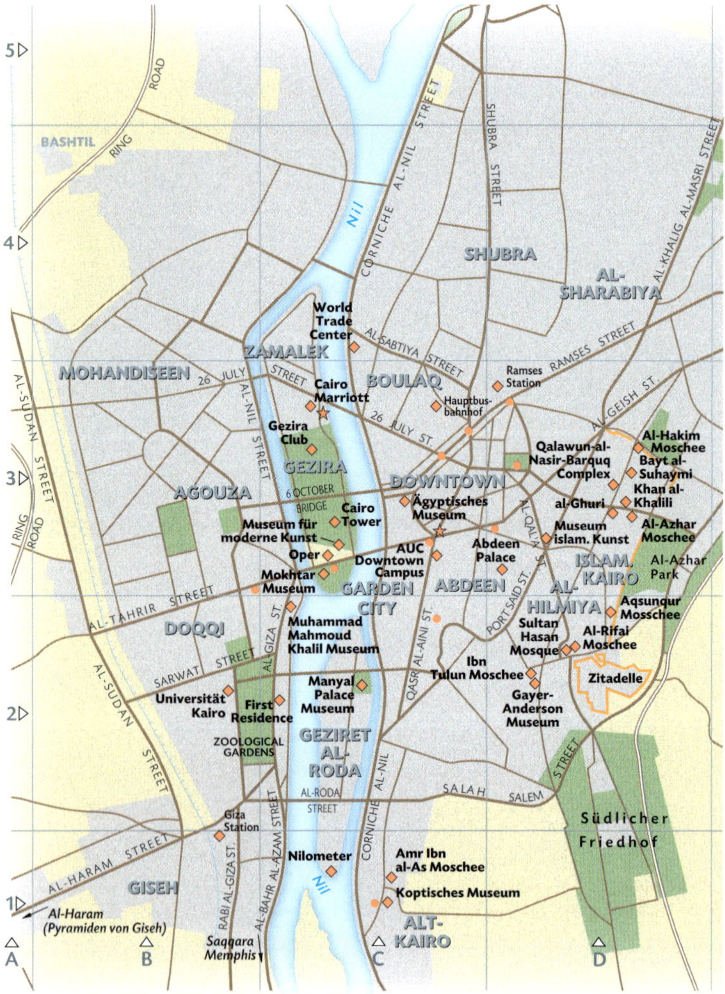

Für Autofahrer existieren offenbar keine Verkehrsvorschriften. Es gibt jedoch ein System, das auf ungeschriebenem, stummem Einvernehmen beruht, unterstützt durch Nicken und Winken. Entgegen allen Erwartungen funktioniert es, ein wenig wie Kairo selbst. Die Hälfte aller ägyptischen Autos fährt in Kairo umher, weil gewissermaßen alle Straßen dorthin führen. Es gibt kaum ein Land, das so weitgehend von einer einzigen Stadt beherrscht wird. Politik, Finanzwesen, Medien und Volkskultur existieren außerhalb der Stadtgrenzen praktisch nicht. Einzig beim Tourismus können andere Städte mithalten. Bezeichnenderweise gebraucht man im Ägyptischen für Kairo und für Ägypten das gleiche Wort: *Masr*.

Kairo erstreckt sich über ein Gebiet von etwa 450 Quadratkilometern, ungefähr halb so groß wie New York City, doch es hat doppelt so viele Einwohner. Die Zahl erhöht sich täglich.

Im 19. und frühen 20. Jahrhundert war die Stadt für Europäer und Amerikaner ein Winterkurort. Jetzt kommen die Araber vom Golf jeden Sommer. Für sie ist Kairo aus Kinofilmen bekannt, und was in Kairos Straßen erzählt wird, ist Vorbild für die arabische Welt. Für Afrikaner, die als Studenten, Wirtschafts- oder Kriegsflüchtlinge hier sind, ist die ägyptische Kapitale ebenfalls die wichtigste Großstadt-Erfahrung.

Heutige Reiseunternehmen tendieren leider dazu, in der Stadt nur einen zweitägigen Zwischenstop zu machen, bevor es zu den Denkmälern Oberägyptens oder zu den Stränden der Sinaihalbinsel geht. Doch so großartig die Pyramiden auch sind, Kairo hat neben dem Ägyptischen Museum mehr zu bieten. ■

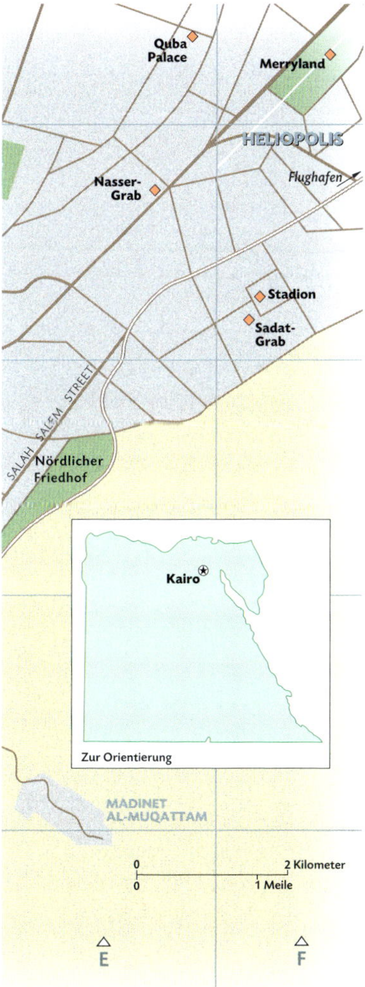

NICHT VERSÄUMEN

Ägyptisches Museum

In vielen westlichen Museen findet man beeindruckende Sammlungen ägyptischer Altertümer, aber keines bietet solche Reichtümer wie das Ägyptische Museum in Kairo. Das Museum, das dem Vermächtnis der Pharaonen gewidmet ist, besitzt mehr als 120 000 antike Ausstellungsstücke, die von fein gearbeitetem Schmuck bis zu Granitkolossen der Könige reichen.

Das Museum ist nicht besonders groß und der Grundriss der oberen wie der unteren Etage ist einfach: rechteckig mit einer Reihe von Räumen um einen mittleren Hof, die durch einen rundum führenden Gang verbunden sind. Die Sammlung im Parterre ist chronologisch angeordnet. Wenden Sie sich, wenn Sie eingetreten sind, nach links zum Alten Reich und gehen Sie im Uhrzeigersinn durch das Mittlere und das Neue Reich zur griechisch-römischen Periode

Die weltberühmte goldene Maske des Tutanchamun – das Ausstellungsstück, das jeder sehen möchte

INSIDERTIPP

Versuchen Sie auf keinen Fall, das Museum an nur einem Tag zu erkunden. Dazu ist es viel zu groß. Wählen Sie aus und kommen Sie öfter.

NEIL HEWISON
American University in Cairo Press

am Ende. Dann können Sie über die südöstliche Treppe in die obere Etage gehen, wo die Exponate thematisch angeordnet sind.

Versuchen Sie, möglichst zur Öffnungszeit um 9 Uhr dort zu sein, weil das Museum gegen Mittag sehr voll wird.

Planung des Besuchs

Verirren werden Sie sich nicht, aber Sie werden verblüfft und möglicherweise überwältigt sein. Es gibt einfach zu viel zu sehen. Dazu kommt, dass das jahrhundertealte Museum selbst eine Art antikes Ausstellungsstück ist, ein Produkt jener Zeit, in der man es für ausreichend hielt, ein Kunstwerk einfach zu katalogisieren und in eine Glasvitrine zu stecken. Die Beschriftung (auf Arabisch, Englisch und Französisch) ist nicht nur karg, sondern fehlt oft ganz. Eine gute Strategie wäre es deshalb, vorab eine Beschreibung des Museums zu lesen, die interessanten Stücke herauszupicken und vielleicht sogar auf einer Karte die Stellen anzustreichen, wo sie sich befinden. Wenn Sie Zeit haben, planen Sie zwei Besuche ein. Besichtigen Sie jedes Mal nur ein Stockwerk. Ist Ihr Reiseplan zu knapp dafür, könnten Sie im Museumsgarten eine Pause einlegen. Es gibt im Parterre auch eine Cafeteria, in die man durch den Souvenirladen gelangt.

Bei der Überlegung, was man anschauen will, sind sich die meisten Besucher darin einig, dass die Glanzlichter die Schätze des Tutanchamun sein dürften. Seine goldene Totenmaske und die Särge gehören zu den beeindruckendsten Ausstellungsstücken überhaupt. Heben Sie sich diese Stücke bis zuletzt auf, denn ihre Pracht würde alles überstrahlen, was danach kommt. Ein weiterer großer Anziehungspunkt sind die Säle mit den Königlichen Mumien. Dort können Sie einige der größten Pharaonen, darunter Sethos I. und Ramses II., von Angesicht zu Angesicht sehen. Die Mumien und Tutanchamun befinden sich im Obergeschoss. Im Erdgeschoss stehen viele der besten Stücke in den Sälen des Alten Reichs, darunter die Statue des Chephren (siehe S. 72), die Holzstatue von Kaaper (siehe S. 72) und die Doppelstatue von Rahotep und Nofret (siehe S. 72). Beeindruckend ist auch die Amarna-Sammlung von Gegenständen aus der Herrschaft des Ketzerkönigs Echnaton (siehe S. 73). Die ständig überfüllte Buchhandlung am Eingang bietet umfangreiche Literatur über das Museum und das alte Ägypten im Allgemeinen.

Der offizielle Führer ist nicht besonders gut, denn er gibt bei keinem der katalogisierten Objekte an, in welchem Saal es sich befindet. Weit besser ist Alessandro Bongioannis und Maria Sole Croces „Ägyptisches Museum Kairo", in dem die wichtigsten Exponate nicht nur beschrieben, sondern auch auf Farbfotos abgebildet sind.

Papyrus-„Museen"

Auf Ihrem Weg zu den Pyramiden von Giseh werden Sie auf Schildern an Geschäften „Papyrus Museum" lesen. Alle verkaufen moderne Papyrusbilder an Touristen. Diese Gemälde, gewöhnlich in lebhaften Farben, zeigen normalerweise Pharaonen-Motive oder Hieroglyphen, deren Qualität von gut bis grottenschlecht reicht. Ihr Taxifahrer wird Sie vielleicht auf dem Rückweg von den Pyramiden zu einem dieser Geschäfte führen wollen. Auf Seite 378 erfahren Sie mehr über den Kauf von Papyrus.

Ägyptisches Museum

- 66 C3
- Tahrir Square
- 02/575 4319
- $$, Sondereintritt ($$$) für den Saal der Königsmumien, Kamera $, Videokamera $$$

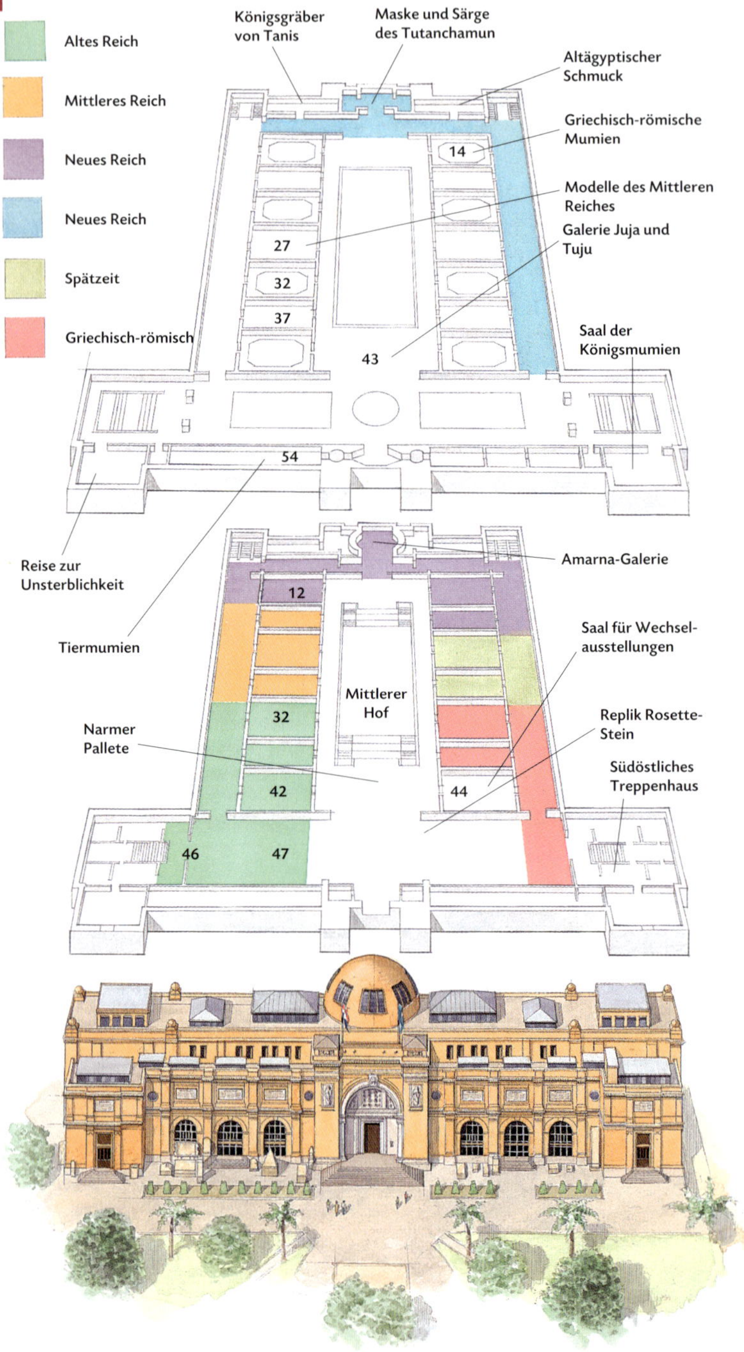
Altes Reich
Mittleres Reich
Neues Reich
Neues Reich
Spätzeit
Griechisch-römisch
Königsgräber von Tanis
Maske und Särge des Tutanchamun
Altägyptischer Schmuck
Griechisch-römische Mumien
14
Modelle des Mittleren Reiches
27
Galerie Juja und Tuju
32
37
43
Saal der Königsmumien
54
Reise zur Unsterblichkeit
Tiermumien
Amarna-Galerie
12
Saal für Wechsel-ausstellungen
Mittlerer Hof
32
Replik Rosette-Stein
Narmer Pallete
42
44
Südöstliches Treppenhaus
46
47

Der Mittlere Saal des Museums ist mit monumentalen antiken Stücken gefüllt

Erdgeschoss

Wenn Sie die Sicherheitskontrolle passiert haben, kommen Sie unter der Rotunde des Museums heraus; die chronologische Folge beginnt links, doch gerade vor Ihnen befindet sich der **Mittlere Saal**, der Monumente aus allen Zeitaltern enthält. Rechts in der Wand ist eine Replik des Steins von Rosette, der die Entschlüsselung der Hieroglyphen ermöglichte (siehe S. 50 f). Das Original befindet sich noch im Britischen Museum in London, obwohl die Ägyptische Altertümerverwaltung wiederholt um Rückgabe bat.

Sie kommen dann an einer Vitrine mit einem der bedeutendsten Exponate des Museums vorbei, der Narmer Palette (s. S. 26). Dann steigen Sie hinab zu einer Sammlung von Sarkophagen. Der Sarkophag von Psusennes I. (ca. 1000 v. Chr.) weist auf der Unterseite des Deckels eine Relieffigur der Himmelsgöttin Nut auf, die den Pharao in einer schützenden Umarmung bedeckt.

Das Mittelstück des Hofes bildet ein bemalter Boden aus der Amarna-Zeit (siehe S. 214ff); er weist eine gute Beschriftung auf, was für dieses Museum ungewöhnlich ist. Am Ende der Halle befindet sich eine imposante Gruppe würdig dasitzender Kolosse: Amenophis III., seine Gemahlin, Königin Teje, und ihre drei Töchter. Diese Statuen wurden in Fragmenten am Westufer des Nils bei Luxor gefunden und hier mühsam wieder zusammengesetzt.

Auf dem Rückweg zu den **Galerien des Alten Reichs** achten Sie auf die Sandstein-Statue König Djosers, die aus dem 27. Jahrhundert v. Chr. stammt und damit und eines der ältesten Exponate im Museum ist. Man fand sie im Jahr 1924 in ihrem *serdab* neben der Stufenpyramide von Sakkara (s. S. 145) Die verblüffendsten Exponate in den **Sälen 47** und **46** sind die

Schiefer-Triaden – jeweils drei etwa einen Meter große, stehende Figuren: Pharao Menkaura (Mykerinos) wird rechts flankiert von der Göttin Hathor und links von der weiblichen Verkörperung eines Gebiets, das seiner Herrschaft unterstand. Vier solche Triaden fand man im Tempel des Pharaos neben seiner Pyramide in Giseh.

In **Saal 42** ist ein anderer Pyramidenbauer, Chephren, als prachtvolle überlebensgroße schwarze Dioritstatue zu sehen; sie wurde ebenfalls auf der Giseh-Hochebene gefunden, im Taltempel dieses Pharaos. Die Flügel des Falkengottes Horus umfassen schützend seinen Kopf. Im gleichen Saal steht das Holzstandbild des Kaaper, eine erstaunlich naturgetreue Figur mit Spitzbauch, fleischigem Gesicht und lebendigen Augen.

Auch sehr naturgetreu sind die Statuen von Prinz Rahotep und Prinzessin Nofret, die in **Saal 32** die Mittelbühne einnehmen. Betrachtet man Rahotep mit seinem hübschen Schnurrbart, dem gepflegten Haar und dem einfachen herzförmigen Anhänger, den er um den Hals trägt, kann man kaum glauben, dass man jemandem ins Gesicht blickt, der vor 4600 Jahren starb. Das königliche Paar wurde in einem Grab bei Meidum in der Region Al-Fayum gefunden, ebenso wie die Friese auf der Wand links davon, auf denen die berühmten Gänse von Meidum dargestellt sind. Bis heute sind übrigens die Seen von Al-Fayum beliebte Orte zur Vogelbeobachtung (siehe S. 154f).

Den Beginn der **Galerien des Mittleren Reichs** markiert die sitzende Figur des Mentuhotep II., des ersten Pharaos dieser Zeit. Ans Licht kam sie in Deir al-Bahari (siehe S. 269), als ein Pferd von Howard Carter (der Tutanchamuns Grab fand) mit dem Huf in ein Loch im Boden geriet. Die-ser Zufall führte zur Entdeckung einer dort nicht vermuteten Grabkammer.

Das zentrale Exponat im **Saal 22** ist eine aus dem Mittleren

Ägyptische Schätze im Ausland

Nach Kairo besitzt das Ägyptische Museum in Turin die größte Sammlung altägyptischer Schätze. Dazu gehören einige großartige Kolossalstatuen aus dem Amun-Tempel in Karnak sowie die ganze Ausstattung eines unversehrten Grabes aus der 18. Dynastie.

Das Ägyptische Museum in Berlin, 13 Jahre vor jenem in Kairo gegründet, besitzt einige der wertvollsten Schätze der Ägyptologie, darunter einen verblüffenden, 3350 Jahre alten bemalten Kopf der Nofretete. Dieses Stück, das eine archäologische Expedition 1912 aus Ägypten schmuggelte, hätten die ägyptischen Behörden gern zurück. Ein weiteres umkämpftes Stück ist der Stein von Rosette im Londoner Britischen Museum, in dessen Besitz auch eine schöne Granitbüste von Ramses II., eine Reihe bedeutender Papyrusrollen sowie zahlreiche Mumien und Särge sind. Das Metropolitan Museum of Art in New York besitzt sogar einen vollständigen Tempel, ein Geschenk Ägyptens in Anerkennung der amerikanischen Bemühungen in den 1970er Jahren, die Monumente Nubiens vor dem ansteigenden Wasser des Hochdamms von Assuan zu retten.

Reich stammende komplette Grabkammer mit Sarkophagen, ebenfalls in Deir al-Bahari entdeckt. Die zehn rundum stehenden Statuen des Senusret I. haben nichts mit der Grabkammer zu tun; sie stammen aus einer etwas späteren Periode und wurden bei Al-Fayum entdeckt.

Eine Parade grauer Granit-Sphingen aus der Deltastadt Tanis (siehe S. 165) leitet den Übergang zu den **Galerien des Neuen Reichs** ein. **Saal 12** ist einigen Pharaonen der 18. Dynastie aus der Frühzeit dieses Reichs gewidmet. Dazu zählt der große Eroberer Thutmosis III.; er sitzt in der traditionellen Pose da, und seine Feinde sind symbolisch als neun Bogen unter seinem Fuß dargestellt. Dazu zählt auch Hatschepsut, Ägyptens einziger weiblicher Pharao (siehe S. 268ff).

Ihre Statue besteht aus rosarotem Granit, die Arme liegen an der Seite an; sie trägt das Gewand eines Königs und einen falschen Bart, und man hat ihr einen männlichen Körperbau gegeben, doch ihr Gesicht ist erkennbar weiblich.

In der Mitte des Nordflügels befindet sich die **Amarna-Galerie**, ein Raum, in dem Funde aus der Zeit des rebellischen Echnaton ausgestellt sind (siehe S. 214ff). Im künstlerischen Ausdruck vollzog sich unter seiner Herrschaft eine seltsame Wende zu einem neuen Stil – zu sehen in den vier fragmentarischen Kolossalstatuen des Pharaos: Sie zeigen ihn mit vorgewölbtem Bauch, fast weiblichen Hüften und Schenkeln, langgezogenem Schädel und sinnlichen Gesichtszügen, vor allem schweren Lidern und wulstigen Lippen.

Figurinen, *Uschebti* genannt, wurden Verstorbenen ins Grab mitgegeben, um im jenseitigen Leben Arbeiten auszuführen

Mehrere Stelen, die Echnaton und seine Familie ruhend und beim Anbeten der Sonnenscheibe, Aton, zeigen, lassen den Pharao noch fremdartiger erscheinen. Doch eine Quarzitskulptur des Kopfes seiner Frau Nofretete zeigt, dass sie ganz und gar nicht wunderlich war: mit ihren hohen Backenknochen und und ihrer exotischen Schönheit, gäbe sie auch in unserer Zeit ein attraktives Titelfoto für die Zeitschrift *Vogue* ab.

Eine Monumentalstatue von Ramses II. als Kind, das unter der Brust des Falkengottes Horus Schutz sucht, markiert den Beginn des Ostflügels, der sich mit den **Galerien der Spätzeit** fortsetzt. Die Herrscher dieser Periode waren größtenteils Fremdlinge und unter ihrem Einfluss begannen sich die archetypisch glatten, verfestigten Formen der pharaonischen Skulptur zu lockern. Nach der Invasion Alexanders des Großen und während der anschließenden griechisch-römischen Herrschaft wandelte sich der Stil hin zum Klassizismus.

Quartett von Alabasterköpfen, die als Deckel für Kanopenkrüge dienten

In **Saal 44** finden Wechselausstellungen statt. In jüngster Zeit konzentrierten sie sich meistens auf Leben und Arbeit bedeutender Ägyptologen vergangener Zeiten. Steigen Sie von hier aus die Treppe auf der linken Seite ins Obergeschoss hinauf.

Obergeschoss

Oben an der südöstlichen Treppe beginnen die Tutanchamun-Galerien zu Ihrer Rechten. Heben Sie sich diesen Teil für später auf und kaufen Sie eine kombinierte Eintrittskarte (erhältlich oben an der Treppe) für den **Saal der Königsmumien** und für die **Reise zur Unsterblichkeit**. In diesen zwei abgedunkelten Räumen sind elf ausgetrocknete Könige in Glaskästen bestattet, darunter Sethos I. und sein Sohn Ramses II., Thutmosis II. und Königin Meret Amun (Gemahlin von Amenophis I.). Wenn Sie die menschlichen Mumien gesehen haben, möchten sie vielleicht zum **Saal 54** gehen und die **Tiermumien** betrachten, eine bizarre Sammlung mit Katzen, Eseln, einem Falken und sogar einem Fisch. (Informationen über das Wie und Warum der Einbalsamierung finden Sie im Special „Mumifizierung" auf S. 238f)

Gehen Sie von den Mumien direkt zu **Saal 43**, der **Galerie Juja**

und Tuju. Bevor Carter das Grab Tutanchamuns fand, war dieses Versteck mit Begräbnismobiliar, das man 1905 völlig intakt im Grab des edlen Paars (der Eltern von Königin Teje, Gemahlin von Amenophis III.) entdeckte, der größte Fund in der ägyptischen Archäologie. In der Galerie sind Gegenstände zur Verwendung im Leben nach dem Tod ausgestellt. Die beiden einstigen Inhaber der Särge zählen jetzt zu den Bewohnern des Saals der Königsmumien.

Auf der Runde um das mittlere Atrium im Uhrzeigersinn zeigen die **Säle 37, 32** und **27** etliche Modelle aus dem **Mittleren Reich**; sie bieten einen faszinierenden Blick auf das tägliche Leben etwa 2000 v. Chr. Zu diesen Szenen gehören eine Weberwerkstatt, Fischerboote, eine Rinderherde, die der Besitzer und sein Schreiber zählen. Die Modelle sind Grabbeigaben. 25 davon fand man versiegelt im Grab eines Beamten am westlichen Nilufer in Luxor.

Saal 14 enthält **griechisch-römische Mumien**, von denen viele mit so genanten „Mumien-Porträts" (siehe S. 153) verziert sind. Leider sind die Mumien eher versteckt als ausgestellt – in Stapeln schmutziger Glaskästen, sodass man die bemalten Gesichter überhaupt nicht sieht. Viele Räume entlang des oberen Ostflügels präsentieren sich besonders schlecht; sie enthalten zwar interessante Exponate, doch wenige Besucher haben die Geduld, sie genauer zu studieren. Es wäre also entschuldbar, würden Sie weitergehen, zurück zur Südosttreppe und zum Ersten der Räume, die Tutanchamun gewidmet sind.

Tutanchamun-Säle

Tutanchamun war ein relativ unbedeutender Pharao, der weniger als zehn Jahre herrschte (1336 bis 1327 v. Chr.) und mit 18 Jahren auf bislang nicht gänzlich geklärte Weise starb. Der Name dieses Schwiegersohns und Erbe des häretischen Königs Echnaton wurde aus allen Monumenten getilgt, und in der Geschichte Altägyptens hätte er bestenfalls eine Fußnote verdient,

INSIDERTIPP

Verpassen Sie auf keinen Fall den Saal mit den Tiermumien. Er ist nur klein und liegt ganz nah bei den Schätzen Tutanchamuns.

ANN WILLIAMS
NATIONAL GEOGRAPHIC *Magazin-Autorin*

wäre da nicht sein unversehrtes Grab, das Howard Carter im Jahr 1922 entdeckte (siehe S. 276f). Von den Schätzen, die darin aufgehäuft waren – es dauerte vier Jahre, sie zu katalogisieren –, sind hier etwa 1700 ausgestellt.

Beim Betreten der Säle gehen Sie zwischen zwei lebensgroßen, mit schwarzem Harz überzogenen Holzstatuen des Knabenkönigs hindurch, die als Wächter im Vorraum seiner Sargkammer standen. Viele Exponate in diesem ersten Bereich haben mit der Jagd zu tun, so die Schilde aus Leopardenfell und eine Holzschatulle, die den König beim Jagen zeigt. Vitrinen sind mit kleinen Figurinen gefüllt, darunter eine Serie Götter, die Tut-

Auf Tutanchamuns goldenem „Löwen"-Thron salbt eine Königin ihren König

anchamun als Beschützer mit ins Grab gegeben wurden, und einige der mehr als 400 *Uschebti* – Miniaturbildnisse des Königs, die im Leben nach dem Tod für ihn Arbeiten ausführen sollten. Hier befindet sich der „Löwenthron", der mit Blattgold bedeckt und mit Intarsien aus Glas- und Halbedelsteinen verziert ist; die Rücklehne zeigt ein Bild von Tutanchamun, den seine Königin salbt (siehe oben).

Im Weiteren gibt es fein gearbeitete Krüge, Lampen und einen Becher aus Albaster sowie mehrere Modellschiffe für die Reise ins Leben nach dem Tod, doch die wirklichen Massenattraktionen beginnen im Nordflügel. Dort befinden sich die drei tierköpfigen Ritualbetten des Königs. Daneben steht ein Alabasterkasten. Während des Einbalsamierens entnahm man dem Leichnam die inneren Organe und legte sie in Kanopenkrüge oder Urnen, von denen man vier auf Seite 74 sieht. Ihre Deckel sind nach dem Abbild Tutanchamuns gestaltet. Die Kanopenkrüge verwahrte man in dem goldenen Kanopenschrein daneben, dessen Ecken die vier Göttinnen Isis, Neith, Nephthys und Serket schützten.

Die vergoldeten Holzkästen passten ineinander, in ihrer Mitte befanden sich der Sarkophag und mehrere innere Särge mit dem König. Der äußere Sarkophag aus Quarzit verblieb im Grab in Theben, doch in einem kleinen bewachten Saal stehen die inneren Särge. Einer ist vergoldet und mit Halbedelsteinen besetzt, der innerste Sarg aus massivem Gold wiegt mehr als 200 Kilo.

Der Leichnam Tutanchamuns lag in diesem kleinsten und kostbarsten der Särge, das Gesicht war bedeckt mit der sagenhaften Totenmaske, die in diesem Raum den Mittelpunkt bildet. Sie besteht aus massivem Gold, die Augen aus Obsidian und Quarz, ihre Umrisse und die Brauen sind mit Lapislazuli nachgebildet. War dies der Schatz eines unbedeutenden Pharaos, muss man sich fragen, was das Grab eines großen Pharaos wie Ramses II. einst enthielt.

Auf jeder Seite des Tutanchamun-Hauptraums gibt es eine Galerie; eine enthält Funde aus den Königsgräbern von Tanis (siehe S. 165), fünf Gräbern aus dem Neuen Reich, die man 1939 in der Deltaregion entdeckte. Zu den Exponaten zählt ein mumienförmiger Silbersarg des Pharaos Psusennes I. (1039–991 v. Chr.) mit dem Kopf eines Falken. Die andere birgt einige der schönsten **altägyptischen Schmuckstücke** sowie Objekte aus der griechisch-römischen Periode aus den Westlichen Oasen. ■

Die Anfänge der Ägyptologie

Die ersten Informationen zur Ägyptologie stammen von den Gelehrten, die Napoleon Bonaparte 1798 auf seiner militärischen Expedition nach Ägypten begleiteten; ihr im Anschluss daran entstandenes 24-bändiges Werk „Description de l'Egypte" (Beschreibung Ägyptens) bildete den Grundstein der gesamten künftigen Forschung.

Mitglieder der »Commission des Sciences et des Arts de l'Armée d'Orient« begutachten Altertümer für Napoleon.

Nach Napoleon, in den ersten Jahrzehnten des 19. Jahrhunderts, entdeckte eine Flut unerschrockener Reisender Ägypten neu. Eine ungute Folge dieser Ägyptomanie war die massive Plünderung des Landes. Es gab kein Gesetz, das die Ausfuhr von Altertümern verbot, und so benutzten europäische Agenten in Ägypten die „Description de L'Egypte" als Katalog, mit dessen Hilfe sie systematisch alles außer Landes schafften, was sich wegbringen ließ.

Auf der Liste der schatzjagenden Abenteurer sticht ein Name hervor: Giovanni Belzoni. Er wurde 1778 in Padua geboren und verdiente eine Zeit lang Geld in einem Londoner Varieté als Muskelmann. In Ägypten fand Belzoni eine Anstellung beim britischen Generalkonsul und beschaffte dem Britischen Museum einige der bedeutendsten Stücke, darunter den massiven Kopf von Ramses II., den man vom Ramesseum in Theben abtransportierte. Auf diese Weise legten die großen europäischen Museen zwischen 1810 und 1850 den Grundstein zu ihren Sammlungen ägyptischer Antiquitäten.

Der Franzose Auguste Mariette (1821 bis 1881) machte dieser Räuberei ein Ende. Mariette, Lehrer in Boulogne, entwickelte eine Leidenschaft für die Ägyptologie. Er gab seine Stellung für einen niedrigen Posten im Louvre auf, sicherte sich dann ein kleines Stipendium, sodass er in die Wüste ziehen und graben konnte. 1851 gelang Mariette, der sich am Werk des griechischen Geographen Strabo (64 v. Chr. bis 23 n. Chr.) orientierte, die Entdeckung des Serapeums in Sakkara. Der ägyptische Vizekönig Said Pascha bot Mariette an, Generaldirektor der neu gegründeten Ägyptischen Altertümerverwaltung zu werden, mit dem Auftrag, »Stelen, Statuen, Amulette und leicht transportable Objekte jeder Art zu sammeln, um sie vor der Gier der örtlichen Bauern oder der Habsucht von Europäern zu bewahren«.

Um die Ausgrabungsfunde unterzubringen, eröffnete Mariette im Oktober 1863 das erste Ägyptische Museum im Kairoer Vorort Bulak. Die Sammlung wuchs jedoch rasch bis sie schließlich im März 1902 in das speziell für sie errichtete Gebäude am Tahir Square übersiedeln konnte. Mariette erlebte den Bau des Museums nicht mehr, wurde jedoch umgebettet in dessen Garten, wo man ein eindrucksvolles Mausoleum errichtete, um den Gründer und ersten Direktor zu würdigen. Ein Jahrhundert später übersteigt die Zahl der im Keller des Ägyptischen Museums gelagerten Objekte jene der Exponate. Deshalb wird derzeit ein neues Museum, das Grand Egyptian Museum (GEM), an einem Standort bei den Pyramiden von Giseh gebaut. Es soll 2011 oder 2012 fertig sein.

Kairos Zentrum

Bestimmt wird niemand behaupten, das moderne Zentrum Kairos sei schön. Es gibt einige architektonische Kostbarkeiten, aber der größte Teil des Zentrums leidet unter einer nachlässigen Planung und den zerstörerischen Anforderungen des Verkehrs. Wer jedoch mehr als ein paar Stunden im Zentrum Kairos verbringt, wird erkennen, dass die Stadt zwar auf den ersten Blick nichts Anziehendes hat, dies aber bei näherer Bekanntschaft wett macht.

Der Tahrir Square (Platz der Befreiung) ist das ständig überfüllte Zentrum des modernen Kairo

Der **Tahrir Square** bildet das Herz von Kairo. Er ist kein großartiger Platz mit Statuen und Brunnen, sondern ein Knotenpunkt, der Tag und Nacht von Menschen wimmelt, und wo immer reger Verkehr herrscht. Für Zehntausende Kairoer ist der Tahrir ein Verkehrsknotenpunkt für Pendler; dort kommen sie jeden Morgen mit dem Taxi, Bus oder der überfüllten U-Bahn aus den Vororten an. Viele dieser Pendler streben in das riesige, Mogamma genannte Gebäude an dem Platz, in dem sich die Büros der Staatsregierung befinden, Arbeitsplätze für 20 000 Beamte. Die einstmals elegante Gebäudefront an der Ostseite des Platzes beherbergt Reisebüros, Import-Export-Firmen und eine Vielzahl kleiner Läden. Auf dem Gehsteig davor bieten Händler alles Mögliche an, von Uhren bis zum Schuhputzen. In der Dämmerung erhält der Platz einen Hauch von Glanz durch die Neonlichter auf den Dächern der Gebäude.

Jeder Besucher verbringt auf dem Platz eine gewisse Zeit und sei es nur, weil sich dort das berühmte **Ägyptische Museum** (siehe S. 68ff) befindet. Praktischerweise steht neben dem Museum das **Nil Hilton**, das erste (1959 gebaute) moderne Fünfsternehotel in Kairo. Die glorreichen Tage sind längst vorbei, doch das Café im Hof ist nach wie vor ein Treffpunkt der reichen Oberschicht von Kairo. Neuer Glanz zeichnet sich für das Hotel am Horizont ab, denn seit 2009 wird es in ein Ritz Carlton umgewandelt.

Die Südseite dieses Platzes beherrscht der mächtige Bau des Mogamma, in dem die Angestellten des Innenministeriums arbeiten. Als nationale Heimstatt der langsamen und unergründlichen Bürokratie ist das Gebäude ebenso sehr ein Symbol des modernen Ägypten wie die Pryamiden ein Symbol des Alten Ägypten sind. Die Vorstellung eines Besuchs im Mogamma erfüllt den Durchschnittsägypter mit Angst.

Östlich des Mogamma liegt die **Palästina-Universität Kairo** (ehemals Amerikanische Universität), wo die Reichen hohe Summen bezahlen, um ihren Söhnen und Töchtern das Prestige einer Ausbildung in westlichem Stil zu sichern. Obwohl die Universität aus dem Stadtzentrum hinaus verlagert wurde, wurde das historische Innenstadtgebäude 2009 als Kulturzentrum mit Bühnen und Kunstgalerien wiedereröffnet.

Wenn Sie östlich an der Universität vorbeigehen und der Muhammad Mahmoud Street oder der Scheich Rihan Street folgen, kommen sie zu einem weiteren großen Platz, auf dessen anderer Seite der **Abdeen-Palast** steht. Er wurde von einem französischen Architekten in unelegantem neoklassizistischem Stil entworfen und 1874 als Residenz der ägyptischen Khediven-Herrscher fertiggestellt. Seit der Revolution von 1952 und dem Exil des letzten Königs, Faruk, beherbergt Abdeen Regierungsbüros; die größeren Räume sind für den Empfang von zu Besuch weilenden Staatsoberhäuptern reserviert. 1998 wurde ein rückwärtiger Teil des Gebäudes für die Allgemeinheit als Museum geöffnet. Leider bleiben die Türen zu jenen Räumen verschlossen, die jeder wirklich sehen will, wie die byzantinische Halle mit Art-déco-Fresken im Pharaonenstil. Die Säle, die man besichtigen kann, sind einfach ausgeschmückt und enthalten endlose Anordnungen von Dolchen, Schwertern, Pistolen und anderen Feuerwaffen, dazu Medaillen und Auszeichnungen, königliches Tafelsilber und Keramik. Einige Verwun-

Kairos Metro

Kairos Metro ist noch recht neu. Obwohl sie einigermaßen voll sein kann, fährt sie sehr zuverlässig und schnell. DasTicket ist sehr billig und wird an den Ticketschaltern an den Personenschleusen verkauft. Glücklicherweise sind die Schilder auf Englisch, und da erst zwei Linien fertig sind, kann man sich auch kaum verfahren (siehe Karte S. 388). Normalerweise ist der mittlere Waggon einer Bahn für Frauen reserviert. Männliche Passagiere sollten darauf achten, nicht in den falschen Wagen einzusteigen.

Abdeen-Palast

- 66 D3
- Al-Gamaa St., Abdeen
- 02/391 0042
- Fr geschl.
- $. Kamera $, Videokamera $$$

Im prächtigen, reich mit Ornamenten verzierten Manjal-Palast in Kairo befindet sich heute ein Museum, das eine erstaunliche Sammlung an osmanischer Kunst präsentiert

derung erregen Objekte wie ein Satz vergoldeter Maschinengewehre, die ein arabischer Würdenträger aus einem der Golfstaaten Präsident Hosni Mubarak schenkte. Eine weitere Kuriosität ist das kleine überkuppelte Mausoleum eines muslimischen Heiligen aus dem 19. Jahrhundert an einem der Brunnenhöfe. Das Mausoleum ist älter als der Palast und statt es abzureißen, nahm der Architekt es in die Gesamtplanung auf.

Einen Kontrast zur Strenge der Räume im Abdeen-Palast bildet die zweite noch existierende ehemalige königliche Residenz, der höchst exzentrische **Manjal-Palast** auf der Insel Rhoda, etwa 1,5 Kilometer südlich des Tahrir Square. In einem von Mauern umgebenen Gelände stehen fünf einzelne Gebäude in nachgeahmtem islamischem Stil zwischen üppigen Banyan-Feigenbäumen, Palmen und Gummibäumen – den Überresten eines königlichen Botanischen Gartens, der einst die ganze Insel bedeckte. Der Palast wurde von Prinz Muhammed Ali Tewfik (1875–1955) in Auftrag gegeben, einem Thronanwärter, der nie zu Amt und Würden gelangte. Das hinderte ihn nicht, sich seinen privaten Thronsaal einzurichten, mit rotem Teppich, goldenen Möbeln und den Porträts seiner Vorfahren.

Ein anderes der Gebäude ist die Residenz (oder *Harmlek*) des Prinzen. Das überladene Innere enthält einen mit Iznik-Kacheln ausgelegten türkischen Raum und einen syrischen Raum mit einer exquisit bemalten Holzdecke. Außerdem zieren orientalische Gemälde, Keramiken und Teppiche die Salons. Der französische Komponist Camille Saint-Saëns (1835–1921) war manchmal dort Hausgast und komponierte angeblich sein Klavierkonzert Nr. 5, „Der Ägypter", während seines Aufenthalts in der Residenz. Ebenfalls auf dem Gelände befinden sich eine Moschee mit türkisch gefliestem Inneren und daneben ein maurischer Turm.

In der Nähe des Palastes befindet sich das Jagdmuseum. Neben einer Menagerie ausgestopfter Tiere enthält dieser lange Saal die präparierten, an den Wänden aufgehängten Köpfe von mehr als 300 Gazellen, die alle von Faruk und seinen Jagdkumpanen erlegt wurden.

Zum Manjal kommt man am einfachsten mit einem Taxi, schöner ist es jedoch, man geht vom Tahrir Square die Corniche hinab, Kairos Boulevard am Nilufer. Er ist einer der wichtigsten Nord-Süd-Verkehrswege der Stadt, doch weil Bäume den Gehsteig weitgehend von den Fahrzeugen abschirmen, ist dies ein beliebter Spazierweg.

An der Corniche befinden sich das **Semiramis** (siehe S. 359) und das **Shepheard's**, moderne Versionen von Hotels, die zu ihrer Zeit so berühmt waren wie das Londoner Ritz oder das Raffles Hotel in Singapur und die eine ähnliche Schicht der internationalen High Society anzogen. Das ursprüngliche Shepheard's, ein viktorianischer Bau mit maurischen Hallen, erhob sich im Norden des Opernplatzes, und hier hatte laut der Historikerin des Hotels, Nina Nelson, »praktisch jeder weltbekannte Mensch irgendwann einmal auf der berühmten Terrasse gesessen«. Theodore Roosevelt war 1910 dort, ebenso T. E. Lawrence (Lawrence von Arabien). Das Hotel wurde während der Aufstände von 1952 niedergebrannt. Der neue Betonbau hat nichts, was ihn empfehlen würde; der einzige Zusammenhang mit dem früheren Hotel besteht in einer aus der Asche geborgenen Widmungstafel in der Eingangshalle. An einem Anlegeplatz gegenüber den Hotels kann man eine Feluke mieten, eines der anmutigen, Lateinsegel führenden Boote. Für eine Gebühr von etwa fünf Dollar pro Stunde wird der Kapitän eine Gruppe auf dem Fluss hin und her fahren. Beim Sonnenuntergang über Kairos Skyline könnte man, während man auf dem Nil treibt, einen Besichtigungstag ausklingen lassen. ■

INSIDERTIPP

Gehen Sie ins Abu Tarek (40 Champollion St.), um das Nationalgericht der Ägypter zu probieren: *kushari*. Es ist preiswert und lecker. Das Lokal ist voller Einheimischer.

ELLEN MILLER
National Geographic-Experte

Manjal-Palast

- 66 C2
- Al-Saray St., Manyal
- 02/368 7495
- $. Kamera $, Videokamera $$

Wie man sich an Kairos Bahnhof orientiert

Am Bahnhof Ramses (der immer noch so heißt, obwohl die Statue von Ramses vor einigen Jahren umgesetzt wurde) ist es immer voll, aber man kann sich dennoch gut orientieren. Wenn Sie aus der Richtung des belebten Kreisverkehrs und der dahinterliegenden Straßenüberführung auf den Bahnhof schauen, ist die linke Tür wichtig. Das Touristenbüro liegt innen gleich links. Ebenfalls links liegt das Büro für die Buchung von Schlafwagenabteilen. Hierhin sollten Sie sich wenden, wenn Sie den Nachtzug nach Luxor oder Assuan nehmen möchten. Tickets der 1. Klasse nach Alexandria und zu anderen Delta-Städten bekommt man am Schalter geradeaus. Tickets der 2. Klasse nach Alexandria erhält man in dem kleinen Anbau, den man am äußeren Ende links durch einen großen Eingang erreicht. Normale Tickets (kein Schlafwagen) für Orte im Süden (z. B. in Mittelägypten) gibt es jenseits der Gleise; dazu nutzt man am besten die Unterführung.

Rundgang durch die Innenstadt

Ismail Pascha, Khedive von Ägypten (1863–79) war entschlossen, das Land zu modernisieren und plante ein neues Zentrum auf dem sumpfigen Überschwemmungsgebiet zwischen der Altstadt und dem Fluss. Sein Traum verwirklichte sich in der Entstehung eines neuen Viertels mit breiten Boulevards, großen Plätzen und öffentlichen Gärten, dazu einem italienischen Opernhaus als Glanzpunkt.

Am meisten Betrieb herrscht in Kairos Innenstadt nach Sonnenuntergang, wenn es kühler wird

Gehen Sie vom Tahrir Square nach Norden, die Talaat Harb Street hinauf, die Hauptstraße von Al-Balad oder dem Geschäftsviertel. Sollten Sie noch nicht gefrühstückt haben, kehren Sie im **Café Riche** 1 ein *(Taalat Harb St. 17, Tel. 02/392 9793)*, einem Lieblingslokal von Künstlern und Intellektuellen, seit es 1908 eröffnete. Angeblich trafen sich Gamal Abd al-Nasser und seine Verschwörer dort, um die Revolution zu besprechen. Ein Stück weiter thront eine beliebte Statue über einem von Ismails Plätzen im Pariser Stil; dargestellt ist Talaat Harb, ein Financier, der den Nationalisten Geld und dem Platz seinen Namen gab. Passenderweise wendet die Statue ihren Rücken dem **Groppi** zu *(Taalat*

NICHT VERSÄUMEN:

• Konditorei Al-Abd • Gemalte Plakate an den Kinos Miami und Metro • Fassade der Schar-Haschamaim-Synagoge

Harb Sq., Tel. 02/574 3244), einem 1925 im Kontinentalstil eingerichteten Tearoom, einst Inbegriff für Glanz und Überfluss. Dies alles wurde durch die Verstaatlichung ausgelöscht, zu der es als Folge von Nassers langen Nachmittagen im Riche kam; doch die Blumenmosaiken rund um den Eingang haben ihr Funkeln bewahrt.

Folgen Sie dem Blick Talaat Harbs und gehen Sie die Quasr al-Nil Street hinab, die von Boutiquen und Schuhgeschäften gesäumt und von hellen, leuchtenden Farben bestimmt ist. Biegen Sie in die zweite kleine Seitenstraße rechts ein, und Sie haben das **Cosmopolitan Hotel** (siehe S. 359) vor sich. Es eröffnete 1902 als Metropolitan und ist ein prächtiges Beispiel schöner Architektur, die sich in den Nebenstraßen verbirgt. Neben dem Hotel befindet sich die **Börse** 2. Als sie Anfang des 20. Jahrhunderts gebaut wurde, boomte die Wirtschaft Ägyptens, und der dortige Aktienmarkt zählte zu den Top Ten der Welt. Seit die Regierung Mitte der 1990er Jahre ein Privatisierungsprogramm einleitete, wurde der Aktienhandel wiederum ein großes Geschäft und er brachte der Börse und den

umliegenden Straßen so manche „Schönheitsoperation".

Gehen Sie von der Börse zur Quasr al-Nil Street zurück, vorbei am **Trieste-Versicherungsgebäude** ❸ *(Sharifeen St. 11)*, das der Italiener Antoine Lasciac entwarf, einer der vielen europäischen Architekten, die Ismail beim Bau seiner neuen Hauptstadt hinzuzog. Gegenüber dem eleganten Gebäude setzt sich das moderne Kairo mit der Shawarby Street wieder durch; sie ist eine Fußgängerzone voller Geschäfte, in denen es Jeans und Jacken gibt, und sie hallt von Popmusik wider, die aus einem halben Dutzend Kassettenläden dringt.

Das von einem schweizerischen Zuckerbäcker gegründete Groppi belieferte einst das britische Königshaus

Auf halbem Weg führt eine kleine Allee zurück zur Taalat Harb Street; man kommt neben der Konditorei **Al-Abd** heraus *(Talat Harb St. 19)*, die bis zum Ladenschluss um Mitternacht immer voll besetzt ist. Dort gibt es Kairos beste Baklavas und anderes Backwerk mit Nüssen und Sirup; ein halbes Pfund (230 g) kostet nur ein paar Euro.

An diesem oberen Teil der Talaat Harb Street beginnt Kairos Unterhaltungsviertel mit Theatern und billigen Bauchtanzbuden. Die meisten werben mit riesigen, grellen, oft handgemalten Plakaten, wie sie am **Filmtheater Miami** zu sehen sind, das ägyptische Filme zeigt. Jenseits der Straße steht das Art-déco-**Filmtheater Metro** ❹, das 1939 mit „Vom Winde verweht" eröffnete und noch heute vorwiegend Hollywood-Filme serviert.

Neben dem Metro-Gebäude biegt die Adly Street von der Talaat Harb östlich ab. Hier befindet sich die **Schaar-Haschamaim-Synagoge** ❺, ein Gebäude, das wie die Kulisse für die Verfilmung eines babylonischen Heldenepos aussieht, in Wirklichkeit aber als eines der wenigen erhaltenen Häuser von der einstmals einflussreichen jüdischen Gemeinde Kairos zeugt.

Juden waren die Gründer der Nationalbank und in den ersten Jahrzehnten des 20. Jahrhunderts stark in der Entwicklung der Stadt engagiert; doch die meisten gingen nach der Gründung des Staates Israel im Jahr 1948 weg. Geblieben sind so wenige, dass in der Synagoge, die nach wie vor zum Sabbat öffnet, nicht genügend Menschen für ein *minjan* (die mindestens zehn für einen Gottesdienst erforderlichen Personen) anwesend sind. Gegenüber der Synagoge befindet sich die **Besucherinformation** *(Adly St. 5, Tel. 02/3913454)*; das Personal dort ist freundlich, aber schlecht ausgestattet.

Im weiteren Verlauf führt die Adly Street auf den **Opernplatz** ❻. Wie der Name sagt, zierte ihn einst ein Opernhaus im italienischen Stil, das man hastig, gerade noch rechtzeitig für die Feiern von 1869 zur Eröffnung des Sueskanals, baute. Es sollte mit der Aufführung von „Aida" eröffnet werden, einer von Giuseppe Verdi für diesen speziellen Anlass komponierten Oper mit ägyptischem Thema. Weil sie jedoch nicht fertig wurde, unterhielt man die Premierengäste stattdessen mit „Rigoletto".

Ein Brand zerstörte 1972 das Opernhaus; es wurde durch ein Gebäude ersetzt, das viel nützlicher ist für das moderne Kairo: eine mehrstöckige Parkgarage. Das Reiterstandbild stellt Ibrahim dar, Ismails Vater, der 1848 nur 40 Tage über Ägypten herrschte und dann starb.

INSIDERTIPP

Eine Straße in Kairo zu überqueren kann eine echte Herausforderung sein. Orientieren Sie sich an den Einheimischen und schließen Sie sich einer Gruppe an.

ANN WILLIAMS
NATIONAL GEOGRAPHIC Magazin-Autorin

Grünflächen sind rar im Zentrum Kairos. Nur der ebene grüne Fleck an der Nordseite des Opernplatzes blieb von dem Park übrig, der dort vor noch gar nicht langer Zeit existierte und unter dem Namen Ezbekiya Garden als französischer Lustgarten konzipiert war. Der Fleck sieht aus, als warte er darauf, bebaut zu werden. Auf einer gepflasterte Ecke stehen die Buden eines Markts für antiquarische Bücher. Dahinter, am Chazinder Square, erhebt sich das **Warenhaus Sednaoui** 7.

Das nach den Galeries Lafayette in Paris gestaltete und 1913 eröffnete Haus verdient wegen des großen zentralen Atriums einen Blick ins Innere.

Gehen Sie vom Sednaoui die **Clot Bey Street** nördlich entlang. Nun verlassen Sie das europäische Kairo und betreten ein altes Wohnviertel, das seinen Charakter kaum verändert hat. Die Straßen werden schmaler und die Häuser baufälliger. Im Zweiten Weltkrieg war Clot Bey besser bekannt als „Birka", ein verrufenes Rotlichtviertel. Es wäre falsch zu sagen, Clot Bey sei ehrbar geworden, die Prostitution findet nur auf höherem Niveau statt.

An ihrem Nordende mündet die Clot Bey Street mit vielen anderen Straßen in den Ramses Square ein, den chaotischsten Platz Kairos. Alle Wege aus dem Norden der Stadt laufen hier zusammen und spucken Autos, Busse und Taxis aus.

In der Mitte dieses chaotischen Treibens stand einst eine Statue von Ramses II. Weil man um seine Erhaltung fürchtete, versetzte man sie ins Grand Egyptian Museum bei Giseh.

Nördlich des Platzes liegt der Hauptbahnhof Ramses. In einem Teil des Gebäudes ist das **Ägyptische Eisenbahn-Nationalmuseum** 8 untergebracht *(Tel. 02/575 3555, Mo geschlossen)*. Zu sehen ist dort eine kleine königliche Lokomotive mit nur vier Plüschsitzen, ein Geschenk der französischen Kaiserin Eugénie an Ägypten zur Eröffnung des Sueskanals.

Vom Ramses Square bringt Sie am besten eine kurze U-Bahnfahrt mit drei Haltestellen zum Ausgangspunkt am Tahrir Square (Metro: Sadat) zurück.

Englischsprachige Bücher in Kairo

Einige Buchläden in Kairo sind auf den englischsprachigen Buchmarkt ausgerichtet (sei es für Englisch sprechende Ägypter, in Ägypten lebende Ausländer oder für Touristen). Der Innenstadt-Campus der Amerikanischen Universität in Kairo (AUC) am Tahrir Square wurde im Jahr 2009 als Kulturzentrum mit einem großen Buchladen, dessen Eingang an der Qasr al-Aini Street liegt *(Tel. 02/2797-5929)*, wiedereröffnet. Es gibt aktuelle englische Titel sowie internationale Bestseller, Zeitungen und Zeitschriften. Andere schöne Buchläden mit englischsprachigen Titeln sind etwa der Diwan Bookstore *(159 26th of July St., Zamalek)* und der Ezbekiyya Book Market *(Ezbekiyya Gardens)*, der sowohl antiquarische als auch neue Bücher führt. Weitere Buchläden siehe S. 376.

Das islamische Kairo

Die Unesco, die Kulturorganisation der Vereinten Nationen, hat das islamische Kairo in ihre Liste des Weltkulturerbes aufgenommen und es somit den Pyramiden, der Chinesischen Mauer und Venedig gleichgestellt. Es ist ein historischer Bereich, der die größte Konzentration mittelalterlicher islamischer Monumente der Welt bietet. Die Skyline wird von Minaretten und Kuppeln dominiert, Spiegel einer Zeit, in der Kairo die reichste Hauptstadt der Welt war.

Seit dem 14. Jahrhundert wird in den engen Gassen des Khan al-Khalili gehandelt

Islamisches Kairo ist eine Bezeichnung für jenen Teil der Stadt, der vor der Entwicklung der neuen europäischen Viertel entstand, des modernen Kairoer Zentrums. Weil „islamisch" gelegentlich mit Terrorismus in Verbindung gebracht wird, propagieren die ägyptischen Behörden nun den Ausdruck „fatimidisches" Kairo. Er ist durchaus zutreffend, denn der Kern dieses Bereichs ist die von den Fatimiden im Jahre 969 gegründete Stadtfeste (siehe S. 92ff). Die meisten Mauern um die Stadt sind längst verschwunden, doch zahllose Monumente säumen noch immer die traditionellen historischen Durchgangswege. Sie reichen von bescheidenen Marmorbrunnen an den Straßenrändern bis zu prächtigen Moscheen. Was das Alter angeht, so überspannen sie die islamische Geschichte vom 10. bis zum 19. Jahrhundert.

Im Gegensatz zu anderen erhaltenen historischen Bezirken der Welt, die steril und irgendwie konserviert wirken, macht das islamische Kairo wenig Konzessionen an den Besucher. Das könnte es sich auch gar nicht leisten. Es liegt im Herzen der Metropole, ist die Heimstatt einer dichten Bevölkerung des 21. Jahrhunderts, die in weitgehend mittelalterlichen Unterkünften wohnt. Das Wasserversorgungs- und das Kanalisationssystem haben längst den Geist aufgegeben, und wer die Möglichkeit hatte, zog aus. Der Bezirk zählt heute zu den ärmeren Stadtgebieten. Der Verfall und die Vernachlässigung stimmen möglicherweise traurig, aber als Folge davon behält das islamische Kairo eine vitale Einwohnerschaft, die es zu mehr macht als einem bloßen Freiluftmuseum.

Planung des Besuchs

Das islamische Kairo umfasst ein Gebiet von einigen Quadratkilometern, seine Erforschung könnte also Tage oder gar Wochen dauern. Zum Glück gibt es mehrere bedeutende Gebäudegruppen, die alle an einer geraden Route von etwa 2,5 Kilometer Länge stehen und erwandert werden können. Es gibt jedoch so viel zu sehen, dass man sein Tempo besser selbst bestimmt und, wenn es die Zeit erlaubt, mehrere Besuche macht.

Beginnen Sie mit dem Khan al-Khalili, dem großen Basar mitten in dem Bezirk. Wegen der kilometerlangen Sträßchen, Durchgänge und Sackgassen braucht man allein schon einen Tag, um durch diesen ganzen Markt zu spazieren; allerdings können Sie damit auch einen Besuch der nahen Al-Azhar-Moschee verbinden. Ihr nächster Ausflug würde Sie zu den Nordtoren der Stadtmauer führen, und Sie könnten die Al-Hakim-Moschee, Bayt al-Suhamy und die drei großen mameluckischen Komplexe an der Bayn al-Qasreen besichtigen. Ein dritter Erkundungsgang könnte an der Al-Ghuriyya beginnen und einen Gang hinab zum Bab Suweila und dem Zeltmachermarkt beinhalten. Auch als Nichtmuslime können Sie jedes islamische Monument besichtigen außer der Hussein-Moschee neben dem Khan al-Khalili. Einzige Bedingung ist, dass Sie die Schuhe ausziehen. Manchmal gibt es Stoffhüllen zum Festbinden, die man über die Schuhe zieht. Kleiden Sie sich dezent. Ein Kopftuch ist nicht nötig, doch Frauen dürfen keine Shorts, kurzen Röcke und ärmellosen Tops oder Kleider tragen. Männer sollten lange Hosen anhaben (siehe S. 93).

Feilschen im Khan al-Khalili

Auf den ersten Blick kann es etwas beängstigend wirken, wenn man sieht, wie im Khan um Preise für Souvenirs gehandelt wird, aber so etwas gehört einfach zum Erlebnis eines Ägyptenaufenthalts dazu. Wenn Sie etwas ernsthaft kaufen möchten, machen Sie erst einmal ein niedriges Angebot: Der Verkäufer wird einen Gegenvorschlag machen, der deutlich zu hoch ist – so etwa ein Drittel mehr als der zu erwartende Endpreis. Generell gilt: Gehen Sie niemals auf das erste Angebot eines Händlers ein. Kaufen Sie niemals, wenn Ihnen der Preis nicht wirklich zusagt. Gehen Sie einfach weiter oder tun Sie wenigstens so als ob, wenn der Preis nicht stimmt. Sie werden sehen, wie schnell der Preis dann fällt!

Khan al-Khalili

Um das islamische Kairo vom Zentrum aus zu erreichen, können Sie

Die Kuppeln und Minarette im islamischen Kairo bilden eine typisch arabische Skyline

den einen Kilometer zu Fuß vom Ataba Square durch die belebte Muski Street gehen oder einfach ein Taxi über die Al-Azhar-Überführung nehmen. Beide Male kommen Sie am Al-Hussein Square heraus, am Rand eines der ältesten Einkaufszentren der Welt, dem Basar Khan al-Khalili. Dies ist das frenetischste, verführerischste Kairo.

An diesem Ort handeln die Krämer mindestens seit dem 14. Jahrhundert. 1384 baute der Emir Al-Khalili hier ein riesiges *Khan*, eine dreistöckige Herberge zur Unterbringung reisender Händler und ihrer Waren. Käufer kamen wegen der Waren her, die von Handelskarawanen gebracht wurden. Im 16. Jahrhundert wurde Al-Khalilis Khan zerstört, doch inzwischen hatte sich der Bezirk als das Handelszentrum der Stadt etabliert. Die ältesten erhaltenen Teile des heutigen Basars sind mehrere große steinerne Torbögen aus der Zeit kurz nach 1500.

Die Art der angebotenen Waren hat sich im Lauf der Jahrhunderte zum Teil überraschend wenig geändert. Der Sklavenmarkt wurde 1870 geschlossen, und man findet keine Seide, Juwelen oder Diamanten mehr, doch Kleidung bleibt aktuell. Die Düfte von Gewürzen durchziehen nach wie vor die Al-Muizz li-Din Allah Street, wo die Stände überhäuft sind mit verschiedenfarbigen Pulvern und Säckchen voller Samen und Schoten. Weiter östlich in der Straße hämmern Kupferschmiede Platten und Schüsseln. Unwahrscheinlich ist jedoch, dass die Kairoer Bürger des Mittelalters die ausgestopften Lederkamele, die Briefbeschwerer in Form von Alabasterpyramiden und dergleichen kannten, mit de-

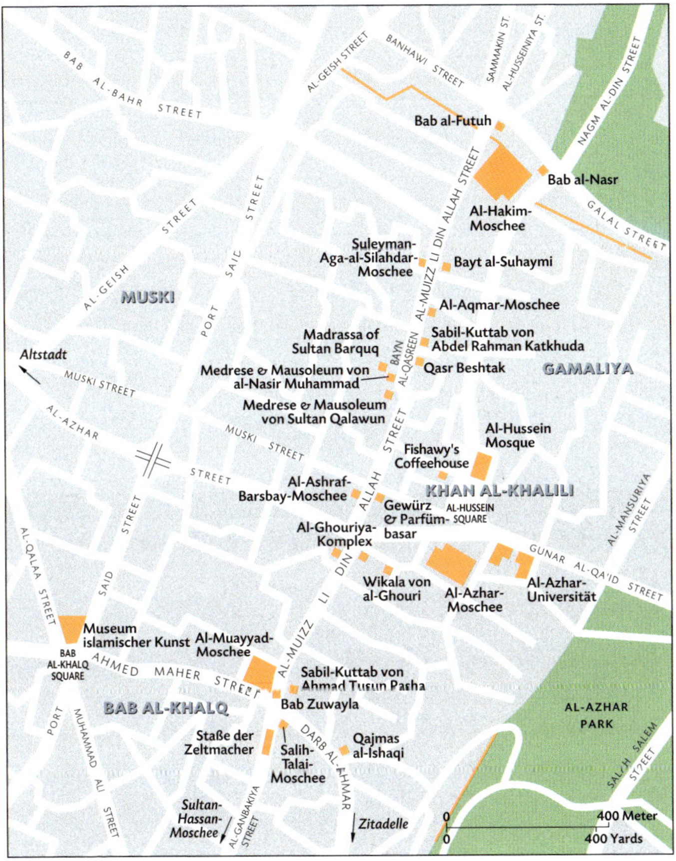

nen die Stände im Mittelteil des Basars gefüllt sind.

Was Sie auch kaufen – feilschen Sie (siehe S. 87)! Das ist ein Ritual im Basar und gilt auch für ausländische Besucher. Strenge, feste Regeln gibt es keine, sicher ist nur: Wenn Sie nicht feilschen, zahlen Sie einen ungebührlich hohen Preis. Ein Tipp: Wenn Sie etwas sehen, das Ihnen gefällt, prüfen Sie den Preis ähnlicher Dinge an anderen Ständen. Mit einer ungefähren Preisvorstellung kommen Sie zurück und handeln erfolgreicher.

Falls Sie sich von dem Verkaufspalaver erholen wollen, gehen Sie ins **Fishawi**, Kairos ältestes, berühmtestes Kaffeehaus. Seine wackeligen Holzstühle und die großen Tische mit Kupferbelag säumen ein schmales Gässchen, das einen Block nördlich des Al-Hussein Square beginnt. Große antike Spiegel mit schweren Rahmen zieren die Wände. Es ist durchgehend geöffnet, zu wirklichem Leben erwacht es am späten Abend, wenn das Lokal wieder den Einheimischen gehört. (Weiteres über Kairos Kaffeehauskultur finden Sie auf S. 97.) Stammgast war hier Ägyptens Nobelpreis-Autor Nagib Machfus (siehe S. 55). Er wuchs in der Gegend auf und veranstaltete später allwöchentlich literarische Zusammenkünfte in einem Hinterzimmer.

Um die Ecke ist ein nach Machfus benanntes vornehmeres Touristencafé. Das klimatisierte Innere ist Welten entfernt von allem, worüber er schrieb, doch es empfiehlt sich während Ihrer Besichtigung zur Mittagszeit für einen Imbiss oder eine Erfrischung. Das Khan-al-Khalili-Restaurant im gleichen Gebäude ist wegen seiner Atmosphäre eine gute Wahl fürs Abendessen (siehe S. 361).

Wenn Sie wissen wollen, wie Al-Khalilis Khan in seinem ursprünglichen Zustand ausgesehen hat, überqueren Sie die Al-Azhar Street durch die Fußgängerunterführung zum Al-Hussein Square und besuchen Sie das **Wikala von al-Guri.** Ein *wikala* ist im Grunde die größere Version eines Khans. Früher gab es in Kairo mehr als

Eine Urlauberin inspiziert die Waren im Teppichbasar des Khan al-Khalili

350 solcher Gebäude, doch von den wenigen heute noch existierenden Häusern ist dieses hier bei weitem im besten Zustand. Gehen Sie durch das hohe, verzierte Tor in den mittleren Hof, wo die Karawanen abgeladen wurden. Waren und Tiere brachte man in den Lagern und Ställen im Erdgeschoss unter, die Kaufleute nahmen sich oben Zimmer. Diese Räume dienen als Ateliers und Werkstätten für ortsansässige Künstler, einige davon sind der Öffentlichkeit zugänglich. Dort wird auch heimisches Kunsthandwerk verkauft.

Wenden Sie sich nach rechts, wenn Sie weitergehen, und folgen Sie der Straße, vorbei an einem kleinen Markt unter freiem Himmel für Obst und Gemüse, und gehen Sie dann links weiter. Sie gehen jetzt im Schatten der hohen Wände eines der bedeutendsten Gebäude des islamischen Kairo.

Al-Azhar-Moschee

Kairo hat mehrere Hundert alte Moscheen; falls Sie nur eine besuchen, sollten Sie die Al-Azhar-Moschee wählen. Sie wurde im Jahre 970 gegründet und ist auch mehr als tausend Jahre später noch eines der wichtigsten Zentren der islamischen Theologie, in das jedes Jahr neue Studenten aus der ganzen Welt kommen. Während der ganzen Geschichte Kairos waren die heiligen Männer in ihren eingefriedeten Bezirken ein Kommunikationskanal zwischen den Herrschern und den Beherrschten des Landes, manchmal eine mäßigende Kraft, zu anderen Zeiten ein Brennpunkt der Unzufriedenheit. Als Napoleon 1798 in Ägypten einfiel, versuchte er gleich zu Beginn, den Klerus Kairos für sich zu gewinnen. Er scheiterte und befahl daraufhin eine Abteilung Kavallerie in die Moschee, um die rebellische Stadt zu unterwerfen. Der Scheich von Al-Azhar ist nach wie vor die höchste religiöse Autorität des Landes, und Proklamationen aus seinem Büro haben oftmals mehr Gewicht als Regierungsdekrete. Al-Azhar ist auch ein Schaustück der

Tipps für Einkäufe

Gewürze sind äußerst billig, ebenso Parfüms. Man bekommt örtliche Mischungen sowie Imitationen namhafter westlicher Marken in fein dekorierten Fläschchen. Trotz der vielen Verkäufer sind Gold- und Silberwaren nicht beeindruckend, es sei denn, man findet alte Stücke. Seien Sie wachsam in Bezug auf Behauptungen, ein Stück sei antik – die meisten Objekte kommen direkt aus der Fabrik. Kaufen Sie etwas, weil es Ihnen gefällt, nicht weil es „alt" ist. Mit Perlmutt eingelegte hölzerne Schmuckkästchen sind hübsch und dazu billig. Falls Sie etwas Originelleres wollen: Einfache Backgammon-Kästen, wie man sie in den Kaffeehäusern benutzt, werden in der al-Muizz li-Din Allah Street verkauft, und ein Kostümschneider am östlichen Ende der Muski Street fertigt verführerisch glitzernde Bauchtanzgewänder an. Denken Sie daran, wacker zu feilschen.

Wikala von el-Guri

Karte S. 89
Tablita St., bei Al-Azhar St.
02/511 0472
$

Café Fishawi

Karte S. 89
Shariya al-Fishawy, Kahn al-Khalili

Die immer wieder umgebaute Gebetshalle der Al-Azhar-Moschee ist seit mehr als tausend Jahren das geistige Herz Ägyptens

Architektur Kairos in der islamischen Ära, denn im Lauf der Jahrhunderte drückten dem Gebäude viele aufeinanderfolgende Sultane und Emire ihren Stempel auf.

Man tritt durch das doppelbögige **Tor der Barbiere** ein, wo den neuen Studenten die Köpfe geschoren werden. Nach rechts und links führen Höfe zu zwei *Medresen* oder Hochschulen; die linke mit eigener Kuppel und eigenem Minarett wurde 1340 angebaut, ihr Glasmosaikdekor in der Gebetsnische ist sehenswert. Geradeaus gelangt man in den mittleren Hof, den eine Kielbogenarkade umgibt, so genannt, weil die Bögen einem umgekehrten Schiffskiel ähneln. Dies ist der älteste Teil des Gebäudes, er geht auf die Fatimidenzeit zurück. Jenseits des Hofs befindet sich die mit Teppichen ausgelegte Gebetshalle, die früher nur bis zur Gebetsnische reichte, Mitte des 18. Jahrhunderts aber durch vier weitere Arkaden vergrößert wurde. Der Hof bietet auch einen guten Blick auf die drei Hauptminarette, die – von rechts nach links – aus den Jahren 1340, 1469 und 1510 stammen. Das Minarett von 1510 mit seinen Zwillingskreuzblumen baute der letzte mameluckische Sultan, Al-Guri, der auch für das nahe gelegene Wikala (siehe S. 94f) und den Al-Guriyya-Komplex (siehe S. 101) verantwortlich war.

Nördliche Stadtmauer

Nachdem Sie Khan al-Khalili und die Al-Azhar-Moschee besucht haben, ist das nächste Muss ein Gang entlang der mittelalterlichen Stadtmauer bis hinauf zu den Nordtoren und zurück hinab zum Südtor. Nur diese drei blieben von den einstmals zehn befestigten Toren der fatimidischen Stadt erhalten. Ein weiteres Detail, das Erinnerungen heraufbeschwört, besteht in französischen Namen, die über den Turmeingängen eingeschnitten sind – Echos von Napoleon kurzer Besetzung der Stadt (1798–1801), während der die Türme von Soldaten bewohnt waren.

Betreten werden die Tore über die Dachterrasse der benachbarten **Al-Hakim-Moschee**, die ebenfalls ein Überbleibsel aus der Fatimidenzeit ist. Al-Hakim (996–1021) war der dritte Kalif oder Herrscher der Fatimiden und bekannt für seine exzentrischen Einfälle. Er liebte die Nacht und verbot deshalb geschäftliche Tätigkeiten am Tag; als Frauenhasser verbot er die Herstellung von Schuhen für Frauen, um sie von den Straßen fern zu halten. Im Lauf der Jahrhunderte diente seine Moschee als Stallung, als Gefängnis, als Lager für Gegenstände, die später die Sammlung des Museums für Islamische Kunst bilden sollten, und als Schule. Während des größten Teils der jüngsten Geschichte war sie eine Ruine, doch in den 1980er Jahren baute man sie fast vollständig wieder auf. Original sind nur die seltsamen Minarette, die aussehen wie Pfefferstreuer auf Schachteln.

Vor der Moschee dient ein breiteres Straßenstück als Markt

INSIDERTIPP

Frauen sollten sich einen schönen Schal kaufen, nicht nur, weil er ein großartiges Mitbringsel ist, sondern auch, weil er in den überklimatisierten Räumen vor Kälte schützt und als zusätzliches Kleidungsstück in Moscheen dient.

RANDI DANFORTH
American University in Cairo Press

Al-Hakim-Moschee und Nördliche Stadtmauer

Karte S. 89
Al-Muizz li-Din Allah St.
Fr während der Mittagsgebete für Besucher geschl.
$$

Verhalten in der Moschee

Ein bescheidenes und respektvolles Auftreten ist in einer Moschee immer angebracht. Ägyptische Moslems heißen die Besucher in ihren Moscheen gerne willkommen (wie auch die Kopten die Besucher ihrer Kirchen und Klöster willkommen heißen), aber denken Sie daran, dass dies zu allererst Orte der Anbetung sind.

Lange Hosen und Röcke sind angemessen (keine Shorts). Die Schultern sollten bedeckt sein; kurzärmelige Hemden oder Blusen sind in Ordnung. Frauen müssen oftmals ein Kopftuch tragen, deshalb sollten Sie vielleicht immer eines in der Tasche haben. Fast immer wird man Sie darum bitten, die Schuhe auszuziehen, die Sie in einem bewachten Regal an der Tür stehen lassen können.

Moscheen sind meist für jedermann öffentlich zugänglich und werden oft von Einheimischen besucht, die dort beten oder sich leise unterhalten. Die einzige Zeit, in der die Moscheen nicht allen Besuchern zugänglich sind, ist der Freitagmittag, die offizielle Gebetszeit.

Al-Azhar-Moschee

Karte S. 89

Al-Muizz li-Din Allah St.

Fr während der Mittagsgebete für Besucher geschl.

$$. Kamera $, Videokamera $$$

für Zwiebeln, Knoblauch und Zitronen aus dem Umland. Bei der Straße handelt es sich um die Hauptdurchgangsader des mittelalterlichen Kairo, die **Al-Muizz li-Din Allah Street**, benannt nach dem fatimidischen Kalifen, in dessen Namen die Stadt gegründet worden war. Sie führt ein gutes Stück hinab zum südlichen Tor Bab Suweila und weiter zur Zitadelle, dem ehemaligen Sitz der städtischen Herrscher. Für die heutigen Erfordernisse ist sie zu schmal, dar-

Die Al-Azhar-Moschee

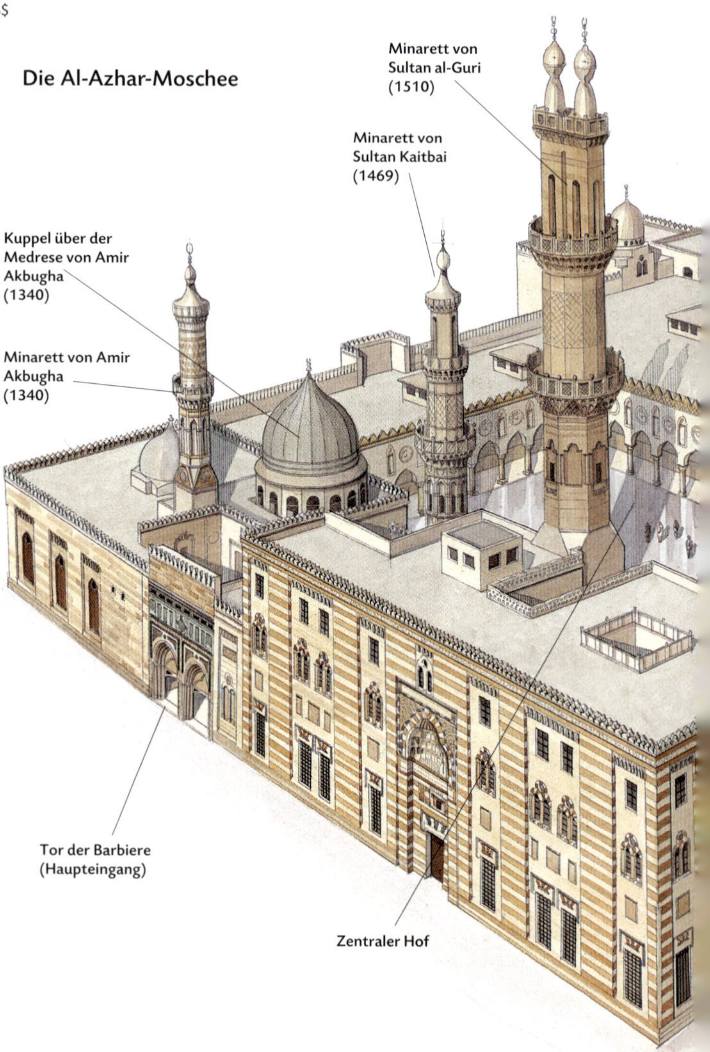

um verstopfen sie gewöhnlich „untechnische" Transportmittel wie Handwagen und Esel, die unter ihren aufgetürmten Lasten fast nicht zu sehen sind.

Wenn Sie die Al-Muizz li-Din Allah etwa 200 Meter hinabgebummelt sind, zweigt links eine kleine Gasse ab, deren blendendes Weiß auffällt, Ergebnis einer Renovierung durch das für Altertümer zuständige ägyptische Ministerium. Hier sieht man eine Phase des ehrgeizigen Projekts, das eigentliche

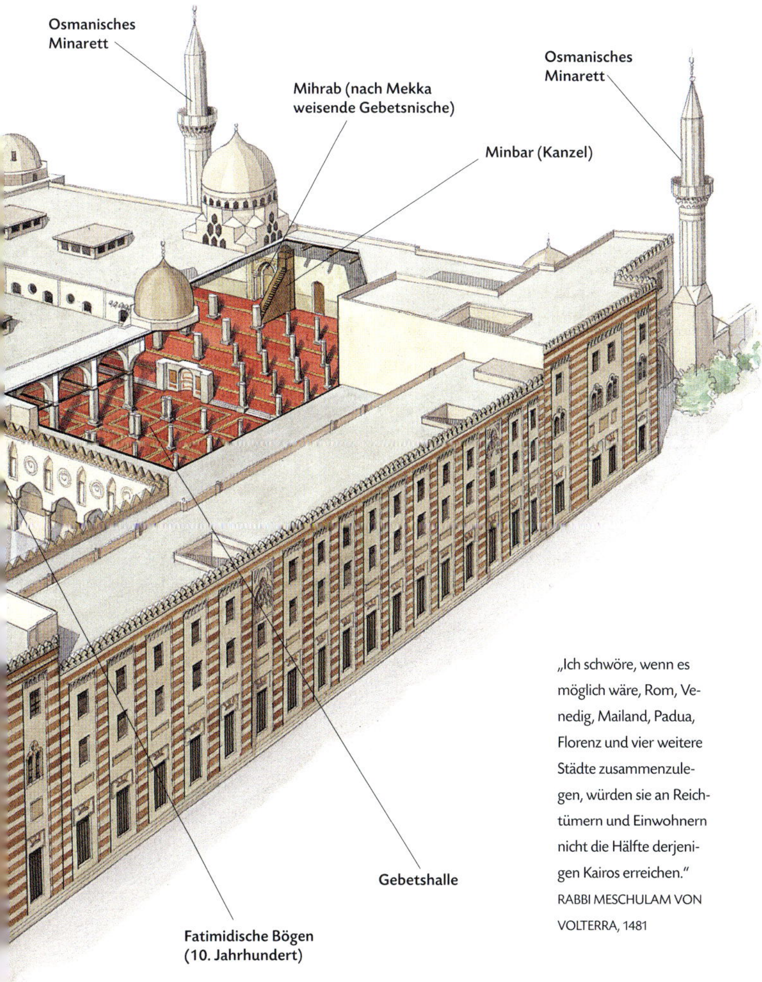

„Ich schwöre, wenn es möglich wäre, Rom, Venedig, Mailand, Padua, Florenz und vier weitere Städte zusammenzulegen, würden sie an Reichtümern und Einwohnern nicht die Hälfte derjenigen Kairos erreichen."
RABBI MESCHULAM VON VOLTERRA, 1481

Rückgrat des islamischen Kairo ganz zu restaurieren. Die wegweisende Arbeit konzentrierte sich hier auf das Schaustück **Bait al-Suhaymi**, Kairos schönstes Beispiel des traditionellen Familienwohnhauses, wie es von mameluckischen Zeiten an bis zum 19. Jahrhundert in der ganzen Stadt gebaut wurde. Das *Bait* (arab. „Haus") hat zur Stadt hin eine typische undurchbrochene Fassade, doch durch einen tunnelartigen Zugang gelangt der Besucher in einen schönen Innenhof. Ihn überblickte man von allen Zimmern. Gäste empfing man abseits des Hofs in einem beeindruckenden *Qa'a* oder Empfangsraum, den ein in den Boden eingelassener vielfarbiger Marmorbrunnen und eine hohe, bemalte Holzdecke zierten. Im Obergeschoss befinden sich die Räume der Familie mit dem hölzernen Gitterwerk an den Fenstern, *Maschrabiyya* genannt, durch das die Frauen die Vorgänge unten beobachten konnten, ohne selbst gesehen zu werden. Gekühlt werden die Räume durch winkelige Windfänger auf dem Dach, *Malqaf* genannt, von denen die vorwiegend aus Norden kommende Brise ins Gebäude geleitet wird. Das System ist erstaunlich effizient und was die Ästhetik sowie die Unterhaltskosten angeht, schlägt es zweifellos die mechanischen Klimaanlagen.

Kehren Sie auf die **Al-Muizz li-Din Allah** zurück. An der nächsten Ecke links steht die kleine Al-Aqmar-Moschee. Ihr Name bedeutet „mondhell"; vermutlich regte dazu der helle Stein an. Im 12. Jahrhundert, als die Moschee gebaut wurde, leuchtete er möglicherweise tatsächlich, doch im Lauf der Jahrhunderte setzten ihm Staub und Ruß zu, sodass er verblasste. Beachtenswert bleibt jedoch das exquisite Schnitzwerk an der Fassade.

INSIDERTIPP

Wenn Sie auf einem Markt oder in einem Geschäft Preise aushandeln, sollten Sie dabei wenigstens einmal weggehen. Wenn Sie dann zurückkommen, wird der Preis plötzlich niedriger sein.

PEARCE CREASMAN
National Geographic-Experte

Das Geheimnis der Taxipreise

Nach allgemeiner Übereinkunft werden in Kairo niemals Taxometer eingeschaltet. Die Fahrgäste müssen die ungefähren Preise einfach kennen. Für Auswärtige ist das eine verzwickte Angelegenheit, da sie natürlich keine Vorstellung von angemessenen Fahrpreisen haben können. Obwohl die meisten Fahrer ehrlich sind, gibt es doch einige, die daraus skrupellos Vorteil für sich ziehen. Die Fahrpreise basieren auf der Entfernung, nicht auf der Anzahl der Fahrgäste. Hier einige typische Preise:

- **Von Mohandiseen zum Tahrir Square: 8–10 LE**
- **Vom Stadtzentrum zum islamischen Kairo: 5–7 LE**
- **Vom Stadtzentrum zum Flughafen: 60 LE**
- **Von Zamalek zum Tahrir Square: 5–6 LE**

Das Kaffeehaus

„Kairo, Stadt der tausend Minarette" – so lautet ein altes Klischee, doch wenn es eine Einrichtung gibt, die man öfter findet als die Moschee, dann ist es das *ahwa* oder Kaffeehaus. Ein türkischer Reisender, der Kairo im späten 16. Jahrhundert besuchte, schrieb: »Auch [bemerkenswert] ist die Vielzahl von Kaffeehäusern in der Stadt Kairo, die Konzentration von Kaffeehäusern, denen man auf Schitt und Tritt begegnet.« Das ist heute noch so. Es gibt sie nicht nur an jeder Ecke, sondern auch dazwischen.

Die meisten Männer verbringen einen Teil des Tages im Kaffeehaus, sei es zum morgendlichen Tee oder zum abendlichen Scheescha

Der Kaffee erreichte Kairo um die Mitte des 15. Jahrhunderts, etwa 300 Jahre, bevor er im Westen aufkam. Anfangs wurden die Bohnen misstrauisch beäugt als Rauschmittel, das vom Koran verboten war und ist. Doch schon bald erfreute sich Kaffee in der ägyptischen Gesellschaft großer Beliebtheit. Heute gehen die meisten ägyptischen Männer fast täglich in ein Kaffeehaus. Niemand ist jedoch dem Kaffee besonders verfallen. Es gibt keine Debatten über die Vorzüge von Mokka gegenüber Espresso. Kaffee ist Kaffee – arabischer Kaffee, schwarz und mit Satz, serviert in winzigen Tassen, an denen man ein paar Mal nippen kann. Gelegentlich kann er mit Kardamom, Muskat oder Nelke gewürzt sein, doch niemand frequentiert ein Kaffeehaus wegen der Qualität des Gebräus.

Kaffeehäuser sind keine Cafés. Sie verbinden vielmehr die Funktionen einer Bar, eines gesellschaftlichen Clubs, einer Straßenecke. Sie sind Orte, an denen man sich trifft, redet, das Neueste erfährt, Zeitung liest und sogar fernsieht. Meist bleiben sie Männern vorbehalten (Frauen sind zwar willkommen, könnten sich aber etwas unbehaglich fühlen). In Ägypten ist das Haus die Domäne der Frau; alles andere ist Männersache.

Alles Mögliche kann als Kaffeehaus gelten – von einer mit Lumpen bedeckten Bank, wo man durch ein Loch in der Wand bedient wird, bis zu einer Terrasse mit Rattanstühlen und Speisekarten; ein typisches Kaffeehaus sind jedoch einige Tische und Holzstühle in einem zur Straße hin offenen Raum. Kellner schlurfen herum, rufen den Jungs an den Wasserbehältern und Gasflammen Bestellungen zu, während der *muwaalim*, der Chef, an seinem Pult sitzt, alles im Blick hat und die Kunden begrüßt.

Vor allem in Kairo hat jedes Kaffeehaus sein besonderes Publikum. Einige werden von Intellektuellen und Schriftstellern besucht, andere von Schachspielern, wieder andere, die für besonders guten Tabak bekannt sind, von Kennern der *scheescha*, der blubbernden Wasserpfeife. In einem Teil der Stadt lassen konkurrierende Etablissements pausenlos Videos laufen. Anderswo, in einer Gasse des Tewfiqija-Markts, treffen sich Theatermusiker nach der Aufführung. Im Kaffeehaus El-Shams finden sich Filmagenten ein, die nach Komparsen ausschauen.

Zwischen den Palästen

Im Zentrum der fatimidischen Stadt, an einem weiträumigen Platz, standen einander zwei große Paläste gegenüber. Sie sind längst durch die Monumente späterer Dynastien ersetzt, doch an sie erinnert der Name **Bayn al-Qasreen** (Zwischen den Palästen), der noch für den Abschnitt der Al-Muizz li-Din Allah südlich der kleinen Al-Aqmar-Moschee gebraucht wird. Von den königlichen Residenzen selbst sind nur noch einige schön geschnitzte Holzfriese erhalten, die sich im Museum für Islamische Kunst befinden (siehe S. 104f). Den Fatimiden schreibt man zwar die Gründung des islamischen Kairo zu, doch nicht deren Tradition herrscht in der heutigen Altstadt vor. Diese Ehre gebührt den Mamelucken (siehe S. 35ff). Von den zahllosen Kuppeln und Minaretten wurden die prächtigsten und schmuckvollsten über Gebetshallen und Mausoleen der Soldatensklaven-Dynastie errichtet, die von 1250 bis 1517 herrschte. Die Reichtümer, die sie in Palästina, Syrien und Arabien zusammentrug, gingen in diese Gebäude ein. Weil das Leben oft kurz und Macht nicht erblich war, gaben sich die mameluckischen Herrscher gern verschwenderisch, so lange sie konnten. Möglicherweise spielte auch ein Element der öffentlichen Beziehungen mit: Wenn die mameluckischen Kriegsherrn eifrig genug an die Herrlichkeit Gottes appellierten, so meinten sie, würde die Bevölkerung Kairos vielleicht ihre rohe Herrschaft und ihre sündigen Taten vergessen.

Bayn al-Qasreen verkörpert das mameluckische Ägypten auf dem Zenit seiner Vitalität und Macht. Hier stehen drei wuchtige Komplexe Schulter an Schulter in einer Fol-

ERLEBNIS: Im islamischen Kairo *Oud* lernen

Obwohl der Name *oud* übersetzt eigentlich nur „Stock" bedeutet, handelt es sich dabei um ein elegantes hölzernes Saiteninstrument, den Vorläufer der europäischen Laute (deren Name vom arabischen *al-oud* abgeleitet ist). Entlang der Sharia Mohammed Ali, einst eine berühmte Musikerstraße, werden noch immer neue *ouds* gefertigt und verkauft.

Unter dem Einfluss moderner – sowohl arabischer als auch westlicher – Popmusik fiel die *oud* in Misskredit. Dagegen wehrt sich der irakische Musiker und Komponist Naseer Shamma, der seit zehn Jahren in Ägypten wohnt, unermüdlich. Shamma, selbst ein Virtuose auf dem Instrument und Anhänger klassischer arabischer Musik, leitet im islamischen Kairo eine Akademie für *oud*, das Beit al-Oud el-Arabi (Haus der Arabischen Oud). Die Schule ist im Beit al-Harrawi, einem restaurierten Privathaus aus dem 18. Jahrhundert, an einem Platz hinter der Al-Azhar-Moschee untergebracht.

Der Unterricht wird unter der Leitung von Shamma selbst oder von einem seiner älteren Schüler sowohl für Einheimische als auch für Ausländer erteilt. Die Stunden finden im Allgemeinen dreimal pro Woche statt, und zwar samstags, montags und mittwochs. (Shamma und seine fortgeschrittenen Schüler geben auch oft Konzerte im Beit al-Harrawi.) Unterrichtsanmeldungen nimmt Shamma auf seiner Website *www.naseershamma.com* persönlich entgegen.

Obwohl es nicht so ganz einfach ist, *oud* zu spielen, ist es natürlich einErlebnis, sich in inspirierender Umgebung auf dieses seltene Abenteuer einzulassen.

ge spektakulärer Fassaden, die 150 Jahre umspannen. Die nördlichste ist die **Medrese von Sultan Barkuk**, auch Barkukiya-Moschee genannt, 1386 als islamisches Lehrzentrum gegründet. Die meisten Medresen dienten in der Regel auch als Moscheen, die Bezeichnungen sind deshalb manchmal austauschbar, doch wenn Sie den Haupthof betreten, finden Sie in jeder Ecke eine Tür, die jeweils zu vier Klassenzimmern führt, einem für jede der vier Schulen des islamischen Rechts. Unter der Kuppel, zu erreichen durch die Gebetshalle, befindet sich ein Mausoleum, in dem nicht der Sultan liegt (er ist anderswo in Kairo bestattet), sondern seine Tochter Fatima.

An den Barkuk-Komplex grenzt die **Medrese mit Mausoleum von Mohammed al-Nasir**, errichtet von einem der produktivsten Bauherrn in der Geschichte Kairos. Während seiner langen Herrschaft von 1293 bis 1340 versah er die Stadt mit etwa 30 Moscheen, deren bekannteste sich oben bei der Zitadelle befindet (siehe S. 108ff). Die Medrese ist zwischen zwei riesige Nachbarn gequetscht, beeindruckt aber dennoch mit ihrer fast symmetrischen Fassade. Der gotische Torweg aus weißem Marmor stammt von einer Kreuzfahrerkirche in Akko (heute in Israel), wogegen das Minarett darüber mit spitzenartigen Stuckaturmustern bedeckt ist, die nordafrikanischen Einfluss erkennen lassen. Das Innere befindet sich leider in schlechtem Zustand und ist Besuchern normalerweise nicht zugänglich.

Das letzte, älteste und herausragendste Bauwerk in der Reihe ist die **Barkuk-Kalaun-Moschee**. Angeblich wurde sie im Jahr 1285 in einem einzigen Jahr erbaut. Um diese Meisterleistung zu schaffen, zwangen die Soldaten des Sultans arme Passanten, sich in die Arbeitertrupps einzureihen. Dies fanden die Scheichs der Stadt so schändlich, dass sie zunächst das Beten dort für ungesetzlich erklärten. Doch Kalauns Vermächtnis ist so großartig, dass seine Missetaten vergessen sind und man ihn als einen der größten Mamelucken preist – was er zweifellos auch anstrebte.

Maschrabiyya-Fenster erlauben Frauen, die Straßenszenerie unten zu beobachten, ohne selbst gesehen zu werden

Barkuk-Kalaun-Moschee

- Karte S. 89
- Bayn al-Qasreen
- Fr während der Mittagsgebete für Besucher geschl.
- Beide $

Die mit Holz und Elfenbein eingelegte Decke der Kalaun-Medrese veranschaulicht das meisterliche handwerkliche Können der Mamelucken

Den Komplex betritt man durch eine imposante Bronzetür. Innen befindet sich gleich links die Medrese, rechts liegt das Mausoleum; dieses ist dem Felsendom in Jerusalem nachgebildet, das die Mamelucken kurz zuvor von den Kreuzfahrern zurückerobert hatten. Die Wände des Mausoleums sind vom Boden bis zur Decke mit Buntstein und dekorativen Marmortafeln verkleidet, die Mohammed preisen. Unter einer Kuppel, die auf vier Säulen aus der Pharaonenzeit aus massivem rosaroten Granit ruht, steht der Kenotaph mit Kalauns sterblichen Überresten.

Als Teil seines Komplexes schuf Sultan Kalaun auch ein *Maristan* oder Hospital, das laut dem marokkanischen Reisenden und Historiker Ibn Battuta, der Kairo 1325 besuchte, „eine ungezählte Menge an Geräten und Medikamenten" enthielt. Wenn man den historischen Berichten trauen kann, wurden in dem Hospital in seiner Blütezeit täglich bis zu 4000 Patienten behandelt. Es ist schier nicht zu glauben, aber in einem Teil von Kalauns Komplex befindet sich noch heute eine Augenklinik, die eine ununterbrochene Tradition von mehr als 700 Jahren medizinischer Fürsorge fortsetzt.

Südliches Stadttor

Anfang des 20. Jahrhunderts zerbrach der Bau der Al-Azhar Street das traditionelle Rückgrat der alten Stadt. Zuvor war der gesamte Verkehr in Nord-Süd-Richtung verlaufen, jetzt fließt der Hauptstrom ostwestlich. Eine einzige, schäbige Fußgängerbrücke verbindet jetzt die beiden unterbrochenen Hälften der Al-Muizz li-Din Allah Street, um es Besuchern zu ermöglichen,

INSIDERTIPP

Wer sich mal verirrt, sollte in Apotheken nach dem Weg fragen, denn Apotheker sprechen immer Englisch.

RANDI DANFORTH
American University in Cairo Press

ohne Unterbrechung einer Route zu folgen, die seit mehr als tausend Jahren existiert.

Im Süden der Brücke stehen die passend rosarot gestreiften **Al-Guriyya-Blöcke**, die zu einem weiteren schönen mameluckischen Monument gehören. Auf einer Seite befindet sich ein Mausoleum, auf der anderen eine Medrese, doch mehr als alles andere ist der Komplex eine architektonische Hinterlassenschaft jener Ära, in der Kairo mehr Glanz ausstrahlte als Rom, Florenz und Venedig zusammen. Nur ein gutes Jahrzehnt nach der Fertigstellung von Al-Guriyya 1504 zog das 5000 Mann starke, funkelnde Mameluckenheer in einer Parade daran vorbei, begleitet von Trommeln und Trompeten und angeführt von drei aufgeputzten Elefanten – nur um in der Schlacht gegen die osmanischen Türken niedergemetzelt zu werden. Sultan Al-Guri war vom Pferd gefallen; sein Leichnam wurde nie geborgen. In seinem Mausoleum liegt statt seiner Tumanbai, der während jener Zeit herrschte, die die Türken für ihren Aufmarsch und die Besetzung Ägyptens brauchten.

Das quadratische Minarett der Medrese mit seiner seltsamen fünfzwiebeligen Spitze ist eines der höchsten in der Stadt; die Kuppel, die einst das Mausoleum überspannte, zählte auch einmal zu den größten, doch sie brach dreimal zusammen und wurde durch ein flaches Holzdach ersetzt. Eine hölzerne Überdachung spannte sich einst zwischen den beiden Gebäuden über die Straße, darunter befand sich der Seidenmarkt. Die Überdachung und die Seidenhändler sind verschwunden, doch entlang der Gässchen gibt es schmale, kleine Geschäfte, die voll gepackt sind mit einem bunten Sortiment an Stoffen und Teppichen.

Tanzende Derwische

Jeden Mittwoch- und Samstagabend zeigt eine Gruppe tanzender Derwische in einer eineinhalbstündigen Veranstaltung Sufi-Tänze im Al-Guriyya *(Eintritt frei)*. Der Sufismus ist eine halb mystischer Zweig des Islam mit einer etwas unorthodoxen Einstellung zum Gebet. Angetrieben vom hypnotischen Takt der Trommeln und Pfeifen wirbeln die Tänzer in einem verschwommenen Gewirr bunter Röcke herum. Ursprünglich sollte der Tanz eine tranceartige Vereinigung mit Gott bringen. Heute ist er vielleicht nicht mehr ganz echt, aber ein großartiges Spektakel.

Al-Hakims Pfefferstreuer-Minarette zählen zu den ältesten Bauwerken im islamischen Kairo

Al-Muayyad-Moschee

- Karte S. 89
- Al-Muizz li-Din Allah St.
- Fr während der Mittagsgebete für Besucher geschl.
- $$

Wenn Sie nach Süden gehen, mehren sich Boutiquen mit Kleidung, doch davor befinden sich rechter Hand die einzigen zwei in der Stadt noch verbliebenen Hersteller der *Tarbusche*, der anderswo Fes genannten burgunderroten Blumentopfhüte.

Vorbei an den Stoff- und Kleidungshändlern öffnet sich die Straße und gibt den Blick frei auf das schmucke **Sabil-Kuttab von Ahmad Tusun Pasha**, in dessen Schatten heute zahlreiche Obsthändler ihre Stände haben. Der Lärm und das Handeln setzt sich einen knappen Kilometer fort, bis zu dem hohen, 1092 erbauten **Bab Suweila**, dem dritten der noch erhaltenen fatimidischen Tor. Es ist ein Beispiel frühmittelalterlicher Architektur. Die beiden Minarette wurden im 15. Jahrhundert errichtet und zählen zu der benachbarten Al-Muayyad-Moschee. Das Tor ist heute ein Museum ($). Von den Minaretten hat man einen schönen Blick auf die Altstadt.

Außerhalb des Tors, das noch bis zum 19. Jahrhundert jeden Abend geschlossen wurde, kreuzen sich drei unsaubere, chaotische Straßen. Die westliche führt zum Museum für Islamische Kunst (siehe S. 104f), das man zu Fuß in fünf Minuten erreicht. Im Osten windet sich die unebene Straße an weiteren Medresen vorbei, ehe sie zur Zitadelle (siehe S. 108ff) ansteigt – ein Spaziergang von etwa 15 Minuten. Am Suweila-Tor beginnt die **Straße der Zeltmacher**, Kairos einziger noch existierender mittelalterlicher überdachter Markt. Seinen Namen hat sie von dem hellen bedruckten Nesseltuch, das traditionell hier verkauft wird. Man verwendet es noch immer für Straßenzelte, die man für Begräbnisse, Hochzeiten, Geschäftseröffnungen und Festlichkeiten aufstellt. Der Markt ist auch ein Zentrum für Decken und Stoffbahnen mit Applikationen, die in den nahe gelegenen Werkstätten genäht und entlang der Passage verkauft werden. Die Preise sind vernünftig, die Kalligraphien sind eine Alternative zu den üblichen Souvenirs.

Von dem Markt können Sie entweder auf dem Hinweg zurück- oder nach Süden etwa 15 Minuten weitergehen zur **Sultan-Hassan-Moschee** (siehe S. 106f). ■

ERLEBNIS: Arabisch lernen

Wer sich längere Zeit im Nahen Osten aufhalten möchte, hat es erheblich einfacher, wenn er sich mit den etwa 200 Millionen Arabisch sprechenden Einheimischen, und sei es dabei auch nur stockend, unterhalten kann.

Kairo ist ein idealer Ort, die arabische Sprache vor Ort zu erlernen. Es gibt zahlreiche etablierte Sprachschulen und Trainingszentren für solche, die länger als nur ein paar Wochen bleiben wollen. Die schlechte Nachricht ist dabei jedoch, dass es die arabische Sprache als solche gar nicht gibt. Stattdessen gibt es verschiedene Regionaldialekte, aber auch eine offizielle Standardsprache. Man sollte sich je nach Zielort und Verwendung für eine bestimmte Variante entscheiden.

Wenn Sie sich hauptsächlich nett mit Ägyptern unterhalten wollen, sollten Sie die ägyptische Umgangssprache erlernen (als *ammeya* bekannt). Wer die ägyptische *ammeya* erlernt, hat den zusätzlichen Vorteil, dass sie als Dialekt dank der Verbreitung des ägyptischen Fernsehens und Kinos von vielen Arabern verstanden wird. Wenn Sie aber eher die arabischen Zeitungen und die Nachrichten auf Al-Jazeera verstehen wollen, sollten Sie das offizielle Moderne Standard-Arabisch (MSA), auf Arabisch bekannt als *fusha, bevorzugen.*

Hüten Sie sich vor nicht anerkannten „Sprachschulen", die oft wenig Lehrmaterialien oder qualifizierte Lehrer haben. Zu den erprobten Sprachschulen gehört die **American University in Cairo**'s School of Continuing Education, die sowohl Kurse in *ammeya* als auch in *fusha* anbietet, besonders für Diplomaten, Geschäftsleute und im Ausland Lebende. Zudem hat sie den Vorteil, im Stadtzentrum unweit des Tahrir Square zu liegen *(113 Kasr Al Aini St., Kairo, Tel. 02/2794 2964, www.aucegypt.edu/academics/schools/sce).*

Für Hochschulstudenten, die nach zertifizierten Kursen suchen, ist vielleicht eher das AUC **Arabic Language Institute** interessant *(AUC, New Cairo, Tel. 02/2615 1000, www.aucegypt.edu/academics/ali),* das pro Semester einen 20-Wochenstunden-Kurs anbietet. Eine weitere Möglichkeit ist das **International Language Institute,** eine anerkannte private Akademie, die vierwöchige Kurse im Programm hat *(4 Mahmoud Azmi St., Medinat Al Sahafyeen, Tel. 02/3346 3087, www.arabicegypt.com).* **Kalimat** *(22 Mohammed Mahmoud Shaaban St., Mohandiseen, Giza, Tel. 02/3761 8136, www.kalimategypt.com),* geleitet von ehemaligen Arabischlehrern des British Council, liegt nicht weit entfernt in Mohandiseen.

Wer wirklich fließend sprechen will, muss seine Sprachstudien jedoch mit praktischen Konversationsübungen verbinden. Fragen Sie in Ihrer Sprachschule oder in einem der ausländischen Kulturzentren nach Privatlehrern. Sie können auch an den Aushängen des AUC nachsehen. Es gibt nichts besseres als regelmäßige Konversation mit einem Muttersprachler (vielleicht bei einem Kaffe oder Tee oder einer Wasserpfeife).

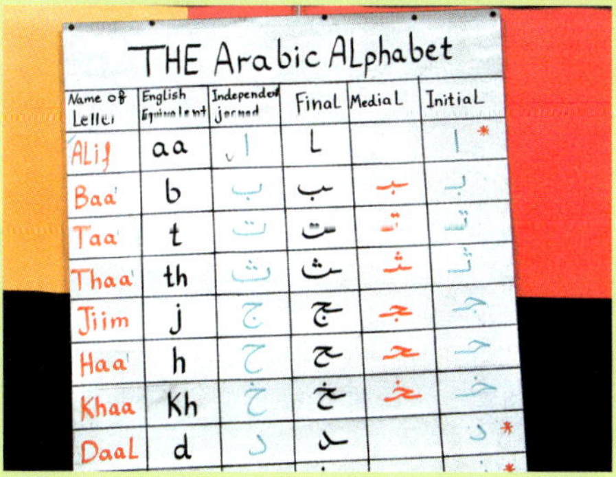

Arabisch gehört nicht gerade zu den leichtesten Sprachen der Welt

Museum für Islamische Kunst

Den Kern dieser Sammlung bilden Einzelstücke aus den Moscheen und Bauwerken Kairos; man hat sie im späten 19. Jahrhundert dort zusammengetragen, um zu verhindern, dass europäische Schatzjäger sie wegschafften. Man lagerte die Objekte zunächst in der Al-Hakim-Moschee, bis 1902 in der damaligen Staatsbibliothek ein Museum eingerichtet wurde.

Das Museumsgebäude (19. Jh.) verbindet verschiedene mameluckische Architekturstile

Museum für Islamische Kunst

- Karte S. 89
- Port Said St.
- 02/390 1520 oder 02/390 9930
- Fr während der Mittagsgebete für Besucher geschl.
- $$. Kamera $, Videokamera $$$

Das Museum ist ein imposanter Bau, den man leicht entdeckt, obwohl er abseits der Touristenwege liegt. Man muss nur vom Tahrir Square 20 Minuten nach Osten gehen; doch wenige Besucher tun das – sehr schade, denn es lohnt sich wirklich. Historisch gesehen, führte die Deutung des Koran-Gebots, dass man Allah (Gott) nicht abbilden dürfe, zur Ablehnung figürlicher Darstellungen. Die Muslime entwickelten stattdessen außergewöhnliches Geschick in der Gestaltung geometrischer Formen sowie von Inschriften und Blumenornamenten, sie schufen fantastische Muster auf Holz, Glas, Metall, Stein, Textilien, Keramik, Knochen und Papier – dies alles ist hier vertreten. Es gibt geschnitzte Kanzeln, Paneele und Türen aus Holz, schön gearbeitete Moscheenlampen sowie Marmorbrunnen aus Häusern und Palästen der alten islamischen Stadt. Viele Objekte in dem Museum entstanden anderswo und fanden ihren Weg ins mittelalterliche Kairo einfach deshalb, weil die Stadt eine der reichsten der Welt war. So kommt es, dass die Sammlung armenische und anatolische Fliesen, persische Handschriften und Teppiche sowie maurisches Geschirr enthält.

Um zu verstehen, was einige der Gegenstände sind, wohin sie gehörten und wie sie genutzt wurden, sollten Sie das Museum *nach* einem Gang durch das islamische Kairo besuchen, wo Sie viele der in dem Museum gezeigten architektonischen Objekte an Ort und Stelle sehen.

Ein Besuch im Museum

Die Sammlung besteht aus mehr als 10000 Kunstwerken. Zu einem der Glanzpunkte gehört ein exquisites großes Maschrabiyya-Gitter. Diese Gitter, gefertigt aus Tausenden kleiner, einzeln gedrechselter Holzteile, waren eine praktische mittelalterliche Alternative zum Glas. Sie filterten die grellen Sonnenstrahlen und ließen frische Luft hindurch. In einer Gesellschaft, die

Frauen zwang, außer Sicht zu bleiben, ermöglichten die Gitter zu sehen, ohne gesehen zu werden.

Zu den anderen bemerkenswerten Objekten gehört die hölzerne Kassettendecke mit Stalaktitenschnitzerei aus der osmanisch-türkischen Periode. Auch zwei schöne Marmorbrunnen gibt es hier, die in der Empfangshalle eines Adelshauses die Mitte gebildet hätten. Ähnliche Bauwerke gibt es in einigen erhaltenen Häusern des islamischen Kairo, so in der Bayt al-Suhami (siehe S. 96) und im Gayer-Anderson-Museum (siehe S. 113).

Im Museum gibt es wunderschöne iranische und türkische Teppiche und eine geschnitzte Holzschatulle (*tabut*) von Al-Hussein aus der Ayyubidzeit (12. und 13. Jahrhundert). Ein schönes Beispiel einer Schatulle aus dem 14. Jahrhundert ist die, in der man ein Exemplar des Koran aufbewahren konnte und die einst Sultan Shaaban gehörte.

Aus der Mameluckenzeit stammen Moscheelampen aus Emaille, Buntglasfenster und ein weiterer Brunnen, den der Wärter manchmal einschaltet. Es gibt auch einige Friese, die ungewöhnlich sind, weil sie Figuren zeigen: in Holz geschnittene Musiker, Jagdszenen und sogar Männer, die Wein eingießen. Man glaubt, dass die Friese von Fatimiden stammen. Später, als die Fatimiden gestürzt und ihre Gebäude abgerissen wurden, verwendete man die Friese zur Ausschmückung der Medrese und des Mausoleums von Sultan Kalaun (siehe S. 99f), doch man drehte die Bildseite zur Wand, damit die Frommen keinen Anstoß nahmen. Die Fatimiden gehörten einem schiitischen Minderheitenzweig des Islam an, der die meisten Anhänger im Iran fand; dort bestand auch eine figürliche Tradition, so in der Miniaturmalerei, von der hier einige Beispiele ausgestellt sind.

Das Museum beherbergt auch wertvolle Holz- und Metallarbeiten. Außerdem sind Fliesen zu sehen, die meist armenischen, iranischen oder türkischen Ursprungs sind, denn die Ägypter bevorzugten Stein mit Einlegearbeiten und Marmor aus den Steinbrüchen südlich von Kairo. ■

ERLEBNIS:
Einen Kaffee bestellen

Wenn Sie nicht immer nur Nescafé trinken wollen, machen Sie es wie die Ägypter: Bestellen Sie einen starken, espressoähnlichen arabischen *ahwa* (Kaffee) zum Frühstück oder nach dem Essen – ein ideales Stärkungsmittel vor oder nach einem ausgedehnten Museumsbesuch. Feingemahlene Bohnen werden in einem kleinen Topf aufgebrüht. Wenn das Wasser kocht, schwebt das Pulver an die Oberfläche. Der *ahwa* wird Ihnen dann mitsamt dem Topf gebracht und in eine Mokkatasse eingeschenkt. Wenn die schwereren Schwebstoffe des Kaffees zu Boden sinken und die leichteren einen Schaum an der Oberfläche bilden, kann man sicher sein, dass der Kaffee gut ist. Trinken Sie vorsichtig, damit der Kaffeesatz nicht hochwirbelt. (Wenn Sie den Schaum oben nicht mögen, dürfen sie ihn unauffällig zur Seite pusten). *Ahwa* wird nie mit Milch serviert, allerdings enthält das Kaffeewasser bereits Zucker. Daher sollten Sie dem Kellner vorher sagen, wie süß Sie Ihren Kaffee mögen:

ahwa saada	ohne Zucker (schwarz)
ahwa ariha	etwas süß
ahwa mazboot	mäßig süß (*mazboot* bedeutet „genau richtig")
ahwa ziyada	sehr süß

Sultan-Hassan-Moschee

Die Moschee von Sultan Hassan gilt als eines der bedeutendsten Monumente der islamischen Welt. Die gewaltigen Ausmaße und die imposante Großartigkeit widersprechen der inneren Einfachheit und Leichtigkeit.

Mamelucken schufen schöne Einlegearbeiten aus Marmor, hier in Sultan Hassans Gebetshalle

Sultan Hassan-Moschee
- 66 D2
- Al-Qalaa Sq.
- Fr während der Mittagsgebete für Besucher geschl.
- $$

El-Rifai-Moschee
- 66 D2
- Al-Qalaa Sq.
- Fr während der Mittagsgebete für Besucher geschl.
- $$

Hassan wurde 1347 mit 13 Jahren Sultan. Vier Jahre später setzte man ihn zugunsten eines noch jüngeren Bruders ab, doch 1354 machte man ihn wieder zum Sultan. Die Arbeit an seiner Moschee begann zwei Jahre später – an einem prominenten Standort, von dem man das Hippodrom am Fuß der königlichen Zitadelle überblickte (heute ein Verkehrskreisel!). Ein so riesiges Projekt kostete sehr viel, doch die Bevölkerung Kairos war kurz davor durch die Pest dezimiert worden, und man hatte den Besitz der ohne Testament Verstorbenen eingezogen. Trotzdem ging der Staat fast Bankrott durch den Bau der Moschee. Dieser dauerte sieben Jahre, zu lang für Hassan – er wurde 1362 ermordet.

Der Moschee haftete das Unglück an. Während des Baus stürzte ein Minarett ein und kostete 300 Menschen das Leben. Nachdem der Komplex fertig war, erwiesen sich ihre monumentale Größe und der Standort gegenüber der Zitadelle als abträglich. Während der häufigen mameluckischen Machtkämpfe wurde die Moschee als Festung benutzt, Soldaten beschossen vom Dach den Sultan in seinem Palast mit Katapulten. Ein listiger Herrscher entfernte die Treppe, um eine Wiederholung zu vermeiden, während ein anderer die Moschee abzubrechen begann, bis der öffentliche Zorn ihn zum Aufhören zwang.

Beschädigungen bei Kämpfen waren möglicherweise 1659 die Ursache des Einsturzes eines weiteren Minaretts (ersetzt durch den kleineren Bau, der noch existiert) und nur zwei Jahre später der Kuppel (auch bescheidener wieder aufgebaut). Die Belagerungen setzten sich bis ins 19. Jahrhundert fort, als Napoleon seine Kanonen auf die Moschee richtete, während er einen der Volksaufstände zu unterdrücken versuchte, zu denen es wegen seiner Besetzung der Stadt kam. Die Fassaden tragen die Narben noch immer.

Das beeindruckendste Einzelelement der Moschee ist vielleicht das hohe, nach hinten versetzte Eingangsportal. Architekturhistoriker stellen starke Ähnlichkeiten mit Portalen in Anatolien in der heutigen Türkei fest, während einige Elemente von chinesischen Blumenmotiven inspiriert sind, in Stein gefasste Beweise für die Handelsverbindungen, die Ägypten im 14. Jahrhundert unterhielt.

Innen führt ein dunkler Gang in die plötzliche Helle des Haupthofes. Dieser umfasst einen Mittelbrunnen zum Waschen vor den Gebeten und vier große überwölbte Nischen, *Iwans* genannt, wo der Koran gelehrt werden sollte – die Moschee diente auch als Medrese oder Koranschule. Jede der vier Türen vom Hof führt zu sechs Etagen mit Studierzellen. Das Gebäude bot kostenloses Wohnen für etwa 500 Studenten sowie das große Kollegium, zu dem Professoren, Kalligrafen, Gebetsrufer und Koranleser gehörten. An den vielen hängenden Ketten in den Iwans waren einst verzierte Glaslampen befestigt, die nun im nahe gelegenen Museum für Islamische Kunst ausgestellt sind (siehe S. 104f).

Jenseits der Gebetshalle mit ihrem schönen Marmor-*Mimbar* (Kanzel) befindet sich das für Sultan Hassan vorgesehene, mit einer Kuppel gekrönte Mausoleum. Er kam nie hinein, denn der Ermordete verschwand auf geheimnisvolle Weise. Zwei seiner Söhne sind statt seiner dort bestattet.

Neben Sultan Hassans Moschee steht ein ähnlich monumentales Gebäude. Es sieht architektonisch sehr ähnlich aus, tatsächlich aber trennen etwa 600 Jahre die beiden Bauten: Die

INSIDERTIPP

Verbinden Sie Ihren Besuch in der Sultan-Hassan-Moschee mit einem Spaziergang entlang der Darb al-Ahmar zum Bab Zuwayla. An dieser alten Straße liegen viele faszinierende Sehenswürdigkeiten.

NEIL HEWISON
American University in Cairo Press

Al-Rifai-Moschee wurde erst 1912 fertiggestellt. Sie imitiert den mameluckischen Stil, wurde von der Mutter des Khediven Ismail in Auftrag gegeben und sollte als grandioses Grab für sie und ihre Nachkommen dienen. Dort liegen die Herrscher Ismail, Faruk (Ägyptens letzter König) und der letzte Schah von Persien. ■

Zitadelle

Von dem Felsplateau am Stadtrand beherrscht die Zitadelle Kairos östliche Skyline. Begonnen wurde der Bau 1176 unter Saladin, der die Mauern und Türme aus Steinen errichten ließ, die man den Pyramiden von Giseh entnahm. Die Festung diente in den nächsten 700 Jahren als Ägyptens Herrschersitz und wurde von den nachfolgenden Dynastien umgestaltet.

Napoleon unterwarf die Stadt, indem er sie von den Terrassen der Zitadelle aus beschoss

Zitadelle
- 66 D2 und 109
- Salah Salem St.
- 02/512 1735
- $$$. Kamera $, Videokamera $$$

Ägyptens Herrscher zogen 1870 aus der mittelalterlichen Burg in den neu erbauten Abdeen-Palast (siehe S. 79f), doch die Zitadelle behielt ihre militärische Rolle bis in die 1970er Jahre. Soldaten sind dort nach wie vor stationiert, und einige Bereiche sind gesperrt, doch der Großteil der Anlage ist Besuchern zugänglich. Man kann leicht einen halben Tag damit zubringen, sich die Moscheen, Museen und anderen Monumente anzusehen.

Lohnenswert ist ein Besuch der Zitadelle wegen der **Aussicht von den Westlichen Terrassen**. An klaren Tag kann man Fixpunkte wie das Ramses Hilton am Nilufer ausmachen, den Kairo-Turm von Gezira und sogar die Pyramiden.

Zweitgrößter Anziehungspunkt der Zitadelle ist die **Mehmed-Ali-Moschee**, die relativ spät zur Zitadelle hinzukam, als auffälligstes Monument Kairos gilt und in der Vorstellung der meisten Besucher die gesamte Zitadelle symbolisiert. Seltsamerweise wurde die Moschee komplett nach türkischem Muster errichtet.

Mehmed Ali war jener albanische Söldner, der nach einer blutigen Auseinandersetzung mit rivalisierenden Thronanwärtern 1806 die Macht an sich riss, 43 Jahre lang herrschte und eine Dynastie gründete, die sich bis zur Revolution von 1952 hielt. Seine Moschee wurde 1839 begonnen und war erst nach 18 Jahren vollendet. Zum Vorbild hatte sie die großen Moscheen von Istanbul, doch leider fehlt ihr deren Eleganz und Anmut. Mehmed Ali liegt in dem Marmorgrab rechts vom Eingang. Die eiserne Uhr draußen im Hof war ein Geschenk des französischen Königs Louis Philippe im Tausch gegen den Obelisken, der in Paris auf der Place de la Concorde steht. Die Uhr wurde beim Transport beschädigt und ging nie.

Um Platz zu schaffen für seine eigenen Monumente und Paläste, riss Mehmed Ali zahlreiche ältere Gebäude in der Zitadelle nieder, eines entging jedoch der Zerstörung: die 1335 vollendete **Al-Nasir-Moschee**. Angesichts dessen, dass man sie nur als Stallung vorsah, befindet sie sich in gutem Zustand. Der Hof ist schön, Arkaden werden von Säulen aus der Pharaonen- und aus der Römerzeit getragen; außergewöhnlich an den Minaretten ist ihr Dekor aus blauen und grünen Mosaiken, deren Stil man gewöhnlich eher mit Persien in Verbindung bringt.

Wenn Sie aus der Moschee über den Platz gehen, sehen Sie ein Art gotisches Tor, das auf eine weitere Terrasse mit schöner Aussicht und zum **Polizeimuseum** führt. Der Treppensockel ist ein Fries aus gemeißelten Steinlöwen – ein Bezug zu dem im 13. Jahrhundert entstandenen Löwenturm, auf dem das Museum errichtet wurde. Wenn man von hier zur Terrassenmauer geht, blickt man auf die untere Mauer der Zitadelle hinab und auf eine schmale Straße, die am 1. März 1811 Schauplatz eines der blutigsten Geschehnisse in der Geschichte Kairos war.

Die größte Herausforderung stellten für Mehmed Ali während seiner Herrschaft die Mamelucken dar, einst Oberherren Ägyptens und noch immer mit großem Einfluss. Zur Geburtstagsfeier seines Sohnes lud Mehmed Ali 500 führende Mamelucken-Beys in die Zitadelle ein. Sie kamen mit großem Gepränge, feierten und genossen die Gastfreundschaft des Paschas. Als sie sich auf den Heimweg machten, hinab zum unteren Tor, wurden plötzlich die Gitter heruntergelassen. Mehmed Alis Soldaten eröffneten das Feuer auf die Mamelucken, die keine Rückzugsmöglichkeit hatten, und metzelten alle 500 nieder. Ihre Köpfe stellte man vor den Stadttoren auf Pfählen zur Schau. Laut einer oft erzählten Geschichte überlebte ein Mamelucke namens Amin Bey, indem er auf seinem Pferd über die Mauern der Zitadelle sprang (ein

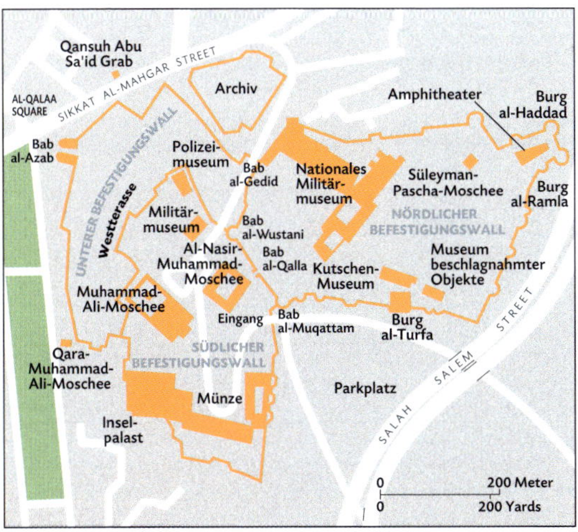

Gemälde von diesem Reiterkunststück hängt im Manjalpalast). In Wirklichkeit überlebte Amin Bey das Massaker nur, weil er nicht auf dem Fest anwesend war.

Die Gebäude neben dem Polizeimuseum gehören zum einstigen **Miltärgefängnis**. Eingerichtet wurde es Ende des 19. Jahrhunderts von den Briten, deren Streitkräfte hier bis in die 1940er Jahre stationiert waren. Die kleinen Zellen wurden bis 1983 benutzt. Ein imposantes Tor gegenüber der Nordseite der Al-Nasir-Moschee führt auf einen gepflegten Rasen. Dahinter steht der ehemalige Haremspalast, der 1827 als Residenz von Mehmed Ali und seiner Familie gebaut wurde und seit 1949 das **Nationale Militärmuseum** beherbergt. Uniformen und Waffen bilden den Großteil der Exponate.

Zwei kleinere Museen in diesem Teil der Zitadelle sind den Zeremonienfahrzeugen und aufgefundenen gestohlenen Antiquitäten gewidmet. Lohnender ist jedoch die schöne kleine **Süleyman-Pascha-Moschee**, die 1528 erbaut wurde. Wie Mehmed Alis große Moschee ist auch sie ganz vom türkischen Stil geprägt. Sie liegt halb verborgen hinter einer Mauer, mit feinem, zarten Dekor in der Gebetshalle und einem begrünten Mittelhof.

Die soliden Mauern um diesen Bereich der Zitadelle sind die ältesten Teile des ganzen Komplexes. Sie wurden um 1183 unter dem persönlichen Kommando Saladins gebaut und 25 Jahre später von seinem Neffen Al-Kamil verstärkt. Gehen Sie durch das Amphitheater zum Eingang der halbrunden Zwillingstürme, **Burg al-Haddad** (Schmiedturm) und **Burg al-Ramla** (Sandturm), die den Pass zwischen der Zitadelle und den Felsen dahinter kontrollierten. Al-Kamil fand sie zu klein, also ließ er sie mit neuen Türmen völlig umbauen. ■

ERLEBNIS: Besuch in der Stadt der Toten

Kairos riesige Totenstadt außerhalb der Stadtmauern nahm erstmals zur Zeit der Mamelucken Form an. Über viele Jahrhunderte hinweg beerdigten reiche Familien ihre Toten an diesem Ort. Heute dienen die Grabstellen mit ihrer erstaunlichen Architektur nicht nur den Toten, auch die Lebenden halten sich hier notgedrungen auf. Zahlreiche Bedürftige und Obdachlose sind ständige, wenn auch illegale Bewohner des Friedhofs.

Ein Besuch dieses großen Areals östlich der Schnellstraße Saleh Salim kann sehr lohnend sein, da man sowohl das architektonische Erbe der Stadt zu sehen bekommt als auch Findigkeit und Scharfsinn der heutigen Bewohner (viele leben hier seit Generationen!). Heute verlaufen elektrische Leitungen und moderne Installation quer durch die mittelalterlichen Anlagen. Es ist durchaus möglich, die Stadt der Toten auf eigene Faust zu erkunden, besonders wenn man nur einige markante Stellen wie die Khanqah (Sufi-Schule) von Sultan Ibn Barquq oder die Moschee von Qait Bey weiter südlich sehen möchte. In der Stadt selbst ist es sicherlich besser, einen Führer dabei zu haben, nicht zuletzt, weil man ein Wohngebiet ohne Straßenmarkierungen betritt.

Eine gute Ansprechpartnerin ist die italienische Anthropologin **Anna Tozzi.** Sie lebt seit einigen Jahren unter den Bewohnern der Totenstadt und organisiert private Führungen mit verlässlichen einheimischen Führern *(E-Mail: anna_tozzi@hotmail.com)*. Ein weiterer anerkannter Führer ist **Hany Halim Yousef** *(Tel. 012/354 5968, www.hanyra.com)*.

Al-Azhar Park

500 Jahre Lang kippten die Bewohner von Kairo ihren Müll über die Stadtmauer und schufen so einen großen Hügel, der schließlich die bröckelnde Befestigung überragte. Diese Schuttansammlung wurde 2005 als dringend nötige „Grüne Lunge" eröffnet.

Die gepflegten Gärten des Al-Azhar Parks bieten den Bewohnern Kairos eine Grünfläche

Der ca. 30 Hektar große Park erstreckt sich von der Ostseite der Al-Azhar-Moschee hinunter bis zur Zitadelle. Er folgt dem Verlauf der Ayyubiden-Mauern, die der Sultan Saladin im 12. Jahrhundert errichten ließ. Während die ganze Umgebung staubig und karg ist, lockt der Park mit hinreißendem Grün, mit Rasenflächen, Obstgärten und Blumenbeeten. Er wird unterteilt von einen Garten im persischen Stil mit einem zentralen Wasserlauf, der eine Reihe von Springbrunnen verbindet – es gibt auch einen Bereich mit Seen, die mit Nilwasser gespeist werden.

Am Nordrand des Parks steht ein beeindruckender Komplex, der den Monumenten der Fatimiden Mamelucken nachempfunden ist. Er beherbergt das grandiose Citadel View Restaurant (s. S. 361), das über eine schöne Terrasse und ein hübsches Café verfügt. Es gibt noch ein weiteres Café am See, einen Kinderspielplatz, ein Amphitheater und eine Bühne. Hinzukommen soll noch ein Museum zur Geschichte der Stadt. Der Westrand des Parks wird von den alten Mauern begrenzt.

Die erhöhte Lage am Rand des islamischen Kairo bietet einen faszinierenden Panoramablick auf Minarette und Kuppeln im modernen Kairo. Weniger erfreulich ist, dass man den Park nur im Auto erreichen kann. Sie müssen ein Taxi nehmen und mit dem Fahrer eine bestimmte Zeit ausmachen, wann er Sie wieder abholen soll. ■

Al-Azhar Park

- 66 D3
- Salah Salem St.
- 02/510 3868
- $

www.alazharpark.com

Ibn-Tulun-Moschee

Die Ibn Tulun ist die älteste Moschee Ägyptens. Für gewöhnliche Besucher besteht die Hauptattraktion in ihrem seltsamen „Open-Air-Minarett" und im benachbarten Gayer-Anderson-Haus, das man als Kairos faszinierendstes, seltsam individuelles Museum hütet. Es ist etwas kompliziert, vom Stadtzentrum zu der Moschee zu gelangen, die einzige Möglichkeit ist ein Taxi. Doch sie liegt nur etwa 800 Meter von der Zitadelle entfernt.

Die Moschee diente im 9. Jahrhundert als Ort für das Freitagsgebet des Königshofs von Ibn Tulun

Ibn Tulun-Moschee
- 66 D2
- Saliba St.
- Fr während der Mittagsgebete für Besucher geschl.
- $$

Ahmed ibn Tulun (Ahmed Sohn des Tulun) wurde vom Kalifen von Bagdad im 9. Jahrhundert ausgesandt, um in Kairo zu herrschen. Ibn Tulun nutzte die große Entfernung vom Hof dazu, aus seinem Lehen einen unabhängigen Staat zu machen und eine Dynastie zu gründen, die drei Generationen lang über Ägypten herrschte. Mit dem Tribut, den er dem Kalifen vorenthielt, baute er Paläste, Gärten und – laut Sage – ein mit Quecksilber gefülltes Becken, in dem der Herrscher auf einem Luftbett schwamm. Das tulunidische Vermächtnis ging nach der Rückeroberung durch Bagdad weitgehend unter, doch die Moschee blieb erhalten. Eine Gedenktafel besagt, dass sie im Mai 879 für Gebete eingeweiht wurde. Ihr Stil findet sich nirgendwo sonst in Ägypten, er spiegelt Ibn Tuluns irakische Herkunft wider. Kunsthistoriker weisen auf Ähnlichkeiten mit der etwa 30 Jahre zuvor erbauten Großen Moschee in Samarra hin, besonders was das Spiralminarett betrifft. Die äußere Einfriedung ist ebenfalls ein irakisches Merkmal und in Ägypten einzigartig. Dort kauft man heute die Eintrittskarten an einem kleinen Holzkiosk. Weil meist nur wenige Besucher kommen, ist der Kartenverkäufer oft nicht anzutreffen, und man muss ihn suchen. Die Mauer war als Puffer gedacht, sie sollte die Umgebung in respektvollem Abstand von dem Gotteshaus halten; doch während eines Großteils ihrer Geschichte war Ibn Tuluns äußere Mauer Standort eines Basars.

Eine Treppe führt in die eigentliche Moschee hinauf. Für die Schuhe gibt es Stoffhüllen (dafür erwartet man ein Trinkgeld). Diese verhindern, dass die Teppiche beschmutzt werden, auf denen man sich zum Beten niederkniet. Der Grundriss der Moschee ist fast quadratisch, sie hat einen als Gebetshalle dienenden Mittelhof, den auf allen vier Seiten schattige Arkaden umgeben, zwei tiefe Seitenschiffe auf drei Seiten und fünf auf der nach Mekka gerichteten Seite. Die Dekorationen der kleinen Fenster in den Rückwänden der Seitenschiffe sind alle verschieden, kein Motiv wiederholt sich.

Das Minarett erreicht man von der äußeren Mauer aus. Von der kleinen Kanzel oben bietet sich ein schöner Blick auf die unten liegende Moschee. Das Panorama umfasst auch die Minarette der Sultan-Hassan-Moschee und die ferne Silhouette der Mehmed-Ali-Moschee in der Zitadelle.

Das benachbarte **Gayer-Anderson-Museum** befindet sich links hinter einem kleinen Zugangsweg, wenn Sie durch die äußere Einfriedung getreten sind. Das Museum ist ein Fantasiegebilde im orientalischen Stil: Zwei Häuser aus dem 16. Jahrhundert, verbunden durch eine überdachte Brücke, mit Höfen, die nach Jasmin duften, Blumen und Brunnen, gewundenen Durchgängen und Galerien.

Gayer Anderson, nach dem das Museum benannt ist, war als britischer Offizier in Ägypten und sammelte eifrig Antiquitäten. Um 1930 erlaubte man ihm, die beiden Häuser – bis dahin Wohnungen – zu belegen. Als Gegenleistung musste er die Restaurierungs- und Instandhaltungskosten übernehmen. Er wohnte ein Jahrzehnt dort und brachte in dem Labyrinth aus Räumen eine Vielfalt von Gemälden, Statuetten, kleinen Antiquitäten aus der Pharaonenzeit und Stammesartefakten unter. Bei seiner Rückkehr nach England vermachte er seine Arbeiten und Sammlungen der ägyptischen Regierung. Mit den Häusern sind einige Legenden verbunden, darunter eine über den Hofbrunnen: Angeblich führt von dort aus ein Weg hinab ins Reich von Sultan Watawit, dem Herrn der Fledermäuse.

Wenn Sie vom Museum und von der Moschee zurückgehen, befindet sich auf der gegenüberliegenden Straßenseite der **Khan Mist Touloun**, ein Markt für Tonwaren, Glas, Schnitzereien, Textilien und allerlei schönem Kunsthandwerk aus Ägypten. ■

INSIDER TIP:

Ägypter sind Fremden gegenüber sehr gastfreundlich. Eine Einladung zum Tee ist schnell ausgesprochen. Bringen Sie Ihrem Gastgeber eine Aufmerksamkeit mit.

GAYLE YOUNG
Autorin,
NATIONAL GEOGRAPHIC Television

Gayer-Anderson-Museum

- 66 D2
- Saliba St.
- 02/2364 7822
- Fr während der Mittagsgebete für Besucher geschl.
- $$. Kamera $, Videokamera $$$

Das koptische Kairo

Archäologische Funde deuten darauf hin, dass das koptische Kairo dort lag, wo die moderne Stadt begann. Doch spätere Eroberer verschoben das Stadtzentrum weiter nach Norden, sodass sich das koptische Kairo jetzt am Südrand befindet, weit weg von Hektik und Lärm. Seine Mauern umgeben ein Labyrinth stiller Gassen, heiliger Stätten und ein bedeutendes Museum.

Nach dem Niedergang der alten pharaonischen Religionen und vor dem Aufkommen des Islam war Ägypten einige Jahrhunderte lang christlich. Alexandria war das Machtzentrum und die einzige bedeutende Stadt des Landes. Kairo war ein bescheidener, seit pharaonischer Zeit genutzter Hafen sowie ein römische Festung.

Die restaurierte Kirche der Jungfrau Maria ist die spirituelle Heimat der ägyptischen Kopten

Steigt man an der Station Mar Girgis aus der U-Bahn, ist man dort entlanggefahren, wo sich die Ufer des Nils befanden, ehe der Fluss vor über 700 Jahren seinen Lauf änderte. Gegenüber den Stufen von der Plattform befinden sich zwei romanische Rundtürme, die im Jahr 98 von Kaiser Trajan erbaut wurden. Wenn man zwischen ihnen hindurchgeht, läuft man in Wirklichkeit auf Mauern, denn im Lauf der Jahrhunderte ließen angeschwemmter Schlamm und Trümmer das Bodenniveau um etwa zehn Meter steigen. Ausgrabungen an der Basis des rechten Turms enthüllten Spuren eines alten Docks. Der Zwilling auf der linken Seite musste gezwungenermaßen als Fundament für die runde griechisch-orthodoxe **Kirche St. Georg** herhalten. Georg (auf Arabisch „Girgis") war ein frühchristlicher Märtyrer aus Palästina, den die Römer im 4. Jahrhundert hinrichteten. Heimkehrende Kreuzfahrer verbreiteten seinen Kult in Europa, und im 13. Jahrhundert machten ihn die Engländer zu ihrem Schutzpatron. Seine Verehrung in Kairo reicht weiter zurück, und im koptischen Kairo gibt es seit dem 10. Jahrhundert eine ihm geweihte Kirche; die gegenwärtige runde Basilika jedoch stammt aus dem frühen 20. Jahrhundert.

Durch einen kleinen Garten kommt man zum 1908 gegründeten **Koptischen Museum**. Es beherbergt eine faszinierende Sammlung, die eine Periode großer Veränderungen in der Weltkulturgeschichte darstellt. Um das gesamte östliche Mittelmeer herum wurden die alten heidnischen Götter – griechische, römische und ägyptische – vom Christentum abgelöst.

Alle diese Exponate befinden sich unten im **Neuen Flügel** des Museums. Im Obergeschoss sind Textilien, alte Bibeln, Handschriften und bemalte Gebetsnischen aus alten Klöstern zu finden. Außerdem sind hier ein Großteil der Nag-Hammadi-Bibliothek (siehe S. 225) sowie der älteste ägyptische Bibeltext und ein vollständiger koptischer Psalter untergebracht.

Die Exponate werden von den schön bemalten Holzdecken und den Maschrabiyya-Fenstern des Museums fast in den Hintergrund gedrängt. Im Alten Flügel, den man über einen Gang im oberen Geschoss erreicht, ist alles thematisch sortiert, wie zum Beispiel Exponate zur Bedeutung des Nils oder zum Alltagsleben im römischen und byzantinischen Ägypten. Hier finden sich auch eine Sammlung Ikonen aus dem 18. und 19. Jahrhundert sowie Keramik- und Metallarbeiten. Der Höhepunkt der letzten Galerie, die zum Hof hin führt, ist eine wunderschöne Sänfte aus osmanischer Zeit mit Einlegearbeiten aus Perlmutt, Knochen und Elfenbein. Im freundlichen, palmenbesäumten Innenhof finden Sie Säulenkapitelle aus der Ruine des St.-Jeremias-Klosters von Sakkara.

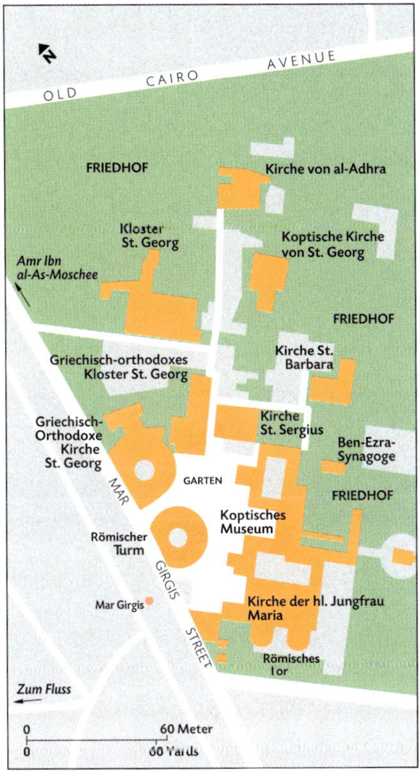

Steigen Sie die Treppe von der Südseite in den Hof hinab. Sie führt in einen umschlossenen Bereich am Wassertor, ebenfalls ein Portal mit Zwillingstürmen aus der römischen Festung. Direkt auf das Wassertor hat man die **Kirche der hl. Jungfrau** gebaut, auch bekannt als Hängende Kirche (*Al-Muallaqa*, „die Aufgehängte" auf Arabisch), weil sie auf den römischen Türmen ruht und buchstäblich überhängt. Gegründet wurde sie im 9. Jahrhundert. Sie ist unbestritten der schönste der christlichen Sakralbauten Kairos. In die Kirche gelangt man vom

Koptisches Museum

- 115
- Mar Girgis St.
- 02/2362 8766
- $$. Kamera $, Videokamera $$$

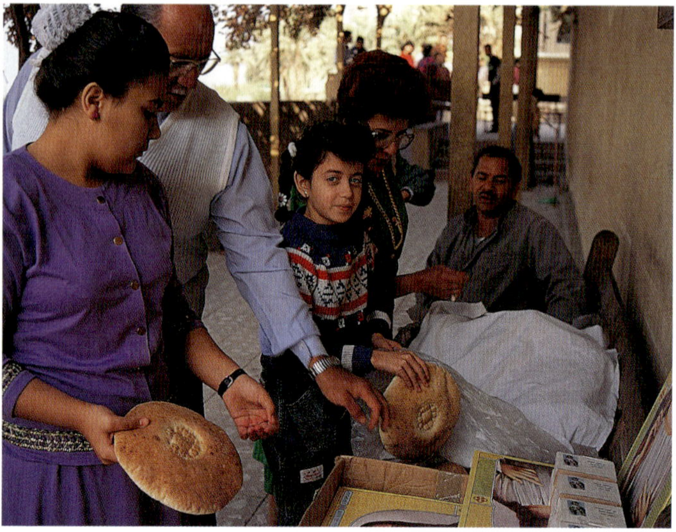

Ägyptische Christen kaufen Kommunionbrot vor einer koptischen Kirche

Museumsgarten. Über eine steile Treppe steigt man zu einer zweitürmigen Säulenhalle aus dem 19. Jahrhundert hinauf. In einem Innenhof machen Buden ein gutes Geschäft mit Ikonen-Kopien, Liturgien auf Tonband und Videos von Papstpredigten. Ein Großteil des Innendekors stammt aus dem 13. Jahrhundert, darunter die Knochen-Elfenbein-Schutzgitter der Altäre. Messen werden hier noch an jedem Freitag- und Montagmorgen gehalten.

Kehren Sie, wenn Sie die Kirche verlassen, zur Hauptstraße zurück und gehen Sie nördlich an der U-Bahn-Linie entlang zu einer durch einen kurzen Tunnel nach unten führenden Treppe und wieder in den koptischen Bezirk. Hinter einem Tor links in der zwischen Mauern verlaufenden Gasse steht das **Kloster St. Georg**; es ist bis auf die Haupthalle und die Kapelle für die Öffentlichkeit geschlossen.

Wenn Sie weiter unten nach mehreren „Antiquitäten"-Läden

INSIDERTIPP

Beim Karaoke im ägyptischen Stil kommt man leicht mit Einheimischen in Kontakt. Ihr Hotel hilft Ihnen gerne bei der Suche nach den richtigen Veranstaltungsorten.

KORIN ANDERSON
National Geographic Television

um die Ecke biegen, gelangen Sie zur **Kirche St. Sergius**, auch Abu Serga genannt. Sie müssen eine weitere Treppe hinabsteigen, die auf das Alter des Gebäudes hinweist: Je weiter Sie hier hinabsteigen, umso älter ist alles. Historiker vermuten, dass die Kirche aus dem 5. Jahrhundert stammt. Der Überlieferung nach ist die Kirche auf einer Gruft erbaut, in der die Heilige Familie bei ihrem Aufenthalt in Ägypten angeblich Zuflucht suchte (siehe S. 218f).

Wendet man sich am Ende der Gasse nach links, kommt man zu der **Kirche St. Barbara** (11. Jh.), rechts gelangt man zu einem Tor zur **Ben-Ezra-Synagoge**. Man verehrt sie als älteste Synagoge Kairos (9. Jh.) und bringt sie mit dem Propheten Jeremias in Verbindung, dessen Tempel angeblich an dieser Stelle stand.

Einer anderen Überlieferung zufolge entdeckte einst die Tochter des Pharaos den kleinen Moses an dieser Stelle in den Binsen. Ein echterFund wurde jedoch im 19. Jahrhundert gemacht: Man stieß auf den unversehrten *Geniza* oder den Synagogenschatz. Ab dem 11. Jahrhundert hatte Kairos jüdische Gemeinde in einem Raum der Synagoge Dokumente deponiert, weil jedes Papier, das den Namen Gottes trug, erhalten bleiben musste. Tausende Briefe, Schuldscheine, Urkunden, Verträge und Petitionen fügten sich zu einem Bericht über das mittelalterliche Leben zusammen. Diese Sammlung wurde ins Ausland geschafft – größtenteils nach Cambridge.

Ein kurzer Spaziergang nördlich der Mauern um den koptischen Bezirk führt zur **Amr-Ibn-al-As-Moschee**, die der arabische General errichtete, der Kairo im 640 einnahm und Ägypten für den Islam beanspruchte. Die Moschee hat in der Geschichte Kairos einen besonderen Platz als der Ort, wo einst der Islam in Ägypten Einzug hielt. Gehen Sie, um in die Moschee zu gelangen, auf der Mar Girgis Street entlang der U-Bahn-Linie ca. 180 Meter nach Norden.

Das Flussschiff

Sie können mit der U-Bahn ins koptische Kairo fahren. Die Station Mar Girgis ist nur vier Haltestellen vom Tahrir Square (der dortige Bahnhof heißt Sadat) entfernt, und eine Fahrkarte kostet lediglich ein paar Cents. Viel besser ist es jedoch, das Schiff zu nehmen. Blau-weiße Flussbusse fahren vom Masperokai gegenüber dem Fernseh- und Rundfunkgebäude ab, ein paar Minuten zu Fuß nordwärts vom Ägyptischen Museum. Die Schiffe, breit und flach wie Wasserkäfer, kreuzen fast eine Stunde gemütlich den Nil hinauf und beenden die Fahrt bei Masr al-Qadima oder Alt-Kairo. Von der Landungsbrücke müssen Sie wieder nur ein paar Minuten gehen, direkt landeinwärts zur U-Bahn. Überqueren Sie die Schienen auf der Fußgängerüberführung und Sie sind im Koptischen Kairo. .

Vom koptischen Kairo ist es nur ein kurzer Spaziergang zum Nilometer (siehe S. 118f): Überqueren Sie die Brücke, die über die U-Bahn führt, und gehen Sie nach Westen zum Fluss. Dort bringt eine Fußgängerbrücke Sie auf die Insel Roda. ■

Nilometer

Von der Zeit der Pharaonen bis zum Beginn des 20. Jahrhunderts wurde der Kreislauf des ägyptischen Lebens von der jährlichen Nilflut beherrscht. Wohlstand hing von der Flussbewässerung ab – doch nur im richtigen Ausmaß, denn ein Zuviel konnte katastrophal sein. Also musste man den Wasserpegel messen, um zu wissen, ob Gefahr drohte. Aus diesem Grund baute man im Niltal mehrere Nilometer; der bedeutendste ist jener auf der Insel Roda.

Die Mittelsäule des Nilometers diente als Messvorrichtung für den Wasserstand des Nils

Nilometer
- 66 C1
- Al-Malek al-Salah St., Roda
- $. Kamera $, Videokamera $$$

Roda, vor Alt-Kairo im Fluss gelegen, ist seit der Pyramidenzeit bewohnt. Die Insel diente zu verschiedenen Zeiten als Hafen sowie als Schiffsbauzentrum, und die Römer bauten hier eine Festung, die jener in Babylon (siehe S. 114) nachempfunden war. In den Erzählungen aus „Tausendundeiner Nacht" wird die Insel als Paradiesgarten beschrieben. Er existiert nicht mehr, doch die Reihen moderner Wohnblocks hören vor der Südspitze auf, die einen schönen Ausblick bietet. Der Fluss, an dieser Stelle bereits mehr als einen Kilometer breit, sieht mächtig aus, Schilfstreifen säumen seine fernen Ufer. In alten Zeiten war er noch breiter, damals verband eine Pontonbrücke aus Schiffen Roda mit dem Festland. Heute trennt nur noch ein schmaler Kanal die Insel und die Corniche. Der Kanal wird von einer hölzernen Fußgängerbrücke überspannt, über die man vom koptischen Kairo (siehe S. 114ff) zum Nilometer gelangt.

Obwohl sich hier schon zur Zeit der Pharaonen ein Nilometer befand, entstand der jetzige erst im Jahr 861, und der ungewöhnliche kleine kegelförmige Kiosk darüber ist die moderne Nachbildung eines türkischen Gebäudes. Der Nilometer hat die Form einer großen, mit Stein ausgekleideten Grube, die weit unter den Wasserspiegel des Flusses reicht. Auf ihrem Boden steht eine markierte achtekkige Säule. Das Wasser strömte durch drei Tunnel auf verschiedenen Höhen ein, die jetzt alle verschlossen sind. In einem guten Jahr stieg das Wasser bis zur 16. Elle, wie man die Gradeinteilungen nannte. Dies gab Anlass zu Feiern und Festivitäten in der ganzen Stadt. Ein Anstieg auf wesentlich mehr als 16 Ellen verhieß katastrophale Überschwemmungen; wesentlich weniger bedeuteten Dürren und Hungersnöte. Bei einem Defizit wurden die Feiern gestrichen, an ihre Stelle traten Bittgebete und Fasten.

Um für die optimale Nilflut zu sorgen, suchte man nach göttlichem Beistand und schnitzte Koranverse in das Gemäuer des Nilometers. An Verzierungen gibt es außerdem vier Nischen mit Spitzbögen, die den Bögen der Gotik Europas ähneln. Jene am Nilometer nehmen jedoch den gotischen Stil gleich mehrere hundert Jahre vorweg; man meint, sie könnten die ersten Spitzbögen der Welt sein. Die kunstvoll geschnitzten und gemalten Arabesken auf der Holzdecke sind zwar nicht besonders alt, dafür aber umso beeindruckender.

Gehen Sie beim Verlassen des Nilometers auf dem Terrassenweg nach links und um den **Munasterlipalast** herum, den man 1851 an der Stelle baute, wo ab dem 11. Jahrhundert die Nilometer-Moschee stand. Der Palast, eine Zeit lang das Hauptquartier der Arabischen Liga (die Organisation ist heute in einem düsteren Gebäude beim Tahrir Square untergebracht), wird jetzt zeitweilig als Kunstzentrum genutzt.

Ein Anbau dient als **Umm-Kolthum-Museum** – für die größte Sängerin, die es in der arabischen Welt je gab (siehe S. 56f). Eine Vitrine am Eingang zeigt einige der typischen Chiffon-Schals und eine diamantbesetzte Brille. Drinnen sind einige der traumhaften Kleider der Diva ausgestellt, es gibt einen kurzen Filmbeitrag über ihr Leben (leider nur auf Arabisch) und eine Audiothek, in der Besucher sich ihre bekanntesten Schallplatten anhören können. ■

INSIDERTIPP

Der Nilometer an der Spitze der Insel Roda ist ein hübscher Ort. Jeder weiß, dass er da ist und jeder weiß, dass er alt und wichtig ist, aber nur wenig Leute gehen auch tatsächlich dorthin. Also trotz allem ein echter Geheimtipp!

ELLEN MILLER
National Geographic-Experte

Gezira

Gezira ist das arabische Wort für „Insel", doch wenn man es in Kairo hört, meint der Sprecher gewöhnlich jene Insel, die in der Mitte des Nils liegt, zwischen dem Stadtzentrum und dem Westufer. Bis ins 19. Jahrhundert war Gezira unbewohnt, dann wurde daraus ein königlicher Garten, heute sind dort ein Kunstkomplex, ein exklusiver Club und Kairos erste Fußballmannschaft beheimatet. Dennoch bleibt Gezira der „grünste" Teil der Stadt.

Blick über Gezira mit dem Opernhaus und dem Messegelände im Vordergrund

Mochtar-Museum
- 66 C3
- Tahrir St.
- 02/2735 2519
- Mo geschl.
- $

Kairoer Oper
- 66 C3
- Tahrir St.
- 02/2739 8144 oder 02/2739 8132
- Nur bei Vorstellungen geöffnet

Vom Tahrir Square im Zentrum Kairos bildet die elegante **Qasr-al-Nil-Brücke** eine Verbindung zum Südende Geziras. Die 1871 erbaute Brücke wurde 1931 von Dorman Long & Co. völlig überholt, jener britischen Firma, von der auch Sidneys berühmte Hafenbrücke stammt. Die prächtigen Löwenpaare waren schon Bestandteil der Originalbrücke.

Auf der Insel mündet die Brücke in den Saad Zaghloul Square, benannt nach einem ägyptischen Nationalistenführer aus dem frühen 20. Jahrhundert; er ziert den Sockel auf der Verkehrsinsel. Die Statue ist das Werk von Mahoud Mochtar (1891–1934), einem herausragenden ägyptischen Bildhauer der Moderne. Das seinem Werk gewidmete **Mochtar-Museum** liegt an der Tahrir Street. Das Werk zeigt unterschiedliche Stile, auch eine gewisse Wärme und Humor, ganz im Gegensatz zu den nationalistischen Arbeiten, für die der Künstler am bekanntesten ist.

Der Süden Geziras wird von der **Kairoer Oper** beherrscht. Nachdem ein Brand das alte Gebäude in der Stadt zerstörte (siehe S. 84f), fehlte der Stadt ein größerer Konzertraum, bis die Japaner Ende der 1980er Jahre zu Hilfe kamen. Sie stifteten den heutigen Bau, der eine schöne, kühl-weiße modernistische Umsetzung islamischer Architekturthemen ist. Geboten wird Oper, Ballett, Theater und Musik, festliche Kleidung ist strenge Vorschrift.

Der Oper benachbart ist das **Nationalmuseum für moderne ägyptische Kunst**. In Ägypten gibt es einige herausragende Künstler, auch wenn sie auf internationaler Ebene meist unbekannt bleiben. Ihr Werk hätte es verdient, ein größeres Publikum zu erreichen. Die führenden unter ihnen sind Mahmoud Said, dem man jetzt in Alexandria ein Museum gewidmet hat (siehe S. 190), und der Surrealist Abd al-Hady al-Gazzar; beider Werke sind hier vertreten.

Leider wird das Museum mit dem schlechten Licht und der kargen Sammlung keinem der Künstler gerecht. In zwei anderen Galerien auf dem Operngelände finden Wechselausstellungen statt.

Sehen Sie sich auf dem Rasen neben dem Hauptweg die überlebensgroße Frauenstatue an; es ist Umm Kolthum, die legendäre ägyptische Sängerin (siehe S. 56f).

Ein kurzes Stück nördlich der Oper steht der **Kairo-Turm**. Seine Entstehung verdankt er dem Kalten Krieg der 1950er Jahre, als Ägypten ein Teil des nahöstlichen Schachbretts war, über dem die Amerikaner und Sowjets nachdenklich grübelten. Es heißt, dass die USA versuchten, Ägypten zur antisowjetischen Seite hinüberzuziehen und dafür als Ausgleich eine Million Dollar für Waffenkäufe anboten. Präsident Nasser war wütend darüber, dass man ihn für käuflich hielt, er nahm das Geld und benutzte es, um Washington eine Drohbotschaft zu übermitteln. An einem klaren Tag sieht man von dem 187 Meter hohen Turm die Minarette der Zitadelle im Osten und die Pyramiden im Westen. Letzter Einlass ist um 23 Uhr – es lohnt sich, spät hinzugehen, um Kairo bei Nacht zu sehen.

Sie können auch auf das grüne Zentrum der Insel hinabschauen. Es ist der von den Briten um 1880 als Offiziersclub gegründete **Gezira-Club**. Seine Exklusivität bewahrte er bis heute, indem er die Mitgliedschaft auf jene Elite beschränkte, die sich den hohen Jahresbeitrag leisten kann. ■

Nationalmuseum für moderne ägyptische Kunst

- 66 C3
- Opernhaus, Tahrir St.
- 02/2736 6665
- Nachmittags und Mo geschl.
- $

Kairoturm

- 66 C3
- Hadayek al-Zuhreya St.
- 02/2735 7187
- Letzter Einlass 23 Uhr
- $$$. Videokamera $

ERLEBNIS: Ägyptische Hochzeitsfeiern in Ihrem Hotel

Wenn Sie in einem der großen internationalen Hotels in Kairo untergebracht sind, etwa im Ramses Hilton oder im Semiramis, haben Sie vielleicht das Glück, am Wochenende eine ägyptische Hochzeit in der Lobby mitzuerleben. Die Feier beginnt mit einer ***zaffa***, einer Hochzeitsprozession für Braut und Bräutigam (sie findet oftmals auf einer repräsentativen Hoteltreppe statt). Dazu gibt es laute, traditionelle Musik. Manchmal schmücken die Brautjungfern den Weg der Braut mit Rosenblüten. Die ***zaffa*** ist laut und feierlich, und da sie an einem öffentlichen Ort stattfindet, gibt es keinen Grund, abseits zu stehen und nicht zuzuschauen!

Zu Fuß auf Zamalek: schönes Wohnen, schöne Künste

Zamalek, eine Insel unweit des nördlichen Endes von Gezira, ist Kairos Manhattan, die begehrteste Adresse der Stadt. Seine betuchten Bewohner lieben es wegen der von Bäumen begrünten Straßen und seinem fast europäischen Flair.

Das grüne Zamalek an der Spitze der Gezira-Insel war lange ein Kleinod weit weg der Hektik und vom Lärm der Großstadt

NICHT VERSÄUMEN:

• Garten des Cairo Marriott Hotels • Pizza im Maison Thomas • Hausboote von der Zamalek-Brücke

Die Ursprünge von Zamalek

Eine der ersten Persönlichkeiten, die den Bezirk mit ihrer Anwesenheit ehrten, war Kaiserin Eugénie, die Gemahlin Napoleons III. von Frankreich, die man 1869 auf Gezira untergebracht hatte, als sie Ägypten zur Eröffnung des Sueskanals besuchte. Für diese Gelegenheit war eigens ein großzügiger Palast mit einer verblüffenden Fassade aus gusseisernen Bögen in islamischem Stil errichtet worden. Der Gezira-Palast überlebt im Kernstück des **Cairo Marriott Hotels** ❶ *(Saray al-Gezira St. 16, Tel. 02/2735 8888, www.marriott.com; siehe S. 360).* Man baute moderne Flügel an, doch der Mittelbau blieb im Originalzustand erhalten. Wenn Sie dort nicht Gast sind, lohnt es sich, zum Lunch oder zu einem Drink im großen Garten hinzugehen.

Die verschwenderischen Ausgaben des Vizekönigs für Extravaganzen wie den Gezira-Palast führten – wie vorauszusehen – zum Bankrott. 1879 erhoben die Gläubiger Anspruch auf das Land und die Besitzungen des Khediven, auch auf Gezira. Sie unterteilten die Insel und verkauften sie. Auf diese Weise lösten sie einen Immobilienboom aus, der Zamalek gebar.

Künstlerische Traditionen

Folgen Sie vom Marriott dem Hauptfahrweg. Die Wohnungen hier an der Saray al-Gezira Street mit Blick auf den Fluss zählen zu den beliebtesten der Stadt, auch bei internationalen Korrespondenten, die es zu schätzen wissen, das Geschehen in dem weißen Außenministerium direkt über dem Fluss beobachten zu können. Im zweiten Stock der Nr. 14 befindet sich die **Nomad Gallery** ❷ (Tel. 02/2736 1917), ein schönes Geschäft, das sich auf Schmuck und

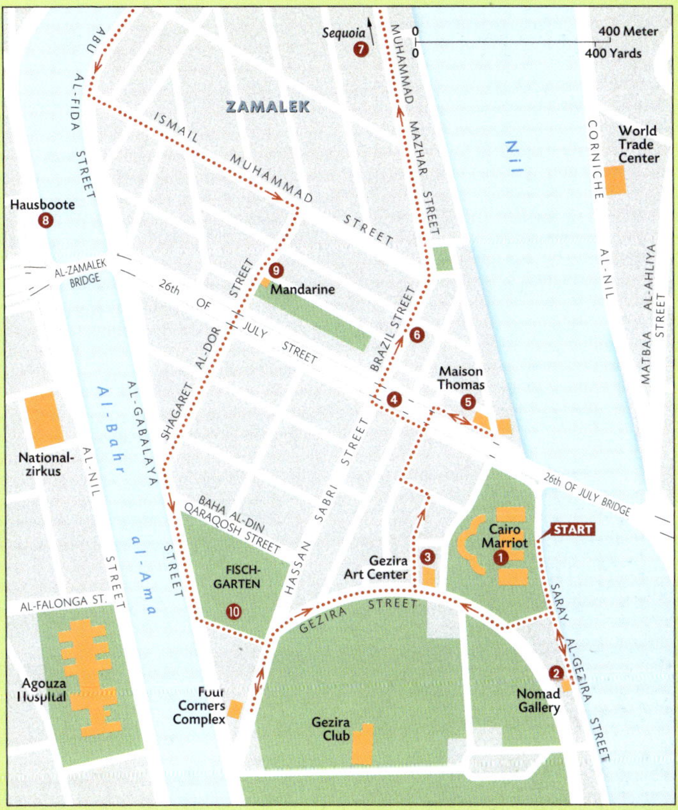

Kleidung beduinischer und ägyptischer Machart sowie Haushaltswaren spezialisiert hat. Eine Zweigstelle finden Sie im Marriott.

Gehen Sie vom Nomad ein Stück zurück und am Marriott entlang, bis Sie am Gezira Club (siehe S. 124) sind und folgen Sie dann der Straße rund um den Club. Gegenüber dem Eingang steht eine hübsche kleine Villa aus dem 19. Jahrhundert, heute das **Gezira Art Center** 3 *(Sheikh al-Marsafi St. 1, Tel. 02/2737 3298, Fr geschl.)*. Es enthält eine schöne Sammlung von Fliesen, Schalen, Krügen und Vasen aus rund zehn Jahrhunderten, nicht nur aus Ägypten, sondern auch aus Persien, Marokko, der Türkei und Andalusien.

- Siehe Karte Seite 66f
- Cairo Marriott Hotel
- 3 Kilometer
- 2 Stunden
- Cairo Marriott Hotel

Mittelpunkt des Bezirks

Gehen Sie von dort nordwärts über den kleinen Platz und biegen Sie dann links ab, dann rechts ab zur **26th of July Street** (Straße des 26. Juli) 4, dem Mittelpunkt des Bezirks. Wenn Sie hungrig sind, gehen Sie über die Straße zur rechts gelegenen **Maison Thomas** 5 (siehe S. 365), Kairos einzigem Delikatessengeschäft im Kontinentalstil. Es bietet die beste Pizza in der Stadt an.

Gehen Sie auf der Straße des 26. Juli zurück und biegen rechts in die ruhigeren Abschnitte der Yahya Ibrahim ein. Auf halbem Weg kommen Sie am **Fair Trade Egypt Center** *(Yahya Ibrahim St. 27, Tel. 02/2736 5123)* vorbei, einem Schmuckkästchen für Kunsthandwerk aus ganz Ägypten. Dem Inhaber geht es nicht um Kommerz, sondern um die Bewahrung und Förderung einheimischen Kunsthandwerks.

Shoppen, essen und entspannen

Parallel zur Yahya Ibrahim Straße liegt die **Brazil-Straße** 6, Sitz vieler Teppichflicker, Metzger und zahlreicher Boutiquen, die ägyptische Baumwollkleidung von guter Qualität verkaufen. Außerdem gibt es hier eine Reihe von Antiquitätenläden und Kunstgalerien. Wenden Sie

Gusseiserne Arkaden, ursprünglich Teil eines königlichen Palastes, bilden die schmückende Front des Marriott-Hotels

sich oben an der Brazil Street leicht nach links, wo diese in die Ismail Muhammad Street übergeht. Wenn Sie ihr bis zum Ende folgen, gelangen Sie zum **Sequoia** *(Abou Feda St. 1–3, Zamalek, Tel. 02/735 0014)* 7 einem gehobenen Restaurant mit Bar, das mit Blick auf den Nil die Nordspitze der Insel einnimmt. Hier werden ägyptische und libanesische Speisen serviert, aber auch viele Nudelgerichte.

Setzen Sie ihren Spaziergang dann auf der Westseite der Insel auf der Abual- Fida-Straße fort. Auf der gegenüberliegenden Seite des Flusses blicken Sie auf eine Reihe alter **Doppeldecker-Hausboote** 8. Biegen Sie links in die Ismail-Muhammad-Straße und dann, einige Häuserblocks weiter, nach rechts in die Shagaret-al-Dor-Straße ein. Hier kommen Sie am **Mandarine** 9, einer der besten Patisserien Kairos, vorbei.

Wenn Sie südlich wieder über die Straße des 26. Juli gehen, kommen Sie zum Fischgarten 10, einem kleinen Landschaftspark mit Grotten und Aquarien, der einst zu den Palastgärten Geziras gehörte. Er war vorher als Gabalyia Garden oder Aquarium Grotto Garden bekannt.

Wenden Sie sich von hier landeinwärts, folgen Sie der Gezira-Straße am Gezira-Club zu Ihrer Rechten vorbei und kehren Sie dann zum Marriott auf der linken Seite zurück.

Eine Sheesha rauchen

Sheeshas oder Wasserpfeifen sind in Ägypten vielleicht genauso allgegenwärtig wie Kamele. Wer im Café eine *sheesha* bestellt, bekommt eine Pfeife mit einem in Cellophan eingewickelten Plastikmundstück *(mabsim)*. Echte ägyptische Raucher bevorzugen einen schweren, nach Honig schmeckenden Tabak, wohingegen Anfänger oft eher den süßen Apfel-Tabak bevorzugen, dessen Geruch allgegenwärtig ist. Ein Pfeifenanzünder *(walia)* wird Ihnen dann eine Pfanne mit heißer Kohle bringen und die Pfeife für Sie anzünden. Einige tiefe Züge lassen dann die Luft durch das Wasser blubbern.

Das westliche Kairo

Für Touristen beschränkt sich Kairo meist auf eine Seite des Flusses. Die Gegend westlich des Nils ist auf den meisten Touristenkarten nicht einmal verzeichnet. Denn dort lebt ein großer Teil der Bewohner Kairos, in einer Gegend voller mittelhoher Apartmenthäuser und sechsspuriger Autobahnen, die an Fastfood-Filialen vorbeiführen. Obwohl man als Tourist dort nicht spazieren geht, gibt es dennoch mehrere Orte, die es sich per Taxi zu besuchen lohnt.

Bei Giseh denken viele an Pyramiden, für Ägypter ist es vor allem der Standort der Cairo University

Man kann es sich heute schwer vorstellen, aber bis weit ins 20. Jahrhundert hinein lag palmenbestandenes Ackerland gleich jenseits des Flusses vom Zentrum Kairos; das Land wurde von einer einzigen langen, von Bäumen gesäumten Straße durchschnitten, die geradewegs zu den Pyramiden führte. Eine reiche Elite unterhielt „Landhäuser" neben dem Nil mit Gärten, die bis zum Wasser reichten. Bedingt durch das Bevölkerungswachstum wurden die meisten Villen durch weniger elitäre Hochhäuser ersetzt, aber es gibt noch ein paar Überreste. Eines davon ist ein glanzvolles, im Pariser Stil gebautes Herrenhaus aus dem späten 19. Jahrhundert, das heute als das **Mohammed-Mahmud-Khalil-Museum** erhalten ist. Khalil war in den 1930er Jahren Minister und zugleich ein reicher, begeisterter Sammler internationaler und besonders französischer Kunst. Er vermachte sein Haus mit den Sammelstücken dem Staat und gab

Muhammad-Mahmoud-Khalil-Museum

- 66 C2
- 1 Kafour St., bei Giza St.
- 02/3336 2358
- Mo geschl.
- $$. Kamera $, Videokamera $$$

www.mkm.gov.eg

Junge Männer bemalen Wandpaneele für die Nachbildung eines ptolemäischen Tempels, eine Attraktion in Dr. Ragabs Pharaonendorf

Zoo von Kairo
66 B2/C2
Giza St.
02/570 8895
$

Kairo damit eines seiner bestgehüteten Geheimnisse – eine erstklassige Sammlung impressionistischer Gemälde und anderer Werke bekannter europäischer Künstler.

In gut beleuchteten, temperaturstabilen Räumen sieht man unter anderem Skulpturen von Rodin, mehrere Gemälde von Corot, Pissarro, Sisley, Millet und Renoir, Werke von Degas und Monet, zwei herrliche Gauguins, einen leuchtenden Toulouse-Lautrec und ein Gemälde aus van Goghs Iris-Serie. Das Haus selbst wurde in den 1980er Jahren schön renoviert und ist bezaubernd.

Südlich des Museums liegt an der Giza Street der **University Square**, ein Kreisverkehr mit einem auffallenden Monument in der Mitte; es ist „Das Erwachen Ägyptens" (1928), das bekannteste Werk des ägyptischen Bildhauers Mahmud Mochtar (siehe S. 120). Ursprünglich stand die Statue auf dem Ramses Square, bis der Koloss von Ramses II. ihren Platz einnahm. Hier wirkt die Skulptur etwas verloren, beinahe schon isoliert durch den schnell fließenden Verkehr, aber der Standort soll vermutlich die Studenten der nahe gelegenen **Universität** anregen, deren Hauptgebäude mit der Kuppel am Ende der Prachtstraße steht.

Gegenüber der Statue befindet sich der Eingang zum **Zoo von Kairo**, der 1894 auf dem Gelände der ehemaligen königlichen Haremsgärten errichtet wurde. Die ersten Tiere stammten aus der persönlichen Menagerie von Khedive Ismail und die Sammlung wuchs schnell; so wurde dies einer der schönsten Zoos der Welt. Leider haben ihn zu wenig Geld und Vernachlässigung zu einem Schatten seiner selbst gemacht; in den Gehegen gibt es nur noch viele große Vögel, wie Strauße, Emus, Flamingos und dergleichen. Kairos streunende Katzen lieben deshalb diesen Ort über alles.

Ganz in der Nähe des Zoos steht Kairos berühmtestes Gebäude, die **First Residence** mit ihren beiden Türmen. Der Preis für Apartments beginnt bei 1,3 Millionen Euro, das Penthouse wurde angeblich für 14 Millionen Euro verkauft. Im Erdgeschoss erstreckt sich die First Mall, ein klimatisiertes Einkaufserlebnis mit einem Atriumcafé, in dem man sich teuer von der Hitze draußen erholen kann.

Kindern wird das **Pharaonendorf** gefallen *(Al-Bahr al-Azam St. 3, Tel. 02/3572 2533, www.pharaonicvillage.com, $$$)*, ein Freizeitpark im altägyptischen Stil auf Jacob's Island inmitten des Nils südlich von Giseh. Besucher gleiten in kleinen Booten durch das Schilf und schauen sich das Alltagsleben in der Pharaonenzeit an. Am Ende der Bootsreise kommt man zu einigen kleinen, reizvollen Museen. Eines widmet sich der frühen ägyptischen Geschichte und enthält eine Nachbildung von Tutanchamuns Grab, wie es vom Archäologen Howard Carter entdeckt wurde; ein anderes zeigt eine Sammlung aus der Zeit Alexanders des Großen und des hellenistischen Ägyptens. ■

INSIDERTIPP

Sie sollten unbedingt einmal bei einer Tasse schwarzem Tee aus einem Café heraus die Leute beobachten. Nichts ist so schön wie ein von Kamelen verursachter Stau mit hupenden Autos und den lauten Rufen der Reiter.

KORIN ANDERSON
National Geographic Television

Einheimische Produkte: Ägyptens berühmte Früchte

Das äußerst fruchtbare Niltal und -delta haben Ägypten ein reichhaltiges Angebot an frischen und leckeren Obst- und Gemüsesorten beschert. Wer durchs Land reist, sollte also unbedingt einige der einheimischen Produkte probieren. Ein Beutel Orangen kann unterwegs eine ganze Mahlzeit ersetzen.

Wie immer sollten Sie aber keine ungeschälten oder ungekochten Früchte essen. Früchte mit Schale wie etwa Apfelsinen und Bananen sind unproblematisch. Wenn Sie ein Messer dabei haben, gilt dies auch für Mangos und Kiwis. Von Ägyptens leckeren Mangos gibt es mehrere Sorten mit wohlklingenden Namen wie Lady's Finger, Sugary und Beautiful Cheek. Man bekommt sie von Juni bis September auf allen Märkten. Datteln gibt es das ganze Jahr über; an der Oase Siwa findet man die besten, wobei es die Datteln aus Siwa auch fast überall in Ägypten zu kaufen gibt.

Sie werden angenehm überrascht sein, wie intensiv der Geschmack von Apfelsinen, Pampelmusen oder anderen frischen Produkten ist; das für den Export bestimmte Obst ist geschmacklich oft vergleichsweise wässrig. Die ägyptischen Früchte sind kleiner als die Exportfrüchte, dafür aber groß im Geschmack!

Die Pyramiden

Zu den Sieben Weltwundern der Antike gehörten neben der Zeusstatue in Olympia, dem Koloss von Rhodos, dem Artemistempel in Ephesus, dem Mausoleum von Halikarnassos, dem Pharos von Alexandria und den Hängenden Gärten von Babylon auch die Pyramiden von Giseh. Aber nur die Pyramiden sind bis heute erhalten geblieben. An ihrer Beliebtheit bei Touristen hat sich im Laufe der Jahrhunderte indes nichts geändert.

Die Pyramiden haben zwei grundlegende Charakteristika: Sie sind groß und sie sind alt. Trotz dieser beiden recht eindeutigen Vorgaben weiß man bis heute weder genau, wie groß noch wie alt sie sind.

Die Zeit hat der ältesten Touristenattraktion der Welt nichts von ihrem geheimnisvollen Zauber genommen

Noch bis zum 19. Jahrhundert galt die Große Pyramide des Cheops, vor 4400 Jahren gebaut, als größtes Gebäude der Welt. Nachdem Napoleon 1798 Ägypten erobert hatte, rechneten seine Wissenschaftler aus, dass die Pyramide genügend Steine enthielt, um eine ein Meter hohe Mauer um ganz Frankreich zu bauen. Der schneidige junge General verbrachte auch eine Nacht allein in der Großen Pyramide, aus der er angeblich erschüttert wieder auftauchte und seine Erlebnisse nie erzählte. Schon zu Zeiten der Geburt Jesu Christi, dem Jahr Null für einen Großteil der westlichen Welt, waren die Pyramiden alt. Als die Welt im Jahr 2000 das neue Jahrtausend feierte, gingen die Pyramiden bereits in ihr fünftes Jahrtausend. Ein altes arabisches Sprichwort fasst es wohl am besten zusammen: »Der Mensch fürchtet die Zeit, aber die Zeit fürchtet die Pyramiden.«

Der Besuch der Pyramiden

Trotz des ehrfurchtgebietenden Anblicks (»Wie ein Ding aus der Natur, ein Berg ... mit etwas Schrecklichem an sich, als ob es einen erdrücken würde«, schrieb der französische Schriftsteller Gustave Flaubert 1849 über die

ERLEBNIS: Reiten

Am Haupteingang zu den Pyramiden von Giseh können Touristen sowohl Kamele als auch Pferde mieten. Leider sind nicht alle dieser Tiere in guter Verfassung, da westliche Maßstäbe der Tierhaltung und -pflege hier nicht gelten.

Glücklicherweise gibt es aber eine Alternative zu den teils inhuman geführten Pferde- und Kamelställen, nämlich **Recoub al Sorat,** grob übersetzbar als „Den redlichen Pfad reiten" *(Tel. 012/3211 8386, www.alsorat.com).* Recoub al Sorat liegt in Abu Sir (da, wo die Pyramiden der 5. Dynastie zwischen Giseh und Sakkara liegen) und wird von Maryanne Stroud Gabbani geführt, die versichert, dass ihre Pferde gut gepflegt und ausgebildet werden. Gabbani ist eine Amerikanerin, die bereits seit den späten 1980er Jahren mit ihrem Mann und ihren Kindern in Ägypten lebt.

Im Jahr 2008 wurden die Pyramiden von Giseh umzäunt, um die Touristen vor den Belästigungen durch einheimische Schwarzmarkthändler zu schützen. Demzufolge ist es leider nicht mehr möglich, direkt an die Pyramiden (ob nun mit Pferd oder Kamel) heranzureiten. Recoub al Sorat bietet deshalb Ausritte durch die Sahara nach Sakkara, Dahshur und Memphis sowie abendliche Ritte und Ausflüge ins Niltal an.

Pyramiden) kann der erste Besuch enttäuschend sein. Unzählige Bilder und Abbildungen – und die Pyramiden sind wohl die am meisten fotografierten Monumente der Welt – zeigen die Pyramiden inmitten der Wüste. Aber heute kriechen die Kairoer Vorstädte fast bis zu den Pfoten des Sphinx heran. Sollte das große Fabeltier je der Hunger überkommen, bräuchte es nur eine Pfote auszustrecken und sich den Service der nahen Filiale einer internationalen Pizzakette heranzuwinken.

INSIDERTIPP

Wenn Sie gute Fotos von den Pyramiden machen wollen, essen Sie bei Sonnenuntergang eine Pizza auf der Dachterrasse von Pizza Hut.

LESLIE LYONS
NATIONAL GEOGRAPHIC-Experte

Natürlich war das nicht immer so. Die Hochebene von Giseh, der felsige Untergrund, auf dem die Pyramiden und die Sphinx ruhen, liegt 16 Kilometer südwestlich vom Zentrum Kairos. Früher musste man mit dem Pferd durch die Felder zu den Monumenten reiten, wo sie am Rande der Wüste stehen. Dann wurde im 19. Jahrhundert eine Straße gebaut und es gab die Straßenbahn. Heute ist diese Straße, Al-Haram oder Pyramidenstraße, vierspurig, mit hupenden Fahrzeugen und Tag und Nacht verstopft. Die Straßenbahn gibt es nicht mehr, dafür jedoch Busse und eine gute, klimatisierte Linie zwischen dem Tahrir Square im Zentrum Kairos und der Hochebene von Giseh. Ein Taxi kostet etwa fünf Euro pro Strecke.

Man kann auf zwei Wegen zu dieser Stätte kommen: durch das Dorf von Nazlet al-Samaan oder über eine kurvige Umgehungsstraße, eine Erweiterung der Pyramidenstraße, die am Mena House

Die Pyramiden

- 66 A1 und 141 C4
- $$, zusätzlicher Eintritt ($$ je) für Pyramide des Cheops, Chephren-Pyramide, Mykerinos-Pyramide, Sonnenboot-museum, Ton-Licht-Show
- 02/3383 8823

Oberoi Hotel rechts vorbeiführt. Auf jeden Fall kauft man die Eintrittskarten in einem Kiosk am Rande der Hochebene. Man braucht für den Eintritt in die Pyramiden Extrakarten. Pro Tag dürfen nur 300 Leute in jede hinein, und die Tickets werden in der Reihenfolge der Ankunft verkauft. Da die Restaurierungsarbeiten andauern, sind normalerweise nur jeweils zwei der drei Pyramiden zugänglich. Kommen Sie rechtzeitig. Wenn man früh am Morgen eintrifft, entgeht man auch der schlimmsten Hitze.

Die **Große Pyramide des Cheops** erscheint als Erstes, wenn man sich von der Pyramidenstraße aus nähert, wie es die meisten Be-

Die Cheops-Pyramide, wie sie vor etwa 4500 Jahren aussah

sucher tun. Khufu oder Cheops (so der griechische Name) regierte etwa von 2589 bis 2566 v. Chr., aber diese Daten sind noch umstritten. Seine Pyramide ist die älteste und größte dieses Trios. Sie enthält schätzungsweise 2,3 Millionen Kalksteinblöcke, jeder davon wiegt etwa 2,5 Tonnen; manche Steine an der Basis wiegen wahrscheinlich bis zu 15 Tonnen. Die Pyramide war ursprünglich 147 Meter hoch, ist heute etwas niedriger, denn die äußere Kalksteinverkleidung und die Abdeckung wurden einst für den Häuserbau herausgebrochen.

Die Große Pyramide des Cheops

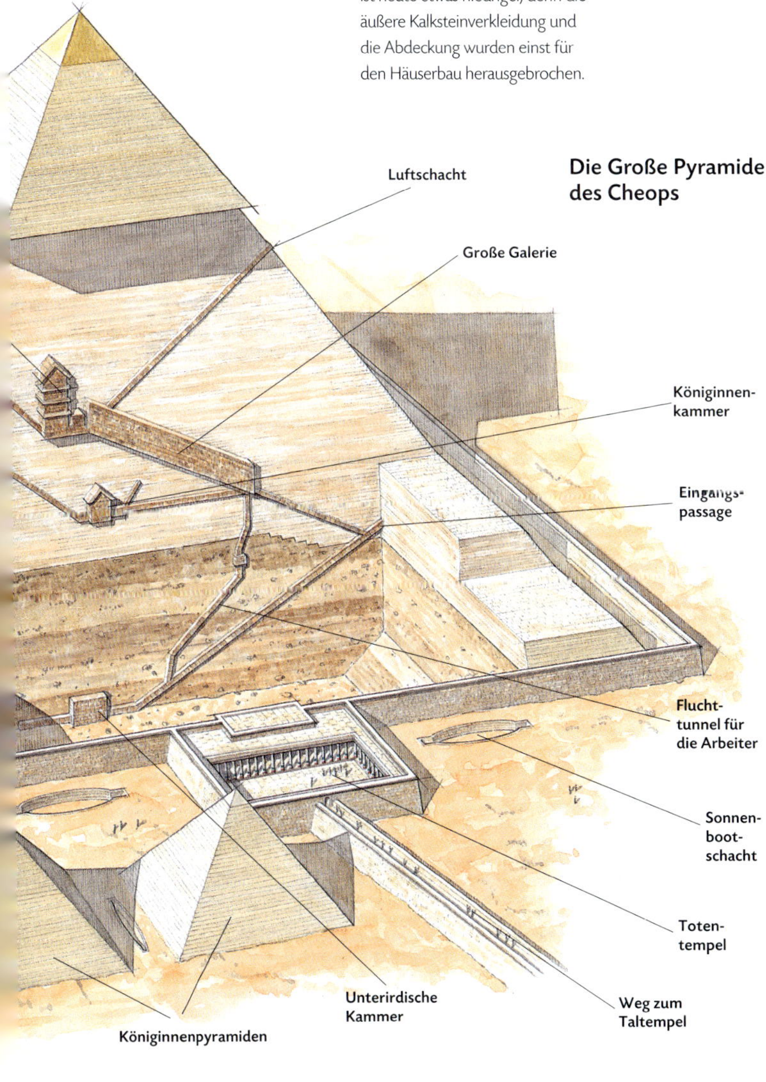

ERLEBNIS: Innere Erleuchtung finden

Obwohl der „New-Age-Tourismus" – oft auch „metaphysischer Tourismus" genannt – sicher nicht jedermanns Sache ist, ist er doch unter Menschen, die im Land der Pharaonen nach innerer Erleuchtung suchen, recht beliebt. In manchen Fällen erlaubt die Oberste Ägyptische Altertümer-Verwaltung spirituellen Gruppen, die Große Pyramide von Giseh im frühen Morgengrauen zu betreten oder Zeremonien an antiken Stätten abzuhalten, von denen angeblich spirituelle Energie ausgeht. Einige ägyptische Reiseveranstalter haben sich auf diese Art des Tourismus spezialisiert und organisieren regelmäßig Ausflüge für große Gruppen. Dazu gehört zum Beispiel Luminati Egyptian Travel *(Tel. 888-488-1151, www.luminati.net)* mit einem Büro in Kairo. Guardian Travel *(Tel. 757-422-5568, www.guardiantravel.net)* bietet ebenfalls „metaphysische Reisen" an: Schauen Sie auf der entsprechenden Website nach.

Wer kein Gesamtpaket dieser Art buchen möchte, kann auch nur an Wochenendveranstaltungen der Organisation Insight Inside *(Tel. 010/668 7203 oder 02/2520 2945, E-Mail: mail@insight-inside.com)* teilnehmen. Es handelt sich um ein ganzheitliches Gesundheitszentrum, das Kurse in Spiritualität anbietet. Insight Inside unterstützt auch „spirituelle Ausflüge" wie das sechstägige Egyptian-Wisdom-Paket und das dreitägige Taba Incentive. Fordern Sie den E-Newsletter an, um sich über abstehenden Veranstaltungen zu informieren.

Besucher können einige Stufen hinaufsteigen, die extra in die Außenseite der Großen Pyramide gehauen wurden, und durch eine Öffnung hineingehen, die der ägyptische Herrscher Kalif al-Mamun im Jahre 820 anlegte. Vom Eingang führt ein niedriger, enger Korridor in einen unvollendeten Raum hinab, von dem aus ein zweiter Korridor in einen weiteren unvollendeten Raum hinaufgeht, der als **Königinnenkammer** bekannt ist. Man geht dann durch die herrliche, hohe **Große Galerie** zur **Hauptgrabkammer** genau im Zentrum der Pyramide. In dieser Kammer steht ein leerer rosafarbener Granitsarkophag. Da der Sarkophag zu groß für die Türöffnung ist, glauben die Ägyptologen, dass der Raum und die Pyramide um den Sarkophag herum gebaut wurden. Ob er jemals tatsächlich die Mumie von Cheops enthielt, kann niemand mit Sicherheit sagen. Menschen mit Klaustrophobie oder Herzkrankheiten sollten allerdings den Ort besser meiden, ansonsten aber besteht kein Problem: Alles ist sauber und gut beleuchtet, und es gibt Handläufe und hölzerne Rampen.

In ihrer ursprünglichen Form war die Pyramide der Mittelpunkt eines kleinen Komplexes, umgeben von einer hohen Mauer, die einen Kalksteinhof umschloss. Der Eingang zum Hof führte durch einen Totentempel, der wiederum über einen langen, ansteigenden Aufweg erreicht wurde. Als der griechische Historiker Herodot zwischen 449 und 430 v. Chr. zu Besuch war, stand der Aufweg von Cheops noch mit »polierten Steinblöcken, die geschmückt waren mit Tierschnitzereien«, und er beschrieb ihn als ein Werk »fast genauso groß wie die Pyramide selber«. Am Anfang des Aufweges stand ein zweiter kleiner Taltempel.

Er stand neben einem See, der einmal pro Jahr während der Überschwemmung vom Nil gespeist wurde. Beide Tempel sind verschwunden, aber die Steinpflasterung des Aufweges hat überlebt.

Auf beiden Seiten des Aufweges erstrecken sich große, rechteckige Schächte. Als man 1954 die Deckel von einem abhob, zeigten sich die zerlegten Planken eines Bootes. Seine 1224 einzelnen Zedernholzteile wurden mühsam wieder zusammengefügt und das rekonstruierte Boot ist heute in einem extra gebauten **Sonnenbootmuseum** an der Südseite der Cheops-Pyramide zu sehen. Einen zweiten Schacht erforschte 1985 ein gemeinsames Team der National Geographic Society und der Ägyptischen Altertümer-Verwaltung. Auch dieser enthielt ein zerlegtes Boot. Es wurde unberührt unter dem Sand gelassen.

Die **Chephren-Pyramide** ist etwas kleiner als die von Cheops, seinem Vater. Sie wirkt größer, da sie auf einem erhöhten Plateau steht. Sie ist gekennzeichnet durch eine Spitze aus glattem, weißem Stein – das Einzige, was von einer polierten äußeren Kalksteinverkleidung übrig blieb, die früher alle drei Pyramiden umgab. Sie müssen dadurch wie glänzende, geometrische Prismen ausgesehen haben, aber die Verkleidung wurde entfernt, um damit die Paläste und Moscheen Kairos zu bauen.

Innen wurde die Grabkammer wenig unter der Erdoberfläche in das Muttergestein gehauen. Man erreicht sie über einen einzigen Gang; ein Besuch ist viel weniger anstrengend als einer in der Großen Pyramide.

Die **Mykerinos-Pyramide** ist die kleinste der Gruppe. Ihre Grundfläche beträgt weniger als ein Viertel derjenigen von Cheops und Chephren. Archäologen spekulieren, dass den Ägyptern vielleicht der Platz ausging. Vielleicht war die Macht des Pharaos auch am Schwinden, und es war nicht mehr möglich, eine genügend große Arbeiterschaft aufzutreiben, die für den Bau eines wirklich gigantischen Monuments nötig war. Der große vertikale Schlitz in der Nordfassade stammt von Othman ibn Yousef, Sohn von Saladin (siehe S. 35), der im 12. Jahrhundert versuchte, die Pyramide auseinander zu nehmen. Aber innerhalb von

Scherereien an den Pyramiden

Früher war ein Besuch der Pyramiden ein Spießrutenlauf vorbei an hartnäckigen Schwarzmarkt- und Straßenhändlern, die Kamelritte, „spezielle Führungen" und Souvenirs anboten. Im Jahr 2008 ließen die ägyptischen Behörden jedoch einen 19 Kilometer langen Zaun rund um das Giseh-Plateau errichten, um die Straßenhändler fernzuhalten und den Pyramidenbesuch etwas angenehmer zu gestalten. Zudem sollte die Anlage selbst geschützt werden. Der Zaun ist mit Bewegungsmeldern und Sicherheitskameras ausgestattet und damit Teil eines längerfristigen Programms zur Modernisierung der Stätte.

Der mächtige Sphinx überblickt Giseh; die Cheops-Pyramide erhebt sich dahinter

acht Monaten schafften es seine Arbeiter nur, diesen großen Spalt zu schneiden, dann gab der Sultan schließlich auf.

Vom Eingang an der Nordseite aus führt ein Gang hinunter in eine unvollendete Kammer mit einer Reihe von Paneelen, die mit einem stilisierten, falschen Türmotiv versehen sind. Eine weitere Passage führt in eine Grabkammer hinunter, in der man einen schönen Basaltsarkophag fand, der aber auf dem Seeweg nach England verlorenging. Die Pyramide wird von drei kleinen Königinnenpyramiden flankiert; zwei davon sind unvollendet und linksstufig wie Djosers Pyramide in Sakkara (siehe S. 144ff).

Der Sphinx – Vater des Schreckens

Vom Fuß der Chephren-Pyramide führt ein weiterer Weg hinab nach

Das Geheimnis der Pyramiden

Die atemberaubende Genauigkeit und die Ausrichtung der Pyramiden von Giseh waren Auslöser vieler Theorien. Die Seiten der Chephren-Pyramide weichen höchstens drei Grad vom geographischen Nordpol ab. Die Basis der Pyramide, deren Seiten mehr als 230 Meter lang sind, weicht höchstens 2,6 Zentimeter in der Höhe ab, und die größte Differenz in der Länge der vier Seiten beträgt nur 5,2 Zentimeter – ein Abweichungsspielraum von weniger als 0,2 Prozent.

Eine weitere erstaunliche statistische Tatsache: Die Südostecken der drei Hauptpyramiden liegen genau auf einer Linie. Eine solch phänomenale Genauigkeit bei so uralten Bauwerken bringt viele Liebhaber der Pyramiden dazu, nach weiteren mathematischen und geometrischen Besonderheiten zu suchen.

Osten zum teilweise wieder aufgebauten Taltempel des Königs. Eine auffallende Dioritstatue von Chephren, die man hier fand, steht jetzt in Raum 42 des Ägyptischen Museums (siehe S. 68ff). Der Tempel dient nun als Aussichtsplattform, von der aus man sich vom Sphinx gefangennehmen lassen kann, dem geheimnisvollen Wesen mit Löwenkörper und Menschengesicht, bei den frühen Arabern als Abu al-Hol oder Vater des Schreckens bekannt. Obwohl die Bedeutung des Sphinx umstritten ist – es wird sogar behauptet, er sei älter als das alte Ägypten und ein Bauwerk einer älteren, untergegangenen Zivilisation –, sind sich die meisten Archäologen einig, dass der Sphinx während Chephrens Herrschaft (2558–2532 v. Chr.) gemeißelt wurde. Man glaubt, dass er den König darstellt, wobei der Löwe den Archetyp für das Königtum verkörpert und der Kopf des Königs, umgeben von einem ausgestellten Nemes (der Kopfbedeckung der Pharaonen), die Macht symbolisiert.

Der Sphinx wurde aus einem einzigen Stück Gestein gemeißelt; Blöcke bildeten die Beine und Pfoten; er repräsentiert das früheste wirklich kolossale Werk altägyptischer Bildhauerei. Teile des Wesens sind leuchtend weiß, da sie in den 1990er Jahren renoviert wurden, aber Reparaturarbeiten wurden schon mindestens seit der 18. Dynastie vorgenommen, als ein kleiner Tempel zwischen den Vorderpfoten hinzukam, zusammen mit einer Stele, die beschreibt, wie der Thutmosis IV. (1400–1390 v. Chr.) den Sphinx aus dem Sand rettete. Der Italiener Caviglia grub den Sphinx im 19. Jahrhundert erneut aus. Er fand die Stele von Thutmosis und Fragmente des Sphinxbartes; ein Teil davon ging an das Britische Museum in London. ■

LEGENDE ZUM LAGEPLAN

Die Pyramiden

1 Kartenschalter
2 Eingang
3 Kartenschalter für die Pyramiden
4 Sonnenbootmuseum
5 Sonnenbootschächte
6 Königinnenpyramiden
7 Östlicher Friedhof
8 Sphinx
9 Eingang
10 Kartenschalter
11 Ton- und Lichtschau
12 Grab der Königin Khentawes
13 Chephrens Taltempel
14 Aufweg
15 Chephrens Totentempel
16 Königinnenpyramiden
17 Mykerinos-Pyramide
18 Umfassungsmauer
19 Chephren-Pyramide
20 Cheops-Pyramide
21 Westlicher Friedhof

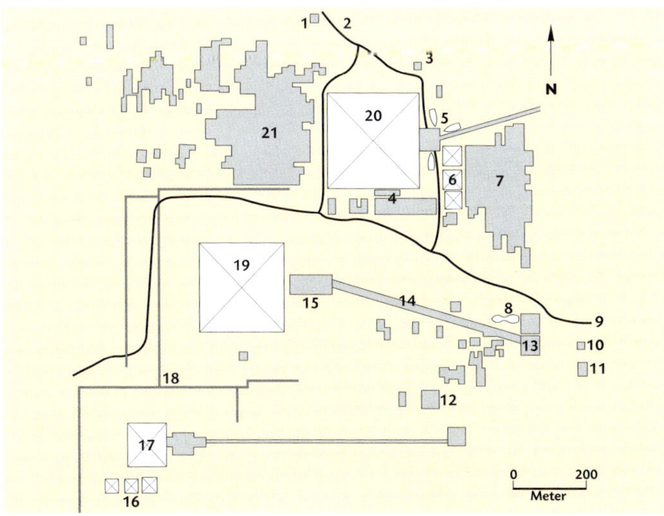

Heliopolis

Das heutige Heliopolis, nicht zu verwechseln mit dem alten Heliopolis, der Sonnenstadt der Pharaonen, ist ein exzentrischer Vorort Kairos mit fantastischer Architektur und einer geruhsamen, beinahe mediterranen Atmosphäre.

Maurische Kolonnaden verleihen Heliopolis einen bühnenhaften Orient-Charakter

Heliopolis
67 F4

Heliopolis ist die Kreation eines reichen belgischen Industriellen, Baron Edouard Empain (1852–1929). Im frühen 20. Jahrhundert erwarb er ein Stück Wüste nördlich von Kairo, wo er eine Satellitenstadt baute mit maurischen Terrassen und orientalischen Villen, durchzogen von grünen Prachtstraßen.

Fast hundert Jahre später hat die ewig wachsende Metropole Empains Oase geschluckt, aber sie besitzt noch immer ihren einzigartigen Charme und verschrobenen Charakter. Präsident Hosni Mubarak wohnt hier, nahe dem Hauptquartier seiner Verwaltung, dem **Urubapalast** an der Ecke der Al-Ahram und Al-Mirghani Street. Früher stand hier das Heliopolis Palace Hotel, Afrikas luxuriöseste Unterkunft. Die einzigen Gäste sind ausländische Diplomaten.

Eine breite Prachtstraße (Al-Ahram Street) führt vom Palast nach Norden zu einer neubyzantinischen **Basilika**, wo Baron Empain in einer Krypta aus schwarzem Granit liegt *(für die Öffentlichkeit nicht zugänglich)*. Seine Residenz zu Lebzeiten ähnelte einem Hindutempel, dessen Fassade mit geschnitzten Tempeltänzern verziert war. Dieser **Palast des Barons** liegt einen Kilometer östlich der Basilika an der Straße zum Airport.

Es lohnt sich, durch einige der Straßen zu wandern, die Al-Ahram kreuzen: Dort gibt es wunderbare Architektur aus Arkaden, bildhauerisch geformten Fenstern und tränenförmigen Türmchen. ■

Weitere Museen in Kairo

Ahmed-Shawqi-Museum

Dieses elegante Museum befindet sich im einstigen Wohnhaus des ägyptischen Dichters Ahmed Shawqi aus dem frühen 20. Jahrhundert, einer Hauptfigur der Landes- und Literaturgeschichte. Shawqi, gelegentlich mit dem Ehrentitel „Prinz der Dichter" belegt, lebte hier bis zu seinem Tode im Jahr 1932. In Anlehnung an den mittelalterlichen arabischen Dichter Abu Nuwas nannte er sein Haus „Karmat Ibn Hani" (Ibn Hanis Weingut). Das Haus liegt in einem überwucherten Garten und bietet einen Einblick in das Leben der Oberschicht im vorrevolutionären Ägypten. Im Museum befinden sich eine Sammlung seiner Manuskripte, sein Schlafzimmer, sein Arbeitszimmer und der Schreibtisch mit Blick auf den Nil.

✉ Ahmed Shawqi St. 6, Giseh
☎ 02/3572 9479 🕒 Mo geschl. $ $$
🚇 Metro: Giza Square

Landwirtschaftsmuseum

Eine schlimm vernachlässigte Gruppe von Pavillons enthält Exponate über frühe Ackerbaumethoden und das altertümliche Leben im Niltal. Sehenswert ist ein mumifizierter Stier aus dem Serapeum in Sakkara (siehe S. 151). In einem Pavillon befindet sich das Baumwollmuseum, das die Geschichte der wichtigsten Geldquelle Ägyptens seit ihrer Einführung im Land im 19. Jahrhundert verfolgt.

✉ Bei der Wizaret al-Ziraa St., Doqqi
☎ 02/3761 6785 🕒 Ab 13 Uhr und Mo geschl. $ $ 🚇 Metro: Doqqi

Das Kindermuseum

Dieses Museum liegt in einem kleinen, bewaldeten Park nördlich des Zentrums von Heliopolis (etwas schwierig zu erreichen) und ist ein ausgezeichneter Ort, um die Kinder eine oder zwei Stunden zu beschäftigen. Da es relativ neu in der Museumsszene ist, benutzt es Multimediatechnik in vollem Umfang, und es gibt viele Knöpfe zu drücken, die Querschnitte von Pyramiden öffnen, Tierfilme und Musik abspielen. In der **Kunsthalle** können Kinder malen und zeichnen.

✉ Abu Bakr al-Siddik St. 34, Heliopolis
☎ 02/2639 9915 🕒 Ab 14.30 Uhr geschl.
$ $ 🚇 Metro: Darrasa

Dr. Ragabs Papyrusinstitut

Falls Sie etwas bemalten Papyrus kaufen wollen, sollten Sie hierher kommen. Dr. Ragabs Papyrusinstitut befindet sich auf einem Boot, das etwas südlich des Kairo Sheraton vor Anker liegt, und ist eigentlich eher ein Laden als ein „Institut". Aber die Leute kennen sich wenigstens mit Papyrus aus und zeigen Ihnen, wie man die ursprünglichen Schilfblätter in Papyrusblätter verwandelt. Sie verkaufen Ihnen etwas Echtes und keine Bananenblätter, wie man sie im Khan al-Khalili und an anderen zweifelhaften Quellen durchaus bekommen kann.

✉ Corniche al-Nil, Doqqi ☎ 02/3571 8675
🕒 Tägl. 9–19 Uhr $ $ 🚇 Metro: Doqqi

Museum der entomologischen Gesellschaft

Staubige Holz- und Glasvitrinen zusammen mit der allgemeinen Atmosphäre eines Klassenzim-

ERLEBNIS: Im Fußballfieber

Die Briten führten direkt nach ihrer Ankunft in Ägypten im Jahr 1882 das Fußballspiel ein, um die Ägypter im britischen Sinne zu prägen. Heute lieben die Ägypter den Fußball, und die Profi-Clubs (Ahly, Zamalek und Ismailia gehören zu den drei größten) haben viele Anhänger. Ahly ist praktisch identisch mit der Nationalmannschaft; ihre Fans (Ahlawis genannt) versammeln sich manchmal vorm Stadium, und die Massen stauen sich bis zum Eingang der Oper von Gezira. Es ist nicht leicht, Tickets zu bekommen; fragen Sie bei Ihrer Hotelrezeption nach dem Spielplan.

mers der viktorianischen Zeit, machen dieses Museum zu einem, das die Zeit vergessen hat. Seine Sammlung präparierter Insekten und Vögel stammt aus der Zeit der britischen Besetzung Ägyptens an der Wende zum 20. Jahrhundert, einer Zeit, als die Kolonialmächte Wissenswertes der Welt sammelte und katalogisierte.
14 Ramses St. 02/2576 6683
Ab 13 Uhr und Mo geschl. $
Metro: Orabi

Nationales Postmuseum

Dieses kleine, aber gut besuchte Museum liegt in einem Anbau des Ataba-Square-Hauptpostamtes (ein nettes altes Gebäude mit einem attraktiven Hof). Es erinnert daran, dass Ägypten eines der ersten Länder war, das im Jahr 1866 Briefmarken herausgab. Philatelisten interessieren sich vielleicht auch für den Briefmarkenladen an der Sherif Street, Ecke Abd al-Khalek Sarwat, in Kairos Innenstadt.
Abdel Khalek Sarwat St. 55, Ataba Sq.
02/2575 4071 Fr geschl. $
Metro: Ataba

Oktoberkriegsmuseum

Die Kriege gegen Israel spielt in der ägyptischen Psyche eine große Rolle. Der Stolz der Ägypter wurde durch die Niederlagen 1948 und 1967 stark getroffen, 1973 jedoch konnte man einen kleinen Erfolg verzeichnen. Das Überschreiten der sogenannten Bar-Lev-Linie am 6. Oktober 1973 wird in diesem Museum gefeiert. Verschiedene Militaria füllen den vorderen Hof und in der extra dafür gebauten Ausstellungshalle zeigt ein großes Modell diese berühmte Kanalüberquerung. Das Museum liegt ganz in der Nähe der Flughafenstraße und ist am besten mit dem Taxi zu erreichen.
Al-Uruba St., Heliopolis Di geschl.
$

Taha-Hussein-Museum

Taha Hussein (1889–1973), mit drei Jahren erblindet, ist eine der gefeiertsten Gestalten arabischer Literatur – als Gelehrter, Schriftsteller und politischer Autor. Er studierte an der Al-Azhar-Universität und der Sorbonne in Paris und war ein revolutionärer Denker, dessen Ideen ihn manchmal in Konflikt mit den Behörden brachten. Seine Romane zeugen von Sympathie für die Armen und Unterdrückten und einer Sehnsucht nach sozialer Gerechtigkeit. Das Museum befindet sich in der weißen Villa, wo er die letzten 15 Lebensjahre im Schatten der Pyramiden verbrachte. Das Haus enthält den persönlichen Nachlass des Schriftstellers, einschließlich seiner Bibliothek mit 7000 Bänden.
Dr. Taha Hussein St. 11, Haram
02/3585 2818 Mo. geschl. $ ■

Ein Flugzeug der ägyptischen Luftwaffe steht vor der Rotunde des Oktoberkriegsmuseums

Die Gegend um die Hauptstadt bietet Wüstenlandschaften, eine üppige Oase und noch mehr Pyramiden – ein Kontrastprogramm zum geschäftigen Treiben der Großstadt

Die Umgebung von Kairo

Ein Mann hält in Sakkara am Straßenrand inne, um im Koran zu lesen

Die Umgebung von Kairo

Da rund um Kairo viele Pyramiden stehen, glauben Besucher oft, Kairo sei eine sehr alte Stadt. In Wirklichkeit entstand Kairo großenteils im 10. Jahrhundert, was nach ägyptischen Maßstäben „neuzeitlich" ist. Wie jedoch die großen Monumente von Giseh bezeugen, reicht die Geschichte in nächster Nachbarschaft viel weiter zurück. Nur eine kurze Autofahrt von Kairos Stadtgrenze entfernt liegen einige der ältesten altägyptischen Stätten.

Lange Zeit vor der Gründung Kairos war Memphis die mächtige Hauptstadt des Alten Reiches. Sie befand sich in südwestlicher Richtung, nicht weit von der modernen Hauptstadt entfernt. Hier soll der legendäre König Menes Ober- und Unterägypten vereinigt haben (ca. 3100 v. Chr.). Heute kennzeichnet die Stelle nur ein Museum, der Rest ist verschwunden. Die weitläufige Nekropole in Sakkara, eine der schönsten archäologischen Stätten Ägyptens vermittelt noch einen Eindruck von der früheren Pracht. Beherrscht von der mächtigen Stufenpyramide – dem Prototyp aller nachfolgenden Pyramiden – wurde Sakkara über 2500 Jahre lang als Begräbnisstätte benutzt. Die Nekropole ist riesig und umfasst so viele Einzelgräber und Grabkomplexe, dass man sie unmöglich alle bei einem einzigen Besuch besichtigen kann. Ein großer Teil der Stätte muss noch ausgegraben werden, und man macht regelmäßig neue Entdeckungen.

Nördlich und südlich von Sakkara liegen die damit verbundenen Pyramidenfelder von Abusir und Dahschur. Die Grabmäler entstanden mehrere hundert Jahre früher als die bekannteren Tempel von Luxor und Oberägypten und repräsentieren die Vorstufen einer Architektur und Kunst, deren Höhepunkt in Karnak und im Tal der Könige ihren Ausdruck finden sollten.

Ein Besuch dieser Stätten sollte auf dem Reiseplan jedes Gastes in Kairo an dritter Stelle stehen, nach den Pyramiden von Giseh und dem Ägyptischen Museum. Alle vier Orte – Memphis, Sakkara, Abusir und Dahschur – sind durch

NICHT VERSÄUMEN

In Ägypten Auto fahren: Verkehrsregeln

Das Autofahren ist in Ägypten eine echte Herausforderung – und zwar nicht nur, weil die Straßenschilder oft nur in Arabisch gehalten sind (besonders außerhalb von Kairo). Die Fahrspuren auf den vollen Straßen und Autobahnen Kairos werden selten beachtet, und ein Fahrverhalten, das man in anderen Ländern als unverschämt und aggressiv bezeichnen würde, ist hier ganz normal. Dazu gehört etwa, anderen Fahrern den Weg abzuschneiden, einfach abzubiegen oder über mehrere Spuren hinweg die Fahrbahn zu wechseln, ohne auch nur den Blinker zu setzen. Außerhalb von Kairo dagegen sind die Autobahnen zum Roten Meer oder zur Nordküste meist in hervorragendem Zustand und der chaotische Stadtverkehr hat sich aufgelöst.

eine Straße verbunden, die von Giseh aus nach Süden an Feldern entlang bis zur Wüste führt.

Man sollte sich mehr als einen Tag Zeit für die Stätten nehmen. Am besten ist es, Sakkara und Memphis an einem Tag zu besichtigen und Abusir und/oder Dahschur an einem anderen. Die meisten Hotels in Kairo organisieren Ausflüge, ebenso wie viele unabhängige Tourenveranstalter der Stadt. Falls das nicht klappt, kann man auch ein Taxi mieten. Pro Tag sind hierfür etwa 25 Euro zu veranschlagen. Es gibt keinen öffentlichen Nahverkehr zu diesen Stätten. Es ist erstaunlich, wie schnell man jenseits der Apartmenthäuser das freie Land erreicht – die Millionenstadt Kairo endet plötzlich auf, nördlich und südlich in üppigen grünen Feldern, östlich in felsigen Mondlandschaften und westlich in endlosem Sand. Will man diese unterschiedlichen Landschaften genießen, sollte man eine Fahrt zur Fayum-Oase einplanen, die nur eine eineinhalbstündige Autofahrt vom Zentrum Kairos entfernt liegt. Hier gibt es Seen und Palmenhaine, umgeben von Sanddünen. Man fühlt sich dort wie in einer anderen Welt.. ■

Abusir

Obwohl Abusir erst seit der Mitte der 1990er Jahre öffentlich zugänglich ist, war es auch Hobbyägyptologen bekannt als Fundort wichtiger Papyri, die Ende des 19. Jahrhunderts ausgegraben wurden. Vor einigen Jahren, im Februar 1998, machte eine Gruppe Archäologen durch Zufall einen seltenen Fund – ein unberührtes altägyptisches Grab. Dadurch wurde Abusir plötzlich wieder ins Rampenlicht gerückt.

Die Pyramiden von Abusir sind die „kleinen" Nachbarn der berühmten Pyramiden von Giseh

Abusir
141 C3
02/3383 8823

Abusir liegt einige Kilometer südlich von Giseh. Man erkennt es an einer Gruppe von drei Pyramiden, die wenig bekannten Königen und Königinnen der 5. Dynastie gehörten (2494–2345 v. Chr.). Alle sind wesentlich kleiner als die kleinste der drei Pyramiden von Giseh und überdies ziemlich baufällig. Aber die isolierte Lage auf einem sandigen Höhenzug verleiht dem Ort einen besonderen Reiz. Nur wenige Besucher kommen hierher.

Abusir setzt eine Entwicklung fort, die mit der Pyramide des Mykerinos in Giseh begonnen hatte. in dem Maße, in dem die Pyramiden kleiner wurden, nahm die Größe der dazugehörigen Tempelkomplexe zu und der Dekor gewann an Bedeutung. In Abusir sind die Reste der verschiedenen Leichenhallen und Taltempel die bei weitem interessantesten Bauten.

Die **Pyramide des Sahure** (2487–2475 v. Chr.) ist als die nördlichste der Gruppe die einzige, die man betreten kann – durch einen absteigenden Gang, der sehr eng ist und nur zu einer einzigen, kleinen Grabkammer führt. Östlich der Pyramide stehen die Reste von Sahures Tempel. Einige der Mauern hat man bis zu einer Höhe von etwa 50 Zentimetern wieder aufgebaut, wodurch sich der Grundriss erahnen kann. Reliefs schmückten einen Großteil der Mauern.

Die meisten befinden sich heute im Ägyptischen Museum in Kairo, aber einige Fragmente verblieben an Ort und Stelle.

Sahures Bruder **Neferirkare** (2475–2455 v. Chr.) folgte ihm und seine Pyramide ist die südlichste und größte der drei. Sie war noch nicht vollendet, als der Pharao starb. Man stellte ihre äußere Verkleidung mit leicht verwitternden Lehmziegeln rasch fertig, die im Lauf der Zeit zerfielen, sodass ein sechsstufiger innerer Kern sichtbar wurde, ähnlich der Pyramide des Djoser in Sakkara (siehe S. 144ff). In Neferirkares Tempel östlich der Pyramide wurde ein Papyrusbündel gefunden. Nach seiner Entzifferung stellte sich heraus, dass die Piktogramme (geschrieben in hieratischer Schrift, einer Kursivschrift der Hieroglyphen) unter anderem Zeitpläne von Priestern, Aufstellungen von Mobiliar und Ausrüstung sowie Rechnungen enthielten. Sie geben einen faszinierenden Einblick in die tägliche Verwaltung der Tempel von Abusir vor 4000 Jahren. Man durfte noch vieles aus den Papyri erfahren, die im Britischen Museum in London untersucht werden.

Die dritte und am stärksten zerfallene Pyramide war für Niuserre (2445–2421 v. Chr.), den Sohn von Neferirkare, gebaut worden. Sein Wunsch war es, dass seine Grabdenkmal in der Mitte, zwischen den beiden anderen Pyramiden, errichtet werden sollte. ■

INSIDERTIPP

Eine preiswerte Art, die Sehenswürdigkeiten zu bereisen, besteht darin, ein Taxi zu einer vorher ausgehandelten Tagespauschale zu mieten. Die Fahrer kennen die besten touristisch nicht überlaufenen Cafés und Attraktionen.

DR. JOEL D. IRISH
National Geographic-Experte

Geschichte enthüllen

Abusir beherbergt auch einen Friedhof mit Schachtgräbern aus dem 6. Jahrhundert v. Chr. 1995 begann eine Gruppe tschechischer Archäologen damit, einen dieser Schächte freizulegen. 21 Meter unter der Oberfläche erreichten die Arbeiter die Grabkammer. Drinnen verrieten gut erhaltene Inschriften und Reliefs, dass Jufaa hier lag, ein Priester und Palastbeamter, der etwa um 500 v. Chr. gelebt hatte. Hunderte von Gegenständen waren noch wie damals erhalten, den größten Teil der Kammer nahm jedoch ein mächtiger, weißer Kalksteinsarkophag ein. Ein Erdbeben verhinderte zunächst weitere Untersuchungen, und erst im Februar 1998 konnte mit Hilfe von Balken und Winden der etwa 22 Tonnen schwere Deckel abgenommen werden. Zum Vorschein kam ein mumienförmiger Sarkophag aus grauem Basalt, der mit Hieroglyphen versehen war. In diesem entdeckte man eine Mumie, die von einem herrlichen, mit Keramikperlen besetzten Leichentuch umhüllt war. Es war für die an dieser Grabung beteiligten Archäologen der Fund ihres Lebens, und Jufaas Grab bedeutet einen Schatz an neuen Erkenntnissen über das alte Ägypten.

Sakkara

Sakkara liegt nur 24 Kilometer südöstlich von Kairos Zentrum entfernt. Die riesige Wüstennekropole wurde für die Herrscher des Alten Reiches gebaut. Zu den Sehenswürdigkeiten gehören die älteste Pyramide, einige hervorragende Grabmalereien und eines der großen Rätsel der Ägyptologie, das Serapeum, eine Grabstätte mumifizierter heiliger Stiere.

Ein einheimischer Führer mit einer Besuchergruppe vor der Stufenpyramide

Sakkara
141 C3
02/3383 8823

Sakkara wurde als Nekropole oder Gräberstadt für die Hauptstadt des Alten Reiches, Memphis (siehe S. 150), gegründet. Ihre frühesten Gräber stammen aus der 1. Dynastie (3100–2890 v. Chr.), ihre letzten aus der persischen Zeit (ca. 500 v. Chr.). Sie alle waren längst vergessen, bis ein ehemaliger französischer Lehrer, Auguste Mariette (siehe S. 77), 1850 in Sakkara erste Grabungen durchführte. Er entdeckte einen halb vergrabenen Sphinx im Sand und erinnerte sich an eine Passage aus dem Werk des griechischen Geographen Strabon (etwa 63 v. Chr–23 n. Chr.), in der das Serapeum in Memphis und Sphingen im Sand erwähnt werden. Mariette folgte diesem Hinweis, begann zu graben und es gelang ihm, die Straße der Sphingen und das Serapeum freizulegen. Seine Entdeckung war der Auslöser für langwierige Grabungen an der Stätte. Seitdem hat man viel gefunden, darunter im Jahr 2008 die Pyramide (vielleicht sogar auch die Mumie) von Seshestet, der Mutter von Pharao Teti aus der 6. Dynastie. 2009 fand man eine Grabkammer mit mehr als 20 Mumien.

Die erste Pyramide

Die **Stufenpyramide** und die Anlage von Djoser, der von 2667 bis 2648 v. Chr. über Ägypten regierte, bilden das Zentrum von Sakkara. Imhotep, der sowohl Hoherpriester als auch ein bedeutender Architekt im Dienst des Herrschers war, entwarf die Anlage. Obwohl kaum halb so hoch wie die zwei größten Pyramiden von Giseh und viel weniger bekannt, stellt Imhoteps Monument eine viel größere Leistung dar. Vor Sakkara waren Lehmziegel das beliebteste Baumaterial und die gängige Bauform war die *Mastaba* (vom arabischen Wort für „Bank"), ein einfaches, rechteckiges, plattenähnliches Gebilde, das eine Grabvertiefung bedeckte. Imhotep nahm die *Mastaba*, baute sie aus Stein und fügte fünf übereinander liegende, jeweils kleiner werdende Schichten hinzu, sodass das Ganze wie eine Pyramide aussah. Der Hohepriester umgab die Pyramide seines Königs mit mehreren zusätzlichen Bauten und umschloss sie alle mit einer zehn Meter hohen, befestigten Grenzmauer.

Man betrat die Pyramide wie heute noch durch ein Tor in der südöstlichen Ecke und durch einen Korridor von 40 Säulen, die wie zusammengebundene Papyrusstängel aussehen. Der Korridor führt in den **Großen südlichen Hof**, einen fußballfeldgroßen offenen Platz vor der Pyramide. In der Südwestecke ragt ein Gebäude in den Platz, das einen Fries mit aufgestellten Kobras aufweist. Die Uräusschlange war ein Königssymbol und schützt hier das **Südgrab** tief unten, wo das Ka des Königs, seine Lebenskraft, in der Gestalt einer Statue zur Ruhe gebettet ist.

Wenn man über die Stufen oben auf der Mauer angekommen ist, kann man in den Schacht blicken, das Grab selbst ist jedoch nicht für Besucher zugänglich.

Auf der Ostseite des Hofes befindet sich der **Hebsed-Hof**. Im Rahmen eines Rituals erneuerte der König hier seine Herrschaft, indem er seine Krönung noch einmal durchführte. Im Norden befinden sich die Reste zweier Pavillons, einer ist Oberägypten gewidmet, der andere Unterägypten, den zwei Königreichen, die unter Djoser vereint wurden. Im ersten Pavillon liegt, geschützt unter durchsichtigem Plastik, das älteste bekannte Touristengraffito der Welt (12. Jahrhundert v. Chr.), in dem Besucher aus Theben ihre Bewunderung für den König und seine Monumente ausdrückten.

Etwas weiter nördlich weist eine quirlige Menge von Besuchern gewöhnlich auf den interessantes-

LEGENDE ZUM LAGEPLAN

Sakkara

1. **Pyramide des Userkaf**
2. **Grab des Mereruka**
3. **Grab des Anchmahor**
4. **Pyramide des Teti**
5. **Hebsed-Hof**
6. **Prozessionsstraße des Unas**
7. **Straße nach Kairo**
8. **Kloster des hl.-Jeremias**
9. **Pyramide des Unas**
10. **Pyramide des Sechemchet**
11. **Südgrab**
12. **Großer südlicher Hof**
13. **Stufenpyramide**
14. **Mastaba des Achtihotep und Ptahhotep**
15. **Serapeum**
16. **Mastaba des Ti**
17. **Philosophenkreis**

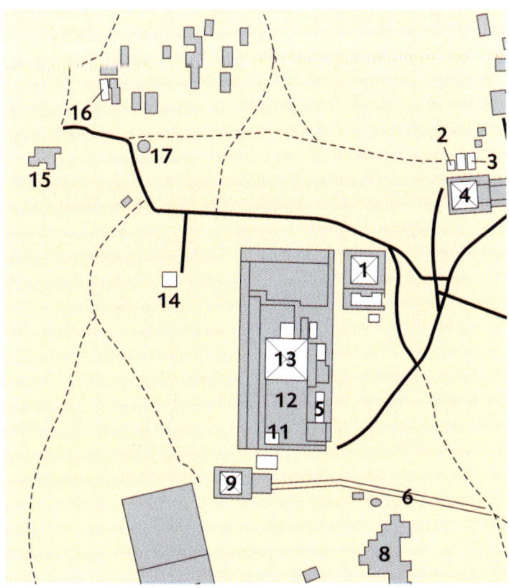

ten Teil des Komplexes hin: Am Fuße der Nordseite der Pyramide erhebt sich ein Steinkiosk, der *Serdab*, mit einem Schlitz, durch den man den Blick des Königs sieht, der in einer lebensgroßen, bemalten Statue eingeschlossen ist. So konnte das Ka des Königs mit der Außenwelt kommunizieren. Die Statue ist eine Nachbildung; das Original ist im Ägyptischen Museum in Kairo.

Südlich der Anlage des Djoser liegen die Reste der **Pyramide des Unas**, das Grab des letzten Königs der 5. Dynastie (2375–2345 v. Chr.). Als man 1881 die Pyramide betrat, sah man, dass die Wände mit Hieroglyphen bedeckt waren, das früheste Beispiel von Inschriften in einem altägyptischen Grab. Die Pyramide ist wegen der durch Besucher verursachten Schäden nicht mehr zugänglich. Der Prozessionsweg wird flankiert von Gräbern, viele sind meistens offen.

Arbeiter in der Stufenpyramide neben der Statue eines heiligen Stieres, dem Symbol für Beständigkeit

Grabmalereien

Auch wenn die Schriften an den Wänden der Pyramide des Unas für Besucher nicht zugänglich sind, kann man ähnliche frühe „Pyramidentexte" in der **Pyramide von Teti I.** (1. König der 6. Dynastie, 2345–2323 v. Chr.) sehen. Diese vertikalen Schriftspalten, die aus Hymnen, Litaneien und Schutzformeln bestehen, bedeuten die erste Knospe einer Tradition, die später in den großen, farbigen, die ganze Wand bedeckenden Malereien erblühte, wie man sie im Tal der Könige und Königinnen in Luxor sieht. Lange Zeit davor war die Grabkunst jedoch schon recht anspruchsvoll geworden, wie man in zwei späteren Gräbern der 6. Dynastie neben Tetis Pyramide sehen kann. Am nächsten ist das **Grab des Anchmahor**, auch bekannt als das Arztgrab wegen der Szenen, die alte chirurgische Operationen zeigen, darunter eine Beschneidung . Daneben befindet sich das **Grab des Mereruka**, eines Schwiegersohns von Teti, ein großer Komplex aus 33 Kammern, von denen viele herrliche Reliefs aufweisen. In der ersten Kammer jagt Mereruka von einem Boot aus Vögel, Fische und Nilpferde, Szenen, die Ägyptologen viel über die Tierwelt Altägyptens verrieten.

Das Serapeum

Das von Mariette freigelegte Serapeum zählt immer noch zu den großen Entdeckungen der Ägyptologie. Es besteht aus einer Reihe unheimlicher Katakomben für die Beerdigung der heiligen Apis-Stiere. Im alten Ägypten wurden Tiere oft mit Göttern assoziiert, und Stiere mit besonderen Zeichen –

schwarz mit einem weißen Fleck auf der Stirn und einem weiteren am Schwanz – galten als Verkörperung des Gottes von Memphis, Ptah, und später der griechisch-römischen Gottheit Serapis. Diese Tiere liefen auf dem Gelände des Ptah-Tempels in Memphis frei herum und wurden nach ihrem Tod in den unterirdischen Galerien des Serapeums in Sakkara beigesetzt.

Die Katakomben stammen mindestens aus der 18. Dynastie (1550–1295 v. Chr.) und wurden bis in die ptolemäische Zeit hinein genutzt. Als Mariette sie 1851 erstmals betrat, entdeckte er eine Reihe von Korridoren mit Seitenkammern, die 25 Särge aus Granit enthielten. Alle waren schon im Altertum ausgeraubt worden, außer einem, in dem sich die Statue eines Stieres aus massivem Gold befand (sie steht jetzt im Louvre in Paris). Außerdem fand er noch einen Innensarg, der einen mumifizierten Stier enthielt (Landwirtschaftsmuseum Kairo, siehe S. 137).

Neben dem Serapeum befindet sich der **Philosophenkreis**, eine Sammlung von Statuen griechischer Philosophen und Dichter, die von den Ptolemäern aufgestellt worden waren. In der Nähe liegt noch eine Entdeckung Mariettes, die **Mastaba des Ti**, der Grabkomplex eines Hofbeamten, der drei Königen gedient hatte. Ihre Wandmalereien enthalten aufschlussreiche Informationen über das Leben im Alten Reich.

Wie man richtig auf einem Kamel reitet

Für unbedarfte Reiter kann der schwungvolle Gang eines Kamels eine unangenehme Überraschung darstellen. Bevor Sie sich auf einen Tagesritt begeben, sollten Sie mit einem etwas kürzeren Ausflug beginnen und ausprobieren, ob Sie anschließend noch gut sitzen können. Zum Aufsteigen schwingen Sie Ihr Bein über den Sattel, wobei das Kamel dabei liegen sollte. Beim Aufstehen bleiben die Tiere auf ihren vorderen Knien und richten zuerst die Hinterbeine auf. Also sollten Sie sich zurücklehnen und am Sattelknauf festhalten, damit Sie nicht vorn vornüber fallen. Der Kamelführer wird Ihnen zeigen, wie Sie Ihre Beine im Nacken des Tieres positionieren müssen. Das Ganze bleibt aber recht schwankend und wackelig! Beim Hinsetzen geht das Kamel zunächst vorne in die Knie und senkt erst dann das Hinterteil ab. Jetzt können Sie absteigen.

IMHOTEP-MUSEUM

Das kleine **Imhotep-Museum** öffnete 2005. Es trägt den Namen des Architekten der Stufenpyramide, zeigt aber diverse Funde, die alle in Sakkara gemacht wurden. Eines der wenigen Stücke mit direktem Bezug zum großen Baumeister ist eine Rekonstruktion des Kobrafrieses, der einen Teil der inneren Mauer des Hofes südlich der Djoser-Pyramide umgibt. Ferner werden Paneele, Holz- und Sandsteinstatuen und kunstvoll verzierte Sarkophage gezeigt. ■

Die Erbauer der Pyramiden

In einem Zeitraum von etwa 500 Jahren errichteten die Ägypter mehr als 80 Pyramiden auf einem Streifen zwischen Giseh und der Oase von Fayum. Aber obwohl sie die vielleicht bekanntesten Baudenkmäler der Welt sind, bergen Ägyptens Pyramiden immer noch viele Rätsel. Man weiß zum Beispiel immer noch nicht, wie und warum sie gebaut wurden.

Neue Erkenntnisse widersprechen der Vorstellung, dass ein Heer von geschundenen Sklaven am Bau der Pyramiden beteiligt waren. Viemehr handelte es sich um gut versorgte Handwerker und Lohnarbeiter

Archäologen, Ägyptologen und Pyramidologen (denn die Erforschung der Pyramiden ist eine eigenständige Wissenschaft geworden) haben viele Theorien, aber es gibt viel weniger gesicherte Erkenntnisse. Zur Zeit der Römer hatte man die Kunst des Hieroglyphenlesens vergessen und wirkliches Wissen über die Pyramidenbauer versank in einem Meer von Mythen und Legenden. Der griechische Historiker Herodot berichtete, dass Cheops seine Tochter zur Prostitution zwang, um seine Pyramide zu finanzieren. Drei Jahrhunderte später zählte der römisch-jüdische Historiker Josephus Flavius den Pyramidenbau zu den Mühsalen der Juden während ihrer Zeit in Ägypten. Im 20. Jahrhundert stellte der Hollywood-Regisseur Howard Hawks eine Breitwand-Vision gepeitschter Sklavenlegionen vor, die sich abmühten, um das Grabmal des Pharaos fertigzustellen. Sein Epos aus dem Jahr 1955 heißt „Land der Pharaonen".

Diese Sichtweise kann man mittlerweile über Bord werfen. 1993 entdeckten Archäologen Felder alter Gräber auf dem Giseh-Plateau, bei denen es sich wohl um die Gräber der tatsächlichen Pyramidenbauer handelt. Leichen in den Gräbern trugen Spuren der anstrengenden körperlichen Arbeit. Man entdeckte auch Behausungen, die, wenn auch bescheiden, bestimmt keine Sklavenunterkünfte waren.

Heute glaubt man, dass die Pyramiden von einer freiwilligen Heer von Arbeitern errichtet wurden, die vielleicht reihum angestellt, in Naturalien bezahlt und von einigen Tausend ausgebildeten Handwerkern angeleitet wurden. Nur in Zeiten von Reichtum und Stabilität konnte das Reich die Autorität und Verwaltung aufbringen, die für ein solches Projekt nötig waren. Unter dieser Voraussetzung beginnt das Zeitalter der Pyramiden bald, nachdem Ägypten erstmals vereint war, und endet, als die Zentralgewalt am Ende der 6. Dynastie zusammenbrach.

INSIDERTIPP

Die wesentlich älteren und unvollständigeren Pyramiden von Sakkara und Dahschur werden viel weniger besucht als die von Giseh. Durchaus möglich, dass Sie hier das Innere ganz für sich allein haben.

TAYLOR KENNEDY
National Geographic-Fotograf

In der Frage, wie die Pyramiden gebaut wurden, herrscht noch keine endgültige Klarheit. Die geläufigste Gelehrtenmeinung ist, dass riesige, ansteigende Rampen angelegt wurden, entweder gerade wie Prozessionswege oder in Spiralen um das Gebäude herum, und dass die schweren Steinblöcke hinaufgezogen wurden; aber es gibt keine greifbaren Beweise für oder gegen diese Theorie.

In ähnlicher Weise wirft die mathematische Präzision des Pyramidenbaus eine Frage auf, die noch nicht schlüssig beantwortet wurde: Was war ihr Zweck? Während sich die meisten Archäologen einig sind, dass es sich um Gräber handelt, sind sie sich nicht einig über mögliche andere Funktionen dieser streng gestalteten Monumente. Zum Beispiel kennt man die Bestimmung einiger innerer Kammern noch nicht und man streitet hitzig über die Bedeutung der Ausrichtung der Pyramiden.

Unser Wissen über die Pyramiden wächst immer noch. Alles, was wir wissen, könnte sehr leicht durch einen einzigen Fund über den Haufen geworfen und neu gedeutet werden. Die heutige Untersuchung der Pyramiden benötigt zusätzlich zu den Forschern, die mit ferngesteuerten Robotern arbeiten, ein Team von Naturwissenschaftlern, darunter Spezialisten für Knochen- und Pflanzenreste und die Radiokarbonmethode. Man vermutet, dass die Pyramiden weitere Geheimnisse enthalten.

König Cheops machte sich durch den Bau der riesigen Pyramide in Giseh unsterblich

Memphis

Fast 4000 Jahre vor der Gründung Kairos war Memphis die Hauptstadt Ägyptens. Heute erinnert nur ein Freilichtmuseum mit wenigen Funden an eine der größten Metropolen der Alten Welt. Am bedeutendsten sind hier die Überreste einer mächtigen Statue von Ramses II.

In Memphis liegen riesige Kolosse des schon zu Lebzeiten berühmten Pharaos

Memphis
141 C3
02/3383 8823

Memphis liegt begraben unter dem heutigen Dorf Mit Rahina. Sie war dem Verfall schon nahe, als das Heer des Arabers Amr Ibn al-As Ägypten im Jahr 641 eroberten. Sie und ihre Nachfolger benutzen das alte Memphis als Steinbruch für Baumaterial für die neue Hauptstadt – das spätere Kairo. Die Schlammablagerungen des Nils bedeckten allmählich die Pharaonenstadt, bis Memphis nur noch eine ungleichmäßige Schwemmlandebene war, wo Palmen wuchsen und Bauern ihre Dörfer gründeten.

Diese Dörfer und ein hoher Grundwasserspiegel (durch den Staudammbau bei Assuan), führten dazu, dass Archäologen die Stätte nie ausgraben konnten. Wenn jedoch ein neuer Entwässerungsgraben oder die Grube für ein Haus ausgehoben wurde, förderte man oft alte Fundamente oder Statuen zutage. Einige dieser Funde sind in einem kleinen Museum ausgestellt. Am beeindruckendsten ist der **Koloss von Ramses II.**, der 1820 ausgegraben wurde. Der untere Teil der Beine fehlt, und so liegt der König in einem Besichtigungspavillon auf dem Rücken. Im Originalzustand war die Statue so groß wie ein fünfstöckiges Gebäude.

Im Garten gibt es noch mehr Statuen von Ramses II. zu sehen. Man fragt sich, welche wertvollen Stücke noch im Untergrund schlummern. Mit dem Sphinx verhält es sich ähnlich – mit 80 Tonnen ist er die größte jemals gefundene Alabasterstatue. ■

Dahschur

Dahschur umfasst ein kleines Pyramidenfeld in einem abgeschiedenen Wüstenstrich südlich von Sakkara. Es ist für die Öffentlichkeit erst seit Mitte der 1990er Jahre zugänglich und deshalb noch nicht Bestandteil von Bustouren. Wer sich hierher begibt, ist wahrscheinlich für sich allein.

In der Chronologie der Pyramiden kommt Dahschur nach Sakkara, aber vor Giseh und Abusir. Die beiden Hauptpyramiden wurden von Pharao Snofru (2613–2589 v. Chr.) gebaut, Vater von Cheops, Erbauer der Großen Pyramide von Giseh.

INSIDERTIPP

Die Rote Pyramide verliert ihre Farbe im Licht der Mittagssonne. Wer ihre Farbtönung mit der Kamera einfangen möchte, sollte deshalb am frühen Morgen oder aber späten Nachmittag anreisen.

CHIP ROSSETTI
NATIONAL GEOGRAPHIC-Mitarbeiter

Die **Knickpyramide** kann man als die erste echte Pyramide bezeichen– alle vorhergegangenen waren gestuft. Vielleicht irrten sich die Erbauer deshalb in ihren Berechnungen: Die Pyramide stieg in einem Winkel von 55 Grad an, aber auf halber Höhe muss den Architekten klargeworden sein, dass das Bauwerk instabil würde, und es wurde mit einer Neigung von etwa 44 Grad fertiggestellt. Das Ergebnis ist der deutlich sichtbare „Knick".

Als Einzige behielt die Knickpyramide einen Großteil ihrer weißen Kalksteinverkleidung. Aus der Nähe kann man erkennen, wie glatt die Oberfläche aller Pyramiden ursprünglich gewesen sein muss.

Aus unbekannten Gründen gab Snofru im 30. Jahr seiner Regentschaft diese Pyramide auf und begann mit dem Bau einer neuen, der **Nordpyramide** (auch Rote Pyramide). Sie wurde mit einer Steigung von nur 43 Grad gebaut. Die Treppe an der Nordseite ermöglicht den Zugang zum Inneren. Wenn man 30 Meter nach oben steigt, sieht man die Pyramiden von Sakkara, Abusir und Giseh. Ein 65 Meter langer Gang führt hinunter zu drei Kammern, wobei die ersten beiden mit unechten Gewölbedecken, die Große Galerie der Cheops-Pyramide vorwegnehmen. ■

Dahschur
141 C3
02/3383 8823

Die Knickpyramide von Pharao Snofru ist eine Vorläuferin der Pyramiden von Giseh

Die Oase Al-Fayum

Al-Fayum, 100 Kilometer südwestlich von Kairo, ist Ägyptens größte Oase und ein beliebter Erholungsort für Großstädter. Die Oase ist bereits seit der Pharaonenzeit besiedelt. Viele Besucher kommen zur Erholung im Grünen nach Fayum.

Sonnenuntergang am Karunsee, ein Refugium für Zugvögel

Oase Fayum
141 B2

Auberge du Lac
Karunsee
Fayum
084/572 001
$$$

Die meisten Besucher meiden die Stadt Fayum (Medinet al-Fayum) selbst und steuern das Kernstück der Gegend an, den **Karunsee** (Mörissee). Er entstand vor etwa 70 000 Jahren, als der Nil die Fayum-Senke überflutete, und bezieht sein Wasser aus Kanälen, die ihn mit dem Fluss verbinden. Diese Kanäle wurden zuerst unter Pharao Amenemhet III. (1855–1808 v. Chr.) aus der 12. Dynastie gegraben. Die alten Ägypter machten Fayum zu einem außerordentlich fruchtbaren Garten und noch heute wird hier Obst und Gemüse kultiviert. Bereits seit Jahren versalzt der See leider mehr und mehr und die viele Uferbereiche sind mit Salz verkrustet. Auch wenn der See zum Baden nicht geeignet ist, ist er von einem Ruderboot aus schön anzusehen. Die herrliche Aussicht kann man auch vom Promenadencafé der **Auberge du Lac** aus genießen, einem Luxushotel, einst das Jagdhaus von König Faruk. Hier trafen sich im Februar 1945 König Ibn Saud, König von Saudi-Arabien, und Winston Churchill, britischer Premierminister, zu Gesprächen.

Am Karunsee gibt es eine große Anzahl von Vögeln (siehe S. 154f), wobei die meisten Zugvögel sind, die hier Rast machen oder aber überwintern. Wir wissen, dass dies auch in alter Zeit so war, da die alten Ägypter die vielfältige Tierwelt von Al-Fayum in Fresken und Friesen in Gräbern und Tempeln des Ortes darstellten. Am berühmtesten sind wohl die Tafeln mit den Gänsen von Meidum, zu sehen im Ägyptischen Museum in Kairo.

Zu Al-Fayums Überresten aus der Pharaonenzeit gehört der gut erhaltene und für die Öffentlichkeit zugängliche kleine ptolemäische Tempel von **Kasr Karun** am äußersten westlichen Ende des Sees. Er war dem Krokodilgott Sobek gewidmet, dessen „Nachkommen" in alten Zeiten in den Sümpfen und Gewässern der Oase lebten. Der Tempel wurde im Jahr 1956 umfassend restauriert. Man kann in unterirdische Kammern hinabgehen (Vorsicht, hier gibt es Schlangen!) und auf das Dach steigen, von wo man die umliegende Wüstenlandschaft sieht. Al-Fayums andere bedeutende historische Stätte ist **Karanis** (vor Ort auch Kom Oschim genannt), eine Ruinenstadt aus dem 3. Jahrhundert v. Chr., die am am Ostende des Sees liegt. Es existieren hier noch zwei unbedeutendere Tempel und außerdem ein Museum, in dem Töpferwaren, Glas und Terrakottafiguren zu besichtigen sind.

Pyramiden

Zu Al-Fayum gehören auch vier **Pyramidenstätten**, die östlich der Oase in einem Wüstenstreifen vor dem Nil liegen. Diejenigen in Hawara, Lahun und Lischt sind nur für eingefleischte Pyramidologen von Interesse – obwohl man Hawara als Fundstätte von 146 **Mumienporträts** erwähnen sollte.

Die **Pyramide von Meidum** ist jedoch beeindruckend, auch wenn sie einer konventionellen Pyramide nicht ähnelt. Sie existiert als dreistufiger Turm, der sich über einem Berg von Schutt erhebt. Dieser Turm ist der innere Gebäudekern und kam zum Vorschein, nachdem die äußere Verkleidung und das Füllmaterial für die Stufen weggerutscht waren. Die verunglückte Pyramide wird meist Snofru zugeschrieben, der sich in Dahschur erfolgreicheren Vorhaben zuwandte (siehe S. 151). Die berühmten gemalten Wildvögel wurden in einem Nebengebäude der Pyramide gefunden. ■

INSIDERTIPP

In Wadi Hitan, einer Unesco-Welterbestätte westlich von Fayum, kann man frühe Fossilien von Walen und anderen Meerestieren sehen, die in jenen Gewässern lebten, die Ägypten vor 40 Millionen Jahren bedeckten.

PHILIP GINGERICH
NATIONAL GEOGRAPHIC-Experte

Wadi Hitan
141 A2
www.sis.gov.eg/En/Tourism/Egyptall/Enviormental/

ERLEBNIS: Besuch bei den Töpfern von Al- Fayum

Obwohl die Gegend von Fayum eher wegen ihrer Landwirtschaft bekannt ist, ist sie auch seit langem ein Zentrum des traditionellen Töpferhandwerks. Natürlich kann man die Töpferwaren aus Fayum auch in den Geschäften Kairos käuflich erstehen, aber wenn Sie auf eigene Faust unterwegs sind, können Sie hier auch gleich einige ausgefallene Töpferwerkstätten und -schulen besuchen. Alternativ kann das Fayoum Ecotourism Project auch einen Führer von Kairo aus zur Verfügung stellen *(Tel. 02/2735-1045)*.

In dem Dorf **Al-Nazla,** ca. 10 Kilometer südwestlich von Ibshaway, wimmelt es nur so von Töpfereien (malerisch entlang einer Klippe gelegen), und man kann dort wunderbar den Künstlern bei ihrer Arbeit zusehen. **Tunis,** ein Dorf in der Nähe des westlichen Zipfels des Karunsees, ist mittlerweile fast zu einer Kolonie ausländischer Künstler geworden. Hier haben zwei Töpfer aus der Schweiz, Evelyn Porret und Michel Pastore, eine Töpferschule für einheimische Kinder eingerichtet. Terminabsprachen für Besichtigungen unter *084/682 0405 oder 016/337 1604*.

Die Vogelwelt Ägyptens

Nicht nur Menschen genießen die ungewöhnliche Fruchtbarkeit der Oase. Al-Fayum ist auch für andere Lebewesen eine Oase, besonders für die unterschiedlichsten Vogelarten.

Ein Löffler sucht im fruchtbaren Schlick nach Nahrung

Das ganze Jahr über beherbergt Al-Fayum zahlreiche Arten und spiegelt dadurch nicht nur die Vielfalt seiner Lebensräume wider, vom Schilfdickicht bis zur Wüste, sondern verdeutlicht auch die Lage Ägyptens im Mittelmeerraum zwischen Afrika und Asien. Einige, wie der Senegalspornkuckuck, der Senegaltriel, der Bülbül und der kleine Smaragdspint, sind afrikanisch und hier an der Nordgrenze ihres Verbreitungsgebiets. Kuhreiher, Turmfalken und Palmtauben dagegen sind weiter verbreitet, während für den europäischen Steinkauz Ägypten schon den südlichsten Punkt darstellt.

In den Olivenhainen hört man das ständige „Zitzit" der Samtkopfgrasmücke. Im Schilfgürtel nistet der Teichrohrsänger, der seinem Namen alle Ehre macht, in großen Scharen. Vielleicht hat man Glück und erspäht ein Purpurhuhn oder eine Bekassine. Am Rand der Wüste sollte man besonders nach dem Trauersteinschmätzer, der hier weißköpfig ist, Ausschau halten. Im Winter gesellen sich sehr viele Vögel aus den nördlicheren Brutregionen hinzu.

Die Vielfalt der Vogelarten im Fayum wurde schon von den Alten Ägyptern aufgezeichnet. Manche Vögel wurden sogar verehrt. Thot zum Beispiel, der Gott der Weisheit, wird oft als Ibis dargestellt; leider gibt es diesen Vogel in Ägypten nicht mehr, aber die Art wird immer noch Heiliger Ibis genannt. Vögel finden sich in ganz Ägypten auf Grabfriesen. Die perfekt gezeichneten Gänse von Meidum, die sich heute in Kairos Ägyptischem Museum befinden, stammen aus Meidum südöstlich von Al-Fayum. In Sakkara bedecken Friese mit Papyrussümpfen voller Vögel, die auch heute noch im Niltal und Delta heimisch sind, die Gräber von Ti und Mereruka.

Das größte Tierpanorama der Pharaonenzeit befindet sich weiter südlich, in Beni Hassan (siehe S. 212f). Farbige, realistische Malereien von heute noch bekannten Arten wie dem heimischen Wiedehopf und Zugvögeln, z.B. Würgern und Gartenrotschwänzen schmücken die Wände des Grabes von Chnumhotep III., einem Wesir der 12. Dynastie.

Ein Großteil der über 400 in Ägypten bekannten Arten sind Zugvögel, die Ägypten jedes Frühjahr und jeden Herbst als Zwischenstation auf ihrem Weg von und zu ihren europäischen Brutplätzen nutzen. Die kleineren Arten – zum Beispiel Steinschmätzer, Fliegenschnäpper und Ammern – fliegen zu Millionen durch. Im Herbst ist Ägyptens Nordküste ein Paradies für Vogelbeobachter, die erste Raststation für Vögel aus Europa, die das Mittelmeer überquert haben. Besonders viele findet man im Zaranik-Schutzgebiet in der Nähe von Al-Arisch im nördlichen Sinai (siehe S. 333), wo alle Vögel vom Kiebitz über die Lerche bis zum Ziegenmelker vom Meer heranfliegen.

Horus wird auf dem Grab von Inkerhau in Deir al-Medineh als Falke dargestellt

Ägypten ist jedoch für die großen Vögel – Störche, Greifvögel, Kraniche und Pelikane – am wichtigsten. Diese fliegen bestimmte Zugrouten, da sie wegen ihrer Größe von der Thermik aufsteigender warmer Luft abhängen, um längere Strecken bewältigen zu können. Da die Thermik über offenem Wasser schwach ist, bündeln sich die Flugrouten dieser Vögel an jedem Ende des Mittelmeers, denn die Tiere meiden das offene Meer. Viele müssen über Ägypten fliegen und kommen an Sammelpunkten wie Sues, Ain Suhkna und Gebel (Dschebel) Zeit zusammen.

ERLEBNIS: Bird-Watching

Wer die Vogelwelt Ägyptens genauer kennenlernen möchte, sollte sich Bertel Bruuns und Sherif Baha el Dins *Common Birds of Egypt* zur Hand nehmen, um die hier heimischen Vogelarten bestimmen zu können. Bird-Watching stellt in Ägypten eine ganz eigene Herausforderung dar – in einem Land, in dem es für die Einwohner und vor allem für Sicherheitskräfte äußerst befremdlich ist, wenn sie auf Fremde mit Ferngläsern treffen.

Wer im Herbst nicht zur Nordküste oder zum Zaranik-Schutzgebiet im Nordsinai fahren möchte, kann sich immerhin einige der 400 in Ägypten registrierten Vogelarten für 20 LE im grünbewachsenen **Gezira-Club** *(Karte S. 123, Tel. 02/2735 6000)* anschauen. Hier trifft man auf Wiedehopf, Bülbül, Kuhreiher und (in der Abenddämmerung) Senegaltriel.

Wer etwas außerhalb nach Vögeln Ausschau halten will, nimmt sich ein Taxi zum Vogeldorf **Gebel Asfar,** abseits der Ismailia-Straße östlich von Kairo. In Gebel Asfar gibt es Rieselfelder, die viele Vögel wie etwa Bekassinen oder den Braunliest anziehen. Der **Karunsee, Sues** und die **Nordküste** sind die wichtigsten Orte zur Vogelbeobachtung. Ähnlich geeignet ist auch die Gegend um das Katharinenkloster im Sinai (offiziell St. Catherine's Protectorate genannt). Führungen für Einzelreisende oder kleine Gruppen bietet die amerikanische Umweltschützerin Mindy Baha el Din (Sherifs Frau) an, die ihren Sitz in Kairo hat *(Tel. 02/2360 8160)*. Sie können sich auch bei internationalen Reiseagenturen erkundigen, die sich auf Vogeltouren spezialisiert haben, u.a. **Wings: Birding Tours Worldwide** *(Tel. 888-293-6443, www.wingsbirds.com;* siehe S. 379*)*.

Wadi al-Rayyan

Das Wadi al-Rayyan in der Wüste westlich von Fayum ist eine große Senke zwischen den Dünen, in die man überschüssiges Wasser aus der Oase geleitet hat, um drei Süßwasserseen und einen kleinen Wasserfall zu schaffen. Die fischreichen Seen sind ein wichtiger Nistplatz für Vögel. Viele Besucher kommen auch zum Picknick hierher.

Nach einer einstündigen Autofahrt von Kairo ist man mitten in der Wüste

Wadi al-Rayyan
141 A2

Auch wenn Seen in Naturschutzgebieten hübsch anzusehen sind, ist eine Wüstenlandschaft unglaublich beeindruckend. Abgesehen von einem einzelnen Streifen schwarzer Asphaltstraße sieht man ein Meer aus gelbem Sandflächen und Sanddünen.

Heute bilden die Tiere die Hauptattraktion des Wadi. In der Wüste leben etwa 15 Säugetierarten, darunter Gazellen, Sandfüchse, Wildkatzen und Wölfe. Ungefähr 134 Vogelarten halten sich hier dauerhaft auf oder suchen die Feuchtgebiete im Umkreis der Seen auf. Darunter sind seltene Falkenarten sowie Turmfalken, Milane, Silberreiher und Reiher. Man plant ein Informations- und Vogelbeobachtungszentrum, das durch die Mautgebühren finanziert werden soll, die Autofahrer im Naturschutzgebiet zahlen müssen. Die meisten Besucher steuern jedoch vor allem das Wasser und die „Wasserfälle" an. Diese Fälle wurden geschaffen, indem man das Wasser durch Rohre in Schilfmulden auf felsigem Untergrund leitete, die nur wenige Meter über dem See liegen. Ein idyllisches Plätzchen zum Schwimmen und Sonnen; man sollte allerdings Wochenenden und Feiertage meiden.

Man erreicht das Gebiet nur mit dem Auto durch die Fayum-Oase. Es lohnt sich, beide Orte von Kairo aus miteinander zu verbinden. Diejenigen, die nur wenig Zeit haben, um die Westlichen Oasen oder den Sinai zu besuchen, sollten diese Wüstenlandschaft Ägyptens aufsuchen. ■

Der Kamelmarkt von Birqasch

Kairos Kamelmarkt am Freitag ist nichts für schwache Nerven, denn er ist übelriechend und laut. Er wird 35 Kilometer nordwestlich der Stadt in Birqasch abgehalten. Beim ersten Tageslicht geht es los, die meisten Geschäfte sind bis neun Uhr abgewickelt, deshalb sollte man rechtzeitig da sein. Es gibt keine direkten Busverbindungen – am besten man mietet sich ein Taxi.

Das Kamel war im alten Ägypten vermutlich nicht bekannt, da es keine Darstellungen von ihm gibt. Historiker glauben, dass die Perser das Tier im 6. Jahrhundert v. Chr. eingeführt haben. Seitdem ist es als Lasttiere unentbehrlich geworden.

Obwohl man Kamele heute in Ägypten züchtet, werden allwöchentlich Hunderte aus dem Sudan importiert. Die erste Station ist Daraw nördlich von Assuan, der größte Kamelmarkt Ägyptens, von dem aus viele Tiere nach Birqasch gebracht werden. Hier ist quasi jeden Tag Markt, am Freitag aber erscheinen die meisten Händler. Vornehme Männer in *Galabiyyas* (Mänteln) und Turbanen sitzen auf Strohmatten beim Tee und diskutieren über Preise, während die Kamelhirten die schreienden Tiere zusammenhalten. Jedes Kamel wird mit einem Büchlein verkauft, das von Beamten des Landwirtschaftsministeriums in Daraw ausgestellt wurde; darin stehen Gesundheitszustand, Alter und Herkunftsort. Letzteres erkennt man auch am Brandzeichen. Die Hirten behaupten, ein gutes Kamel erkennt man an einem großen Höcker und festen Knochen. Zähne, Gaumen und Augen werden normalerweise nur bei den größeren Tieren untersucht. ■

INSIDERTIPP

Den Karkade-Tee, der aus Hibiskusblättern gebrüht wird, trinkt man kalt oder warm. Das klassische ägyptische Getränk schmeckt auch Besuchern gut.

TAYLOR KENNEDY
NATIONAL GEOGRAPHIC-Fotograf

Auf zum Markt!

Auf den altägyptische Stadt- und Dorfmärkten wimmelte es von Käufern und Verkäufern von Obst, Getreide und Gemüse. Überall wurde getauscht, gelacht und geredet. Die Märkte waren viel mehr als nur Warenumschlagplätze: Die Dorfbewohner trafen hier ihre Verwandten oder tauschten ihre Waren gelegentlich gegen Luxusartikel wie einfachen Kupferschmuck ein. Kaufleute und armselige Händler reisten von Markt zu Markt, mit durchaus exotischen Waren. Aber es ging und geht auch heute noch primär um Lebensmittel, besonders um die Grundnahrungsmittel wie Getreide, Erbsen, Zwiebeln, Gurken und Feigen.

Birqasch
141 C4

Weitere Sehenswürdigkeiten

Orangen werden in Obstgärten in der Umgebung von Kanater gepflückt und verpackt

Dreamland City

Am Rande der westlichen Wüste, zehn Autominuten nördlich vom Giseh-Plateau entfernt, liegt wie ein Trugbild **Dreamland City**, einer von Kairos neuen, ein bisschen unwirklichen Vororten. Man könnte auch in Kalifornien sein – so hofft man wenigstens. Der Zweck ist, reichen Bewohnern Kairos einen alternativen Lebensstil zur engen, baufälligen alten Stadt anzubieten. Solche Projekte verbinden Eigentumswohnungen und Eigenheime mit Einkaufszentren, Hotels, Luxusanlagen und Moscheen. Im Dreamland gibt es auch einen Vergnügungspark mit Fahrgeschäften und einem 18-Loch-Golfplatz, von dem aus man die Pyramiden sieht.
www.dreamlandegypt.com

141 B4/C4

Golf City

Da das Klima karg und fruchtbares Land rar ist, versucht Ägypten sich als internationales Golfland zu vermarkten. Dreißig Minuten mit dem Auto nördlich von Kairo, an der Wüstenstraße nach Alexandria, liegt **Golf City**, das im Jahr 2000 eröffnet wurde. Wo einst nur Buschwerk und Sand war, wurde importierter Rasen angelegt – es heißt, dafür benötigt man mehr als 50 000 Hektoliter Wasser täglich. Golf City ist einer von insgesamt acht Plätzen in ganz Ägypten auf Weltklasseniveau (siehe S. 381). Hier gibt es Profishops, Caddies, elektrische Wagen, Clubhäuser, Badeeinrichtungen und Restaurants. Das Mena Haus Oberoi Hotel neben den Pyramiden hat schon seit dem 19. Jahrhundert einen Golfplatz, auf dem die Spieler einst auf Eseln von Tee zu Tee ritten.

141 C4

Kanater

Etwa 24 Kilometer von Kairo aus flussabwärts liegt **Kanater**, eine Kleinstadt am Nil, wo sich der Fluss in den östlichen (Damiette) und den westlichen Lauf (Rosette) gabelt. Die Hauptattraktionen der Stadt sind die Nildämme, eine Reihe von Schleusen aus dem 19. Jahrhundert, mit hübschen Bögen und Türmchen. Sie überbrücken beide Flussläufe, dazwischen liegt eine bewaldete Parklandschaft. Der Ausflug nach Kanater macht Spaß, wenn man mit der Fähre auf dem Nil fährt, die man nördlich des Ramses Hilton im Zentrum Kairos nehmen kann. Die Fahrt dauert etwa zwei Stunden. Man meide Freitage und Feiertage, dann sind die Schiffe überfüllt.

141 C4 ■

Das Delta, ein grünes, äußerst fruchtbares Schwemmland mit einer Fülle historischer Highlights und zwei interessanten, am Kanal gelegenen Städten im Osten, gilt als Brotkorb Ägyptens

Das Nildelta & Sues

Ein koptischer Mönch mit der charakteristischen bestickten Kapuze

Das Nildelta & Sues

Ein grüner Fächer und eine blaue Linie: Nildelta und Sueskanal. Das Delta ist das dreieckige Stück fruchtbaren Landes zwischen Kairo und der Mittelmeerküste und eine wichtige landwirtschaftliche Ertragsquelle. Der Sueskanal, eine Leistung der Ingenieurskunst des 19. Jahrhunderts, liefert Ägypten als internationale Wasserstraße einen guten Teil seines nationalen Einkommens.

Die meisten Besucher sehen das Delta nur durch das Zugfenster auf dem Weg nach Alexandria. Bilder von bunt gekleideten Fellachen, die die üppigen grünen Felder bearbeiten, huschen vorbei. Graue Wasserbüffel drehen hölzerne Wasserräder, und federleichte Dattelpalmen neigen sich im Wind. Die Städte im Delta sind kleine, provinzielle Orte wie Damanhur, Mansura und Zagazig. Touristische Einrichtungen bieten sie kaum. In alter Zeit war das Delta umkämpft und ein strategischer Preis für siegreiche Invasoren.

Hyksos, Libyer und Perser schlugen hier mehrere Schlachten mit den alten Ägyptern und errichteten Siedlungen. Archäologen betrachten das Nildelta als eine der reichsten Ausgrabungsstätten Ägyptens.

Wo sich das Delta dem Meer nähert, wird das Land zu einer sumpfigen Übergangszone. Parallel zur Küste ziehen sich Salzwasserseen durch die Region. Da die Ägypter neues Land benötigen, haben sie versucht, die Meeresküsten auf etwa die gleiche Weise urbar zu machen, wie sie sich bemühen, die Wüsten zu begrünen. Historisch gesehen, waren in dieser Region nur die fruchtbaren Gebiete bewohnt, wo sich die beiden Hauptwasserläufe des Nils ins Meer ergießen. Rosette (siehe S. 166f) und Damiette, die beiden Städte an der Mündung, erlebten ihre Blüte, solange der Nil befahrbar war; doch als Alexandria im 19. Jahrhundert an Bedeutung gewann und zeitgleich Eisenbahnverbindungen entstanden, war ihr Niedergang besiegelt.

Etwa zur gleichen Zeit gewann Ägypten mit Port Said (siehe S. 170f) und Sues, dem nördlichen und dem südlichen Zugang zum Sueskanal, zwei neue Häfen. Beide wurden in den Kriegen mit Israel stark in Mitleidenschaft gezogen, als der Kanal ein wichtiges strategisches Ziel darstellte. Unter ästhetischen Gesichtspunkten hat sich Sues nie erholt, aber Port Said lohnt einen Besuch wegen seiner Hafenarchitektur. Urlauber, die sich für den Kanal und Schiffe interessieren, fahren besser nach Ismailia (siehe S. 172). ■

NICHT VERSÄUMEN

Die alten Wüstenklöster von Wadi Natrun 162

Die Überreste der alten Hauptstadt Tanis 165

Rosette mit seiner einzigartigen Ziegelsteinbauweise 166

Eine Überquerung des Sueskanals mit der Fähre von Port Said nach Port Fouad 170

Das Ismailia-Museum mit seinem gewaltigen römischen Mosaik 172

Ferdinand de Lesseps' Residenz im alten Ismailia 172

Wadi Natrun

Ägypten gilt als Geburtsstätte des christlichen Mönchstums. Der hl. Antonius aus Oberägypten war angeblich der erste Mönch, der sich in der zweiten Hälfte des 3. Jahrhunderts in die Wüste zurückzog. Wadi Natrun ist nicht ganz so alt, aber seit dem 4. Jahrhundert gibt es hier Klöster. Heutige Besucher reisen in der Zeit zurück zu den Wurzeln des christlichen Glaubens.

Die mittelalterlichen Wüstenklöster wurden als Festungen aus Lehmziegeln gebaut

Wadi Natrun war bei den alten Ägyptern bekannt als Natronquelle (worauf sich auch der Namen bezieht), eine Natriumkarbonat-Ablagerung, die man zum Mumifizieren brauchte (siehe S. 238f). Mit dem Aufkommen des Christentums zog das Wadi (ein ausgetrockneter Fluss) viele koptische Anhänger des hl. Antonius an, die nicht nur nach einer asketischen Lebensweise strebten, sondern auch der römischen Verfolgung entkommen wollten. Im 5. Jahrhundert gab es in der Gegend bereits 60 Klöster. Heute sind davon vier geblieben, doch das klösterliche Leben wird wieder beliebter. Insgesamt leben heute etwa 500 Mönche im Wadi.

Obwohl die Mönche ein abgeschiedenes Leben führen, sind die klösterlichen Gemeinschaften Besuchern gegenüber ausgesprochen gastfreundlich. Das Wadi liegt nur eine Autostunde von Kairo entfernt neben der Wüstenstraße nach Alexandria. Busse vom Turgoman-Busbahnhof in Zentralkairo fahren zu einem kleinen Dorf namens Bir Hooker, wo man ein Taxi mieten kann, um die Klöster auf schlechten Straßen abzufahren.

Das am meisten besuchte der vier ist das **Kloster des hl. Bischoi** (Deir Anba Bischoi), die offizielle Residenz des koptischen Patriarchen, Papst Schenuda. Der hl. Bischoi lebte im 5. Jahrhundert als Eremit, und er erwies einst einem Fremden die Freundlichkeit, ihm die Füße zu waschen. Dieser gab sich danach als Jesus Christus zu erkennen. Im Zentrum des ummauerten Hofes baute man eine Kirche um Bischois Zelle, wo er sich das Haar mit einem von der Decke herabhängenden Seil zusammenband, um sich so selbst zu wecken, falls er während seiner Gebete einschlafen sollte. Eine versiegelte Röhre, die in der Kirche aufbewahrt wird, enthält angeblich den auf wunderbare Weise erhalten gebliebenen Körper des Heiligen. Am 17. Juli jedes Jahres wird die Röhre in einer Prozession um die Kirche getragen, und die Träger spüren das Gewicht.

In der Vergangenheit boten die Klöster auch Schutz vor Beduinenhorden. Im Kloster des hl. Bischoi befanden sich im massiven, befestigten Turm, zugänglich über eine Zugbrücke, ein Brunnen, Küchenräume, eine Kirche und Lagerräume, die Nahrungsmittel für ein ganzes Jahr aufnehmen konnten. Auf dem Dach öffnen sich Falltüren in kleine Zellen, die als provisorische Gräber dienten. Genauso beliebt bei Besuchern ist das **Kloster der hl. Maria**, auch bekannt als **Deir al-Surian** (Syrerkloster), weil es jahrhundertelang von Mönchen aus diesem Land bewohnt war. Die der hl. Maria geweihte Zentralkirche ist berühmt wegen ihrer Wandmalereien und Ikonen, von denen einige aus dem 7. Jahrhundert stammen. Ein Mönch führt Besucher durch die Anlage und zeigt auch eine Reihe Zellen aus dem 9. Jahrhundert. Mönche bereiten sich in diesen Zellen auf das Eremitenleben vor, ehe sie in der Wüste sechs Tage pro Woche beten und sich am Sabbat zu ihren Brüdern gesellen.

Etwas weiter nördlich umfasst das **Kloster des hl. Baramus** (Deir Amba Baramus) fünf Kirchen. Das **Kloster des hl. Makarius** (Deir Abu Makar) liegt abgeschiedener 20 Kilometer im Südosten. Beide nehmen keine Reisegruppen auf. Einzelreisende sind jedoch willkommen. ■

INSIDERTIPP

Die Klöster besitzen ihre eigenen landwirtschaftlichen Betriebe und Obstgärten. Sie sollten dort Honig oder Oliven aus der Region kaufen.

CHIP ROSSETTI
National Geographic-Mitarbeiter

Wadi Natrun

160 B2

Bus von Kairo nach Bir Hooker, dann Taxi

ERLEBNIS: Eine Nacht in einem koptischen Kloster

In der Karwoche vor Ostern sind die Klöster für Auswärtige geschlossen. Ansonsten kann man aber nach vorheriger Anmeldung eine Nacht in einem der jahrhundertealten Klöster verbringen. Obwohl die Nachtquartiere in diesen Wüstengemeinschaften sehr spartanisch sein können, gehören die Bewohner durchaus der modernen Welt an. Die meisten Mönche sind sehr gebildet und waren vor Ablegen ihrer Gelübde als Akademiker oder erfolgreiche Geschäftsleute tätig. Klöster sind keine Hotels; manche lassen nur männliche Übernachtungsgäste zu.

Auf jeden Fall müssen Sie sich an das Klosterbüro in Kairo neben der St.-Markus-Kathedrale wenden, wenn Sie in einem der Klöster übernachten wollen. Sie können dort anrufen oder persönlich vorbeischauen, um eine schriftliche Erlaubnis zu erhalten. Das Büro liegt an der Al-Kineesa Al-Morqosia 26 *(nahe der Clot Bey Street, südlich des Midan Ramses)*. Die drei infrage kommenden Klöster in Wadi Natrun sind **Deir Anba Bishoi** *(Tel. 02/2591 4448)*, **Deir al-Baramus** *(Tel. 02/2592 2775)* und **Deir al-Suriani** *(Tel. 02/2592 9658)*. Wer zur Küste am Roten Meer möchte, kann sich in den Kairoer Büros von **St. Paul** *(Tel. 02/2590 0218)* oder **St. Antonius** *(Tel. 02/2590 6025)* nach Übernachtungsgelegenheiten erkundigen.

Bubastis

Bubastis war während einer kurzen Episode libyscher Herrschaft um das 10. Jahrhundert v. Chr. die Hauptstadt Unterägyptens. Heute ist es eine kleine archäologische Stätte außerhalb von Zagazig mit einem berühmten Tempel für Bastet, die elegante Katzengöttin.

Bubastis

160 D2

Zug vom Ramsesbahnhof in Kairo (oder Bus vom Turgoman-Bahnhof) nach Zagazig, dann zu Fuß

Die Einheimischen kennen die frühere Stadt als Tell Basta (Hügel von Basta), doch ist jetzt nur noch ein Haufen mit riesigen Blöcken von behauenem Granit und voller archäologischer Gruben davon übrig. Die Stadt bestand lange und erlebte ihre Blütezeit von der 4. Dynastie bis zum Ende der römischen Herrschaft (ca. 2613 v. Chr.–395 n. Chr.). Sie war berühmt wegen ihres Tempels für Bastet, die mit zügellosen Festen geehrt wurde.

Der griechische Historiker Herodot besuchte Bubastis im 5. Jahrhundert v. Chr. und erzählte von Hunderttausenden von Pilgern, die dort das jährliche Fest der Göttin, eines der größten Feste Ägyptens, feiern wollten. Obwohl wieder einige Säulen aufgerichtet wurden, kann keiner sagen, wie der Ort einmal aussah. Stattdessen richtet sich das Interesse der Besucher auf den „Katzenfriedhof", der etwa 180 Meter entfernt an der Straße nach Zagazig liegt. Als die weitläufigen unterirdischen Erdgräber Mitte der 1990er Jahre ausgegraben wurden, fand man etwa 400 menschliche Mumien und ebenso viele mumifizierte Katzen.

Eine weitere Besonderheit von Bubastis ist ein tausend Jahre alter heiliger Brunnen. Koptische Christen am Ort behaupten, die Heilige Familie hätte hier auf ihrem Weg nach Ägypten haltgemacht (siehe S. 218f). Der Brunnen soll angeblich die Fruchtbarkeit fördern. Frauen, die schwanger werden wollen, schöpfen Wasser mit Tontöpfen, gießen es sich über den Kopf und zerschlagen die Töpfe an einer nahen Bastetstatue. ■

ERLEBNIS: Ein Sufi-*Moulid* im Delta

Moulids sind Straßenfeste oder karnevalsähnliche Veranstaltungen, die zu Ehren eines Ortsheiligen gefeiert werden; sie gehören zur lebendigen ägyptischen Tradition. Viele Menschen versammeln sich dann, um gutes Essen, Musik, Süßigkeiten und Spiele zu genießen. Jedes Jahr gibt es 3000 große und kleine *moulids*, die sogar Pilger aus so entfernten Regionen wie dem Sudan anziehen. Da die *moulids* nach dem islamischen Kalender gefeiert werden, finden sie jedes Jahr an einem anderen Datum statt. (Es gibt auch christliche *moulids* und sogar ein kleines, streng bewachtes jüdisches *moulid* im Delta.)

Eines der größten *moulids* findet zu Ehren von Ahmed al-Badawi statt, dem Mystiker aus dem 13. Jahrhundert, der den Badawiyya-Sufi-Orden gegründet hat, in Tanta statt, ca. 65 Kilometer nordwestlich von Bubastis. Dieses islamische Fest dauert eine Woche und findet immer im Oktober im Anschluss an die Baumwollernte statt; erkundigen Sie sich in Kairo nach dem genauen Datum. Tanta kann man leicht per Zug von Kairo aus erreichen (es liegt an der Stecke nach Alexandria). Da sehr viele Pilger kommen, sollten Sie eher einen Tagesausflug einplanen als dort ein Hotel zu suchen.

Tanis

Nur wenige Besucher kommen nach Tanis, einer Hauptstadt der Deltaregion während der Spätzeit (747–332 v. Chr.) des pharaonischen Zeitalters. Tanis war eine bedeutende Begräbnisstätte und lieferte einen der spektakulärsten Funde der Ägyptologie.

Tanis liegt weit oben in der nordöstlichen Ecke des Deltas, 70 Kilometer weiter als Zagazig, sodass sich keiner über das Ausbleiben von Besuchern wundern muss. Man braucht ein Auto. Von Kairo aus sollte man einen ganzen Tag für den Ausflug einplanen.

Zu seiner Blütezeit unter den Pharaonen der 11. und 12. Dynastie war Tanis – den alten Ägyptern als Djanet bekannt – eine geschäftige Handelsstadt. Im Zentrum stand ein großer, dem Amun geweihter Tempel, umgeben von kleineren Schreinen und Tempeln. Übrig ist heute nur noch wenig. Ausgrabungen wurden schon um 1860 von Auguste Mariette (siehe S. 77) durchgeführt, aber der wichtigste Fund folgte 1939, als der französische Archäologe Pierre Montet einige unversehrte königliche Gräber entdeckte. Es handelt sich um die einzigen unberührten Gräber, die man außer jenem von Tutanchamun gefunden hat. Goldene Totenmasken, solide Silbersärge und Schmuck von Pharaonen der 11. Dynastie kamen nach 3000 Jahren ans Licht.

Die Schätze von Tanis werden meist von den Besuchern im Ägyptischen Museum in Kairo ignoriert (siehe S. 68ff), die sie auf dem Weg zu den Schätzen des Tutanchamun links liegenlassen. Das könnte sich bald ändern, da die Ägyptische Altertümerverwaltung plant, in Tanis zu investieren. Eines Tages könnten seine unbekannten Pharaonen ebenso berühmt werden wie Tutanchamun oder Ramses II. ■

INSIDERTIPP

Sehen Sie sich unbedingt die wundervollen Gold- und Silberschätze aus Tanis an, die sich im Obergeschoss des Ägyptischen Museum in Kairo im Saal 2 befinden.

NEIL HEWISON
American University in Cairo Press

Die umgestürzte Kolossalstatue von Ramses II. in Tanis

Tanis
161 E3

Rosette

Wenn die Stadt Rosette (Rosetta) heute überhaupt bekannt ist, dann nur, weil man ihren Namen mit der berühmten schwarzen Stele in Verbindung bringt, die den Schlüssel zur Lösung vieler altägyptischer Rätsel lieferte. Da der Stein heute im Britischen Museum in London steht, ist die kleine Stadt am Nil, wo man ihn fand, allerdings nicht viel mehr als eine Fußnote im Geschichtsbuch. Rosette (arabischer Name Raschid) ist dennoch ein attraktiver Ort.

Fischerei ist ein wichtiger Bestandteil der Wirtschaft im nördlichen Delta

Rosette
160 B4

Rosette-Museum (Bayt al-Kili)
Al-Geish St.
045/292 1733
Geschl. nach 16 Uhr
$$

Rosette liegt dort, wo der westliche Arm des Nils ins Meer mündet. Im Mittelalter war es Ägyptens größter Hafen und ein wichtiger Partner im Handel zwischen Ägypten und den italienischen Stadtstaaten. Aber die Geschicke der Stadt waren immer unglücklich mit denen Alexandrias verbunden. Als Letztere im 19. Jahrhundert eine Wiedergeburt erlebte, ging das auf Kosten Rosettes.

Wenn man heute von Alexandria nach Rosette fährt, ähnelt die Straße einem Damm, mit dem Mittelmeer auf einer Seite und schilfbestandenen Seen auf der anderen, auf denen viele blaue und grüne Fischerboote Farbkleckse bilden. Die Seen speisen Kanäle neben der Straße, die wiederum Palmenhaine bewässern, deren Bäume sich unter dem Gewicht riesiger Datteltrauben biegen.

Dass Rosette einst eine viel reichere Stadt war, sieht man an ihren etwa 20 Häusern aus der Osmanenzeit, die von reichen Bürgern erbaut wurden und alle nur einige Gehminuten voneinander entfernt liegen. Sie stammen aus dem

17. und 18. Jahrhundert, haben drei oder vier Stockwerke und sind im typischen Deltastil mit abwechselnd rot und schwarz gestrichenen, flachen Ziegelsteinen gebaut. Viele besitzen schöne Maschrabiyya-Gitterfenster (siehe S. 96) und wurden unter Verwendung von Blöcken und Säulen aus historischen Stätten errichtet.

INSIDERTIPP

Besuchen Sie doch einmal eine der ungemein verbreiteten Fruchtsaftbars. Sie sollten aber am besten ihr eigenes Glas mitbringen, da Gläser oft ungespült weiterbenutzt werden.

TAYLOR KENNEDY
National Geographic-Fotograf

Seit den 1970er Jahren hat man einige der schönsten Bauten restauriert und etliche können nun besichtigt werden. Das **Ramadan-Haus**, von der Haltestelle der örtlichen Minibusse nur den Berg hinunter, hat ein typisches und faszinierendes Inneres. Sein erster Stock diente als Stall und Lagerhaus, der zweite Stock gehörte den Männern und der dritte den Frauen. Der oberste Stock mit luftiger Terrasse wurde in den heißen Sommermonaten als Schlafquartier benutzt. Die Männer- wie auch die Frauenquartiere haben Empfangszimmer, die Holztveräfelungen besitzen. Auf der Zwischentreppe steht ein fußhoher Drehtisch, der es den Frauen gestattete, den Männern Essen zu servieren, ohne gesehen zu werden.

Andere Häuser liegen an der gewundenen Marktstraße, die nach Norden führt. Die Straße öffnet sich zu einem kleinen Platz; jenseits davon befindet sich das **Rosette-Museum,** in dem eine Sammlung osmanischer Waffen und Dokumente aus der Zeit Napoleons untergebracht sind, u.a. die Ehebescheinigung für eine Ägypterin und einen französischen General, der zum Islam übertrat.

Im Osten fließt der breite Fluss. Man folgt ihm sechs Kilometer nach Norden und erreicht die restaurierte Mameluckenfestung Kaitbai, auch bekannt als Fort Julien, wo Napoleons Soldaten den Stein von Rosette fanden (siehe unten). ■

Der Schlüssel zum alten Ägypten

Der vielleicht bedeutendste Fund in der Ägyptologie, der Stein von Rosette, wurde 1799 von Napoleons Soldaten gemacht, als sie eine alte Festung renovierten. Auf der ungleichmäßig geformten schwarzen Basaltsstele befindet sich eine Inschrift in drei Schriften: ägyptischen Hieroglyphen, ägyptischen demotischen Schriftzeichen (einer von den Hieroglyphen abgeleiteten Kursivschrift) und Griechisch. Napoleons Gelehrte erkannten, dass sie durch den Vergleich der demotischen Zeichen und der Hieroglyphen mit dem griechischen Text den bis dato verwirrenden Code der Hieroglyphen knacken konnten.

Viele Linguisten und Mitglieder der Akademie widmeten sich der Aufgabe, aber erst 1824 gelang es Jean-François Champollion, die Schriften zu entziffern. Seine Arbeit löste viele Rätsel des alten Ägyptens.

Der Sueskanal

Fast so erstaunlich wie die Pyramiden oder Tempel Oberägyptens wirken riesige Öltanker, die zwischen den Dünen hindurchgleiten. Trugbild oder Wunder? Als Weltwunder und Meisterwerk der Ingenieurskunst wurde der Sueskanal international bei seiner Eröffnung begrüßt, aber diese Beurteilung übersah, dass die Ägypter schon seit der Zeit der Pharaonen große Kanäle gegraben hatten.

Eine Prozession königlicher Yachten eröffnete am 17. November 1869 den Kanal

Bereits im 7. Jahrhundert v. Chr. verband Pharao Necho II. aus der 26. Dynastie den Nil und das Rote Meer mit einem Ostwestkanal. Er wurde später von den frühen arabischen Eroberern Ägyptens erneuert, um die Verbindung zwischen ihren neuen Nilterritorien und dem arabischen Heimatland zu festigen. Passenderweise waren es die kanallliebenden Venezianer, die im Mittelalter erstmals daran dachten, den Isthmus von Sues mit einem Wasserweg von Nord nach Süd zu durchschneiden, um Mittelmeer und Rotes Meer zu verbinden. Das Vorhaben wurde im frühen 19. Jahrhundert zum Lieblingsprojekt der europäischen Kolonialmächte, aber es kam wegen eines Irrtums zum Stillstand. Napoleons Ingenieure hatten fälschlicherweise errechnet, dass das Mittelmeer zehn Meter höher liege als das Rote Meer.

Eine spätere Untersuchung setzte beide Meeresspiegel gleich hoch an und die Idee eines Kanals wurde von einem jungen französischen Vizekonsul, Ferdinand de Lesseps (1805–94), begeistert aufgenommen. Er verfolgte seinen Traum unbeirrt 20 Jahre lang, bis er endlich die Baugenehmigung erhielt, als Said Pascha, ein persönlicher Freund, den ägyptischen Thron bestieg. Man begann am 25. April 1859 mit den Arbeiten.

Statt der kürzesten Route durch den Isthmus, der an seiner schmalsten Stelle lediglich 120 Kilometer misst, benutzte der Kanal mehrere Seen: den Mansalasee am nördlichen Ende, den Timsahsee und die Bitterseen weiter südlich. Diese Route ist 163 Kilometer lang. Anfangs wurde der Kanal vor allem in Handarbeit gegraben, aber nach fünf Jahren weigerte sich die ägyptische Regierung, weiterhin die benötigten rund 20000 Arbeiter zur Verfügung zu stellen und die Bautätigkeit wurde mit Grabmaschinen weitergeführt.

Schließlich floss nach fast zehn Jahren Aushebungsarbeiten im März 1869 Wasser aus dem Mittelmeer in die Becken der Bitterseen. Am 17. November 1869 wurde der Sueskanal mit prächtigen Feierlichkeiten eröffnet.

Eigentümer waren in den nächsten 86 Jahren hauptsächlich Frankreich und England. 1956 verstaatlichte der Revolutionsführer Gamal Abd al-Nasser den Kanal. England und Frankreich versuchten gemeinsam mit Israel, den Kanal gewaltsam zurückzugewinnen, aber sie mussten sich nach internationaler Verurteilung ihrer Handlungsweise geschlagen geben.

Blick auf den Sueskanal von Port Said zu Beginn des 20. Jahrhunderts

Der Kanal wurde nach seiner Fertigstellung dreimal vertieft und erweitert, und er ist einer der am meisten befahrenen Schifffahrtswege der Welt. Im Durchschnitt passieren ihn etwa 60 Schiffe pro Tag in drei Konvois und abwechselnder Fahrtrichtung. Schiffszölle bringen dem ägyptischen Fiskus mehr als eine Milliarde Dollar pro Jahr ein.

Die Feierlichkeiten zur Eröffnung des Sueskanals

Ismail, der 1863 den Thron bestieg, erfasste die Bedeutung der Eröffnung des Sueskanals sofort und wollte ihn für den Ausbau der internationalen Beziehungen Ägyptens nutzen. Daher investierte er viel Zeit in die Planung dieses Ereignisses. Er reiste nach Europa, um seine Einladungen an die jeweiligen Regierungen und wichtige Privatleute persönlich überreichen zu können. Er lud die führenden Wissenschaftler, Geschäftsleute und Literaten der Welt ein.

Eine große Rolle bei den von Ismail geplanten Feierlichkeiten spielte Kaiserin Eugénie, Ehefrau von Napoleon III. Sie fuhr auf dem ersten Kanalschiff mit, und ihr zu Ehren veranstaltete Ismail ein Fest in einem eigens dafür errichteten Palast am Ufer des Kanals. In der Nähe ließ er eine Zeltstadt für Tausende Besucher aufstellen und bewirtete diese drei Tage und drei Nächte lang. Er organisierte zu Ehren von Eugénie Festumzüge und Feuerwerke.

Das Ganze sollte dazu dienen, die Welt mit Ägyptens Reichtümern und seiner Bedeutung als Wirtschaftsmacht zu beeindrucken. Die Feierlichkeiten haben zur Erreichung dieses Zieles in der Tat beigetragen, allerdings führten die immensen Kosten zur Plünderung der Staatskasse und verärgerten Ismails nominellen Herrn, den Sultan von Istanbul, derart, dass dieser den Ägypter öffentlich zurechtwies.

Port Said

Port Said wurde 1859 als Mittelmeerzugang zum Sueskanal gegründet. Dort fanden 1869 die Eröffnungsfeierlichkeiten statt, die von der damaligen Presse „die Party des Jahrhunderts" genannt wurden. Bald schon hieß Port Said „Sündenpfuhl des Ostens", als es wegen seiner Bordelle für Matrosen bekannt wurde. Eine Kombination aus einer ernüchternden Revolution, der Zerstörung während der Kriege mit Israel und den billigen Flugtarifen änderte das alles.

Die weiße Front des Sueskanalhauses liegt direkt am Kanal

Port Said
161 F4 & 171

Besucher-information
Palestine St.
066/323 5289
Fr geschl.

Heutzutage ist Port Said (arab. Bur Said) eine wenig besuchte Provinzstadt, aber sie besitzt noch genügend reizvolle Winkel, um den Tagesausflug von Kairo lohnenswert zu machen. Die Stadt entstand aus dem seichten Mansalasee auf einem Stück Land, das mit aus dem Kanal gegrabenen Sand aufgeschüttet worden war. Das erste Fundament war ein einziger Felsen knapp unterhalb der Wasseroberfläche, an dem ein Anlegeplatz für Versorgungsschiffe befestigt wurde. Dieses künstliche Inselchen ist nach 150 Jahren Stadtentwicklung ganz begraben, aber die Stelle wird durch eine leere Säulenplattform am Nordende der Palestine Street markiert, wo lange Zeit eine überlebensgroße Statue von Ferdinand de Lesseps stand, dem Architekten des Kanals. Als der Kanal gebaut wurde, schlug der französische Bildhauer Frédéric Auguste Bartholdi dem Khedive Ismail vor, eine fackeltragende Kolossalstatue am Eingang des Kanals zu errichten; sie wurde aber in Port Said als zu teuer abgelehnt. Für das geplante „Licht Asiens" fand sich eine neue Heimat – als Freiheitsstatue steht es heute im Hafen von New York. De Lesseps' Statue wurde 1956 während der Sueskrise abgerissen.

Gehen Sie auf der Palestine Street in südlicher Richtung zum **Port Said National Museum**. Leider enthält es wenig über die Stadt oder den Kanal und konzentriert sich stattdessen auf die örtliche Frühgeschichte und die Herrschaft der Pharaonen sowie den muslimischen und koptischen Glauben. Das **Militärmuseum** zeigt Erinnerungsstücke an die Sueskrise von 1956 und die Kriege der Jahre 1967 und 1973 gegen Israel. Das Museum liegt eine Meile westlich in der 23rd of July Street. Nahe beim Nationalmuseum ist der Ankerplatz der Schiffe, die ab 17 Uhr dreimal pro Abend zu eineinhalbstündigen Fahrten für Tou-

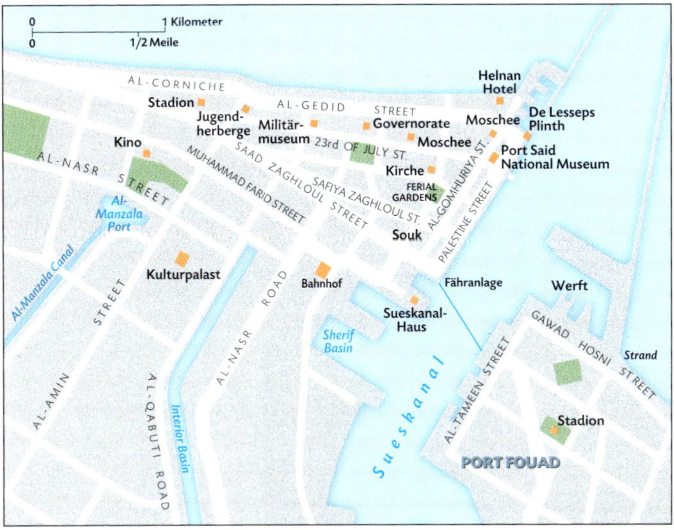

risten auf dem Kanal starten. Alternativ könnten Sie mit einer Fähre über den Kanal zur Schlafstadt Port Fuad fahren.

Vom Deck aus sieht man das am Kai gelegene **Sueskanalhaus**

INSIDERTIPP

In Ägypten brauchen Sie unendlich viel Geduld. Im Zeitgefühl der Ägypter kommt so etwas wie Eile oder Zeitdruck nicht vor.

ANN WILLIAMS
NATIONAL GEOGRAPHIC
Magazin-Autorin

sehr gut, ein Gebäude mit weißen Säulengängen und drei grünen byzantinischen Kuppeln. Es wurde 1869 als Sitz der Kanalgesellschaft gebaut und spielt auch heute noch eine Rolle bei der Kontrolle der Wasserstraße; es ist für die Öffentlichkeit nicht zugänglich.

Einen Block stadteinwärts vom Fähranleger liegt Port Saids altes Handelszentrum, einst eine Mischung aus griechischen und italienischen Restaurants, französischen Patisserien, jüdischen Geschäften und ägyptischen Schneidereien, die alle zum Leben erwachten, wenn ein großes Schiff anlegte. Diese kosmopolitische Vergangenheit hat nur im Nachlass der Gebäude mit hölzernen Balkonen überlebt. Man achte auf verblichene Schilder wie dem von Simon Arzt, der im späten 19. Jahrhundert aus New York kam, um sein modisches Kaufhaus zu gründen, und von Woolworth, das heute ein Souvenirwarenhaus ist.

In letzter Zeit erhielt Port Said neues Leben als freie Handelszone. Seine Händler werden nun auf Trab gehalten von Busladungen kauflustiger Ägypter. ■

Port Said Nationalmuseum

Palestine St.
066/323 7419
Fr geschl.
$

Militärmuseum

23rd of July St.
066/322 4657
Geschl. nach 15 Uhr
$

Ismailia

Ismailia wurde während des Sueskanalbaus gegründet und ist heute besser bekannt als beliebtes Ausflugsziel für Kairoer, die jedes Wochenende an die Strände um den Timsahsee etwas südlich der Stadt strömen.

Die Kuppel einer koptischen Kirche und ihre gegliederten Stützwände ragen über eine Grünanlage in Ismailia

Ismailia
161 F2

Besucher-information
Governorate Building, Al-Togari St.
064/332 1078
Geschl. nach 15 Uhr und Fr

Ismailia-Museum
Muhammad Ali Quay
064/391 2749
Geschl. nach 16 Uhr und Fr
$

Wenn man nach einem Ort sucht, an dem man ein paar Stunden abseits von Menschenmengen und Verkehr verbringen kann, ist das alte Zentrum von Ismailia eine attraktive Wahl. Mit niedrigen Häusern und viel Grün wirkt es ansprechend zeitlos in seinem kolonialen Flair. Es umfasst einige Blocks zwischen den Eisenbahngleisen und dem kleinen **Sweetwater-Kanal**. Ferdinand de Lesseps, der Erbauer des Sueskanals, hatte seine chaletähnliche Residenz in der Muhammad Ali Street; heute wird sie als Gästehaus der Regierung benutzt und ist der Öffentlichkeit nicht zugänglich. Nördlich von De Lesseps' Haus liegt die Sultan Hussein Street, die man am ehesten als Durchgangsstraße der Stadt bezeichnen könnte.

Wenn man auf der Muhammad Ali Street immer weiter läuft, kommt man zum **Ismailia-Museum** im pharaonischen Stil. Es enthält Gegenstände aus der Pharaonenzeit und der griechisch-römischen Ära; das interessanteste Stück ist ein schönes Mosaik aus dem 4. Jahrhundert n. Chr. Für ein zweites Museum, das sich mit der Geschichte des Sueskanals befasst, wurde im Sommer 2000 der Grundstein gelegt.

Um den **Sueskanal** zu sehen, fährt man aus der Stadt hinaus. Die meisten ägyptischen Besucher gehen lieber zu den Stränden im Süden, aber diese gehören meistens Clubs und Hotels, und man muss Eintritt bezahlen. Wenn man nur Schiffe vorbeifahren sehen will, kann man das von der Hauptstraße zwischen Kairo und Ismailia aus tun, die in der Nähe und parallel zur Wasserstraße im Süden verläuft. ■

INSIDERTIPP

Am besten fährt man mit dem Bus durch Ägypten. So kann man gut Bekanntschaften schließen und das Land intensiv betrachten und erleben.

PEARCE CREASMAN
National Geographic-Experte

Das „europäische Gesicht Ägyptens" mit einer etwas kühlen Brise, fangfrischem Fisch aus dem Mittelmeer und einer kosmopolitischen Kaffeehauskultur

Alexandria

Geräucherter Fisch auf dem Fischmarkt von Alexandria

Alexandria

Mit seinen Schlüsselfiguren Alexander dem Grossen und Kleopatra, seiner berühmten alten Bibliothek und dem alles überragenden Leuchtturm von Pharos – einem der Sieben Weltwunder der Antike – ist das frühere Alexandria eine legendäre Stadt. Einige empfinden die moderne Realität als Enttäuschung: so viel Geschichte – und so wenig davon zu sehen! Aber das Fehlen der sichtbaren Monumente gibt dem Mythos neue Nahrung.

Nachdem Alexander der Große 331 v. Chr. seinen Anspruch auf das Land der Pharaonen geltend gemacht hatte, beschloss er, dass Ägypten eine neue Hauptstadt am Mittelmeer haben und auf diese Weise seine Eroberung auf dem Seeweg mit Europa verbunden werden sollte. Während der folgenden 300 Jahre wurde dieser Ort zum Handelsknotenpunkt, blühte auf und galt als Kulturmetropole. Alexandrias Bibliothek, ein Teil des großen Forschungszentrums für Wissenschaft, Philosophie und Künste, bekannt als Museion, enthielt angeblich das gesamte Wissen der Alten Welt und brachte der Stadt den Beinamen „der gebildetste Ort auf Erden" ein. Die alten Alexandriner errichteten auch einen riesigen Leuchtturm, den Pharos, der den Erfolg der Stadt bezeugte, während er die Schiffe in den viel besuchten Hafen leitete.

Aber trotz seiner Bildung und seines Reichtums ist das alte Alexandria fast völlig verschwunden. Die großartigen Tempel und Bildungszentren wurden von Christen niedergebrannt, Vernachlässigung und Naturkatastrophen besorgten den Rest. Erdbeben kippten die königlichen Residenzen ins Meer und brachten den Pharos zu Fall. Als die Stadt im 19. Jahrhundert aus ihrem Dämmerschlaf erwachte, baute man über den alten Ruinen neue Häuser. Wenn ein Besucher heute durch die Straßen von Alexandria spaziert, hat er die Vergangenheit unter

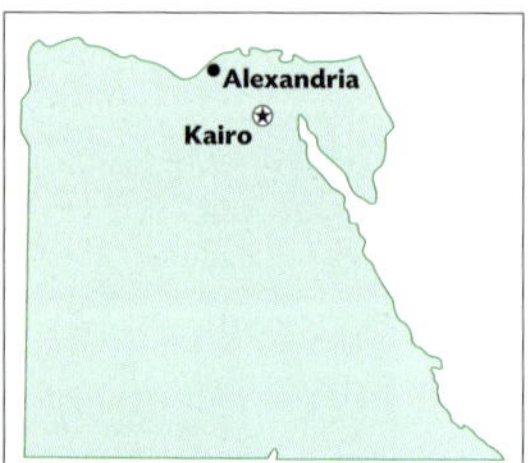

Zur Orientierung

den Füßen. Einige der beweglichen Überreste wurden abtransportiert, wie etwa die beiden Obelisken, „Kleopatras Nadeln", die heute das Themseufer in London und den Central Park in New York schmücken.

Dennoch erlebte Alexandria eine zweite Blütezeit. Von der Mitte des 19. bis zur Mitte des 20. Jahrhunderts war es ein blühender, kosmopolitischer Mittelmeerhafen. »Fünf Rassen, fünf Sprachen, ein Dutzend Glaubensrichtungen«, schrieb der englische Autor Lawrence Durrell im „Alexandria-Quartett", einer Beschreibung der Dekadenz in vier Romanen, die den Mythos der Stadt noch weiter ausschmückten (siehe S. 184). Dann endete plötzlich dieses wichtige Kapitel, als Ägyptens sozialistische Revolution von 1952 zum Massenexodus von Alexandrias ausländischen Bevölkerungsgruppen und zur Auflösung seiner gebildeten und multikulturellen Gesellschaft führte.

NICHT VERSÄUMEN

Alexandria im 21. Jahrhundert

Seither ist die Bevölkerungszahl explodiert und hat die Fünfmillionengrenze erreicht. Das Alexandria des 21. Jahrhunderts ist eine durch und durch ägyptische und weitgehend moderne Stadt. Wenn man jedoch die Oberfläche ankratzt, lugt die alte Zeit durch. So musste der Bau einer Autobahn 1997 unterbrochen werden, als die Arbeiter eine römische Nekropole entdeckten. In letzter Zeit haben die Gewässer des östlichen Hafens auch einige Schätze freigegeben (siehe S. 178f). Alexandrias junge Bevölkerung achtet auch die Vergangenheit. ■

Museum griechisch-römischer Altertümer

Hier entsteht eine Vorstellung davon, wie die Stadt vor 2000 Jahren aussah. Exponate illustrieren den Übergang von der Pharaonenzeit bis zur ptolemäischen und römischen Ära.

Touristen steigen im römischen Theater von Alexandria hinab zum Podium

Alexandria
174f
Besucher-information
Saad Zaghloul Sq.
03/485 1556

Man kann im Museum noch mehr legendären Figuren begegnen; es gibt den Kopf eines gebieterischen Julius Cäsar aus weißem Marmor im **Raum 14** und eine Büste, die vermutlich Mark Anton darstellt; sie wurde auf der Mauer des behaglichen Museumsgartens angebracht. In **Raum 24** ziert Kleopatra, die Geliebte beider Männer, eine Silbermünze, die während ihrer Herrschaft geprägt wurde. Entweder war der Künstler nicht sehr fähig oder Plutarchs Bemerkungen über das Aussehen der Königin (siehe S. 34) kommen der Wahrheit näher als die Legende von ihrer bezaubernden Schönheit.

Raum 18 widmet sich Terrakottascherben und präsentiert die einzigen zeitgenössischen Darstellungen des Leuchtturms von Pharos (siehe S. 183) in Alexandria. Die Bilder des Turms, eines der Sieben

Weltwunder, zeigen dreistöckige Laternen mit einer quadratischen Basis, achteckiger Mitte und kreisrunder Spitze – so wie der Pharos angeblich aussah. Andere Vitrinen sind voller Terrakottafigürchen von alexandrinischen Frauen mit gefältelten Kleidern und diversen Frisuren und Hüten des 3. Jahrhunderts v. Chr. Zeitgenössischen Berichten nach waren die Frauen der Stadt berühmt wegen ihrer kunstvollen

INSIDERTIPP

Die Porphyrstatue von Diokletian zeugt von kaiserlicher Macht: Den purpurroten Stein gibt es nur auf einem entlegenen Berggipfel in der Östlichen Wüste.

NEIL HEWISON

American University in Cairo Press

Kleidung und Frisuren. Aber diese Puppen waren nicht als Schmuck gedacht. Sie wurden neben die Toten gelegt. Archäologen fanden sie in den Nekropolen der Stadt, und zwar in den Gräbern von jung verstorbenen Frauen.

Kom al-Dikka

Südwestlich des Museums gibt es noch weitere Zeugnisse aus dem alten Alexandria. Kom al-Dikka („Schutthalde") ist eine große Ausgrabung des alten Panion oder Park des Pan im Stadtzentrum, eines Vergnügungsgartens aus griechisch-römischer Zeit. Der Stolz der Archäologen ist ein kleines, aber wunderbar erhaltenes **römisches Theater**, das einzige der rund 400 in der Stadt (behauptete der arabische General Amr ibn al-As 642 n. Chr.), das erhalten blieb. Die Ausgrabungen dauern an und legen römische Bäder und eine Villa frei. Inzwischen fand man ein meisterliches Bodenmosaik, das Vögel darstellt. Das Theater liegt innerhalb eines Areals. Heute sieht es wie eine Freilichtbühne aus, könnte in der Antike aber überdacht gewesen sein. ■

Die Suche nach Alexanders Grab

Als Alexander 323 v. Chr. in Babylon (im heutigen Irak) starb, wurde seine Leiche nach Alexandria zurückgebracht, in einen Goldsarg gelegt und in der Stadt begraben. Kaiser Augustus erwies dem Grab seine Ehre, wie es auch Kaiser Caracalla 215 n. Chr. tat. Danach wurde das Grab nicht mehr erwähnt. Vielleicht hat man es bei den Aufständen im 3. und 4. Jahrhundert geplündert, möglicherweise wurden Alexanders sterbliche Reste auch an einen geheimen, sichereren Ort gebracht. Wie dem auch war, das verschwundene Grab führt zu stetsneuen Theorien und neuer Suche. Die Vorstellung, dass Alexander immer noch unter den Straßen von Alexandria begraben liegen könnte, ist spannend. Wer weiß – eines Tages trifft vielleicht ein Spaten genau auf die richtige Stelle.

Museum griechisch-römischer Altertümer

174 C1/C2
5 Al-Mathaf al-Romani St.
03/486 5820
Fr 12–14 Uhr geschl.
$$. Fotoapparat $, Videokamera $$$

Kom al-Dikka

174 C1
Al-Muhafza St.
03/486 5106
$$. Fotoapparat $

Die Wiederentdeckung des antiken Alexandria

Die klassischen Meisterwerke Alexandrias hielt man lange Zeit für verschollen, denn Kleopatras Palast war versunken, der Pharos verschwunden. Museion und Bibliothek waren abgebrannt. Im 21. Jahrhundert machten zwei Archäologenteams fantastische Entdeckungen auf dem Meeresgrund. Architekten vollenden, was man bereits als eines der Sieben Wunder der modernen Welt begrüßt.

Eine antike Sphinx wird von Tauchern aus den Küstengewässern vor Alexandria geborgen.

Die Hauptentdeckung ist das, was man als Palast der Kleopatra bezeichnet. Hier traf sie sich heimlich mit Mark Anton und beging mit Hilfe einer Viper auf dramatische Weise Selbstmord (siehe S. 34) – falls sich das tatsächlich so ereignete. Alles, was wir über Kleopatra wissen, stammt eigentlich aus Literatur und Mythen. Außer Münzen mit ihrem Bild und ein paar Steinbüsten sind alle physischen Zeugnisse ihrer Herrschaft verschwunden, seit im 4. Jahrhundert Überschwemmungen einen Großteil der nordafrikanischen Küste überfluteten, darunter Alexandrias königliche Bauten.

Ein französisch-ägyptisches Team, geleitet von dem Forscher Franck Goddio, hat jedoch alte Holzhaufen, Kalksteinpflaster, rote Granitsäulen und einen kleinen Isistempel auf einer versunkenen Insel im östlichen Hafen entdeckt. Es gibt keinen schlüssigen Beweis dafür, dass das die Überreste von Kleopatras Palast sind, aber

Strabon (64 v. Chr.–23 n. Chr.), ein griechischer Geograph, der Alexandria um 27 v. Chr. (drei Jahre nach dem Tod der Königin) besuchte, schrieb, die königlichen Gebäude lägen auf einer kleinen Hafeninsel, bekannt als Antirhodos. Dieses Zeugnis mag anekdotenhaft sein, aber es hat die Fantasie angeregt, besonders, als im Oktober 1998 eine Sphinx und die Statue eines Osirispriesters, die eineinhalb Jahrtausende lang niemand gesehen hatte, vor den Kameras der Welt aus dem Wasser gehoben wurden. Nachdem die Teile besichtigt und fotografiert worden waren, versenkte man sie vorerst wieder im Meer, bis man entschieden hat, was mit ihnen geschehen soll.

In der Zwischenzeit hat auf der anderen Seite des Hafens, im Schatten der Festung Kaitbai, ein weiteres französisch-ägyptisches Taucherteam unter Leitung des Archäologen Jean Yves Empereur ein großes Areal mit über 2000 großen Steinblöcken erforscht, die acht Meter unter der Wasseroberfläche liegen. Wahrscheinlich sind das die Reste des legendären Leuchtturms Pharos (siehe S. 183). Das Team hat auch Säulen, Fragmente von Obelisken und eine Kolossalstatue in vier Teilen gefunden, die zusammengefügt eine Höhe von genau 12,5 Metern haben. Empereur glaubt, dass der Koloss, der einen ptolemäischen Pharao darstellt, einst am Fuß des Leuchtturms stand.

Zusätzlich haben Unterwasserarchäologen zwei antike Städte an der Küste Richtung Nordosten erkundet. Am Zipfel der Halbinsel, die den Westrand der Bucht von Abukir darstellt, haben die Archäologen etwas freigelegt, von dem sie annehmen, dass es sich um die Hafenanlagen von Kanopus und Heraklion handelt, Küstenstädte noch vor der Zeit des ptolemäischen Alexandria. Die Taucher fanden dort Münzen, Schmuck, Töpferwaren und Alltagsgegenstände.

Die UNESCO versucht, Gelder für die Errichtung eines archäologischen Unterwassermuseums zu bekommen, das die Funde Goddios und die Empereurs vereint. Besucher sollen die Objekte dann später in einer Plexiglaskuppel im Meer besichtigen können.

Die Aktivitäten unter Wasser werden an einer Uferstätte nahe dem Hafen durch eine weitere Wiederbelebung der Vergangenheit ergänzt: eine architektonisch aufregende neue Bibliothek mit Studienzentrum als Ersatz für das verbrannte Museion.

ERLEBNIS: Tauchen im Hafen von Alexandria

Im östlichen Hafenbecken von Alexandria werden bei Unterwassergrabungen noch immer Statuen, Steinblöcke und Sphinxfiguren gefunden. Das antike Alexandria taucht wieder auf. Es ist gut möglich, dass künftige Archäologen irgendwann ein viel klareres Bild von Lage und Aufbau des Palastes der Kleopatra und der Pharaonen zeichnen können als heutige Forscher. Momentan ist es jedenfalls ein unvergessliches Erlebnis, im Hafenbereich zu tauchen und diese Ruinen zu betrachten, die nur wenige Meter von der modernen Stadt entfernt ruhen und bis vor kurzem völlig in Vergessenheit geraten waren. Inmitten der Steine und Schiffswracks der ptolemäischen Vergangenheit Alexandrias entdeckt man auch ein italienisches Kampfflugzeug, das im Zweiten Weltkrieg bei einem Luftangriff der Achsenmächte auf die Stadt abgeschossen wurde.

Wenn Sie schon einmal im Roten Meer getaucht sind, werden Sie allerdings enttäuscht sein: Das Hafenwasser in Alexandria ist recht dunkel und die Sichtweite beträgt nur einige Meter. Und es ist seicht, sodass die Objekte höchstens neun Meter unter der Wasseroberfläche liegen und die Brandung minimal ist. Das ortsansässige Tauchunternehmen Alex Dive bietet Exkursionen im Hafenbecken *(Tel. 03/483 2042 oder 016/666 6514, www.alexandria-dive.com)* an. Das Büro liegt beim großen Fischmarkt-Restaurant am Hafen, auf halbem Weg zwischen dem Midan Saad Zaghloul und Fort Kaitbai. Zwei Tauchgänge inklusive Mittagssnack kosten 650 LE.

Die Katakomben von Kom al-Schukafa

Alexandrias Untergrund ist von Gängen und Kammern durchzogen, die zu Katakomben und Zisternen gehörten. Sie wurden zu Beginn des 20. Jahrhunderts entdeckt.

Statuen von Anubis, dem schakalköpfigen Gott des Todes, bewachen das Hauptgrab

Katakomben von Kom al-Schukafa

- 174 C1
- Al-Nasseriyya St.
- 03/486 5800
- Ab 16 Uhr geschl.
- $$. Fotoapparat $, Videokamera $$$
- Karmus

Kom al-Schukafa liegt eine holprige Straßenbahnfahrt entfernt vom Bahnhofsplatz und sieht aus wie ein Hügel aus gebranntem Lehm, umgeben von schäbigen Betonhäusern in einem der ärmeren Viertel der modernen Stadt. Unter der Erde liegt jedoch eine faszinierende Welt.

Eine Treppe läuft in einer Spirale um einen zentralen Schacht, durch den einst die Leichen hinuntergelassen wurden. Sie führt zu drei Grabebenen, die im 2. Jahrhundert aus Fels gehauen wurden und die wahrscheinlich als Krypta für eine reiche Adelsfamilie dienten. Auf der oberen Ebene befindet sich eine Rotunde mit einem Brunnen in der Mitte, der zu den überfluteten und unzugänglichen Kammern der untersten Ebene reicht. Links liegt das *Triclinium*, die Bankettthalle für den Leichenschmaus. Wegen der weggeworfenen Teller- und Geschirrscherben, erhielt der Platz seinen arabischen Namen „Scherbenhügel".

Eine andere Treppe führt zur **zentralen Grabkammer**, dem

Schaustück des Komplexes, in dem sich die verschiedensten kulturellen Einflüsse mischen. Auf jeder Seite des Ganges sind bärtige griechisch-römische Schlangen zu sehen, die die pharaonische Doppelkrone Ägyptens tragen. Über der Tür sieht man die Medusa der griechischen Mythologie mit Schlangenhaaren, die Grabräuber in Stein verwandeln sollte. In der überfüllten Grabkammer prangt eine Figur des schakalköpfigen Gottes Anubis – mit plumpem Körper, eingezwängt in die Uniform eines römischen Legionärs.

Passend zu der funktionslosen Effekthascherei waren die Deckel der drei Sarkophage der Kammer überhaupt nicht zum Öffnen eingerichtet; die Leichen wurden durch dahinter liegende Öffnungen hineingeschoben. Später wurden diese erweitert und Galerien mit taubenschlaggroßen Löchern geschaffen, bekannt als *Lokuli* (Nischengräber), die Platz für Hunderte weiterer Leichen boten.

Pompeiussäule und Serapeum

Ganz in der Nähe der Katakomben befindet sich eine weitere besuchenswerte Stätte. Es ist die weltberühmte Pompeiussäule. Diese 30 Meter hohe Säule aus rotem Assuangranit wurde von den Kreuzfahrern fälschlicherweise für das Grabdenkmal des Rivalen Julius Cäsars, des römischen Generals Pompeius, gehalten, der 48 v. Chr. in Ägypten ermordet worden war (siehe S. 33). Tatsächlich aber wurde sie 300 n. Chr. zu Ehren von Kaiser Diokletian errichtet, wie eine Inschrift bestätigt. Der archäologische Park mit gepflegten Sträuchern, die einen etwas pockennarbigen, steinigen Hügel umgeben, ist alles, was von Alexanders Akropolis, dem **Serapeum**, geblieben ist. Es war dem Lokalgott Serapis gewidmet (siehe S. 180) und hatte im Zentrum einen riesigen Tempel, der nach zeitgenössischen Berichten über hundert Stufen erklommen wurde, dessen Äußeres aus Marmor bestand und dessen innere Mauern mit Edelmetallplatten bedeckt waren. Eine Kolossalstatue von Serapis, auch aus Edelmetall, weckte drinnen bei den Gläubigen Ehrfurcht. Aber heidnische Verehrung war der christlichen Bewegung verhasst, und 391 n. Chr. verwüstete ein Mob, angeführt vom Patriarchen Theophilus, das Serapeum.

Während des letzten Jahrhunderts wurden einige Schätze des Serapeums wiedergefunden, zum Beispiel der eindrucksvolle, lebensgroße Apisstier aus schwarzem Basalt (siehe S. 146f) und eine Goldtafel, die auf Griechisch und in Hieroglyphen an die Gründung des Serapeums erinnert; diese sind im Museum für griechisch-römische Altertümer ausgestellt (siehe S. 176f). ■

INSIDERTIPP

Die Katakomben stellen ein unheimliches, verschlungenes Labyrinth dar, das die Besucher tief unter die Erde führt: ihr Anblick ist ein unglaubliches Erlebnis!

TIFFIN THOMPSON

NATIONAL GEOGRAPHIC-Mitarbeiter

Pompeiussäule und Serapeum

- 174 C1
- Amoud al-Sawari St.
- 03/486 5800 App. 430
- Ab 16 Uhr geschl.
- $
- Karmus

Fort Kaitbai

Diese hübsche kleine Festung sieht aus, als ob sie für Spielzeugsoldaten aus vergangenen Tagen gebaut worden wäre. Sie liegt auch geradezu ideal auf einer schmalen Landzunge, die in den östlichen Hafen hineinragt. Heute dient sie als Marinemuseum. Aber wie stets in Alexandria ist alles, was nicht mehr vorhanden ist, besonders spannend: Die Festung steht genau auf dem Platz des Leuchtturms Pharos, einem der Sieben Weltwunder der Antike.

Die Stelle, wo früher der Pharos, eines der Sieben Weltwunder, stand, ist heute bei Anglern, Spaziergängern und Liebespaaren sehr beliebt

Festung von Kaitbai

- 174 C2
- Östlicher Hafen
- 03/480 9144
- Ab 16 Uhr geschl.
- $; Extragebühr ($) für das Marinemuseum

Nachdem er mehr als 1600 Jahre gestanden hatte, war der Leuchtturm im 14. Jahrhundert nur noch ein Haufen Schutt (siehe S. 183). 1480 nutzte der Mameluckensultan Kaitbai (1468–1498) die Fundamente und das eingestürzte Mauerwerk, um eine Festung als Verteidigungsanlage gegen die Türken zu bauen, die Ägypten bedrohten. Kaitbai baute viel, und es gibt zahlreiche Monumente, die von ihm in Kairo errichtet wurden, einschließlich seiner Moschee (auf dem ägyptischen Ein-Pfund-Schein abgebildet), aber die Festung ist seine einzige Hinterlassenschaft in Alexandria. Ihre jetzige Form ist jedoch nicht die ursprüngliche; im Jahr 1882 wurde das Fort während eines Aufstands der Bevölkerung von britischen Granaten getroffen und musste daraufhin weitgehend neu errichtet werden.

Heute erreicht man die Festung über einen Damm mit einer Mauer am Meer. Durch ein Wachhäuschen betritt man den äußeren Hof, wo man einige Gänge und Räume erkunden kann, aber am interessantesten ist der **Turm**.

Man tritt durch eine Tür ein, deren Schwelle und Türpfosten wahrscheinlich Reste des Pharos sind. Innen enthalten drei Stockwerke verschiedene Ausstellungsstücke von der Schifffahrt und dem Marinewesen, darunter Überbleibsel von Napoleons Flotte, die von Admiral Nelson 1798 nahe Alexandria versenkt wurde (siehe S. 38). Ein Teil des Turms diente als Moschee, und vier Jahrhunderte lang überragte ein Minarett den Schutzwall, bis er von der britischen Marine zerstört wurde. Sie ist die älteste Moschee in Alexandria, wird aber nicht mehr als Gebetsstätte benutzt. Der Bau enthält fünf Monolithsäulen aus rotem Granit, die wohl weitere Reste des Pharos sind.

Auch wenn man sich nicht für die Festung und ihren Inhalt interessiert, lohnt sich ein Spaziergang hierher wegen der Aussicht auf das lebhafte und verkehrsreiche Zentrum von Alexandria jenseits des östlichen Hafens.

INSIDERTIPP

Im nahe gelegenen Greek Nautical Club kann man gut zu Mittag essen und dabei den wundervollen Ausblick auf den Hafen genießen.

NEIL HEWISON
American University in Cairo Press

Auf der Halbinsel, die zur Festung führt, befindet sich das **Museum für Meerestiere** mit Dioramen und einigen Meerestieren. Auf der anderen Straßenseite liegt das **Meeresaquarium**, wo Fische, Meeresschildkröten und Nilkrokodile ein eher tristes Dasein fristen. ■

Museum für Meerestiere und Meeresaquarium

- Karte: 174 C2
- Adresse: Östlicher Hafen
- Tel.: 03/480 1553
- Öffnungszeiten: Ab 14.30 Uhr geschl.
- Preis: $

Greek Nautical Club

- Adresse: Corniche, Anfuschi
- Tel.: 03/480 2690

Der Leuchtturm Pharos

Der Pharos wurde 279 v. Chr. während der Herrschaft von Ptolemäus II. (285–247 v. Chr.) eingeweiht. Der riesige steinerne Leuchtturm sollte die Schiffe leiten, die an der Mittelmeerküste entlangfuhren. Darüber hinaus repräsentierte er Alexandrias hohen Bildungsstand und großen Reichtum. Abbildungen des Pharos finden sich auf römischen Mosaiken in Libyen, auf einer Vase, die man in Afghanistan ausgrub, und sogar in der Markuskirche in Venedig. Davon ausgehend beschreiben Historiker ein Bauwerk, das etwa 150 Meter hoch war und eine quadratische Basis mit Reihen kleiner Fenster, einem achteckigen Mittelteil und einer kreisförmigen Spitze besaß. Man glaubt, dass der Turm im 1. Jahrhundert als Leuchtturm diente, aber wie er funktionierte, ist immer noch rätselhaft. Möglich wäre, dass eine ölgespeiste Flamme mit dünnen Platten aus polierter Bronze als Reflektoren Verwendung fand, aber ein klassischer Bericht beschreibt einen „transparenten Stein", durch den für das bloße Auge unsichtbare Schiffe gesehen werden konnten. Hatten die alten Alexandriner die Linse erfunden? Wie auch immer der Lichtstrahl zustande kam, er war um 700 n. Chr. verschwunden, nachdem die Laternenspitze herabgestürzt war. Andere Naturkatastrophen verkleinerten den Turm noch weiter, bis 1303 ein Erdbeben den Pharos zerstörte.

Rundgang durch die Hauptstadt der Erinnerungen

Lawrence Durrell (1912–1990), Autor des „Alexandria-Quartetts", bezeichnete Alexandria als „Hauptstadt der Erinnerungen". Er und seine Gestalten bewohnten eine vergangenheitslastige Stadt. Durch den Erfolg des „Quartetts" kamen neue Mythen hinzu. Zu Alexander und den Ptolemäern gesellten sich Durrells Justine, Balthazar, Mountolive und Cleo – sie wandeln durch eine Stadt, von der heute nur noch Reste geblieben sind.

Wer sich kein Zimmer im Cecil leisten kann, sollte wenigstens einen Drink in Monty's Bar, nach General Montgomery benannt, nehmen

NICHT VERSÄUMEN

Foyer im Cecil Hotel • Zitronentee und Kuchen in der Konditorei Pastroudis • Antiquitätengeschäfte in der Attarine Street

Durrells Buch ist fast ein Nachruf auf die Stadt Alexandria. Als das „Quartett" veröffentlicht wurde (der letzte Band kam 1960 heraus), war die Stadt, über die er schrieb, verschwunden. Das kosmopolitische Alexandria war in den 1920er und 1930er Jahren am lebhaftesten. In der Stadt hörte man die verschiedensten Sprachen: Man kaufte auf Griechisch ein, überflog Zeitungen auf Französisch und verhandelte mit den Beamten auf Englisch. Das sichtbarste noch bestehende Symbol dieser Ära ist das **Cecil Hotel** ❶ *(Saad Zaghloul Sq., siehe S. 366)*, von wo aus man gut einen Spaziergang beginnen kann. Es wurde 1929 im maurischen Stil gebaut und war der Mittelpunkt der Vergnügungsszene der Stadt, als sich unter den Gästen Leute wie die Schriftsteller Somerset Maugham und Noël Coward befanden. Durrell machte es zu einem Lieblingsort der rätselhaften Justine, der Hauptperson im ersten Band seines „Quartetts" von 1957.

Im Zentrum des grasbewachsenen Saad Zaghloul Square vor dem Hotel steht eine **Statue von Saad Zaghloul** (1860–1927), einem nationalistischen Führer, der viel tat, um ägyptischer Selbstverwaltung den Weg zu ebnen. In der südöstlichen Ecke des Platzes befindet sich die **Touristeninformation** der Stadt *(Saad Zaghloul Sq., Tel. 03/485 1556)*. In der nordöstlichen Ecke stößt der Platz an einen Knotenpunkt der Stadt, den **Ramla Square** ❷. Von hier aus fahren Straßenbahnen nach Westen zur Festung Kaitbai (siehe S. 182f) und nach Osten in Richtung Montasah (siehe S. 191). In der Umgebung der Straßenbahnhaltestelle gibt es mehrere schöne alte Konditoreien, am beliebtesten ist nach wie vor das Trianon. Das Café ist mit herrlichen orientalischen Wandgemälden geschmückt. Vor den großen Aussichtsfenstern des Trianon, wo jetzt die Straßenbahnhaltestelle ist, standen fast zwei Jahrtausende lang zwei große Obelisken. Sie waren unter Thutmosis III. entstanden und schmückten ursprünglich das alte Heliopolis. Im 1. Jahrhundert v. Chr. brachte Augustus sie nach Alexandria. Reisende im 19. Jahrhundert tauften sie „Kleopatras Nadeln". In den 70er Jahren des 19. Jahrhunderts entwendeten die Briten einen der beiden, dann bemächtigten sich die Amerikaner des anderen.

Wenden Sie sich beim Verlassen des Trianon nach rechts, dann wieder rechts, sodass Sie nun entlang der Saad Zaghloul Street nach Westen zurückgehen. Biegen Sie gegenüber dem Brazilian Coffee Store nach links in die schmale An-Nabi Daniel Street ein, in der es lauter kleine Geschäfte gibt. Nach wenigen Schritten erreichen Sie ein großes Eisentor, das fast zugerostet ist – ein trauriger Kommentar zum Schicksal der **Großen Synagoge** 3 der Stadt! Juden haben in Alexandria durchgehend seit seiner Gründung durch Alexander den Großen im 4. Jahrhundert v. Chr. gelebt. Nach ihrer Vertreibung aus Jerusalem im 2. Jahrhundert wurde Alexandria für eine gewisse Zeit das Weltzentrum des Judentums. Zur Blütezeit zählte die Gemeinde einst 40 000 Menschen, aber heute verlassen immer mehr Juden das Land, weil sie den Zorn fundamentalistischer Muslime fürchten. Es gibt einen bewachten Seiteneingang, aber die Synagoge ist selten offen.

Biegen Sie in die nächste Straße, die Sultan Hussein Street, links ein und überqueren Sie sie, um durch die kleine Sharm al-Sheikh Street nach Süden zu gehen. Betreten Sie Haus Nummer 4. Ein knarzendes, spärlich möbliertes Apartment im 2. Stock wird als das **Konstantin Cavafy Museum** ④ geführt *(Sharm al-Sheikh St. 4)*. Cavafy (1863–1933) war ein griechischer Dichter, dessen Werk, auch wenn es oft übersetzt wurde, außerhalb des Mittelmeerraumes zu wenig bekannt ist. Alexandria, die Stadt, in der er den größten Teil seiner 70 Lebensjahre verbrachte, war die Muse des Dichters.

Gehen Sie zur Sultan Hussein Street zurück und wenden Sie sich zur Safiyya Zaghloul Street, wo Sie nach rechts gehen sollten. Vor Ihnen liegt das **Metro-Kino** ⑤ *(Safiyya Zaghloul St. 26, Tel. 03/487 0432)*, mit bunten Marmorböden, Mahagonipaneelen und stilvollen geometrischen Details. Hinter dem Metro biegen Sie rechts in die Horeyya Avenue ein; dort finden Sie das **Amir-Kino** ⑥ *(42 Tariq-al-Horreyya, Tel. 03/491 7972)* von 1952 mit großartigem Art-déco-Foyer. Die Horeyya Avenue ist immer noch eine der Hauptstraßen der Stadt und bildet wie die ehemals von Alexander angelegte Straße eine der zentralen Achsen. Damals wurde sie Kanopische Straße genannt und erstreckte sich zwischen dem östlichen Sonnentor und dem Mondtor.

Nach einigen Minuten Fußweg gelangt man zu einer verkehrsreichen Kreuzung, wo man nach links geht. Sie befinden sich nun in der **An-Nabi Daniel Street**, einst die zweite Durchgangsstraße durch Alexandria. Diese Kreuzung war noch sehr eindrucksvoll, als Amir ibn al As sie im 7. Jahrhundert beschrieb. Heute ist die Straße nach einem Ortsheiligen benannt; jeden Tag finden sich hier Buchhändler ein, die ihre abgegriffenen Schmöker auf Tüchern auf dem Bürgersteig anbieten. In der Straße steht auch die Moschee von An-Nabi Daniel ⑦, die im Laufe der Jahre von denjenigen gern besucht wurde, die nach Alexanders Grab suchen (s. Kasten S. 177). Manche Leute sind davon überzeugt, dass es unter dem Fundament liegt, aber die Religionsbehörden erlauben keine Grabungen. Seriöse Archäologen ziehen die Stätte nicht in Betracht und favorisieren mehrere Friedhöfe östlich des Stadtzentrums als wahrscheinlichere Orte.

An-Nabi Daniel mündet in den Gomuriyya Square. Wenn Sie das Römische Theater ⑧ (siehe S. 177) noch nicht besichtigt haben – es liegt links hinter der hohen Mauer –, sollten Sie dies jetzt tun. Ansonsten biegen Sie rechts in die Yousef Street und nach zwei Häuserzeilen abermals rechts in die **Attarine Street**. Sie befinden sich nun im Zentrum von Alexandrias Antiquitätenhandel. Man kann hier Stunden verbringen und in einem Gewirr von Gassen die Geschäfte durchstöbern, die alle voller ausrangierter Stücke aus der prachtvollen Vergangenheit der Stadt sind.

Am Ende der Attarine Street gehen Sie rechts, dann links in die Ahmed Orabi Street, der Sie bis zum **Tahrir Square** ⑨ folgen sollten. Mohammed Ali (siehe S. 39f), dessen Reiterstandbild den Verkehr überragt, entwarf den Platz 1830 als Zentrum seines neuen Alexandria. Er ist immer noch ein großartiger Platz, obwohl die wichtigen Institutionen, die ihn einst zum Leben erweckten, wie die Börse und die Gerichtshöfe, verschwunden sind. Stattdessen kennt man ihn heute eher als Anfang des größten Basars der Stadt, der sich von hier aus nach Westen erstreckt. Um zum Cecil zurückzufinden, gehen Sie in Richtung Meer und schlendern entlang der **Corniche**.

Den eigenen Fisch wählen

In den Fischrestaurants Alexandrias und anderer Küstenorte bringt man Ihnen oftmals ein Tablett mit frischem Fisch auf Eis, von dem Sie dann selbst wählen können, welchen Sie essen möchten. Dann folgt die Frage, ob er gebraten *(ma'li)* oder gegrillt *(meshwi)* sein soll. Der Preis des Essens richtet sich nach dem Gewicht des Fisches. Verbreitete Fischarten sind Seezunge *(samak musa)*, Rotbarbe *(barbuuni)*, Meeräsche *(buuri)*, Barsch *('arus)*, Krabben *(kaburia)* und Garnelen *(gambari)*.

Alexandria National Museum

Eine Villa im Italienischen Stil, die zuvor das US-amerikanische Konsulat in Alexandria beherbergte, wurde renoviert und als attraktives Museum für ägyptische Geschichte wiedereröffnet.

Alexandrias National Museum, in einem Gebäude im italienischen Stil untergebracht, zeigt Ausstellungsstücke zur Geschichte

Als das Museum 2004 eröffnet wurde, waren die Kritiker enttäuscht und betrachteten es als verpasste Gelegenheit. Obwohl die Geschichte Alexandrias die Geschichte des westlichen Denkens ist, der Philosophie und der Kultur, wird das bei einem Besuch hier nicht klar. Kein Leuchtturm und keine antike Bibliothek, selbst Alexander und Kleopatra tauchen nur ganz am Rand auf. Stattdessen zeigt das neueste Museum der Stadt wenig mehr als überzählige Stücke aus dem **Museum griechisch-römischer Altertümer** (s. S. 176f) am anderen Ende der Straße und aus dem Ägyptischen Museum in Kairo.

Im Untergeschoss finden Sie verschiedene Stücke aus der Pharaonenzeit, darunter Alabaster-Statuen aus Giseh, eine falsche Tür aus Abydos, eine frühe Holzstatue aus Sakkara und ein wahrlich unheimliches Sandsteinporträt von Echnaton, mit verkniffenem Gesicht, geschürzten Lippen und katzenähnlichen Augen. Eine enge Treppe führt in ein kühles unterirdisches Gewölbe, wo eine Statue des schakalköpfigen Anubis zwei schön bemalte Sarkophage aus dem Späten Reich bewacht. All diese Exponate stammen aus der Zeit vor der Gründung Alexandrias und aus entfernten Gegenden.

Im Erdgeschoss stammen die meisten Objekte aus der griechisch-römischen Zeit; die meisten wurden in und um Alexandria ausgegraben. Besonders sehenswert ist ein großes römisches Mosaik, in dessen zentralem Feld der Kopf der Medusa zu sehen ist und das bei Ausgrabungen im Stadtzentrum gefunden wurde. Es gibt auch Darstellungen der alexandrinischen Götter Serapis und Harpokrates (der griechischen Version von Horus).

Das obere Stockwerk ist besonders karg. Hier zeigen zwei Räume koptisch-christliches Kunsthandwerk, und zwei Räume sind mit Glaslampen, Türen mit eingelegtem Elfenbein sowie islamische Waffen und Rüstungen ausgestattet. Ferner präsentiert eine kleine Sammlung von Schwarzweiß-Fotos das „europäische" Alexandria des 19. Jahrhunderts. Die Beschriftung ist meist informativ und die Präsentation ordentlich. ■

Alexandria National Museum

- 174 C1
- 110 Horeyya Ave.
- 03/483 5519
- Geöffnet 9–16 Uhr
- $$

Bibliotheca Alexandrina

Ein auffälliges Beispiel für Architektur im 21. Jahrhundert und zugleich eine Hommage an den Prunk der alten ptolemäischen Hauptstadt ist die neue Bibliotheca Alexandrina. Die größte und modernste Bibliothek der arabischen Welt.

Die spektakuläre, hoch technisierte neue Bibliothek in Alexandria versucht der antiken Vorläuferin an Bedeutung zumindest gleichzukommen

Bibliotheca Alexandrina
- 174 C2
- Al-Silsila, Schatby
- 03/483 9999
- $

www.bibalex.org

Der Vorläufer der Bibliotheca Alexandrina ist die Große Bibliothek, die, im frühen 3. Jahrhundert v. Chr. gegründet, vielleicht Alexandrias bedeutendste Einrichtung schlechthin war. Sie enthielt bis zu einer halben Million Texte und die Legende erzählt, dass jedes Schiff, das in den Hafen einlief, alle Manuskripte zum Kopieren aushändigen musste. Die Bibliothek war Teil einer größeren Institution, des Museions oder Hauses der Musen, eines Vorläufers der Universitäten. Hier in Alexandria maßen Wissenschaftler zum ersten Mal den Erdumfang exakt, zeichneten Himmelskarten und sezierten Leichen, um das Zentralnervensystem zu entdecken. Als die Große Bibliothek zerstört wurde – keiner weiß wie – ging viel Wissen verloren.

Auf diesen alten Reichtum an Bildung wird auf den Außenmauern der neuen Bibliothek hingewiesen, die mit riesigen Buchstaben, Hieroglyphen und Piktogrammen beschrieben sind. Das Gebäude an der Corniche, nahe dem östlichen Vorgebirge von Silsila, hat die Form einer riesigen Scheibe, die schräg im Boden steckt. Sein fast kreisförmiges Dach ist ein Geflecht aus Glasscheiben.

Für ein gesondertes Eintrittsgeld kommt man in die hervorragend gepflegte Ausstellung alter Manuskripte, in ein Planetarium und eine Galerie mit Antiquitäten, darunter die neuesten Funde aus dem Hafen. Von einer Galerie aus sieht man auf den Lesesaal, der sich über zehn Ebenen nach unten erstreckt. ■

Königliches Juwelenmuseum

Juwelen sind in diesem kleinen, aber fesselnden Museum die halbe Geschichte; es enthält eine Sammlung von Wertgegenständen, die der Familie von Faruk gehörten, dem letzten König von Ägypten. Es wurde nach Renovierungsarbeiten im April 2010 wiedereröffnet.

König Faruk war ein berüchtigter Frauenheld und Spieler. Wenn er auf einer Party erschien, versteckten die Gastgeberinnen angeblich schnell ihre Töchter. Eines Nachts im Jahre 1951 verspielte Faruk die Rekordsumme von 150 000 Dollar beim Bakkarat. Der Hedonismus Ägyptens endete im Staatsstreich von 1952 mit dem Sturz der Herrscher. Faruk wurde abgesetzt, die königliche Familie verlor ihre Besitztümer und die meisten Mitglieder gingen ins Exil. Abgelegene Villen und Paläste wurden anderweitig benutzt und dienen heute als Präsidentenwohnsitze oder Grundschulen.

Der Fatma-al-Zahraa-Palast, 1923 von französischen und italienischen Architekten für die Familie von Farida, Faruks erster Königin, gebaut, ist jedoch zum größten Teil unbeschädigt geblieben. Der Palast ist ein mittelgroßes Herrenhaus inmitten eines wunderschönen Anwesens und hat viel von seiner ursprünglichen Ausstattung bewahrt.

Ein Saal hat Fenster aus bemaltem Glas, die vom Boden bis zur Decke reichen und eine bunte Parade tanzender Kurtisanen zeigt. Ein „griechisches" Zimmer enthält stilisierte pseudoklassische Friese. Das Beste an diesem Festmahl schlechten Geschmacks ist das Trio von Badezimmern; in jedem werden Szenen auf den Wandfliesen dargestellt: Eines zeigt einen Bauernhof, ein anderes Fischerboote, im dritten gibt es eine Strandszene.

Die Sammlung des Museums besteht größtenteils aus Tand und Plunder. Besonders schöne Stücke – oder hässliche, je nach Geschmack – sind ein silberner Spaten mit Elfenbeingriff, ein versilbertes Rasierset und ein Bernsteinmundstück für eine Wasserpfeife, besetzt mit 204 Diamanten. Zu jener Zeit besaßen zwei Prozent der Bevölkerung mehr als 50 Prozent des Landes, und mancher entwickelt Sympathien für die Revolutionsführer.

Um das Museum zu finden, steigen Sie neben der Fakultät der Schönen Künste an der Qasr-al-Safa-Haltestelle aus der Straßenbahn aus und suchen die von einer hohen Mauer umgebene große weiße Villa. ■

Königliches Juwelenmuseum

- 175 E2
- Ahmed Yehiya Pasha St. 27, Gleem
- 03/586 8348
- Fr während des Mittagsgebetes geschl.
- $$. Fotoapparat $, Videokamera $$$
- Straßenbahn Nr. 2 von Ramla Sq.

ERLEBNIS: Die Bücherstände an der An-Nabi Daniel

Als die ausländischen Bewohner Alexandria in den 50er Jahren verließen, blieben unter anderem ihre Bibliotheken zurück. Heute gibt es an der An-Nabi Daniel Street, südlich der Horreya Avenue, ein langes Teilstück mit Bücherständen, die englische, französische und arabische Bücher verkaufen. Wer auf Sammlerstücke Wert legt, kann dort noch ein Paperback aus den Zeiten vor 1957 finden, das vielleicht noch den Stempel eines schon längst verschwundenen Buchladens trägt.

Mahmud-Said-Museum

Als Pionier der ägyptischen modernen Kunst wurde Mahmud Said im Jahr 2000 durch die Eröffnung eines Museums im östlichen Vorort Gianaclis geehrt. Auch die Umgebung des Museums in einer wunderschönen Villa, in der Mahmud lebte, ist sehenswert. Said (1897–1964) stammte aus einer aristokratischen Familie, war der Sohn eines ehemaligen Premierministers und studierte Jura. Er malte nur nebenbei, während er als Jurist Karriere machte.

Mahmud-Said-Museum

175 E2

Mohammed Said Pasha St. 6, Gianaclis

03/582 1688

Mo geschl.

Straßenbahn Nr. 2 von Ramla Sq.

Er ist vielleicht der beste Maler, den Ägypten in moderner Zeit hervorgebracht hat. Der Renaissance der 1920er und 1930er Jahre folgend, bemühten er und andere Künstler sich darum, eine künstlerische Identität Ägyptens zu formen, indem sie ländliche Szenen darstellten und sich von Motiven und Stilmitteln der pharaonischen und griechisch-römischen Traditionen inspirieren ließen. Das wird besonders deutlich in einigen von Saids gefühlvollen Selbstporträts, die den berühmten Fayum-Porträts ähneln (siehe S. 153).

Said, der das Erbe seines Landes in sich aufnahm, war jedoch ebenso europäisch und amerikanisch beeinflusst. Ein Gemälde auf Leinwand, „Im Ballsaal", ist reines Jazz-Zeitalter. Am besten sind die Porträts im Aktzimmer.

Ebenso von Interesse ist ein cartoonähnliches Panorama von der Eröffnung des Sueskanals (siehe S. 168f) mit Khedive Ismail und seinem Gast, Kaiserin Eugénie.

Das renovierte Gebäude wurde als offene Universität geplant, um Ägyptens Beitrag zur modernen Kunst zu feiern. Außer zu den 54 Werken von Said werden auch 115 Werke der Waneili-Brüder ausgestellt und im begleitenden Museum Moderner Ägyptischer Kunst sind über hundert Exponate.

Um das Museum zu finden, nehmen Sie die Straßenbahn Nr. 2 vom Ramla Square bis zur Haltestelle Gianaclis, gehen dann an den Gleisen entlang und biegen in die erste Straße rechts ein. ■

Mit der Straßenbahn durch Alexandria

Das Zentrum des Straßenbahnverkehrs in Alexandria ist der Bahnhof Ramla, die Haltestelle direkt östlich vom Saad Zaghloul Square. Die Straßenbahnen fahren von hier aus in östlicher und westlicher Richtung und auch ein Stückchen parallel zum östlichen Hafen. Die Namen der Ziele sind auf Arabisch geschrieben, sodass Sie sich als Sprachunkundiger nur merken sollten, dass die blauen Straßenbahnen vom Bahnhof Ramla aus nach Osten fahren, während die gelben nach Westen Richtung Anfuschi und darüber hinaus verkehren (die Nr. 14 fährt zur Masr Railroad Station). Die Straßenbahn ist mit 25 Piastern das preiswerteste und auch das beste Verkehrsmittel, um sich in der Stadt fortzubewegen. Tickets gibt es in der Bahn selbst.

Gärten des Montasah-Palastes

Traditionell war Alexandria immer der Ort, an den sich die Kairoer in den brütend heißen Sommermonaten flüchteten. Ferienwohnungen säumen das Meeresufer und erwachen jeden Juli und August zum Leben. Auch Ägyptens Herrscher schätzten die kühlen Brisen und am östlichsten Ende der Corniche, wo die Stadt 18 Kilometer östlich des Zentrums aufhört, baute Khedive Abbas Hilmy II. (1892–1914) Montasah als königliche Sommerresidenz.

Der Montasah-Palast wurde für die Königsfamilie gebaut und dient nun als Sommersitz des Präsidenten

Für eine kleine Eintrittsgebühr kann man die Gärten Montasahs besuchen. Innerhalb der Mauern befinden sich die ehemaligen Residenzen des Khedive und seine ausgedehnten, gepflegten Gärten, dicht bepflanzt mit Pinien und Palmen und einem gelegentlichen Blumenbeet. Es gibt eine reizvolle Sandbucht (der Strand ist privat) mit einer Brücke, die zu einer kleinen Insel führt. Es ist wahrscheinlich der attraktivste Ort zum Spazierengehen in ganz Alexandria. Freitags und an Feiertagen ist der Garten voller Einheimischer, die hier picknicken.

Abbas Hilmys Palast, auf einer Klippe über dem Meer, ist leicht maurisch mit deutlich florentinischem Einschlag – besonders im Turm, der dem Palazzo Vecchio in Florenz nachgeahmt ist. Im Ersten Weltkrieg wurde der Palast den Briten zur Verfügung gestellt. Er ging an die königliche Familie zurück, wurde aber nach der Revolution vom Staat in Besitz genommen und dient nun als Präsidentenresidenz.

Von den Gärten aus sind es nur wenige Minuten zu Fuß bis zu einer weiteren königlichen Residenz. Sie ist bekannt als Salamlek und wurde im österreichischen Stil als Jagdsitz gebaut; vor kurzem wurde sie als Luxushotel eröffnet (siehe S. 363f). Eines der beiden Restaurants, das Al-Faruk, diente einst dem König gleichen Namens als Arbeitszimmer. ■

Die Gärten des Montasah Palastes

- 175 G2
- Montazah St.
- 03/547 7152 oder 03/547 7153
- Täglich von 9 Uhr bis Sonnenuntergang
- $

Weitere Sehenswürdigkeiten

Abukir

Östlich von Alexandria liegt Abukir, eine kleine Küstensiedlung, bekannt wegen der Seeschlacht, die 1798 nahe der Küste stattfand. Während der Schlacht am Nil zerstörte der britische Admiral Nelson Napoleons Flotte, die in der Bucht vor Anker lag. 1994 wurde Napoleons gesunkenes Flaggschiff *L'Orient* von Tauchern entdeckt. In jüngerer Zeit hat sich die Bucht von Abukir als Stätte weiterer spektakulärer Funde erwiesen, besonders der alten Städte von Kanopus, Heraklion und Menuthis.

179 H1 Minibus vom Bahnhof

Anfuschi

Anfuschi ist der einzige Teil Alexandrias, der eine ganz östliche Atmosphäre vermittelt. Er entwickelte sich während der osmanischen Periode, als die Bevölkerung allmählich die Ruinen der griechisch-römischen Stadt Richtung Süden verließ. Es blieb ein Gewirr aus schmalen Gassen mit schiefen Gebäuden und vielen kleinen Stadtteilmoscheen. Im Zentrum des Viertels erhebt sich die moderne, majestätische **Moschee Abu al-Abbas al-Mursi** (in den 1930er Jahren gebaut), die an der Stelle einer viel früheren Moschee steht. Letztere war von nordafrikanischen Einwanderern zu Ehren eines geschätzten andalusischen Heiligen des 13. Jahrhunderts gegründet worden. Die sterblichen Überreste des Heiligen liegen in einem Grab unterhalb einer der riesigen Kuppeln.

174 C1 26th of Juli St. 03/480 1251 Fr während des Mittagsgebets geschl.

Das Turmzimmer, in dem Lawrence Durrell schrieb, als er in Alexandria lebte

INSIDERTIPP

Probieren Sie doch einmal einige der Fischrestaurants von Abukir östlich von Alexandria aus; Zephyrion *(Khaled Ibn al-Walid)* ist recht berühmt.

ANNA LOUIE SUSSMAN
National Geographic Traveler-Magazin-Autorin

Durrell-Haus

Fans von Lawrence Durrell können seinen Wohnsitz im Moharrem-Bay-Distrikt, südöstlich des Bahnhofs, aufsuchen. Leider droht das baufällige Haus abgerissen zu werden.

174 C2 Maamoun Street 19

Nekropolen

Nordwestlich der Moschee Abu al-Abbas al-Mursi in Anfuschi liegt die **Anfuschi-Nekropole** (*Ras al-Tin St., Ras al-Tin*, Karte 174 C2), ein Komplex aus fünf Gräbern aus dem 3. Jahrhundert v. Chr. Eine in den Kalkstein gehauene Treppe führt zu einem Hof im Freien, von dem die Grabkammern abgehen. Die Wände zeigen Szenen aus der ägyptischen Götterwelt. Ähnliche Grabkomplexe wurden in den östlichen Vororten gefunden, besonders die **Schatby-Nekropole** (*Port Said St., Schatby*, Karte 174 D2), Fundort der „Todespuppen", die im Museum griechisch-römischer Altertümer (siehe S. 177) zu sehen sind. In der **Mustafa-Kamel-Nekropole** (*Moaskar al-Romani St., Ruschdy*, Karte 174 E2) bewachen kleine Sphingen die Gräber. ■

Ein Landschaft mit viel Sand,doch gibt es hier auch Straßenverbindungen, die vier üppige grüne Gebiete miteinander verbinden, und eine eindrucksvolle Nordküste am blauen Mittelmeer

Die Libysche Wüste

Esel sind beliebte Lasttiere in den Oasen

Die Libysche Wüste

Die Libysche (Westliche) Wüste bedeckt mehr als zwei Drittel der ägyptischen Landfläche. Sie beginnt am Nil und erstreckt sich im Westen nach Libyen; im Süden wird sie vom Sudan begrenzt, im Norden vom Mittelmeer. Sie ist eine weite Welt der Schönheit, Einsamkeit und völligen Stille, die noch viel Unerforschtes bietet.

Obwohl sie öde wirkt, birgt die Wüste im Untergrund mancherorts Wasservorräte. Es sind nur selten Niederschläge zu verzeichnen, aber wenn es dann regnet, staut sich das Wasser in unterirdischen Kammern, das aus Quellen hervortritt. Um solche Quellen herum bildeten sich Oasen, die in der riesigen und leer anmutenden Wüste verstreut liegen. Vier davon – Bahariya, Farafra, Dachla und Kharga – bilden eine Art Schleife, die durch eine Asphaltstraße mit Kairo im Norden und Luxor im Süden verbunden ist. Abenteuerlustigen bietet ein Trip durch diese Oasen die Gelegenheit, etwas wirklich Einzigartiges zu entdecken.

Die Oasen haben eine erstaunlich lange und ereignisreiche Geschichte. Sie waren schon in alter Zeit bewohnt und dem Geschichtsschreiber Herodot bekannt. In der Römerzeit waren sie blühende Handelsplätze auf den Routen zu den libyschen Provinzen. Daher sieht man die Libysche Wüste heute als Ägyptens letzte archäologische Herausforderung an. Während der vergangenen Jahrzehnte hat man zahlreiche bedeutender Stätten entdeckt, darunter das Tal der Goldenen Mumien (siehe S. 202f), das Kamerateams aus aller Welt in ein Dorf lockte, dessen Einwohner bis vor wenigen Jahren noch nie einen Fernsehapparat gesehen haben.

Funde von hohem Bekanntheitsgrad wie die Mumien ziehen immer mehr Besucher in die Libysche Wüste, aber es gibt eine Oase, die schon lange zuvor berühmt war – Siwa. Sie ist von legendärer Schönheit und wirkt auch durch ihre Unzugänglichkeit geheimnisvoll. Sie liegt weit außerhalb der Oasenschleife, in der nordwestlichen Ecke nahe der libyschen Grenze. Auch heute noch benötigt man Durchhaltevermögen, um die unbequeme Reise durchzustehen. Der einzige Weg führt über die Nordküste; man bleibt bis Marsa Matruh am Mittelmeer und wendet sich dann nach Süden in die Wüste. Alexander der Große nahm 331 v. Chr. genau die gleiche Route. Antiken Geschichtsschreibern zufolge soll im Jahr 523 v. Chr. die 50 000 Mann starke Armee des altpersischen Königs Kambyses II. von Süden her nach Siwa aufgebrochen war: Alle sollen in der Wüste umgekommen sein.

Im Jahre 2002 erklärte die ägyptische Regierung mehr als 77 000 Quadratkilometer rund um Siwa zum Schutzgebiet. Im Jahr 2007 fanden Archäologen unweit der Oase etwas, was der älteste menschliche Fußabdruck der Welt sein könnte. ■

NICHT VERSÄUMEN

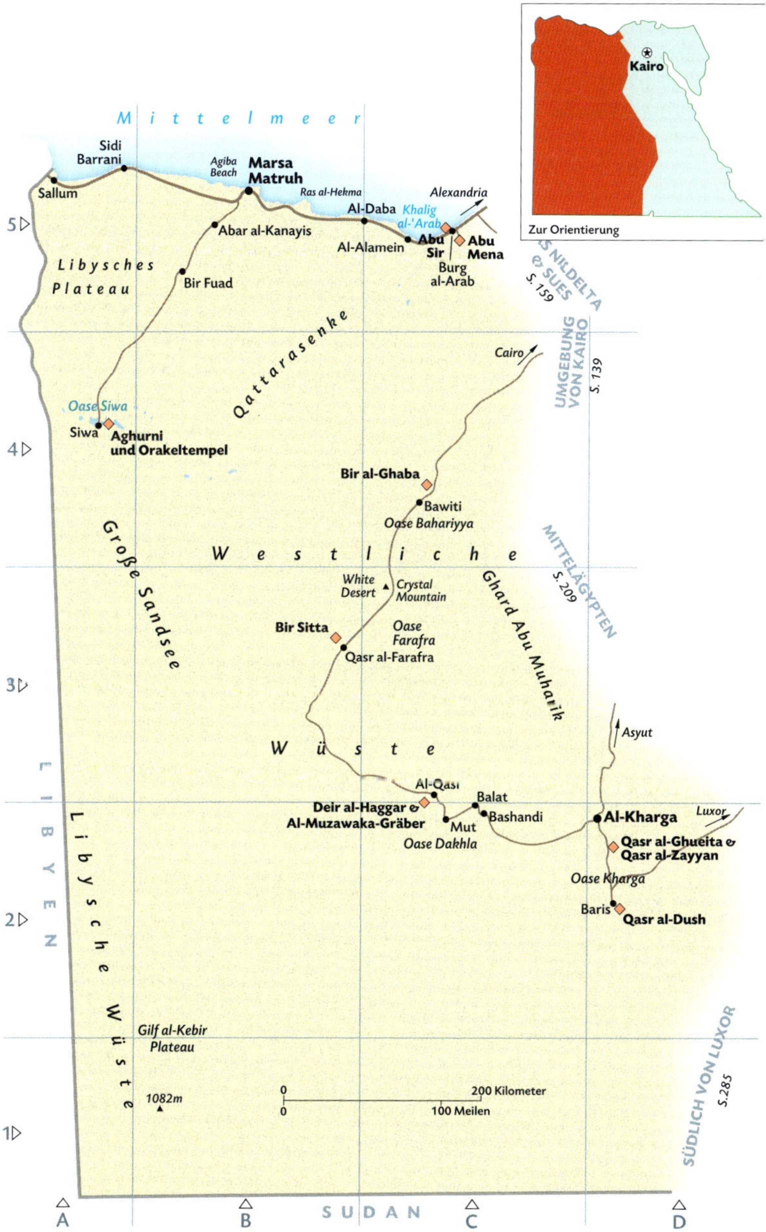
Mittelmeer
Sidi Barrani
Sallum
Agiba Beach
Marsa Matruh
Ras al-Hekma
Alexandria
Al-Daba
Khalig al-'Arab
Abar al-Kanayis
Al-Alamein
Abu Sir
Abu Mena
Burg al-Arab
Libysches Plateau
Bir Fuad
Qattarasenke
NILDELTA & SUES S. 159
UMGEBUNG VON KAIRO S. 139
Cairo
Oase Siwa
Siwa
Aghurni und Orakeltempel
Bir al-Ghaba
Bawiti
Oase Bahariyya
Westliche Wüste
Große Sandsee
Ghard Abu Muharik
MITTELÄGYPTEN S. 209
White Desert
Crystal Mountain
Bir Sitta
Oase Farafra
Qasr al-Farafra
Asyut
Al-Qasr
Balat
Deir al-Haggar & Al-Muzawaka-Gräber
Bashandi
Mut
Oase Dakhla
Al-Kharga
Luxor
Qasr al-Ghueita & Qasr al-Zayyan
Oase Kharga
Baris
Qasr al-Dush
LIBYEN
Libysche Wüste
Gilf al-Kebir Plateau
1082m
0 200 Kilometer
0 100 Meilen
SÜDLICH VON LUXOR S. 285
SUDAN
A B C D
1 2 3 4 5
Kairo
Zur Orientierung

Die Mittelmeerküste

Die Ägypter haben im Laufe ihrer Geschichte die Nordküste meistens gemieden. Sie ist zu weit vom Leben spendenden Niltal entfernt und man hätte zu viele Tage durch unwirtliche Wüste reisen müssen. Stattdessen diente sie als einsame Straße für Händler und Route für einfallende Mächte, von den Libyern in der Antike bis zu Italienern und Deutschen im Zweiten Weltkrieg.

Ausländische Touristen drängen sich an den Stränden der Sinaihalbinsel und an der Küste des Roten Meeres. Die Ägypter dagegen bevorzugen das Mittelmeer

Das hat sich alles geändert. Als Ägyptens Bevölkerung in den letzten Jahrzehnten wuchs und in manchen Schichten etwas Wohlstand einzog, stürzten sich die Raum- und Städteplaner auf die lange Zeit unbewohnte Küste. Von der Umgebung Alexandrias bis hinüber in den Westen nach Al-Alamein wurden die Mittelmeerstrände mit Feriendörfern verbaut. Sie sind in einem Mischmasch von Baustilen errichtet, von Neo-Maurisch bis Neo-Disney, und jedes Dorf hat ein enormes Eingangstor, das moderne Gegenstück zum pharaonischen Pylon.

In **Abusir** gibt es jedoch bei Kilometer 47 auf der Küstenautobahn einen echten Pylon; er gehört zu den umfangreichen Resten eines dem Osiris geweihten ptolemäischen Tempels. Daneben steht ein kleiner weißer Steinturm mit einem quadratischen Fundament, achteckigem Mittelteil und kreisförmigem (teilweise eingefallenem) obersten Stockwerk – eine

Miniaturausgabe des antiken Weltwunders, dem Leuchtturm von Pharos (siehe S. 183). Er war früher einer von mehreren Leuchttürmen entlang der Küste.

Der Turm spielte eine Rolle, als 1805 General William Eaton (1764–1811), eine Expedition durch die Libysche Wüste führte, um die Machthaber von Tripolis (im heutigen Libyen) abzusetzen. Eaton hoffte, den exilierten Pascha Hamet Karamanli wieder einzusetzen. Ein Freundschaftspakt zwischen den beiden Männern wurde im Turm von Abusir unterzeichnet.

Gleich hinter dem Turm biegt eine Straße nach Süden und führt durch das Dorf Burg al-Arab (Turm von Arab, der hiesige Name für den Leuchtturm) zur archäologischen Stätte von **Abu Mena**. Mena, einer von Ägyptens meistverehrten christlichen Heiligen, war angeblich ein Rekrut in der römischen Legion und starb für seinen Glauben den Märtyrertod. Die Legende erzählt, dass das Kamel mit seinen sterblichen Überresten an dieser Stelle anhielt und nicht mehr weitergehen wollte. Geschichten von wunderbaren Vorkommnissen in Verbindung mit diesem Ort ließen ihn vom 5. bis 7. Jahrhundert zu einer Wallfahrtsstätte mit mehreren Kirchen, Klöstern, Badehäusern, Geschäften und Wirtshäusern werden. Er verlor nach der arabischen Eroberung an Bedeutung und verfiel schließlich. Ägyptens koptische Gemeinde möchte gerne die früheren Schätze des Ortes wieder aufbauen. Mönche eines neuen Klosters, das in den 1970er Jahren gebaut wurde, führen die Besucher gerne durch die alten Ruinen.

An der Autobahn nimmt die Zahl der Feriendörfer kurz vor dem Küstenort **Al-Alamein** allmählich ab, berühmt als Schauplatz einer der entscheidenden Schlachten des Zweiten Weltkriegs. Zwei Strategen kämpften hier gegeneinander: Feldmarschall Erwin Rommel (1891–1944), der „Wüstenfuchs", der deutsche und italienische Truppen befehligte, und der britische General Bernard Law Montgomery (1887–1976). Im Juni 1942 überrollte das deutsche Heer Nordafrika und marschierte auf Alexandria und den Sueskanal zu. Es wurde an diesem fernen Wüstenort von der hintersten Verteidigungslinie aufgehalten. Am 23. Oktober desselben Jahres begann Montgomerys Achte Armee eine vernichtende Gegenoffensive, die die Deutschen bis nach Libyen zurückdrängte. Auf beiden Seiten war die Zahl der Gefallenen hoch. In Al-Alamein gibt es viele Friedhöfe und Gedenkstätten. Die der Italiener und Deutschen liegen gleich neben der Hauptstraße, während der britische und Commonwealth-Friedhof im Süden liegt, gegenüber dem **Al-Alamein-Museum**, in dem Erinnerungen an die Schlacht ausgestellt sind. ■

Die Schlacht von Al-Alamein

Der britische Premierminister Winston Churchill schrieb über die Schlacht von Al-Alamein: „Vor Alamein hatten wir nie einen Sieg erlebt. Nach Alamein erlebten wir nie mehr eine Niederlage."

Al-Alamein-Museum

- Karte: 195 C5
- Adresse: Medinat al-Alamein
- Telefon: 046/410 0021
- Öffnungszeiten: Fr 13–14 Uhr geschl.
- Preis: $$

Marsa Matruh

Marsa Matruh, 290 Kilometer westlich von Alexandria, ist die einzige größere Stadt an der Nordküste und hat nur eine größere Straße. Die Hälfte der Läden hat die meiste Zeit des Jahres zu. In der Sommersaison aber ist Matruh das beliebteste Ziel der ägyptischen Mittelklasse – auch wenn es sich hierbei nur um eine Miniversion der Ferienorte am Roten Meer handelt.

Nur im Sommer sind die Läden geöffnet – ansonsten ist in Matruh nichts los

Marsa Matruh
195 B5

Touristen-information
Omar Mukhtar St.
03/493 1841

Rommel-Museum
Rommel Beach, 3 km östl. der Stadt
Ab 15 Uhr geschl.
$

Die Stadt liegt an einer Bucht, an der in der Antike sich die Hafenstadt Paraetonium befand. Schiffsladungen griechischer Pilger gingen hier regelmäßig an Land, um das Orakel von Amun in der Oase von Siwa zu befragen. Eine Legende erzählt, dass Kleopatra und Mark Anton kurz vor der Schlacht gegen Rom (siehe S. 34) hierher kamen.

Während des Zweiten Weltkrieges hatte zunächst Rommel, dann der Montgomery sein Hauptquartier in der Stadt. Rommels Quartier lag in einer Höhle. Heute birgt sie ein kleines Museum mit ein paar Fotos und Landkarten und dem Mantel des Feldmarschalls. Der weltmännische „Monty" ließ sich im stilvollen Hotel Lido nieder (wo 1950 Rita Hayworth während ihrer Hochzeitsreise übernachtete).

Seitdem ist es mit Matruh bergab gegangen, und auch das Lido gibt es nicht mehr (das Beau Site Hotel lässt allerdings vergangenen Prunk aufleben; siehe S. 367). Im Sommer sind die Strände überlaufen. Außerhalb der Stadt grenzen einige noch unberührte Sandstreifen an türkisfarbene Gewässer, besonders in **Agiba Beach**, das 24 Kilometer westlich liegt. Von der Küstenautobahn bis zur libyschen Grenze gibt es dann kaum noch Sehenswertes. ■

Oase Siwa

Siwa ist der ideale Zufluchtsort für ruhesuchende Urlauber, ein kleiner Fleck mit Vegetation weit draußen in der Wüste, der auf der Landkarte fast an Libyen grenzt. Zwischen Siwa und Kairo liegen 550 Kilometer Wüste. Die Oase war einst berühmt für ihr Orakel. Siwa bietet eine reizvolle Kombination aus Ruhe, Schönheit und Unzugänglichkeit.

Die Oase war während ihrer langen Geschichte von den historischen Ereignissen am Nil isoliert und entwickelte sich deshalb unabhängig vom Rest Ägyptens. So sprechen die meisten Siwaner Siwi, eine Bersprache – eine Erinnerung an ihre Ursprünge als nomadisierende Beduinen. Die Gemeinde (15 000 Einwohner) besitzt noch ihre traditionelle Stammesstruktur, wobei die Anführer der elf Stämme, die Scheichs, den Gemeinderat bilden. Die Siwaner sind konservativer als andere Ägypter: Alkohol ist verboten, Frauen sieht man selten, sofern sie nicht in ein weites Gewand, die *Milayah*, eingehüllt sind.

Bis in die 1980er Jahre kannte Siwa kein Fernsehen und kein Telefon, der Eselskarren war das gängige Transportmittel. Eine neue Asphaltstraße zwischen der Oase und Marsa Matruh brachte Veränderungen. Die Oase ist nun ein Touristenziel und besitzt eine wachsende Zahl von Hotels und Restaurants. Sie ist mit dem Internet durch ein kostenloses, der Öffentlichkeit zugängliches Cybercafé verbunden, ein Flughafen existiert auf dem Reißbrett.

Nichts davon hatte bisher einen großen negativen Einfluss auf die Oase mit ihren dichten, grünen Hainen von Dattelpalmen und Olivenbäumen, die durch über 300 Süßwasserquellen und Bäche bewässert werden. Im Zentrum befindet sich der bescheidene Marktplatz, beherrscht von den Resten von **Schali**, der aus Lehmziegeln gebauten Enklave aus dem 13. Jahrhundert. Diese ursprüngliche Oasensiedlung war umgeben von hohen Mauern als Schutz gegen Angriffe marodierender Beduinen. Da es die Siwaner für zu gefährlich hielten, außerhalb der Mauern zu Häuser zu errichten, bauten sie stattdessen in die Höhe. Einige Häuser haben vier oder fünf Stockwerke. 1926 bewirkten drei Tage währende Regenfälle, dass sich der hohe Salzgehalt im Schlamm auflöste und die Gebäude geradezu „schmolzen". Alle Be-

Oase Siwa

195 A4

Touristeninformation

Stadtzentrum

046/460 2883

Geöffnet tägl., einschl. Fr mind. bis 17 Uhr

ERLEBNIS: Im Sand baden in Siwa

Es gibt einige Krankenhäuser im Gebel-Dakrur-Gebiet von Siwa, südöstlich von Shali, die Sandkuren anbieten. Diese Anwendungen sollen bei Arthritis und Rheuma Linderung verschaffen. Die Patienten werden dabei mit heißen Sand bedeckt. So ein „Bad" dauert etwa 30 Minuten, dann wird Tee gegen den Flüssigkeitsverlust verabreicht. Die Dauer dieser Anwendung kann bis zu einer Woche dauern. Die Kliniken haben Patienten aus aller Welt zu Gast. Die Sandkur wird nur im Sommer angeboten. Informationen gibt das Tourismusamt in Siwa *(Tel. und Fax 046/460 1338, Sa–Do).*

wohner müssten ihre Häuser verlassen. Es lohnt sich, das verlassene Schali zu erkunden: Von den höher gelegenen Plätzen hat man einen herrlichen Ausblick auf die Wüste.

Unterhalb von Schali, links neben der Hauptmoschee von Sidi Süleyman, steht das **Siwa-Haus-Museum**. Es zeigt u.a. traditionelle Kleidung und Schmuck.

Alexander der Große hierher und zog acht Tage lang von der Küste durch die Wüste, um sich vom Orakel des Amun bestätigen zu lassen, dass er der Sohn von Zeus sei. Niemand kennt die Antwort des Orakels, doch befahl er seinen Generälen, ihn nach seinem Tod in der Oase zu begraben. Es ist unwahrscheinlich, dass sie seinen

Backstein hat die Lehmziegel ersetzt; die isolierte Lage verhindert große Veränderungen in Siwa

Ausserhalb der Stadt

Drei Kilometer östlich der Stadt liegt die alte Siedlung **Aghurmi** auf einem Hügel. Abgesehen von einer renovierten Moschee ist sie etwas verfallener als Schali. Schilder weisen den Weg zu den Resten des **Tempels des Orakels** aus dem 6. Jahrhundert v. Chr., der einst in der ganzen Mittelmeerregion berühmt war. 331 v. Chr. kam

Wunsch erfüllt haben – Historikern zufolge, wurde er in Alexandria bestattet (siehe S. 177) –, aber natürlich gibt es Gegner dieser Auffassung. 1995 verkündeten zwei griechische Hobbyarchäologen, dass sie das legendäre verschollene Grab in Siwa gefunden hätten, doch existiert kein Beweis dafür, dass es die sterblichen Überreste Alexanders barg.

Etwas weiter südlich liegt der **Tempel des Amun**, dem widderköpfigen ägyptischen Gott des Lebens geweiht. Er ist fast vollständig zerstört, da er 1896 mit Dynamit in die Luft gesprengt wurde, um Baumaterial zu gewinnen.

Ein gut beschilderter Weg führt nach Süden zu **Kleopatras Bad**, einem mit Steinen befestigten Becken, das von einer natürlichen Quelle gespeist wird. Es ist ein beliebtes Schwimmbecken für die Männer des Ortes, aber die schaumige Wasseroberfläche schreckt viele Touristen ab. Ein viel besserer Ort zum Baden ist **Fatnas Quelle**, ein großes, von Palmen beschattetes Becken auf der gleichnamigen Insel im Salzsee Siwa, die über einen schmalen Damm erreichbar ist. Sie liegt etwa sechs Kilometer westlich des Zentrums von Siwa.

Nur 1,6 Kilometer nördlich der Stadt, an der Marsah-Matruh-Straße, befindet sich der **Gebel al-Mawta** (Hügel der Toten), eine Hang, der mehrere Gräbern aus der Ptolemäer- und Römerzeit birgt. Vier sind verschlossen, aber es lohnt sich, den Wärter ausfindig zu machen, um doch noch einige Grabgemälde zu sehen.

Wüstentrips sind auch eine beliebte Aktivität der Siwaner. An die Oase grenzt die **Große Sandsee**, das größte Dünenfeld der Welt, das sich im Westen bis Libyen sowie etwa 800 Kilometer weit nach Süden erstreckt. Die meisten Hotels können einen Tagesausflug mit einem Geländewagen in diese Dünenlandschaft organisieren. ■

INSIDERTIPP

Wer es sich leisten kann, sollte sich im Adrere Amellal (siehe S. 367) einquartieren, einem schicken Öko-Resort in der Oase Siwa. Das ist der friedvollste Ort, den ich je gesehen habe.

ANNA LOUIE SUSSMAN
NATIONAL GEOGRAPHIC
Traveler-*Magazin-Autorin*

Siwanische Handarbeiten

Siwanische Kunsthandwerksarbeiten sind mittlerweile solch beliebte Sammlerstücke geworden, dass man in der Oase selbst beinahe keine typischen, bestickten Kleider oder Silberschmuckstücke mehr finden kann. Die besten Exemplare befinden sich inzwischen meistens in Übersee, und da die meisten alten Kunsthandwerker inzwischen verstorben sind, haben die Siwaner dieses Kulturgut, ihr traditionelles Erbe leider verloren. Man bekommt jedoch in den Handwerksläden im Ort immer noch wunderbare Silberringe, die mit regelmäßigen, geometrischen Mustern verziert sind. Siwa ist auch bekannt für seine aus Dattelpalmwedeln geflochtenen Körbe und seine Keramiken, die mit einem aus Erde hergestellten Pigment rotbraun gefärbt werden.

Oase Bahariya

Bahariya liegt 330 Kilometer südwestlich von Kairo und somit von den vier Oasen der Libyschen Wüste Kairo am nächsten. Sie wurde immer als die Uninteressanteste dieses Quartetts betrachtet, bis sie durch eine Reihe von archäologischen Funden an Bedeutung gewann.

Das mehrschichtige, in den Fels gehauene Grab wurde wohl jahrhundertelang genutzt

Oase Bahariya
195 C4

Touristeninformation
Stadtratsgebäude, Bawiti
02/3847 3035 oder 02/3847 3039
14–19 Uhr, Fr geschl.

Museum Sharia al-Mathaf
Östlich vom Zentrum
$

Etliche kleine Dörfer gibt es in der Oase Bahariya, aber das Hauptzentrum ist **Bawiti** (30000 Einw.). Mit nur einer Hauptstraße mit niedrigen, schäbigen Gebäuden wirkt der Ort wie eine Grenzstadt. Beim ersten Hinsehen erkennt man wider Erwarten keine reiche Oasenvegetation, aber in fast jeder Richtung gehen gepflasterte Straßen in Sandwege über, die von traditionellen Lehmziegelhäusern und üppigen Palmenhainen gesäumt sind.

Vor 2000 Jahren sah es hier jedoch ganz anders aus. In hellenistisch-römischer Zeit galt Bahariya als eine der blühendsten Siedlungen ganz Ägyptens, die ihren Weizen und Wein ins Niltal bringen ließ. Archäologen schätzen, dass die Oase zu jener Zeit von rund einer halben Million Menschen bewohnt war. Das zeigt ein aufregender neuer archäologischer Fund: eine riesige, reiche Nekropole, in der bis zu 10000 Mumien Platz gefunden haben.

Zehn dieser Mumien sind im bunkerähnlichen **Sharia al-Mathaf Museum** zu besichtigen. Ansonsten bietet Bahariya kaum historisch Sehenswertes. Es gibt die

Das Tal der Goldenen Mumien

Im März 1999 begann ein Archäologenteam etwa sechs Kilometer von Bawiti entfernt mit der Ausgrabung einer vermuteten Wüstenbegräbnisstätte. Sie gruben gleichzeitig an vier Stellen und legten jeweils ein Grab frei, das bis zum Rand voller mumifizierter Leichen war. In den mutmaßlichen Familiengruften wurden 142 Mumien aufgestapelt gefunden, zusammen mit Skarabäen, Halsketten, Karneolohrringen und Armreifen aus Silber sowie mit Darstellungen der Fruchtbarkeitsgottheit Bes.

Weitere Grabungen im Mai 2000, von denen einige von Fernsehkameras aufgenommen wurden, enthüllten das Grab von Jed-Khenso-Iufankh. Dieser Herrscher von Bahariya aus der 26. Dynastie ist Historikern und Archäologen gut bekannt, die seit Jahrzehnten nach seiner letzten Ruhestätte gesucht hatten. Zur gleichen Zeit wurden weitere sieben Gräber geöffnet, die etwa 100 Mumien enthielten, einige mit Goldmasken. Eine mumifizierte Mutter trägt eine Babymumie an der Brust.

Die Archäologen schätzen, dass die Gräber noch 10 000 unentdeckte Mumien bergen könnten. Solange die Grabungen andauern, ist die Stätte für die Öffentlichkeit nicht zugänglich, aber man plant, das Tal der Mumien in ein Freilichtmuseum zu verwandeln.

Reste eines Tempels aus der 26. Dynastie, der Amun-Re geweiht war, und eines anderen, den man als einzigen Tempel in Ägypten zu Ehren Alexanders des Großen errichtet hatte. Es gibt außerdem eine Reihe alter Begräbnistunnels, am Ort bekannt als Karat al-Firekhi oder „Reihe des Hühnerhändlers" wegen der tausenden von mumifizierten Vögeln, die man dort entdeckte. Keiner dieser Orte ist leicht zu finden; man erkundigt sich am besten in der Touristeninformation.

Etwa einen Kilometer östlich des Stadtzentrums befindet sich das **Ethnographische Museum**, ein Privathaus, das lebensgroße Skulpturen von Oasenbewohnern beherbergt.

Ansonsten konzentrieren sich Ausflüge nach Bahariya gewöhnlich auf die heißen Quellen. Es existieren viele Quellen, aber die meisten eignen sich nicht zum Baden, denn sie liegen in direkter Nähe zu den Verkehrswegen. Eine Ausnahme bildet der **Bir al-Ghaba** (Waldbrunnen), der etwa 20 Kilometer nordöstlich von Bawiti in einem Eukalyptushain gelegen ist. Auf der Fahrt dorthin führt die Straße um einen Berg mit flacher Kuppe, bekannt als der „Berg des Engländers", denn im Ersten Weltkrieg unterhielten die Engländer dort oben einen Wachtposten. ■

INSIDERTIPP

Wer in der Wüste übernachten will, sollte eine Packung Feuchttücher mitnehmen: Sie sind praktisch für Gesicht und Hände, wenn man sich weit entfernt von fließendem Wasser aufhält.

CHIP ROSSETTI
NATIONAL GEOGRAPHIC-Mitarbeiter

Weiße Wüste

Mit ihren surrealen Felsformationen und blendend weißen Flecken wird die Weiße Wüste zunehmend eines der beliebtesten Ziele in der Libyschen Wüste. Sie beginnt nördlich der Oase Farafra, reicht etwa 50 Kilometer weit und erstreckt sich etwa 20 Kilometer zu beiden Seiten der Straße. Man besucht sie am besten von der Oase Farafra aus (siehe S. 206).

Riesige, von Windschliff gebildete Felsen haben eigentümliche Formen, sie werden in der Fachsprache Pilzfelsen genannt

Weiße Wüste
195 B3

Die Weiße Wüste (auf Arabisch Sahra al-Bayda) ist Teil der 200 Kilometer langen Farafrasenke. Ihr Oberflächenbelag besteht aus Kreide und Kalkstein, wodurch er wie eine Schneeschicht aussieht. Die Beduinen nennen die Gegend Wadi Gasar oder Tal der Karotten, denn in manchen Gebieten ähneln die spitzen Felsenhaufen Möhren. Diese seltsam verwitterten Felsformationen, verleihen der Gegend ihren Reiz. Man sieht sie zum ersten Mal kurz hinter Farafra auf der Bahariya-Straße. Aus dem Wüstenboden erheben sich sonderbare Felsformen, die Sphingen, Vögeln oder Kamelen ähneln. Je nach Sonnenstand nimmt der Felsen rosa, orangefarbene oder sogar blaue Töne an, was den ohnehin surrealen Anblick noch verstärkt. Über den Boden verteilen sich wunderlich geformte Eisenpyrite und Quarzkristalle, die die Beduinen lutschen, um in der Wüstenhitze die Speichelbildung zu fördern und den Durst zu löschen.

Eine weitere seltsame Erscheinung der Weißen Wüste sind die Quellen, von denen es eine ganze Reihe gibt, darunter **Bir Makfim, Ain al-Sarru und Ain al-Wadi**. Man erkennt sie eher an Hügeln als an Senken, die sich bilden, wenn der Sand in der Vegetation hängen bleibt, die in der Umgebung der Quelle sprießt. Die Pflanzen sind gezwungen, immer höher zu wachsen, um nicht vom Sand erdrückt zu werden. So bildet sich schließlich ein Hügel.

Im **Wadi Hennes** am nördlichen Ende der Weißen Wüste gibt es einige noch nicht freigelegte griechisch-römische Ruinen, darunter ein wachtturmähnliches Bauwerk sowie einige Gräber.

Obwohl er außerhalb der Weißen Wüste liegt, machen die meisten Touren Halt am **Kristallberg**, etwa 80 Kilometer von Farafra entfernt. Es handelt sich nicht um einen Berg, sondern um einen Felshaufen direkt an der Straße. Bei näherem Hinsehen entpuppt sich der Fels als Quarzkristall. ■

ERLEBNIS: Auf Wüstensafari

Wer durch die westlichen Oasen reist, kann von dort aus leicht bei Reisebüros vor Ort oder auch übers eigene Hotel Touren in die Wüste buchen. Die meisten Ausflüge finden per Geländewagen statt, aber einige Gesellschaften bieten auch Kamelsafaris oder Wanderungen an.

Wer eine echte Herausforderung sucht, sollte eine Expedition in die Libysche Wüste wagen. Die Große Sandsee südlich von Siwa und das entfernt gelegene Hochland des Gilf al-Kebir und Gebel Uweynat waren bis ins 20. Jahrhundert hinein noch unerforscht. Die Expeditionen in diese Gebiete können 12–28 Tage oder länger dauern. Die Gruppen müssen das Gas, Essen und Wasser selbst mitnehmen. Es versteht sich von selbst, dass solche Expeditionen nur mit einem professionellen Führer stattfinden dürfen. Zudem benötigen sie militärische Begleitung. Der Veranstalter stellt Geländewagen, Essen und Trinken, erfahrene Führer, GPS-Navigation und Campingausrüstung zur Verfügung.

Die unberührte Dünenlandschaft der Großen Sandsee ist atemberaubend schön. Mit dem Plateau des Gilf al-Kebir im Südwesten des Landes verbinden sich die Namen von Forschern wie Ralph Bagnold und Laszlo Almasy (der echte „Englische Patient"). Man findet dort prähistorische Felsmalereien die berühmte „Höhle der Schwimmer". Die Reiseagenturen für Wüstenreisen handeln für Sie die militärische Erlaubnis aus, aber rechnen Sie mit Veränderungen bei den Sicherheitsbestimmungen.

Wegen der extremen Hitze im Sommer finden die Wüstenexpeditionen von September bis März statt. Zur Vorbereitung gibt es hervorragende Handbücher für wüstenbegeisterte Urlauber.

Ein verlässlicher Veranstalter von Wüstensafaris ist **Badawiya Expedition Travel** *(42, Road 104, Maadi, Tel. 02/252 60994, www.badawiya.com).* Dieselben drei Beduinenbrüder, die auch das Badawiya Hotel in Farafra und Dakhla (siehe S. 368) leiten, sind auch Chefs dieses Expeditionsbüros und haben bereits viel Erfahrung auf dem Gebiet der Kamel- und Jeepsafaris. Sie stellen alles zur Verfügung, was man für eine Nacht unter freiem Himmel braucht, sogar Beduinenmusiker. Der Preis für einen Expeditionstag zum Gilf al-Kebir beläuft sich auf etwa 160 Euro pro Person.

Ein weiterer verlässlicher Veranstalter ist **Egypt Off-Road,** geführt von Peter Gaballa *(www.egyptoffroad.com).* Zusätzlich bietet er Fahrstunden für Autofahrer an, die in ihrem eigenen wüstentauglichen Fahrzeug ihre Fahrkünste in der Wüste erproben wollen.

Fliegel Jezernicky Expeditions werden von András Zboray und seiner Frau geleitet *(Tel. 36-1-2744290 [Budapest], www.fjexpeditions.com).* Zboray ist wie sein ungarischer Landsmann Laszlo Almasy ein Experte für Felsmalereien der Wüste.

Ein weiterer bekannter Wüstenführer ist Amr Shannon, ein Abenteurer aus Kairo, der schon seit mehr als 20 Jahren durch die ägyptischen Wüsten reist *(Tel. oder Fax 02/519 6894).*

Auch Siag Travel Egypt hat langjährige Erfahrungen in der Wüste *(Siag Travel Hotel, Saqqara Rd., Giseh, Tel. 02/23852626, www.siagtravel.com).* Weitere Angebote siehe S. 379ff.

Die Schönheit der Weißen Wüste erklärt das große Interesse an Safaris

Oase Farafra

Die kleine, isolierte Oase von Farafra ist bekannt für ihre malerische Lage und ihre Ruhe. Der Großteil der Einwohner lebt in Kasr al-Farafra, eher ein Dorf als eine Stadt mit einigen kleinen Cafés, einer Anzahl von städtischen Gebäuden sowie einigen Hotels. In der Umgebung sieht man die schönste Landschaft der Libyschen Wüste, darunter die Weiße Wüste (siehe S. 204).

Farafras berühmtester Einwohner ist der Künstler Badr, dessen Werke das Leben der Dorfbewohner zum Thema haben

Farafra-Oase
195 C3

Badrs Museum
092/751 0091
$$

Farafras Geschichte reicht bis zur Pharaonenzeit zurück, aber in der Oase gibt es keine Monumente. Die wenigen Kenntnisse über die Gegend zur Zeit der Antike stammen von Stelen, die man im Niltal fand. Die Oase lag an einer strategisch wichtigen Handelsroute nach Libyen und war eine bedeutende Wasserstelle für Karawanen und Armeen. Aber die nur kleine Zahl von Brunnen beschränkte das Anwachsen der Bevölkerung. Diese blieb arm, bis staatliche Investitionen in den letzten 20 Jahren zu einem Aufschwung führten.

Da erst vor zwei Jahrzehnten eine Straße zur Oase gebaut wurde, konnte Farafras seinen einzigartigen Charakter bewahren. Die meisten Einwohner gehören Großfamilien an. Gärten mit Dattelpalmen, Oliven- und Aprikosenbäumen sind von alten Lehmziegelmauern umgeben. Die Häuser gruppieren sich um das verfallene Kasr oder Fort auf dem Hügel; fensterlose Fassaden sind mit Darstellungen von Pilgerreisen nach Mekka bemalt.

Sie können hier bummeln und entspannen oder das **Badrs Museum** besuchen, wo die Werken von Farafras berühmtestem Sohn, dem Künstler Badr Abdel Moghny zu besichtigen sind.

INSIDERTIPP

Ob Mann oder Frau, kleiden Sie sich eher zurückhaltend: keine nackten Beine und Schultern, auch nicht bauchfrei. Das erspart Ihnen außerdem den sonst unvermeidlichen Sonnenbrand.

DR. JOEL D. IRISH
National Geographic-Experte

Wie in anderen Oasen gibt es auch hier heiße Quellen. Die schwefelhaltigen Gewässer in **Bir Sitta**, sechs Kilometer nördlich von Kasr al-Farafra, sind die bekanntesten Quellen. ■

Oase Dachla

Die Oasa Dachla besteht aus einer Anhäufung von kleineren Siedlungen, die sich entlang der staubigen Autobahn aneinanderreihen. Dachla wird von vielen als die attraktivste aller Oasen in der Libyschen Wüste bezeichnet. Die üppigen Obstgärten der Oase werden von weißsandigen Dünen gesäumt.

Die „Hauptstadt" der Oase ist Mut, eine schlichte und unspektakuläre Kleinstadt. Sie bietet ordentliche Unterkünfte, ein passables Restaurant und eine Touristeninformation. Es gibt heiße Schwefelbäder, am leichtesten erreichbar ist **Mut Talata**, drei Kilometer westlich des Stadtzentrums.

Interessanter ist die mittelalterliche **Stadt Al-Kasr**, etwa 30 Kilometer weiter in der gleichen Richtung. Ihre Gassen mit den Lehmziegelmauern bilden ein kompliziertes Muster und winden sich durch Tunnel, die von Querbalken aus roh behauenen Ästen gestützt werden. Teile davon hat man auf das 10. Jahrhundert datiert, es existiert auch eine Moschee aus dem 12. Jahrhundert mit einem Lehmminarett. Einige Eingänge haben Schwellen aus Akazienholz, die mit dem Namen des Besitzers, einem Datum und einem Vers aus dem Koran beschriftet sind. Es gibt im Dorf insgesamt 54 solche Schwellen, die älteste stammt aus dem Jahr 924 n. Chr.

Weitere drei Kilometer hinter Al-Kasr führt ein Pfad zu den **Al-Musawaka-Gräbern**, die in der Pharaonenzeit entstanden sind. In zwei Hauptgräbern sind die Wandmalereien erhalten geblieben, während sich im Dritten drei Mumien befinden. Weiter in Richtung Westen biegt man nach **Deir al-Haggar** ab, wo sich ein vor wenigen Jahren restaurierten Tempel aus der Zeit des römischen Kaisers Nero (45–68 n. Chr.) erhebt.

Wenn man von Mut in Richtung Kharga fährt, kommt man zu zwei kleinen Siedlungen, **Balat** und **Baschandi**. Beide besitzen jeweils einen wunderbaren alten Ortskern, mit einem Labyrinth an Gassen. Leider sind die Behausungen weitgehend verlassen und somit dem Verfall preisgegeben. ■

Oase Dachla

195 C2

Touristen-information

Al-Thawra al-Khadra St., Mut

092/7821 685

Ab 15 Uhr geschl.

Al-Musakawa-Gräber

$$

Deir al-Haggar

$$

Dachla wird von hohen Steilhängen begrenzt; geprägt wird die Oase von herrlich angelegten Gärten und Sanddünen

Oase Kharga

Kharga ist die größte Oase in der Libyschen Wüste und erstreckt sich 200 Kilometer über eine weitflächige Senke. Ein Großteil der Senke wird für landwirtschaftliche Zwecke genutzt. Kharga wirkt nicht so malerisch wie die Oasen im Norden. Einige der eindrucksvollsten historischen Ruinenbauten der Libyschen Wüste befinden sich jedoch hier, die sie umgebende Wüste mit ihren wellenförmigen Dünen ist sehr beeindruckend.

Al-Kharga
195 D2

Touristen-information
Nasser Sq., Al-Kharga
092/792 1206
Ab 14 Uhr und Fr geschl.

Archäologisches Museum
Gamal Abdel Nasser St., Al-Kharga
Fr geschl.
$$

Tempel des Hibis
$$

Nekropole von al-Bagawat
$$

Kasr al-Ghueita
$$

Kasr al Zaijan
$$

Kasr al-Dusch
$$

Frühchristliche Gräber in Al-Bagawat beweisen, dass die Oasen Zwischenstationen auf einer alten Handelsroute waren

Die größte Stadt der Oase ist **Al-Kharga**, Hauptstadt des Grenzbezirks Neues Tal. Das Stadtzentrum hat wenig zu bieten außer ein paar Hotels und dem **Archäologischen Museum** mit einer Sammlung lokaler Artefakte. Am nördlichen Ende der Stadt erhebt sich der **Tempel des Hibis** aus dem 6. Jahrhundert v. Chr., der der thebanischen Triade Amun-Re, Mut und Chons geweiht ist (siehe S. 242). Gegenüber dem Tempel stehen auf dem Berg die Reste des **Tempels** und der **Festung von an-Nadura**, 138 n. Chr. erbaut vom Kaiser Antoninus Pius.

Weiter nördlich erstreckt sich die faszinierende **Nekropole von al-Bagawat**, die hunderte von Lehmziegelgräbern aus der christlichen Epoche, vom 4. bis 6. Jahrhundert, birgt. Auf einem Pfad hinter der Nekropole stehen auf einem Felsen die Ruinen von **Deir al-Kaschef**, einem frühen christlichen Kloster. Wenn man von Al-Kharga nach Süden fährt, liegen zwei weitere verfallene Festungen gleich östlich der Hauptstraße. In **Kasr al-Ghueita** steht ein gut erhaltener ptolemäischer Tempel; das römische **Kasr al-Zaijan** liegt in der Nähe eines Dorfes.

Die sehenswerteste der alten Ruinen ist **Kasr al-Dusch**, ein römischer Tempel und eine Festung nahe der Stadt Baris, für Krawanen das südliche Eingangstor nach Ägypten, etwa 96 Kilometer südlich von Al-Kharga. Kaiser Domitian baute im 1. Jahrhundert den gut erhaltenen Osiristempel innerhalb der Stadtmauern. ■

Ein landwirtschaftliches Kernland rund um die Marktstädte und ringsum zahlreiche historische Stätten, darunter die kurzzeitige Hauptstadt des ketzerischen Pharaos Echnaton

Mittelägypten

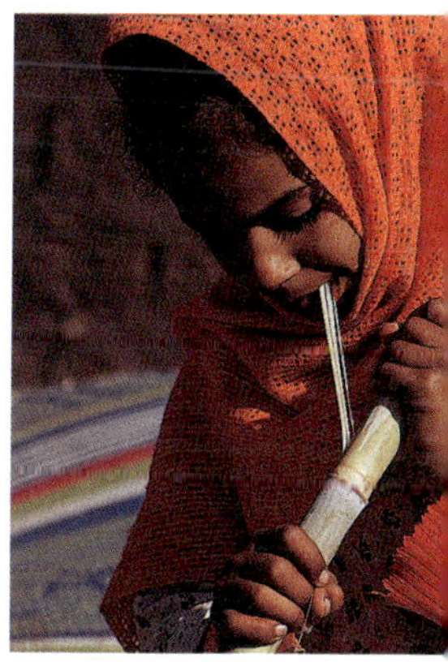

Ein Mädchen in Gurna saugt Zuckerrohrsaft

Mittelägypten

Mittelägypten beginnt südlich von Kairo und endet nördlich von Luxor. Die meisten Besucher überfliegen diesen Teil oder verschlafen ihn im Nachtzug. Wer jedoch das „wirkliche Ägypten" kennenlernen will, sollte hierher kommen.

Der Ausdruck „Mittelägypten" ist eine Erfindung von Archäologen des 19. Jahrhunderts. Die Ägypter selbst sprechen nur von Ober- und Unterägypten, Bezeichnungen, die seit der Zeit des ersten Königs Menes (um 3100 v. Chr.) in Gebrauch sind. Dies hier ist das Kernland Ägyptens, das weder von Schwerindustrie noch von Tourismus stark beeinflusst wird. Nicht weit südlich von Kairo ziehen sich die Klippen und Felshügel, die den Nil begrenzen, zurück und eine weite und üppig grüne Ebene tut sich zu beiden Seiten des Flusses auf. Hier ist für die Landwirtschaft der beste Boden, der auf uralte Weise bewirtschaftet wird. Die Bauern praktizieren noch Bewässerung durch Überflutung und gelegentlich erhascht man einen Blick auf ein Wasserrad oder *Sakia*, das von einem Ochsen mit verbundenen Augen gedreht wird, oder auf ein *Schaduf*, das alte Gerät zum Wasserheben. Die Fellachen bearbeiten den Boden oft mit Geräten, die nach jahrtausendealten Modellen gefertigt sind. Die Städte sind konservativ, der Einfluss Kairos ist hier kaum zu spüren.

Dorfbewohnerinnen kommen zum Wäschewaschen ans Nilufer

Leider ist die ländliche Idylle nicht so schön, wie sie scheint. Die Landwirtschaft bietet nicht genügend Beschäftigung und Einkommen für die wachsende Bevölkerung der Region. Da Industrie und Tourismus in Mittelägypten keine Einnahmen liefern, ist die wirtschaftliche Lage schlecht. Außerdem misstraut man traditionell den fernen Behörden in der Hauptstadt, denen man Desinteresse an der Region vorwirft. So fielen hier während der letzten zehn Jahre extremistische Ansichten auf fruchtbaren Boden. In den frühen 1990er Jahren, als die islamischen Fundamentalisten ihre Absicht erklärten, Ägyptens Tourismusindustrie zu schädigen, galt Mittelägypten als gefährlichste Region. Führer von islamistischen Gruppen behaupten, dass sie künftig keine ausländischen Touristen mehr bedrohen würden, und die Polizei hat deren Schutz verstärkt, aber Mittelägypten wird nach wie vor nur von wenigen Reisegruppen und Individualreisenden besucht.

Auch schon vor den Unruhen gehörte Mittelägypten nicht zu den Hauptreisezielen für Ausländer. Die Zahl der Monumente ist klein, es gibt nur wenige Hotels und der öffentliche Nahverkehr lässt zu wünschen übrig. Das mag sich jedoch ändern, weil es schon Initiativen gibt, diese Gegend für Touristen einladender zu

gestalten. Als attraktiv könnte sich zum Beispiel die Pilgerroute auf den Spuren der Heiligen Familie (siehe S. 219) erweisen. Sie würde die Menschen nach Assiut und zu anderen Orten führen.

Auch wenn im Augenblick das Reisen in dieser Region nicht übermäßig empfehlenswert ist, beschreibt dieser Führer die Hauptstätten in Mittelägypten, denn die Lage kann sich natürlich wieder ändern. Die beiden interessantesten Orte, der Tempel von Sethos I. in Abydos (siehe S. 222f) und der Tempel in Dendera (siehe S. 224ff), können von Luxor aus besucht werden, einem sichereren und angenehmeren Ausgangspunkt. ■

NICHT VERSÄUMEN

Minia & Umgebung

Die Provinzhauptstadt Minia liegt 240 Kilometer südlich von Kairo. Sie ist für ihre lässige Atmosphäre bekannt, die ihren Ruf, ein Zentrum der extremistischen Opposition zu sein, Lügen straft. Abgesehen von der allgegenwärtigen Polizei ist Minia eine nette Stadt am Nil mit einigen schönen, wenn auch vernachlässigten Gebäuden. Minia eignet sich gut als Ausgangspunkt für Ausflüge zu wichtigen archäologischen Stätten der Gegend.

Die Kuppeln der Gräber am „Ort der Toten" in Minia sehen aus wie Eier im Karton

Das Leben von Minia konzentriert sich auf den **Tahrir Square**, der von Wohnhäusern aus der Kolonialzeit gesäumt wird. Sie wurden im frühen 20. Jahrhundert von italienischen Architekten für die örtlichen Baumwollmagnaten gebaut. Die Häuser sind zwar schäbig, haben aber immer noch ihren Charme. Der Bürgersteig davor ist voller Kaffeehaustische, auf denen Gäste ihre Wasserpfeifen schmauchen und Domino oder Backgammon spielen. Da die Ägypter die Spielsteine gerne mit Wucht auf die Tische knallen, herrscht hier ein beträchtlicher Lärm. Die Eröffnung eines neuen **Echnathon-Museums** ist für 2010 geplant. Näher am Fluss, einen Häuserblock vor der von Bäumen gesäumten Corniche, erstreckt sich ein lebhafter Suk (Straßenmarkt). Während der Saison türmen sich hier große Pyramiden aus Wassermelonen.

Minia bietet wenige Sehenswürdigkeiten, die Umgebung dafür umso mehr. Da der öffentliche Nahverkehr zu den alten Stätten begrenzt ist, sollte man sich für einen Tag ein Taxi mieten. Dabei kann die Touristeninformation am Ort helfen.

Etwa fünf Kilometer südlich der Stadt, auf der anderen Seite des Flusses, befindet sich ein riesiger Friedhof namens **Zawiyyet al-Mayyiteen** oder **„Ort der Toten".** Er gehört zu den größten Grabstätten der Welt und enthält Tausende von Mausoleen. Lehmziegelkuppeln kennzeichnen die muslimischen Gräber, Kreuze die christlichen. Bis in die 1970er Jahre wurden die Toten mit Feluken auf den Friedhof hinübergefahren, aber eine neue Nilbrücke hat diese Tradition beendet.

Weitere 16 Kilometer südlich liegen die Felsengräber von **Beni Hasan**, die am Ostufer des Nils in die Felsen gehauen wurden. Die Gräber sind nach einem arabischen

Stamm benannt, der einst in dieser Gegend lebte. Sie stammen aus dem Mittleren Reich (2055–1650 v. Chr.). Insgesamt handelt es sich um 39 Gräber, die alle diversen Adligen und regionalen Gouverneuren gehörten, aber nur vier sind für Besucher zugänglich. Sie stammen aus einer früheren Periode als die Gräber im Tal der Könige (siehe S. 271ff) in Luxor und sind weniger spektakulär, aber dennoch faszinieren ihre Wandmalereien, die eine Vielzahl alltäglicher Verrichtungen im alten Ägypten bildlich veranschaulichen.

Das älteste der Gräber ist das Grab von Baket, das bekannt ist wegen seiner Ringkämpfer, die in fast 200 verschiedenen Positionen gezeigt werden. Direkt südlich davon liegt das Grab von Kheti, dem Sohn von Baket. Kheti sitzt unter einem Sonnendach und wird von Fächerträgern bedient. Im Grab von Amenemhet befindet sich hinten eine Nische für Statuen, eine spätere Entwicklung. Es enthält noch zerbrochene Figürchen von Amenemhet, seiner Frau und seiner Mutter.

Das eindrucksvollste Grab des Quartetts ist das Grab von Chnumhotep, der um 1800 v. Chr. lebte. Neben dem Haupteingang zeigen Gemälde tanzende Akrobaten, aber die meisten Szenen hängen mit den Aufgaben der Beamten zusammen. Am spektakulärsten sind jedoch an der Rückwand die Szenen vom Jagen, Fischen und Vogelfang, die auch Darstellungen vieler Tiere enthalten, darunter Flusspferde, Krokodile, Löwe und Leopard. Sie müssen alle im alten Ägypten recht verbreitet gewesen sein.

Von den Gräbern aus führt ein Pfad 2,5 Kilometer nach Süden zum **Speos Artemidos**, einem aus dem Felsen gehauenen Tempel, erbaut von der Pharaonin Hatschepsut (siehe S. 268). Er besitzt die typischen hathorköpfigen Säulen, die man auch bei Hatschepsuts großem Tempel auf dem Westufer in Luxor findet (siehe S. 268ff). Hier sind sie allerdings unvollendet.

Minia ist auch der beste Ausgangspunkt für einen Ausflug nach Amarna (siehe S. 214ff). ■

Unter Polizeischutz reisen

Nach mehreren Terroranschlägen gingen die ägyptischen Sicherheitsbehörden Mitte der 1990er Jahre scharf gegen einheimische Extremisten vor und erhöhten die Sicherheitsmaßnahmen für Touristen. Obwohl diese Gefahren heute weitgehend gebannt sind, wird in manchen Regionen noch immer Polizeischutz für Touristen angefordert. Zu diesen Regionen gehören Fayum und Mittelägypten, wohin es ohnehin nur wenige Besucher zieht. Es kann zwar lästig sein, wenn ein junger Polizist sie ständig begleitet, aber denken Sie daran, dass es dabei nur um Ihre Sicherheit geht. Zudem kann Ihr „persönlicher Sicherheitsbeamter" Sie gut über die Gegend informieren, oder Sie betrachten ihn einfach nur als einen freundlichen Begleiter auf Ihrem Rundgang durch die Stadt.

Minia
211 B3

Besucherinformation
Corniche al-Nil
086/234 3500
Fr geschl.

Beni Hasan
Abu Qirkus
$$

Tell al-Amarna

Das ägyptische Reich war im 14. Jahrhundert v. Chr. noch in seinem Goldenen Zeitalter, als Pharao Amenophis IV. (1352 bis 1336 v. Chr.), kaum dem Teenageralter entwachsen, die uralte polytheistische Religion von Karnak in Theben beiseite fegte. An ihre Stelle erhob er Aton, die Sonnenscheibe, zur einzigen Gottheit, gab sich den neuen Namen Echnaton („der dem Aton dient") und gründete die Hauptstadt Akhetaton („der Horizont des Aton").

Echnaton regierte während Ägyptens Goldenem Zeitalter im 14. Jahrhundert v.Chr. von Amarna (oben) aus

Amarna
211 B3
Tell al-Amarna
$$

Amarna, auch bekannt als Tell al-Amarna, ist der Ort dieser revolutionären Stadt. Einen Ausflug macht man am besten von Minia aus, das etwa 50 Kilometer nördlich liegt. Besucher sollten sich ein Taxi für einen Tag mieten, denn sie brauchen auch ein Fahrzeug, um das großflächige Tell al-Amarna zu durchqueren. Auf dem Weg kommt man durch die Stadt Mallawi, wo ein kleines Museum Gegenstände aus der Region zeigt. In letzter Zeit gingen von Mallawi jedoch Unruhen aus, und deshalb gestattet es die Polizei Touristen nicht, in der Stadt Halt zu machen. Ihr Fahrer kann Sie jedoch an der Al-Till-Fähre am Westufer herauslassen, und Sie setzen Ihre Reise dann auf der anderen Seite fort, wo in absehbarer Zeit ein Besucherzentrum eröffnet wird.

Warum Echnaton gerade diesen Ort wählte, ist unklar, aber es könnte gut sein, dass er mit 384 Kilometern nilabwärts von Karnak einige Distanz zwischen sich und die aufgebrachte Gesellschaft bringen wollte. Erstaunlich schnell errichtete er seine neue Stadt mit Palästen, öffentlichen Gebäuden und einem großen Tempel am Ostufer des Nils auf einer halbmondförmigen Ebene, gesäumt von hohen Klippen.

Tell al-Amarna war jedoch weniger als 15 Jahre die Hauptstadt Ägyptens. Der Ort wurde kurz nach Echnatons Tod aufgegeben, als es den Priestern von Karnak gelang, die religiöse Macht wiederzuerlangen. Sie entweihten den Tempel und bemühten sich, alle Zeugnisse des ketzerischen Pharaos und seiner abtrünnigen Religion zu vernichten. Echnatons Stadt verfiel nicht nur, sondern sie wurde regelrecht abgebaut.

Leider sind das Drama und das Geheimnis des „rebellischen Pharaos" (und seiner fast ebenso bekannten Frau Nofretete) von viel größerem Interesse als die Stadt selbst. Heute ist nur noch ein schwach sichtbarer Umriss aus niedrigen Erdhaufen und Gräben übrig. Es stehen keine Bauwerke mehr und alle Funde, zum Beispiel Töpferwaren und Statuen, wurden in verschiedene Museen gebracht. Fast das Einzige, was man heute noch von der Stadt sieht, sind zwei Gruppen von Gräbern, die in den Felsen gehauen sind, je eines an jedem Ende der ehemaligen Stadt. Sie enthalten farbenprächtige Wandmalereien vom Leben während der Aton-Revolution.

Die lohnendsten von den sechs nördlichen Gräbern sind das **Grab des Huya** (Nr. 1) und das **Grab des Mery-Re I.** (Nr. 4). In Letzterem zeigt ein Gemälde an der rechten Wand hinter den zwei Säulen Echnaton und seinen Tempel, was den Archäologen dabei hilfreich war, sich das Aussehen der Stadt vorzustellen. Man beachte

INSIDERTIPP

An der nilseitigen Hauptstraße von Amarna kommt man an *qasab* (Zuckerrohr) vorbei. Wenn gerade geerntet wird, sollten Sie Ihren Führer bitten, dass er Ihnen ein Stückchen holt – es schmeckt gut, einfach darauf herumzukauen.

CHIP ROSSETTI
NATIONAL GEOGRAPHIC-Mitarbeiter

Echnatons seltsames Gesicht

Einer der ungewöhnlichsten Aspekte der Amarna-Kunst ist die Erscheinung des Pharaos selbst. Im Gegensatz zu den glatten, muskulösen Königen von früher wird Echnaton meistens mit gewölbtem Schädel und sehr schmalem, katzenartigem Gesicht mit wulstigen Lippen dargestellt. Sein Bauch ist rund und sein Becken und Gesäß sind matronenhaft, fast üppig. Gelehrte mutmaßten jahrzehntelang, dass der Pharao eine verunstaltende Krankheit hatte. Aber heute glauben viele, dass die offensichtliche Zweigeschlechtlichkeit von Echnaton ihre Wurzeln in der neuen Religion haben könnte, da Aton sowohl männliche als auch weibliche Aspekte besaß.

Hermopolis
- 211 B3
- Al-Aschmunein
- $$

Tuna al-Gebel
- 211 B3
- Tuna al-Gebel
- $$

auch unten in der Ecke das Relief blinder Bettler, die auf Almosen warten. Zu den typischen Merkmalen der Kunst von Amarna gehörte, dass sie sich eher auf die Natur und menschliches Leben konzentrierte als auf die Unterwelt. Der früher formalisierte und steife Stil des Hofes wurde ersetzt durch eine Art Naturalismus.

Der Weg zu Gott?

Der amerikanische Ägyptologe James H. Breasted nannte Echnaton »den ersten Idealisten der Welt ... den frühesten Monotheisten und den ersten Propheten des Internationalismus«. Dass er Aton – der bisher nur ein Aspekt des Sonnengottes Re gewesen war – in den höchsten Stand erhob und dabei alle Attribute anderer Götter zusammenfasste, nimmt den einen Gott der Juden, Christen und Muslime voraus. Trotzdem sah Echnaton sich selbst und Nofretete als Erweiterungen dieses Gottes, die deshalb auch angebetet werden sollten.

Tief im Süden existieren noch zwei weitere Gruppen von Gräbern. Hier sollte man das **Grab des Mahu** (Nr. 9) besichtigen, die Grabstätte von Echnatons Polizeichef, und das **Grab des Aye** (Nr. 25), das schönste aller Gräber in Tell al-Amarna. Wandmalereien zeigen Palastszenen und das Straßenleben der Stadt.

Alle diese Gräber gehörten Adligen und Beamten. Wo Echnaton selbst begraben ist, bleibt ein großes Geheimnis. Eine Möglichkeit wäre ein nicht identifiziertes Grab, bekannt als **Königliches Grab**, das versteckt in einem Tal fünf Kilometer östlich des Flusses liegt. Seine Wandmalereien und Texte wurden von den Priestern des Amun praktisch ausgelöscht, aber einige erhaltene Szenen befassen sich mit Meketaton, Tochter von Echnaton und Nofretete.

Wo die Welt aus dem Chaos entstand

Touristen mit eigenem Fahrzeug können auf ihrem Ausflug nach Tell al-Amarna zwei weitere Stätten besuchen. Acht Kilometer nordwestlich von Mallawi findet man die Reste der berühmten Stadt **Hermopolis**. Einer alten ägyptischen Tradition nach begann hier die Schöpfung mit Hügelgöttern, welche wiederum die Welt aus dem Chaos schufen. Seit der Zeit der frühen Dynastien war dieser Ort Zentrum des Kultes von Thot, des ibisköpfigen Gottes der Weisheit, des Heilens und Schreibens. Er nahm häufig die Gestalt eines Pavians an, oft ausgestattet mit einem enorm großen erigierten Penis. Ein Paar riesiger Sandsteinpaviane stehen nun am Eingang der Stätte, aber sie haben ihren Phallus nicht mehr, der wahrscheinlich von frühen Christen abgehackt wurde. Die Ptolemäer identifizierten Thot mit dem griechischen Gott Hermes, daher der Name Hermopolis. Es gibt eine christliche Basilika aus dem 5. Jahrhundert, die aus den schlanken Granitsäulen eines ptolemäischen Tempels besteht.

Von der Nekropole der Stadt, nach dem kleinen Nachbardorf benannt als **Tuna al-Gebel**, ist mehr übrig. Auf halbem Weg zwischen Dorf und Stätte steht das älteste Monument der Gegend. Es besteht aus einer Reihe von Stelen, die die Grenze von Echnatons Königsstadt kennzeichneten. Sie zeigen Echnaton und Nofretete mit ihren Töchtern, wie sie die Sonne anbeten. Am Interessantesten in der Nekropole sind die Katakomben, deren Galerien einst zahllose mumifizierter Paviane und Ibisse enthielten, da beide Tierarten dem Thot heilig waren. Obwohl nur ein paar Hauptkorridore zugänglich sind, vermuten Ägyptologen, dass sich der unterirdische Friedhof bis Hermopolis, also mehr als sieben Kilometer weit, erstrecken könnte.

Über Tage liegt eine kleine „Stadt der Toten" mit von Mausoleen gesäumten Straßen. Am prachtvollsten ist das **Grab des Petosiris**, eines Hohepriesters von Thot, das wie ein Tempel aussieht.

INSIDERTIPP

Sammeln Sie unbedingt kleine Geldscheine. Wenn Sie nur 50- oder 100-LE-Scheine bei sich tragen, sind Sie auf andere angewiesen, die Ihnen wechseln können, und das klappt nicht immer reibungslos.

PEARCE CREASMAN
National Geographic-Experte

Die Gemälde im Inneren ptolemäisch: Dargestellt sind ägyptische Szenen, doch tragen alle Figuren griechische Kleidung. ■

Die Stummel schlanker Säulen kennzeichnen die Stelle, wo nach alter ägyptischer Tradition die Schöpfung mit einem Erdhügel, der die acht Götter hervorbrachte, begann

Die Heilige Familie in Ägypten

Nach biblischer Tradition floh die Heilige Familie – Josef, Maria und Jesus – von Bethlehem nach Ägypten, um Herodes' „Massaker an den Erstgeborenen" zu entgehen. Sie blieben ungefähr vier Jahre. Was sie in dieser Zeit machten, sagt die Bibel nicht, aber die koptische Tradition verbindet erstaunlich viele Stätten mit ihrem Aufenthalt.

Viele dieser Verbindungen schuf Theophilus, Patriarch der koptischen Kirche um 500 v. Chr. Theophilus hatte einen Traum, in dem ihm die Orte, wo die Heilige Familie gelebt haben sollte, gezeigt wurden. Gesunder Menschenverstand bestätigt zumindest die erste dieser Stätten, Farma im Nordsinai (siehe S. 332), früher Pelusium, ein römischer Hafen, der das Eingangstor zu Ägypten auf einer viel benutzten Karawanenstraße von Judäa (heute Israel) war. Von hier aus sollen die heiligen Reisenden die Deltaregion durchquert haben. Eine lokale Tradition lässt sie an zahlreichen Orten auftauchen, darunter Sakha in der Nähe der Stadt Kafr al-Scheikh, wo eine Kirche einen Stein besitzt, auf dem sich der Fußabdruck von Jesus abzeichnen soll, und die Jungfrau-Maria-Kirche in Mostorod in der Nähe der Stadt Bilbeis. Tausende von Pilgern kommen jeden August, weil sie glauben, dass die Heilige Familie hier einst Schutz suchte.

Das Weiße Kloster (um 500 n. Chr.) versinnbildlicht die lange Tradition des Christentums in Ägypten

In Matariya, einem nordöstlichen Vorort von Kairo, steht der Jungfrauenbaum. Die knorrige Platane stammt angeblich von einem Baum ab, der Maria während einer Rast Schatten spendete. Der Baum wird heute von einem eingezäunten Garten umgeben. Die Stätte bietet eine angenehme Erholung vom Lärm der Großstadt Kairo.

Der Tradition nach kam die Heilige Familie dann durch Babylon, heute bekannt als koptisches Kairo (siehe S. 114ff), wo sie in einer Höhle Schutz suchte, die heute Teil der Kirche St. Sergius ist. Eine weitere Kirche in Kairo, aus dem 4. Jahrhundert, im südlichen Vorort Maadi und mit der U-Bahn leicht zu erreichen, soll auf dem Platz einer jüdischen Synagoge am Ufer des Nils stehen, von wo aus die Familie mit dem Schiff nach Oberägypten reiste. Die Kopten glauben, dass die Treppe vom Hof der Kirche der Heiligen Jungfrau zum Fluss hinunter noch diejenige ist, die die Heilige Familie einst hinabstieg.

Der südlichste Punkt, der mit der heiligen Route assoziiert wird, ist die Stadt Assiut (siehe S. 220), 370 Kilometer südlich von Kairo. Zwischen Maadi und Assiut beanspruchen zahllose weitere Dörfer und Kirchen, die Reisenden aufgenommen zu haben, da sie alte Kirchen, heilige Brunnen und Bäume aufzuweisen haben. Zweifellos ist Mittelägypten dicht mit alten Kirchen

ERLEBNIS: Auf den Spuren der Heiligen Familie

Pilgerreisen zu den wichtigsten Stätten der Heiligen Familie sind eine noch recht neue Art, Ägypten zu bereisen (zumindest für Touristen unserer Zeit – christliche Pilger haben diese Stätten schon vor Jahrhunderten aufgesucht); offiziell gibt es diese Angebote für Touristen erst seit dem Jahr 2000. Auf den „heiligen Pfaden" zu wandeln ist eine einzigartige Art und Weise, mal ein völlig anderes Ägypten zu erleben. Zwischen der ehrfurchtgebietenden antiken Vergangenheit des Landes und seiner zentralen Rolle in Geschichte und Zivilisation des Islams kann man nämlich leicht vergessen, dass Ägypten auch eine wesentliche Rolle in der Geschichte des Christentums gespielt hat. Viele Sehenswürdigkeiten, die man auf einer solchen Pilgerreise entdeckt, werden selten von Nicht-Ägyptern aufgesucht, sodass die Ansammlungen von Reisebussen dort nicht zu befürchten sind.

Sie können auf eigene Faust reisen und sollten idealerweise im Sinai starten und dann Richtung Niedergebranntes Kloster (siehe S. 220) weiterreisen. Einige Klöster und Kirchen am Weg haben Gästehäuser, sind aber oft nur einfach ausgestattet und nehmen unter Umständen nur männliche Besucher auf; Sie sollten bereits von Kairo aus buchen, wenn Sie im Hotel übernachten wollen.

Angesichts der Vielzahl der Stätten, die mit der Heiligen Familie in Verbindung gebracht werden, kann man immer nur einen Bruchteil davon besichtigen. Auf Ihrer selbstgeführten Rundreise sollten Sie mit den Ruinen von **Pelusium** im Nordsinai, ungefähr 18 Kilometer östlich der Mubarak-Friedensbrücke in Al Qantara, beginnen. Pelusium erreichen Sie mit eigenem Verkehrsmittel oder einem Ferntaxi von Ismailia oder Port Said. Mit dem Auto oder Bus können Sie auch Ziele im Delta wie **Tell Basta** (siehe S. 164), **Bilbeis, Sammanud** oder **Sakha** (unweit von Kafr al-Sheikh) ansteuern. Die drei wichtigsten Pilgerstätten in Kairo – **Matariyya, St. Sergius** im koptischen Kairo und die **Kirche der gebenedeiten Jungfrau in Maadi** – sind alle mit Metro oder Taxi aufzusuchen. **Gebel al-Teir** kann man leicht per Taxi von Minia anfahren (siehe S. 212f), und zum **Niedergebrannten Kloster** – offiziell der südlichste Punkt, den die heilige Familie erreicht haben soll – fährt man per Taxi von Minia oder Assiut.

Eine Tour mit Führung ist allerdings weniger anstrengend. Ein hervorragender Führer ist der holländische Gelehrte **Dr. Cornelis (Kees) Hulsman,** ein Experte für die koptische Kirche, der seit 1994 in Ägypten lebt. Informationen über seine Touren finden sich auf seiner Website *(www.holyfamilyegypt.com)*. Auch wenn seine Touren vornehmlich für große Gruppen geplant sind, sollten Einzelreisende ihn ansprechen, damit er sie vielleicht in einer solchen Gruppe unterbringen kann *(150 $ pro Tag)*. Außerdem bietet der Reiseveranstalter **Biblical Vacations** *(Tel. 010/615 3331, www.biblevacations.com)* in seinem Programm „Auf den Spuren Jesu" Reisen zu den Stätten der Heiligen Familie an und hat mit Ramez Salama einen herausragenden Führer, der gut zehn Jahren christlich orientierte Rundfahrten begleitet.

---

und Klöstern versehen, Zeugnis einer althergebrachten christlichen Tradition.

Seit dem Jahr 2000 hat sich das ägyptische Tourismusministerium sehr bemüht, diese „heilige Route" zu präsentieren und zu vermarkten, mit dem Ziel, einen Teil des Pilgerstromes von Jerusalem abzuziehen. Der 1. Juni wurde inoffiziell zum Heilige-Familie-Tag erklärt, denn Theophilus träumte, dass Josef, Maria und Jesus an diesem Tag nach Ägypten kamen. Man hofft, dass heutige Pilger aus aller Welt es ebenso tun werden und sich einer geplanten jährlichen Gedenkprozession anschließen, die in Farma beginnt und dann einige der anderen Stätten erkundet; viele davon wurden restauriert in der Hoffnung, dass viele Besucher kommen werden.

Assiut

Auch bevor die Unruhen in Mittelägypten begannen, gehörte Assiut nicht zu den wichtigen Touristenorten. Da man glaubt, dass sie der südlichste Punkt ist, den die Heilige Familie erreichte und wo sie am längsten blieb, wird Assiut heute als Ziel für christliche Pilger von Ägyptens Touristenbehörden gefördert.

Mittelägypten ist fruchtbar; Städte wie Assiut sind große landwirtschaftliche Zentren

Assiut

211 B2

HINWEIS: Die Klöster sind nur mit Taxi oder Privatauto zu erreichen, es gibt keine öffentlichen Verkehrsmittel. Assiut ist täglich per Flugzeug oder Bus mit Kairo verbunden. Es gibt Unterkünfte, doch sind sie eher bescheiden.

Die Geschichte der Stadt geht bis in die pharaonische Zeit zurück. Das bezeugt **Al-Kusiya**, der heutige Name für die alte Siedlung Meir, wo 17 Gräber von altägyptischen Fürsten und Herrschern der Region für die Öffentlichkeit zugänglich sind. Die Funde aus der Stätte werden in einem **Museum** in der Gomhuriyya Street im Zentrum Assiuts ausgestellt. Im 19. Jahrhundert war die Stadt berühmt wegen ihres Sklavenmarktes, des größten in Ägypten; die Leibeigenen wurden aus Nubien und dem Sudan hierher gebracht. Heute sind die Waren im *Suk* konventioneller, aber es gibt noch einige alte *Khans* (Händlerherbergen).

Die beiden Klöster, die man mit der Heiligen Familie in Verbindung bringt, liegen ein kleines Stück außerhalb der Stadt. Das **Kloster der Jungfrau** (Deir al-Adhra), zehn Kilometer nördlich, ist um die Höhlen von Dirunka gebaut, wo die Familie angeblich Schutz suchte. Es ähnelt einem befestigten Schulhof, der ausreicht, um bis zu 50 000 Pilger aufzunehmen, die jedes Jahr im August das Fest der Jungfrau (Mulid al-Adhra) besuchen. Das **Niedergebrannte Kloster** (Deir al-Muharrak) liegt weitere 32 Kilometer im Norden am Rande der Wüste. Auch dieses ist um ein Höhlenheiligtum herum errichtet, in dem die drei vielleicht lebten. Das Kloster feiert jedes Jahr in der letzten Juniwoche ein Fest zu Ehren der Heiligen Familie. ■

Sohag

Sohag, das etwa 130 Kilometer südlich von Assiut liegt, ist eine attraktive ländliche Stadt mit einer großen christlichen Gemeinde, die sich sehr bemüht, Besucher anzulocken. Anziehungspunkte bilden zwei der berühmtesten Klöster Ägyptens und ein Webereizentrum, das Ägyptens beste Textilien herstellt.

Sohags Klöster, die etwa zehn Kilometer südlich der Stadt liegen, sind viel kleiner und bescheidener als diejenigen von Assiut, aber auch aussagefähiger. Aus der Entfernung ähnelt das **Weiße Kloster** (Deir al-Abiad) mit seinen Kalksteinmauern einem ägyptischen Tempel mit Mauern wie ein Pylon. Einige Steinblöcke an der Mauer der Klosterkirche tragen pharaonische Hieroglyphen. In der Blütezeit lebten hier 2000 Mönche, heute gibt es nur noch eine kleine Gruppe. Tausende von Pilgern kommen jedes Jahr in der Woche des 14. Juli zum Fest von Schenuda und ehren den Gründungsheiligen des Klosters aus dem 5. Jahrhundert. Das nahe gelegene **Rote Kloster** (Deir al-Ahmar) aus roten Ziegelsteinen wurde vom hl. Bischoi gegründet, einem bekehrten Räuber und Anhänger des hl. Schenuda.

INSIDERTIPP

Nehmen Sie einige einfache Kugelschreiber mit auf Ihre Reise. Ägyptische Kinder fragen oft nach einem Stift als Geschenk, und ich konnte nie widerstehen ...

PEARCE CREASMAN
National Geographic-Experte

Von Sohag aus jenseits des Nils liegt die kleine Stadt **Achmim**, ein Zentrum der alten Webereitradition. Die Legende erzählt, dass Pharaonen in Tüchern aus Achmimseide begraben wurden. Die prunkvollen Gewänder der frühen koptischen Christen (zu sehen im Koptischen Museum in Kairo; siehe S. 115) stammten auch von hier. Achmimtuch wird heute noch hergestellt, ist hoch geschätzt und ausgesprochen teuer. Am besten kauft man es direkt in der Weberei. Ein schöneres Souvenir kann man in Ägypten kaum erwerben. Achmim besitzt auch ein kleines **Freilichtmuseum** mit einer zehn Meter hohen Statue der Merit-Amun, Tochter von Ramses II. ■

Sohag
211 B2

Kinder des Ortes erhalten im alten koptischen Weißen Kloster eine christliche Erziehung

Abydos

So wie Muslime einmal im Leben Mekka besuchen wollen, versuchten die alten Ägypter, nach Abydos zu pilgern, dem Kultzentrum des Gottes Osiris. Diejenigen, die es zu Lebenszeiten nicht schafften, wurden oft nach dem Tod hierher gebracht, um begraben zu werden. Das Tor zur Unterwelt soll in den Wüstenbergen westlich dieser Stätte liegen.

Gemeißelte Gottheiten schmücken die Eingänge zu den sieben Schreinen im Tempel von Sethos I.

Abydos

211 C1

Al-Araba al-Madfuna

$$

Wegen seiner Assoziationen mit dem Leben nach dem Tod bauten viele ägyptische Pharaonen Kenotaphe in Abydos. Das Gebiet umfasste eine riesige Fläche mit verschiedenen Tempelkomplexen, Nekropolen und einer Stadt, deren Zentrum der große Tempel des Osiris, gebaut von Sethos I., bildete. Seit die Unruhen in den frühen 1990er Jahren begannen, wird Abydos selten besichtigt; es ist aber von Luxor aus leicht auf einem Tagesausflug zu erreichen, vielleicht mit einem Besuch des Dendera-Tempels (siehe S. 224ff) kombiniert. Ein Taxi für einen ganzen Tag sollte nicht mehr als umgerechnet etwa 25 Euro kosten. Die Touristeninformation in Luxor wird bei der Planung behilflich sein.

Die Stätte von Abydos befindet sich zehn Kilometer westlich des Dorfes Al-Balyana, das an der Hauptautobahn längs des Nils liegt. Von hier führt eine gut ausgebaute Straße durch Zuckerrohrfelder zu einem kleinen Weiler, Al-Araba al-Madfuna, am Rande der Ruinen.

Obwohl es Reste von mehreren Komplexen gibt, ist der Tempel von Sethos I. der vollständigste und der seit seiner Entdeckung um 1830 am meisten besuchte. Als zweiter Pharao der 19. Dynastie kam Sethos I. (1294–1279 v. Chr.) etwa 30 Jahre nach dem Zusammenbruch von Echnatons Amarna-Regime (siehe S. 214ff) an die Macht. Sethos wollte unbedingt alle Spuren dieses häretischen Zwischenspiels beseitigen, und seine Herrschaft ist gekennzeichnet durch die Rückkehr zum Kunststil des Alten Reiches, während er auf politischem Gebiet Stabilität wiederherstellen und verlorenes Territorium wiedergewinnen wollte. Dabei war er großenteils erfolgreich und legte den Grundstein für ein neues pharaonisches Goldenes Zeitalter, dem sein Sohn und Nachfolger, Ramses II., vorstand. es war vor allem Ramses, der den Tempel von Abydos fertigstellte.

Heute sind der Eingangspylon und der erste und zweite Vorhof fast völlig verschwunden. Man betritt den Tempel durch einen Portikus, der direkt in die Halle führt, deren Dach auf Säulen ruht. Der erste Teil dieser Halle wurde nach Sethos' Tod fertiggestellt, da die meisten Reliefs Ramses II. mit verschiedenen Göttern und Göttinnen darstellen. Wenn man weiter in diese Halle hineingeht, werden die Flachreliefs deutlich schöner – in der Tat zählen sie zu den bemerkenswertesten in Ägypten. Sie wurden während der Herrschaft von Sethos geschaffen.

Jenseits der Säulenhallen befinden sich sieben Schreine, die von links nach rechts Sethos selbst, Ptah, Re-Harachte, Amun-Re, Osiris, Isis und Horus geweiht sind. Es ist ungewöhnlich, so viele Götter und Göttinnen in einem Tempel zu ehren, aber man vermutet, dass man den Glauben an die Götter vor Amarna bekräftigen wollte. Falsche Türen wurden auf die Rückwand jedes Schreins gemalt, den des Osiris ausgenommen, der eine echte Tür hat, die sich zu einer Reihe innerer Heiligtümer öffnet.

Von der inneren Säulenhalle führt ein Korridor zum südlichen Flügel. Eine Seite dieses Korridors trägt ein sehr schönes Wandrelief von Sethos und Ramses II., wie sie einen Stier mit dem Lasso einfangen. Gegenüber befindet sich die „Königsliste"; Reliefs zählen 34 Pharaonen ungefähr chronologisch auf, von Menes, dem traditionellen Gründer Ägyptens, bis zu Sethos. Unerwünschte wie Hatschepsut (siehe S. 274), Echnaton und seine Nachkommen (siehe S. 214ff) wurden ausgelöscht.

INSIDERTIPP

Sie sollten sich einige der alten Tempel nach Anbruch der Dunkelheit anschauen. Auf diese Weise entkommen Sie der Hitze des Tages, es ist weniger überfüllt, und die abendlichen Fotos wirken viel dramatischer.

TAYLOR KENNEDY
National Geographic-Fotograf

Hinter dem Tempel steht das Osireion, ein Kenotaph, das Sethos I. errichten ließ. Leider ist er kaum zugänglich, aber der schräge Eingangstunnel besitzt eine herrliche, etwas unheimliche Atmosphäre. ■

Dendera

Obwohl der griechisch-römische Tempel der Hathor in Dendera aus einer Zeit lange nach den großen Pharaonen stammt, bietet er ein fantastisches altägyptisches Erlebnis. Er ist einer der wenigen Tempel, die noch fast vollständig erhalten sind, mit einem Dach aus massivem Stein, dunklen Kammern, unterirdischen Gängen und hohen Säulen mit Hathorkapitellen.

Auch ohne Pylon ist der Tempel der Hathor in Dendera beeindruckend

Dendera
211 C1
5 km westl. von Kena
$$

Der Tempel steht gleich außerhalb der Stadt Kena, einem kleinen landwirtschaftlichen Zentrum, das die zweifelhafte Ehre hat, eine Luftwaffenbasis zu besitzen. Der einfachste Weg für einen Besuch ist auf einem Tagesausflug von Luxor, nur 56 Kilometer südlich. Wenn man rechtzeitig aufbricht, kann man auch noch ein paar Stunden in Abydos (siehe S. 222f) verbringen.

Hathor, die Göttin des Vergnügens und der Liebe, wird normalerweise als Kuh oder Frau mit Kuhkopf oder -ohren dargestellt oder als Frau, die als Kopfschmuck eine Sonnenscheibe trägt, die zwischen den Hörnern einer Kuh befestigt ist. Der Mythologie nach hat sie erst Horus gesäugt und wurde später seine Frau. Aus der Verbindung ging der niedere Gott Ihy hervor. Sie wurde von den Griechen mit Aphrodite gleichgesetzt.

Es gab hier schon zu Zeiten des Alten Reiches (2686–2181 v. Chr.) Schreine für Hathor, aber der bestehende Tempel ist griechisch-römisch und stammt aus der Zeit zwischen 125 v. Chr. und 60 n. Chr. Als Fremdherrscher wollten die

Griechen/Römer ihre Ehrerbietung gegenüber Ägyptens Göttern betonen und dadurch ihr Anrecht auf den Thron legitimieren; daher ist der Ort genauso angelegt wie alte Tempelkomplexe.

INSIDERTIPP

Halten Sie an der hinteren Außenmauer des Tempels nach Figuren von Kleopatra und ihrem Sohn Ptolemaios Kaisarion, den sie mit Caesar hatte, Ausschau.

NEIL HEWISON
American University in Cairo Press

Ein Besuch des Tempels

Wie in Abydos fehlen dem Tempel seine Eingangspylonen; stattdessen tritt man direkt in die **Säulenhalle**. Sie stammt aus dem 1. Jahrhundert n. Chr. und wurde vom römischen Kaiser Tiberius errichtet; sie besitzt 24 Säulen, wobei jede ein vierseitiges Kapitell aufweist, auf dem das Gesicht der kuhohrigen Göttin eingemeißelt ist. Die Hallendecke hat ihre Farben weitgehend behalten und stellt eine Himmelskarte dar, einschließlich der Sternzeichen (die von den Römern eingeführt wurden) und der Himmelsgöttin Nut und anderer Gottheiten, die ihre Sonnenbarken über den Himmel steuern. Wandreliefs zeigen, wie römische Kaiser den ägyptischen Göttern Gaben darbringen.

Die große Halle führt zur kleineren, früheren **Halle der Erscheinungen**, die so heißt, weil hier die Statue der Göttin bei religiösen Zeremonien und Prozessionen „erschien". Dahinter befindet sich die **Halle der Gaben** und auf einer Wand prangt eine Liste der Gaben. Wenn Sie geradeaus weitergehen, gelangen Sie zum **Allerheiligsten** des Tempels, das nur der Pharao und der Hohepriester betreten durften. Er beherbergte die Statue und die Zeremonialbarke der Hathor. Einmal im Jahr wurde sie in einer Prozession zum Fluss getragen, auf ein Schiff gestellt und zum Tempel von Edfu (siehe S. 289f) zu einer ehelichen Vereinigung mit Horus hinauf gefahren.

Um das Heiligtum herum gruppiert sich eine Reihe schwach beleuchteter Seitenkapellen (man sollte eine Taschenlampe mitbringen). Nachdem Sie das Erdge-

Nag Hammadi und die apokryphen Evangelien

1945 wurde eine der bedeutendsten Manuskriptsammlungen der frühchristlichen Zeit in Nag Hammadi, 48 Kilometer westlich von Dendera, entdeckt. Die Sammlung bestand aus 50 gnostischen Texten des 2. Jahrhunderts n. Chr. Die Gnostiker waren eine Gruppe, die sich vom frühen Christentum abgespalten hatten, Mystik und esoterisches Wissen betonten und über den Gegensatz von Gott und Materie spekulierten. Sie wurden schon früh unterdrückt. Die Entdeckung und Übersetzung dieser Texte, darunter ein Thomas- und ein Philippusevangelium, zeichnen ein ganz anderes Bild von Schöpfung und Erlösung. Heute gibt es in Nag Hammadi nicht mehr viel zu sehen, aber der Einfluss dieses Ortes auf die Erforschung des frühen Christentums war enorm.

Die Säulen in Dendara wurden durch frühe Christen beschädigt. Sie versuchten, das Antlitz der Göttin Hathor zu entfernen.

schoss des Tempels erkundet haben, gehen Sie zum Dach hinauf – eine Treppe führt auf beiden Seiten der Halle der Gaben empor. Reliefs auf der Treppe illustrieren die Neujahrsprozession. Im Norden stehen zwei sich entsprechende Kapellen; eine enthält einen Gipsabguss der berühmten Denderadecke; das Original war von Napoleons Expedition entfernt worden und ziert nun den Louvre in Paris. Der Ausblick vom Dach ist atemberaubend.

Es lohnt sich auch, außen um den Tempel herumzuwandern. Auf der hinteren Wand sind zwei verunstaltete Reliefs von Kleopatra und ihrem Sohn Cäsarion (die äußersten Figuren) in einer Prozession von Gottheiten zu sehen. Es gibt auch noch etliche heute verfallene Gebäude. Am nächsten zum Haupttor steht ein römisches Geburtshaus oder Mammisi, das dem Gott Horus geweiht ist. Die dem Tempel gegenüberliegende Mauer weist auf den Säulenkapitellen wunderschöne Schnitzereien mit winzigen Figuren von Bes auf, dem Zwergengott der Fruchtbarkeit. ■

Hier findet der Reisende mehr Monumente aus der Pharaonenzeit als an jedem anderen Ort in Ägypten, darunter den Tempelbezirk von Karnak, eines der eindrucksvollsten Bauwerke, die je errichtet wurden

Luxor

Antlitz der Königin Nefertari

Luxor

Die moderne Stadt ist kaum mehr als eine Versorgungsbasis für die Millionen von Besuchern, die – angezogen von der sagenhaften Ansammlung von Altertümern – jedes Jahr einfallen. Der Tourismus macht etwa 85 Prozent der örtlichen Wirtschaft aus und so stehen Luxors heutige Bewohner genauso im Dienst der Tempel und Gräber wie ihre Vorfahren.

Auf der Höhe seiner Macht hatte Theben fast eine Million Einwohner. Ein gewaltiges Heer an Arbeitskräften, zusammen mit dem immensen Reichtum aus den Eroberungsfeldzügen, gestattete den Thebanern die Errichtung aufwendigster Kultstätten zu Ehren ihres Lokalgottes Amun, den sie dem Sonnengott Re gleichsetzten und als Amun-Re verehrten. Die am Ostufer des Nils erbauten Tempel begrüßten am Morgen die aufgehende Sonne. Am Westufer, wo jeden Tag die Sonne unterging, lag das Reich der Toten. Dort schufen sich die von ihren Untertanen als lebende Götter verehrten Pharaonen eigene Grabmäler.

500 Jahre, bis zum Ende des Neuen Reiches und dem letzten König Ramses (1069 v. Chr.), herrschte Theben, dann fiel die Macht an den Norden und Memphis zurück. Zwar überstand die Stadt die hellenistisch-römische Zeit; doch als im 7. Jahrhundert die Araber Ägypten er-

NICHT VERSÄUMEN

oberten, war sie in Vergessenheit geraten. Erst die Ägypten-Expedition Napoleons im 18. Jahrhundert entdeckte die Tempel wieder und erkannte in ihnen das antike Theben der alten Schriften. Die arabischen Dorfbewohner nannten es Al-Uqsor, „die Paläste"; Europäer verballhornten den Namen zu Luxor.

Mitte des 19. Jahrhunderts – Luxor war zum Muss für Abenteurer geworden – gab es die ersten Kreuzfahrtschiffe auf dem Nil. »[Luxor] ist ein Ort, an dem man sehr lange verweilen könnte, und das in einem Zustand fortgesetzten Erstaunens«, schrieb der französische Dichter Gustave Flaubert 1850. ■

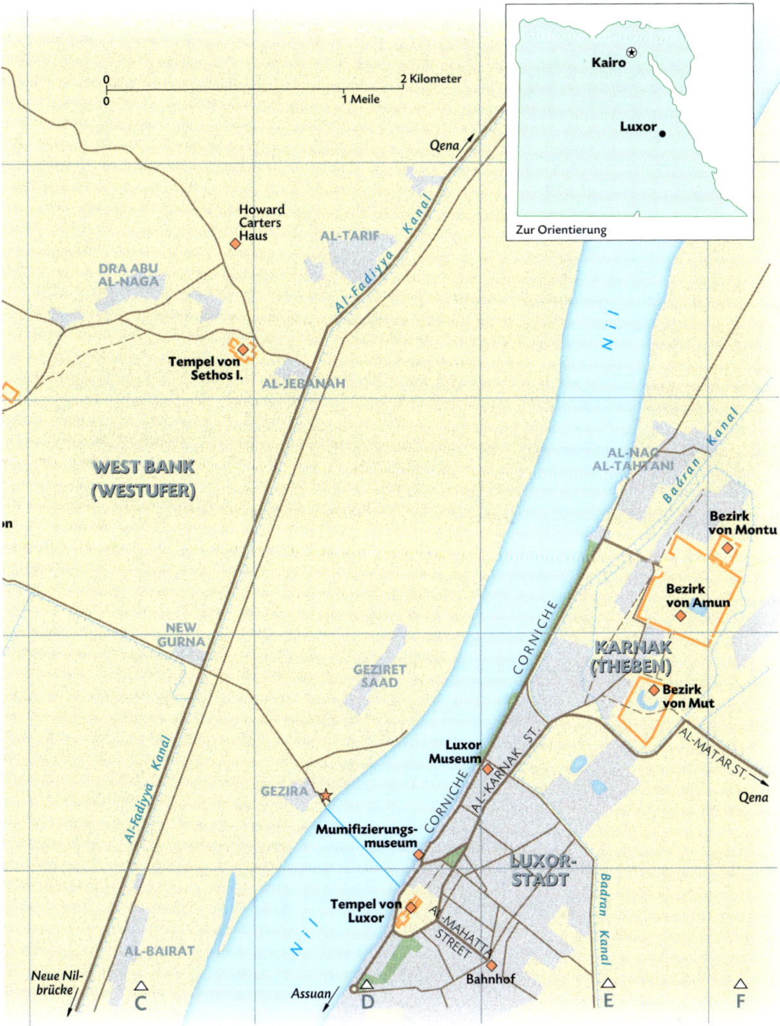

Stadt Luxor

Hat die furchtbare Hitze des Tages nachgelassen, ist Luxors Uferpromenade am Nil, die Corniche, der ideale Platz für einen Abendspaziergang. Auf der einen Seite galoppieren Pferdekutschen vorbei, auf der anderen fahren Flussboote, während im Westen die Sonne traumhaft schön hinter Thebens Hügeln untergeht.

Das berühmte Hotel Winter Palace in Luxor, das im Jahr 1886 errichtet wurde, zaubert den Charme des britischen Kolonialstils an die Ufer des Nils

Luxor
211 E1/E2/D1/D2

Besucherinformation
Tourist Bazar,
l-Karnak Street
095/237 2215
Fr nachmittags geschl.

Alles mutet sehr viktorianisch an, eine Note, die das **Hotel Winter Palace** (siehe S. 368) majestätisch unterstreicht. Das Haus mit dem treffenden Namen, das Ende des 19. Jahrhunderts erbaut wurde, als weite Reisen noch den Wohlhabenden vorbehalten waren, bot Aristokraten und gekrönten Häuptern, die das mildere Klima von Südägypten den rauen Wintern im europäischen Norden vorzogen, eine luxuriöse Herberge. 1922 waren die Gäste dieses Hotels die Ersten, die von Howard Carters Entdeckung des Tutanchamun-Grabes erfuhren – durch einen Anschlag am Schwarzen Brett. Wer mehr über Carters Fund erfahren möchte, dem bietet **Aboudi's Bookshop**, zwei Gehminuten nördlich vom Winter Palace Hotel eine unübertroffene Auswahl an Büchern und Broschüren über alles, was mit Ägypten zu tun hat. Das gleiche Gebäude beherbergt auch Luxors Fremdenverkehrsbüro.

Wenn Sie die Corniche weiter hinaufgehen, dann kommen Sie zum **Tempel von Luxor** (siehe S. 233ff). Gegenüber vom Kartenverkauf des Tempels, auf der anderen Seite der Straße, befindet sich die Anlegestelle der Fähre zum Westufer. Am Tempel zweigt landeinwärts die Al-Karnak Street ab, die Hauptdurchgangsstraße des Ortes. An ihrem südlichen Ende liegt das **Hotel Luxor Wena**, eines der noblen alten Häuser der Stadt (tatsächlich ist es Luxors ältestes Hotel), aber es ist baufällig und in einem traurigen Zustand.

Zentrum der Stadt ist die Kreuzung Al-Karnak und Al-Malhatta

INSIDERTIPP

Nehmen Sie den Nachtzug von Kairo nach Luxor. Die Fahrt macht viel Spaß und ist ein großartiges Erlebnis.

PEARCE CREASMAN
National Geographic-Experte

Street (Bahnhofstraße wegen des Bahnhofs an ihrem östlichen Ende). Die meisten Läden handeln mit Souvenirs, die Preise sind jedoch deutlich höher als in Kairo. Das gilt auch für den enttäuschenden *Suk* oder Basar, der sich im Norden an die Moschee an der Al-Karnak Street anschließt. Ein paar Schritte nördlich gibt es noch eine Moschee, an einer kleinen dreieckigen Grünanlage. Wenn Sie sich neben sie stellen, blicken Sie über die ganze Länge der **Allee der Sphingen** bis zum Hauptpylon des Tempels von Luxor.

In einer schmalen Seitenstraße westlich davon gewährt ein Dach den Pferden, die Touristenkutschen ziehen, Schutz vor der Sonne. Errichtet wurde der Sonnenschutz von der Brooke-Tierklinik (*Tel. 02/364 9312*), einem Ableger des Hospitals für alte Kriegspferde, das 1934 von der Engländerin Dorothy Brooke in Kairo gegründet wurde. Inzwischen gibt es in ganz Ägypten Brooke-Kliniken, die für kostenlose tierärztliche Behandlung der vielen geschundenen Pferde und Esel des Landes sorgen.

Dort, wo diese Seitenstraße auf die Corniche stößt, befindet sich das **Mumifizierungsmuseum** (siehe S. 239). Sie können der Cor-

Ein Wort zum Thema Antiquitäten

Jeder, der Ihnen heutzutage in Luxor angebliche Antiquitäten verkaufen möchte, will Sie mit an Sicherheit grenzender Wahrscheinlichkeit übers Ohr hauen. Die Händler am Westufer behaupten gern, dass es sich bei dem Gegenstand, den sie Ihnen da gerade anbieten, um eine echt antike Steinfigur handelt, dabei ist sie wahrscheinlich nur aus bemaltem Gips (und zerbricht, wenn man sie fallen lässt). Die Tradition der Grabräuberei geht allerdings wirklich weit zurück – im 19. Jahrhundert zählte dieser Brauch zu den Haupteinnahmequellen einheimischer Familien –, doch die ägyptische Regierung missbilligt den Antiquitätenschmuggel und-handel. Bitte unterstützen Sie die Behörden, indem Sie weder gefälschte noch echte Antiquitäten kaufen.

Mumifizierungsmuseum

- 229 D2 und 232
- Corniche, gegenüber vom Mina Palace Hotel
- 095/238 1501
- 13–16 Uhr geschl.
- $$

Tempel von Luxor
229 D1 und 232
Corniche
Tags $$, nachts $

niche Richtung Norden folgen, an einer Reihe moderner Hotels vorbei. Ein oder zwei haben Vorgärten, in denen auch Gäste, die nicht im Hotel wohnen, sich niederlassen und etwas Kaltes trinken können. Wenig später folgt das **Museum von Luxor** (s. S. 240f) und dahinter das Chicago House *(Tel. 095/237 2525)*, die ägyptische Niederlassung des hoch angesehenen Orientinstituts der Universität von Chicago, das seit 1924 Grabungen durchführt.

Vom Chicago House sind es nur noch fünf Gehminuten auf der Corniche am Nil entlang bis zum ausgedehnten Tempelbezirk von **Karnak** (siehe S. 242ff), dem größten aller Pharaonentempel.

Eine attraktive Alternative zum Spaziergang durch die Stadt ist die Fahrt mit einer Pferdekutsche (hier Kalesche genannt), von denen

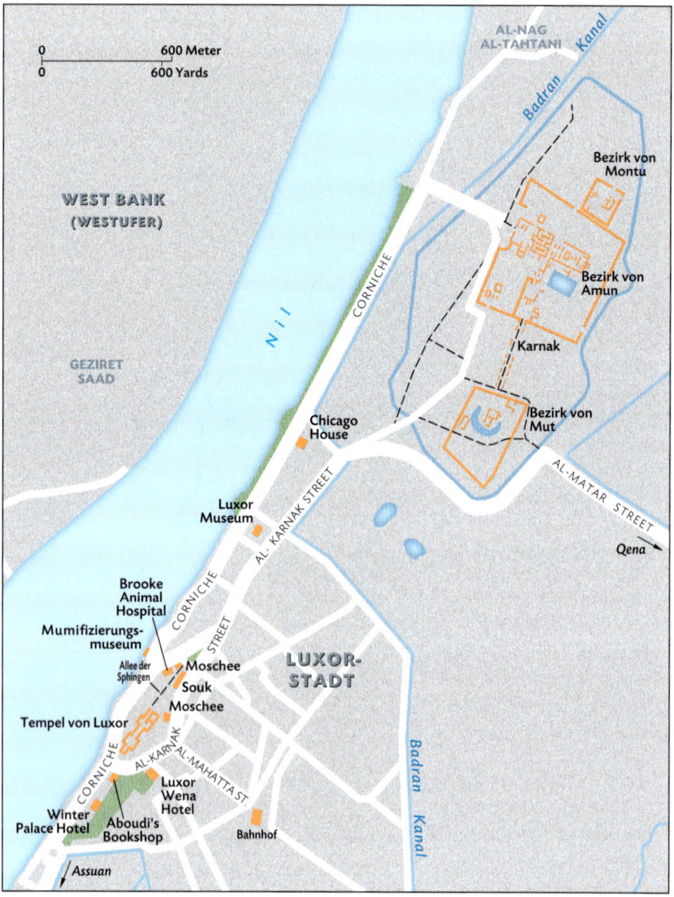

Wächter an der Allee der Sphingen, die zum Tempel führt

Dutzende ab den frühen Morgenstunden durch die Hauptstraßen der Stadt rumpeln. Vergessen Sie nicht, mit dem Fahrer den Preis auszuhandeln, bevor Sie die Fahrt antreten!

Tempel von Luxor

Der Tempel von Luxor liegt inmitten der heutigen Stadt und ist eines der imposantesten Monumente Ägyptens. Er ist so kompakt und übersichtlich, dass man ihn in nur einer Stunde besichtigen kann, aber die Fülle an Reliefs und die heitere Klarheit des Ortes lohnen das Verweilen. Die beste Atmosphäre erleben Sie nachts; dann erweckt ihn die dramatische Beleuchtung zum Leben.

So wie der Tempel heute im Zentrum von Luxor liegt, so bildete er zur Zeit der Pharaonen das Herz der Hauptstadt Theben. Amenhotep III. (1390–1352 v. Chr.), der „Sonnenkönig" der 18. Dynastie, dessen lange Herrschaft den Höhepunkt der Macht und des Ruhms des alten Ägyptens markiert, erbaute ihn an der Stelle früherer Kultstätten. Später errichtete er am Westufer einen noch größeren Tempel – vielleicht die größte Kultstätte, die je in Ägypten angelegt wurde –, doch ist dieser

ERLEBNIS:

Mit der Feluke zur Bananeninsel

Wenn Sie in Luxor etwas freie Zeit haben, mieten Sie eine Feluke und fahren Sie hinaus zur Bananeninsel (Gezirat al-Mawz), ca. 5 Kilometer südlich der Stadt. Je nachdem, wie gut Sie feilschen, kostet eine Fahrt mit einer Feluke zwischen 40 und 60 LE pro Stunde.

Die Bananeninsel ist eigentlich eine Halbinsel auf der Westseite des Nils. Sie ist von Orangenbäumen und, wen wundert es, schattenspendenden Bananenhainen bewachsen, in denen man wunderbar umherschlendern und die Früchte probieren kann, bevor man die Rückreise zur Stadt antritt.

bis auf zwei einsame Wächter verschwunden: zwei riesige, sitzende Figuren von Amenophis selbst (siehe S. 251).

Der Tempel von Luxor verdankt seinen hervorragenden Erhaltungszustand zwei Faktoren: Er war von Sand bedeckt, und das Dorf Luxor wurde auf ihm gebaut. Der französische Schriftsteller Gustave Flaubert, der das Dorf 1850 besuchte, berichtete von Häusern, die zwischen den Säulenkapitellen standen, und von Hühnern und Tauben, die in großen, steinernen Lotosblättern nisteten. Die Grabungen, die 1885 begannen und bis heute andauern, brachten den Tempel ans Licht.

Man nähert sich ihm über die **Allee der Sphingen**, die ursprünglich bis zum drei Kilometer entfernten Karnak führte. Wenn Sie heute die Gegend von Luxor bereisen, stoßen Sie zwischen den Gebäuden immer wieder auf Spuren der Allee und Teile einzelner Statuen. Im Tempel reichen die Sphingen bis zum gewaltigen **Ersten Pylon**. Er ist das Werk Ramses' II., des zweiten großen Pharaonen und Bauherrn.

Tempel wurden laufend erbaut und umgebaut (Karnak ist das beste Beispiel). 100 Jahre nach dem Tod von Amenophis III. wurde sein Denkmal von seinen ferneren Nachkommen erweitert – und dabei praktisch usurpiert. Es ist Ramses II., den die Pylonenreliefs darstellen, wie er bei der Schlacht von Kadesch feindliche Hethiter erschlägt. Ursprünglich standen sechs Kolossalstatuen Ramses' II. vor dem Pylon, zwei sitzend, vier stehend und zwei Obelisken. Zwei Statuen und ein Obelisk wurden nach Paris verschleppt, wo der Obelisk heute die Place de la Concorde ziert. »Wie gelangweilt er

INSIDERTIPP

Nachdem Sie das „Allerheiligste" gesehen haben, sollten Sie den Tempel durch die westlichen Seitentüren verlassen und dann nordwärts wieder zurückgehen, denn dort sind die Außenmauern mit Kampfszenen von Ramses II. verziert.

CHIP ROSSETTI
National Geographic-Mitarbeiter

LEGENDE ZUM LAGEPLAN

Luxor

1 Allee der Sphingen
2 Barkenschrein
3 Erster Pylon
4 Abu-al-Haggag-Moschee
5 Großer Hof Ramses' II.
6 Große Prozessionskolonnade
7 Sonnenhof Amenophis' III.
8 Hypostylhalle
9 Barkenschrein
10 Allerheiligstes

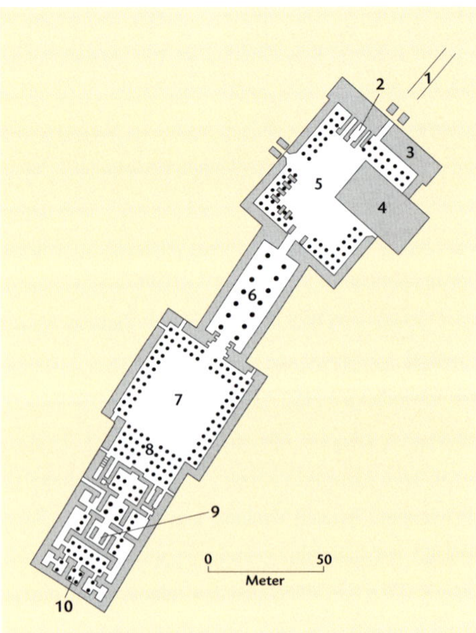

Der Tempel von Luxor wirkt nachts angestrahlt besonders eindrucksvoll

sein muss ... Wie sehr er seinen Nil vermissen muss«, kommentierte Flaubert.

Jenseits des Pylonen gibt es noch eine Erweiterung, den von zwei Reihen Papyrusbündelsäulen umgebenen **Hof Ramses' II**. Hoch oben in einer Ecke auf der aufgemauerten Kolonnade thront die **Abu-al-Haggag-Moschee** aus dem 13. Jahrhundert. Die Bewohner von Luxor hatten verlangt, dass sie erhalten bleibe solle, als Archäologen das Dorf im Rahmen der Grabungen abtrugen. Die Moschee, die einem einheimischen Heiligen geweiht ist, spielt noch heute im Leben der Stadt eine große Rolle: Sie führt die seit über 3000 Jahren ungebrochene Tradition der kultischen Anbetung an dieser Stätte fort.

Sollten Sie zur rechten Zeit in Ägypten sein, lohnt es sich, Luxor während des Moulid-Festes von Abu al-Haggag, einem der größten örtlichen Ereignisse des Jahres, zu besuchen. Bei den ausgelassenen Feierlichkeiten ziehen riesige Festwagen durch das Gedränge in den

Das Opet-Fest

Amun, einer der Schöpfungsgötter, war die wichtigste Gottheit Thebens. Einmal in Jahr trugen die Priester seines großen Tempels in Karnak Bildnisse des Amun und der beiden anderen Götter der thebanischen Triade – Amuns Gemahlin, der Kriegsgöttin Mut, und ihres Sohnes, des Mondgottes Chons – in den Barken der Götter zum Tempel von Luxor. Anlass war das Opet-Fest, eine Feierlichkeit zum jährlichen Ansteigen des Nils. Dort angekommen, wurden sie in spezielle Schreine gestellt, und das Fest konnte beginnen. Später kehrten sie auf dem Fluss in Begleitung des Pharaos auf seiner prunkvollen Barke zurück.

Straßen, während Musiker, Tänzer und Pferderennen die Massen unterhalten. Auch paradiert ein gewaltiges Boot durch die Stadt – ein letztes Echo des Opet-Festes der Pharaonen (siehe S. 236), das über die Jahrhunderte erhalten blieb. Das genaue Datum des Moulid, das mindestens zwei Tage dauert, variiert. Üblicherweise aber findet es rund zwei Wochen vor dem Beginn des Ramadan statt.

In der Westecke des Hofes befindet sich der Barkensaal mit drei Amun, Mut und Chons geweihten Kulträumen, die Feierlichkeiten beim Opet-Fest dienten. Suchen Sie auch nach der kleinen Statue einer wohlgeformten Frau in einem durchscheinenden Kleid am Fuß einer der Kolossalstatuen von Ramses; es handelt sich um seine Gemahlin Nefertari, deren herrlich verziertes Grab ein Höhepunkt am Westufer (siehe S. 260ff) ist.

Die von Amenophis III. errichtete Anlage, beginnt mit der **großen Kolonnade**. Ihre 14 Säulen sind fast 20 Meter hoch. Vermutlich inspirierten sie die noch imposantere Hypostylhalle in Karnak (siehe S. 246). Der beim Tod des Pharaos noch unvollendete Saal wurde von seinem Enkel Tutanchamun fertiggestellt, der Außenmauern mit Szenen des Opet-Festes ergänzte. Zur Rechten ist die Prozession der Barken von Karnak nach Luxor dargestellt (beachten Sie die gemästeten Opferbullen, die von Priestern mit rasierten Schädeln geführt werden), während man zur Linken die besser erhaltene Rückkehr sieht.

Glanzpunkt des Tempels ist der offene, gepflasterte **Hof Amenophis' III.**, der auf drei Seiten von Kolonnaden mit perfekt proportionierten Lotossäulen eingeschlossen wird. Die Corniche führt hier nahe vorbei.

Abends, wenn die Säulen gegen den türkisfarbenen Himmel fast orange wirken und Fledermäuse über die Besucher hinwegfliegen, ist es hier besonders schön.

Die fantastischen Statuen aus dem Sammelversteck, das man 1989 in einer Grube unter dem Hof entdeckte, sind heute im Museum von Luxor (s. S. 240f) ausgestellt. Auf der Südseite des Hofes befindet sich die **Hypostylhalle** mit vier Reihen zu je acht Säulen. Sie führt zu einer Vorkammer und den inneren Kulträumen des Tempels. Römische Legionäre versiegelten den Zugang zum inneren Tempel und umgaben die gesamte Anlage zwischen dem 4. und 6. Jahrhundert mit einem befestigten Feldlager. Es sind die Überreste dieser Festung – in Form von Gräben und Grundmauern –, die heute noch sichtbar die an den Tempel grenzende Graslandschaft zerfurchen. Die Römer waren es auch, die den Zugang zum inneren Tempel in eine von korinthischen Säulen flankierte Nische für den Altar des Kaiserkultes verwandelten.

Den Nischenschrein durchbricht heute eine seitliche Tür, die zu einem zweiten, kleinen Vorraum führt. Er öffnet sich zum **Barkensanktuarium**, das Alexander der Große wieder aufbauen ließ. Die Wände zeigen ihn (mit nackter Brust und eckigem Schurz) vor dem Gott Amun (mit erhobener Geißel und hoher Krone).

Die letzte Kammer ist das **„Allerheiligste“**, der älteste Tempelteil, das zentrale Heiligtum, wo man das Abbild Amuns hütete – nur das Podest blieb erhalten.

INSIDERTIPP

Luxor war einst ein sehr lebendiger Tempel, und überall fanden Zeremonien statt. Versuchen Sie doch einmal, hier den Nachhall der Energie des pharaonischen Reiches zu erspüren.

KEN GARRETT
National Geographic-Fotograf

Der Tempel von Luxor, antike Stätte von Theben: Ein Teil der Abu-al-Haggag-Moschee ist zwischen dem Pylon am Eingang und den Kolonnaden sichtbar

Die Mumifizierung

Ursprünglich vergruben die alten Ägypter ihre Toten einfach im Sand, wo Hitze und Trockenheit dem Körper jene Flüssigkeiten entzogen, die für die Verwesung verantwortlich waren, zugleich aber Haut, Haar und Nägel erhielten. Als die Bestattungspraktiken der Reichen aufwendiger wurden, ersetzte man das schlichte Loch im Sand durch einen bankähnlichen Aufbau, die Mastaba, über einer mit Ziegeln ausgekleideten Grabkammer, wo der Körper in einem Holzsarg lag. Folglich musste seine natürliche Konservierung mittels trockenem Sand nun durch künstliche Verfahren ersetzt werden.

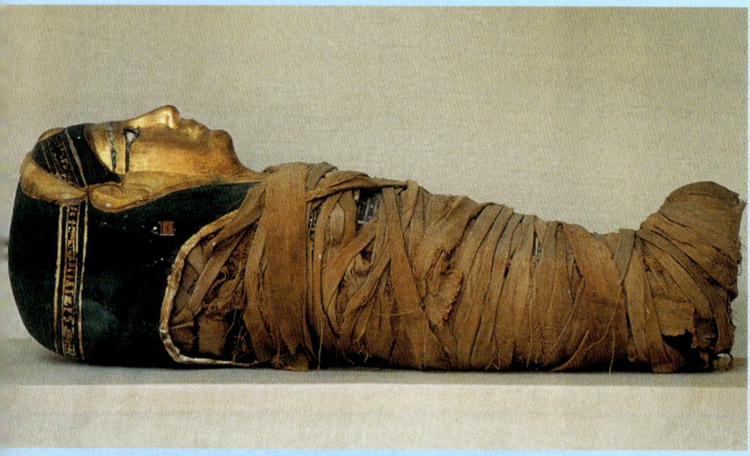

Auch die Leichen hoher Beamten und deren Kinder wurden mumifiziert

Die Mumifizierungstechniken wurden im Lauf der Zeit immer weiter verfeinert, gleichzeitig zeigen jüngste Ausgrabungen, dass man sich bestimmter Verfahren schon rund 3400 v. Chr. bediente. Die Mumifizierung entwickelte sich während des Alten Reiches (2686–2181 v. Chr.) und obwohl sie anfangs der Königsfamilie vorbehalten war, wurde sie nach und nach in allen Adelsschichten üblich.

Das Herstellen von Mumien wurde zu einem bedeutenden Wirtschaftszweig, der Balsamierer und Bestattungspriester ebenso beschäftigte wie jene, die das nötige Material lieferten. Die Familie des Verstorbenen übergab den Leichnam. Dieser wurde gewaschen und auf einen großen Balsamiertisch gelegt. Die Balsamierer lockerten mit einer feinen Metallsonde, die sie durch die Rückseite der Nase einführten, das Gehirn. Anschließend setzten sie mit einer Obsidianklinge einen Schnitt im unteren linken Bereich des Körpers und entfernten alle inneren Organe, um sie separat zu behandeln, bevor sie für die Bestattung in vier Kanopengefäße gelegt wurden. Nur das Herz, der vermutetet Sitz der Weisheit, und die Nieren, die nur schwer erreichbar waren, blieben unversehrt.

Um ihn auszutrocknen, bedeckte man den ausgenommenen Körper nun 40 Tage mit einem Berg Natronsalz. Dann wusch man ihn und salbte die Haut mit einer Auswahl an Ölen, Gewürzen und Harzen. Die Balsamierer bandagierten den mumifizierten Körper mit vielen Lagen

Mumifizierungsmuseum

Das kleine Museum am Fluss widmet sich Ägyptens Begräbnisriten, allerdings stehen dabei die Mumien nicht im Vordergrund. Das Museum *(Tel. 095/238 1502, 13–16 Uhr geschl.)*, das gegenüber des Mina Palace Hotels im Uferdamm unter Straßenniveau angelegt wurde, ist schwer zu finden. Im dämmrigen Saalinneren führt eine Serie erläuternder Wandplakate zu den Exponaten. Obgleich ansprechend gestaltet, sind sie, was den Informationsgehalt betrifft, eher sparsam und lassen all die gruseligen Details aus, über die man so gerne mehr wüsste.

Eine Mumie wird ausgestellt; es ist die von Masaharti, einem Amun-Re-Hohepriester der 21. Dynastie (10. Jahrhundert v. Chr.). Masaharti, für den man sich vermutlich wegen seines ausgezeichneten Erhaltungszustandes entschied, trägt Haare und Bart, und seine friedlich gelassenen Züge wirken so, als schliefe er. Sieht man von der Sammlung mumifizierter Tiere (u.a. Widder, Katze, Fisch und Pavian) ab, konzentriert sich die Ausstellung auf Mumifizierungsutensilien und -materialien. Es bedarf keiner Bilder, um beim Anblick der Instrumente, die man dazu verwendete, das Gehirn aus dem Schädel zu kratzen oder den Körper auszuweiden, Unbehagen zu empfinden. Eine Vitrine zeigt viele der beim Mumifizieren benötigten Stoffe: Natronsalz, Bitumen, Sägemehl und Leinen. Zudem gibt es Kanopengefäße, schön bemalte Sargdeckel und eine Statue des schakalköpfigen Gottes Anubis, des Schutzpatrons der Balsamierer und Hüters der Grabanlagen. Die Sammlung ist klein, der Rundgang dauert nicht länger als eine halbe Stunde. Besuchen Sie anschließend das Museumscafé mit einer Terrasse, die einen freien Blick über den Nil zum Westufer bietet, und erfreuen Sie sich am Lebendigen.

Leinen. Priester rezitierten die Gesänge, die nötig waren, um die in den Leinenschichten verborgenen Amulette zu aktivieren.

Ein normaler Mumifizierungsprozess dauerte 70 Tage. Die in Leinen gewickelte Mumie wurde in einen Holzsarg gelegt und war nun bereit für die Bestattung.

Anschließend wandelten Priester mitsamt einem großen Tross an Beteiligten in einer Prozession zum Grab. Ein Priester übte am senkrecht stehenden Sarg die Mundöffnungszeremonie aus. Dies geschah, um die Seele wieder zu erwecken. Die Mumie wurde mit Grabbeigaben, speziell und aus dem Alltag, beigesetzt.

Sein Ende fand das Mumifizieren mit der Ausbreitung des Christentums im 4. Jahrhundert, trotzdem hat man Mumien gefunden, die Kreuze umklammerten. Die meisten Mumien, die heute in Museen ausgestellt sind, stammen aus der Gegend von Luxor und den Nekropolen im Tal der Könige (siehe S. 271ff). Der zweite große Begräbnisplatz war Sakkara (siehe S. 144ff), wo man noch heute Gräber entdeckt.

Eine Mumie im Ägyptischen Museum in Kairo

Museum von Luxor

Mit seiner Sammlung altägyptischer Grabbeigaben und den in und um Luxor entdeckten Statuen gehört das Museum zu den besten Ägyptens. Es verfügt nur über einen Bruchteil der Altertümer, die das Ägyptische Museum in Kairo (s. S. 68ff) zeigt, doch das gereicht ihm zum Vorteil. Seine Schätze stellt es mit Bedacht und in sorgfältig ausgeleuchteten, klimatisierten Räumen aus. Jedes Exponat ist gut beschriftet.

Der Eingang liegt in einem Anbau von 2004, der den großen Kriegerpharaonen der 18. und 19. Dynastie gewidmet ist (siehe S. 53). Chronologisch beginnt die Ausstellung mit Kahmose, dem letzten König der 17. Dynastie, von dem der berühmte Sieg über die Eindringlinge aus dem Norden, die Hyksos, bekannt ist. Dieser Sieg bereitete den Boden für das Goldene Zeitalter des Alten Ägyptens, das mit der Herrschaft von Ahmose I. begann, dessen Mumie hier in einem Nebenraum ausgestellt ist, eingewickelt in ein leinenes Leichentuch und von seinen Waffen umgeben. In einem anderen Nebenraum befindet sich eine Mumie, bei der es sich um Ramses I. handeln soll. Ein interessanter Film liefert Hintergrundinformation zu der Zeit und den Exponaten.

Das restliche Museum präsentiert Funde aus verschiedenen Zeiten. Ein Highlight ist die Galerie mit 16 von 24 meist lebensgroßen Statuen, die zufällig entdeckt wurden, als Archäologen im Tempel von Luxor 1989 Erdproben entnahmen. Ganzer Stolz ist eine 2,5 Meter hohe Statue aus rotem Quarzit, die den Erbauer des Tempels, Amenhotep III., zeigt. Der bekannte Ägyptologe George Hart vom British Museum nannte sie

In Ägypten eine Seltenheit: Die Exponate im Museum von Luxor werden hervorragend präsentiert

»wegen ihrer heiteren Schönheit herausragend aus den Tausenden von Skulpturen, die wir aus dem alten Ägypten kennen«. Neben dem Eingang zu diesem Saal befindet sich ein beeindruckend mächtiger Kopf desselben Pharaos, ein Teil eines Kolosses, der zu seinem verlorenen Totentempel am Westufer (siehe S. 251) gehörte.

Um die Ecke in der Haupthalle steht ein anrührendes lebensgroßes Doppelporträt des Krokodilgotts Sobek, der den Arm väterlich um die Schultern des jungen Amenhotep III. legt. Zwei große Krokodile, die selbstzufrieden auf dem Steinblock in der Sonne baden, erinnern an Disney. Wer bislang die altägyptischen Statuen für steif und besessen von Todesgedanken gehalten hat, wird seine Meinung revidieren müssen.

In der oberen Etage finden sich die kleineren Objekte, die man weniger ansprechend in großen Glaskästen zeigt. Es gibt einige Stücke aus dem Grab Tutanchamuns, darunter Sandalen, Pfeile, Bronzerosetten, die an der Hülle befestigt waren, die den Sarkophag bedeckte, und zwei Modelle der Totenbarken. All dies sind kleine Fische – die großen Brocken des historischen Fangs liegen im Ägyptischen Museum in Kairo.

Die eigentlich herausragenden Exponate der oberen Etage beziehen sich alle auf die Herrschaft von **Echnaton** (hier Amenophis IV. genannt), dem zweiten Sohn und Nachfolger von Amenophis III., der die Welt des alten Ägypten auf den Kopf stellte (s. S. 214ff). Seine charakteristischen, fast fremdartigen Züge erkennt man sofort an drei Sandsteinköpfen, die in der Galerie hängen. Am eindrucksvollsten aber ist die Rekonstruktion einer Wand aus bemalten Sandsteinblöcken *(talatat)*, die aus einem Tempel stammt, den Echnaton in Karnak errichtete. Diese Blöcke wurden zusammen mit Tausenden von anderen zerlegt und als Füllmaterial in einem der großen Pylonen verborgen entdeckt – der Versuch eines späteren Pharaos, die Spuren Echnatons und seines ketzerischen Tuns zu verwischen. Die Blöcke ergaben, von Archäologen zusammengefügt, eine Wand, deren größter Teil in leuchtend bunten Reliefs Alltagsszenen darstellt. Szenen links zeigen den König bei der Anbetung Atons, der Sonne: Er steht unter ihren Strahlen, von denen jeder in eine kleine Hand mündet, die ein Anch (das altägyptische Symbol für Leben) hält. ■

Sa'idis

In Oberägypten (arabisch *Sa'id*) sind die Sa'idis beheimatet, die Landbewohner am Nil, weit ab von der kultivierten Großstadt Kairo und den fetten Böden im Nildelta. Sie stehen im Ruf, stolz und reserviert zu sein. Gelegentlich hört man Berichte über erbitterte Familienfehden zwischen rivalisierenden Sa'idi-Clans, die damit das Vorurteil, das man in Kairo von ihnen pflegt, zu bestätigen scheinen. Auf jeden Fall führen Armut und Arbeitsplatzmangel unter den Sa'idis dazu, dass viele nach Kairo ziehen, um dort Arbeit zu suchen.

Museum von Luxor

- 229 E2 und 232
- Corniche
- 095/237 0569
- Öffnungszeiten: 9–21 Uhr (Winter); 9–13 und 17–22 Uhr (Sommer)
- $$. Fotoapparat $, Videokamera $$$

Karnak

Bei den alten Ägyptern war Karnak als Ipet-Isut, der vollkommenste aller Orte, bekannt. Obwohl die Tempelanlage heute in Trümmern liegt, kann man sich noch gut vorstellen, wie imposant sie einst gewesen sein muss. Die wohl größte Tempelanlage aller Zeiten wuchs über 1500 Jahre hinweg in Phasen. Die so entstandene Sammlung von Heiligtümern, kleinen Gebäuden, Pylonen und Obelisken ist ein weitläufiges, steinernes Freilichtarchiv der Geschichte.

In der ruhmreichen Zeit des Neuen Reiches (1550–1069 v. Chr.) war Theben Ägyptens allmächtige Hauptstadt und Karnak sein Herz.

Auch ohne farbigen Putz wirkt der Große Säulensaal wie eine Halle der Götter

Karnak war mehr als eine Kultstätte: Residenz der Pharaonen, Verwaltungszentrum, ungemein reiche Schatzkammer und eine Wirtschaftsmacht, der weite Landgebiete gehörten und die deshalb Zehntausende von Arbeitern beschäftigte. Einfachem Volk war der Zugang zu seinen Bezirken verwehrt, nur Priester und königliches Gefolge betraten sie.

Die Anlage in Karnak bestand aus drei Teilen. Der Hauptbezirk – er war Amun geweiht – lag im Zentrum und wurde vom Großen Amun-Tempel, zu dem ein heiliger See gehörte, beherrscht. Dies war die Hauptkultstätte der thebanischen Göttertriade (Amun-Re, Mut und Chons). Direkt im Süden schloss sich der Bezirk von Amuns Gefährtin Mut an, den eine lange Allee von widderköpfigen Sphingen mit dem Haupttempel verband. Im Norden lag der Bezirk des alten thebanischen Falkengottes Montu.

Obwohl der Großteil dieses weitläufigen Komplexes das Werk der Herrscher des Neuen Reiches war, darunter allen voran Hatschepsut, Thutmosis III., Sethos I. und Ramses II., wurde das ursprüngliche Heiligtum des Großen Amun-Tempels im Mittleren Reich (ca. 1900 v. Chr.) erbaut. Nachfolgende Pharaonen erweiterten es von diesem Kern aus bis zum

Praktische Tipps

Karnak liegt ca. 2,5 Kilometer südlich von Luxors heutigem Zentrum. Man kann durchaus über die Corniche zu Fuß dorthin gelangen. Da Sie die nächsten Stunden auf Erkundungsgang sein werden, ziehen Sie es aber vielleicht vor, in einem Taxi oder einer Kalesche zu fahren. Die Anlage erstreckt sich über 100 Hektar; sie brauchen also mindestens einen halben Tag, um durch alle Bezirke zu gehen. Besucher sind ab 6 Uhr zugelassen und ein früher Start erspart Ihnen die Hitze. Ab 7 Uhr kommen Reisegruppen, und es wird lebhaft. Am Nachmittag ist es deutlich ruhiger – die Nachteile: intensive Hitze und wenig Schatten. Wenn Sie Zeit haben, erwägen Sie, einmal tagsüber und ein zweites Mal abends zu kommen, um die Ton- und Lichtschau zu erleben (siehe Kasten, S. 246).

ersten Pylon – dem imposanten Eingang zur heutigen Anlage –, der erst um das Jahr 370 v. Chr. erbaut wurde. In der nachpharaonischen Zeit hinterließen auch die Ptolemäer, Römer und frühen Christen ihre Spuren. Besuchen Sie ihn heute, reisen Sie immer weiter zurück in der Zeit, je tiefer Sie in den Komplex vordringen.

INSIDERTIPP

Besuchen Sie die Tempel am frühen Nachmittag, weil Sie dann nicht auf die vielen Reisegruppen treffen, die mit Bussen (morgens) oder Kreuzfahrtschiffen (am späten Nachmittag) anreisen.

DR. JOEL D. IRISH
National Geographic-Experte

Seit die Ägyptologie in den Rang einer Wissenschaft erhoben wurde, ist Karnak Ziel zahlreicher Grabungskampagnen gewesen und viele Projekte werden fortgeführt. Es hat hier drei bedeutende Funde gegeben, darunter 1903 eine stattliche Fundausbeute an Königsstatuen (die meisten stehen im Ägyptischen Museum in Kairo; siehe S. 68ff), heute konzentrieren sich die Anstrengungen der Archäologen auf Erhalt und systematische Restaurierung der existierenden Bauwerke.

Der Tempelbezirk des Amun

Die meisten Besucher setzen Karnak mit dem Bezirk des Amun gleich. Selbst ohne die benachbarten, Mut und Montu geweihten Anlagen stellt er viele andere agyptische Monumente in den Schatten. Der dem Bezirk zugrunde liegende Plan ist kompliziert: Er kombiniert eine Nord-Süd- und eine Ost-West-Achse. Letztere bildet die Hauptachse, und wenn man ihr folgt, tut man sich beim Erkunden der Anlage leichter. Wenn Sie sich an deren Ende noch aufnahmefähig fühlen, gehen Sie am Heiligen See vorbei zurück und sehen Sie sich die Nord-Süd-Achse an.

Einst verband ein Kanal den Amun-Bezirk mit dem Nil. Auf diese Weise konnte man von den geweihten Barken direkt in die Anlage gelangen (siehe S. 240). Ram-

Karnak

- 229 E2 und 232
- Corniche
- $$. Freilichtmuseum $ (Karten außerhalb). Ton- und Lichtschau $$$

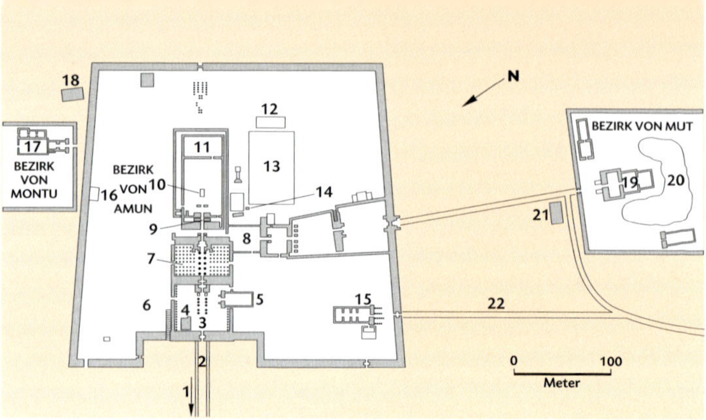

LEGENDE ZUM LAGEPLAN

Karnak

1 Kartenverkauf
2 Allee der Sphingen
3 Großer Hof
4 Schrein Sethos' II.
5 Tempel Ramses' II.
6 Freilichtmuseum
7 Großer Säulensaal
8 Cachette-Hof
9 Obelisken der Hatschepsut
10 Schrein der Heiligen Barken
11 Festtempel Thutmosis' III.
12 Zuschauertribüne für Ton- und Lichtschau
13 Heiliger See
14 Café
15 Chons-Tempel
16 Ptah-Tempel
17 Montu-Tempel
18 Tempel Thutmosis' III.
19 Mut-Tempel
20 Heiliger See
21 Barkenstation von Hatschepsut und Thutmosis III.
22 Verlauf der Allee der Sphingen zum Tempel von Luxor

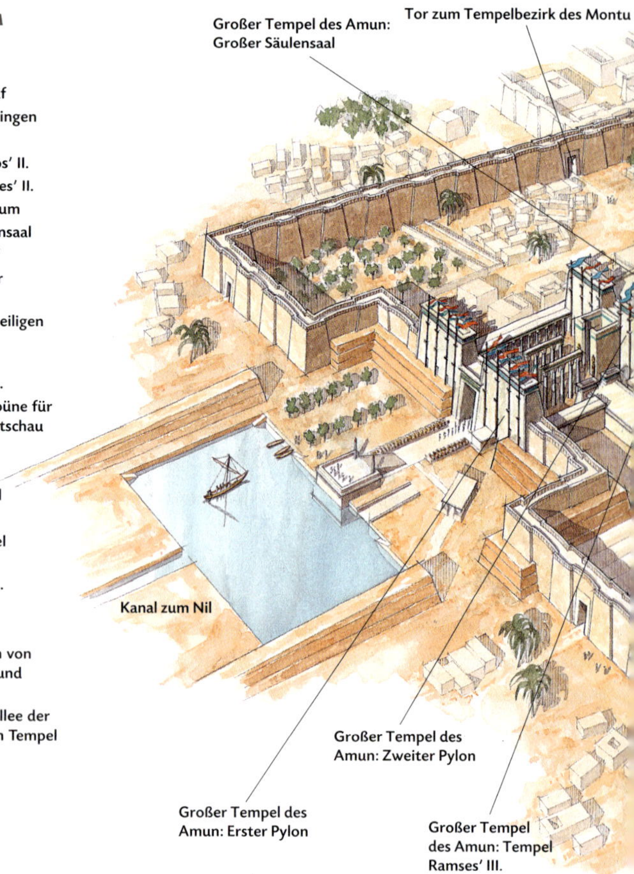

ses II. ließ eine Anlegestelle am Kanal bauen und dieser Kai – flankiert von einer kurzen Allee widderköpfiger Sphingen, jede mit einer Statue des Königs zwischen seinen Pranken – bildet den eindrucksvollen Zugang zum **ersten Pylon** und Eingang. So gewaltig er wirkt, der Pylon ist, wie man an den unterschiedlichen Höhen der Seiten erkennt, unvollendet. Wenn Sie beim Tor stehen, können Sie die Inschrift ausmachen, die Napoleons Expedition (siehe S. 38) weit oben am rechten Torpfosten hinterließ.

Hinter dem Eingang liegt der **Große Hof** des Amun-Tempels mit einem Sammelsurium an anti-

Der Tempelbezirk des Amun in Karnak

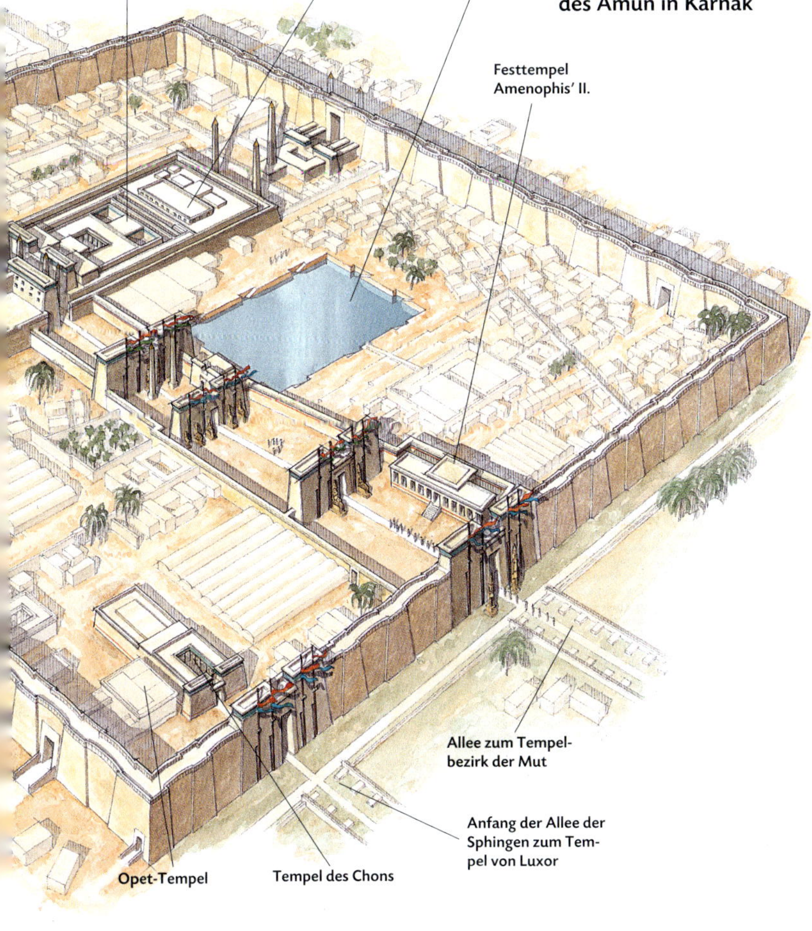

Ton- und Lichtschau

Dreimal pro Abend veranstaltet Karnak eine 90-minütige Ton- und Lichtschau. Das Schauspiel beginnt an der Allee der widderköpfigen Sphingen. Dann folgt das Publikum den Worten des Sprechers durch den großen Hof und den großen Säulensaal zum Finale am Heiligen See. Der Kommentar ist reinste Platitüde, aber um im Sternenlicht durch den Tempel zu gehen, lohnt es sich, ihn zu ertragen. Kaufen Sie ihre Eintrittskarte am Schalter vor dem Tempel. Die Uhrzeiten sind dort ausgehängt.

ken Überresten. Links befindet sich die **Weihestätte von Sethos II.**, bestehend aus drei kleinen Kapellen für die heiligen Barken von Amun, Mut und Chons. Wenn Sie zuvor den Tempel von Luxor besucht haben, werden Sie dort im großen Hof ähnliche Schreine gesehen haben. Dem Schrein gegenüber steht eine Sphinx mit den Zügen Tutanchamuns. Rechts davon steht ein kleiner Tempel Ramses' III., eine Miniatur seines Tempels in Medinat Habu (siehe S. 254ff), die älter ist als der Hof selbst. Das erklärt, weshalb sie die Mauer so seltsam durchbricht. Nahe der Hofmitte steht eine einsame Papyrussäule; sie ist alles, was von dem Pavillon erhalten blieb, den Taharqo, ein nubischer Pharao der 25. Dynastie, errichten ließ. Er regierte 600 Jahre nach Ramses II., dessen Kolossalstatuen aus rosa Granit hinter der Säule und vor dem **zweiten Pylon** stehen.

Ramses II. hat den Pylon nicht selbst errichtet (er ist ein Verdienst Haremhabs), aber er hatte die Angewohnheit, die Bauwerke seiner Vorgänger mit seiner Kartusche und seinem Abbild zu zieren. Schöpfen Sie hier ein wenig Atem, denn haben Sie den zweiten Pylon erst einmal passiert, stehen Sie vor einem der großartigsten aller Schauspiele, dem schwindelerregenden **Großen Säulensaal**. Ihn, wie es viele Reiseführer tun, als Säulenwald zu beschreiben, hieße, ihm nicht gerecht zu werden. Baumstämme sind selten so massiv, noch seltener sind sie so hypnotisch angeordnet. Unweigerlich wird jedem Betrachter beim Verweilen in diesem Raum die eigene Vergänglichkeit bewusst.

In Zahlen ausgedrückt: Den Saal füllen 134 Säulen, die – mit Ausnahme der zwölf 21 Meter hohen mittleren – rund 15 Meter hoch sind. Sechs Erwachsene sind nötig, um den Schaft einer Säule zu umfassen. Man hat berechnet, dass auf einem Säulenkapitell 50 Menschen bequem Platz fänden. Ursprünglich trugen die Säulen ein Dach, dadurch war der ganze Saal geschlossen; nur wenige Lichtstrahlen drangen durch kleine Oberfenster ein und tauchten ihn in dämmriges Licht. Zwischen den Säulen standen Statuen der Pharaonen. Die Wirkung muss furchteinflößend gewesen sein und den wenigen Besuchern das Gefühl vermittelt haben, sie beträten wahrhaftig eine Halle der Götter.

Sie schreiten durch den **dritten Pylon**, den Amenophis III. (1390 bis 352 v. Chr.) errichtete, jener

Pharao, der auch den Tempel von Luxor schuf. Dahinter liegt ein kleiner Hof, der zugleich Teil der zweiten Tempelachse ist. Von den einst vier von Thutmosis I. und III. aufgestellten Obelisken, die diesen Kreuzungspunkt markierten, steht nur noch einer. Teile der anderen drei liegen in Trümmern herum.

Folgt man der Hauptachse nach Osten, bildet der **vierte**, von Thutmosis I. (1504–1492 v. Chr.) angelegte **Pylon** den Zugang zum ältesten Teil der Tempelanlage. Hier schließt unmittelbar ein Säulensaal mit den später ergänzten **Obelisken der Hatschepsut** an. Nur einer steht noch (der zweite liegt am Ufer des nahen Heiligen Sees). Er ist mit 30 Metern der höchste Obelisk Ägyptens, und obwohl er aussieht, als bestünde er aus zwei Blöcken unterschiedlicher Farbe, wurde er aus einem einzigen Granitblock gehauen. Die Farbschattierung hat einen Grund: Endlich an die Macht gekommen (siehe S. 260), ließ Thutmosis III. eine Mauer um die Obelisken errichten, die die Hieroglyphen verbergen sollte, die seine verhasste Stiefmutter Hatschepsut priesen. Da die oberen Abschnitte Amun gewidmet waren, konnte er sie nicht einmauern. Jahrhundertelang waren sie deshalb der Sonne stärker ausgesetzt, sie verwitterten und nahmen einen helleren Farbton an.

Ab hier ist der Tempel deutlich stärker verfallen, und es wird zunehmend schwieriger, einzelne Elemente zu identifizieren. Vom fünften und sechsten Pylon, die nah beieinander stehen, ist wenig erhalten, aber hinter ihnen liegt ein kleiner Hof mit zwei großen Granitpfeilern mit gewaltigen Blumenmotiven, die Ober- (die Lilie) und Unterägypten (der Papyrus) symbolisieren. Das kastenartige Bauwerk geradeaus ist der **Heilige Barkenschrein** und beherbergt den Sockel, auf dem die Barke des Amun stand. Diese Barken waren maßstabgetreue Modelle der Schiffe, auf denen angeblich die Götter über den Himmel fuhren. Priester trugen sie bei Festen – auch dem örtlichen Opet-Fest –

Ein 3200 Jahre alter Wächter: Eine der beiden Kolossalstatuen von Ramses II. vor dem zweiten Tempelpylon

Der Heilige See lieferte das Wasser für die Waschungen der Priester

und Prozessionen auf hohen Pfählen. Die Innenwände des Schreins sind mit Schilderungen von Opferriten dekoriert, während die Außenwände Festszenen zeigen.

Die frühesten Tempel dieser Stätte befanden sich an der Stelle des heutigen Haupthofes. Über den freien Platz gelangen Sie zum **Festtempel von Thutmosis III.**, den der Pharao sich selbst zum Denkmal schuf. In frühchristlicher Zeit wurde der Saal als Kirche genutzt, und noch heute kam man auf den Säulen gemalte Heilige mit Glorienschein ausmachen. An der Ostseite des Tempels befindet sich ein kleines Vestibül ohne Dach, das wegen seiner herrlichen Reliefmalereien von Pflanzen und Tieren als der Botanische Raum bekannt ist.

Von hier aus kann man um die Südseite des Tempels und am **Heiligen See** entlanggehen, der den Tempel einst mit Wasser versorgte. Am See gibt es ein Café; dahinter liegt der erste Hof auf der Nord-Süd-Achse des Bezirks.

INSIDERTIPP

Die Büfetts in Hotels können sehr gut sein. Es gibt dort eine große Auswahl an Speisen aller Art, sowohl aus Europa als auch aus dem Nahen Osten. Halten Sie beim Frühstück nach Datteln Ausschau.

ANN WILLIAMS
National Geographic Magazin-Autorin

Die Tempelanlagen von Mut und Montu

Diese ergänzende Achse ist eigentlich eine Prozessionsstraße zwischen verschiedenen Bezirken von Karnak. Der erste Hof, beim Café, ist als **Cachette-Hof** bekannt, weil hier im frühen 20. Jahrhundert ein reicher Fund mit 900 Statuen aus einer tiefen Grube geborgen wurde. Man nimmt an, dass es sich um überzählige Statuen handelt. Die Priester von Karnak hatten keinen Platz mehr für alle, konnten sich aber der geweihten Objekte nicht einfach entledigen. Also begrub man sie. Ein ähnliches Versteck fand man unter einem Hof im Tempel von Luxor. Einige der Statuen aus Karnak stehen heute vor dem südlichen Pylon, dem ersten in einer Folge von vier Toren, die an einer Allee der Sphingen endet. Sie führt zum größtenteils zerstörten **Tempelbezirk der Mut**. Seinen Mittelpunkt bildet der von Amenophis III. errichtete, heute zerstörte Mut-Tempel, den teilweise ein weiterer Heiliger See umgibt. Überall stehen Granitstatuen der Löwengöttin Sachmet.

Auf dem Rückweg zum Hauptteil des Amun-Bezirks sehen Sie links ein monumentales, reliefbedecktes Tor mit einer geflügelten Sonnenscheibe unter einem gewölbten Sims. Es gehört zum Tempel des Chons und markiert den Anfang der Allee der Sphingen, die Karnak mit dem 2,5 Kilometer südlich gelegenen Tempel von Luxor verband.

Um durch den Amun-Tempel zurückzugelangen, gehen Sie zur Nordseite hinaus; links liegt ein Freiluftmuseum mit einer Sammlung der in den Tempelanlagen gefundenen Statuen. Kaufen Sie die hierfür notwendige zusätzliche Eintrittskarte, bevor Sie Karnak betreten.

An der nördlichen Außenwand des Amun-Tempelbezirks, unweit des Tors zur Tempelanlage des Montu, steht der kleine **Tempel des Ptah**, des Schöpfergottes, der die Welt durch Gedankenkraft schuf. Mittelpunkt seines Kultes war die alte Hauptstadt Memphis. Begonnen wurde der Bau des Tempels unter Thutmosis' III., fortgeführt unter den Ptolemäern.

Das nahe Tor führt zum **Tempelbezirk des Montu**, dem kleinsten der drei umfriedeten Bezirke in Karnak. Montu war der falkenköpfige Kriegsgott Thebens. Zur Anlage gehören sein zerstörter Tempel und ein heiliger See. Das Areal ist sehr baufällig und häufig für Besucher gesperrt. ■

Die nubischen Pharaonen: Erben des Mittleren Reiches

Bis zur Mitte des 8. Jahrhunderts hatte Ägypten drei Jahrhunderte politischer Instabilität und Schwäche hinter sich; die Pharaonen hatten nicht mehr das gesamte Land unter Kontrolle. In diese politischen Wirren hinein kamen Eindringlinge aus dem nubischen Reich Kusch in das Gebiet, das heute dem nördlichen Sudan entspricht. Von 747 bis 656 v. Chr. herrschte in Ägypten die 25. Dynastie, bekannt als die nubische Dynastie, und stellte die politische Einheit und Stabilität des Staatswesens wieder her. Unter ihrer Herrschaft blühte die Bildhauerkunst wieder auf. Daher gibt es aus dieser Zeit so viele königliche und private Statuen.

Das Westufer erkunden

Bei Luxor, jenseits des Nils, liegen die Tempel und Gräber des Westufers. Ganz gleich, ob Sie diese im klimatisierten Reisebus, per Taxi oder auf dem Fahrrad (siehe S. 252f) besuchen, empfiehlt es sich, einige Grundregeln zu beachten.

Die Zwillingsstatuen von Amenophis III. in der Morgendämmerung

Die erste und wichtigste Regel: Brechen Sie früh auf. Mittags ist die Sonne unerträglich, sie raubt Ihnen die Energie, und bald beschränkt sich Ihre Begeisterung für die Monumente auf die Menge an Schatten, die sie spenden. Zweitens: Nehmen Sie sich nicht zu viel vor. Man hat in der Hitze vom alten Ägypten schnell genug, und zwei oder drei Sehenswürdigkeiten sind das Limit. Nur keine Schuldgefühle, wenn Sie sich am Nachmittag an den Hotelpool zurückziehen. Bis Sie sich erholt haben, wird die Temperatur etwas gefallen sein, und Sie können die Museen der Stadt, den Tempel von Luxor bei Nacht oder die Ton- und Lichtschau in Karnak besuchen.

Unglücklicherweise haben wahrscheinlich alle anderen diesen Rat ebenfalls erhalten, und so ist es am Westufer morgens voll. Das Tal der Könige und der Tempel der Hatschepsut sind stets überlaufen, doch einige Sehenswürdigkeiten – darunter Deir al-Medineh, Medinat Habu und die Gräber der Adligen, die nicht weniger interessant sind – werden von Reisegruppen nur besucht, wenn sie sich durch

Memnon-Kolosse
228 B3

die Liste mit den Höhepunkten gearbeitet haben. Diese Stätten zuerst aufzusuchen bedeutet, eine gute Chance zu haben, sie allein zu genießen.

Für jeden Tempel, jedes Grab und jede Gräbergruppe wird eine eigene Eintrittskarte verlangt. Diese erhalten Sie im **Kartenverkauf für das Westufer** (Tel. 095/231 1662, siehe Karten S. 228 und 253). Da die Karten nur am Verkaufstag gültig sind, müssen Sie die Reiseroute im Voraus planen. Alle Sehenswürdigkeiten und Eintrittspreise – sie liegen im Schnitt bei 4 Euro pro Sehenswürdigkeit – sind auf einer großen Tafel aufgelistet. Wollten Sie alle interessanten Orte hier besuchen, kämen Sie an Eintrittsgeldern allein auf 100 Euro und müssten mindestens eine Woche bleiben. Der Kartenverkauf öffnet um 6 Uhr. Sollten Sie darauf hoffen, eine Karte für das Grab der Nefertari (siehe S. 260) zu ergattern, müssen Sie spätestens um 5.30 Uhr in der Schlange stehen, denn die Zahl der Besucher wurde auf 150 pro Tag beschränkt.

Memnon-Kolosse

Diese Statuen auf einer Lichtung zwischen Zuckerrohrfeldern an der Straße zu den Westufer-Monumenten, sind alles, was von einem der größten Tempel Ägyptens geblieben ist.

Die jeweils aus einem einzigen Stein gehauenen, 18 Meter hohen Kolosse waren schon in der Antike wegen des glockenartigen Tons, der in der nördlichen Statue erklang, berühmt. Der geheimnisvolle Ton ließ die Griechen glauben, dies seien Statuen des unsterblichen Memnon, der jeden Morgen seine Mutter Eos, die Göttin der Morgenröte, begrüße. Archäologen vermuten, der Ton sei die Folge eines durch die ersten wärmenden Sonnenstrahlen in den Poren des Steins entstandenen Luftstroms gewesen. Der Ton verstummte nach der Restaurierung unter den römischen Kaiser Septimius Severus 170 n. Chr – es gibt aber noch Anklänge.

Heute wissen wir, dass die gewaltigen Sitzstatuen Amenophis III. zeigen. Die kleineren, in Stein gehauenen Figuren zu seinen Füßen sind seine Frau Teje und seine Mutter Mutemuia. Sie standen vor dem Eingangspylon zum Totentempel des Königs, so wie Ramses II. vor dem ersten Pylon des Tempels von Luxor steht. Man nimmt jedoch an, dass dieser Tempelbezirk um einiges größer war, möglicherweise sogar umfangreicher als der in Karnak. Wiederholte Plünderungen und Erdbeben in der Antike ließen ein Trümmerfeld zurück, das durch die jährlichen Nil-

INSIDERTIPP

Besuchen Sie die Kolosse in der Abenddämmerung. Mit etwas Glück hören Sie dann die unheimlichen Geräusche, die sogar in altgriechischer Zeit berühmt waren. Sie entstehen beim Verdunsten des Taus in den Ritzen der Steine.

TIFFIN THOMPSON
National Geographic-Mitarbeiter

Mit dem Fahrrad am Westufer

Die zahlreichen Tempel und Dutzende von Gräbern am Westufer liegen über viele Kilometer verteilt; sie zu Fuß zu besuchen, ist kaum möglich. Reisebus und Miettaxi sind die üblichen Alternativen. Wenn Sie jedoch gut in Form sind, gibt es kein besseres Fortbewegungsmittel als das Fahrrad.

Fahrräder sind für Besichtigungstouren ideal, wenn Sie Hitze und Steigungen ertragen

Fahrräder gibt es – tageweise und für ein paar Euro – an diversen Stellen auf der Al-Mahatta Street in Luxor (siehe S. 230) zu mieten. Mit der Fähre, die am Tempel von Luxor im Zehnminutentakt ablegt, kann man sie ans Westufer transportieren. Auch die **Dorfläden** auf dem Hügel gegenüber der Anlegestelle am Westufer vermieten Fahrräder. Testen Sie das Rad auf seine Straßentauglichkeit. Denken Sie an Trinkwasser in Flaschen! Um Dehydration zu vermeiden, muss man viel trinken.

Die Straße zu den Monumenten verläuft fast kerzengerade zwischen Feldern, die ein Netz von Bewässerungskanälen durchzieht. Wenn Sie einen besonders breiten Kanal und anschließend eine große Kreuzung passiert haben, sehen Sie rechts die gewölbten Lehmziegelbauten von **Neu-Qurna** ❶, einem Modelldorf, das 1946 vom ägyptischen „Volksarchitekten" Hassan Fathy (1900–1989) entworfen wurde. Das aus üblichem Baustoff errichtete Dorf sollte von den Bewohnern von Alt-Qurna bezogen werden. Die aber wollten bleiben (siehe S. 265).

Nach 1,5 Kilometern entdecken Sie das erste Monument des Westufers, die **Memnon-Kolosse** ❷, ein einsames Statuenpaar, das über die Felder wacht (siehe S. 251). Nur ein paar hundert Meter weiter beherbergt ein kleines einstöckiges Gebäude zur Linken den **Kartenverkauf für das Westufer** ❸ (*Tel. 095/231 1662*), den einzigen Ort, wo Sie Eintrittskarten für die Sehenswürdigkeiten (siehe S. 251) hier bekommen. Die Landwirtschaft endet abrupt hinter dem Kartenverkauf und die Steigung kündigt die thebanischen Berge an. Fahren Sie an der nächsten Kreuzung rechts, dann am Feldrand entlang. Zur Rechten sehen Sie nun das **Ramesseum** ❹ (siehe S. 262f). In die Hänge schmiegen sich die leuchtend bunten Häuser von **Alt-**

UNBEDINGT ANSEHEN

• Memnon-Kolosse • Tal der Könige • Ramesseum

Qurna 5. Viele von ihnen sind bemalt. In solchen Dörfern sehen Sie Kinder Ziegen hüten, Frauen Brot backen und Bauern mit Wasserbüffeln – Szenen, die man von den Wandbemalungen antiker Gräber kennt.

Nach 1,5 Kilometern kommen Sie an eine T-förmige Kreuzung; biegen Sie links ab. Dort, wo die Steigung einsetzt, liegt – an seiner Kuppel erkennbar – rechts das **Haus von Howard Carter** 6. Hier wohnte der Ägyptologe bei seiner Suche nach einem ungeplünderten Grab, die in der Gruft des Tutanchamun ihr erfolgreiches Ende fand. Seit Jahren erwägt man, das Haus in ein Museum umzuwandeln. Fahren Sie 2,5 Kilometer geradeaus durch die trockene, felsige Einöde zum **Tal der Könige** 7 (siehe S. 271ff). Kehren Sie auf dem selben Weg zurück und machen Sie zum Mittagessen Rast im ausgezeichneten **Restaurant Tutankhamun** 8 (siehe S. 370); es liegt etwas südlich der Anlegestelle.

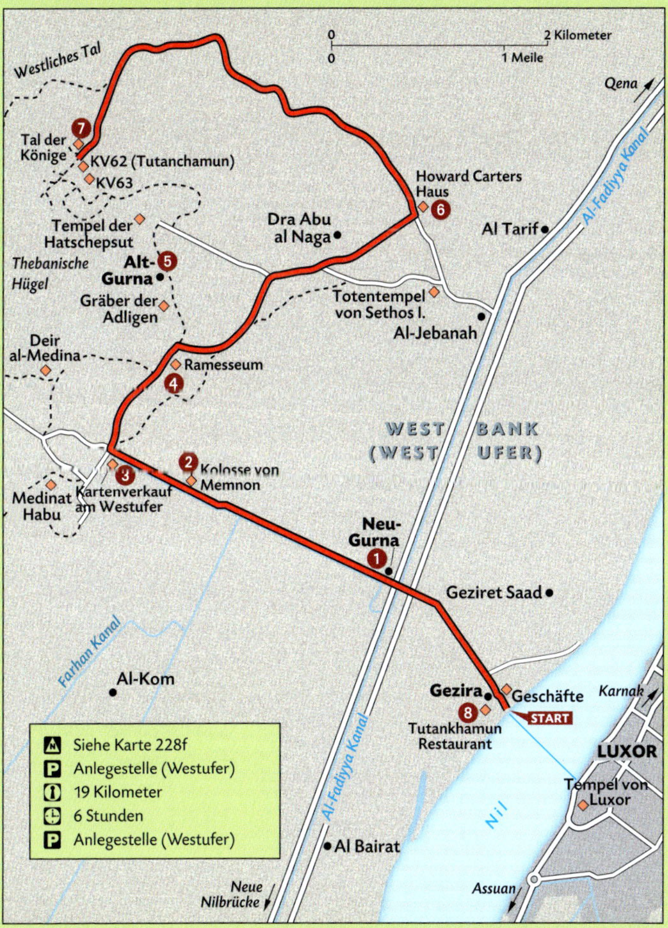

Die erhobene Geißel in der Hand, so zeigt sich Ramses III. am mächtigen Eingangspylon

Medinat Habu
228 B3
$$. Karten nur im Kartenshop am Westufer (siehe S. 251)

überschwemmungen zu Staub zerfallen ist. Einzigartig war der Standort des Tempels in einer Niederung. Jahr um Jahr hat das ansteigende Wasser die äußeren Säle und Höfe überflutet, trocken blieb nur das innere Heiligtum.

Außer den Kolossen sind vom Tempel nur noch eine in Stein gehauene Stele und einige Säulenpostamente geblieben. Das Museum in Luxor (siehe S. 240f) und das Ägyptische Museum Kairo (siehe S. 68ff) zeigen einige Skulpturen der Stätte.

Medinat Habu

Dieses, von Touristen auf ihrem Weg zum berühmteren Tal der Könige und zum Ramesseum oft übergangene Bauwerk ist das am besten erhaltene Denkmal am Westufer. Die großartige Anlage am Rand des Niltals gegenüber von Luxor um den alles beherrschenden Tempel Ramses' III. umfasst mehr als 7000 Quadratkilometer dekorierter Fläche. Um sich hier richtig umzusehen, brauchen Sie fast einen halben Tag.

INSIDERTIPP

Drehen Sie sich im ersten Hof des Medinat Habu um und schauen Sie sich die Rückseite des Eingangspylons an. Hier sehen Sie die berüchtigte Szene, in der die Beamten von Ramses III. die aufgehäuften, abgetrennte Genitalien der Feinde durchzählen.

CHIP ROSSETTI
National Geographic-Mitarbeiter

Niemand weiß mit Sicherheit, woher der Name (Stadt Habu) stammt, wenngleich es etwas weiter nördlich einen dem Hapu, Sohn des Amenophis, gewidmeten Tempel gab. Das als Stützpunkt Ramses' III. (1184–1153 v. Chr.), des letzten großen Pharaos Ägyptens, errichtete Medinat Habu ähnelte auf seinem Höhepunkt sicherlich einer umfriedeten Stadt mit Tempeln, Palästen und Wohnstätten für Priester und Beamte.

Es war das regionale Verwaltungszentrum, und seine starken, befestigten Mauern boten den Bewohnern der Umgebung in unruhigen Zeiten Schutz. Später, in christlicher Zeit, wurde an und nahe dieser Stelle eine koptische Stadt mit Kirchen und Wohnhäusern angelegt, die jedoch im 9. Jahrhundert nach dem Ausbruch einer Seuche aufgegeben wurde. Nähert man sich ihr heute, erkennt man uralte Lehmziegelhäuser, die auf den noch älteren Außenwällen errichtet wurden.

Eingang ist das **Hohe Tor**, ein wenig ägyptisch wirkender, dreigeschossiger Bau, der einer syrischen Festung nachempfunden wurde und an einen Sieg im Vorderen Orient erinnern sollte. Oben befanden sich die königlichen Privatgemächer, deren Wandreliefs den König, von biegsamen Tänzern unterhalten, zeigen. Bedauerlicherweise ist die Treppe so baufällig, dass man nicht mehr nach oben gelangt.

Hinter dem Tor liegen der große Hof und der Zugang zum stattlichen Haupttempel. Links davor stehen die **Kapellen der Göttlichen Anbeterinnen**, eine Serie von kleinen Totenkapellen aus der 25. Dynastie, die als Gruppe gut erhalten sind und ehemals den Priesterinnen des Amun geweiht waren. Rechts steht der **kleine Tempel**, der unter Hatschepsut zur Zeit der 18. Dynastie begonnen wurde und den man bis in die Römerzeit kontinuierlich erweiterte. Es ist schwer, ihm Aufmerksamkeit zu zollen, wenn gleichzeitig der fantastische Anblick des **Tempels Ramses' III.** blendet.

Der gewaltige **Eingangspylon** wirkt wie eine Fortsetzung der Berge im Hintergrund. Geschmückt ist er mit Szenen, die überschwänglich den Sieg des Pharaos über die Libyer und Seevölker feiern, die Ägypten während der Regierung Ramses' III. angriffen. Ähnliche Darstellungen finden sich im **ersten Hof**, darunter Bilder von Schreibern, die Stapel abgehackter Hände und Zungen zählen, und – über die Länge der linken Wand – Ramses, der auf den Köpfen von Gefangenen steht, die wie mittelal-

LEGENDE ZUM LAGEPLAN

Medinat Habu

1 Kartenverkauf
2 Eingang
3 Ptolemäischer Pylon
4 Hohes Tor
5 Heiliger See
6 Kleiner Tempel
7 Kapelle der Göttlichen Anbeterinnen
8 Eingangspylon
9 Erster Hof
10 Königspalast
11 Zweiter Hof
12 Säulensaal
13 Seitenkapellen

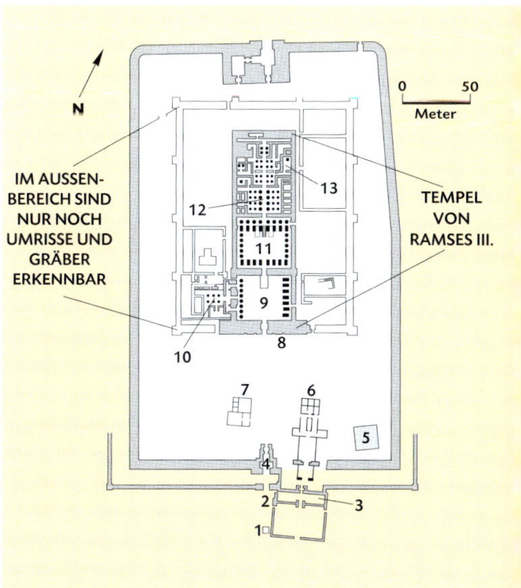

terliche Wasserspeier aus der Wand hervortreten. An anderen Stellen sind Figuren und Inschriften so tief in den Stein gegraben, dass sie Vögeln als Nistplatz dienen.

Besonders schön sind Teile der Wandreliefs, Decken und Säulen, die noch im farblichen Urzustand bunt bemalt in den lebhaften Primärfarben Blau, Gelb und Rot erstrahlen. Sie vermitteln einen Eindruck davon, wie ausgelassen farbig diese Orte einst gewesen sein müssen. Dies gilt besonders für den **zweiten Hof**, der ausgezeichnet erhalten ist, wenn man von den Schäden durch frühe Christen absieht. Sie zerschlugen die Monumentalstatuen von Ramses, als sie den Hof in eine Kirche verwandelten. Man erkennt Kreuze, die man in die Säulen schlug. In weniger gutem Zustand ist der **Säulensaal**. Nur Säulenstummel verraten die Existenz der einstigen Höfe. Aber es gibt zahlreiche **Seitenkapellen**, ihre Wände bedecken mit Reliefs von Festen und Gebeten.

Westlich des Tempels liegen die Überreste des Königspalastes – kaum mehr als Spuren und Umrisse – und ein übel riechender, schwarzer **Heiliger See**. Der See, einst Stätte der Osiris-Verehrung, genießt unter den Dorfbewohnern noch heute den Ruf magische Eigenschaften zu haben und Unfruchtbares fruchtbar zu machen.

Deir al-Medineh

All die herrlichen, dem Ruhm von Königen, Fürsten und Würdenträgern des alten Ägypten geweihten Tempel und Gräber am Westufer wurden von Künstlern und Handwerkern erbaut, über die man heute nichts mehr weiß. Deir al-Medineh bildet eine faszinierende Ausnahme, denn hier lebten jene Arbeiter, die diese Monumente erbauten und schmückten, und hier wurden sie bestattet.

Ausgrabungen an dieser Stelle haben eine von einem Schutzwall umgebene **Arbeitersiedlung** mit 70 Behausungen zutage gefördert. Die Ruinen – sie sind nur wenige Ziegel hoch – zeigen deutlich die Grundrisse der Häuser. Jedes hatte eine Tür, die aus den engen Gassen

„Osymandias"

Der englische Dichter Percy Bysshe Shelley (1792–1822) besuchte Ägypten nie. Zu seinem Gedicht inspirierte ihn ein Besuch im Britischen Museum in London, wo der Kopf Ramses' II., von den Griechen Osymandias genannt, lag.

Einen traf ich, fernher aus antikem Land,
der sprach: Zwei Beine, steinern, riesig, rumpflos,
ragen in der Wüste ... unweit, halb im Sand,
liegt ein geborstnes Antlitz, dessen Groll,
sich kräuselnde Lippe, höhnisch befehlendes Lächeln
verraten: Sein Bildner las die Züge gut,
die, aufgepresst auf Totes, überdauern
die formende Hand, das Herz auch, das sie trug.
Und auf dem Sockel steht gemeißelt:
»Ich bin Osymandias, König der Könige:
Seht, Mächtige, mein Werk und verzweifelt!«
Nichts sonst ist geblieben. Rings um den Verfall
der gewaltigen Ruine, grenzenlos, nackt,
erstrecken sich einsam ebene Sande.

Die Steinmauern von Deir al-Medineh markieren einstige Wohnhäuser und Straßen

in drei bis vier Innenräume führte, Treppen führten in Kellerräume und auf das, was einst wohl Dachterrassen waren. An manchen Stellen zeigt der Steinfußboden Spuren vom Öffnen und Schließen der Türen. Nahrungsrückstände, die Archäologen hier entdeckten, verraten, dass die Arbeiter von Fisch und Getreide lebten, ergänzt durch Früchte, Honig und gelegentliches Fleisch. Sie brauten und tranken Bier.

Vieles von dem, was wir heute über diese Menschen wissen, stammt von Ostraka genannten Kalksteintafeln, auf denen Berichte, Aufzeichnungen und Notizen festgehalten wurden. Archäologen fanden Tausende dieser antiken Notizzettel zwischen den Häusern. Sie verraten uns, wer hier wo genau lebte, wie die Menschen hießen, ihre Berufe und sogar, wie viel sie verdienten (der Lohn bestand aus Getreide und Nahrung). Mehr als an jeder anderen Stätte spürt man hier die Gegenwart der alten Ägypter.

Rechts, an das Dorf geschmiegt, liegt die kleine **Nekropole**. Die Gräber bestanden aus kleinen ummauerten Höfen mit einer Kapelle, unter der die Grabkammer lag. Oft krönte die Kapellen ein Pyramidion (eine kleine Pyramide) aus Ziegelstein. Einige von ihnen wurden in den Urzustand versetzt.

Weiter westlich, am Talhang, finden Sie einige einfachere, in den Fels geschlagene Gräber. Drei von ihnen sind der Öffentlichkeit zugänglich gemacht worden. Wegen der schönen Wandmalereien in warmen Gelb-, Ocker- und Goldtönen lohnt es sich, einen Blick in die Nischen zu werfen.

Deir al-Medina

228 B3

$$. Karten nur im Kartenshop für das Westufer (siehe S. 251)

Tal der Königinnen
228 A3
$$. Karten nur im Kartenshop für das Westufer (siehe S. 254)

Das dem Parkplatz nächstgelegene ist das **Grab des Inherchau**, eines Vorarbeiters, der unter der Regierung von Ramses III. und Ramses IV. lebte. Inherchau wird oft gezeigt, mal glatzköpfig, mal in schwarzen Locken. Die Szene jedoch, an die sich jeder erinnert, ist die, in der eine langohrige Katze die Schlange Apophis tötet.

Es folgt das **Grab von Sennedjem**, den die Hieroglyphen „Diener am Ort der Wahrheit" nennen. Dies war der antike Name des Tals der Könige, wo fast alle Bewohner von Deir al-Medineh arbeiteten. Obwohl eine etliche Kilometer lange Straße die beiden Stätten trennt, liegen sie tatsächlich fast nebeneinander am jeweils anderen Hang desselben Berges. Zu Fuß erreicht man die andere Seite in etwa einer halben Stunde. Als Sennedjems Gruft 1886 geöffnet wurde, war sie reich an Grabbeigaben. Diese sind heute im Ägyptischen Museum in Kairo zu sehen (siehe S. 68ff). Seiner schönen Wandgemälde wegen ist das Grab dennoch einen Besuch wert.

Am Hang, weiter oben, liegt das **Grab von Paschedu**, auch er

Ein Grabwächter passt auf, dass nichts berührt wird und niemand länger als zehn Minuten bleibt

Diener am Ort der Wahrheit. Will man sein Grab betreten, passiert man zwei symmetrische Darstellungen von Anubis, dem schakalköpfigen Gott. Die berühmteste Szene findet sich allerdings in der Grabkammer gleich rechts: Sie zeigt den unter einer Palme kauernden Paschedu neben einem Flusslauf.

Oberhalb von Arbeitersiedlung und Nekropole, am Ende eines rauen Pfades, steht ein kleiner, der Hathor geweihter, **ptolemäischer Tempel** aus dem 3. Jahrhundert v. Chr. Es ist ein schlichter Bau – eine Lehmziegelwand um einen Tempelbezirk. Aber die bemalten Basreliefs im Inneren haben einiges von ihrer Farbigkeit bewahrt. In frühchristlicher Zeit nahmen ihn Kopten in Besitz und gaben so der gesamten Stätte ihren Namen: Deir al-Medineh, Kloster der Stadt.

Trinkgeld für Wächter und Wärter

An den abgelegeneren antiken Stätten wie etwa in Mittelägypten und auf der Insel Philae kann es sein, dass der Ticketkontrolleur oder ein uniformierter Wächter, der bereitwillig ein Foto von Ihnen schießt, ein Trinkgeld *(baksheesh)* von Ihnen erbittet. Leider ist dies so, weil Soldaten, die meisten davon junge Männer, die ihren Wehrdienst absolvieren, nur einen Hungerlohn bekommen. Lassen Sie sich aber nicht zum Trinkgeldgeben zwingen. Falls Sie aber doch ein Trinkgeld geben möchten, sollte es nie mehr als einige ägyptische Pfund sein.

Tal der Königinnen

Das Tal der Königinnen, ein breites Wadi im südlichsten Winkel von Thebens Nekropole, ist der Ort, wo man königliche Gemahlinnen, Prinzen, Prinzessinnen und Mitglieder des Hofes bestattete. 75 Gräber wurden in den Fels gehauen, nur eine Hand voll ist Besuchern zugänglich, unter ihnen auch jenes, das vielen als Höhepunkt am Westufer gilt: das herrliche Grab der Nefertari.

Sollten Sie das Tal der Könige bereits besichtigt haben, wissen Sie, was Sie erwartet: eine schroffe, sonnenverbrannte Landschaft, übersät von den kleinen, schwarzen Löchern der tunnelartigen Eingänge der Grabkammern. Von den Gräbern, die man besuchen kann, gehören drei den Söhnen von Ramses III., dem Erbauer des großen Tempels in Medinat Habu (siehe S. 254ff). Sie bestehen aus einem kurzen Gang und ein oder zwei Seitenkammern. Als eine italienische Expedition sie im frühen 20. Jahrhundert entdeckte, stellte man fest, dass sie bereits in der Antike ausgeraubt worden waren; der Wanddekor jedoch ist erstaunlich gut erhalten und stellt für sich genommen einen großen Schatz dar. Alle Flächen der Gräber sind mit bemalten Reliefs bedeckt. Die Darstellungen beschreiben die rituelle Seelenreise der Prinzen, die in der Gesellschaft ihres Vaters beginnt, der sie einer Vielzahl von Gottheiten im Jenseits vorstellt. Weiter im Inneren des Grabes stehen die Prinzen dann allein vor den Göttern.

Das **Grab von Chaemwaset** ist das des ältesten Sohnes. Auf den Reliefs ist er an seiner charakteristischen Haartracht, einem Zopf, der ihm seitlich über das Ohr fällt, leicht zu erkennen. Sie entdecken ihn in der zweiten Kammer rechts, wie er seinem Vater folgt, der den klassischen, blau-goldenen Kopfputz der Pharaonen trägt. In der letzten Kammer ist der Prinz allein und opfert dem sitzenden Osiris, dem Herrn des Jenseits, dessen Gesicht in Grün gehalten ist, der Farbe der Erneuerung.

Das **Grab des Amunherchopschef** ist das des erklärten Thronerben, der im Alter von etwa 15 Jahren starb (woran, das wissen wir nicht). Wie in der Gruft seines Bruders zeigen ihn die Wandszenen hinter seinem Vater, Ramses III., der mit ihm vor die Götter und Wächter der Unterwelt tritt. In der hintersten Kammer steht eine Glasvitrine mit dem in Bandagen gehüllten Skelett eines Fötus. Die Führer werden Ihnen erzählen, die Mutter Amunhorchepchefs sei zum Zeitpunkt seines Todes schwanger gewesen. In ihrer Trauer habe sie eine Fehlgeburt erlitten und das Kind mit ihrem toten Sohn begraben. In Wirklichkeit wurde der Fötus an einer anderen Stelle im Tal entdeckt, eine nachweisliche Verbindung zu diesem Grab gibt es nicht.

Auf dem Weg zur Grabstätte von Amunherchopschef können Sie auch das **Grab der Tete**, Gemahlin eines Pharaos der 20. Dynastie, besichtigen. Es ist üppig verziert mit Szenen, die Wächter der Unterwelt zeigen oder Hathor, die Nilwasser vergießt, um die Königin zu verjüngen.

Alle genannten Grabkammern verblassen beim Anblick des **Grabes der Nefertari**, der bei weitem eindrucksvollsten Grabstätte in ganz Ägypten. Sie ist so fantastisch, dass sogar der außerordentlich hohe Eintrittspreis von rund 30 Euro gerechtfertigt ist; zurzeit ist es geschlossen. Da Atem die Feuchtigkeit erhöht und dadurch zur Salzbildung auf dem Putz führt, wird

INSIDERTIPP

Ramses II. bezeichnete Nefertari als die Schöne, und auch ihre Grabstätte ist sicherlich das Schönste, was die Handwerkskunst damals hervorgebracht hat.

KEN GARRETT
National Geographic-Fotograf

Familienfehde

Historiker haben Königin Hatschepsut (siehe S. 268) als eine eifersüchtige-Herrscherin beschrieben, die den Thron von ihrem Stiefsohn Thutmosis III. an sich riss, der seinerseits dann nach ihrem Tod ihr Gesicht auf all den Bildern, die sie als Pharaonin zeigten, verunstaltete. Es ist jedoch unwahrscheinlich, dass er diese 20-jährige Kampagne gegen seine Stiefmutter nur aus Rachsucht führte; vermutlich ging es darum, seinen eigenen Erben zu legitimieren.

Die Göttin Isis führt Nefertari dem skarabäusköpfigen Gott Chepre zu

die Zahl der Besucher auf 150 pro Tag beschränkt werden, wenn die Grabstätte wieder geöffnet wird. Nicht mehr als zehn dürfen zugleich die Kammer betreten. Und kein Besucher darf sich länger als zehn Minuten aufhalten. Um eine Karte zu bekommen, müssen Sie, lange bevor der Kartenverkauf für das Westufer öffnet, zur Stelle sein (siehe S. 251).

Nefertari, deren Name „die Schönste" bedeutet, war die Lieblingsfrau Ramses' II., des Pharaos des Neuen Reiches, der für selbstverherrlichende Monumente wie das Ramesseum oder Abu Simbel (siehe S. 262f) bekannt ist. Ein Zeichen der Verehrung, die der Pharao seiner Gemahlin entgegenbrachte, ist der Tempel, den er ihr in Abu Simbel weihte. Dort wird die Königin durch Statuen dargestellt wird, die denen des Ramses an Größe nicht nachstehen – in der pharaonischen Kunst reichten die meisten Königinnen ihren Gatten nur bis ans Knie.

Man gelangt über eine steile Treppe in das Grab, das aus einem Vorraum mit Anbau und einer Treppe, die zur Grabkammer führt, besteht. Bilder der Königin zieren sämtliche Wände – meist trägt sie ein fließendes, teils durchsichtiges weißes Gewand und einen Geierkopfschmuck – und zeigen sie in Gesellschaft der Götter. Das Spiel der intensiven Farben ist wahrhaft atemberaubend .

Im Vorraum, links neben der Treppe beim Eingang, spielt Nefertari Sennet, ein dem Schach ähnliches Spiel, während zur Rechten ein sitzender Osiris, die Geißel haltend, den Reigen der Götter eröffnet. Ihm folgt ein schakalköpfiger Anubis. An der Seite des Bogens

Ramesseum

228 B3

$$. Karten nur im Kartenshop für das Westufer (siehe S. 251)

LEGENDE ZUM LAGEPLAN

Ramesseum

1 Erster Pylon
2 Erster Hof
3 Zweiter Pylon
4 Kolossalstatue Ramses' II.
5 Eingang
6 Zweiter Hof
7 Säulensaal
8 Sternenraum

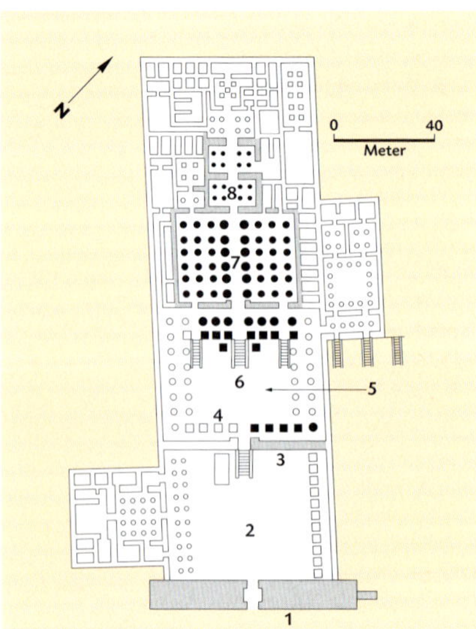

steht die Göttin Neith. Dann führt Harsiesis Nefertari vor die Sitzfiguren von Re-Harachte und Hathor. Einige der besten Szenen des Grabes finden sich im Anbau: die Königin vor Thot, dem ibisköpfigen Gott der Weisheit, und die Königin beim Weihen der Opfertische für Osiris (links) und Re (rechts). Die Malereien im zweiten Treppenaufgang (links) zeigen Nefertari, wie sie den Göttinnen Isis und Nephtys opfert, während sie auf der anderen Seite das Gleiche für Hathor und Selkis tut.

Ramesseum

In seiner heutigen Form besteht das Ramesseum aus nicht mehr als drei Ruinen und einem Feld mit Hügeln, Löchern und Fundamenten, die andeuten, wo der restliche Komplex stand. Sein Ruf aber lässt diese dingliche Realität weit hinter sich. »Das edelste und reinste unter Thebens großen Denkmälern«, nannte es der bekannte Ägyptologe Jean-François Champollion, und der englische Dichter Shelley machte es mit einem Gedicht unsterblich (siehe S. 256).

Seinen Ruf verdankt es seinem Erbauer Ramses II. (1279–1213 v. Chr.), dem Pharao der 19. Dynastie, dem mächtigsten aller Herrscher, der die Doppelkrone Ägyptens 67 Jahre trug. Die Bauarbeiten am Ramesseum begannen bald nach der Thronbesteigung Ramses' II. und wurden vermutlich in seinem 22. Regierungsjahr vollendet. Das Ramesseum, das ursprünglich sein grandioser und unsterblicher Totenbezirk sein sollte, bestand, als es fertig war, aus einem zentralen Haupttempel, flankiert von Nebentempeln für seine Mutter Tuja und die Lieblingsfrau Nefertari, umgeben von Palästen, Verwaltungsgebäuden und weitläufigen Lagerhäusern. Keine Mühe wurde gescheut, um es zum bedeutendsten aller Denkmäler zu machen. Spätere Dynastien demontierten das Ramesseum und verwendeten die Steine für eigene Tempel. Was übrig geblieben war, übernahmen frühe Christen.

Die Ruinen, die heute noch stehen, sind Teile des Haupttempels Ramses' II. Sein Grundriss diente als Vorbild für das von Ramses III. errichtete Medinat Habu (siehe S. 254ff). Vielleicht sollte man Medinat Habu zuerst besichtigen, um zu verstehen, was man hier vorfindet.

Besucher von Medinat Habu erleben die Anlage so, wie sie geplant war: Man tritt durch den ersten Pylon ein, passiert den ersten, dann den **zweiten Hof** und

Säulen zeigen den Pharao in der Gestalt von Osiris, dem Herrn der Unterwelt

schließlich den Säulensaal. Der Besuchereingang des Ramesseums liegt dagegen seitlich und führt direkt in den zweiten Hof.

Links steht ein Teil des **zweiten Pylonen** mit vier Kolossalstatuen von Ramses II. als Mumie; wie Gott Osiris verschränkt er die Arme vor der Brust, Geißel und Krummstab in Händen. Neben ihnen befinden sich Schultern und Kopf einer frei stehenden **Kolossalstatue Ramses' II.** – heute umgestürzt und zertrümmert. Auf der rechten Schulter ist die Kartusche des Königs erkennbar. Diese – einst mehr als sechs Stockwerke hohe – frei stehende Statue ist die höchste, die je in Ägypten errichtet wurde. Was die Skulptur noch erstaunlicher macht, ist, dass der Felsblock für die Statue aus den Steinbrüchen bei Assuan per Schiff rund 240 Kilometer nach Norden transportiert wurde. Die Füße des Kolosses stehen im ersten Hof, wo sich die Statue ursprünglich befand.

Auf der anderen Seite des zweiten Hofes stehen vier weitere Osiris-Säulen. Vor ihnen liegt ein schwarzer Granitkopf des Pharaos, der zu einer der beiden Statuen gehört, die hier standen. Sein Gegenstück wurde 1816 von Giovanni Belzoni (siehe S. 77) entfernt und ist heute im Britischen Museum in London zu sehen. Der untere Teil der Statue jedoch blieb an Ort und Stelle: links neben dem Treppenaufgang zum **Säulensaal**.

Es stehen nur noch 29 der ursprünglich 48 Papyrussäulen des Saales. Ihre Kapitelle sind herrlich bemalt. Während die umgebenden Wände von den militärischen Erfolgen Ramses' II., erzählen, ziert die Wand neben dem Treppenaufgang eine Inschrift: ein Datum und der Name Belzoni.

Am anderen Ende der Halle schließt sich der **Sternenraum** an, der seinen Namen dem gemalten Himmelskalender mit Sternbildern an der Decke verdankt.

Wächter & Diebe

Seit Generationen säumen die Lehmziegelhäuser von Gurna den Berghang oberhalb von Thebens großartigen Tempelruinen. Früher, sofern man den Berichten von Reisenden aus dem 18. Jahrhundert Glauben schenken darf, lebten die Gurnawi, wie man sie nennt, in den Gräbern selbst, von denen viele nicht mehr als kleine Höhlen sind.

Die bunt bemalten Lehmziegelhäuser in Gurna stehen im Zentrum der Kontroversen um geplünderte Pharaonengräber und weitere Ausgrabungen

Tag für Tag sieht man Touristen gruppenweise mit Dorfbewohnern sprechen und ihre leuchtend bunten Häuser fotografieren. Die Tatsache, dass in und zwischen den Monumenten des Altertums noch immer Menschen leben, vermittelt ein Gefühl der Kontinuität, die Besucher ebenso fasziniert wie die Pharaonengräber und Tempel. Viele setzen sich in die Häuser der Dorfbewohner, um mit ihnen Tee zu trinken, und nicht selten ist dies bei ihrem Aufenthalt im Land die einzige Gelegenheit zu einem Kontakt mit Ägyptens einfachen Leuten. Mancher im Dorf verdient sein Geld damit, Puppen herzustellen, die er an Touristen verkauft. Andere haben Läden eingerichtet, wo sie Erfrischungsgetränke anbieten, oder „Alabasterfabriken" eröffnet, die gemeißelte Kopien berühmter Pharaonenskulpturen anfertigen. Vor hundert Jahren allerdings waren die Gurnawi für Heimarbeit der anderen Art berüchtigt.

Um 1875 tauchten auf dem Markt vermehrt wertvolle Antiquitäten auf, und die ägyptischen Behörden vermuteten prompt, jemand habe ein unbekanntes Grab gefunden und plündere es nun. Nachforschungen führten in die Berge zum Dorf Gurna, genau genommen zu den Brüdern Abdul Rhassul. Anfangs beteuerten sie ihre Unschuld. Doch im Frühjahr des Jahres 1881 plauderte ein unzufriedenes Mitglied der Familie. Der Mann führte die Regierungsbeamten zu dem Versteck. Eine Spalte hoch oben in der Felswand unweit des Hatschepsut-Tempels entpuppte sich als Eingang zu einem Felsenschacht, der tief in den Berg führte. Dort konnten die Beamten aufgetürmte Sarkophage ausmachen, auf denen die Namen einiger der berühmtesten Pharaonen des Neuen Reiches standen: Thutmosis III., Sethos I. und Ramses II., – im Ganzen 40 Mumien von Pharaonen, Königinnen und Adligen.

Es scheint, als hätten die Priester des Neuen Reiches erkannt, dass nichts die Körper ihrer Könige vor der künftigen Schändung ihrer Grabkammern würde schützen können und so verlegten sie sie in dieses Gemeinschaftsgrab.

Als die Behörden das Versteck fanden, brachte man die Mumien sofort nach Kairo, wo viele von ihnen heute im Ägyptischen Museum gezeigt werden (siehe S. 68ff).

Seitdem ist die ägyptische Regierung daran interessiert, das Dorf Gurna loszuwerden. In den 40er Jahren ließ sie den Architekten Hassan Fathy auf näher am Nil gelegenem Ackerland ein neues – als Neu-Gurna bekanntes – Dorf entwerfen (siehe S. 252). Aber die Gurnawi ließen sich aus ihrer traditionellen Bergheimat nicht weglocken. Beharrlich beteuern die Gurnawi: Heute sei es mit der Grabräuberei vorbei.

Die Behörden führen an, dass die Häuser der Gurnawi die Freilegung weiterer, noch unentdeckter Gräber am Berg behinderten. Mehr noch, sie sagen, das Dorf verschandele die Aussicht. Die meisten Besucher stimmen dem nicht zu und halten dagegen, das farbenfrohe Dorf selbst sei eine Sehenswürdigkeit.

Dessen ungeachtet gibt es seit geraumer Zeit Bestrebungen der Regierung, das Dorf in eine mehrere Kilometer entfernte Wüstensiedlung zu verlegen, ein Verstoß gegen das Recht auf Heimat.

Die bunt verzierten Häuser der Gurnawi sind in der ansonsten öden Landschaft ein willkommener Farbtupfer; in diesem Gebiet werden unentdeckte historische Stätten vermutet

Gräber der Adligen
228 B4
$$. Karten nur im Kartenshop für das Westufer (siehe S. 251)

Die Gräber der Adligen

Vom alten Ägypten erschlagen – so fühlen sich viele Besucher nach der strapaziösen Besichtigung der Hauptsehenswürdigkeiten. Die Gräber aber, die sich zwischen Ramesseum und Hatschepsut-Tempel in den Hang bohren, unterscheiden sich von denen im Tal der Könige. Sie gehörten nicht Herrschern, sondern Gouverneuren, Bürgermeistern und Schreibern und zeigen die menschliche Seite des alten Ägypten.

Zwischen den bemalten Häusern und Höfen von Qurna sind die Grabstätten nicht immer leicht zu finden. Schilder sind rar und Sie müssen nach den modernen bunkerähnlichen Eingängen Ausschau halten. Etwa 14 sind für Besucher geöffnet; man hat sie in Gruppen zu je fünf gegliedert, für die man jeweils eine eigene Eintrittskarte benötigt (im Voraus beim Kartenverkauf für das Westufer zu erwerben, siehe S. 251). Alle diese Gräber sind üppigst dekoriert; doch anders als die der Könige und Königinnen, in denen die Bilder spiritueller Natur waren und sich auf das Jenseits bezogen, beschreiben die Szenen in den Gräbern der Oberschicht die Lebenden und den Alltag, wie er vor rund 4500 Jahren gewesen war.

Das Bild der drei Musikerinnen – eine der berühmtesten altägyptischen Wandmalereien

Die Gräber von Ramose (Nr. 55), Userhet (Nr. 56) und Chaemhet (Nr. 57): Abseits der Hauptstraße, hinter einer Alabasterfabrik direkt nördlich vom Ramesseum, liegt diese Dreiergruppe. Ramose war unter Amenophis III. und Echnaton Gouverneur von Theben. Sein Grab mit einer Hypostylhalle ist größer als die meisten. Nur eine Wand ist bemalt: Sie zeigt die Beerdigung des Verstorbenen, die Prozession mit Grabbeigaben und eine Schar klagender Frauen. Alle anderen Oberflächen sind mit gemeißelten Reliefs geschmückt, die in ihrer Klarheit, Beschaffenheit und Fähigkeit, Lebendiges darzustellen, geradezu meisterhaft sind. Chaemhets Grab, das zur gleichen Zeit entstand (er war Hofschreiber bei Amenophis III. und Aufseher über die lebenswichtigen Kornkammern), ist von ebenso hoher handwerklicher Qualität. An der linken Wand des ersten Vestibüls findet sich eine besonders gute Darstellung Chaemhets beim Opfern von Brot und Gänsen.

Die Gräber von Chons (Nr. 31), Userhat (Nr. 51) und Benia (Nr. 343): Diese Grabgruppe liegt rund 90 Meter östlich. Chons war Ratgeber von Thutmosis III., und anders als die eben beschriebenen Gräber ist seines voller farbenfroher Reliefs, von denen einige allerdings schwer beschädigt sind. An der rechten Wand des ersten Vorraums ist in Bodennähe eine Bestattungsprozession neben einem Pyramidengrab abgebildet, das denen im nahen Deir al-Medineh ähnelt. Auch die Gräber von Userhat (nicht zu verwechseln mit Userhet, Nr. 56) und Benia sind reich verziert. In Letzterem stehen drei gemalte Kalksteinstatuen in einer Nische: Benia sitzt zwischen Mutter und Vater.

Die Gräber von Nacht (Nr. 52) und Menna (Nr. 69): Ägyptologen vermuten, dass diese beiden, aus der Zeit Amenophis' III. datierenden Gräber Werke desselben Künstlers sind. Beide sind mit ländlichen Szenen bedeckt, die das Säen, Pflügen und die Getreideernte, das Jagen und Fischen und, im Grab von Nacht, das Herstellen von Wein – Figuren, die Trauben pflücken, andere, die sie zertreten – beschreiben. Im gleichen Grab befindet sich eines der berühmtesten Werke pharaonischer Kunst; es wird heute auf Postern und Touristenpapyri reproduziert: Drei Musikerinnen spielen die Laute, die Harfe und ein Blasinstrument.

Die Gräber von Nefer-Ronpet (Nr. 178), Dhutmosi (Nr. 295) und Nefer-Secheru (Nr. 296): Knapp 100 Meter westlich von Mennas Grab liegt diese Dreiergruppe. Sie ist die wohl unbedeutendste unter den Gräbern der Adligen, doch zwei Gräber bergen schöne Deckenornamente.

INSIDERTIPP

Pharaonen mussten ihre Grabstätten den heiligen Texten weihen, während Adlige die ihren mit Szenen von den angenehmen Seiten des Lebens wie Musik und Tanz zieren durften.

KEN GARRETT
National Geographic-Fotograf

Die Gräber von Sennefer (Nr. 96) und Rechmire (Nr. 100): Diese beiden Gräber sind am sehenswertesten. Sennefer war ein hoher Beamter zur Zeit Amenophis' II. und ein Mann, der seine Frau offensichtlich sehr liebte. An den vier Säulen der tief unter der Erde liegenden Grabkammer ist das Paar 14-mal abgebildet. Und stets berühren und halten sie einander. Die Decke ist wunderbar zwanglos – der Künstler nutzte die

Tempel der Hatschepsut

228 B4

$$. Karten nur im Kartenshop für das Westufer (siehe S. 251)

Unebenheit der Felsen, um einem mit schweren Trauben behangenen Weinstock Dreidimensionalität zu verleihen.

Obwohl ungefähr ebenso alt, ist der Charakter der Grabkammer von Rechmire völlig anders. Während Sennefers Grab Intimität vermittelt, wirkt dieses Grab wie ein politisches Dokument. Rechmire war Gouverneur unter Thutmosis III. und Amenophis II., zu einer Zeit, als das ägyptische Reich expandierte, und so zeigt eine Wand die von fremden Ländern erhobenen Tribute: Paviane, Affen, eine Giraffe aus Nubien, Waffen, Wagen, Pferde und ein Bär aus Syrien und Töpfe aus – wie es scheint – Kreta. In der schmalen Kapelle, in der die Decke hinter dem Eingang steil ansteigt, dienen die Wände als riesige Bilderbücher. Ein Flügel beschreibt das Begräbnisbankett, der andere hält Szenen aus dem Tempelbau fest: Arbeiter stellen Lehmziegel her, Bildhauer arbeiten an zwei Kolossalstatuen und ein Obelisk wird aufgestellt.

ERLEBNIS: Eine Ballonfahrt über Luxor

Den schönsten Ausblick auf Luxor und das Tal der Könige hat man aus der Luft. Nicht wenige Erstbesucher staunen nicht schlecht, wenn sie Heißluftballone über Luxors Westufer erspähen. Die Ballonfahrten finden am frühen Morgen statt, wenn das Sonnenlicht ideal zum Fotografieren ist.

Aus einigen hundert Metern Höhe zeigt sich der Nil von seiner schönsten Seite, und die Grenze zwischen grünen Wiesen am Fluss und gelbbraunem Wüstensand tritt markant hervor. Gegenwärtig gibt es drei Anbieter für Ballonfahrten in Luxor: Balloons over Egypt *(Tel. 095/2370638)*; **Hod Hod** *(Tel. 095/2370116)* **und Magic Horizon Balloons** *(Tel. 095/2365060, www.magic-horizon.com)*. **Alle drei lassen die Ballone von einem Feld nahe dem Ramesseum aufsteigen. Der Preis beläuft sich auf etwa 185 Euro pro Person und Fahrt; manchmal kann auch ein Sektfrühstück enthalten sein.**

Tempel der Hatschepsut

Favorit bei den Reisegruppen ist und bleibt der Hatschepsut-Tempel, ein Glanzstück am Westufer. Die Lage ist erlesen – der Tempel erhebt sich über einer Flucht von breiten Terrassen, deren oberste sich mit einer Bucht aus Kalksteinklippen vereint. Bei näherem Hinschauen aber gibt es weit weniger zu sehen als an anderen Stätten und was da ist, verschwindet nicht selten hinter Menschenmassen.

Viel von dem Zauber des Tempels rührt von der Persönlichkeit Hatschepsuts her, der bis heute einzigen nachgewiesenen Pharaonin im alten Ägypten. Als Tochter Thutmosis' I. hatte man sie mit dem Thronerben, ihrem Halbbruder, vermählt. Wie vorgesehen bestieg dieser als Thutmosis II. den Thron. Als er mit kaum 30 Jahren starb, ließ er einen Sohn zurück, den er zu seinem Nachfolger, Thutmosis III., ernannt hatte. Anfangs diente Hatschepsut dem jungen König als Regentin, doch dann usurpierte sie den Thron und ernannte sich zur Pharaonin. Um ihre Stellung zu legitimieren, wurde sie auf Statuen und Reliefs mit den Insignien des Königtums, inklusive königlichem Knebelbart, dargestellt. Sie hielt sich bis zu ihrem Tod auf dem Thron – obwohl es Spekulationen gibt, Thutmosis könnte, der langen Wartezeit müde, seine Hand im Spiel gehabt haben.

Der Standort ihres Tempels wird – nach dem koptischen Kloster *(deir)*, das hier einst stand – oft Deir al-Bahari genannt. Der ursprüngliche, alte Name war sinnträchtiger: Djeser-djeseru, Heiliges des Heiligsten. Drei Tempel standen hier Seite an Seite, doch keiner der Nachbarn ist erhalten. Fast hätte Hatschepsuts Tempel ihr Schicksal geteilt. Ihr Nachfolger Thutmosis III. verwüstete ihn (siehe S. 260). Als man ihn Mitte des 19. Jahrhunderts entdeckte, lag der Tempel in Trümmern. Sein heutiges Aussehen verdankt er der umfangreichen Rekonstruktion durch ein polnisch-ägyptisches Team, das seit 1961 vor Ort am Werk ist. Wie erfolgreich dieser Nachbau ist, bleibt umstritten. Der Tempel erweckt definitiv einen fast modernistischen Eindruck, aber lassen Sie sich nicht täuschen: Hinter den geradlinigen Außenmauern gibt es interessante Säulen und Ornamente.

Nur der Kern des Tempels wurde rekonstruiert; der von Sphingen gesäumte Aufgang fehlt ebenso wie der gewaltige Eingangspylon, zu dem er führte. Jenseits des ersten Pylonen lag der erste Hof – heute ein ebener staubiger Platz, an dem die erste Rampe anfängt. Die meisten Besucher gehen gleich hinauf, Sie aber sollten sich Zeit für die **untere Kolonnade** nehmen, die rechts in Bildern zeigt, wie Fische und Vögel in Netzen gefangen werden, und links den Transport der Obelisken der Königin aus den Steinbrüchen in Assuan nach Karnak schildert.

Vom Heißluftballon kann man den Hatschepsut-Tempel aus der Vogelperspektive betrachten

Steigen Sie hinauf in den zweiten Hof, können Sie die Reliefs in der **Kolonnade auf der zweiten Ebene** besichtigen, die auf der rechten Seite die göttliche „Geburt" der Königin darstellen (eine Legitimation um den Herrschaftsanspruch zu bekräftigen) und auf der linken Seite die Geschichte einer Expedition in das Land Punt erzählen. Niemand weiß mit Sicherheit, wo Punt lag, aber es könnte im heutigen Äthiopien oder nördlichen Somalia sein. Es gibt eine Szene, in der Schiffe mit Säcken, Tieren und Myrrhebäumen beladen werden. Suchen Sie auch nach der Audienz der ägyptischen Delegation beim König von Punt und seiner Königin, deren Erscheinung riesenhaft anmutet.

Tempel Sethos' I.

229 C4

$$. Karten nur im Kartenshop für das Westufer (siehe S. 251)

Hinter den Szenen von Punt liegt die **Kapelle der Hathor**. In ihr drängen sich Säulen mit Kapitellen, die die Züge der Kuhgöttin tragen. Im hinteren Teil der Kapelle, links neben dem Eingang zum (meist verschlossenen) Allerheiligsten, findet sich ein Relief der Hathor: In der Gestalt einer Kuh leckt sie die Hand von Hatschepsut.

Die dritte und oberste Terrasse wurde vor kurzem zur Besichtigung freigegeben. Im Hintergrund führt ein Durchgang aus Granit zum Amuntempel, der in den Fels gehauen ist.

INSIDERTIPP

Vor Ihrem Besuch des Tempels der Hatschepsut sollten Sie sich Bilder aus den 1950er Jahren anschauen. Vor Ort werden Sie dann sehen, wie der Tempel langsam den Glanz zurückgewinnt, den er einst besessen hat.

CHIP BROWN
NATIONAL GEOGRAPHIC Magazin-Autor

Tempel Sethos' I.

Im Altertum war der Tempel von Sethos I. eines der bedeutendsten Bauwerke Westthebens. Aber es mangelte Sethos an dem schlechten Ruf einer Hatschepsut oder dem Ego seines Sohnes Ramses II., sein Ruhm schwand, und so ist sein Tempel eine der am wenigsten besuchten Sehenswürdigkeiten der Gegend. Ein Fall von Fehleinschätzung, denn der Besuch lohnt sich.

Die Herrschaft Sethos' I. (1294 bis 1279 v. Chr.) war in gewisser Weise ein Höhepunkt. Sein erster Erfolg: Er stellte nach den Wirren in der Zeit der Amarnakönige (siehe S. 214ff) die Ordnung wieder her. Als ihm dies gelungen war, erweiterte er das ägyptische Reich um Zypern und Teile von Mesopotamien.

Seine Leistungen in der Kunst standen denen auf militärischem Gebiet nicht nach. Von Sethos gefördert, wurden großartige Bauprojekte in Angriff genommen, etwa der Große Säulensaal in Karnak (siehe S. 246), ein Bauwerk, das Ramses II. vollendete, und der Königstempel in Abydos (siehe S. 222f) in Zentralägypten. Das für Sethos I. angelegte Grab ist eines der schönsten im Tal der Könige und birgt Wandmalereien.

Bedauerlicherweise sind die Pylonen und Höfe seines Totentempels hier am Westufer zum Großteil zerstört, folglich wirkt er weniger bedeutend, als er tatsächlich war. Der Amun gewidmete Tempel sollte eigentlich Stätte des königlichen Kultes selbst sein, diente aber auch als Schatzkammer für Beute von seinen Feldzügen. Nur der Gebäudekern, ein Portikus mit acht Papyrussäulen und ein dahinter liegender Säulensaal, der deutlich weniger prächtig ist als der in Karnak, blieben erhalten. Die Basreliefs jedoch, die die Tempelwände schmücken, sind elegant und zählen zu den besten Beispielen der Kunst des Neuen Reiches.

Dieser Tempel liegt in Richtung Fluss unweit der Straße zwischen dem Nil und dem Tal der Könige. ■

Tal der Könige

Dieses öde Tal ist eine der reichsten Fundstätten der Erde. In der bedeutendsten Periode der altägyptischen Geschichte wurden hier fast alle Pharaonen bestattet – in tiefen Gräbern von außerordentlicher Schönheit, mit geheimnisvollen Bildern vom Jenseits geschmückt. Diese Kammern waren mit ungeheuren Schätzen gefüllt und obwohl man die meisten schon im Altertum plünderte, suchen Forscher nach wie vor nach unversehrten Gräbern.

Die Gräber im Tal der Könige beschäftigen die Ägyptologen seit beinahe 200 Jahren

Die Totentempel am Rand der Flutebene – dort, wo die Felder endeten und die trockenen Hänge der thebanischen Berge anfingen – hielten die Erinnerung an die verstorbenen Pharaonen lebendig. Ihre Körper aber wurden in diesem abgelegenen Tal versteckt, zu dem es nur einen leicht zu bewachenden Zugang gab. Die verschwiegenen Gräber sollten die Königsmumien für die Ewigkeit bewahren. Doch sie wurden dieser Aufgabe nicht gerecht, Grabräuber der Antike fanden sie lange vor den Archäologen.

Jede Gruft sollte ein Abbild der Unterwelt sein: Ein langer abschüssiger Korridor führte durch ein Vestibül oder eine Reihe von Säulenhallen zur Grabkammer. Trotz gemeinsamer Merkmale gibt es nicht zwei Gräber, die gleich wären. Die frühen Gräber folgen einem rechtwinkligen Plan, spätere haben eine gerade Achse. In den frühes-

Tal der Könige

228 B4

$$. Karten nur im Kartenshop für das Westufer (siehe S. 251)

LEGENDE ZUM LAGEPLAN

Tal der Könige.

Die Zahlen unten nennen die KV-Nummern der im Text beschriebenen Gräber.

2 Ramses IV.
5 Das „vergessene" Grab
6 Ramses IX.
8 Merenptah
9 Ramses VI.
10 Amenmesse
11 Ramses III.
17 Sethos I.
34 Thutmosis III.
35 Amenophis II.
43 Thutmosis IV.
57 Haremhab
62 Tutanchamun

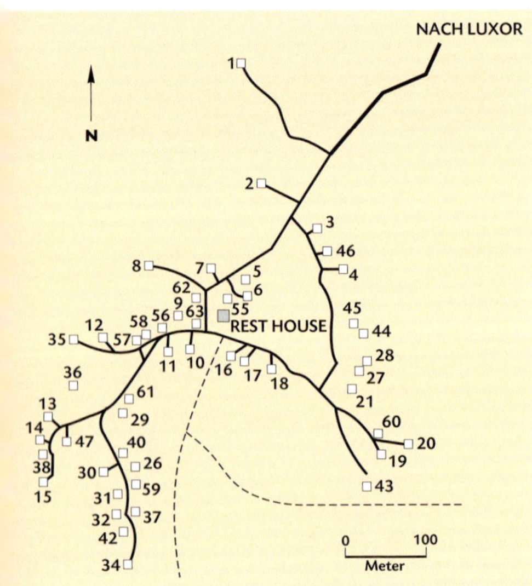

ten Gräbern war nur die Grabkammer dekoriert, doch seit der 19. Dynastie (Ramses I., 1295 v. Chr.) durchziehen alle Teile Wandmalereien. Die Szenen wurden aus Büchern über das Jenseits kopiert, etwa aus dem Amduat (Gesang des Re) oder dem Totenbuch, und dienten als Leitfaden für das Leben im Jenseits. Sie beschrieben das Protokoll, dem der König sich zu unterwerfen hatte, wenn er vor die verschiedenen Götter und Göttinnen trat. Damit der Verstorbene das Leben, das er auf der Erde genossen hatte, weiterführen könnte, stattete man die Gräber mit Möbeln, Papyrusrollen, Amuletten, Schmuck, Ritualgegenständen und Götterstatuen aus. *Uschebti*, Miniaturen des Königs, sollten im Jenseits Aufgaben und Arbeiten für ihn erledigen.

Den großen Anstrengungen der antiken Architekten zum Trotz wurden ihre Pläne wiederholt von Grabräubern vereitelt; sie raubten die meisten Königsmumien und trugen die mit ihnen bestatteten Schätze davon. Noch bevor die Zeit der Pharaonen vorüber war,

INSIDERTIPP

Nehmen Sie Kleingeld ins Tal der Könige mit und bitten Sie die Grabführer, Sie auf besonders interessante, oft übersehene Kunstwerke hinzuweisen.

LESLIE LYONS
National Geographic-Experte

hatte man die meisten Gräber geleert. Weitere 2500 Jahre des Stöberns und Plünderns sorgten dafür, dass zur der Zeit, als Archäologen hier im frühen 19. Jahrhundert zu graben begannen, alles, was fortgeschleppt werden konnte, bereits entwendet worden war. Das heißt – fast alles. Howard Carters Fund (siehe S. 276f) bewies, dass die Grabräuber nicht alles gefunden hatten.

Im Jahr 2007 wurde die Kammer, die unter KV63 bekannt ist, entdeckt – die erste im Tal nach Tutanchamuns – allerdings entpuppte sie sich nur als Vorratskammer. Nur wenige Archäologen rechnen mit der Entdeckung weiterer Königsgräber. Heute geht es vorrangig um das Erforschen bereits gemachter Funde.

Besichtigung des Tales

Eintrittskarten für das Tal der Könige werden nicht vor Ort verkauft.

Eine Reisegruppe lauscht ihrem Führer vor dem Abstieg in das Grab Tutanchamuns

Man bekommt sie nur beim Kartenverkauf für das Westufer (siehe S. 251), der sich in der Nähe der Memnonskolosse befindet. Eine Karte gilt für drei Gräber Ihrer Wahl, das Grab Tutanchamuns ausgenommen, für das Sie eine eigene Karte benötigen. Sollten Sie mehr als drei Gräber besichtigen wollen, brauchen Sie zusätzliche Eintrittskarten.

Es gibt ein Rasthaus am Eingang zum Tal, wo Sie Trinkwasser in Flaschen zu überhöhten Preisen und Erfrischungsgetränke bekommen. Hier wartet der *Tuf-tuf* – ein lärmender Traktor, den man unzureichend als Transportmittel hergerichtet hat –, um Besucher zu den ersten Gräbern zu fahren.

Bis dato sind 63 Gräber entdeckt worden, die jedoch nur zum Teil Königsgräber sind. Jedes trägt eine KV-Nummer (King's Valley), die sich normalerweise an der Reihenfolge der Entdeckung orientiert. Nicht alle sind der Öffentlichkeit zugänglich und einige, die zur Zeit dieser Niederschrift geöffnet sind, können durchaus gerade geschlossen sein, wenn Sie dort sind. Vor den populärsten Gräbern (zu ihnen zählen die Gräber Tutanchamuns und Ramses' VI.) muss man sich auf Warteschlangen gefasst machen. Und Sie werden schwitzen: Zu den meisten Gräbern muss man über zwei lange, steile Treppen hinabsteigen, und je tiefer Sie kommen, desto heißer und feuchter wird die Luft.

Tutanchamun: Fast niemand lässt sich das Grab Tutanchamuns entgehen. Es verdient diese übertriebene Aufmerksamkeit aber nicht wirklich: Es ist klein, größtenteils undekoriert, und die Schätze wurden in das Ägyptische Museum nach Kairo gebracht (siehe

Der Bau eines Königsgrabes

Kaum hatte Sethos I. 1294 v. Chr. den ägyptischen Thron bestiegen, begann er mit dem Bau seiner königlichen Grabkammer. Erst gruben sich Steinmetze in den Kalkstein und den Schiefer des Tales, um Gänge und Kammern auszuhauen (oben links). Andere Handwerker folgten und verwandelten die Höhle in ein Grab mit zauberhaften Ornamenten.

Die Ausschnitte zeigen die verschiedenen Stadien der Herstellung eines zeitlosen Porträts: Erst schlägt der Steinmetz eine Kammer in den Fels; er lässt nackte Felswände zurück (1). Eine Schicht Putz schafft eine glatte Fläche (2); auf sie bringt ein Künstler die grobe Motivskizze auf (3). Korrekturen und Details ergänzt der geübte Maler (4) und schafft damit die Grundlage für

den Basrelief-Bildhauer, der nach ihm folgt (5). Dann kommt ein weiterer Künstler und verleiht dem Porträt den letzten Schliff, indem er Farben und letzte Einzelheiten hinzufügt (6).

Die Zahl der Arbeitskräfte für den Bau eines Königsgrabes schwankte zwischen einigen wenigen und über hundert Arbeitern.

Das Atmen war schwierig: Die Arbeiter inhalierten Luft, die stark mit Putz- und Felsstaub angereichert war. Gegen die ewige Dunkelheit tief im Inneren der Gruft zündete man Tonlampen mit Leinendochten und gefüllt mit Öl oder Fett an, dem man Salz beimischte, um die Rauchbildung zu vermindern.

War das Werk mitsamt den dekorativen Arbeiten fast vollendet, schleppten und hievten Arbeiter den Steinsarkophag (oben rechts) in die Grabkammer.

Sethos I. starb im Jahr 1279 v. Chr. und den Grabbaumeistern blieben lediglich 70 Tage – in denen die Priester den Körper einbalsamierten –, um das Grab fertigzustellen, das die sterblichen Überreste des gottgleichen Pharaos aufnehmen sollte.

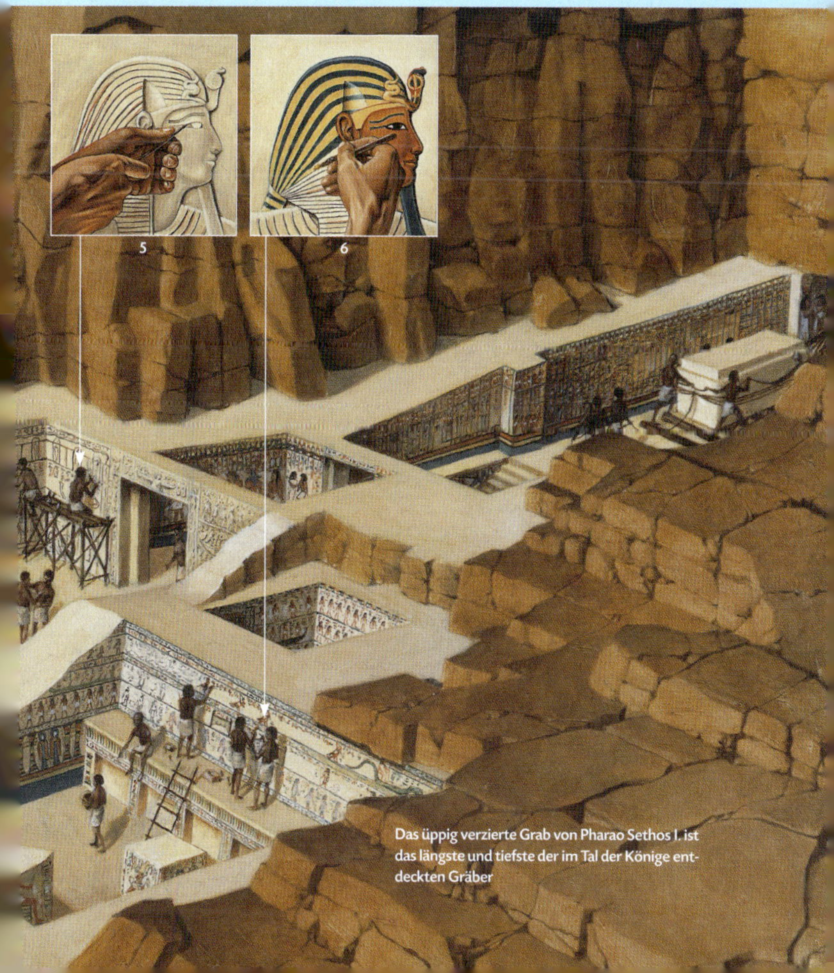

Das üppig verzierte Grab von Pharao Sethos I. ist das längste und tiefste der im Tal der Könige entdeckten Gräber

Die Himmelsgöttin Nut streckt sich über die Decke der Gruft Ramses' VI. und trennt in doppelter Darstellung die Szenen aus den heiligen Texten

S. 68ff). Was bleibt, ist der große Granitsarkophag. Die Geschichte seiner Entdeckung ist bei weitem interessanter als die nun leeren Kammern.

Howard Carter, der 1874 geboren wurde, verließ Großbritannien als junger Mann und kam nach Ägypten, wo seine Aufgabe als bescheidener Hilfszeichner im Kopieren von Wandmalereien bestand. Er fing 1899 bei der Ägyptischen Altertumsverwaltung an und wurde zum Inspektor für Oberägypten ernannt. Fasziniert vom Tal der Könige und fest überzeugt, dass dort zahlreiche Königsgräber noch unentdeckt lägen, schloss er sich mit Lord Carnarvon zusammen, einem wohlhabenden englischen Aristokraten, und begann beharrlich zu graben.

Ohne Erfolg erforschten sie zehn Jahre lang das Tal. Schließlich erklärte Carnarvon, der mittlerweile die Hoffnung aufgegeben hatte, er könnte keine weiteren Ausgrabungen finanzieren. Doch am 4. November 1922 entdeckten Arbeiter eine Reihe von Stufen. Als man sie freilegte, führten sie zu einem zugemauerten Eingang; die verputzte Oberfläche trug das Siegel eines kaum bekannten Pharaos – Tutanchamun. Carter versiegelte das Grab wieder und telegrafierte Carnarvon. Dieser traf am 23. November ein. Es dauerte ein paar Tage, bis die Tür und der Korridor dahinter freigelegt waren. Am

26. November standen sie vor einer weiteren intakten Tür. Carter entfernte einige Steine und blickte ins Innere. Auf Carnarvons Frage, ob er etwas erkennen könne, antwortete er: »Ja, wundervolle Dinge!« Eigentlich hätte er sagen müssen: »Das herrlichste und unvorstellbarste Versteck glänzender Kunstwerke und Schätze, das je entdeckt wurde.«

Die drei kleinen Kammern waren so vollgestopft, dass man beim Betrachten von Fotos des Fundes den Eindruck hat, die beiden Männer hätten einen schlecht geführten Trödelladen entdeckt. Carter sollte zehn Jahre brauchen, um alles festzuhalten, die Stücke zu bergen und zu katalogisieren.

In der Zwischenzeit versetzte die Entdeckung dieser „wundervollen Dinge", die Tausende von Jahren unberührt im Verborgenen gelegen hatten, nicht nur die Archäologie in Aufruhr, sondern die ganze Welt. Während Carter sich mühte, die Schätze zu konservieren, war er gleichzeitig gezwungen, die Weltpresse und einen endlosen Strom hochrangiger Besucher zufriedenzustellen. Tutmania war die fixe Idee der 1920er Jahre. So gewaltig war Tutanchamuns Einfluss auf alle Bereiche des Lebens, dass er Papst Pius XI. zu der Bemerkung veranlasste, es handle sich nicht um eine Exhumierung, sondern um eine Wiederauferstehung.

Trotz allem war der Fund Carnarvons und Carters nur die

INSIDERTIPP

Jedes Grab ist einzigartig gestaltet. Wählen Sie einige Gräber aus und versuchen Sie herauszufinden, wie der Gang der Zeit sich in ihrem Aufbau spiegelt.

KEN GARRETT
NATIONAL GEOGRAPHIC-Fotograf

Das verschollene Grab

Kent Weeks, der damals ein Kartografieprojekt im Tal der Könige leitete, machte sich 1995 auf die Suche nach KV 5, einem Grab, das man 1825 betreten, als unbedeutend abgetan und schließlich vergessen hatte. Man war dabei, die Straße am Eingang des Tales zu verbreitern, und er fürchtete nicht nur, dass im Weg liegende Gräber Schaden nehmen könnten, sondern dass KV 5 direkt unter dieser Straße liegen würde. Nach nur einwöchiger Grabung hatte man den Eingang gefunden. Der Verlauf der Straße wurde geändert, und Weeks und seine Leute gingen daran, die Gruft von Schutt zu befreien. Dabei entdeckten Sie eine unbekannte Tür, hinter der sich ein langer Tunnel erstreckte. Was man bis dahin für ein kleines unbedeutendes Grab gehalten hatte, entpuppte sich als gewaltige Anlage mit 59 Kammern. Das wirklich Aufregende an dem Fund: Die Inschriften in zwei Kammern deuteten an, dies könnte die Grabstätte mehrerer Söhne Ramses' II. sein. KV 5 geriet zum größten und seit der Entdeckung Tutanchamuns bemerkenswertesten Fund. Nicht dass es diesmal Schätze gegeben hätte – die Grabräuber der Antike hatten vorgesorgt –, aber die Ausgrabungen förderten 44 weitere Kammern zutage. Damit kommt die Anlage bis heute auf 110 Kammern und ist damit das größte Grab, das man je in Ägypten entdeckt hat.

Der neueste Stand der Ägyptologie

Zu Beginn des 20. Jahrhunderts lösten wissenschaftliche Ausgrabungen die Jagd nach Schätzen ab. Von wohlhabenden Mäzenen geförderte Enthusiasten wichen offiziell akkreditierten Archäologenteams aus dem In- und Ausland, die sich durch Ägyptens Sand siebten, um sich auf die frühe Vergangenheit einen Reim zu machen.

Zahi Hawass (in hellblauem Hemd), Generalsekretär der Obersten Ägyptischen Altertümerverwaltung, im Gespräch mit seinen Teamkollegen in einer Grabkammer in Abusir

Die Öffnung des Tutanchamun-Grabes 1922 war der entscheidende Moment in der Geschichte der Ägyptologie. Unweigerlich löste seine Entdeckung eine Art von politischem Sturm aus, der in der Entscheidung mündete, dass alle in Ägypten entdeckten Altertümer – und damit der gesamte Inhalt von Tutanchamuns Gruft – im Land zu verbleiben hatten. Die Archäologie in Ägypten wurde Gegenstand strengerer Bestimmungen – ohne dass dies den Entdeckungen Abbruch tat.

1939, weniger als 20 Jahre nach Tutanchamun, kamen im Rahmen der umwerfenden Entdeckungen des französischen Archäologen

Pierre Montet an der Grabungsstätte Tabis im nördlichen Delta (siehe S. 165) weitere unberührte Königsgräber ans Licht. 1995, im gleichen Jahr, in dem amerikanische Funde bei den Pyramiden von Dahschur den Goldschmuck der Königin Weret zutage förderten, entdeckte Kent Weeks ein Netzwerk von Kammern im KV 5, einem weitläufigen Grab, das im Tal der Könige (siehe S. 277) für die Nachkommen Ramses' II.

INSIDERTIPP

Wer sich für Bücher über Ägypten interessiert, sollte nach solchen suchen, die von der American University in Kairo veröffentlicht wurden. Sie sind recht gut gemacht, und viele der Bücher sind außerhalb Ägyptens gar nicht erhältlich.

ANN WILLIAMS
NATIONAL GEOGRAPHIC Magazin-Autorin

angelegt worden war. Es ist die größte bisher entdeckte Gruft. Es werden viele Jahre Arbeit nötig sein, um es zu untersuchen, und noch mehr Jahre, um die Königsgräber des Tales zu erforschen, mit denen sich internationale Archäologenteams heute beschäftigen.

Kaum ein Jahr vergeht ohne Berichte von neuen bedeutenden Funden. Im Jahr 2007 wurde eine völlig neue Kammer, KV63, im Tal der Könige entdeckt. 2008 wurde in Sakkara die Pyramide von Königin Sescheschet, Tetis Mutter aus der 6. Dynastie, unter einer sieben Meter dicken Sandschicht freigelegt; zwei Monate später las man Berichte, die von der Entdeckung einer Mumie (wahrscheinlich Sescheschet selbst) in der Pyramide erzählten.

Im Januar 2009 gab es einen weiteren bemerkenswerten Fund in Sakkara: einen sogenannten Aufbewahrungsraum für Mumien vermutlich aus der 26. Dynastie. Unter den ungefähr 20 Mumien, die einfach so im Sand vergraben waren, befanden sich dort acht Sarkophage, von denen einige aus Materialien gefertigt sind, die vermutlich aus Theben stammten.

Ganz altmodisch führte 1999 eine schlichte Ahnung zur zufälligen Entdeckung des Tals der Goldenen Mumien (siehe S. 203), doch die Fortschritte von heute sind immer häufiger Erfolge akribischer wissenschaftlicher Untersuchungen. Die neuen Feldforschungsmethoden beschäftigen Philologen, Inschriftenforscher, Ingenieure, Forensiker und Geologen, die Bodenproben analysieren, Furchungen im Fels lesen und Autopsien von Körpern machen, die Tausende von Jahren alt sind. In den 200 Jahren seit Entzifferung der Hieroglyphen haben sich die Methoden in rasantem Tempo entwickelt: Winzige robotergetriebene Kameras erkunden die Tiefen der Cheopspyramide und DNS-Proben erlauben Forschern, Mumien zu untersuchen, praktisch ohne ihnen zu schaden.

Nach Ansicht von Dr. Zahi Hawass, Generalsekretär der Altertumsbehörde und führender Archäologen Ägyptens, gibt es noch viel zu entdecken. »Ich sage heute noch immer, dass man nie weiß, was in Ägyptens Sand verborgen liegt. Deshalb glaube ich, dass wir bis heute nur etwa 30 Prozent der Monumente entdeckt haben.«

Eine Statue Cäsarions wartet auf den Transport

Grabstätte eines unbedeutenden Königs, und man kann nur ahnen, was sich im intakten Grab eines Ramses II. oder Amenophis III. befunden haben mag. Wir können sicher sein: Es hätte Tutanchamuns reiche Fundstätte in den Schatten gestellt.

Weitere Gräber

Es gibt zu viele Gräber, um sie alle zu beschreiben. Die folgenden aber zählen zu den interessanteren Stätten. Sie sind chronologisch aufgeführt. Diese Reihenfolge ist ideal, weil Sie so die Entwicklung der Grabgestaltung nachvollziehen können.

INSIDERTIPP

Bemühen Sie sich, schon früh am Morgen im Tal der Könige einzutreffen. Selbst im Winter klettern die Mittagstemperaturen in unerträgliche Höhen.

NEIL HEWISON
American University in Cairo Press

Grab Thutmosis' III. (KV34): Nachdem ihm Hatschepsut (siehe S. 268) den Thron vorenthalten hatte, erwies sich Thutmosis III., als er schließlich an die Macht kam, als einer von Ägyptens bedeutendsten Pharaonen. Unter seiner Herrschaft verwandelte sich das Tal der Könige in eine Königsnekropole, und er war der Erste, der hier bestattet wurde. Sein Grab ist – wie einige andere – schwer zu erreichen. Sein Eingang liegt in 30 Metern Höhe in einem Engpass an der hinteren Talwand. Um ihn zu erreichen, muss man eine steile Holztreppe hinaufgehen, nur um dann durch einen ebenso steil abfallenden Korridor hinabzusteigen. Kurz vor dessen Ende befindet sich ein Schacht, den heute ein schmaler Gang kreuzt. Ähnliche Gänge gibt es auch in anderen Gräbern, und sie sind Gegenstand heftiger Debatten. Eine Theorie besagt, sie schützten die Grabkammer vor Überschwemmung. Eine andere glaubt, sie seien Fallen für unvorsichtige Diebe. Sie könnten aber auch eine bisher unklare rituelle Bedeutung haben. Die oval wie eine Kartusche geformte Grabkammer enthält seltsam stocksteife Figuren und eine Schrift, die man auf Papyrus verwendete.

Das Grab Amenophis' II. (KV35): Es überrascht nicht, dass die Grabstätte Amenophis' II. (1427–1400 v. Chr.) der von Thutmosis III., dem er auf den Thron folgte, gleicht. Der Grundriss ist ähnlich, wenn auch in bedeutend größerem Maßstab, und die Wandmalerei folgt dem gleichen „prototypischen Stil". Als französische Archäologen das Grab 1898 entdeckten, enthielt der Quarzitsarkophag noch immer den Körper des Pharaos. Man ließ ihn bis 1928 ruhen, dann brachte man ihn nach Kairo in das Ägyptische Museum. In einem der kleinen Nebenräume der Grabkammer machten die Archäologen einen überraschenden Fund: neun königliche Mumien, unter ihnen Thutmosis IV., Sethos II., Amenophis III. und dessen Gemahlin Königin Teje. Die Körper von Königen und

Königinnen wurden oft entfernt und versteckt, um Grabräubern einen Strich durch die Rechnung zu machen, die Mumien auf der Suche nach Schätzen zerstörten. Doch niemand weiß, warum und wann man sie hier versteckte.

Osiris und Hathor, die dem Pharao Anch, den Schlüssel des Lebens, überreichen.

Das Grab von Haremhab (KV57): Haremhab (1323–1295 v. Chr.) war General der ägypti-

Dekorationen wie diese im Grab von Pharao Sethos I. sollten dem verstorbenen Herrscher als Leitfaden beim Übergang ins Jenseits dienen

schen Armee, bevor er Pharao wurde. Dieser gilt als eigentlicher Nachfolger Tutanchamuns (das Interim Ajas nicht gerechnet). Er war ein produktiver Bauherr, der den Tempel von Karnak maßgeblich erweitern ließ. In seinem Grab ist ein Stilwechsel sichtbar: Anders als frühere Gräber verläuft es fast gerade ohne rechtwinkligen Knick. Und es besitzt Basreliefs, bei denen Figuren und Symbole – im Gegensatz zur älteren Methode, bei der

Das Grab Thutmosis' IV. (KV43): Pharao Thutmosis IV. (1400–1390 v. Chr.), der Sohn Amenophis' II, genoss eine friedliche, wenn auch kurze Regierungszeit. Sein Tod scheint überraschend gewesen zu sein – die Künstler konnten den Dekor des Grabes nicht fertigstellen, bevor es benötigt wurde. Die Figuren im Vorraum und Brunnenschacht sind im typischen Stil der Pharaonenzeit gehalten und zeigen Götter wie

man die Farbe direkt auf die Wand auftrug – vor dem Bemalen herausgearbeitet werden. Interessant ist auch, dass viele Figuren in unterschiedlichen Stadien unvollendet sind: Einige sind grob skizziert, andere tragen Korrekturen eines Meisters, manche wurden teilweise vor dem Bemalen von einem Bildhauer in den Fels gemeißelt. Das Grab gewährt einen faszinierenden Einblick in die Bauweise der Grabstätten und verleiht dem Bauwerk eine menschliche Note.

INSIDERTIPP

Wundern Sie sich nicht, wenn das Tal der Könige wie ein Baugebiet aussieht. Zahlreiche archäologische Ausgrabungen führten dort zur Aushebung langer Gräben.

ANN WILLIAMS
National Geographic Magazin-Autorin

Das Grab Sethos' I. (KV17): Dies ist die längste, tiefste und am üppigsten geschmückte Gruft im Tal der Könige. Sie wurde 1817 von dem berühmten Belzoni, einer der schillerndsten Persönlichkeiten in der Geschichte der Ägyptologie (siehe S. 77), entdeckt. Das Grab bohrt sich über eine Serie von abfallenden Korridoren und Kammern rund 120 Meter tief in den Berghang. Die oberen Gänge und den ersten Raum mit vier Säulen schmücken Bilder aus den Gesängen von Re und Amduat. Der untere Gang beschreibt die Mundöffnungszeremonie, die die Seele des Königs wieder erweckt und seine Sinne neu belebt. Unten befindet sich eine Grabkammer mit sechs Säulen. Ihre Decke stellt die Sternbilder und ein Defilee von Göttern dar. Hier fand Belzoni einen leeren Alabastersarkophag von solcher Feinheit, dass er fast durchscheinend war. Er bildet das Herzstück des exzentrischen Sir John Soane Museum in London, das einen Architekten würdigt.

Das Grab des Merenptah (KV8): Merenptah (1213–1203 v. Chr.) war einer der vielen Söhne Ramses' II. Bedenkt man die außerordentlich lange Regierungszeit seines Vaters, muss er wohl bereits in den Fünfzigern gewesen sein, als er auf den Thron kam. An seinem Grab wird als bauliche Entwicklung eine zunehmende Höhe der Gänge und Kammern sichtbar. Es ist das erste, dessen Achse schnurgerade verläuft und auf die Richtungswechsel aller früheren Gräber verzichtet. Der Dekor ähnelt jenem im Grab Sethos' I.: Die oberen Gänge enthalten den Gesang des Re, gefolgt von Szenen aus dem Amduat; die unteren Gänge schildern die Mundöffnungszeremonie. Allerdings haben Überschwemmungen in der Antike viel zerstört. In der Grabkammer mit acht Säulen steht Merenptahs Granitsarkophag. Er wurde in Form einer Kartusche gemeißelt, auf der der verstorbene König in Osirishaltung mit gekreuzten Armen dargestellt ist. Ihn umschlingt die Uroboros, die Schlange, die sich selbst in den Schwanz beißt und die Welt umschließt.

Das Grab Ramses' III. (KV 11): Ramses III. (1184–1153 v. Chr.), Erbauer des prächtigen Tempels in Medinat Habu (siehe S. 254ff), war der letzte wahrhaft große Pharao. Wegen der laufenden Ausgrabungen auf den unteren Ebenen sind nicht alle Teile der Gruft der Öffentlichkeit zugänglich, dazu zählt auch die Grabkammer. Die Wandgemälde der oberen Kammern und Gänge lohnen dennoch den Besuch. Experten nennen die Reliefs technisch schwach, aber die Vielfalt ungewöhnlicher Sujets macht sie interessant und lässt an einen antiken Vorläufer eines Heim- und Gartenmagazins erinnern. In zehn kleinen Zellen an den oberen Korridoren finden sich Bilder von Töpfen, Krügen und Amphoren, vom Zubereiten der Mahlzeiten und von den Möbeln und Waffen des Königs. Am bekanntesten – in der hinteren, linken Zelle – ist ein Musikantenpaar, dem die Gruft den Namen Harfnergrab verdankt. Hinter dieser Zelle liegt eine kurze Sackgasse und weiter rechts fängt ein neuer paralleler Gang an. Hier stolperten die Arbeiter über eine andere Grabstätte (KV 10), die sie zwang, die Richtung zu ändern. Besucher können dem neuen Durchgang nach unten in eine Säulenkammer folgen mit einigen Bildern von Angehörigen unterschiedlicher Volksstämme folgen: Libyer, Nubier, Syrer und Hethiter.

Das Grab Ramses' IV. (KV 2): Flach, hell, ohne Treppen, mit nur einem breiten, vernünftig luftigen, kurzen Gang abwärts – dieses Grab hat nichts von der klaustrophoben Wirkung seiner Vorgänger. Es ist seit dem Altertum geöffnet, und es gibt genug Graffiti, die das beweisen. Durch die

Osiris und der Pharao im Grab Sethos' I. Nach seinem Tod wurde der ägyptische Gott der Vegetation und Zivilisation Osiris (links), Herrscher der Toten und Gott der Unterwelt

Archäologen arbeiten im Tal der Könige an einem neu entdeckten Grab aus der Zeit der Pharaonen, dem ersten Grabesfund nach der Entdeckung von Tutenchamuns Grab im Jahre 1922

Jahrhunderte, in denen sie Besuchern ausgesetzt waren, wurden die Wandgemälde geschädigt; aber es gibt eine Leben sprühende Darstellung der Göttin Nut – Herrscherin des Himmels und Mutter der Gestirne –, die sich über die blaue Decke streckt.

Das Grab Ramses' VI. (KV 9): Genau genommen ist dies das Grab Ramses' V. (1147–1143 v. Chr.) *und* Ramses' VI. (1143–1136 v. Chr.). Der ältere Ramses begann mit dem Grab und wurde als Erster hier bestattet. Sein Bruder und Nachfolger erweiterte es. Ägyptologen rätseln noch, warum Ramses VI. nicht, wie es Brauch war, ein eigenes Grab anlegte. Die nächstliegende Vermutung: Es waren wirtschaftliche Gründe. In dieser Phase der Geschichte war das alte Ägypten geschwächt und fast bankrott. Über Ramses VI. ist wenig bekannt, sein Grab aber ziert, ungeachtet des einfachen Grundrisses, der vielleicht aufwendigste Dekor von allen. Die Wände sind mit einer umfangreichen Enzyklopädie von Texten und Bildern ausgestattet, die die nächtliche Reise des Sonnengottes Re durch die Unterwelt schildern und sein siegreiches Auftauchen am Morgen. Diese Wiedergeburt findet in der Grabkammer in der Mitte der Ostwand statt, wo Nut, die „Herrin des Firmaments und der Sterne, Mutter der Sonne" mit überlangen Armen die Sonnenscheibe emporhebt. Es ist dieselbe Göttin, die sich über die Decke streckt, um die Sonne zu verschlingen, die dann ihren langen Körper durchreist, ihrer Wiedergeburt entgegen.

Das Grab Ramses' IX. (KV 6): Das dem Eingang am nächsten liegende offene Grab ist auch eines der letzten, die im Tal angelegt wurden (so wie das Grab von Thutmosis III. ganz hinten rechts im Tal eines der frühesten ist). In gleicher Weise hat dieses den für die späten Ramessidengräber typischen einfachen Grundriss mit kurzen breiten, abfallenden Gängen und wenigen Stufen. Die Ausschmückung ähnelt der im Grab von Ramses VI., hat aber viel Provisorisches. Auch hier finden sich Kritzeleien antiker Ägyptenbesucher. ■

Ägyptens Landschaft ähnelt hier eher dem restlichen Afrika, sieht man einmal ab von den Bauten der Pharaonen in herrlicher Lage am Nil

Südlich von Luxor

In einem Hafen am Nil in der Nähe von Assuan liegen viele Boote vor Anker

Südlich von Luxor

Wenn Alexandria Ägyptens europäisches Gesicht ist und Kairo den Nahen Osten verkörpert, dann liegt südlich von Luxor das afrikanische Ägypten. Dichte Vegetation säumt die Ufer des breiten Nils. Städte sind rar, und selbst die Hauptstadt der Region, Assuan, mutet wegen der lähmenden Hitze träge und verschlafen an.

NICHT VERSÄUMEN

Seit der Pharaonenzeit ist diese Region stets Ägyptens südlichste Provinz gewesen, und Assuan (150 000 Einwohner) seine südlichste Stadt. Über Jahrhunderte markierte der Katarakt bei Assuan, wo die Felsen den Fluss aufwühlen und für Boote unpassierbar machen, die Trennlinie zwischen dem alten Ägypten und dem ebenso alten Nachbarn im Süden, Nubien. Das von der Geschichtsschreibung vergessene Reich Nubien fiel unter dem Ansturm der Muslime, aber es umfasste einst die Ländereien von Assuan bis hinunter zu der Stadt im Süden, die heute den Namen Karthum trägt.

In Zeiten militärischer Stärke unternahmen die Ägypter Feldzüge in den Süden und errichteten, um ihren Gebietszuwachs zu markieren, so bedeutende Bauwerke wie das imposante Abu Simbel. Als Ägypten unter schwachen Dynastien wankte, drängten die Nubier (auch als Kuschiten bekannt) ihrerseits nach Norden. 715 v. Chr. gelang es ihnen, ihre Macht auf ganz Ägypten auszudehnen und kurzzeitig eine neue Herrscherdynastie in Memphis zu etablieren. Später behielten die griechisch-römischen Herren das Grenzgebiet von ihrem Stützpunkt in Alexandria aus fest im Griff. Fast alle erhaltenen Bauwerke südlich von Luxor stammen aus dieser Ära, bemerkenswert sind vor allem die Ufertempel in Esna, Edfu, Kom Ombo und Philae – die beiden Letzteren ihrer Lage ebenso wie ihrer Architektur wegen. Die schönste Art, zu den Sehenswürdigkeiten zu reisen, ist per Schiff von Luxor flussaufwärts nach Assuan bzw. umgekehrt (siehe S. 302f).

Vom Kreuzfahrtschiff aus gesehen, säumen Palmwälder, Bananenplantagen und Getreidereihen die Flussufer. Zeichen von Leben gibt es wenige, weil die Dörfer meist in sicherer Entfernung vom Wasserrand angelegt wurden. Gewöhnlich tauchen die Dorfbewohner gegen Sonnenuntergang auf, wenn sie zum Nil kommen, um die Tiere zu tränken und mit anderen zusammenzukommen. Oft tragen die Frauen Töpfe oder Wasserkrüge, die sie auf erstaunliche Weise auf dem Kopf balancieren.

Der Einfluss Nubiens ist noch immer spürbar. Bis ins 20. Jahrhundert lebten viele Nubier im Süden von Assuan am Nil, ihrer Heimat von alters her. Doch nach der Fertigstellung des Assuan-Damms 1902 mussten die alten Siedlungen wegen des steigenden Wasserpegels aufgegeben werden. Als man in den 1960er Jahren den Hochdamm errichtete, wurde die gesamte Region überflutet. Heute besteht ein großer Teil der Bevölkerung von Assuan und der umliegenden Dörfer aus Nubiern, die sich, weil größer und dunkler, von anderen Ägyptern unterscheiden. Sie sprechen ihre eigene Sprache und haben eigene Traditionen (siehe S. 292f). ■

MITTELÄGYPTEN
S. 209
Kairo
Zur Orientierung
Armant
Luxor
Tod
Al-Shaghab
670m
Gebel al-Nezzi
Arabische Wüste
Kiman al-Matana
Asfun al-Matana
Esna
Al-Deir
Tempel von Chnum
Wadi al-Miyah
Al-Sibaiya
Al-Mahamid
Al-Kilh Sharq
Edfu
Al-Kanayis
Wadi Kheibar
Al-Ridisiya Bahari
Tempel von Horus
Silwa Bahari
Kagug
Katarakt
Kom Ombo
Al-Nasser
0
60 Kilometer
0
30 Meilen
Tempel von Kom Ombo
Bimban
Wadi al-Kharit
Daraw
Ballana
Nil
Aqaba al-Kebira
Al-Khattara
Assuan
Erster Katarakt
Assuan-Staudamm
Shellal
Philae
Tempel von Kalabscha
Hochdamm
LIBYSCHE WÜSTE
S. 193
Westliche Wüste
ROTES MEER & SINAI
S. 319
Wadi al-Quffa
Nassersee
Wadi al-Allaqi
392m
Tempel von Amada
Wadi al-Sebua und Tempel von Dakka
Qasr Ibrim
Abu Simbel
6
5
4
A
B
C
D
SUDAN

Esna

Zum 48 Kilometer südlich gelegenen Esna (Isna) macht man am besten von Luxor aus eine Tagestour; es ist ein lebhaftes kleines Bauernstädtchen am westlichen Nilufer. Seine Hauptattraktion ist der Tempel des Chnum.

Chnum-Tempel
287 C5
Touristenbasar
$$

Der Tempel liegt mitten in der alten Stadt, in einer Grube etwa neun Meter unter den umliegenden Gebäuden, begraben. In ptolemäischer und römischer Zeit erbaut, war er dem Chnum gewidmet, dem widderköpfigen Gott, der auf seiner Töpferscheibe den Menschen aus Nilton formte.

INSIDERTIPP

Wenn Sie an einem Bauwerk mit hohen, dicken Säulen ihre Fotos machen, versuchen Sie gar nicht erst, den Gesamteindruck aufs Bild zu bekommen, um die imposante Größe zu zeigen. Fotografieren Sie lieber eine Person, die neben einem Detail steht, um die Größenverhältnisse deutlich zu machen.

TAYLOR KENNEDY
National Geographic-Fotograf

Er war einer der letzten bedeutenden Tempel, die in Ägypten errichtet wurden. Dennoch hat er die Zeit nicht so wohlbehalten überdauert wie andere Baudenkmäler, die Jahrhunderte zuvor entstanden. Nur die große **Säulenhalle** ist heute noch erhalten. Sie ist das Werk des Kaisers Claudius und datiert aus dem 3. Jahrhundert. 24 Säulen mit Lotuskapitellen tragen das Dach des Saals. Die Decke schmückt ein astronomisches Thema, das sich auf ein Sternbild konzentriert; eines der Wandreliefs zeigt einen König, der mit Netzen Vögel fängt. Hymnen an Chnum bedecken manche Wände, eine von ihnen wurde durchgängig mit Widderhieroglyphen beschrieben, eine andere mit Krokodilen.

Ursprünglich verband ein Prozessionsweg den Tempel mit dem Nil, der ein wenig östlich fließt. Überreste der **alten Landestelle** mit Kartuschen des römischen Kaisers Mark Aurel finden sich direkt südlich von der Stelle, wo nun moderne Kreuzfahrtschiffe anlegen.

Heute verbindet ein überdachter Touristenbasar Tempel und Fluss, und als Besucher muss man zwischen aufdringlichen Händlern, die dünne Baumwollschals, Dschellabas (das lange Gewand, der ägyptischen Bauern) und regionaltypische handgeflochtene Körbe anbieten, Spießruten laufen.

Die Umgebung von Esna in der Kom-Ombo-Ebene war ideal für Archäologen, um das Leben prähistorischen Menschen zu erforschen.

Im Norden von Esna dienen zwei Stauwehre als zusätzliche Brücken über den Nil. Zu beiden gehören Schleusen, die Schiffe auf dem Weg von Luxor nach Assuan passieren müssen. ■

Edfu

Der Tempel von Edfu – eines der herrlichsten Bauwerke am Nil zwischen Luxor und Assuan – ist der vollständigste seiner Art. Obwohl lange nach der Ära der Pharaonen von griechisch-römischen Herrschern errichtet, folgt er den Prinzipien altägyptischer Baukunst.

Ungewöhnlich: Die beiden Türme des Eingangspylonen in Edfu sind perfekt symmetrisch

Besuchen Sie Edfu (Idfu), um sich ein Bild zu machen, wie fast alle Tempel Ägyptens ursprünglich aussahen. Die Stadt Edfu, das kleine, staubige, regionale Zentrum des Zuckerrohrhandels, liegt etwa auf halbem Weg zwischen Luxor und Assuan, rund 112 Kilometer von der einen wie der anderen Stadt entfernt. Von beiden aus ist es eine einfache Tagestour und alle Kreuzfahrtschiffe legen hier an. Der **Tempel von Edfu** liegt etwas landeinwärts von den Anlegestellen und am Ort blüht das Pferdekaleschengewerbe. Die Fahrt zum Tempel kostet nicht mehr als ein paar Euro. Der Zugang zum Tempel führt durch den obligatorischen Touristenbasar mit Ständen am Straßenrand, die Waren verkaufen wollen, denen jeder leicht widersteht.

Bis zur Mitte des 19. Jahrhunderts war der Tempel, wie eine häufig kopierte Zeichnung des Schotten David Roberts (1796 bis 1864) zeigt, fast vollständig begraben und das Innere war praktisch bis unter die Decke mit Sand gefüllt. Ein Teil des Dorfes Edfu stand auf seinem Dach. Auguste Mariette, der Gründer des Ägyptischen Museums in Kairo (siehe S. 77), begann um 1860 mit den Ausgrabungen. Heute ist der Tempel freigelegt, und das Dorf wurde zurückgedrängt, sodass seine Lehm-

Horus Tempel

287 C5
Touristenbasar
$$

ziegelhäuser heute auf den Umgebungswällen, die den Vorhof überblicken, eine Linie bilden.

Besucher betreten den Tempel an der Vorderseite und können die Pracht des **Hauptpylonen** schon bei der Annäherung genießen. Das gewaltige Bauwerk wurde von Ptolemäus XII. (80–51 v. Chr.), dem Vater Kleopatras, errichtet und ist mit Zwillingsszenen des Pharaos

INSIDERTIPP

Nachfahren der pharaonischen Katzen finden sich in ganz Ägypten; und auch sie lieben kleine Leckereien.

LESLIE LYONS
National Geographic-Experte

dekoriert, der mit erhobenem Stab die Haare seiner Feinde ergreift, um sie zu erschlagen. Die Gottheiten Horus und Hathor schauen zu. Ptolemäus XII. war der neunte Herrscher, der den von Ptolemäus III. 180 Jahre zuvor begonnenen Tempel ausbaute.

Das Eingangstor flankieren **zwei Statuen des Horus** als Falken. Der ägyptischen Mythologie zufolge war Horus der Sohn von Isis und dem Fruchtbarkeitsgott Osiris, der von seinem Bruder Seth, dem Gott des Chaos (siehe S. 305), ermordet wurde. Die alten Ägypter glaubten, Horus habe den Tod des Vaters gerächt und hier in Edfu mit Seth gekämpft und ihn getötet. Viele Wandreliefs – sie stellen Seth als verkleinertes Nilpferd dar – handeln von dieser mythologischen Schlacht.

Direkt hinter dem Pylon liegt der gewaltige gepflasterte **Säulengang**. Ihn säumen Kolonnaden aus Säulen mit vielfältig geformten Kapitellen. Ebenfalls im Hof, vor dem Eingang zum ersten Säulensaal, steht eine schwarze Kolossalstatue aus Granit: Horus, dargestellt als Falke, trägt die Doppelkrone des ägyptischen Königtums.

Es gibt zwei **Säulenhallen**, deren jeweils zwölf Säulen das Dach stützen, und hinter ihnen einen leeren Vorraum, von dem eine Tür zu einer Treppe führt. Lang, gerade und dunkel führt sie zum Dach, von dem aus man eine schöne Aussicht über die Stadt, den Nil und grüne Felder genießt. Für den Zutritt muss man üblicherweise einem der Wächter ein Bakschisch (Trinkgeld) geben.

Wieder unten, liegt, in der Vorkammer geradeaus, das Herz des Tempels, das **Horus-Heiligtum**. Der aus einem einzigen grauen Granitblock geschlagene Schrein ist vier Meter hoch. Wenn Sie vor dem Allerheiligsten stehen, geht rechts ein Durchgang in einen offenen Hof, von dem Stufen hinauf zur sogenannten **Neujahrskapelle** führen, sie ist sehenswert wegen der Decke mit dem Bild der Himmelsgöttin Nut.

An der Außenseite des Tempels führen einige Stufen hinunter zu einem kleinen Nilometer.

Sie sollten auch das mit Kolonnaden geschmückte **Geburtshaus** nicht verpassen. Es liegt auf der anderen Seite des Vorhofs beim großen Pylon und war Mittelpunkt eines jährlichen Festes, bei dem man die göttliche Geburt des Horus und des regierenden Pharaos feierte. ■

Kom Ombo

Nur 48 Kilometer nördlich von Assuan liegt Kom Ombo an der Stelle, wo einst am Nil die antike Stadt Pa-Sebek, das Reich des Sobek, eine Kultstätte des gleichnamigen Krokodilgottes lag. Alle Spuren der Stadt sind längst verschwunden. Die Krokodile wurden ausgerottet, aber die Überreste eines schönen Tempels lohnen einen Besuch.

Man nähert sich Kom Ombo am besten vom Fluss aus. Wenn Sie das Glück haben, sich mit einem Kreuzfahrtschiff von Süden zu nähern, ist der Anblick der beim Umfahren der Landspitze in Sicht kommenden Ruinen sensationell. Sie erreichen die Stadt von Assuan aus auch per Auto, Bus und Zug.

Wie in Esna und Edfu stammt der Tempel, mit dessen Errichtung Ptolemäus VI. (180–145 v. Chr.) begann, aus nachpharaonischer Zeit. Er ersetzte wohl eine ältere Anlage und wurde unter den Römern fertiggestellt. Er ist Sobek und Horus, dem älteren falkenköpfigen Himmelsgott geweiht.

Nach Kom Ombo gelangt man mit dem Kreuzfahrtschiff

Jede Hälfte des Tempels ist einem Gott gewidmet.

Sie nähern sich dem Tempel von der Seite durch einen kleinen **ptolemäischen Pylon**, der ursprünglich als Tor zum Tempelbezirk diente. Es liegt im rechten Winkel zum ursprünglichen Hauptpylon, der heute nicht mehr existiert. Erhalten blieb die **Säulenhalle** mit acht großen Säulen mit Lotuskapitellen. Davor liegt ein gepflasterter Platz, umringt von Säulenstümpfen, von denen einige noch Reliefs in den ursprünglichen Farben tragen.

Beim Hinausgehen sollten Sie nach dem neuen Krokodilmuseum Ausschau halten, in dem 40 mumifizierte, Sobek geweihte Krokodile ausgestellt sind. ■

Tempel von Kom Ombo

- 287 C4
- Corniche al-Nil
- $$

Kom Ombo nach dem Bau des Hochdamms

Als klar wurde, dass die nubischen Dörfer und Städte am Nil nach dem Bau des Hochdamms von 1971 unter den Wassermassen des Nassersees verschwinden würden, startete die ägyptische Regierung eine Kampagne, um Tausende nubische Familien umzusiedeln. Die meisten der 50 000 betroffenen Nubier wohnen nun in neuen Dörfern in der Umgebung von Kom Ombo, heute Neu-Nubien genannt.

Die nubische Kultur

Die Länder Nubiens mögen 60 Meter tief unter dem Nil verschwunden sein, die Kultur der Nubier aber ist noch lebendig und voller Kraft.

Die Nubier können sich einer reichen Musikkultur rühmen; die Frauen in gestickten Gewändern treten regelmäßig in Assuan auf und nehmen an Hochzeitsfesten teil

Als man die Nubier in den 1960er und den 1970er Jahren zwang, ihre Dörfer zu verlassen, schufen sie sich ihre traditionellen Behausungen an anderer Stelle. Ihre aus Lehmziegeln erbauten Häuser haben meist gewölbte Dächer oder Kuppeln. Jedes ist individuell mit Gitterwerk – Modellierung und Flechtwerk in Ton – gestaltet. Zum charakteristischen Schmuck gehören oft Keramikteller, die man um den Eingang in den Putz der Außenmauern setzt. Sehen kann man solche Häuser in den nubischen Dörfern bei Assuan und in Ballana bei Kom Ombo. Es gibt in ganz Ägypten nichts Vergleichbares.

Nubische Musik

Ebenso einzigartig ist die Musik, deren Ruf sich weit über den Nil hinaus verbreitet hat. Charakteristisch für die auf traditionellen Instrumenten wie der *Oud* (einer birnenförmigen Gitarre) und der *Douff* (einer flachen Trommel) gespielte Musik ist ein sanft treibender, auf- und abschwellender Rhythmus, der von einer Art wiegendem

Trällern begleitet wird. Die Melodien sind einfach und die Stimmen spröde, nasal und seelenvoll. Es ist eine ägyptische Art des Blues. Einer der bedeutendsten Namen ist Ali Hassan Kuban, ein 70-jähriger ehemaliger Steuermann aus einem kleinen Dorf bei Assuan, der heute eine feste Größe in der internationalen Weltmusikszene ist. Fast ebenso bekannt ist Hamza al-Din, der in Wadi Halfa, der sudanesischen Stadt am südlichen Ende des Nassersees, geborene Komponist. Im Westen wird er für seine semiklassischen Stücke für die Oud geschätzt. Er starb 2006 in Oakland, Kalifornien, wo er seit langem lebte.

In Assuan kann man nubische Musik in der Regel bei Veranstaltungen in Restaurants und Hotels vor Ort erleben, wo sie von Gruppen in leuchtend weißen Dschellabas und gestickten Westen vorgetragen wird.

Hochzeitsbräuche

Auch ist es – gerade an Donnerstagabenden, wenn in ganz Ägypten große Hochzeiten stattfinden – nicht ungewöhnlich, eine Hochzeit in Assuan zu sehen. Nubische Hochzeitsfeierlichkeiten dauern drei Tage. Am ersten Abend feiern Braut und Bräutigam getrennt mit ihren jeweiligen Familien und Freunden. Am zweiten Abend führt die Braut ihre Hochzeitsgesellschaft in das Haus des Bräutigams und beide Gruppen tanzen bis in die frühen Morgenstunden zu traditioneller Musik. Dann kehrt die Braut nach Hause zurück und lässt sich mit Henna wunderschöne Motive auf ihre Hände und Füße malen. Auch die Hände und Füße des Bräutigams werden mit Henna gefärbt, aber nicht verziert. Am dritten Tag führt er seine Hochzeitsgesellschaft mit Gesang und Tanz zum Haus der Braut.

INSIDERTIPP

Im hübschen Nubischen Museum in Assuan (siehe S. 296) sollten Sie sich auch Zeit für den Garten nehmen. Schauen Sie sich unbedingt den steinernen Widdersarkophag an.

ANN WILLIAMS
National Geographic Magazin-Autorin

Besucherinnen können sich in einigen Dörfern um Assuan für fünf bis zehn Euro die Hände mit Henna bemalen lassen. Fragen Sie im Fremdenverkehrsbüro nach.

Frauen vor der charakteristisch verzierten Wand eines nubischen Lehmziegelhauses

Assuan

Für die meisten Besucher bedeutet Assuan eine Übernachtung auf dem Weg nach Abu Simbel. Der lebhafte Straßenmarkt, ein faszinierendes Museum, idyllische Flussinseln und eine Reihe von Pharaonenstätten in der Umgebung rechtfertigen einen längeren Besuch in Assuan. Nehmen Sie sich zwei oder drei Tage Zeit, um das friedliche Assuan zu genießen.

Feluken auf dem Nil in der Nähe der Insel Elephantine (Djesira) bei Assuan mit den Sandhügeln der Westlichen Wüste im Hintergrund

Assuan

287 C4

Besucher-information

Railroad Station Sq.

097/231 2811

Historisch betrachtet ist Assuan stets Ägyptens südlichste Grenzstadt gewesen, das „Tor nach Afrika". Es liegt am Ersten Katarakt – einer von sechs Nilstromschnellen (die anderen fünf liegen im Sudan) zwischen Assuan und Karthum, die den Fluss für Schiffe unpassierbar machten. Folglich endete der Flussverkehr hier und über Jahrhunderte hinweg war die Stadt ein blühendes Handelszentrum. In alter Zeit war die Gegend als Swenu bekannt, die Kopten jedoch nannten den Ort Suan – „Handel". Davon leitet sich das arabische „Assuan" ab.

Einst brachten Elefantenkarawanen aus dem Süden Gold, Duftstoffe, Felle von Löwen, Leoparden und Schimpansen, Straußenfedern, Elfenbeinzähne und Sklaven – erst für die Pharaonen, später für die Harems im islamischen Kairo. Assuan war zudem eine bedeutende Garnison, Ausgangspunkt der Feldzüge nach Nubien und in den Sudan. Assuan blieb bis weit in das

19. Jahrhundert Garnisonsstadt. Zuletzt diente sie als Verschiebebahnhof für die anglo-ägyptischen Streitkräfte, die man nach Karthum entsandte, um den Mahdi-Aufstand (1881–1898) gegen die Regierung niederzuwerfen.

Ungefähr zu dieser Zeit wurde die Stadt bei wohlhabenden Europäern als Winteraufenthalt beliebt. Die trockene Hitze galt bei allen Arten von Leiden als günstig. Der Archäologe Gaston Maspero (1899–1914 Grabungsdirektor in Ägypten) bedauerte den Zustrom an Fremden und klagte, man mache aus dem bis dahin unverdorbenen Dorf eine Kopie der französischen Riviera.

Das bedeutendste Vermächtnis der frühen „Ausflügler" war der Bau der **Corniche** am Nilufer, die Anlegeplätze für Dampfschiffe schuf. Sie ist der ansprechendste Uferboulevard Ägyptens und überblickt einen schönen, mit Inseln übersäten Nilabschnitt vor dem Hintergrund weißer Sandhügel, am anderen Ufer.

Einen Häuserblock landeinwärts von der Corniche liegt der **Suk** (Markt). Er ist, obwohl er nicht mehr die seltenen Waren anbietet, die einst mit afrikanischen Karawanen eintrafen, noch immer eine Orgie leuchtender Farben und exotischer Düfte. Die Dinge, nach denen man suchen sollte, sind Gewürze, gemusterte Textilien und einheimischer Schmuck in traditionell nubischen Formen.

Am Südende der Corniche, dort, wo sie scharf landeinwärts abbiegt, liegen die **Ferial Gardens**, ein friedlicher, kleiner öffentlicher Park an einem sanften Hang. An die Gärten grenzt das privatere Gelände des **Old Cataract Hotel** *(Abtal al-Tahrir Str., Tel. 097/231 6000; siehe S. 371)*, ein weiteres wunderbares Überbleibsel aus der frühen Zeit des Tourismus. Die große, rosafarbene, herrschaftliche Villa aus dem Jahre 1899 ist ein im maurischen Stil eingerichtetes Haus mit weiten, hohen Korridoren und einem prunkvollen Speisesaal, der für den „Dieb von Bagdad" als Drehort hätte dienen können. Am herrlichsten aber ist die Lage auf einem Felsvorsprung hoch über dem Fluss. Eine große, alte Holzterrasse gibt den erlesensten Ort in Ägypten für einen frühabendlichen Aperitif ab. Der französische Präsident François Mitterrand war hier häufiger Gast, andere hohe Besucher waren Winston Churchill, Jimmy Carter, Prinz Charles und Lady Diana und – vielleicht am berühmtesten – Agatha Christie, die einen Teil von „Tod auf

INSIDERTIPP

Direkt nördlich des Hotels Old Cataract in Assuan liegen die Ferial Gardens, ein schattiger, öffentlicher Park. Unter Umständen wird ein kleines Eintrittsgeld erhoben, aber dann kann man sich hier wunderbar erholen und den Blick auf den Fluss genießen.

CHIP ROSSETTI
National Geographic-Mitarbeiter

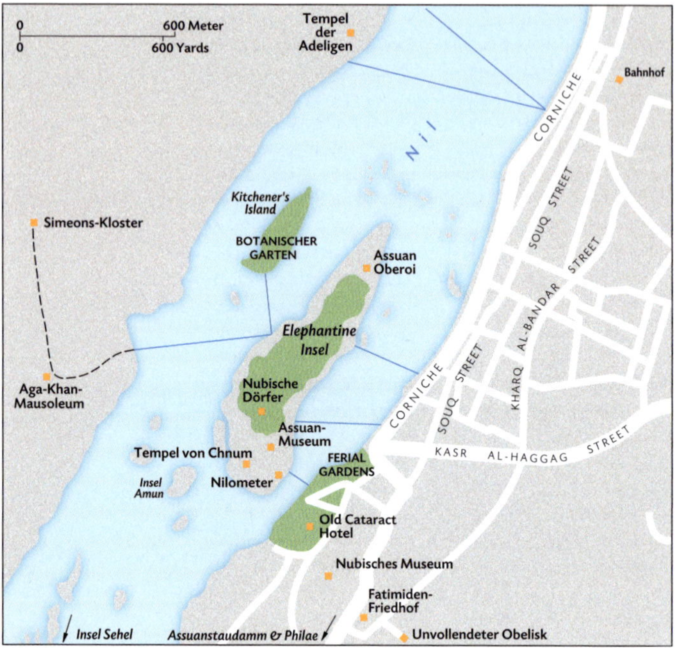

Nubisches Museum

- 296
- Corniche al-Nil
- 097/231 3826
- Öffnungszeiten 9–13 und 17–21 Uhr (im Sommer 18–22 Uhr)
- $$

dem Nil" (1937) schrieb, als sie hier wohnte. Das Hotel wird sowohl im Buch als auch im Film mit Peter Ustinov und Bette Davis in den Hauptrollen hervorgehoben. Bedauerlicherweise verfolgt das Hotel in den letzten Jahren eine „Nur für Gäste des Hauses"-Politik und wer nicht im Hotel wohnt, wird nur bis zum Haupttor vorgelassen. Man kann jedoch unter Umständen für ein Abendessen reservieren (siehe S. 371).

Südlich des Stadtzentrums

Hinter den Anlagen des Old Cataract Hotel steht ein großes Gebäude aus hellem Sandstein, das **Nubische Museum**. Es wurde 1997 eröffnet und ist der ziemlich verspätete Versuch, die Kultur des in der Region heimischen Volkes zu erhalten und würdigen – eine Kultur, der man mit dem Bau des Hochdamms in den 1960ern (siehe S. 312f) fast den Todesstoß versetzt hatte. Der See, der sich hinter dem Damm bildete, überflutete das nubische Kernland. Zahllose Dörfer mussten aufgegeben werden, und man zwang ihre Bewohner fortzuziehen. Das Museum beherbergt eine Sammlung von Artefakten, die, logisch angeordnet, die Entwicklungsgeschichte dieses Teils des Niltals von der Vorgeschichte über die Pharaonenzeit, das Aufkommen von Christentum und Islam bis hin zum Bau des Damms erzählt – die Konsequenzen bleiben unerwähnt. Die Exponate werden gut präsentiert und sind in mehreren Sprachen beschriftet. Es gibt Modelle von Philae und Abu Simbel in großem Maßstab. Ein Blick darauf lohnt sich, bevor man die Tempel besucht.

Am auffallendsten ist eine Reihe prachtvoll dekorierter Fassaden, Rekonstruktionen typisch nubischer Behausungen. Im Terrassengarten des Museums steht ein nubisches Haus und eine Höhle mit Felsenbildern, die man aus den heute überfluteten Gebieten gerettet hat.

Hoch auf dem Hügel südlich des Museums liegt das **Nubian House** *(Straße des Nubischen Museums, Tel. 097/232 6226)*, ein bescheidenes Café, dessen Terrasse eine fantastische Aussicht über Nil und Ersten Katarakt bietet. Es ist ein wunderbarer Ort, um bei Sonnenuntergang einen Drink zu nehmen. Sie gelangen in etwa 20 Minuten zu Fuß oder kürzer mit dem Taxi dorthin, wenn sie sich, aus dem Museum kommend, nach links wenden. Lassen Sie das Taxi warten, so müssen Sie nicht durch düstere Straßen zurückgehen.

Unterhalb des Museums liegt der ausgedehnte **Fatimiden-Friedhof** mit vielen kleinen Kuppelmausoleen aus dem 9. Jahrhundert. Einige dieser Gräber gehören örtlichen Heiligen – sie sind im Allgemeinen mit Fähnchen übersät und werden regelmäßig von Einheimischen aufgesucht, die ihren Segen erbitten. Um zum sogenannten **Unvollendeten Obelisken** zu gelangen, spazieren Sie über den Friedhof und treten durch das Tor am anderen Ende. Der gewaltige Obelisk mit drei perfekt geformten Seiten, dessen vierte Seite immer noch aus dem anstehenden Felsen wächst, ist einer der seltsamsten Anblicke in Assuan. Man hatte die Arbeit an dem Obelisken abgebrochen, als man

ERLEBNIS: Seinen eigenen *karkadeh* brauen

Im Hotel bekommen Sie zum Frühstück manchmal einen dunkelroten Saft, der *karkadeh* genannt wird. Er wird aus getrockneten Hibiskusblättern hergestellt und ist ein leckeres Frühstücksgetränk. Gelegentlich wird er auch so heiß wie Tee gereicht. Weil die Pflanze rund um Assuan gedeiht, hat fast jedes Gewürzgeschäft in der Stadt eine Kiste dieser Blätter vor der Tür stehen. Ein Beutel mit Hibiskusblättern ist ein leicht zu transportierendes Mitbringsel, und nach Ihrer Rückkehr können Sie zu Hause gleich eine Tasse davon aufbrühen:

Bringen Sie ca. 1 Liter Wasser mit zwei Tassen Hibiskusblättern zum Kochen. Lassen Sie alles 15 bis 20 Minuten köcheln, bis die Flüssigkeit sich satt rot verfärbt. Gießen Sie das Wasser durch ein Sieb ab und die Flüssigkeit wieder in den Topf zurück. Unter schwacher Hitze fügen Sie nun eine Tasse Zucker (oder auch weniger) hinzu und rühren, bis der Zucker aufgelöst ist. Zu dem nun entstandenen *karkadeh* – der jetzt die Konsistenz von konzentriertem Sirup hat – geben Sie noch Wasser zum Verdünnen hinzu. Servieren Sie das Getränk heiß oder eisgekühlt. *Karkadeh* kann man auch gut für Cocktails verwenden, besonders für den unter in Ägypten lebenden Ausländern beliebten Cairo Cosmopolitan: Geben Sie 30 ml Wodka, 14 ml Orangenlikör oder Cointreau, den Saft einer halben Limette und einen Spritzer *karkadeh* mit Eiswürfeln in einen Cocktail-Shaker. Schütteln, durchsieben, fertig. Servieren Sie den Drink in einem Martiniglas mit einer Limettenspirale.

Unvollendeter Obelisk

✉ Neben Airport Rd.

$ $$

im Fels einen Sprung entdeckte. Wäre der 42 Meter lange Obelisk fertiggestellt worden, wäre er der größte und schwerste je in Angriff genommene Obelisk gewesen. Archäologen vermuten, dass er für Karnak (siehe S. 242ff) als Zwilling zum Obelisken von Thutmosis III. bestimmt war, der inzwischen an der Piazza San Giovanni in Rom steht. Wenn Sie keine Lust haben, zu laufen (der Steinbruch mit dem Obelisken ist etwa zwei Kilometer vom Stadtzentrum entfernt) – Touren nach Philae halten hier gewöhnlich auf dem Rückweg. Die Alternative: Ein Taxi sollte kaum mehr als ein paar Euro kosten.

Der Nil und seine Inseln

Im Suk einzukaufen macht Spaß, und Museum wie Obelisk sind interessant, aber die eigentliche Attraktion in Assuan ist der Fluss: Breit und blau führt er kühle Brisen heran, die nach der gnadenlosen Hitze erlösend sind. Am wohlsten fühlt man sich denn auch auf dem Wasser. Eine Feluke, einen der traditionellen Lateinsegler, die anmutig über den Nil gleiten (siehe S. 301), zu mieten ist eine Möglichkeit; einige der vielen Inseln zu besuchen eine andere.

Die schönste der Inseln ist **Elephantine**, die ihren Namen den riesigen grauen Granitblöcken an der Südspitze verdankt, die einer Herde Elefanten ähneln. Die örtliche Fähre, die vor dem Büro von Thomas Cook an der Corniche ablegt, pendelt von 6 bis 22 Uhr alle 15 Minuten.

Lange vor Assuan lag an der Südspitze der Insel, durch die Stromschnellen vor Angriffen ge-

INSIDERTIPP

Das Restaurant Aswan Moon liegt auf einer schwimmenden Plattform im Fluss (siehe S. 372) und bietet viel Atmosphäre, gutes, einfaches Essen und manchmal sogar Livemusik.

NEIL HEWISON
American University in Cairo Press

Obelisken

Archäologen glauben, dass der Obelisk sich aus unregelmäßig geformten, aufrecht stehenden Steinen entwickelt hat, denen man allmählich den vertrauten gestreckten, konischen und vierseitigen Säulenschaft mit Spitze am oberen Ende verlieh. Die besonders zur Zeit des Neuen Reiches verbreiteten Obelisken wurden oft paarweise vor Tempeleingängen aufgestellt. Stets tragen sie Inschriften, die an denkwürdige Ereignisse erinnern. Gewaltig und majestätisch sind sie von ausländischen Mächten immer als eine Art Sammlerstück angesehen worden. Die Assyrer brachten zwei nach Ninive (im heutigen Irak), die Römer verschleppten drei nach Rom und die Byzantiner stahlen einen weiteren, um das Hippodrom in Konstantinopel (jetzt Istanbul) zu schmücken.

Auch die Industrienationen der Neuzeit verspürten den Drang, ihre Hauptstädte mit ägyptischen Megalithen zu verzieren und im 19. Jahrhundert wurden Obelisken aus Alexandria und Luxor entfernt und in New York, London und Paris aufgestellt.

Der traditionelle nubische Stil erinnert eher an Afrika als an Ägypten

schützt, die pharaonische Stadt Swenu. Sie war als Tor des Südens bekannt und Kultzentrum des widderköpfigen Chnum, des Schöpfers des Menschen. Diesen Teil der Insel bedecken teils freigelegte Ruinen, unter ihnen ein dem Chnum geweihter, spätdynastischer Tempel mit Säulenstümpfen, die von den Römern koloriert wurden.

Die Ruinen überblickt das bescheidene **Assuan-Museum**, das seine besten Artefakte an das Nubische Museum (siehe S. 296f) abgeben musste. Das Museumsgebäude, einstiger Wohnsitz von Sir William Willcocks, dem englischen Architekten des Assuan-Damms (siehe S. 307), besitzt noch heute einen duftenden Kräuter- und Blumengarten. Ein Pfad führt vom Museum nach Süden zu einer Platane, die den Standort eines antiken **Nilometers** markiert. In den Fels gehauene Stufen führen hinunter zu einer quadratischen Kammer auf Wasserhöhe. Die Wände tragen Markierungen in arabischen, römischen und verblassten altägyptischen Ziffern. Man kann das Nilometer auch vom Fluss aus besichtigen, der einzige Blickwinkel, von dem aus man die Inschriften in den umliegenden Felsen sehen kann, die Kartuschen mit den Namen von Thutmosis III. und Amenophis III. tragen.

Der Mittelteil der Insel ist dicht mit Palmen bewachsen, zwischen denen sich Fußwege schlängeln. In den Hainen stehen zwei **nubische Dörfer** mit in Orange-, Blau- und Gelbtönen bemalten Häusern; schmale Gassen aus festgestampfter Erde trennen die dicht gedrängten Gebäude. Das Ostufer der Insel gibt einen guten Platz ab, um unter blauem Himmel am Fluss zu sitzen. Dies ist die **Kitchener-Insel**, sie wurde nach Lord Horatio Kitchener (1850–1916) benannt. Die Insel wurde ihm Ende des 19. Jahrhunderts geschenkt, als er als britischer Generalkonsul fak-

Assuan-Museum und Nilometer

- Karte 296
- Insel Elephantine
- $$

tisch über Ägypten herrschte. Obwohl er ein Mann des Krieges war, hatte Kitchener eine Leidenschaft für den Gartenbau, die er hier auslebte, indem er Pflanzen aus anderen Teilen Afrikas, Indien und Südostasien importierte und die gesamte Insel in einen Botanischen Garten verwandelte. Dies ist ein schöner Ort, um im Schatten den

In Assuan dreht sich alles um den Fluss. Eine Bootsfahrt sollte auf jedem Programm stehen

Nachmittag zu vertrödeln. Nehmen Sie von der Corniche oder der Ostseite von Elephantine eine Feluke hierher.

Einen Besuch lohnt auch die **Insel Sehel**, die kaum vier Kilometer flussaufwärts vom zentralen Assuan entfernt liegt. In einer Feluke ist es eine wunderbare einstündige Fahrt. Zwei Gipfel krönen die Insel und bieten einen herrlichen Ausblick auf den Ersten Katarakt. Es gibt Ruinen aus der Pharaonenzeit und ein pittoreskes nubisches Dorf voller lärmender Kinder, die sich eifrig als Führer anbieten (man sollte alle Angebote ablehnen!).

Jenseits des Flusses

Das gänzlich unbewohnte Westufer des Nil ist reinste Wüste. Von einem Dünenspaziergang einmal abgesehen, gibt es drei Gründe überzusetzen (mit der Fähre gegenüber vom Bahnhof am Ende der Corniche). Der erste Grund ist das **Aga-Khan-Mausoleum,** das kleine, weiße Gebäude mit Kuppel an den sandigen Hängen, das, obwohl nicht öffentlich zugänglich, ein gutes Fotomotiv abgibt. Es birgt den Leichnam von Mohammed Schah Aga Khan III. (1877 bis 1957), dem in Pakistan geborenen, 48. Imam bzw. geistlichen Oberhaupt der islamischen Religionsgemeinschaft der Ismailiten. Er galt als reichster Mann der Welt. Er liebte es, in Assuan zu überwintern. Als er starb, überwachte seine Frau, die Begum Aga Khan den Bau dieses schönen Denkmals, dessen Form von den Fatimiden-Gräbern auf dem Friedhof jenseits des Flusses inspiriert wurde. Bis zu ihrem Tod im Juli 2000 pflegte die Begum oder ein Gärtner, täglich eine rote Rose auf den Sarkophag des Aga Khans zu legen. Sie wurde an seiner Seite beerdigt.

In der Wüste, etwa 1,5 Kilometer von der Anlegestelle der Fähre entfernt, steht das im 7. Jahrhundert gegründete **St.-Simeon-Kloster** (Deir Amba Samaan). Es wurde im 10. Jahrhundert neu aufgebaut, irgendwann im 13. aufgegeben und seitdem nie wieder bewohnt. Bedenkt man, wie lange das Kloster verlassen steht, dann überrascht sein guter Zustand. An der Stirnseite eines Wüstentals gelegen, bietet es einen beeindruckenden Anblick. Die Außenmauern sind teilweise neun Meter hoch. Im Inneren stehen die Überreste einer Kirche, in deren Kuppelapsis sich ein Christusbild findet, ein zentraler Bergfried, ein Gewölbe mit Refektorium, Ställe und eine Felsenkapelle mit Heiligenbildern. Unten am Anlegeplatz werden Reitkamele für etwa zehn Euro angeboten (hinauf zum Kloster und zurück). Das Gehen durch den weichen Sand ist sehr ermüdend.

Die dritte Sehenswürdigkeit am Westufer sind die **Gräber der Würdenträger**, eine Reihe von Gräbern hoch oben in den Klippen nördlich der Kitchener-Insel. Dies sind die Ruhestätten der hohen Beamten des antiken Swenu. Sie stammen aus dem Alten und Mittleren Reich, Gräber aus römischer Zeit befinden sich weiter unten in der Felswand. Eintrittskarten werden am Ort verkauft und gelten gilt für alle Gräber. Am besten erhalten ist das **Grab des Prinzen Sirenput II.** (Nr. 31; 1985–1795 v. Chr.), das kleine Statuen des Toten und Wandbilder birgt. ■

INSIDERTIPP

In einem Steinbruch in Assuan befindet sich ein unvollendeter rosafarbener Granitobelisk, den die Pharaonin Hatschepsut in Auftrag gegeben haben könnte. Sie finden ihn nahe der Mubarak Road.

ANN WILLIAMS
National Geographic Magazin-Autorin

Kloster St. Simeon

296
West Bank
$$

ERLEBNIS: In Assuan oder Luxor Feluken mieten

An der Corniche sind die Felukenkapitäne immer auf der Jagd nach Kunden, ob nun in Assuan oder Luxor. Obwohl der staatlich festgelegte Preise bei rund sechs Dollar pro Stunde für ein Boot mit acht Sitzplätzen liegt, hängt der Preis fast nur von Ihrer Fertigkeit beim Feilschen ab. Eine drei- bis vierstündige Fahrt, beispielsweise zur Insel Sehel und zurück mit einer Stunde Wartezeit inklusive, kostet etwa 18 Dollar. Die schönste Zeit auf dem Wasser ist bei Sonnenuntergang. Packen Sie ein Picknick ein und schlemmen Sie auf dem Fluss, während die blutrote Sonne hinter dem Horizont verschwindet.

Längere Fahrten sind ebenfalls sehr beliebt. Im Unterschied zu den riesigen Touristenschiffen sind Feluken die ursprünglichere Art, sich auf dem Nil fortzubewegen. Die Felukenfahrten beginnen gewöhnlich in Assuan, führen dann Richtung Norden nach Kom Ombo (mit einer Übernachtung), Edfu (zwei Übernachtungen) oder Esna (drei Übernachtungen). Wenn Sie mit dem Kapitän verhandeln, sollten Sie auf alle Details zu sprechen kommen: Wie weit geht die Reise, ist die Verpflegung im Preis inbegriffen, wer genau steuert das Boot? Nehmen Sie viel Trinkwasser mit und denken Sie daran, dass Feluken meist keine Rettungswesten an Bord haben. Eine Felukenfahrt auf dem Nil ist ein unvergessliches Abenteuer und bietet Erholung pur. Außer gelegentlich vorbeifahrenden Kreuzfahrtschiffen werden sie nur wenige Anzeichen moderner Zivilisation zu sehen bekommen!

Nilkreuzfahrten

Der Nil war die Autobahn des alten Ägyptens. Auf dem Fluss durchquerten Pharaonen ihr Reich, er war der Weg, den Händler wie Angreifer nahmen, und im Tod zogen die Ägypter mit Booten in die Unterwelt. Erst im letzten Jahrhundert, mit den neuen Bahnlinien und dem Luftreiseverkehr, war der Fluss als Beförderungsweg überholt. Und dennoch: Eine Kreuzfahrt auf dem Nil ist die beste Art, Ägypten zu erleben.

Das beste Verkehrsmittel Ägyptens war lange Zeit ein Schiff auf dem Nil, von den Pharaonen über Händler und Eindringlinge bis hin zu den Touristen im 19. Jahrhundert. Obwohl es schnellere Transportmöglichkeiten gibt, sollte auch der Reisende von heute sich auf eine klassische Nilfahrt begeben.

Schon im 5. Jahrhundert v. Chr., als der griechische Geschichtsschreiber Herodot Ägypten besuchte, blickten Reisende vom Deck eines Schiffes aus über das Land. Aber es war ein Zusammenwirken der Napoleon-Expedition (1798–1801) und der strengen Herrschaft Mehmed Alis (1805–1847), das Neugierigen den Nil zugänglich machte. Zu dieser Zeit lösten das Heilige Land und Ägypten die große Europareise als Teil der Erziehung eines jungen Herrn von Stand ab. Jeden Herbst, wenn es kühler wurde, kamen unerschrockene Touristen mit dem Linienschiff in Alexandria an, um nach Kairo weiterzureisen, dort einen Dragomanen (Führer) anzuheuern und eine passende Dahabiya (großes Segelschiff) auszuwählen. Das Schiff musste nach Ratten durchstöbert werden, und es galt allerhand Ungeziefer auszutilgen.

Das Tempo war gemächlich: Das Zurücklegen der rund 850 Kilometer zwischen Kairo und Assuan konnte zwischen sechs und zwölf Wochen dauern. Neben dem Besuch der Sehenswürdigkeiten unterhielten sich diese frühen Touristen auf der Reise unter anderem mit Picknicks in Gräbern, dem Ausgraben von Altertümern, oder sie schossen von Bord aus nach den letzten Krokodilen.

Vom Segelboot zum Dampfschiff

Um 1870 ersetzten Dampfschiffe die Segelboote. Sie gehörten ausnahmslos Thomas Cook, der der Welt den Pauschaltourismus bescherte. Unabhängigere Reisende blickten auf die als „Ausflügler" bekannten Kunden Cooks herab; allen voran Mark Twain, der 1870 schrieb: »Am Morgen kamen Amerikas verirrte Stämme ans Ufer, verseuchten die Hotels und rissen sich alle Esel

INSIDERTIPP

Wer eine Schifffahrt auf dem Nil unternehmen möchte, sollte sich für eines der neuen *Dahabiyya*-Boote entscheiden. Nach traditionellem Vorbild gebaut, erinnern sie an die Thomas-Cook-Reisen des 19. Jahrhunderts, bieten aber zusätzlich einige moderne Annehmlichkeiten.

MARK LINZ
American University in Cairo Press

unter die Nägel: Sie bildeten eine pittoreske Prozession, versuchten ein Stück der aufrecht stehenden Säule [Kleopatras] abzubrechen, machten Krach für Fünfhundert, stießen mit Kamelen, Derwischen, Effendis, Rindviechern, Bettlern und allem anderen zusammen.«

Nachdem Cook die Nilkreuzfahrten erschwinglich gemacht hatte, wurden sie fester Bestandteil einer Ägyptenreise. Bedauerlicherweise hat die Bedrohung durch islamistische Terrorangriffe in Zentralägypten dazu geführt, dass Kreuzfahrtschiffe seit den 1990er Jahren den Nil südlich von Kairo und weit nördlich von Luxor nicht mehr befahren dürfen. Heute kann man lediglich noch eine Reise von drei bis vier Tagen buchen.

Die Nächte verbringt man auf dem Schiff im Hafen, und Ausflüge füllen die Tage aus, typischerweise umfassen sie alle Sehenswürdigkeiten in Luxor, Esna, Edfu, Kom Ombo und schließlich Assuan. Die Tempel von Philae und Abu Simbel sind in der Regel optionale Extras. Spitzenschiffe verfügen über flauschige Teppiche, Pools und eiskalte Klimatisierung.

Rückkehr der Dahabiya

In jüngster Zeit werden die *dahabiyya* wieder gebaut, Segelboote von jener Art, auf der die Touristen des 19. Jahrhunderts unterwegs waren. Die neu gebauten Schiffe orientieren sich an der Ausstattung der alten Modelle – auf jedem gibt es nur einige Luxuskabinen und -suiten. Das Oberdeck ist jeweils mit gemütlichen, kissenbedeckten Diwanen bestückt sowie mit Hängematten.

Der Romanschriftsteller William Golding, der in den 1980er Jahren, den Nil hinabfuhr, schrieb in sein Tagebuch: »Der Rhythmus des Nils ist die Kunst des Nichtstuns.« Die Mahlzeiten werden im Freien serviert und tragen noch dazu bei, den Reisenden das Gefühl einer Zeitreise zu vermitteln, das schon das langsame Gleiten stromabwärts auf dem großen Fluss Ägyptens erweckt.

Am anderen Ende der Palette finden sich Boote, auf denen die Bedingungen zu wünschen lassen. Mehr als anderswo gilt hier: Man bekommt, was man bezahlt.

Die renommiertesten Schiffe stehen im Dienst großer internationaler Hotelketten wie Mövenpick oder Sheraton und werden durch ein dementsprechendes Management geleitet. Internationale Reisebüros wie etwa Abercrombie and Kent (*www.abercrombiekent.com*), Bales Worldwide (*www.balesworldwide*) und die Initiatoren der professionellen Touristenschifffahrt, Thomas Cook *(www.thomas-cook.com)* verfügen über eigene Boote mit ausgezeichnetem Ruf.

Philae

Die der Göttin Isis geweihte Tempelanlage auf einer Insel im Nil, das wohl romantischste Baudenkmal Ägyptens, harmoniert vollkommen mit der sie umgebenden Wasserlandschaft. Man erreicht sie nur mit einer kleinen Barkasse – an sich schon ein wunderbares Erlebnis.

Die Insel Philae mit dem Isistempel bei Nacht – in wundervoller Beleuchtung

Philae

287 C4

Insel Aglika

$$. Ton-Licht-Schau $$$

»Es gibt vier große Erinnerungsbilder, die bei einem Reisenden den Wunsch aufkommen lassen für immer zu leben: der Seeblick auf Konstantinopel, das Kolosseum bei Mondlicht, die Sicht vom Vesuv im Morgengrauen und der erste Augenschein von Philae bei Sonnenuntergang.«

DR. R. R. MADDEN, 1827

Am Anfang steht die Taxifahrt zur Anlegestelle in Schellal, südlich des alten Assuan-Damms (siehe S. 307), etwa acht Kilometer südlich von Assuans Stadtzentrum. Nach dem Kauf der Tempelkarten geht man auf den Landesteg hinaus, wo eine Flottille kleiner Boote mit nubischen Kapitänen liegt. Diese Wassertaxis treiben wartend, bis die Besatzung von acht Passagieren vollzählig ist, und halten dann, tief im Wasser liegend, auf die einstige Nachbarinsel Aglika und ihre prächtigen Ruinen zu.

Bis noch vor 30 Jahren haben die Barkassen die Insel Philae angefahren, wo der Tempel in ptolemäischer Zeit ursprünglich errichtet worden war. Nach dem Bau des Assuan-Damms Ende des 19. Jahrhunderts stieg der Pegel des Nils, und der Tempel war sechs Monate des Jahres völlig überflutet. Die Besucher pflegten hinauszurudern und tief im durchscheinend grünen Wasser nach Höfen und Säulen zu spähen. Als in den 1960er Jahren der neue Hochdamm die Insel für immer unter Wasser zu verbannen drohte, zerlegte man die Tempel, transportierte sie Stein für Stein ab und baute sie auf dem höheren Gelände der nahen Insel Aglika wieder auf, die man nach dem Vorbild von Philae umgestaltet hatte. Noch 1975 waren die Abbauarbeiten in vollem Gange.

Philae gewann in der Ptolemäerzeit an Bedeutung. Sie war die Hauptkultstätte der Isis (siehe unten) und zog Pilger aus dem gesamten Mittelmeerraum an. Der Isiskult war so beliebt, dass die Stätte weit in christliche Zeit hinein als letzte heidnische Bastion erhalten blieb. Der Tempel wurde offiziell erst im Jahr 550 geschlossen. Damals verwandelten frühe Christen die Säulenhalle in eine Kapelle und fügten auf der Insel einige (nicht erhaltene) Kirchen hinzu.

Die Barkassen legen an Aglikas antikem Kai an. Das erste Bauwerk, das Besucher gleich links passieren, ist ein Kiosk, ein kleiner, offener Tempel, den Nektanebos I. (380 bis 362 v. Chr.) errichten ließ. Er ist das älteste Bauwerk der Insel. Dahinter liegt ein großer, von zwei Kolonnaden begrenzter Hof; die Fenster links überblicken den Fluss, währende der Blick aus dem Ostfenster von Ruinen verstellt wird. Die bemerkenswerteste unter ihnen ist der Tempel des Arensnuphis, der einem nubischen Gott geweiht ist. An der Stirnseite des Hofes liegt der erste Pylon des **Isistempels**, der Mittelpunkt der Insel. Der Pylon wurde von Ptolemäus XII. erbaut, jenem Pharao, der für ein ähnlich prunkvolles Eingangstor in Edfu (siehe S. 289f) verantwortlich zeichnete. Verziert ist er mit Szenen, die den Herrscher beim Töten seiner Feinde zeigen. An den Wänden zwischen den beiden Türmen des Pylonen haben Napoleons Soldaten Inschriften hinterlassen.

INSIDERTIPP

Schauen Sie sich auf jeden Fall die Ton-Licht-Show in Philae an. Schon allein der Ausflug zur Insel in einem kleinen Boot bietet eine spektakuläre Aussicht auf die Insel.

MARK LINZ
American University in Cairo Press

Isis und Osiris

Gemeinsam herrschten Osiris und seine Gemahlin und Schwester Isis über das Land. Doch der verderbte Bruder der beiden, Seth, begann gegen sie zu intrigieren. Er lockte Osiris in eine Truhe, die er versiegelte und dann in den Nil warf. Die Truhe wurde an den Ufern des Libanon (Byblos) angespült, wo Isis sie schließlich fand und nach Ägypten zurückbrachte. Seth aber stahl die Truhe und zerhackte den Körper des Osiris in 14 Stücke, die er anschließend im Niltal verstreute. Isis suchte die Stücke und empfing, nachdem sie Osiris für kurze Zeit wiederbelebt hatte, ein Kind, Horus, das mit Hilfe der magischen Kräfte seiner Mutter Seth besiegte.

So wie sich die Pharaonen mit Horus identifizierten, so war Isis ihre göttliche Mutter. Man verehrte sie schließlich als Göttin der Frauen, der körperlichen Liebe und der Reinheit, und ihr Kult breitete sich über das ganze Römische Reich aus. In den ersten zwei Jahrhunderten des Christentums war sie die bedeutendste Rivalin der neuen Religion. Einige Gelehrte vermuten, dass der Marienkult den Versuch der Christen darstellt, die Anbeter der Isis (mit dem Horusknaben) für sich zu gewinnen.

Hinter dem Pylonen liegt ein Vorplatz mit elegant geformten Säulen; tatsächlich ist alles in diesem Tempel höchst verfeinert und zierlich, das macht ihn zum Liebling von Ägyptologen wie Besuchern. Auf der linken Seite befindet sich ein als **Geburtshaus** (oder Mammisi) bekanntes Gebäude, wo die Pharaonen ihre Legitimität als sterbliche Nachkommen des Horus bekräftigten, indem sie an Ritualen teilnahmen, die die Geburt des Gottes feierten. Eine Szene in Bodennähe an der Rückwand zeigt Isis bei der Geburt des Knaben Horus in den Sumpfmarschen, während ein Bild links sie beim Stillen des Kindes darstellt. Bedauerlich nur, dass die christlichen Bilderstürmer die Göttin ihres Antlitzes beraubt haben.

Am hinteren Ende des Vorplatzes gewährt ein zweiter Pylon Zugang zum inneren Tempelbezirk, wo auf einen kleinen Säulensaal eine Reihe dunkler werdender Vorkammern folgt, durch die man ins **Allerheiligste** gelangt. In der schwach erleuchteten Kammer steht ein von Ptolemäus III. (246 bis 221 v. Chr.) und seiner Frau Berenike gestifteter Steinsockel (die Königin ist in einer Reihe von schönen Mosaiken im Griechisch-Römischen Museum in Alexandria porträtiert; siehe S. 176f).

INSIDERTIPP

Motorbarkassen fahren im Allgemeinen hinter der Insel ab. Somit können Sie normalerweise den Trajan-Kiosk gut vom Wasser aus fotografieren.

CHIP ROSSETTI
National Geographic-Mitarbeiter

LEGENDE ZUM LAGEPLAN

Philae

1 Kiosk von Nektanebos I.
2 Tempel des Arensnuphis
3 Äußerer Tempelplatz
4 Tor des Ptolemäus
5 Erster Pylon
6 Geburtshaus
7 Nilometer
8 Zweiter Pylon
9 Heiligtum
10 Hadrianstor
11 Tempel des Harendotes
12 Hathor-Tempel
13 Trajan-Kiosk
14 Tor des Diokletian
15 Römertor
16 Augustus-Tempel

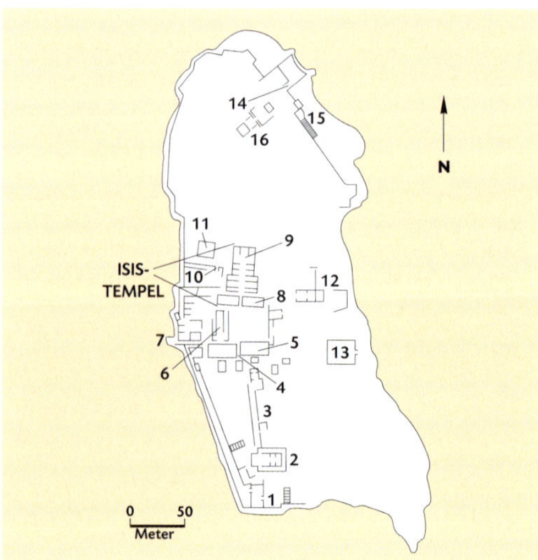

Wenn man den Wächter dazu überreden kann, die Pforte zu öffnen, gelangt man über eine Treppe auf der Westseite des Tempels in die oberen Räume mit Wandbildern, die von der Wiederauferstehung des Osiris nach der Zerstückelung durch Seth (siehe S. 305) handeln. Auch das Dach kann man betreten.

Weitere Baudenkmäler

Neben dem Haupttempel der Isis liegt östlich des zweiten Pylonen ein kleiner **Hathortempel**. Er ist in recht bedauerlichem Zustand, aber man kann noch zwei hathorköpfige Säulen erkennen. Er verfügt auch über ein schönes Relief von Musikern mit dem hässlichen Zwergengott Bes, der die Harfe spielt.

Ein wenig südlich steht das berühmteste Baudenkmal Philaes, der sehr markante **Trajan-Kiosk**, der aus offenkundigen Gründen auch scherzhaft die Liegestätte des Pharaos genannt wird. Unter dem Kaiser gleichen Namens (um 100 n. Chr.) errichtet, diente der Tempel als königliche Barkenstation. Der Kiosk ist eine Kuriosität, denn er kombiniert eine typisch klassische Bauform nebst Säulen und Querbalken mit pharaonischen Verzierungen, wie etwa Säulen gekrönt von Blumenkapitellen. In seiner ursprünglichen Form hatte er ein Holzdach. Die Reliefs auf den Schutzmauern zeigen Kaiser Trajan beim Darbringen von Opfern für Isis, Osiris und Horus.

Wie bei allen bedeutenden Baudenkmälern Ägyptens gibt es auch in Philae eine bombastische **Ton-Licht-Schau**, die mit Sicherheit sehenswert ist. Sie führt auf eine einstündige Tour durch die in Flutlicht getauchten Ruinen. Einschließlich Bootsfahrt kostet sie zehn Euro.

Der Trajan-Kiosk, eines der bekanntesten Symbole von Philae

Der Assuan-Damm

Der flussaufwärts vom Ersten Katarakt gelegene Assuan-Damm wurde von den Briten zwischen 1898 und 1902 erbaut. Zu dieser Zeit war er der größte seiner Art auf der Welt. Er befreite Ägypten aus seiner Abhängigkeit von den unberechenbaren Pegelschwankungen des Nils. Zudem erschloss er weite, neue Anbauflächen und versorgte das Land mit Strom aus Wasserkraft.

Obwohl der Hochdamm (siehe S. 308f) inzwischen seine Funktion übernommen und ihn als Touristenattraktion abgelöst hat, ist er wegen des sehenswerten Blicks auf den Fluss noch immer einen kurzen Besuch wert – eine Zugangsstraße führt auf den Damm. ■

Hochdamm

Ägypten blickt auf eine lange Geschichte des Dammbaus zurück. Man nimmt an, dass der früheste dokumentierte Nildamm in der Nähe von Kairo stand, wo man um 2900 v. Chr. ein etwa 15 Meter hohes Bauwerk errichtete, um die Hauptstadt Memphis mit Wasser zu versorgen. Für den Hochdamm (Sadd al-Ali), ein Projekt, das es mit jedem Bau der Pharaonen aufnehmen könnte, wurde zwanzigmal so viel Baumaterial eingesetzt wie für die Cheopspyramide.

Die Sicherheitsvorkehrungen sind streng, denn ein Dammbruch hätte verheerende Folgen

Hochdamm
287 C4

Schon in den 1950er Jahren wurde offenkundig, dass der Assuan-Damm (siehe S. 307) nicht mehr ausreichte, um die jährlichen Nilhochwasser zu bändigen. Zudem konnte er den Energiebedarf Ägyptens nicht mehr gewährleisten. Präsident Gamal Abd al-Nassers Antwort war ein größerer Hochdamm. Als die Weltbank einen versprochenen Kredit unter dem Druck der USA nicht gewährte, verstaatlichte Nasser den Sueskanal, um die Einkünfte für das neue Projekt zu sichern, und beschwor so die Sueskrise herauf, in deren Verlauf Frankreich, Großbritannien und Israel im Kanalgebiet intervenierten (siehe S. 40). Schließlich bot die Sowjetunion die Finanzierung und ihre Fachkenntnis an. Die Arbeiten am Damm, die 1960 begannen, wurden 1971, ein Jahr nach Nassers Tod, vollendet.

Ein Meisterwerk der Technik

Das entstandene Bauwerk ist an der Basis 980 Meter breit, seine Dammkrone ist 3830 Meter breit und am höchsten Punkt 111 Meter hoch. Mehr als 35 000 Menschen halfen, den Damm zu errichten, 451 starben bei den Bauarbeiten.

Er ist keineswegs der höchste Damm der Welt, aber dennoch beeindruckend. Auch der Nutzen des Damms ist gewaltig: Ägyptens kultivierbare Flächen wurden um 30 Prozent vergrößert, die Verdunstung des Nassersees, des Speichers hinter dem Damm, hat bis dahin kargen Gegenden Regen gebracht. Das Wasserkraftwerk des Hochdamms hat die Energiemenge des Landes verdoppelt.

Da ein Dammbruch den Großteil Ägyptens ins Meer spülen würde, ist Sicherheit oberstes Gebot. Die umliegenden Hügel strotzen von Antennen, Radar und Raketen. Auf der Ostseite des Damms gibt es einen Besucherpavillon mit Fotos und Modellen, auf der Westseite setzt ein lotusähnlicher Turm der sowjetisch-ägyptischen Freundschaft ein Denkmal.

Nahe gelegene Sehenswürdigkeiten

Vom Damm aus sieht man am Westufer des Nassersees den **Tempel von Kalabscha**. Wie in Philae stand der Tempel ursprünglich an anderer Stelle (in diesem Fall 48 Kilometer südlich) und musste verlegt werden, sollte er nicht im Nassersee versinken. Die bundesdeutsche Regierung finanzierte das Rettungsprojekt und erhielt im Gegenzug das heute im Berliner Museum ausgestellte Tempeltor. Kalabscha wurde unter der Herrschaft des letzten Ptolemäers errichtet und unter Augustus, von 30 v. Chr. bis 14 n. Chr. erster römischer Kaiser über Ägypten, fertiggestellt. Er war dem nubischen Gott Mandulis geweiht, aber auch Isis und Osiris verehrte man hier. Ein beeindruckender steinerner Aufweg führt vom See hinauf zum Eingangspylon, hinter dem ein Kolonnadenhof und ein Säulensaal liegen. Wandinschriften erzählen von Kaisern und Pharaonen, die die Götter anbeten. Von einer der drei Kammern, die jenseits des Hofes liegen, führt eine Treppe zum Dach. Der Blick über Saal und Hof auf Nassersee und Hochdamm ist fantastisch.

An den Tempel grenzt der **Kertassi-Kiosk**, eine kleinere, weniger gut erhaltene Version des Trajan-Kiosks in Philae. Hier steht auch der **Tempel von Bait al-Wali**, der unter der Herrschaft von Ramses II. aus dem Felsen geschlagen wurde. An den Wänden des Vorhofs schildern Reliefs den Sieg des Pharaos über die Nubier (Südwand) und seine Kriege gegen die Libyer und Syrer (Nordwand). Wie im Fall Kalabscha brachte man auch diese beiden Bauten hierher.

Am einfachsten nimmt man sich von Assuan aus ein Taxi, um Damm und Tempel zu erreichen. Eine Rundreise, 15 Minuten pro Weg mit einer Stunde Aufenthalt, kostet etwa sechs Euro. ■

INSIDERTIPP

Selbst wenn Sie nur ein oder zwei Wörter Arabisch können, benutzen Sie diese, wann immer es geht. Ihre ägyptischen Gastgeber werden begeistert sein!

NEIL HEWISON
American University in Cairo Press

Tempel von Kalabscha

287 C4

Nassersee

$$

Nassersee

Die Statistik des Nassersees, des größten künstlichen Gewässers der Welt: Von der Hochdammbarriere erstreckt er sich über 480 Kilometer bis in den Sudan und ist bis zu 35 Kilometer breit. Hier liegt die am wohl ursprünglichste Region Ägyptens.

Der riesige Nassersee entstand als Folge des Hochdammbaus

Nassersee
87 C2

Der See liegt mitten in der Wüste mit Sanddünen, die sich bis ans Ufer wälzen. An anderer Stelle bedeckt weißer Sand schroffe Granitklippen und lässt sie schneebedeckten Alpengipfeln gleichen. Der Himmel ist völlig klar, wolkenlos und leuchtet in den tiefsten Blautönen. Nachts reichen die Sterne von einem Horizont zum anderen. Der Mangel an menschlichen Bewohnern hat die schilfreichen Seeufer bei Zugvögeln, aber auch einer Vielfalt von Wildtieren wie Gazellen, Füchsen und Waranen beliebt gemacht. Die schmalen Buchten des Sees sind der Lebensraum der letzten Exemplare des Nilkrokodils in Ägypten, die in den letzten Jahren das Leben mehr als eines einheimischen Fischers gefordert haben. Nicht weniger als 25 Fischarten gedeihen im See, darunter der riesige Nilbarsch (Lates niloticus). Der gegenwärtige Rekordfang wog 232 Kilo. Das Gebiet zieht heute **Angler** aus Europa und Amerika an. Man kann an einer fünftägigen Angelsafari (siehe S. 380f) teilnehmen oder von Assuan aus einen Tagesausflug an den See machen.

Die einzigen Anlagen von Menschenhand in der Umgebung des Sees sind eine Reihe von altägyptischen Tempeln, die man in den 1960er Jahren (siehe S. 312f) aus der Bahn des steigenden Wassers entfernte.

Nahezu einziger Nachteil ist die schwierige Anreise, weil ein Boot das einzige Mittel ist, den Nassersee zu erkunden. Es gibt zurzeit mehrere Gruppen, die drei- bis viertägige Luxuskreuzfahrten (siehe S. 349f) veranstalten und zwischen dem Hochdamm im Norden und Abu Simbel im Süden segeln. Sie halten unterwegs bei den zahlreichen Pharaonenstätten.

Die nördlichste dieser Stätten ist das **Wadi al-Sebua**, 140 Kilometer südlich des Hochdamms am westlichen Seeufer. Unter der Regierung Ramses' II. erbaut, bedeutet sein Name, der sich von der

Sphingenallee herleitet, die zum Tempel führt, „Tal der Löwen". Obwohl der Tempel erst in den 1960er Jahren von seinem eigentlichen Platz entfernt wurde, führte seine Unzugänglichkeit dazu, dass er schnell in Vergessenheit geriet. Aber als in den 1990er Jahren die ersten Kreuzfahrtschiffe den Nassersee zu befahren begannen, wurde er für Besucher wieder vom Sand befreit. Dennoch liegen die umgestürzten Königsstatuen noch immer halb im Sand begraben.

Der den Göttern Amun-Re und Re-Harachte geweihte Tempel ist ein weiteres Werk aus der Zeit Ramses' II. Eine große Statue des bedeutenden Pharaos steht links neben dem Eingang, und an den Säulen im ersten Vorhof sind zehn weitere Darstellungen von ihm angebracht.

Weniger als 1,5 Kilometer nördlich stehen die Überbleibsel des **Tempels von Dakka**, ein ptolemäischer Bau, der aus dem 3. Jahrhundert v. Chr. stammt und einen gewaltigen Pylon besitzt. Man kann den Pylon besteigen und den herrlichen Ausblick auf die Umgebung genießen.

Das älteste unter den Bauwerken am Nassersee ist der **Tempel von Amada**, rund 48 Kilometer südlich vom Wadi al-Sebua. Er stammt aus der 18. Dynastie, ein paar hundert Jahre vor Ramses II.

Das einzige Monument, das an seinem Standort verblieb, ist die **Kasr Ibrim**, die einst eine 72 Meter hohe Klippe krönte. Sie ist durch den gestiegenen Wasserpegel in eine felsige Insel fast in der Mitte des Sees verwandelt worden. Die Kasr, auch Festung, ist eine pharaonische und römische Bastion mit einer Sandsteinkathedrale aus dem 7. Jahrhundert. Schiffe legen bei der Insel an, um den Passagieren einen Blick zu gewähren, aber da die Stätte Gegenstand intensiver Ausgrabungen ist, bleibt der Zugang verwehrt. ■

ERLEBNIS: Angeln am Nassersee

Ironischerweise gibt es die besten Fischgründe nicht im Roten Meer oder im Mittelmeer, sondern im künstlich angelegten See südlich des Hochdammes. Der Nassersee wird nur selten von Touristen besucht und ist daher ein idealer Ort zum Angeln von Nilbarsch, verschiedenen Buntbarschen, Tigerbarsch, verschiedenen Buntbarschen, Tigerfisch und großen Welsen. Der Tigerfisch, ein Salmler, ist ein dehr kämpferischer Raubfisch. Angeln vom Ufer aus und Fliegenfischen sind im Frühling und in den frühen Sommermonaten am besten, wenn sich der Nilbarsch in den seichten Küstengewässern aufhält. Von Oktober bis Januar findet man den Nilbarsch eher in tieferem Wasser (in diesen Monaten fängt man auch die größeren Exemplare). Egal wie, an dem riesigen Wüstensee seinem Hobby nachgehen zu können, ist wohl ein echtes Highlight für jeden Angler.

Der britische Veranstalter The African Angler *(Tel. 097/230 9748 oder 097/233 0090, www.african-angler.co.uk)* bietet ganzjährig Angeltouren auf dem Nassersee an. Die Preise hängen von der Anzahl der Tage und der Teilnehmer ab. Das Unternehmen veranstaltet auch Tagestouren und holt Sie dazu von Ihrem Hotel oder Kreuzfahrtschiff ab. Auf ihrer hervorragenden Website finden Sie alle nötigen Informationen zu den verfügbaren Angelsafaripaketen. Ebenfalls in Assuan findet man den umweltbewussten Veranstalter Lake Nasser Adventure *(Tel. 012/104 0266 oder 012/104 0255, www.lakenasseradventure.com)*.

Die Rettung von Denkmälern

Die Entscheidung der ägyptischen Regierung in den 1950er Jahren, einen neuen Damm stromaufwärts von Assuan anzulegen, drohte alle antiken Stätten und Bauwerke am nubischen Abschnitt des Nils für immer zu überschwemmen. Die Vergangenheit zu überfluten, um die Zukunft zu retten, schien beschlossene Sache zu sein. Schließlich bewahrte eine Rettungsaktion der UNESCO, eine gewaltige Ingenieursleistung, die Altertümer.

Als für den Damm grünes Licht gegeben wurde, zogen archäologische Delegationen aus vielen Ländern auf Bitten der ägyptischen Regierung nach Nubien. Expertenteams halfen den ägyptischen Behörden bei der Gesamtplanung, der Rettung und den Ausgrabungen in den bedrohten Gebieten.

Das abgetrennte Gesicht Ramses' II. – es wiegt 19 Tonnen – wird für den Transport zum neuen Standort angehoben

Umzug der Tempel

Alle beweglichen Artefakte wurden in Museen überführt, und während man einige Tempel aufgab und dem steigenden Wasser des sich neu bildenden Nassersees überließ, wurden mehr als ein Dutzend in Sicherheit gebracht.

Zehn von ihnen, darunter die Tempelanlagen von Philae (siehe S. 304ff), Kalabscha (siehe S. 304) und Abu Simbel (siehe S. 314ff), wurden Stein für Stein abgetragen und in höheren Lagen, aber so nah an den einstigen Standorten wie möglich, wieder aufgebaut.

INSIDERTIPP

Die meisten Tempel sind aus Sandstein, dem weichsten aller Steine, gebaut. Daher reagieren sie empfindlich auf Wasser, sogar auf die Ausdünstungen der menschlichen Haut. Man sollte sie deshalb nicht mit der Hand berühren.

TAYLOR KENNEDY
NATIONAL GEOGRAPHIC-Fotograf

Zahlreiche kleinere Bauwerke spendete man den Ländern, die sich an den Rettungsbemühungen beteiligten, unter ihnen den Tempel von Dendur, der heute im Metropolitan Museum of Modern Art in New York steht, den Tempel von Taffeh, der sich heute im Reichs-

Hinter den Kulissen von Abu Simbel

Unter einem Berg von Menschenhand schützt eine gewaltige Betonkuppel den großen Tempel Ramses' II. vor den Tonnen von Felsblöcken, die man auftürmte, um die einstige Lage von Abu Simbel zu imitieren. Eine Betonkuppel dieser Höhe und Weite (27 mal 60 Meter) war zu diesem Zeitpunkt nie zuvor in Angriff genommen worden, und Skeptiker bezweifelten, ob das Projekt überhaupt realisierbar sei. Schließlich gelang den schwedischen Ingenieuren ein Meisterstück, das der Leistung der Baumeister des großen Pharaos beim Errichten des Tempels kaum nachsteht.

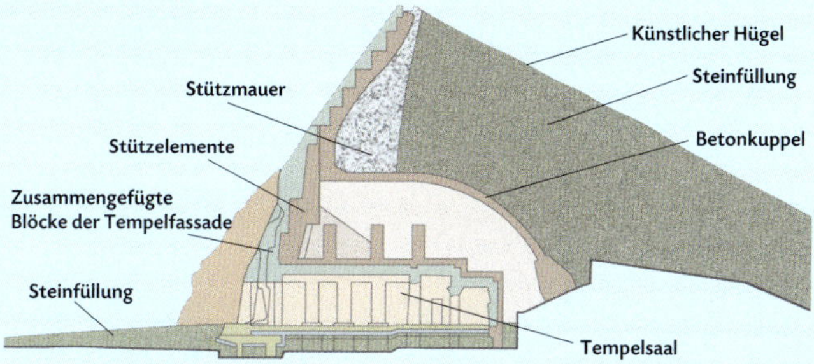

museum van Oudheden in Leiden, in den Niederlanden befindet, oder das Tempeltor von Kalabscha im neuen Flügel des Berliner Pergamonmuseums.

Die Rettung von Abu Simbel

Der Aufsehen erregendste Teil des ehrgeizigen Projekts war zweifellos die Rettung der Tempel von Abu Simbel. Da sie in massive Felswände gehauen worden waren, war es hier mit einem einfachen Zerlegen und Abtransportieren an einen neuen Ort nicht getan. Stattdessen wurden vielfältige einfallsreiche Konzepte vorgeschlagen. Ein Ingenieur aus Italien reichte einen Plan ein, der vorsah, den zwanzig Stockwerke hohen Tempel mit hydraulischen Winden anzuheben. Die Briten schlugen vor, die gesamte Stätte unter Wasser in eine gewaltige durchsichtige Kuppel einzuschließen.

Diese Vorschläge erwiesen sich als unerschwinglich teuer und schließlich folgte die UNESCO dem Plan schwedischer Ingenieure, die rieten, den Tempel in Teile zu sägen und von dem Berg abzutrennen. 1964 wurde ein Kastendamm um die Stätte angelegt, um das bereits steigende Wasser des neuen Sees zurückzuhalten, während die Ingenieure den spröden Sandstein mit stärkenden synthetischen Harzen impften. Dann wurden die Tempel von Hand in genau berechnete Stücke zersägt.

Bei Kosten von etwa 40 Millionen US-Dollar schnitt man die Tempel in mehr als 2000 riesige Blöcke, die jeweils rund 20 Tonnen wogen und wie ein gigantisches Puzzle etwa 200 Meter landeinwärts in 65 Meter höherer Lage wieder zusammengefügt wurden. Um die Form des Berges zu rekonstruieren, aus dem man die Tempel geschnitten hatte, bedeckte man zwei gewaltige Betonkuppeln mit Sand und Felsen. Zudem achtete man darauf, die Tempelanlage an der richtigen Fluchtlinie zu orientieren.

Knapp über vier Jahre dauerte das Projekt. Die Tempelanlagen von Abu Simbel wurden 1968 offiziell wiedereröffnet, der heilige Ort, an dem sie über 3000 Jahre gestanden hatten, war im Nassersee untergegangen.

Abu Simbel

Das vom mächtigsten aller Pharaonen, Ramses II., erbaute Abu Simbel, dessen Fassade vier gewaltige Porträtstatuen des Herrschers schmücken, ist nach Pyramiden und Sphinx das berühmteste Bauwerk des alten Ägyptens. Es markierte seine Reichsgrenze und sollte denen, die sich von Süden näherten, die Macht des Pharaos verdeutlichen. Auch mehr 3000 Jahre später hat es nichts von seiner Ehrfurcht gebietenden Kraft verloren.

Abu Simbel bei Nacht. Die gewaltigen Statuen von Ramses II. wurden aus einem Sandsteinfelsen herausgemeißelt und beeindrucken noch nach drei Jahrtausenden

Abu Simbel
- 287 A1
- Nassersee
- 6–17 Uhr
- $$$

Obwohl der Tempel den Eindruck erweckt, er sei als Ruhmesdenkmal seines Erbauers Ramses II. (1279 bis 1213 v. Chr.) errichtet worden, ist der größere von beiden den Göttern Amun, Ptah und Re-Harachte geweiht. Mit dem aus einer Felswand am Westufer des Nils geschnittenen Bau wurde im fünften Regierungsjahr des Pharaos begonnen, beendet wurde er nicht vor dem 35. Jahr. Mit dem Niedergang der großen Zeit der Pharaonen wurde die Instandhaltung des Tempels vernachlässigt und allmählich begrub ihn der Sand fast vollständig unter sich. Er verschwand, weder von Griechen noch Römern erwähnt, völlig aus der Geschichte, bis der Schweizer Entdecker Burckhardt ihn 1813 zufällig aufspürte. Er beschreibt die Szene so: »Ein ganzer Kopf und ein Teil von Brust und Armen der einen Statue ragen noch aus dem Boden. Von der benachbarten Statue ist fast nichts zu sehen, denn der Kopf ist abgebrochen und der Körper bis über die Schultern von Sand bedeckt. Von den anderen beiden ist nur der Kopfputz sichtbar. Es ist schwer zu bestimmen, ob die Statuen sitzen oder stehen.«

Bei der gewaltigen Menge Sand, die sich vor dem Tempel auftürmte, beschränkten sich erste Bemühungen, ihn freizulegen, darauf, den Eingang zu finden, um Zugang zum Tempel zu bekommen und zu sehen, welche Schätze er enthielt. 1817 gelang es Giovanni Belzoni, dem italienischen Abenteurer in Diensten des britischen Konsuls, sich einen Weg ins Innere zu graben (siehe S. 77). Er sollte bitter enttäuscht werden: Abgesehen von ein paar kleinen Statuen, die er mitnahm, enthielt der Tempel keinen der erhofften Schätze. Belzoni und seine Truppe kehrten Abu Simbel nach drei Tagen den Rücken und kamen nicht wieder. In den nächsten Jahrzehnten unternahmen zahlreiche Gruppen den Versuch, mehr Sand zu entfernen, aber er wehte immer wieder zurück. Erst 1909 wurde der Tempel schließlich endgültig freigelegt.

Besuch des Tempels

Abu Simbel erreicht man in der Regel von Assuan aus. Obwohl eine Straße beide Orte verbindet, reisen die meisten Besucher mit der EgyptAir, von Assuan aus ein kurzer 30-Minuten-Flug. Die Flüge sind so abgestimmt, dass man vor

INSIDERTIPP

Ägypten besitzt riesige, wunderschöne Bauwerke, aber vergessen Sie nicht, auch Fotos von den kleinen Dingen, etwa den Hieroglyphen oder Details an Statuen, zu machen.

TAYLOR KENNEDY
NATIONAL GEOGRAPHIC-Fotograf

Ramses II.: Sinnbild ägyptischer Macht

Ramses II. „der Große" galt auf dem Höhepunkt seiner Macht als Sinnbild Ägyptens. Er wurde 1304 v. Chr. geboren und war ein König mit beeindruckender Ausstrahlung, ein Mann mit kräftigen Kieferknochen. Mittels medizinischer Verfahren konnte man feststellen, dass er an Arthritis, Zahnabszessen und schlechter Durchblutung litt. Dennoch herrschte er 66 Jahre lang und wurde weit über 90 Jahre alt. Seine Architekten wählten einen ungünstigen Ort für sein Grabmal aus, nämlich eine Stelle, an welcher der Stein sehr weich war. Die Wände stürzten daher im Laufe der Zeit ein und eindringendes Wasser zerstörte die tiefe Grabkammer mitsamt den wunderbaren Wandmalereien. Ramses selbst lag gar nicht sehr lange in seinem Grab. Priester retteten seine Mumie, ehe sie Grabräubern in die Hände fallen konnte. Schließlich wurde sie zusammen mit anderen Königsmumien in einer tiefen Felsspalte zur Ruhe gebettet. Bis 1881 blieb Ramses ungestört, dann fanden Grabräuber das Versteck. Glücklicherweise wurde der Pharao aber von Archäologen wiederentdeckt und 1976 von französischen Experten neu konserviert, sodass man ihn heute im Museum in Kairo bewundern kann.

dem Rückflug einige Stunden im Tempel verbringen kann. Zwischen Flughafen und Tempelanlage fahren Pendelbusse. Eine Alternative ist die Teilnahme an einer Kreuzfahrt auf dem Nassersee (siehe S. 310). Diese Boote legen fast im Schatten der Ramseskolosse an und ermöglichen Passagieren ihren Anblick bei Nacht und im ersten Dämmerlicht des Tages.

Mit 21 Metern Höhe sind die vier thronenden Kolosse die größten erhaltenen Statuen Ägyptens. Die auf ihren Knien ruhenden Hände allein sind länger als ein durchschnittlicher Mensch. Sie sitzen vor einem abgeflachten Bereich, der aus dem Berg geschlagen wurde, um den schrägen Seiten eines Tempelpylonen zu ähneln. Zu Füßen der Riesenstatuen liegen gefesselte Gefangene – Afrikaner und Asiaten –, sie verkörpern die Feinde an den Grenzen des Königreichs Ägypten. Zu

Der Tempel von Ramses II. in Abu Simbel

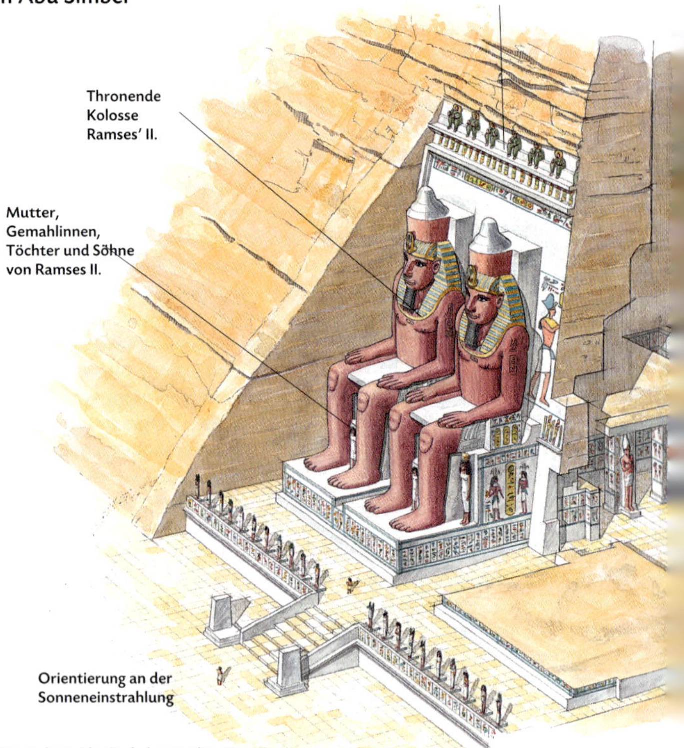

Der Tempel von Abu Simbel, wie er bei seiner Fertigstellung vor 3000 Jahren ausgesehen haben mag

beiden Seiten jedes Beines stehen kleinere (und dennoch überlebensgroße) Statuen seiner Mutter Tuja, seiner Gemahlin Nefertari und einiger ihrer Kinder. Über dem Haupteingang, zwischen den Köpfen der Kolosse, prangt die Figur des falkenköpfigen Sonnengottes Re.

Das Innere des Ramsestempels ist weitaus weniger aufsehenerregend als seine Fassade. 60 Meter tief unter dem Fels verborgen, hat

Der Pharao, seine Hauptfrau Nefertari und Götter zieren die Säulen im kleinen Säulensaal

Sie reichen ihm kaum ans Fußgelenk – Kinder klettern über die Kolossalstatuen von Ramses II.

es einen höchst einfachen Grundriss: Ein großer führt in einen kleineren Säulensaal und ein Heiligtum im hinteren Teil. Dennoch ist der erste Säulensaal recht beeindruckend: Acht weitere Ramsesstatuen sind mit den Säulen verbunden, die eine mit Geiern geschmückte Decke tragen. Wandreliefs – einige sogar noch in den Originalfarben – stellen den Pharao in der Schlacht dar.

Der kleine Säulensaal zeigt Ramses und Nefertari vor den Göttern und ihren heiligen Barken. Die innerste Kammer mit vier kleinen Statuen der Götter Ptah, Amun-Re, dem Gott gewordenen Ramses und Re-Harachte ist das Allerheiligste.

Der Tempel wurde so angelegt, dass am 22. Februar und 22. Oktober jedes Jahres die ersten Strahlen der aufgehenden Sonne in den Tempel fallen und die heiligen vier beleuchten – oder zumindest drei von ihnen, denn Ptah, zur Linken, bleibt im Schatten.

Hathor-Tempel

Nördlich vom Haupttempel des Ramses liegt ein zweiter, wesentlich kleinerer Tempel, der zu Ehren von Nefertari, der geliebten Hauptfrau des Pharaos, angelegt wurde. Er ist der Göttin Hathor geweiht, der Gottheit, die am engsten mit dem weiblichen Königtum im alten Ägypten verknüpft war. Auch vor diesem Tempel steht eine Reihe von Kolossalstatuen; vier der zehn Meter hohen Figuren zeigen Ramses, zwei seine Frau Nefertari. Neben ihnen stehen kleinere Statuen vom Rest der königlichen Familie.

Das Innere bildet eine einzelne Halle mit sechs von Hathor-Kapitellen gekrönten Säulen. Szenen von Nefertari vor Hathor und Mut zieren die Wände. Auf der Rückwand erscheint die Königin als Kuh, unter deren Kinn der König steht. Auffällig ist die große Bedeutung, die Nefertari beigemessen wird; wiederholt wird die Königin als dem König gleichgestellt gezeigt. Das ist einzigartig für die Pharaonenzeit.

Eine Tür am Berghang, rechts vom Haupttempel, bietet ein bizarres Erlebnis. Nachdem Sie durch einen Röhrentunnel aufgestiegen sind, blicken Sie in das Innere des künstlichen Berges – ein weites Kuppelgewölbe, das an einer Seite mit Felsblöcken gefüllt ist. ■

Eine faszinierende Unterwasserwelt und ausgedehnte Wüstenschluchten im Binnenland sind Naturwunder, die wohl ebenso faszinierend sind wie das pharaonische Erbe Ägyptens

Rotes Meer & Sinai

Echte Karettschildkröte und Taucher im Roten Meer

Rotes Meer & Sinai

In den letzten Jahrzehnten hat Ägyptens Tourismusbranche einen deutlichen Wandel erlebt. Einst waren Altertumsgeschichte und die Bauwerke der Pharaonen Besuchermagneten, heute interessieren sich immer weniger Reisende für die Pyramiden von Giseh oder Luxors Tempel. Stattdessen suchen sie Sonne, weißen Strand und türkisblaues Meer – also das, was die Küste am Roten Meer und die Sinaiküste im Überfluss zu bieten haben.

Die Distanz zum Leben spendenden Niltal hat die Kultur Ägyptens die äußersten Randgebiete im Osten nicht erreichen lassen. Zwischen dem Nil und der Küste des Roten Meeres, die sich über 1250 Kilometer von der Stadt Sues bis zur Grenze des Sudan erstreckt, liegt die unwirtliche Weite der Arabischen Wüste. Eine Barriere, die sich als entmutigend erwies. Die Beschaffenheit des Geländes: tote Felslandschaften mit schroffen Bergen, durchschnitten von ausgedörrten Wadis, dem einheimischen Begriff für ausgetrocknete Flussbetten.

Sinai, die dreieckige Halbinsel – im Westen grenzt sie an den Golf von Sues und den Sueskanal, im Osten an den Golf von Akaba und die Wüste Negev – ist im Grunde eine Fortsetzung der Wüste. Bis heute sind ihre wilden Landschaften das Reich der Beduinen. In frühchristlicher Zeit schätzten Eremiten die entlegenen Weiten als Ort, an dem sie in der Einsamkeit religiöse Erleuchtung suchen konnten. Die Klöster, die sie gründeten, existieren noch heute.

Der Sinai ist immer noch am besten für seine religiösen Bezüge bekannt. Sein Name selbst leitet sich wohl von dem ältesten religiösen Kult des Nahen Ostens ab, dem des Mondgottes Sin. Die meisten Menschen kennen die Halbinsel Sinai aus der Bibel; sie ist die Wüste, die Moses und sein Volk auf ihrer Reise ins Gelobte Land überwinden mussten. Hier war es auch, so das zweite Buch Mose, wo Gott aus dem brennenden Dornbusch zum ersten Mal zu Moses sprach, und auf dem Berg Sinai empfing er die Tafeln mit den Zehn Geboten.

Der Sinai, Brücke und Puffer zwischen Ägypten und dem nördlicher gelegenen Nahen Osten, war seit jeher die Route, die Handelskarawanen wie Armeen wählten. So etwa die israelische Armee, als sie im Juni 1967 die Region im Sechstagekrieg einnahm und bis 1982 hielt, als der Sinai durch den Friedensvertrag von Camp David an Ägypten zurückfiel.

Seither hat der Tourismus zu einem Wandel in diesem Teil Ägyptens geführt. Sinai-Ferienziele in Sharm el-Sheik und Hurghada am Roten Meer schossen aus dem Boden. Im Landesinneren ist die Wüste praktisch unbewohnt, karge Berge schützen versteckte Oasen. Besonders reizvoll ist die Unterwasserwelt des Roten Meeres, wo weite Korallenriffe mehr als tausend Meerestierarten Schutz bieten – eine Topadresse für Taucher. ■

NICHT VERSÄUMEN

Mittelmeer
Bardawilsee
GAZA-STREIFEN
Rafah
0 200 Kilometer
0 100 Meilen
Pelusium
Al-Arish
Sueskanal
Romani
Qantara
ZARANIK NATURRESERVAT
ISRAEL
Kairo
Bitterseen
DAS NILDELTA & SUES S. 159
Sinai
Sues
Al-Shatt
Nakhl
Wadi el-Arish
Gebel al-Tih
Taba
JORDANIEN
Ain Sukhna
UMGEBUNG VON KAIRO S. 139
Golf von Sues
Zafarana
Gebel al-Igma
Antonius-kloster
Serabit al-Khadim
Katharinen-kloster
Nuweiba
Golf von Akaba
Paulus-kloster
Al-Milga
2285m
2642m
Mt. Sinai (G. Musa)
Dahab
SAUDI-ARABIEN
Ras Gharib
Mt. St. Catherine (G. Katherina)
NATUR-RESERVAT ST. KATHARINA
Wadi al-Tarfa
Al-Tur
1762m Gebel Gharib
Naama Bay
Sharm al-Sheikh
Ras Zeit
Straße von Gubal
Arabische Wüste
Gemsa
RAS MUHAMMAD NATIONAL PARK
Mons Porphyritis
Al-Gouna
Hurghada
MITTELÄGYPTEN S. 209
Wadi Qena
Giftun Island
2187m G. Shayib al-Banat
Mons Claudianus
Safaga
Red Sea Mountains
ROTES MEER
Qena
Bir Seiyala
Luxor
Quseir
SÜDLICH VON LUXOR S. 255
1484m Gebel al-Sibai
Ras Abu Aweid
Magal Umm Rus
1160m Gebel Abu Diyab
Marsa Alam
1505m Gebel Nugrus
Ras Samadai
Arabische Wüste
Kairo
Zur Orientierung
Wadi al-Kharit
1977m Gebel Hamata
Berenice
Assuan
Foul Bay
Ras Banas
Bir Abu Hashim
1366m Gebel al-Faraid
Bir Shalatein
1165m Gebel Natitiai
Bir Abu Safa
Marsa Shaab
Ras Abu Dara
Wadi al-Allaqi
Halayeb
SUDAN
6 5 4 3 2 1
A B C D

Das Antonius- & das Pauluskloster

Versteckt in den öden Bergen der Arabischen Wüste, vor dem Hintergrund der Felsen, stehen zwei der ältesten Kloster der Welt. Schwarz gewandete Mönche begrüßen die wenigen Besucher, die kommen, um die herrlichen antiken Wandmalereien und Fresken anzusehen.

Das es keine öffentlichen Verkehrsmittel zu den Klöstern gibt, schließt man sich am besten in Kairo oder Hurghada – beide sind rund 320 Kilometer entfernt – einer Reisegruppe an. Das nationale Reisebüro Misr Travel *(Magawish Village, Hurghada, Tel. 065/344 2131)* organisiert ab Hurghada Tagesausflüge, die Besuche in beiden Klöstern einschließen.

Den fortwährenden Renovierungen zum Trotz bewahrt das Antoniuskloster sein ursprüngliches Aussehen

Der hl. Antonius (251–356 n. Chr.) soll im Alter von 18 Jahren Eremit geworden sein. Er zog mit einer Karawane in die Arabische Wüste und ließ sich in einer abgelegenen Höhle nieder, wo er bis ins hohe Alter von 105 Jahren lebte. Da er seinen vielen Anhängern verbot, in der Nähe der Höhle zu wohnen, lagerten sie am Fuß des Berges und schufen so die Basis für das **Antoniuskloster** (Deir al-Qaddis Antwan), das kurz nach seinem Tod gegründet wurde.

Die Klosteranlage, die man durch ein Doppelbogentor zwischen mit Kreuzen bewehrten Zwillingstürmen betritt, umfasst Kirchen, Wohnräume und Gärten. Noch bis vor kurzem stand das Kloster weitgehend leer, doch seit der koptische Papst Schenouda III. 1971 sein Amt antrat, erleben die Klöster Ägyptens eine Renaissance und ziehen junge Mönche an. Von den vier Mönchen, die St. Antonius in den 1970er Jahren aufrechterhielten, ist die Zahl auf jetzt 80 angewachsen.

Das älteste Bauwerk ist die über dem Grab des Heiligen errichtete **Antoniuskirche**. Sie enthält die längste Folge koptischer Wandgemälde in Ägypten; die meisten datieren aus dem 13. bis

16. Jahrhundert und wurden alle in den 1990er Jahren restauriert.

Ein Pfad schlängelt sich an der Westseite des Klosters steil zur **Felsengrotte des hl. Antonius** hinauf. Zum Weg hinauf zur Höhle gehört das Klettern über 1158 Holzstufen; der Ausflug dauert etwa eine Stunde. Im Höhleninneren befindet sich eine kleine Kapelle mit Altar; interessanter aber sind die mittelalterlichen Graffiti an den Wänden. Und es gibt eine atemberaubende Aussicht auf die Hügel und das Tal.

Das **Pauluskloster** (Deir Mar Bolos) ist kleiner und sogar noch abgelegener als das des hl. Antonius. Es wurde in und um die Höhle errichtet, in welcher der Eremit Paulus im 3. und 4. Jahrhundert fast 90 Jahre lang lebte. Der nicht mit dem Apostel Paulus zu verwechselnde hl. Paulus wurde als Sohn einer reichen Familie in Alexandria geboren. Es heißt, er habe sich im Alter von 16 Jahren voller Abscheu vor den römischen Christenverfolgungen von der Gesellschaft abgewandt. Als Paulus starb, begab sich der hl. Antonius, selbst schon über 90, auf eine Wanderung durch die Berge, um ihn zu begraben.

Nur rund 35 Kilometer Luftlinie trennen die beiden Höhlen mit ihren Klöstern, aber wegen der Klippen und Felsenberge liegen etwa 80 Straßenkilometer zwischen ihnen. Man kann den Spuren des hl. Antonius folgen und über einen Bergpfad von einem Kloster zum anderen wandern. Das dauert zwei Tage, also ist Campingausrüstung erforderlich. Eine Karte ist im Antoniuskloster erhältlich.

Die Höhle des hl. Paulus befindet sich unterhalb der **Pauluskirche**, die übersät ist mit Altären, Kandelabern und Ikonen. Auch einen Sarkophag gibt es, von dem man glaubt, er enthalte die Überreste des Heiligen. Achten Sie auf die Straußeneier: Die Mönche werden ihnen erzählen, sie würden als Symbol für die Auferstehung von Jesus Christus aufbewahrt. Einer anderen Version zufolge fädelte man sie auf die Ketten der Öllampen, die an den Decken der Kapelle hingen, um Ratten daran zu hindern, herabzuklettern.

In der **Michaelskirche** aus dem 17. Jahrhundert befindet sich eine Ikone der Jungfrau Maria, von der es heißt, der hl. Lukas habe sie 40 n. Chr. porträtiert. Vor dem Kloster kann man eine antike Olivenpresse und einen alten Flaschenzug besichtigen, den man in unruhigen Zeiten dazu benutzte, Besucher und Proviant über die Mauer zu hieven. ■

INSIDERTIPP

In der Arabischen Wüste gibt es viele archäologische Schätze (prähistorisch bis römisch) sowie eine interessante Flora und Fauna. Die Wüste ist allerdings schwer zu bereisen. Lassen Sie sich von Beduinen führen (fragen Sie in großen Hotels nach Führern).

STEVE SIDEBOTHAM
National Geographic-Experte

Das Antonius- und das Pauluskloster

- 321 B5
- Geschl. am koptischen Weihnachten (6. Jan.) und während der Fastenzeit

Hurghada

Hurghada (auf Arabisch Al-Ghurdaka), an der Küste des Roten Meeres etwa 370 Kilometer südöstlich von Kairo gelegen, ist Ägyptens ältester Touristenort. Von einem kleinen Fischerdorf hat es sich in den letzten 20 Jahren in einen Urlaubsort voller Strandhotels verwandelt, gut besucht von einer internationalen Gästeschar, die die Hoffnung auf Sonnenschein, klares Wasser und gute Tauchgründe angelockt hat.

Zwei Kinder freuen sich auf einen schaukelnden Ritt auf einem Kamel am Strand von Hurghada

Hurghada
321 B4

Besucher-information
Al-Korah Ave., nach dem Büro der EgyptAir
065/344 4420 oder 065/344 4421
Geöffnet 8–20 Uhr

Hurghada hat sich ganz dem Tourismus verschrieben. Tagsüber liefern Strände und Meer die Unterhaltung, nachts erhellen Straßenrestaurants, Bars und grellbunte Einkaufszentren mit Souvenirs die Stadt. Kurze Hosen, Sonnenbrillen und T-Shirts sind die akzeptierte Kleidungsform, Tanz und Musik ersticken manchmal den Ruf zum Gebet. Hamburger und Pizzen behaupten sich gegen Falafel und Kebab. Wahrscheinlich wird in dieser Stadt mehr Alkohol konsumiert als im ganzen Rest des Landes zusammen. Die meisten Gäste fliegen direkt per Charter ein und die internationalen Hotelanlagen – Hiltons, Marriotts, Sheratons – bieten die ganze Palette der Annehmlichkeiten, plus einen eigenen Streifen Strand, damit Gäste das Hotelgelände nie verlassen müssen. Das Ägypten der Altertümer existiert hier nicht, es sei denn als Bild auf einem T-Shirt, und selbst arabische und islamische Kultur haben hier nur einen schwachen Stand.

Die meisten Gäste fahren allerdings gern aufs Meer hinaus. Nahezu alle Hotels bieten Schnorchelsafaris zu den Riffen vor der Küste an. Viele besuchen auch die **Insel Giftun**, etwa 40 Bootsminuten von der Küste entfernt. Sie ist ein Schutzgebiet, in dem pro Tag nur hundert Besucher zugelassen sind. Eine Reihe von Touristencamps bietet Tauchzentren, Erfrischungsstände und Toiletten; die Erschließung wurde aber auf ein Minimum beschränkt und die Insel ist berauschend schön geblieben. Fisch zum Mittagessen ist in der Regel Teil des Arrangements.

Eigentlich verdankt Hurghada seine Bedeutung jedoch dem Tauchen. Es gibt etwa zehn Koralleninseln in Ausflugsnähe, in denen eine fantastische Vielfalt von Meerestieren (siehe S. 328ff) lebt, darunter Haie, Teufelsrochen, Riesenmuränen ebenso wie unzählige kleine, leuchtend bunte Fische. Die zahlreichen örtlichen Tauchzentren bieten Anfängerkurse für Laien und eine breite Palette von Tagesausflügen sowie zwei- und mehrtägigen Ausflügen für Erfahrene. Wählen Sie Ihr Tauchzentrum mit Bedacht, denn einige sind gefährlich inkompetent (siehe S. 343). Meist ist es besser, bei Zentren zu tauchen, die an größere Hotels und Feriendörfer angeschlossen sind. Das mag teurer sein, aber die Ausrüstung wird besser gewartet, und man beschäftigt professionelle Tauchlehrer.

Für die weniger Abenteuerlustigen gibt es Schiffe mit Glasböden, die einen Blick auf das Leben der Meerestiere in den Korallen gewähren, während man bequem in einer voll klimatisierten Kabine sitzt. Eine weitere Alternative ist das Sindbad-U-Boot, das bis auf mehr als 20 Meter Tiefe geht, um zwischen den Fischen zu treiben. Man findet es beim Sindbad Beach Resort, wo es vor der Küste vor Anker liegt. Wer nicht tauchen mag und doch Meerestiere aus der Nähe betrachten möchte, kann in Hurghada das **Red Sea Aquarium** besuchen, dessen Becken eine große Anzahl von Arten enthalten.

Red Sea Aquarium

✉ The Corniche, Al-Dahar

☎ 065/354 8557

🕒 Geöffnet 9–22 Uhr

$ $

ERLEBNIS: Im Tal der Kamele

Eine der von vielen Besuchern kaum beachtete Region Ägyptens ist der tiefe Süden, die bergige Arabische Wüste. Südlich von Marsa Alam beginnt an der Küste das Gebiet Wadi al-Gimaal, das sich 80 Kilometer landeinwärts erstreckt und mit einer reichen Vogelwelt gesegnet ist. Wenn man die Küstenstraße nimmt, begegnet man Kamelen, die an den Mangroven des Strandes entlangtrotten. Die Kamele gehören Angehörigen des Ababda-Stammes, die ihre Tiere markieren und dann frei grasen lassen, manchmal monatelang. Die Arabische Wüste ist eher felsig als sandig, sie besteht aus schmalen Tälern mit vereinzelten Akazien und niedrigem Grasbewuchs.

Die gesamte Region ist reich an Mineralien, etwa am Mons Porphyrites und Mons Claudianus weiter nördlich, wo sich verlassene Minen aus der Zeit der Pharaonen und Römer finden, darunter das Smaragdminendorf Wadi Sekait. Die Ganglagerstätte des Smaragds (schon lange aufgelassen) liegt auf dem Gipfel eines kleinen Hügels, den die Römer Mons Smaragdus – Smaragdberg – tauften. Man kann diesen Gipfel leicht erreichen und in die Mine hineinsehen. Andere römische Minenkolonien sind mit Tonscherben übersät, und die etwas verwunschene Gegend umgibt eine friedliche Stille.

Ins Innere der Wüste sollte man niemals ohne Führer fahren, die man sich durch den hervorragenden Reiseveranstalter Red Sea Desert Adventures *(Tel. 012/105 6593 oder 012/399 3860, www.redseadesertadventures.com)* **aus Shagra Village ungefähr 20 Kilometer nördlich von Mersa Alam vermitteln lassen kann. Die Holländer Karen van Opstal und Thomas Krakhofer, die diese Organisation leiten, haben langjährige Erfahrung in der Arabischen Wüste und arbeiten mit einheimischen Führern des Abada-Stammes zusammen, die ihrerseits die Kamelsafaris, Tagesausflüge mit Geländewagen und Übernachtungen durchführen. Halbtagestouren kosten 45 Euro, Tagestouren 90 Euro, längere Touren haben ein eigenes Preissystem. Sollten Sie mit den Abadas essen, probieren Sie auf jeden Fall ihren *Gabana*-Kaffee, eine Variante des arabischen Kaffees, aber mit frischem Ingwer angereichert. Auch sollten Sie dazu die einzigartigen *Gors*-Brote kosten, die in heißem Sand und heißer Asche gebacken werden.**

Einige der attraktivsten modernen Hotels Ägyptens liegen exklusiv an der Küste des Roten Meeres

Safaga
321 C4
Quseir
321 C3

Al-Gouna

Eine Alternative zum unkontrolliert wuchernden Hurghada ist das 20 Kilometer nördlich gelegene Urlaubszentrum. Von einem der größten Wirtschaftsunternehmen Ägyptens gegründet, umfasst es internationale Hotels, diverse Villensiedlungen, gehobene Einkaufszentren sowie eine Brauerei (Sakkara-Bier) und Winzerei (Obelisk-Wein). Das Zentrum ist eine exklusive Angelegenheit und beim ägyptischen Jetset ein großer Hit. Das beste Quartier am Platz ist das auf neun untereinander mit Brücken verbundenen Inseln errichtete Sheraton Miramar (siehe S. 373), das der in Indianapolis gebürtige Architekt Michael Graves entwarf. Es ist eine pastellfarbene, postmoderne Wüstenfantasie, die die Disney Corporation vor Neid erblassen lässt.

Südlich von Hurghada

Die Region südlich von Hurghada ist nicht auf Ägyptens Touristenkarte zu finden. Das wird sich jedoch bald ändern, denn man hat bereits lange Küstenabschnitte am Roten Meer an Baulöwen verkauft.

Die lebendigsten Orte: Die heißesten Konzepte in der Küstenerschließung sind die Touristenzentren, die nicht nur Hotels, Restaurants und Unterhaltungsangebote bieten, sondern auch Schulen, Krankenhäuser und Wohnraum für die Angestellten und ihre Familien. Zahlreiche von ihnen befinden sich an der Küste zwischen Hurghada und der 52 Kilometer südlich gelegenen Hafenstadt **Safaga** in fortgeschrittenen Stadien der Fertigstellung. Das für Besucher wenig interessante Safaga ist Exportzentrum für die Phosphate aus den örtlichen Minen, das nur einmal im Jahr zum Leben erwacht, wenn es zum Hafen für Pilger auf dem Weg nach Mekka wird.

In den mineralreichen Bergen, die sich am Roten Meer südlich von Hurghada erheben, brach man schon zur Zeit der Pharaonen Steine und schürfte nach Gold, Kupfer und anderen Edelmetallen. Es gibt in dieser Gegend keine Baudenkmäler, die an die alten Ägypter erinnern, aber auf dem **Mons Claudianus**, 48 Kilometer landeinwärts von Safaga, liegen Steinbrüche aus der Römerzeit. Hier wurde schwarz gesprenkelter Granit geschlagen, zum Nil transportiert und nach Rom verschifft. Der Berg war unvorstellbar abgelegen; für die Sträflinge – und die Wachsoldaten – das muss einer Verbannung nach Sibirien gleichgekommen sein. Man kann noch immer die winzigen Zellen besichtigen, in denen sie hausten. Außerdem gibt es eine gewaltige gesprungene Säule, die man vor 2000 Jahren dort, wo sie umgestürzt war, hat liegen lassen, einen kleinen Tempel und zahlreiche, nur zum Teil fertiggestellte Säulen und Kapitelle. Einige Hotels an der Küste organisieren Ausflüge hierher und zum **Mons Porphyritis** nördlich von Hurghada, wo die Römer Porphyr abbauten, den wertvollen weißroten kristallinen Stein.

Da über Safaga hinaus nach Süden hin noch keine Bauunternehmer vorgedrungen sind, ist die Landschaft hier unten von rauer, unberührter Schönheit. Taucher gibt es hier nur wenige Besucher. die sich wohl eher für die Unterwasserwelt an der Grenze zum Sudan, wo man eine Militärgenehmigung braucht. Nur wenige Firmen bringen Taucher hinaus; versuchen Sie es bei Red Sea Diving Safaris (*Tel. 02/337 9942, www.redsea-divingsafari.com*) oder Wadi Gimal Divers (Tel. 02/2417 0046).

Quseir: Die größte Stadt von Bedeutung ist Quseir, 85 Kilometer südlich von Safaga. Zur Zeit der Pharaonen legten hier, wie auf den Reliefen im Hatschepsut-Tempel (siehe S. 268ff) dargestellt, die Schiffe nach Punt ab. Unter Römern, islamischen Führern und Osmanen blieb der Ort ein reger Hafen, wo Gewürze aus dem Osten auf Karawanen nach Westen verladen wurden und Pilger auf dem Weg nach Mekka rasteten. Quseir verlor mit der Öffnung des Sueskanals seine Bedeutung als Hafenstadt. Eine Osmanenfestung aus dem 16. Jahrhundert beherrscht den spärlichen und versteckt liegenden Stadtkern, dessen alte Gebäude aus Korallenblöcken mit ihren Holzbalkonen das Ufer säumen. Ein wenig Farbe verleihen auch versprengte Kuppelgräber von Mekkapilgern, die unterwegs starben. Wenige Kilometer nördlich der Stadt, wo einst der pharaonische Hafen lag, steht eines der paradiesischsten Hotels des Landes, das Möwenpick Quseir (siehe S. 374). Einem kleinen Dorf aus Stein nachempfunden, überblickt es eine Sandbucht. ■

Bir Shalatein

Wenn Sie es bis tief in den Süden nach Marsa Alam, 256 Kilometer südlich von Hurghada, geschafft haben, könnten Sie von dort einen Tagesausflug nach Bir Shalatein unternehmen. Das ist der südlichste Zipfel der ägyptischen Küste des Roten Meeres, zu dem Ausländer überhaupt noch zugelassen sind. Bir Shalatein ist eine windgepeitschte Marktstadt, die wegen ihres Kamelmarktes bekannt ist. Die Bewohner dieser Gegend sind nomadische Hirten, deren Land sich bis in den Sudan hinein erstreckt und die ihre eigene Sprache, Beja, sprechen. Die meisten Ägypter halten die Bishari nicht einmal für ägyptisch. Die Küstenlandschaft ist wunderschön, und es liegt ein besonderer Zauber über dieser Region tief im Süden des Landes.

Das Leben im Riff

Die Korallenriffe im Roten Meer sind Ägyptens natürliches Juwel – auf ihre Weise um nichts weniger aufregend als die Pyramiden, die üblicherweise auf den Reiseplänen der meisten Besucher ganz oben stehen. Weder Adjektive noch Hochglanzbilder der Unterwasserwelt können Sie angemessen auf den magischen Moment vorbereiten, wenn Sie eine Tauchmaske überziehen und ins warme Wasser sinken.

Über 800 Kilometer von Riffen gesäumte Küste nennt Ägypten am Roten Meer sein Eigen: von Israel im Norden bis hinunter zur sudanesischen Grenze im Süden.

Eine Taucherin erkundet ein korallenverkrustetes Wrack, eines von vielen, die auf dem Grund des Roten Meeres ruhen

Das Rote Meer ist an sich ein von Wasser überfluteter Riss in der Erdkruste zwischen den Landmassen Afrika und Asien. Zu beiden Seiten verläuft eine Kette von Wüstenbergen. Obwohl eingeengt und schmal, ist das Rote Meer stellenweise deutlich mehr als 1,5 Kilometer tief. Seine Riffe bestehen hauptsächlich aus Wänden, die schwindelerregend steil in die Tiefe stürzen, nur um an einigen Punkten wieder anzusteigen, vor der Küste Untiefen und Koralleninseln zu bilden und dann wieder abzufallen. Wegen der großen Tiefe gelingt es den Sedimenten nie, nach oben zu treiben, folglich sind die Gewässer äußerst klar.

Lebewesen des Meeres

Korallen sind es, die das Riff schaffen. Was man viele Jahrhunderte lang für eine blühende Pflanze hielt, ist in Wirklichkeit ein Tier. Korallen sind winzige Polypen, die ein kalkhaltiges oder verkittetes Außenskelett haben und sich von im Meer lebenden Kleinorganismen ernähren. Sie sammeln sich zu Kolonien und bilden wunderschöne, vielgestaltige Formationen. Sterben Korallen, wächst die nachfolgende Generation über ihnen weiter. Über lange Zeiträume hinweg formen sie auf diese Weise Riffe. Diese Korallenriffe bilden ein Ökosystem, das mehr als tausend Meerestierarten Schutz bietet.

An seinem südlichen Ende fließt das Rote Meer an schmalen Meerengen und Bänken vorbei in ein seichtes Meeresbecken – ein geographischer Flaschenhals, der Ausbreitungen der Arten wirkungsvoll unterbindet –, und so ist das Rote Meer zur Heimat einer riesigen Zahl endemischer Arten (die nirgendwo sonst auf der Welt vorkommen) geworden. Viele Fische sind leuchtend bunt; sie schwimmen in gewalti-

ERLEBNIS: Schutz der Unterwasserwelt des Roten Meeres

Seit den 1980er Jahren ist die Zahl der Besucher des Roten Meeres in die Höhe geschnellt, weil die Touristikbranche sich auf die vielen Vorteile der dortigen Strände besonnen hat: Sonne, weißer Sand, himmelblaues Wasser und atemberaubende Korallenriffe. Die zerbrechlichen Ökosysteme sowohl unter Wasser als auch an Land werden durch solch rasante Entwicklungen, gepaart mit überschnellem Hotelbau, gedankenlosen Touristen und schlechtem Müll- und Recyclingmanagement allerdings stark bedroht.

Glücklicherweise haben Besucher durchaus Möglichkeiten, bei dem Erhalt dieser einzigartige Naturwelt mitzuhelfen, bevor es zu spät ist. Eine Möglichkeit ist einfach, sich umweltbewusst zu verhalten: Berühren Sie beispielsweise beim Tauchen keine Korallen, denn sie sind sehr empfindlich. Bleiben Sie beim Autofahren auf den markierten Straßen. Querfeldein zu fahren ist in Gebieten wie dem Ras-Muhammad-Nationalpark verboten.

Auch können Sie sich bei den Tauchzentren in Sharm und Dahab erkundigen, ob diese sogenannte „Mülltauchgänge" anbieten: Tage, an denen Freiwillige helfen, die Riffe von Abfällen zu befreien.

Wer ein nützliches und unvergessliches Erlebnis sucht, kann sich auch bei einem Schutzprojekt für die Tiere des Roten Meeres melden. Gelegenheiten dazu bieten sich eher sporadisch, sodass man am besten gleich mehrere Anfragen losschickt und abwartet. Ein guter Ausgangspunkt zur Recherche schon vor Ihrer Reise nach Ägypten ist die Website der **HEPCA** (Hurghada Environmental Protection and Conservation Association; *www.hepca.com).* Diese Vereinigung entstand 1992 aus einem Engagement einheimischer Tauchfirmen, die die bedrohten Korallenriffe des Roten Meeres vor rücksichtslosen Tauchern schützen wollten; heute koordiniert sie verschiedene Schutz- und Bildungsprogramme. Nehmen Sie direkt mit dieser Gesellschaft Kontakt auf, um sich über Möglichkeiten eines freiwilligen Einsatzes zu informieren.

Ein weitere gute Chance bietet das **Red Sea Environmental Centre,** ein österreichisches Institut zum Schutz des Meere in Dahab und Quseir *(www.redsea-ec.org).* Das Institut bietet Kurse zur Biologie der Riffe sowohl für Experten als auch für Laien. Man wird hier über jeden froh sein, der sich für den Schutz der Riffe und die verschiedenen angebotenen Schutzprojekte interessiert. Fragen Sie beim Einsatzleiter Christian Alter nach Einsatzmöglichkeiten für freiwillige Helfer *(Tel. 010/784 7500).*

gen Schwärmen und hüllen die Riffe in Blau, Gold und Gelb. Der blaugrüne Papageifisch, die zahlreichen Lippfische, schöne gelbe Schmetterlingsfische, silbrige Demoisellen weiden im Riff. Sie werden belauert von Raubfischen wie Barschen, Drachenköpfen, Schnappern und Muränen. Diese Fischgruppe bildet die Speisekarte größerer Räuber, zu denen Delfine, Barrakudas und Haie zählen. Die am häufigsten anzutreffenden Haifischarten, etwa Schwarz- und Weißspitzenhai, Hammerhai, Tigerhai und der riesige Walhai, finden sich meist nur im tieferen Wasser. Häufig sind auch Meeresschildkröten, vor allem die olivgrüne Bastardschildkröte.

Eine solch hohe Dichte an Meeresfauna in einem Lebensraum schafft Wettbewerbsdruck. Alle Arten haben gezwungenermaßen Strategien entwickelt, die sie davor bewahren sollen, als Abendessen anderer, größerer Fische zu enden. Viele verfügen über eine Art Stachel oder einen Giftstoff, der mögliche Räuber abschrecken soll. Nur wenige Arten sind wirklich aggressiv, einige aber können in Notwehr schmerzhafte, gelegentlich sogar tödliche Verletzungen beibringen. Der Adlerrochen beispielsweise hat einen scharfen, federförmigen Stachel im Schwanz, mit dem er nach jedem schlägt, der ihm zu nahe kommt. Der stachelige Rotfeuerfisch – wie auch

Steinfisch und Drachenkopf – haben kräftige, spitze Rückenflossen, die sich aufstellen, wenn sie angegriffen werden. Selbst Korallen können gut bewaffnet sein. Feuerkorallen vermögen unangenehme Verbrennungen zu verursachen, wenn sie mit nackter Haut in Berührung kommen. Eine einfache Faustregel für Taucher und Schnorchler besagt: »Was man nicht anfasst, tut auch nicht weh!«

Das Riff erforschen

Der Sinai und die Küste des Roten Meeres stehen in Sachen Tauchen vielleicht nur noch dem Großen Barriereriff nach. Für den, der Tauchen lernen möchte, gibt es an der Küste zahlreiche Kurse, besonders in den Touristenhochburgen wie Hurghada und Sharm el-Sheik (s. Empfehlungen S. 381). Professionalität und Preis variieren stark, also sehen Sie sich gut um. Die Lehrer sollten einem internationalen Verband angehören, der größte ist der Berufsverband der Tauchlehrer (Professional Association of Diving Instructors – PADI).

Die besten ägyptischen Tauchreviere liegen größtenteils bei den Inseln und Riffen vor der Küste. Zu den berühmtesten Namen zählen ein schlicht **The Islands** genannter Ort vor der Sinaiküste bei Dahab, **Ras Muhammad** südlich von Sharm el-Sheik und weiter im Süden vor der Festlandküste **The Brothers** und das **Dädalus-Riff**. Ernsthafte Taucher werden den Süden und Quseir anpeilen, wo man eine Reihe engagierter Tauchcamps errichtet, um von den jungfräulichen Riffen zu profitieren, die noch bis vor kurzer Zeit wegen ihrer Nähe zur sudanesischen Grenze verboten waren.

Tauch-Resorts wie Kahramana in der Umgebung der kleinen Siedlung **Marsa Alam** verschaffen Ihnen Zugang zum **Abu-Dabbab-Riff**, wo ein Tauchpfad durch eine große Unterwasserhöhle zu drei gewaltigen, vom Meeresboden aufragenden Korallentürmen führt.

Wenn Sie nicht mit Gerät tauchen wollen, gewährt Ihnen auch das Schnorcheln gute Einblicke in die Unterwasserwelt – die schönsten Fische schwimmen oberflächennah. Eine Alternative sind Boote mit mit Glasböden.

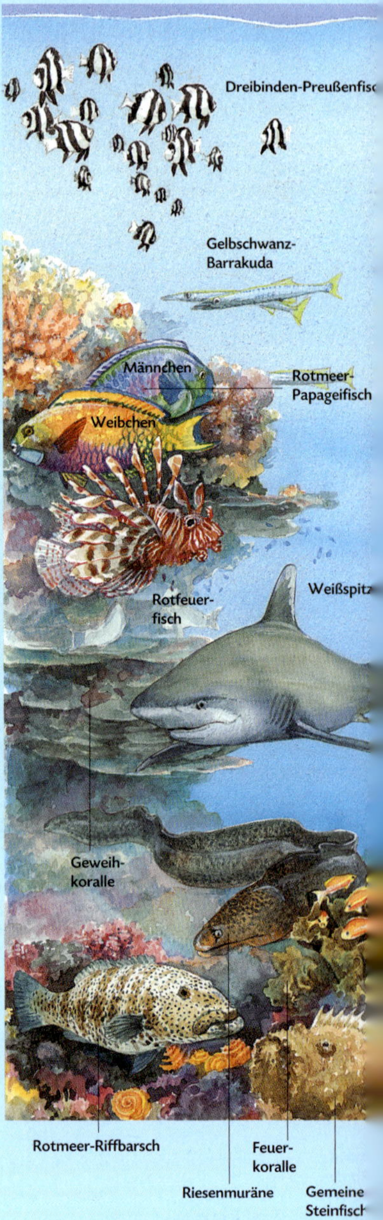

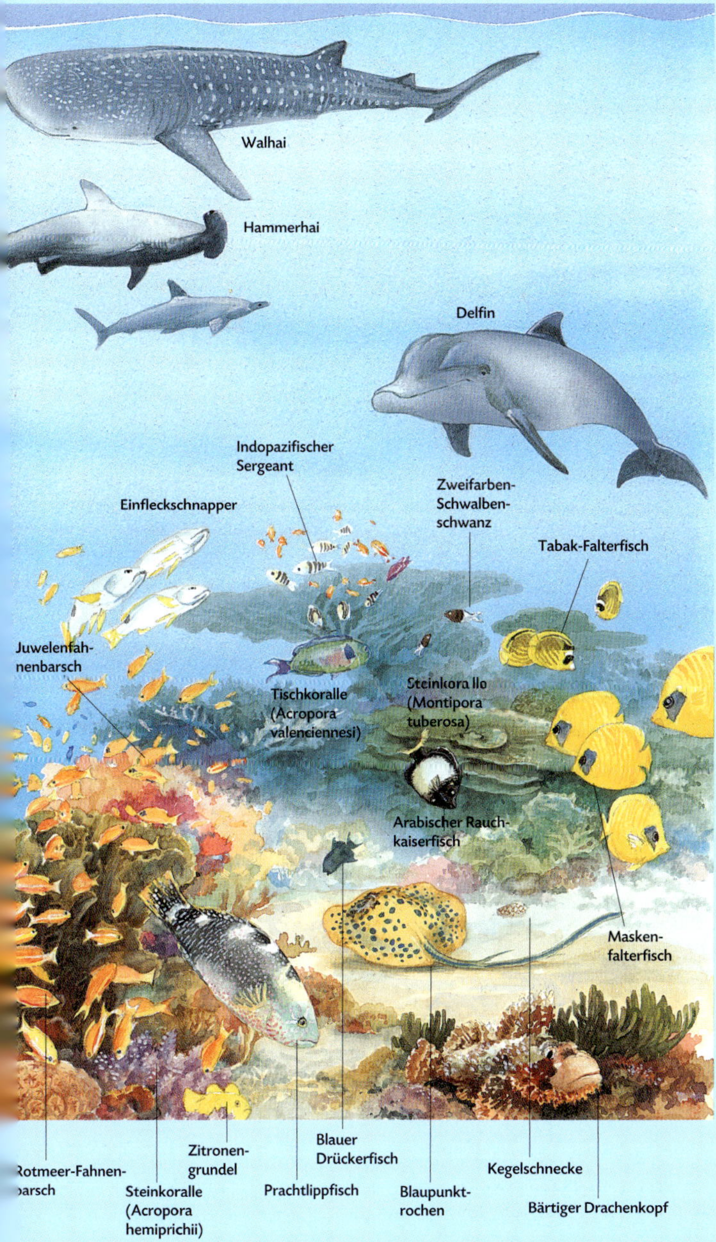
Walhai
Hammerhai
Delfin
Indopazifischer Sergeant
Einfleckschnapper
Zweifarben-Schwalben-schwanz
Tabak-Falterfisch
Juwelenfahnenbarsch
Tischkoralle (Acropora valenciennesi)
Steinkoralle (Montipora tuberosa)
Arabischer Rauch-kaiserfisch
Masken-falterfisch
Rotmeer-Fahnenbarsch
Steinkoralle (Acropora hemiprichii)
Zitronen-grundel
Prachtlippfisch
Blauer Drückerfisch
Blaupunkt-rochen
Kegelschnecke
Bärtiger Drachenkopf

Nördlicher Sinai

Die Charaktere der nördlichen und südlichen Regionen des Sinai unterscheiden sich stark. Während den bergigen Süden Sandstrände säumen, ist der Norden ein weites Hochplateau, das zum Mittelmeer hin abfällt, wo sich blasse Dünen aus salzigen Küstenmarschen erheben. Obwohl Al-Arish ein bei ägyptischen Gästen beliebter Ferienort ist, der sich auch um das internationale Geschäft bemüht, gibt es hier bislang wenige Siedlungen.

Die Männer der einheimischen Beduinenstämme bereiten sich auf ein im nördlichen Sinai typisches Kamelrennen vor

Fast der gesamte Fremdenverkehr durch den nördlichen Sinai bedient sich des täglichen Pendelbusses zwischen Kairo und Tel Aviv, der die Grenze bei der geteilten Stadt Rafah passiert. Der Bus folgt der uralten Handels- und Einmarschroute aus der Zeit der Pharaonen. Die Busse zum Nordsinai überqueren den Sueskanal über die Mubarak-Friedensbrücke in **Al-Qantara** auf halbem Weg zwischen Port Said und Ismailia. Der Blick von der Brücke ist absolut beeindruckend. Neben den Passagierfähren in Port Said ist dies so ungefähr die einzige Möglichkeit, auf den Kanal zu gelangen.

Rund 30 Kilometer östlich, kurz vor der kleinen Ortschaft Farma, weist eine ausgeschilderte Abfahrt nach **Pelusium**. Dies war die Festungsstadt, die jahrhundertelang über Ägyptens Ostgrenze wachte. Es heißt, die persische Armee des Kambyses habe die Garnison kampflos eingenommen, indem sie Katzen (das heilige Tier der Göttin Bastet, siehe S. 164) vor sich hergetrieben habe. Ptolemäus XIII. nahm hier den römischen Feldherrn Pompejus gefangen, tötete ihn und präsentierte den Kopf Julius Cäsar (siehe S. 33). Die Stadt wurde in islamischer Zeit aufgegeben und ist bedauerlicherweise gänzlich zerfallen. Laufende archäologische Ausgrabungen haben außer einem römischen Amphitheater wenig zutage gebracht.

Fährt man weiter nach Osten, passiert die Straße einige baufällige, von Beduinen bewohnte Dörfer. Ein ausgedehnter Küstenstrich wird von der sumpfigen Lagune des **Bardawilsees** beherrscht, den ein Kalksteinkamm vom Mittelmeer trennt. Er dient als Fischzucht; zwei Tore schneiden den See in der Laichzeit der Fische von

INSIDERTIPP

Trauen Sie sich ruhig an die Beduinen im Sinai heran. Stecken Sie aber vorher Ihre Kamera weg und machen Sie dem Ältesten einer Gruppe ihre Aufwartung. Sie werden unter Umständen sogar zu einer Tasse Tee im Schatten eines Baumes eingeladen!

GAYLE YOUNG
National Geographic Television

April bis Oktober vom Meer ab. In der übrigen Zeit sorgt er für das Einkommen von rund 3000 einheimischen Fischern.

Am Ostufer des Sees erstreckt sich das **Zaranik-Naturreservat**, ein etwa 220 Quadratkilometer großes Areal von Lagunen und Sümpfen, das zahlreichen Zugvogelarten auf ihrer Reise zwischen Europa und Afrika als Rastplatz dient (siehe S. 154f).

Al-Arish, ca. 35 Kilometer hinter dem Bardawilsee, ist die friedliche Hauptstadt der nördlichen Sinai-Region. Ihre Ursprünge gehen auf eine römische Garnison zurück, die nach dem Schicksal der hier exilierten Andersdenkenden Rhinocolorum (abgeschnittene Nasen) hieß. In jüngerer Zeit wurden, als die Israelis 1967 den Sinai besetzten, weite Teile der Stadt aufgegeben, die man erst seit 1982 wieder bezieht.

Jeden Donnerstagmorgen erweckt der Wochenmarkt den Ort zum Leben, wenn Beduinen verschiedener Stämme alle möglichen Waren anbieten. Am interessantesten sind die traditionellen Kunsthandwerkserzeugnisse der Beduinen: bestickte Kleider, Perlenstickerei, Teppiche, Silber und Schmuck.

Das neue **Al-Arish-Museum** zeigt Ausstellungsstücke der vielen Armeen, die den Sinai in den letzten Jahrtausenden durchquert haben, sowie Kunsthandwerkliches aus neueren Ausgrabungen. Hier finden sich auch farbenfrohe Kunsthandwerkserzeugnisse der Beduinen wie Kleidungsstücke, Schmuck und Töpferwaren.

Die andere Hauptattraktion ist der von Palmenhainen gesäumte Strand. Obwohl das Wasser bedeutend kühler ist als das Rote Meer und es keine Riffe zum Schnorcheln gibt, hat Al-Arish den Vorzug, ruhig und nicht erschlossen zu sein. Da Al-Arish aber Fremde nicht gewohnt ist, sollten Frauen keine Bikinis tragen. Einheimische Mädchen baden bekleidet. ■

Zaranik-Naturreservat
321 B6
Besucherinformation
neben der Hauptstraße
Geöffnet von Sonnenaufgang bis Sonnenuntergang

Al-Arish
321 B6
Besucherinformation
068/336 3743
Ab 14 Uhr und Fr geschl.

Al-Arish Museum
Östlich von Al-Arsih
068/332 9344
Geöffnet 9–16 Uhr (im Sommer bis 17 Uhr)
$$

Südlicher Sinai

Der südliche Sinai ist eine herrliche, schroffe, rostfarbene Berglandschaft mit von Flugsand überzogenen Tälern und Ebenen. Die nahezu unbewohnte Region, von einer einspurigen Straße zweigeteilt, zu erkunden ist mühsam, aber äußerst lohnend.

Geländewagen bringen Urlauber zu den schönsten Flecken der Wüstenlandschaft im Sinai

Naturreservat St. Katharina

321 B4/B5/C4/C5

Die boomende Tourismusbranche im Sinai lebt von Stränden und Riffen (siehe S. 328ff), eine Reise ins Landesinnere aber kann ebenso sensationell und denkwürdig sein. Viele größere Ferienhotels veranstalten Binnensafaris, die Halbtagsausflüge mit dem Jeep ebenso umfassen wie einwöchige Trecks auf Kamelen.

Eine Alternative ist das Wandern. Es ist sicherlich der lohnendste Weg, das Land zu erleben. Ausgangspunkt für eine Anzahl guter Wandertouren ist das Dorf **St. Katharin** in der Nähe des Katharinenklosters (siehe S. 337ff). Das Dorf liegt mitten im Herzen der Bergregion auf der Halbinsel, ist aber mit dem Bus gut zu erreichen. Es ist auch das Zentrum des gleichnamigen **Naturreservats**, eines 4350 Quadratkilometer großen Bergparks, den 1996 ein Erlass des Ministerpräsidenten schuf. Der Park umfasst eine Hochlandwüste, ein einzigartiges Ökosystem, aber auch einige atemberaubende Landschaften und eine Reihe historischer Stätten. Das Naturschutzgebiet hat dreitägige Wanderstrecken ausgewiesen, die im Dorf anfangen und enden. Für jede Strecke gibt es einen eigenen Führer, der Fauna und Flora beschreibt. Die Strecke hinauf in das **Wadi Arbaeen** führt zum Moses-Felsen, aus dessen zwölf Spalten Wasser geflossen sein soll, als der Prophet dagegen schlug, und zum Haus von Ramadan. Vor ein paar Jahren rettete er vier Klippschliefer. Heute unterhält er etwa 40 dieser Tiere. Faltblätter zur Wanderstrecke, beim Besucherzentrum im Kloster erhältlich, führen Sie auch zu Ramadan.

Anspruchsvollere Trecks, die die Dienste von Beduinenführern und Kamelen voraussetzen, kann im Dorf **Al-Milga** in der Nähe von St. Katharin Scheich Musa, ein einheimischer Stammesfürst (fragen Sie im Besucherzentrum des Klosters), arrangieren. Man kann durch den Scheich einen Ausflug in das **Blaue Tal** organisieren lassen, Hin- und Rückweg betragen etwa 13 Kilometer. Das Tal verdankt seinen Namen dem belgischen Landschaftskünstler Jean Verame, der

1980–81 alle Felsen des Tales als Symbol des Friedens in tiefem Blau bemalte.

Ungefähr 64 Kilometer westlich von St. Katharin liegt das **Wadi Feiran**. Der Bus Kairo–St. Katharin passiert das Tal ohne Zwischenstopp. Dies war die früheste christliche Hochburg im Sinai, ein Kloster liegt weiter oben (kein Zutritt).

Weiter westlich, in Richtung Küste, bietet sich für Autofahrer ein Umweg nach Norden zu den Ruinen des Pharaonentempels **Serabit al-Khadim** an. Er geht auf die 12. Dynastie zurück und war der Göttin Hathor geweiht. Daneben steht ein Schrein des Sopdu, des Gottes der Wüste im Osten, aus der Zeit des neuen Reiches. Inschriften nennen die Gönner des Tempels, zu denen Hatschepsut und Thutmosis III. gehörten. Der Tempel kennzeichnet auch die Lage einstiger Bergwerke. Obwohl sie stets sehr abgelegen waren, wurde hier schon im Alten Reich Türkis abgebaut. In den Bergwerken haben Archäologen grob gemeißelte Fische oder Rinderköpfe gefunden. Diese Zeichen unterscheiden sich deutlich von ägyptischen Hieroglyphen. Das semitische Volk, von dem sie stammen, verwendete vielleicht das früheste bekannte phonetische Alphabet, in dem die Zeichen Laute darstellten.

Im nahen **Wadi Mukkatab** (Tal der Inschriften) zeugen weitere Stelen und Felsinschriften – einige gehen bis auf die 3. Dynastie zurück – vom Türkisbergbau. ■

ERLEBNIS: Mit den Beduinen im Sinai unterwegs

Neben der Freude am Wandern rund um St. Katharina wächst das Interesse an umweltfreundlichen und kulturschonenden Touristenaktionen auf dem Sinai, die in Zusammenarbeit mit den ortsansässigen Beduinen stattfinden. Beduinen waren vorher oft von den Entwicklungen der Tourismusbranche ausgeschlossen. Eine Tour mit Kamelen, Geländewagen oder zu Fuß durch das Innere des Sinai unter der Führung eines Beduinen bietet die Möglichkeit, das traditionelle Leben der Einheimischen kennenzulernen. Man muss jedoch bei der Reiseplanung unbedingt an die Wetterbedingungen auf dem Sinai denken: Im Winter kann man wegen des Schnees nicht ins Innere reisen und im Sommer stört die extreme Hitze.

Im Naturreservat St. Katharina gibt es heute mehrere Unterkünfte, die von Beduinen geleitet werden, außerdem einige Safariveranstalter. Zu den Unterkünften gehört zum Beispiel das **El Milga Guesthouse,** das von Scheich Musa, einem Mitglied des Beduinenstammes der Jabaliya, geführt wird *(Tel. 010/641 3575 oder 010/688 0820 oder 069/347 0457, www.sheikmousa.com)*. Scheich Musa organisiert ausgedehnte Wander- und Kameltouren rund um das Katharinenkloster. Führer ist ein ortskundiger Beduine, und Scheich Musa erledigt die nötigen Formalitäten (wie z.B. die Anmeldung der einzelnen Teilnehmer bei den Behörden). Die Führer kosten ungefähr 50 LE pro Tag, die Kamele das Gleiche. El Milga ist mit seinen drei Kilometern das dem Kloster nächstgelegene Dorf.

Wer sich in Dahab aufhält, kann sich an das **Centre for Sinai** wenden, eine private Organisation, die sich um die Bewahrung des Beduinenerbes bemüht und mehrtägige Touren ins Innere des Sinai unter der Leitung von Beduinen organisiert *(Tel. 069/364 0702 oder 010/666 0835, www.cen tre4sinai.com.eg)*. Das Zentrum veranstaltet auch Müllsammeltage, an denen einst unberührte Gegenden vom Müll befreit werden, die manche Reisegruppe hinterlassen hat.

Berg Sinai & Katharinenkloster

Der Berg Sinai wird von Juden, Christen und Muslimen als der Ort verehrt, an dem Moses die Zehn Gebote empfing. Und im Tal – so glaubt man – sprach Gott zu ihm aus einem brennenden Dornbusch. Das ganze Gebiet wurde 2002 auf die UNESCO-Liste des Weltkulturerbes gesetzt.

Touristen und Pilger erleben den Sonnenaufgang am Berg Sinai

Der Berg Sinai (arabisch: Gebel Musa, der Mosesberg) wird dem biblischen Berg Horeb gleichgesetzt, auf dem Moses 40 Tage verbrachte und die Tafeln mit Gottes Zehn Geboten erhielt. Einige Archäologen und Historiker bezweifeln diesen Anspruch und suchen den Berg Horeb in Jordanien und Saudi-Arabien, doch das scheint die täglich anrollenden Pilgerscharen nicht zu beirren.

Es gibt zwei Wege auf den 2285 Meter hohen Berg. Wer gut in Form ist, steigt die 3750 **Stufen der Buße** hinauf, die ein reuiger Mönch in den Fels geschlagen haben soll. Dies ist der direkteste Weg. Auf der Strecke gibt es eine Reihe von Votivstätten, so auch das **Beichttor**, wo früher ein Mönch Pilgern die Beichte abnahm. Kurvenreicher, aber gnädiger für die Beinmuskulatur ist der **Kamelpfad**, der hinter dem Kloster anfängt (siehe S. 337). Abhängig von Ihrer Kondition, brauchen Sie zwei bis drei Stunden, um den Gipfel zu erklimmen. Auf der Strecke verteilen sich Beduinen mit Kamelen und tragen ihre Dienste jedem an, dessen Beine aufgeben.

Der Kamelpfad trifft am **Eliasbecken** auf die letzten 750 Stufen der Pilgertreppe. Die Mulde im Berghang wird von einer 500 Jahre alten Zypresse beherrscht, die den Ort markiert, an dem Gott zu Elias gesprochen haben soll, als dieser sich vor Jezebel versteckte. Wenn Sie übernachten möchten, wird gebeten, hier zu schlafen. Es gibt selbstkompostierende Toiletten und Stände, die Tee und einen Imbiss anbieten. Selbst im Sommer wird es in den frühen Morgenstunden kühl und windig, warme Kleidung und ein Schlafsack sind also unerlässlich. Platz für ein Zelt gibt es nicht. Von hier ist es nur noch ein kurzer Aufstieg zu Gipfel und Sonnenaufgang.

Auf dem Gipfel steht die 1934 auf den Ruinen einer Kirche aus dem 4. Jahrhundert errichtete griechisch-orthodoxe **Dreifaltigkeitskapelle**. In ihr finden sich schöne Malereien, Ornamente und eine kleine Moschee. Allerdings wurde sie in den 1980er Jahren von Touristen so stark beschädigt, dass die Kapelle im Allgemeinen verschlossen bleibt. Der Gipfel erlaubt auch einen atemberaubenden Rundumblick auf den gesamten südlichen Sinai bis hinüber zum Golf von Akaba.

Katharinenkloster

In den Schatten des heiligen Berges gekauert, liegt das Katharinenkloster (Deir Sant Katerin), das seit seiner Gründung im 6. Jahrhundert n. Chr. fast ununterbrochen von Mönchsgemeinschaften bewohnt wurde. Vor dem Kloster stand hier eine Kapelle, die im 4. Jahrhundert von der Kaiserin Helena an der Stelle gegründet wurde, wo der Überlieferung nach Moses den brennenden Dornbusch sah. Sie wurde bald zum Wallfahrtsort, und im 6. Jahrhundert ergänzte Kaiser Justinian ein befestigtes Kloster, das Mönche und Pilger vor Räubern schützen sollte. Erst bedeutend später wurde die Abtei der heiligen Katharina geweiht. Sie war eine frühe christliche Heilige, die im 4. Jahrhundert in Alexandria das Martyrium erduldete. Nach dem man sie auf einem gespickten Rad gefoltert hatte, wurde sie enthauptet. Der Legende nach trugen Engel ihren Leichnam fort, der sechs Jahrhunderte später von Mönchen auf dem Katharinen-Berg (Gebel Katarin), einem Nachbarn des Berges Sinai, mit 2642 Metern Höhe höchster Berg Ägyptens, gefunden wurde.

Einst war die Reise für potenzielle Besucher schwierig und voller Gefahren, heute führt eine gute Straße zum Kloster, die es mit den Ferienorten am Roten Meer verbindet. Viele besuchen es im Rahmen eines vom Hotel organisierten halbtägigen Ausflugs, folglich ist das kleine Dorf St. Katharin vor allem morgens völlig überlaufen. Wollen Sie den Massen entgehen, können Sie sich mit öffentlichen Verkehrsmitteln auf den Weg nach St. Katharin machen und sich im Dorf eine Unterkunft suchen.

Zutritt zum Kloster erhält man über eine kleine Seitentür in einer imposanten, stellenweise fast drei Meter dicken Blendwand. Da es noch bewirtschaftet wird, ist der größte Teil des Klosters der Öffentlichkeit nicht zugänglich. Offen ist die von Justinian im 6. Jahrhundert ergänzte **Kirche der Verklärung** (auch als Katharinenkirche) bekannt). Und obwohl auch hier viel abgesperrt wird, lohnt sich die

Tipps zum Besteigen des Berges Sinai

Wenn Sie nicht den Kamelpfad hinaufwandern möchten, mieten Sie sich am Fuße des Berges Sinai ein Kamel von einem Beduinen. Falls Sie mitten in der Nacht aufsteigen wollen, sollten Sie das Kamel bereits am Abend mieten (nicht erst nachts um 2 Uhr). Einige der Teestände unterhalb des Gipfels bieten geschützte Räume, in denen Sie etwas trinken können, bevor Sie das letzte Stück bis zum Gipfel in Angriff nehmen. Wer sich in kniender Haltung fit fühlt, kann die Stufen der Buße für den Rückweg nehmen; von dort hat man einen großartigen Blick auf das Kloster.

Katharinenkloster

- 321 B5/C5
- St. Catherine, South Sinai
- 069/470 341 oder 069/470 343
- Nachmittags sowie Fr & So geschl.
- Spende

www.sinaimonastery.com

HINWEIS: Katharinenkloster
Denken Sie daran, dass im Katharinenkloster noch rund 20 Mönche leben. Sie sind keine Kopten, sondern griechisch-orthodoxe Brüder, und die meisten stammen von den Klöstern auf dem Berg Athos in Griechenland.

Besichtigung wegen der herrlichen Sammlung von unschätzbaren Ikonen im Vorraum – nur ein kleiner Ausschnitt der rund 2000 Ikonen im Besitz des Klosters, zu denen einige der ältesten existierenden Ikonen aus dem 5. Jahrhundert zählen. Die Bibliothek des Katharinenklosters besitzt die wichtigste Sammlung religiöser Manuskripte nach dem Vatikan. Das Widerstreben der Mönche, Zugang zu den Dokumenten zu gewähren, ist verständlich. Im 19. Jahrhundert entlieh ein deutscher Gelehrter ihr seltenstes Stück, den *„Codex Sinaiticus"* aus dem 4. Jahrhundert, und brachte es nie zurück. Ein Drittel der Folios ist nun im Besitz der British Library, die anderen beiden Drittel gehören der Universität Leipzig. Doch werden Gelehrte bald online Zugriff auf einen Teil der Bibliothek erhalten, denn die Mönche bringen ihn zurzeit auf ihre Kloster-Homepage.

Hinter der Basilika markiert der **Mosesbrunnen** die Stelle, wo, wie

Katharinenkloster

man glaubt, der Patriarch seine zukünftige Frau Zipporah traf. In der Nähe schützt ein Lattenzaun einen großen Busch; er soll ein Ableger des ursprünglichen brennenden Dornbuschs sein. Als einziges christliches Kloster beherbergt das Katharinenkloster gegenüber der Basilika eine **Moschee** in seinen Mauern. Sie wurde für einen Beduinen errichtet, der für die Mönche des Klosters arbeitete.

Außerhalb der hohen Mauern erstreckt sich der Klostergarten mit einem Hain aus Oliven- und Aprikosenbäumen, in dessen Schatten ein Friedhof liegt. Hier werden in regelmäßigen Abständen die Knochen von Mönchen exhumiert und in das nahe **Beinhaus** verlegt. Diese eher makabre Ansammlung von Schädeln und sortierten Knochen steht Besuchern meist offen. Das gewandete Skelett gehörte Stephanos, einem Wächter des Pfades zum Berg Sinai aus dem 6. Jahrhundert. ■

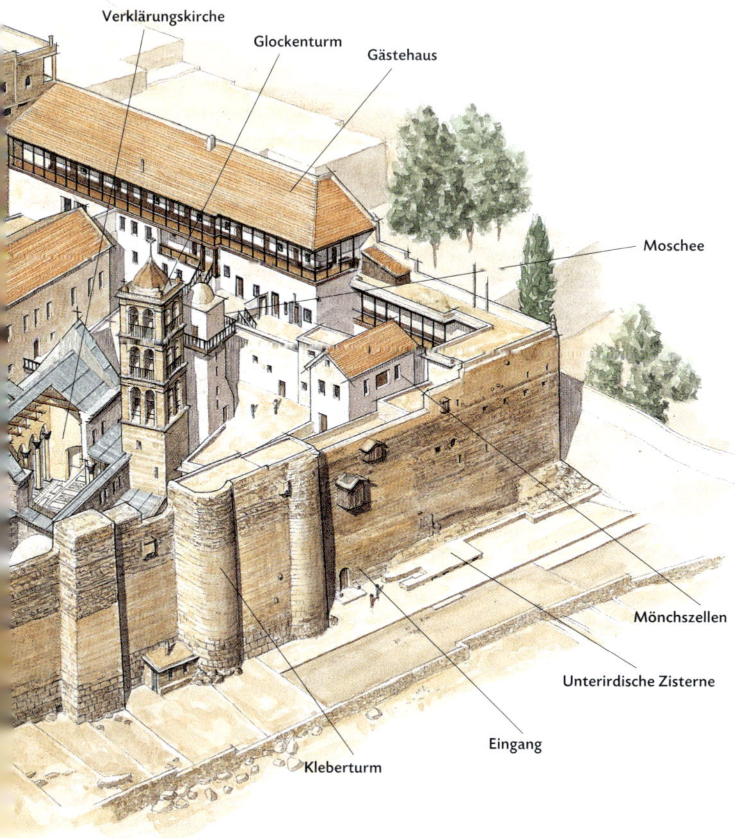

Die Beduinen

Obwohl sie ein zunehmend sesshafteres Volk werden und ihre Kamele größtenteils gegen Pritschenwagen eingetauscht haben, bewahren die ursprünglichen Bewohner des Sinai, die Beduinen, noch immer viele ihrer nomadischen Traditionen.

Beduinenmänner im typischen Gewand versammeln sich zu einem Festmahl

Die meisten der 14 Beduinenstämme auf der Halbinsel leiten ihre Herkunft von den Reitervölkern Arabiens (heute Saudi-Arabien) ab und bezeichnen sich selbst eher als Araber, denn als Ägypter. Ein Stamm aber bildet eine Ausnahme: Die Jabaliya sollen Nachkommen jener 200 Reiter sein, die im 6. Jahrhundert zum Schutz der Mönche des Katharinenklosters aus Rumänien hierher kamen.

Traditionell war die Lebensweise der Beduinen von der Suche nach Weideland für ihre Herden geprägt; sie zogen weiter, wenn die Vegetation erschöpft war, und kehrten im Folgejahr zurück. Ergänzend trieben sie ein wenig Ackerbau, fischten und handelten. Jeder Stamm durchwanderte sein eigenes Territorium und hatte die Nutzungsrechte für bestimmte Oasen. An jedem neuen Weideplatz schlug der Stamm seine schwarzen, als *Bayt Shaar*, Haarhäuser, bekannten Ziegenhaarzelte auf.

In Ermangelung dauerhafter Siedlungen wurde – und wird – der Familie und dem Stammesgefüge großer Wert beigemessen. Die Existenz als Nomade bedeutete auch, nicht mehr zu besitzen, als eine Person tragen konnte. Wohlstand wurde an Ziegen oder Kamelen gemessen oder am Gewicht des Schmucks der Ehefrau. Aus diesem Grund ist der Schmuck groß und klobig.

Ebenso charakteristisch ist die Kleidung der Beduinen. Mädchen unter zwölf tragen pfauenbunte Kleider, doch von der Pubertät an müssen sie sich mit schwarzen Umhängen bedecken. Auch die farbenfrohen Stickereien an diesen Gewändern und Kapuzen hat eine Bedeutung: Rot verrät die verheiratete Trägerin, Blau die Unverheiratete. Einige Stammesfrauen tragen noch immer die charakteristischen ledernen Gesichtsmasken, an denen Münzen hängen, tätowieren ihre Gesichter und umranden ihre Augen mit Kajal. Selbst verstädterte Männer ziehen die praktische, lange, weiße Robe Hemd und Hosen vor.

Wenngleich sie Muslime sind, pflegen die Beduinen ihren eigenen Aberglauben und haben ihr eigenes Gesetz *(Urf)*, nach dem sie Recht sprechen. Seit den 1960er Jahren hat man wiederholt versucht, die Beduinen der Zentralregierung zu unterstellen. Schulen, Kliniken und Siedlungen wurden bereitgestellt. Obwohl man der Einmischung von außen widerstanden hat, und noch immer, besonders im Nordsinai, einige Stämme mit ihren Herden durch die Wüste ziehen, haben die meisten ihr Wanderleben aufgegeben. Seit Beginn der 1980er Jahre zeigt auch der Tourismus seine Wirkung. Die Berührung mit Städtern, hat viele Beduinen ihre uralten Einkommensquellen für Arbeit im Bau- oder Dienstleistungsgewerbe aufgeben lassen. Ferienorte wie Dahab sind voller „Beduinenhotels" und „Beduinenrestaurants".

INSIDERTIPP

Wind, Sand, and Stars (www.windsandstars.co.uk) ist ein britischer Reiseveranstalter, der Sie auf einer unvergesslichen Wüstentour mit der Lebensweise der Beduinen vertraut macht.

PAM GROUT
National Geographic-Autorin

Glücklicherweise sind viele Beduinen in der Lage, ihre traditionellen Fertigkeiten – Aufspüren von Wasser, Orientierung nach den Sternen, Spurensuche und Wissen über die Flora und Fauna im Sinai – für einen Lebensunterhalt als Fremdenführer zu nutzen. Einige arbeiten als Wildhüter im Naturreservat St. Katharina.

Frauen bereiten das Weben von typischen Beduinenstoffen vor

Die Sinaiküste

Die Südostküste des Sinai, von der Grenze zu Israel bei Taba bis hinunter nach Ras Muhammad an der Spitze der Halbinsel, zeichnet sich durch einige der unglaublichsten Unterwasserlandschaften der Welt aus. Das Paradies für Taucher und Schnorchler bringt eine wachsende Zahl von speziell errichteten kleinen Ferienanlagen hervor.

Die Sinaiküste, einst alleiniges Reich der Beduinen, ist heute bei Touristen aus aller Welt beliebt

Vor 30 Jahren gab es hier nichts. Der älteste Ferienort, **Sharm el-Sheik**, ist erst 20 Jahre, das benachbarte **Naama Bay** kaum halb so alt. Sie liegen zu beiden Seiten einer felsigen Landspitze. Beide sind Las-Vegas-ähnliche Pflaster – eine einzige Schnellstraße gesäumt von Hotels und Einkaufszentren. Auf einer Seite liegt das Meer, auf der anderen erheben sich die schroffen, rötlichen Berge und dahinter die Wüste. Eine von Palmen gesäumte hölzerne Strandpromenade mit Cafés und Bars begrenzt den Strand. Sonnenschein ist garantiert und gerade weil die Sommertemperaturen häufig auf über 40 °C steigen, ist die Hochsaison im Herbst, Winter und zu Beginn des Frühlings, bevor es heiß wird.

Die meisten Besucher kommen zum Tauchen oder Schnorcheln. Den wachsenden Besucherzahlen zum Trotz wimmelt es in den Riffen vor der Küste von Fischen. Jedes Hotel hat eigene Boote, Tauchzentren und Tauchlehrer. Und es gibt viele unabhängige Unternehmen. Sie müssen kein Könner sein, um zu tauchen, unterrichtet wird am Ort. Beliebte örtliche Tauchreviere sind die erstaunlichen **Near** und **Middle Gardens** und der noch unglaublichere Far Garden, die alle mit dem

Boot erreichbar sind. Ernsthafte Taucher tragen sich für eine Tagestour nach **Ras Muhammad**, in Ägyptens ersten Meeresnationalpark ein, der 30 Kilometer südwestlich von Sharm el-Sheik an der Südspitze des Sinai liegt. Es ist ein geschütztes, 829 Quadratkilometer großes Areal aus Land und Meer, zu dem auch die Insel Tiran gehört, das Besuchern aber nur zu einem kleinen Teil zugänglich ist. Alle der mehr als tausend Meerestierarten, die sich im Roten Meer finden, sind hier vertreten und machen den Ausflug zu einem Erlebnis, das man nicht verpassen sollte. Man kann tauchen oder schnorcheln, aber die Zahl der pro Tag genehmigten Boote ist begrenzt, es könnte also nötig sein, bei einem der vielen Tauchveranstalter in Sharm el-Sheik oder Naama Bay (siehe S. 380) im Voraus zu reservieren.

In Sharm el-Sheik selbst werden alle Arten von Wassersport angeboten, dazu zählen Segelstunden, Windsurfen, Gleitschirm fliegen und Ausflüge mit Glasbodenschiffen. Zudem offerieren die meisten Hotels Ausflüge ins Innere des Sinai zu Orten wie dem Katharinenkloster (siehe S. 337ff) und dem Berg Sinai (siehe S. 336f), zum weiter entfernten Wadi Feiran und Serabit el-Khadim (siehe S. 335).

Urlauber, die direkt nach Sharm eingeflogen wurden, unternehmen sogar Tagesausflüge nach Kairo, um einen schnellen Blick auf die Pyramiden zu werfen, und nehmen hin und zurück 14 Stunden Reisezeit in Kauf. Sharm el-Sheik und Naama Bay sind die Ferienorte im Sinai mit dem umfassendsten Angebot, aber viele sind im Entstehen. Etwa 80 Kilometer nördlich liegt **Dahab**, seit langem ein Liebling der Pauschaltouristen und

INSIDERTIPP

Beim Schnorcheln sollten Sie ein T-Shirt tragen, um sich gegen einen Sonnenbrand zu schützen.

NEIL HEWISON
American University in Cairo Press

Sharm el-Sheikh
321 C4

HINWEIS: Es gibt keine Besucherzentren am Sinai. An den Hotelrezeptionen hilft man Ihnen bei der Planung und Buchung von Ausflügen.

Tipps für Taucher

Die meisten Urlaubsorte besitzen ihre eigenen Tauchzentren, die recht verlässlich sind; in Dahab, Sharm und Hurghada kann man jedoch unter vielen Angeboten unterschiedlicher Qualität auswählen. Denken Sie dabei nicht in erster Linie an die Kosten, sondern an die Sicherheit! Vor Abschluss des Vertrags sollten Sie sich von der Qualität der Ausrüstung überzeugen. Taucheranzüge, die offen in der Sonne liegen, könnten beispielsweise Risse aufweisen. Eine schlecht gepflegte Taucherausrüstung kann tödlich sein.

Für Anfänger gibt es viele Orte am Roten Meer und im Sinai, wo man für das PADI-Zertifikat *(Professional Association of Diving Instruction)* trainieren kann.

Der Tauchlehrer sollte eine Unterrichtserlaubnis nachweisen können. Zudem sollte er Ihre Sprache sprechen, denn Missverständnisse können schlimme Folgen haben. Taucher, die seit mehr als drei Monaten nicht unter Wasser waren, sollten einen Auffrischungstauchgang absolvieren. Viele Tauchzentren verlangen dieses ohnehin.

Unberührter Küstenabschnitt bei Sharm el-Sheik

Rucksackreisenden, die nur ein paar Euro pro Nacht für eine Bambushütte am Strand zahlen. In dem Ort ist die Zeit seit den späten 1960er Jahren stehengeblieben. Viele Besucher sind damit zufrieden, sich auf Kissen unter Palmen zu räkeln, zu dösen und zu lesen.

Es gibt aber auch eine moderne, als Dahab City bekannte Ferienanlage mit ruhigen Strandhotels, schicken Restaurants und ohne die Spur von Hippie-Einfluss. Dahab hat auch die nötigen guten Tauchreviere; am bekanntesten – und gefährlichsten – ist Blue Hole, ein 66 Meter tiefer Schacht, der jedes Jahr Menschenleben fordert.

Weiter im Norden, an der Küste, liegt **Nuweiba**, eine lose verbundene Ansammlung kleiner Siedlungen vor dem Hintergrund einer herrlichen Berglandschaft. Nuweiba entstand während der israelischen Besatzung als landwirtschaftliche Kooperative *(Moshav)* und hat sich inzwischen zu einer kleinen Stadt mit Geschäftsviertel, Nuweiba City, gemausert. Es hat eine benachbarte Beduinenstadt, Tarabeen, hervorgebracht und eine Hafenanlage im Süden, wo zweimal täglich Schiffe nach Akaba in Jordanien ablegen.

Weniger glatt als Sharm el-Sheik oder Naama Bay, bedient Nuweiba eher die nicht ganz so wohlhabenden Ägypter. Einer der Gründe dafür ist, dass das Tauchangebot hier nicht so gut ist wie unten im Süden. In jedem Fall ist Nuweiba der beste Ausgangspunkt für Ausflüge ins Landesinnere, etwa ins Blue Valley, zum Katharinenkloster, oder dem Wadi Mukattab (siehe S. 335).

Der neueste Badeort Sinais liegt etwa 15 Meilen entfernt an der Küste: **Taba Heights**, eine schicke Ansammlung von neu gebauten Luxushotels, einem Kasino, Läden, Restaurants, Tauchzentren und einem 18-Loch-Golfplatz. Es besteht auch die Möglichkeit an einem Ausflug zu Pharaoh's Island teilzunehmen, eine Felsnase vor der Küste, die von einer stark restaurierten Kreuzfahrerburg bekrönt ist, die später in die Hände von Sultan Saladin fiel.

Taba, der nördlichste Badeort auf der Sinai-Halbinsel, liegt direkt an der Grenze zu Israel – der israelische Badeort Eilat ist nur ein paar Meilen hinter der Grenze. In Taba gibt es einen hübschen Sandstrand, ein Fünf-Sterne-Hotel und einen Busbahnhof. ■

Reise-
informationen

Gewürzpyramiden an einem Marktstand in Luxor

REISEINFORMATIONEN

REISEPLANUNG

Reisezeit

Klima

Ägypten bietet sich ganzjährig als Urlaubsziel an. Von Juni bis August steigen die Temperaturen allerdings besonders im Süden des Landes, wo sich die meisten Sehenswürdigkeiten aus der Pharaonenzeit befinden, regelmäßig auf über 40 °C. Wenn Sie in dieser Zeit das Land besuchen, sollten Sie frühes Aufstehen einplanen, da sich die Zeit des Sonnenaufgangs am besten für Besichtigungen eignet.

Luxor und Assuan sind besonders im Winter ideale Reiseziele, weil dort auch dann der Himmel klar ist und die Temperaturen angenehm sind. Im Norden des Landes kann es häufig recht kalt und trüb sein.

In Alexandria regnet es dann ziemlich häufig. Um das gesamte Land zu besuchen, bieten sich Frühling oder Herbst an.

Ramadan

Während des Ramadan ist von einem Besuch in Ägypten abzuraten. Gläubige Moslems fasten tagsüber, viele Restaurants und Cafés sind geschlossen, Geschäfte und Büros öffnen zu unterschiedlichen Zeiten und die Fahrpläne können sich plötzlich ändern.

Da sich der islamische Kalender nach dem Mond richtet, findet der Ramadan jedes Jahr zu einer anderen Zeit statt (2010 begann er beispielsweise am 11. August und endete am 8. September).

Veranstaltungskalender

Siehe nationale und religiöse Feiertage, S. 352. Um mehr Informationen zu erhalten, wenden Sie sich bitte an die Ägyptischen Fremdenverkehrsämter (siehe S. 353; www.touregypt.com).

Januar

Buchmesse in Kairo

Ein zweiwöchiges Literaturfestival auf dem Messegelände in Kairo. Die größte Buchmesse der arabischen Welt mit einheimischen und internationalen Anbietern.

Wust al-Balad Art Festival

Ausstellungen, Theater, Poesie und Musik in Galerien, Cafés und anderen Veranstaltungsorten in der Innenstadt von Kairo.

Februar

Internationale Angelmeisterschaften

Angler aus der ganzen Welt reisen nach Hurghada ans Rote Meer, um sich im Herausholen großer Meeresfische zu messen.

Krönung Ramses' II.

Am 22. Februar, wenn die Sonne in das Innere des Felsentempels von Abu Simbel scheint und dort drei Götterstatuen erleuchtet, wird die Krönung des Pharaos Ramses II. gefeiert.

Mai

Kamel Festival am Südsinai

Aufregende Kamelrennen in Sharm el-Sheikh.

Juli

Internationales Festival des orientalischen Tanzes

Bauchtanzfestival in Kairo, mit zahlreichen Aufführungen und Tanzworkshops mit berühmten ägyptischen Tänzerinnen und internationalen Gästen.

August

Tourism and Shopping Festival

Landesweite Verkaufsaktion im Juli und August, bei der viele Geschäfte einheimische Produkte zu günstigen Preisen anbieten.

September

Internationales Festival für Experimentelles Theater

Zehntägiges Festival für experimentelles Theater an zahlreichen Veranstaltungsorten im gesamten Stadtgebiet Kairos.

Oktober

Alexandrias of the World Festival

Delegationen aus den 40 anderen Städten der Welt, die ebenfalls den Namen Alexandria tragen, kommen zu dieser viertägigen Veranstaltung.

Pharaoh's Rally

Auto-Rallye über elf Tage und 4700 Kilometer, deren Start und Ziel die Pyramiden in Giseh sind. Alljährlich nehmen Teams aus aller Welt daran teil.

Geburt Ramses' II.

Am 22. Oktober, dem Tag der Geburt von Ramses II., erhellen die Sonnenstrahlen den Tempel von Abu Simbel.

Gedenken an die Schlacht von El-Alamein

In verschiedenen Gottesdiensten wird in El-Alamein, unweit von Alexandria, mit Kriegsveteranen dieser bedeutenden Schlacht des Zweiten Weltkriegs gedacht.

November

Arabic Music Festival

Zehntägiges Festival für traditionelle arabische Musik an zahlreichen Spielstätten in Kairo.

Dezember

Cairo International Film Festival

Während des zweiwöchigen Filmfestivals, zu dem immer zahlreiche Stars geladen sind, werden neueste Produktionen aus der ganzen Welt gezeigt.

Nicht vergessen

Insbesondere Frauen sollten bei einer Reise nach Ägypten daran denken, Kleidung mitzunehmen, die den Körper so gut wie möglich bedeckt. Diese wird Sie nicht nur gegen einen Sonnenbrand schützen, sondern kommt auch den Gebräuchen und Ansprüchen der Bewohner dieses islamischen Landes mit der nötigen Einfühlsamkeit entgegen. Selbstverständlich ist aber an den Stränden Ägyptens, wie auf der Halbinsel Sinai oder am Roten Meer, normale Badebekleidung gestattet. Es ist ratsam für Frauen, ständig eine Kopfbedeckung griffbereit zu haben, denn insbesondere in Moscheen ist für sie das Tragen eines Kopftuches obligatorisch.

Die Apotheken des Landes sind leicht zu finden und gut sortiert. Die meisten Apotheker sprechen englisch und sind in gewissem Umfang in der Lage, Diagnosen zu erstellen. Am häufigsten treten bei einer Reise nach Ägypten Verdauungsbeschwerden auf, weshalb es ratsam ist, sich bereits vor Reiseantritt mit entsprechenden Medikamenten einzudecken.

Weiterhin könnte sich die Mitnahme einer Taschenlampe als sehr nützlich erweisen, um schlecht beleuchtete Grabstätten und Museen zu besuchen. Da Fotoapparate von Touristen leider sehr häufig entwendet werden, sollte man allzu teure Kameras zu Hause lassen und lieber einen günstigen Fotoapparat mitnehmen.

Versicherungen

Sie sollten stets ausreichende Reiseversicherungen abschließen, die insbesondere den Krankheitsfall abdecken. Die Kosten für eine Notfallbehandlung oder einen eventuellen Heimtransport können immens hoch ausfallen. Vergewissern Sie sich, dass sich die Versicherungen auf alle Ihre Urlaubsaktivitäten, wie z.B. Tauchen, beziehen.

Einreise

Visa

Einreisevorschriften sollten im eigenen Interesse vor Antritt der Reise bei der zuständigen ägyptischen Auslandsvertretung in Deutschland in Erfahrung gebracht werden. Sowohl Ein- wie auch Ausreise sind nur mit einem gültigen Reisepass möglich, der Personalausweis genügt nicht. Das erforderliche Einreisevisum (Gebühr in Deutschland 22 Euro) kann auch bei Ankunft am Flughafen in Kairo gegen US-Währung erworben werden, bei Ankunft an den anderen Flughäfen ist dies nicht ohne weiteres gewährleistet.

Zollbestimmungen

In Ägypten besteht wie in vielen anderen Ländern ein striktes Ausfuhrverbot u.a. für alle „antiken" Gegenstände sowie für eine Vielzahl von unter Natur- und Artenschutz stehender Pflanzen und Tiere (z. B. Korallen), auch wenn diese scheinbar legal käuflich erworben wurden. Nach Angaben der Ägyptischen Zentralbank in Kairo dürfen Reisende maximal 1000 Ägyptische Pfund nach Ägypten einführen. Zigaretten, Zigarren, Alkohol und Medikamente dürfen in Mengen, die dem persönlichen Bedarf entsprechen, eingeführt werden.

Botschaften

Botschaften der Arabischen Republik Ägypten

Deutschland
Stauffenbergstraße 6–7
10785 Berlin
Tel. 030/477 54 70
Fax 030/477 10 49
Konsulate in Hamburg und Frankfurt

Österreich
Hohe Warte 50–54
1190 Wien
Tel. 01/370 81 04
Fax 01/370 81 04 27

Schweiz
Elfenauweg 61
3006 Bern
Tel. 031/352 80 12
Fax 031/352 06 25

ANREISE

Tickets

Es gibt eine Vielzahl günstiger Pauschalangebote für Ägypten. Besonders billig reisen Sie außerhalb der Hochsaison, müssen dann allerdings bestimmte Unannehmlichkeiten (s. o.) einplanen. Geld sparen Sie auf jeden Fall auch, wenn Sie frühzeitig buchen. Machen Sie sich bei Ihrem Reisebüro kundig.
Wichtige Fluglinien:

EgyptAir
Deutschland
Kurfürstendamm 206 D
10719 Berlin
Tel. 030/889 27 69 13
Fax 030/885 26 75

Österreich
Opernring 1
1010 Wien
Tel. 01/587 45 32 16
Fax 01/587 45 32 20

Schweiz
2, rue de Berne
1201 Genf
Tel. 022/731 71 51
Fax 022/738 11 55

Lufthansa
Tel. 01 805 805 805
www.lufthansa.com

Pauschal- und Individualreisen

Am bequemsten fahren Sie im Rahmen einer Pauschalreise. Vor Ort steht Ihnen dann automatisch ein fester Ansprechpartner zur Verfügung, der bei allen Schwierigkeiten hilft, Tickets für Sehenswürdigkeiten besorgt und Touren organisiert. Falls Sie Ihren Flug lieber selbst buchen möchten, um ein Stück weit unabhängig zu bleiben, können Sie sich auch vor Ort je nach Tagesplanung einer Gruppe anschließen. Nachfolgend einige Veranstalter:

PAUSCHALREISEN
Studiosus Reisen
Tel. 00 800 24 02 24 02
www.studiosus.de
oder im Reisebüro

MOSER Abenteuer & Kultur
P.O. Box 373, 6043 Adligenswil, Schweiz
Tel. 0041/41 370 11 19, Fax 0041/41 370 11 46
www.desert-tours.ch

Helios Reisen München
Paul-Heyse-Str. 12
80336 München
Tel. 089/54 49 52 00, Fax: 089/54 49 52 90
E-mail: info@helios-reisen.de

INDIVIDUELLE REISE-BEGLEITUNG VOR ORT
American Express
Kairo: 15 Qasr al-Nil
Tel. 02/574 7991-2
Fax 02/574 7997
E-Mail: ahmed.mahoud@amexfranchise.com

Misr Travel
Kairo: 101 Sonia El Sawah St.
Tel. 02/393 00 10
E-Mail: misrtrav@link.com.eg

National Geographic Expeditions
www.nationalgeographic.com
E-Mail: ngexpeditions@nationalgeographic.com

Anreise per Flugzeug

Die meisten Touristen fliegen nach Kairo, es gibt aber auch in Alexandria, Luxor, Hurghada und Sharm el Sheikh internationale Flughäfen. Der Cairo International Airport befindet sich etwa 25 Kilometer nordöstlich des Stadtzentrums. Die meisten Hotels bieten ihren Gästen einen Shuttle-Service. Detaillierte Infos unter www.cairo-airport.com.

Es gibt zwar auch eine regelmäßige Linienbusverbindung nach Kairo, allerdings befindet sich der Busbahnhof am innerägyptischen Terminal, zu dem es vom internationalen Terminal keine gute Verbindung gibt. Sie sollten deshalb besser ein Taxi nehmen, wenn Sie in die Innenstadt fahren möchten. Die Fahrt mit den sogenannten limousines, den offiziellen Taxis, kostet etwa 60 LE (Ägyptische Pfund) und dauert, je nach Verkehrslage, zwischen 30 Minuten und einer Stunde.

Hinweis: Bitte beachten Sie, dass in Ägypten eine Abflugpauschale verlangt wird, die aber normalerweise bereits mit dem Flugticket abgegolten ist. Weitere Infos unter www.cairo-airport.com.

UNTERWEGS IN ÄGYPTEN

Mit dem Flugzeug

Mit der staatlichen Fluggesellschaft Egypt Air und deren Tochtergesellschaft Air Sinai erreicht man die wichtigsten Städte und Touristenzentren des Landes. Flughäfen befinden sich in Alexandria, Assiyut, Assuan, Abu Simbel, Al-Arish, Hurghada, in der Oase Kharga und in Sharm el-Sheikh. In Marsa Alam am Roten Meer und in Taba befindet sich je ein internationaler Flughafen, den bisher nur europäische Chartermaschinen anfliegen.

Die Preise für Hin- und Rückflüge entsprechen ungefähr dem doppelten Preis für einen einfachen Flug. In diesem Bereich werden keine Sondertarife angeboten. In Kairo gehen alle innerägyptischen Flüge vom Terminal 1 ab. Sie sollten einen Shuttle-Service mit ihrer Reisegesellschaft vereinbaren, wenn Sie einen Regionalflughafen ansteuern, da eine Anbindung an öffentliche Verkehrsmittel meistens nicht gegeben ist. Vor der Reise sollte immer jeder einzelne Flug bestätigt werden, da es häufig zu Überbuchungen kommt. Verlassen Sie sich nicht auf die Wegweiser am Flughafen, da sie oft fehlerhaft sind, sondern wenden Sie sich an das zuständige Flughafenpersonal.

Niederlassungen von EgyptAir befinden sich in:

Kairo: Nile Hilton Hotel, Tel. 02/2579 30 49
Alexandria: 19 Midan Zaghloul, Tel. 03/482 59 38
Luxor: Winter Palace Arcade, Tel. 095/338 05 80
Assuan: Corniche, Tel. 097/231 50 00
Sharm el-Sheikh: Al Hadaba, nahe des alten Marktes, Tel. 069/366 50 61
Egypt Air, die staatliche Fluggesellschaft, in Deutschland, Österreich und der Schweiz siehe S. 347.

Mit dem Zug

Das ägyptische Schienennetz beschränkt sich im Prinzip auf die Strecke zwischen Alexandria und Assuan am Nil entlang.

Die Verbindungen zwischen Kairo und Alexandria sind ausgezeichnet. Es gibt drei verschiedene Zugarten: die *turbini*, die *fransawi* und die Nahverkehrszüge. Die ersten beiden sind Schnellzüge, die mehrfach am Tag auf dieser Strecke verkehren. Die Nahverkehrszüge halten an unzähligen Bahnhöfen im Nildelta, während die Schnellzüge nur ein- oder zweimal stoppen und die Strecke in rund zweieinhalb Stunden zurücklegen. Die Züge sind mit Klimaanlagen ausgestattet und sehr komfortabel. Achten Sie bitte bei Ihrer Reise nach Alexandria darauf, dass es dort zwei Haltebahnhöfe gibt. Der erste, Sidi Gaber, liegt in einem östlichen Vorort Alexandrias und erst der zweite, Cairo Station (Mahattat Masr), befindet sich wirklich im Stadtzentrum.

Von Kairo gibt es täglich drei Touristenzüge Richtung Luxor (10 Stunden) und Assuan (zwischen 13 und 16 Stunden). Den besten Komfort bietet der Schlafwagen (einfache Fahrt ca. 453 LE inklusive Abendessen und Frühstück). Das Ticket für eine einfache Fahrt nach Luxor in den weniger komfortablen Zügen (einer tagsüber, der andere nachts, aber ohne Schlafgelegenheit) kostet etwa 90 LE und nach Assuan etwa 110 LE. Für alle drei Zugarten sollten die Fahrkarten zwei bis drei Tage vor Antritt der Reise erworben werden. Die Schlafwagenreservierungen werden in einem kleinen Büro an der Südseite des Hauptbahnhofes in Kairo vorgenommen. Für Sitzplatzreservierungen wenden Sie sich bitte an Ticketschalter am Bahnsteig 11.

Das U-Bahnnetz in Kairo ist gut ausgebaut (siehe Karte S. 388). Die Züge sind sauber, aber oft überfüllt. Touristen werden allerdings rasch feststellen, dass die U-Bahn natürlich auf den Berufsverkehr in Kairo ausgerichtet ist und demnach hauptsächlich das Stadtzentrum mit den Vororten verbindet. Es gibt aber Haltestellen beim Koptenviertel, am Opernhaus und am Ramses-Bahnhof. Die Metro-Linie, die sich momentan im Bau befindet, sollte touristenfreundlicher sein, denn sie wird das Zentrum mit dem islamischen Teil der Stadt und Zamalek verbinden. Die Haltestellen sind durch Schilder mit einem rotem „M" in einem blauen Stern gekennzeichnet. Tickets werden in den Haltebahnhöfen verkauft und kosten 1 LE für eine Fahrt mit bis zu neun Stationen. Die Beschilderung ist arabisch und englisch. Sie ist leicht verständlich.

Die Metro verkehrt zwischen 5 Uhr morgens und ca. 23.30 Uhr. Der erste Waggon darf stets nur von Frauen benutzt werden. Wollen Sie in diesem Waggon fahren, so sollten Sie sich bereits vor Ankunft des Zuges an die richtige Stelle auf dem Bahnsteig stellen, da die Haltezeiten nur sehr kurz sind.

Mit dem Bus

Wenn Sie innerhalb Ägyptens nicht mit dem Flugzeug reisen wollen, ist der Bus am besten, um etwa in die westliche Wüste und deren Oasen oder hinüber in den Osten des Landes ans Rote Meer oder zur Sinai-Halbinsel zu gelangen. Die zahlreichen Busunternehmen bedienen jeweils einen bestimmten Bezirk des Landes. Der Busbahnhof, die Turgoman Garage, befindet sich im Bulaq Distrikt nördlich der Innenstadt zwischen City und Nil. Der Begriff Busbahnhof scheint ein wenig übertrieben, denn eigentlich handelt es sich hierbei nur um einen riesigen Parkplatz mit ein paar Holzhütten, in denen die Tickets verkauft werden. Da hier alles sehr unübersichtlich ist, ist es ratsam,einen Führer mitzunehmen oder von vornherein Ihr Hotel oder ein Touristikunternehmen mit der Buchung der Tickets zu beauftragen, besonders wenn Sie beliebte Ziele wie den Sinai oder das Rote Meer ansteuern wollen. Die meisten Busse sind modern und mit Klimaanlagen ausgestattet. Viele Orte werden mehrfach am Tag angefahren. Manche Busse mögen zwar alt sein, doch können Sie auf der Fahrt je nach Geschmack des Fahrers Musik von Umm Kolthum, einem Koran-Rezitator oder einem arabischen Comedy-Album lauschen.

Nilkreuzfahrten

Ägypten ohne Nilkreuzfahrt ist wie Las Vegas ohne Spielhallenbesuch. Ursprünglich führten die Kreuzfahrten auf dem Nil immer von Kairo nach Luxor (siehe S. 302f). Aber seit Beginn der 1990er Jahre ist es den Schiffen aus Sicherheitsgründen nicht mehr gestattet, durch das mittlere Ägypten zu fahren. Deshalb werden jetzt vier- oder fünftägige Fahrten zwischen Luxor und Assuan angeboten, wobei normalerweise in Esna, Edfu und Kom Ombo angelegt wird. Jede angesehene Hotelgruppe und jeder Reiseveranstalter unterhält ein Schiff auf dem Nil oder bietet Kreuzfahrten an. Veranstalter in Deutschland finden Sie z.B. über: ATTALLA Reisebüro & Service Joachim-Becher-Str. 6, D-60320 Frankfurt/Main, Tel. 069/56 40 52, Fax 069/5 60 24 97, E-Mail: Attalla@t-online.de.

Kreuzfahrten über den Nasser-See

Kreuzfahrten werden auch über den Nasser-See vom Hochdamm bis zu den Tempeln nach Abu Simbel angeboten. Fünf Schiffe befahren den See gegenwärtig. Darunter stechen zwei besonders hervor: Die *M.S. Eugénie* und die *M.S. Qasr Ibrim*, sind besonders luxuriös im Stile eines Palastes des 19. Jahrhunderts ausgestattet. Beide verfügen über Swimmingpools, Whirlpools und bieten ausgezeichnete französische Küche. Den Passagieren werden in der Wüste Cocktails serviert. Außerdem wird vor den Tempeln von Abu Simbel eine spezielle Ton- und Lichtschau gezeigt. Nähere Informationen hierzu erhalten Sie bei Belle Epoque Tours of Cairo (Tel. 02/2516 96 53/54/56, Fax 02/2516 96 46, www.kasribrim.com.eg).

Mit dem Auto

Es ist wenig ratsam, in Ägypten ein Auto zu mieten und es selbst zu fahren. Der Verkehr in Kairo und Alexandria ist katastrophal. Verkehrsregeln werden selten beachtet, und es gibt wenig Autos ohne Beulen und Kratzer. Im Süden des Landes gibt es nicht so viel Verkehr, aber dort dürfen Privatwagen wegen der anhaltenden Gefahr terroristischer Anschläge nur in Konvois fahren, die von der Polizei begleitet werden. Die Freizügigkeit auf Reisen, die sonst durch ein eigenes Transportmittel gewährleistet ist, wird so natürlich drastisch eingeschränkt.

Lediglich am Roten Meer und auf dem Sinai könnte man Autofahrten empfehlen. In vielen der führenden Hotels in Hurghada, Sharm el-Sheikh und Naama Bay befinden sich Büros internationaler Autovermieter. Die Kosten für einen Mietwagen sind je nach Kategorie mit 287–344 LE relativ hoch.

PRAKTISCHE TIPPS

Öffnungszeiten

Banken, Behörden und die meisten Geschäfte sind sonntags bis donnerstags von 8.30 bis 14 Uhr geöffnet. An allgemeinen und religiösen Feiertagen sind sie geschlossen. In einigen Hotels gibt es aber Bankfilialen, die täglich 24 Stunden geöffnet haben.

Die Kaufhäuser öffnen ihre Türen zwischen 10 und 22 Uhr oder länger. Viele schließen den ganzen Freitag (islamischer Feiertag) oder zumindest für einige Zeit während der Gebete um die Mittagszeit. Auch samstags sind viele Kaufhäuser und Geschäfte, ebenso wie Botschaften und Konsulate, oft ganztägig geschlossen. Christlich dominierte Unternehmen schließen dagegen sonntags.

Kommunikation

Post

Briefmarken bekommt man in Postämtern oder am Kiosk im Hotel. Postkarten und Briefe bis 15 Gramm nach Europa kosten ca. 1,5 LE und sind vier bis fünf Tage unterwegs. Große Hotels verfügen über eigene Briefkästen für ihre Gäste. Wenn Sie Ihre Post dort einwerfen, kommt sie in aller Regel schneller an.

Päckchen oder Pakete können nur vom jeweiligen Hauptpostamt (in Kairo in der Nähe des Ramses-Bahnhofs) abgeschickt werden, wobei komplizierte Formulare ausgefüllt und Zollbestimmungen beachtet werden müssen. Einfacher ist es, wenn der Händler, bei dem Sie die Waren gekauft haben, den Versand der Waren übernimmt.

Postlagerung

Postlagernde Sendungen können Sie nur an größere Postämter schicken. Neben dem Namen des Empfängers muss die Sendung den Zusatz „Poste Restante, Central Post Office" und den Namen der Stadt tragen. Bei der Abholung wird nach dem Ausweis oder dem Pass verlangt. Kunden von American Express können den Postlagerservice der Amex-Büros nutzen.

Telefonieren

Das Beste, was sich über das ägyptische Telefonnetz sagen lässt, ist vermutlich, dass es täglich besser wird. Am einfachsten ist es, die auffälligen gelb-grünen Kartentelefone von Menatel zu benutzen, die an jeder Straßenecke zu finden sind. Die Karten in Einheiten von 10, 20 und 30 LE bekommt man in Geschäften und Kiosken, die mit einem entsprechenden Schild gekennzeichnet sind. Ein Gespräch nach Europa kostet in der ersten Minute 5,60 LE und 4,50 LE für jede weitere Minute. Erheblich höher liegen allerdings die Kosten für das Telefonieren im Hotel. Die Vorwahl nach Ägypten lautet 0020. Um von Ägypten aus nach Deutschland zu telefonieren, wählt man 0049, nach Österreich 0043 und in die Schweiz 0041.

Fax

Faxgeräte gibt es in den Hauptpostämtern und in den meisten höherklassigen Hotels. Auch hier gilt, dass Hotels für das Versenden von Faxmitteilungen eine höhere Gebühr verlangen als die Postämter.

E-Mail- und Online-Service

In den Internetcafés von Kairo, Alexandria, Assuan, Dahab, Hurghada, Sharm-el-Sheik und Luxor kostet die Nutzung der Computer ca. 20 LE pro Stunde. Wegen Netzüberlastungen können die Übertragungszeiten sehr lang sein. Mit einem eigenen Laptop ins Internet zu gehen, könnte problematisch sein, weil es in Ägypten unterschiedliche Telefonbuchsen gibt. In älteren Hotels ist es aber auch oft gar nicht möglich, das Telefon auszustecken.

Elektrizität

Die Spannung beträgt 220 V, manchmal auch 110/115 Volt Wechselspannung. In größeren Hotels werden Sie vermutlich keine Schwierigkeiten mit dem Einstecken elektrischer Geräte haben. Nehmen Sie aber sicherheitshalber ein Adapter-Reiseset mit.

Maße und Gewichte

In Ägypten gilt, genau wie in den meisten europäischen Ländern, das gewohnte metrische System. Entfernungen werden allerdings häufig auch in Meilen angegeben (1 Meile entspricht 1,6 Kilometer). Temperaturen werden gewöhnlich in Grad Celsius gemessen.

Etikette

Da es sich hier um ein islamisches Land handelt, sind Touristen dazu aufgefordert, einige Regeln zu beachten. Insbesondere Frauen sollten kurze Hosen oder ärmellose Oberbekleidung vermeiden und Hosen oder Röcke tragen, welche die Knie bedecken. In konservativeren Gegenden, wie zum Beispiel im islamischen Kairo, aber auch in Moscheen und Kirchen, sollten die Schultern und manchmal auch der Kopf bedeckt sein. Für Frauen ist es daher ratsam, immer einen Schal mitzunehmen. Weil europäische Frauen als freizügig gelten, werden sie von ägyptischen Männern häufig angesprochen. Das ist normalerweise harmlos, kann aber dennoch lästig sein. Sie sollten nicht auf Einladungen oder anstößige Bemerkungen reagieren und den Blickkontakt vermeiden.

Frauen und Männer stehen oft in getrennten Warteschlangen, etwa vor Fahrkartenschaltern, was für Frauen oft den Vorteil hat, dass ihre Wartezeit kürzer ist als die der Männer. Im Übrigen verfügen die Ägypter in Warteschlagen über ein gesundes Maß an Ellenbogentaktik, die man sich, wenn man überhaupt irgendwann an der Reihe sein will, gegebenenfalls zu Eigen machen muss.

Sie sind gut beraten, wenn Sie insbesondere in Kairo und Luxor aufdringlichen Kundenfängern gegenüber auf die Frage nach Ihrer Herkunft nicht reagieren. Sie werden sich möglicherweise sonst bald in einem Parfüm- oder Papyrusgeschäft wieder finden. Hüten Sie sich auch vor Ladenbesitzern, die Ihnen weismachen wollen, dass das Museum oder der Tempel, den Sie besuchen wollen, gerade geschlossen ist, und Sie zu einem Besuch in einem Geschäft oder zu einem Tee einlädt. Selbstverständlich sind die Sehenswürdigkeiten nicht geschlossen, aber überraschend viele Touristen fallen auf diesen Trick herein. Denken Sie immer daran, dass Touristen in Ägypten als reich gelten und viele Geschäftsleute natürlich versuchen, daraus ihren Gewinn zu ziehen.

Alkoholische Getränke

Nur wenige Ägypter trinken Alkohol, weil der Koran vor den Auswirkungen des Alkoholkonsums warnt. Den Touristen gegenüber verhält man sich diesbezüglich aber tolerant. In Hotelbars und in vielen Restaurants bekommt man einheimisches Bier und Wein sowie andere importierte alkoholische Getränke. Je weiter Sie sich aber von den Touristengebieten fortbewegen, desto schwieriger ist es, Alkohol zu bekommen. In der Oase Siwa gab es bis vor Kurzem überhaupt keinen Alkohol. Überall in Ägypten sollte Alkohol, auch Bier, mit Diskretion und nicht auf offener Straße konsumiert werden.

Medien

Zeitungen

Wenn Sie englisch sprechen, können Sie sich in verschiedenen Zeitungen informieren. Wochentags erscheinen im gesamten Land die staatlichen Tageszeitungen *Egyptian Gazette* und *Al-Ahram Weekly*. *The Daily News Egypt* ist informativer und wird sowohl einzeln als auch als Beilage des *Herald Tribune* verkauft. Veranstaltungshinweise bietet das monatlich erscheinende Magazin *Egypt Today*. Aus dem gleichen Verlag stammen die vierteljährlich veröffentlichten Regionalzeitschriften *Alex Today*, *Red Sea Today* und *Sinai Today*. Darüber hinaus erhalten Sie an den Rezeptionen großer Hotels und in den Ferienorten am Roten Meer bekannte deutschsprachige Zeitungen wie die *Frankfurter Allgemeine* oder die *Süddeutsche Zeitung*. Sie müssen allerdings mit zeitlicher Verzögerung und höheren Preisen rechnen.

Fernsehen

Der in Kairo stationierte Sender Nile TV strahlt vom frühen Morgen bis spät in die Nacht Nachrichten in englischer und französischer Sprache aus. Die meisten Hotels verfügen außerdem über Einrichtungen für Satelliten-TV mit den entsprechenden Programmen.

Geld

Die landeseigene Währung ist das Ägyptische Pfund (LE), welches in 100 Piaster (pt) unterteilt ist. Banknoten gibt es zu 25 pt und 50 pt sowie zu 1, 5, 10, 20, 50, 100 und 200 LE. Die Banknoten haben unterschiedliche Größen und Farben und sind so leicht zu unterscheiden. Die Münzen zu 5 pt, 10 pt oder 25 pt tauchen selten auf und sind eigentlich wertlos. Münzen zu 50 pt und 1 LE sollten Sie dagegen immer in ausreichenden Mengen bei sich tragen, da Sie sie als Trinkgeld und für Taxifahrten benötigen.

Die meisten Hotels, Restaurants und Touristenattraktionen akzeptieren die gängigen internationalen Kreditkarten. In den größeren Städten und Urlaubsgebieten können Sie mit American Express, Visa oder Mastercard an Bankautomaten Bargeld bekommen. Auch in Ägypten geht die Entwicklung hin zum bargeldlosen Zahlungsverkehr, eine Ausnahme bilden jedoch die Orte in der Westlichen Wüste.

Nationale und religiöse Feiertage

Nationale Feiertage

Januar (Neujahr)
25. April (Befreiung des Sinai)
Mai (Tag der Arbeit)
23. Juli (Jahrestag der Revolution)
6. Oktober (Nationalfeiertag)

Religiöse Feiertage

Die religiösen Feiertage sind die bedeutendsten in Ägypten. Weil das islamische Jahr elf Tage kürzer ist als das Jahr, das sich am gregorianischen Kalender orientiert, verschieben sich diese Feiertage jedes Jahr in unserem Kalender. Außerdem ist eine genaue Festlegung nicht möglich, weil sich der islamische Kalender nach dem Mond richtet. 2010 fallen die religiösen Feiertage z. B. auf die folgenden Tage:

Eid El-Adha (Opferfest) 16. Nov. 2010
Mulid El-Nabi (Geburtstag des Propheten Mohammed) 26. Feb. 2010
Ramadan (Fastenmonat) 11. Aug.–9. Sept. 2010
Eid El-Fitr (Ende des Fastenmonats) 9. Sept. 2010

Fotografieren

Sie sollten beim Kauf von Filmen für Fotoapparate und Videokameras in Ägypten beachten, dass sie unter Umständen wegen falscher Lagerung an Qualität eingebüßt haben.

Bei den Aufnahmen selbst kann durch die intensive Sonneneinstrahlung und durch mögliche Reflektionen auf dem Wasser die Farbqualität der Bilder beeinträchtigt werden. Dies lässt sich z.B. verhindern, indem man die Fotos am frühen Morgen oder am späten Nachmittag macht.

In Ägypten wird an einigen Sehenswürdigkeiten eine zusätzliche Gebühr von ca. 6–10 LE für die Fotoerlaubnis verlangt, ansonsten müssen Sie Ihre Kamera unter Umständen für die Dauer Ihres Besuchs an der Kasse abgeben. Für Videokameras kann die Gebühr sogar 60 bis 100 LE betragen.

In den Beschreibungen der Sehenswürdigkeiten ist gekennzeichnet, wo solche Gebühren verlangt werden.

Achten Sie bei Ihren Aufnahmen darauf, dass es in Ägypten verboten ist, Brücken, Bahnhöfe, militärische Einrichtungen, Flughäfen oder andere, scheinbar harmlose Objekte wie etwa Fabriken zu fotografieren. Bei Zuwiderhandlungen könnte der Film beschlagnahmt werden. Es wird auch nicht gern gesehen, wenn Touristen Dinge wie etwa Eselskarren oder zerfallene Gebäude im Bild festhalten, weil sie der ägyptischen Idee vom Wohlfahrtsstaat widersprechen. Und natürlich sollten Sie immer erst um Erlaubnis bitten, bevor Sie Menschen, insbesondere Frauen, fotografieren.

Toiletten

Die Toiletten in den Hotels und Restaurants entsprechen dem westlichen Standard, sind sauber und gut gepflegt.

Dagegen kann der Zustand öffentlicher Toiletten erschreckend sein. Einige bieten keine Sitzmöglichkeit und sind deshalb sehr unbequem. Nur in höherklassigen Hotels gibt es immer Toilettenpapier. Oft bieten Toiletten nur eine Waschgelegenheit. Es ist ratsam, wenn auch leicht gesagt, stets entsprechendes Papier, das es überall billig zu kaufen gibt, mit sich zu führen.

Zeitzonen

Der Zeitunterschied zwischen Ägypten und Europa (MEZ) beträgt eine Stunde. In Ägypten existiert keine Sommerzeit.

Trinkgeld

Für die meisten Dienstleistungen wird Trinkgeld *(bakschisch)* erwartet. Im Restaurant sollte es zehn Prozent der Rechnung ausmachen. Handelt es sich um kleinere Gefälligkeiten, wie z.B. Koffertragen oder wenn jemand sie zu weniger bekannten Sehenswürdigkeiten führt, sind zwischen 1 LE und 2 LE angebracht. Geben Sie aber nur Trinkgeld, wenn Sie es für gerechtfertigt halten.

Touristeninformation

Weitere Informationen können Sie in den Ägyptischen Fremdenverkehrsämtern bekommen:

Ägyptisches Fremdenverkehrsamt Deutschland
Kaiserstr. 66
60329 Frankfurt
Tel. 069/25 21 53
Fax 069/23 98 76

Österreich
Opernring 3
1010 Wien
Tel. 01/587 66 33
Fax 01/587 66 34

Informationen im Internet

Das ägyptische Ministerium für Tourismus hat eine ausführliche Website mit vielen Reiseinformationen und nützlichen Buchungstipps eingerichtet, die Sie unter folgender Adresse aufrufen können: www.touregypt.com.

Einrichtungen für Behinderte

Obwohl einige Hotels behindertengerecht gestaltet sind, ist es meistens eher mühsam, sich mit einem Rollstuhl fortzubewegen. Die Bürgersteige sind hoch und haben zu viele Stufen in zum Teil schlechtem Zustand. Es gibt wenig Rampen für Rollstühle, öffentliche Gebäuden haben meistens keine Fahrstühle und der Zutritt zu vielen Sehenswürdigkeiten ist wegen der engen Eingänge und der steilen Treppen nahezu unmöglich. Auch die öffentlichen Verkehrsmittel sind für Behinderte schlecht geeignet. Aus diesen Gründen sollten sich Touristen mit Gehbehinderungen vor Antritt der Reise umfassend bei ihrem Reiseunternehmen informieren.

IM NOTFALL

Notrufnummern

Touristenpolizei Tel. 126
Krankenwagen Tel. 123
Feuerwehr Tel. 125

Botschaften und Konsulate

Die meisten Botschaften befinden sich in Kairo. Viele Länder haben darüber hinaus in Alexandria Konsulate eingerichtet.

Botschaft Deutschland
8 B, Sharia Hassan Sabri,
Zamalek
Tel. 02/739 9600
Fax 02/736 0530

Botschaft Österreich
5, Wissa Wassef St.,
El Riyad Tower 5th
Floor, Giza,
11111 Kairo
Tel. 02/5702975
Fax 02/5702979

Botschaft Schweiz
10, Abdel Khalek Sarwat Saroit,
Zentrum von Kairo
Tel. 02/575 8284
Fax 02/574 5236

Gesundheit

Die medizinische Versorgung in Ägypten ist unzureichend. Im

Krankheitsfall ist es deshalb ratsam, nach Hause zu fliegen. Wenn Sie sofortige medizinische Betreuung benötigen, wenden Sie sich an die Botschaften, um dort eine Liste empfohlener Ärzte zu bekommen.

Impfungen

Impfungen sind nicht erforderlich. Vorsichtshalber sollten Sie aber gegen Tetanus und Hepatitis (A und B) geimpft sein. Ägyptenreisende sind generell nicht malariagefährdet, doch besteht zwischen Juni und Oktober in der Oase Fayum ein gewisses Risiko. Nehmen Sie vorsorglich Medikamente gegen Malaria mit, wenn Sie in diese Gegend reisen wollen. Andere Krankheiten, die von Insekten übertragen werden, wie z.B. das Denguefieber, Typhus, die Filarienkrankheit und das Nilfieber, tauchen zwar entlang des Nils auf, das Risiko für Reisende ist allerdings minimal. Es ist trotzdem ratsam, sich vor Insektenstichen zu schützen.

Medikamente, die Sie regelmäßig benötigen, sollten Sie in ausreichender Menge mitbringen. Es ist auch unbedingt ratsam, die Inhaltsstoffe der benötigten Medikamente benennen zu können, damit nötigenfalls gleichwertige Präparate und Ersatzstoffe beschafft werden können. Packen Sie also sicherheitshalber den Beipackzettel ein.

Essen und Trinken

Vermeiden Sie es, in Ägypten Leitungswasser zu trinken. Baraka oder Siwa sind bekannte Mineralwassermarken, die uneingeschränkt empfehlenswert sind. Früchte und Gemüse müssen Sie vor dem Verzehr schälen bzw. gut waschen. Es ist selbst im Restaurant ratsam, keine frischen Salate zu verzehren.

Sonnenbrand und Hitzebeschwerden

In Ägypten ist es angebracht, sich in der Mittagszeit zwischen 11 und 15 Uhr nicht in der Sonne aufzuhalten. Wenn es nicht zu vermeiden ist, benutzen Sie Sonnencreme mit einem hohen Lichtschutzfaktor und tragen Sie eine Kopfbedeckung. Nacken und Arme sollten bedeckt sein, außerdem ist eine gute Sonnenbrille empfehlenswert. Nehmen Sie ausreichend Flüssigkeit zu sich. Sind Sie über einen längeren Zeitraum bei zu geringer Flüssigkeitszufuhr hohen Außentemperaturen ausgesetzt, besteht die Gefahr eines Hitzschlags, der schwerwiegende Folgen haben kann.

Fundsachen

Einen Diebstahl oder ein anderes Verbrechen meldet man am besten der Touristenpolizei. Die nötigen Formalitäten können allerdings bis zu einem halben Tag in Anspruch nehmen.

LESETIPPS

Es gibt eine große und ständig ansteigende Zahl von Büchern zu allen Aspekten Ägyptens sowie zur Ägyptologie. Einige Bestseller und interessante Werke finden Sie in der nachstehenden Liste

Belletristik

Al-Aswany, Alaa:
Der Jakubijan-Bau (2004)
Ein Bestseller auf Arabisch, jetzt auch in Deutsch. Der Roman erzählt die Geschichte des modernen Ägyptens durch die Lebensgeschichten der Bewohner eines Gebäudes in Kairo.

Christie, Agatha:
Tod auf dem Nil (1937)
Jedermann kennt zumindest den Film: Detektiv Hercule Poirot untersucht den Mord an einer reichen Erbin an Bord eines Nildampfers. Agatha Christie selbst hatte Ägypten auch bereist.

Durrell, Lawrence:
Das Alexandria-Quartett (1960)
Die vier Romane ***Justine, Balthazar, Mountolive*** und ***Clea*** erzählen die Geschichte des kosmopolitischen Lebens im Alexandria der 1930er Jahre.

Gedge, Pauline:
Herrscher der zwei Länder (2001)
Diese Trilogie beschäftigt sich mit der bisher vernachlässigten 17. Dynastie und dem Kampf des Prinzen Kamose mit den Hyksos, die aus Ägypten vertrieben werden sollten.

George, Margaret:
Kleopatra. Der Roman ihres Lebens (1998)
Roman über das Leben der legendären ägyptischen Königin, mit großer Liebe zum Detail. Sie wird hier eher als Mutter und Diplomatin dargestellt, und nicht wie sonst so häufig als intrigante Verführerin.

Jacq, Christian: ***Ramses (1999)***
Das fünfbändige Werk des renommierten französischen Ägyptologen brachte den größten ägyptischen Pharao an die Spitze der Bestsellerlisten. Fast alle Bände liegen inzwischen als Taschenbuchausgabe vor und bieten einen hervorragenden Einblick in die Zeit der Pharaonen. Ebenfalls erschienen „Die Pharaonin der Freiheit" (2003).

Machfus, Nagib:
Kairoer Trilogie (1994–1997)
Zahlreiche Bücher des berühmten ägyptischen Schriftstellers wurden in deutscher Sprache veröffentlicht, neben der Kairoer Trilogie auch viele Bände mit Erzählungen.

Smith, Wilbur: Zahlreiche Werke historischer Fiktion, deren Schauplätze im antiken Ägypten liegen. Publikumsmagnet.

Ondaatjie, Michael:
Der englische Patient (1992)
Preisgekrönter Roman über Liebe und Schicksal im Zweiten Weltkrieg mit Schauplätzen in Italien und Ägypten. Der Protagonist La-

dislaw Almasy lebte seinerzeit tatsächlich in Kairo.

Soueif, Ahdaf:
Die Landkarte der Liebe (2000)
Soueif wuchs in Ägypten auf, ging dann aber nach England, wo sie jetzt zur Londoner Literaturszene gehört und mit dieser umfangreichen Familiensaga für den britischen Booker Prize nominiert war.

Sachbücher

Aciman, André:
Damals in Alexandria. Erinnerungen an eine verschwundene Welt (1997)
Erinnerungen an ein exzentrisches Familienleben im vorrevolutionären, kosmopolitischen Ägypten, von einem bekannten Journalisten verfasst.

Bongioanni, Alessandro & Croce, Maria Sole:
Ägyptisches Museum Kairo (2001)
Der National Geographic Art Guide führt Saal für Saal durch das Museum, zeigt und beschreibt die einzelnen Exponate mit fantastischen Bildern und enthält auch Tipps für eilige Besucher.

Fagan, Brian & Garrett, Kenneth:
Das Reich der Pharaonen (2001)
Ein Bildband mit eindrucksvollen Fotos, die Tausende von Jahren ägyptischer Geschichte lebendig werden lassen.

Ghosh, Amitav:
In einem alten Land (1994)
Bericht über die Zeit, die der Autor in einem kleinen Bauerndorf im Nildelta verbrachte. Reiche Information über das Leben der ägyptischen Bauern.

Lehner, Mark:
Geheimnis der Pyramiden (2004)
Einer der besten Kenner der Pyramiden schreibt hier Wissenswertes über die berühmten Monumente. Fesselnde Berichte und computersimulierte Baupläne werfen einen Blick auf die geheimnisvolle architektonische Meisterleistung.

Lippert, Helga:
Terra X. Von den Oasen Ägyptens zum Fluch des Inka-Goldes (2001)
Begleitbuch zur bekannten ZDF-Serie, die zu Neuentdeckungen führt.

Lurker, Manfred:
Lexikon der Götter und Symbole der alten Ägypter. Sonderausgabe. Handbuch der mystischen und magischen Welt Ägyptens (1998)
Kundiges Nachschlagewerk für alle, die sich für Gräber und ägyptische Götter interessieren und sich nicht allein auf den Tourenbegleiter verlassen wollen.

Sattin, Anthony:
Im Schatten des Pharao (2000)
Sattin sucht nach „Spuren" pharaonischer Traditionen im modernen Ägypten.

Tiradritti, Francesco und DeLuca, Araldo:
Die Schatzkammer Ägyptens (1999)
Ein Prachtband mit großartigen Farbfotos der Kunstwerke des Alten Ägypten. Interessante Aufsätze ergänzen die Fotos aufs Beste und geben zusätzliche Information.

Was ist Was? Bd. 70:
Das alte Ägypten (2000)
Die Reihe Was ist Was? eignet sich durchaus nicht nur für Kinder und Jugendliche. Anschaulich und zugleich wissenschaftlich fundiert gibt sie erste Einblicke in das Leben im alten Ägypten und in die Geschichte der Pharaonen.

FILME

Obwohl es sich um ein Land voller spektakulärer Monumente, exotischer Basare und großartiger Wüstenszenerien handelt, ist Ägypten vergleichsweise nur selten auf der Leinwand präsent. Dieses liegt im Wesentlichen in den sehr hohen Steuern begründet, die seit ihrer Einführung die meisten ausländischen Produzenten und Regisseure davon abgehalten haben, Filme in Ägypten zu drehen.

Cleopatra (1963)
Ein vierstündiger Filmmarathon, berühmt vor allen Dingen durch die außerfilmische Beziehung zwischen den Hauptdarstellern Elisabeth Taylor und Richard Burton, die bei der Produktion dieses Films ihren Anfang nahm. Die gewaltigen Produktionskosten bei den Dreharbeiten trieben das Filmstudio (Twentieth Century Fox) fast in den Ruin.

Tod auf dem Nil (1978)
Ein nostalgischer Krimi mit Peter Ustinov als Meisterdetektiv Hercule Poirot in der Hauptrolle. Zum beachtlichen Staraufgebot gesellten sich auch Bette Davis, Mia Farrow und David Niven. Fantastische Aufnahmen vom Nil.

Der englische Patient (1996)
Erwähnenswert bei diesem mit sieben Oscars ausgezeichneten Film sind die sinnlichen Wüstenaufnahmen. Obwohl der Ort der Handlung Ägypten ist, wurden diese Aufnahmen in Tunesien gemacht; die Kairoer Stadtszenen wurden in Venedig gedreht.

Fünf Gräber bis Kairo (1943)
Ein Spionagethriller und Frühwerk vom mehrfach Oscar-prämierten Filmregisseur und Drehbuchautor Billy Wilder *(Das verlorene Wochenende, Sunset Boulevard, Das verflixte 7. Jahr, Zeugin der Anklage, Manche mögen's heiß, Das Appartement, Das Mädchen Irma la Douce, Avanti Avanti).*

Lawrence von Arabien (1962)
David Leans episches Werk, ausgezeichnet mit dem Oscar für den besten Film des Jahres – insgesamt erhielt der Film sieben Oscars –, spielt hauptsächlich in der Wüste von Jordanien, aber auch auf dem Sinai und in Militärbasen in Kairo

(diese Szenen wurden jedoch in Sevilla gedreht). Dem großen Staraufgebot gehörten beispielsweise Alec Guinness, Anthony Quinn und Jack Hawkins an. Der internationale Durchbruch für den Iren Peter O'Toole, als Lawrence, und den Ägypter Omar Sharif.

Die Mumie (1932)
Der erste und wohl beste Film dieser Reihe, mit Horrordarsteller Boris Karloff *(Frankenstein)* in der Hauptrolle. Einige Szenen wurden im Ägyptischen Museum in Kairo nachgestellt.

Die Mumie (1959)
In diesem Spielfilm spielt Dracula-Darsteller Christopher Lee die Hauptrolle der Mumie. Der Schauplatz ist diesmal das neblig-düstere London.

Die Mumie (1999) und
Die Mumie kommt zurück (2001)
In diesen Fantasy-Komödien steht zur Abwechslung nicht das Monster, sondern der Held (Brendan Fraser) und seine Geliebte (Rachel Weisz) im Vordergrund. Die Außenaufnahmen wurden in der tunesischen Wüste gemacht; die Szenen in Kairo sind entweder Studioproduktionen oder gute computergestützte Trickaufnahmen.

Der Prinz von Ägypten (1998)
Der erfolgreiche Zeichentrickfilm zeigt die Flucht von Moses und den Israeliten aus dem alten Ägypten. Die Produktion war überaus erfolgreich, für jüngere Kinder jedoch wenig geeignet.

Der Spion, der mich liebte (1977)
Roger Moore alias James Bond entledigt sich seiner Feinde an den Pyramiden von Giseh, im islamischen Kairo und in Karnak – alles wunderschön und mit einem Augenzwinkern in Szene gesetzt. In diesem Bond-Streifen steht ihm die Filmschönheit Barbara Bach zur Seite.

The Yacoubian Building (2006)
Ein preisgekrönter Film zum Bestsellerroman „Der Jakubijan-Bau". Der teuerste ägyptische Film, der je gedreht wurde!

Hotels & Restaurants

Ägypten bietet seinen Gästen viele verschiedene Unterkunftsmöglichkeiten. Das Hotelwesen verzeichnet eine rege Bautätigkeit, und die Zahl der Betten steigt schnell. Diese Entwicklung lässt sich allerdings nicht auf die Restaurants übertragen. In Kairo, Assuan, Luxor und in den Touristengebieten am Roten Meer gibt es zwar eine große Auswahl an Hotels unterschiedlicher Kategorien, aber nur in Kairo finden die Touristen eine ähnliche Auswahl an Restaurants. Im mittleren Ägypten und in der westlichen Wüste ist das Niveau der Unterkünfte sowie der Restaurants generell niedriger.

UNTERKÜNFTE

Hotels

Reservierungen für größere Hotels können natürlich auf herkömmlichem Wege im Reisebüro oder per E-Mail und im Internet vorgenommen werden (z.B. Website des Ministeriums für Tourismus, siehe S. 353). Wenn Sie flexibel sind, lassen sich allerdings – vielleicht durch eine örtliche Agentur – vor Ort oft viel günstigere Preise aushandeln.

Die großen internationalen Hotelketten sind in Ägypten zum Teil durch mehrere Häuser vertreten. Sie sind ebenso luxuriös ausgestattet wie in anderen Ländern der Welt. In den klimatisierten Räumen gibt es Banken und Boutiquen, eine Vielzahl an Bars und Restaurants sowie Swimmingpools. Einige bieten Fitnessräume, andere haben Golfplätze oder Tauchschulen. In exklusiven Häusern kommen Sie sogar in den Genuss eines persönlichen Butlers. Allerdings kann der Service ansonsten zu wünschen übriglassen. So sollten Sie sich nicht auf den morgendlichen Weckruf verlassen und immer alle Reservierungen bestätigen lassen.

In kleineren Hotels kann der Service unter Umständen sogar besser sein, weil hier alles persönlicher ist. Obwohl auch die meisten Mittelklassehotels zwar klimatisiert sind, ein Restaurant und einen Pool haben, sollte man nicht zu viel erwarten. Bevor Sie ein Zimmer beziehen, sollten sie z.B. überprüfen, ob Warmwasser überhaupt vorhanden ist oder nur zu bestimmten Zeiten.

Ein besonderes Erlebnis können Aufenthalte in den älteren Hotels des Landes sein. Weil Ägypten bereits sehr früh ein beliebtes Reiseziel war, gibt es hier eine Reihe prächtiger, fast palastartiger Hotels, die zu einer Zeit gebaut wurden, als man noch Schrankkoffer hatte, das Dienstpersonal mitreiste und Drinks auf der Veranda eingenommen wurden. Das Cecil in Alexandria (siehe S. 366), das Mena House in Kairo (siehe S. 361), der Winter Palace in Luxor (siehe S. 370) und das Old Cataract in Assuan (siehe S. 372) sind als eigene Sehenswürdigkeiten auch dann einen Besuch wert, wenn Sie dort keine Übernachtung gebucht haben.

Preise

Die Hotelpreise beziehen sich immer auf ein Doppelzimmer für eine Nacht. Außerhalb der Saison, im mittleren und im südlichen Ägypten also in den Sommermonaten, haben viele Hotels besondere Angebote. Sie sollten sich in jedem Fall nach solchen speziellen Arrangements erkundigen.

Beachten Sie bitte, dass in den genannten Preisen eine Reihe von Steuern und Serviceleistungen nicht berücksichtigt wurden, die zusätzlich noch einen Aufschlag von 19 bis 23 Prozent ausmachen können.

Jugendherbergen

In Ägypten gibt es 15 Jugendherbergen, die dem Internationalen Jugendherbergswerk angehören. Sie befinden sich in Kairo, Alexandria, Al-Fayum, Assuan, Assiyut, Hurghada, Ismailia, Luxor, Marsa Matruh, Port Said und in Sharm el-Sheikh. Die Ausstattung ist zwar nicht besonders gut, aber eine Übernachtung kostet auch nur zwischen drei und 15 LE pro Nacht. In einigen Häusern gibt es Zimmer für Paare oder Familien, in der Regel werden Männer und Frauen aber getrennt untergebracht. Reservierungen sind normalerweise nicht nötig. Für nähere Informationen wenden Sie sich bitte an die Egyptian Youth Hostel Organisation (Tel. 02/2794 14 48, Fax 02/2795 03 29).

Camping

Offiziell ist Camping nur an einigen wenigen Plätzen wie z. B. in den Oasen und im Ras Muhammad Nationalpark auf der Sinai-Halbinsel erlaubt. Die Ausstattung der Campingplätze ist sehr einfach. In Luxor findet man einen YMCA-Campingplatz (Tel. 095/372 425). Es gibt keinen ägyptischen Campingverband.

RESTAURANTS

Nur in Kairo hat man die Möglichkeit, zwischen einer Vielzahl unterschiedlicher Restaurants zu wählen. Hier gibt es auch vegetarische Cafés, Pizzerien, westliche Fastfood-Ketten sowie viele Restaurants mit unterschiedlichster internationaler Küche.

In Alexandria findet man viele exzellente Fischrestaurants. Außerhalb dieser Städte ist man im Wesentlichen auf die Cafés, Bistros, Brasserien und Restaurants der Hotels angewiesen. Reservierungen werden nur selten beachtet, sind aber auch in der Regel meistens nicht nötig.

Traditionelle ägyptische Restaurants sind deshalb nur schwer zu finden, weil die Ägypter selbst nicht häufig im Restaurant essen gehen. Stattdessen isst man *fuul* und *falafel* (in Kairo *taamiyya* genannt) an einem der vielen Straßenstände. Hierbei handelt es sich um zwei ägyptische Spezialitäten, die zum Frühstück, Mittag- und Abendessen verzehrt werden. In den Schaufenstern einiger Läden stehen große Bottiche, die mit Reis, Linsen und Makkaroni gefüllt sind. Diese drei Zutaten werden in einem Topf mit gebratenen Zwiebeln und Tomatensoße vermengt. So entsteht *kushari*, eine weitere kulinarische Besonderheit des Landes.

Wenn die Ägypter sich zu einem gemeinsamen Essen treffen, ist es immer ein großes gesellschaftliches Ereignis. Sie beginnen mit einer Vorspeise, *meze*, die aus *falafel*, *bedingan* (Auberginen), *hummus*, gefüllten Weinblättern oder frischem Salat und Brot bestehen kann. Danach folgt eine Suppe oder ein gehaltvolleres Gericht wie z.B. Brot mit Fleisch gefüllt. Erst dann wird das Hauptgericht serviert, wobei es sich meistens um gebratenes Hühnchen oder anderes gegrilltes Fleisch handelt. Hierzu werden Kartoffeln und Reis gereicht.

Danach gibt es ausgiebig Kaffee und klebriges, süßes Gebäck oder Früchte. Einige in der Runde rauchen jetzt vielleicht sogar Wasserpfeife. Diese Prozedur kann den ganzen Abend einnehmen, und weil man spät beginnt, kommt es vor, dass das Essen auch um Mitternacht noch nicht beendet ist. Viele Restaurants schließen deshalb erst in den frühen Morgenstunden und in Kairo sogar erst bei Sonnenaufgang. In Ägypten legt man keinen großen Wert auf gesunde und kalorienbewusste Ernährung.

Alkohol

In vielen Restaurants und Bars der Touristengebiete gibt es zwar alkoholische Getränke (siehe S. 351), aber in einigen der kleineren Restaurants, die hier aufgeführt sind, wird kein Alkohol angeboten.

KREDITKARTEN

Die großen Hotels und die Restaurants, in denen häufig Touristen verkehren, akzeptieren die gängigen Kreditkarten.

Die Abkürzungen, die hier benutzt werden, lauten AE (American Express), MC (Mastercard), V (Visa).

In der folgenden Auswahl sind zunächst die Hotels und dann die Restaurants der einzelnen Orte innerhalb der Preiskategorien alphabetisch sortiert.

KAIRO

HOTELS

FOUR SEASONS HOTEL CAIRO AT NILE PLAZA

$$$$$

1089 CORNICHE AL NIL
GARDEN CITY
TEL. 02/2791 7000
FAX 02/2791 6900
www.fourseasons.com/caironp

In Garden City, dem Viertel der Botschaften, steht dieses jüngste Luxushotel dem Four Seasons in Giseh an Eleganz nicht nach, bietet aber zusätzlich einen fantastischen Blick auf den Nil. Genau gegenüber liegen die Feluken, die für eine Nilfahrt vermietet werden.

365 Alle gängigen Kreditkarten

CAIRO MARRIOTT HOTEL & OMAR KHAYYAM CASINO

$$$$

16 SARAY AL-GEZIRA
ZAMALEK
TEL. 02/2728 3000
FAX 02/2728 3001
www.marriott.com/caieg

Der ägyptische Herrscher Khedive Ismail baute diesen Palast auf einer Insel im Nil für die Kaiserin Eugénie und ihr Gefolge, als diese 1869 als Ehrengast zur Eröffnung des Sueskanals geladen war. Der mit Antiquitäten ausgestattete Palast und ein Park mit ca. 2,5 ha sind der Mittelpunkt des Hotels. Die erstklassigen Zimmer befinden sich in modernen Gebäuden, meistens mit Blick auf den Nil. Das schöne Restaurant im Garten steht nicht nur Hotelgästen zur Verfügung.

1.124 Alle gängigen Kreditkarten

CAIRO SHERATON

$$$$

AL-GALAA SQ.
DOKKI
TEL. 02/3336 9800
FAX 02/3336 4601
www.starwoodhotels.com/sheraton

Die meisten Zimmer dieses großen Hotels, das aus den 1970er Jahren stammt, blicken auf den Nil. Es liegt zwar am Flussufer, aber leider – aus touristischer Sicht – auf der falschen Seite, der West Bank, sodass Sie ein Taxi ins Zentrum benötigen, weil der Fußweg zu weit ist.

605 Alle gängigen Kreditkarten

CONRAD CAIRO

$$$$

1191 CORNICHE AL-NIL
BULAQ
TEL. 02/2580 8000
FAX 02/2580 8080
www.conradhotels.com

Neues Luxushotel direkt am Nil. Von allen Zimmern aus kann man auf den Fluss schauen. Nördlich des Zentrums gelegen, ist es relativ weit von den Sehenswürdigkeiten der Stadt entfernt; ein Taxi braucht allerdings nur wenige Minuten. Die eleganten Räume und Suiten haben viele Reize, und sie verfügen über eigene Terrassen. Nebenan befindet sich Arkadia Mall, die größte Einkaufsmeile in der Innenstadt von Kairo, mit mehr als 500 Läden.

617 Alle gängigen Kreditkarten

FOUR SEASONS HOTEL. CAIRO AT THE FIRST RESIDENCE

$$$$

35 GIZA ST.
GIZA
TEL. 02/3573 1212
FAX 02/3568 1616
www.fourseasons.com/cairofr

Dieses Top-Hotel Kairos gehört zur First Residence, dem teuersten und exklusivsten Gebäudekomplex der Stadt. Dort gibt es Boutiquen, luxuriöse Apartments und ein Kasino. Der Service ist vorzüglich, aber von hier aus lassen sich lediglich die Pyramiden und die Sphinx gut erreichen.

271 Alle gängigen Kreditkarten

GRAND HYATT CAIRO

$$$$

CORNICHE AL-NIL
MANIAL
TEL. 02/236 51 234
FAX 02/236 21927
www.cairo.grand.hyatt.com

Dank der Lage des Hotels an der Nordspitze der Roda-Insel bieten alle Räume des Grand Hyatt einen großartigen Blick auf den Nil. Es gibt mehrere Restaurants, Cafès, Bars und ein Kino im angeschlossenen Einkaufszentrum im Gebäude.

1100 Alle gängigen Kreditkarten

HILTON CAIRO WORLD TRADE CENTER RESIDENCE

$$$$

1191 CORNICHE AL-NIL
BULAQ
TEL. 02/2580 2000
FAX 02/2579 0577
www1.hilton.com

Dieses Luxushotel ist Teil des World-Trade-Center-Komplexes, einer Gruppe von Bürogebäuden an der Corniche (Niluferstraße) nördlich des Stadtzentrums. Es besitzt einen (im Winter beheizten) Pool und Zimmer mit eigener Küchenzeile.

104 Alle gängigen Kreditkarten

DER BESONDERE TIPP

MENA HOUSE OBEROI

Die ehemalige königliche Jagdhütte des Kehdiven Ismail (1863–1879) wurde Ende des 19. Jahrhunderts in ein Hotel umgewandelt. Direkt an den Pyramiden gelegen, bietet es eine wundervolle Aussicht: Sie können sich im Pool treiben lassen und dabei eines der sieben Weltwunder betrachten. In diesem opulent orientalisch eingerichteten Haus residierten so berühmte Gäste wie Charlie Chaplin, Cecil B. DeMille sowie Winston Churchill und Franklin D. Roosevelt, die hier über Pläne zur alliierten Invasion in Europa im Zweiten Weltkrieg sprachen. Die Zimmer im modernen Gartenanbau wirken allerdings charakterlos. Die Restaurants heißen z. B. The Moghul Room oder Khan al-Khalili. Das Hotel verfügt über einen eigenen Golfplatz.

523 Alle gängigen Kreditkarten

MÖVENPICK RESORT CAIRO-PYRAMIDS

$$$$

CAIRO-ALEXANDRIA DESERT HWY.
GIZA
TEL. 02/3377 2555
FAX 02/3377 5006
www.moevenpick-pyramids.com

Wenn Sie dem Lärm und der Luftverschmutzung in der Stadt entfliehen wollen, sollten Sie dieses freundliche, moderne und unauffällige Hotel bei den Pyramiden wählen. Von hier aus lassen sich bequem Ausflüge in die Umgebung Kairos machen, wie etwa nach Sakkara, Memphis, Abu Sir oder Dahschur.

240 Alle gängigen Kreditkarten

RAMSES HILTON

$$$$

1115 CORNICHE AL-NIL
DOWNTOWN
TEL. 02/2577 7444
FAX 02/2575 2942
www1.hilton.com

Das turmartige Ramses Hilton liegt direkt hinter dem Ägyptischen Museum am Nilufer. Es ist gut ausgestattet (u.a. sechs

PREISE

HOTELS

Preiskategorien für ein Doppelzimmer ohne Frühstück: .

$$$$$	Über 1150 LE
$$$$	690–1150 LE
$$$	350–690 LE
$$	170–345 LE
$	unter 170 LE

RESTAURANTS

Preise für ein Drei-Gänge-Menü ohne Getränke:

$$$$	Über 200 LE
$$$	115–200 LE
$$	55–115 LE
$	unter 55 LE

Restaurants) und die Aussicht ist umwerfend – insbesondere von der Cocktailbar auf dem Dach des Hotels. Das Straßengewirr rund um das Hotel herum ist allerdings erschreckend: Von Ausflügen zu Fuß ist abzuraten.

859 Alle gängigen Kreditkarten

SEMIRAMIS INTER-CONTINENTAL

$$$$

CORNICHE AL-NIL
DOWNTOWN
TEL. 02/2795 7171
FAX 02/2796 3020
www.intercontinental.com

Das Semiramis gehört zu den besten Hotels in Kairo. Es hat ein großes, helles Foyer sowie elegante und großzügige Zimmer. Die meisten Räume bieten einen schönen Blick auf den Nil, weil das Hotel direkt am Fluss liegt. Das Ägyptische Museum ist nur wenige Gehminuten entfernt.

730 Alle gängigen Kreditkarten

BARON

$$$

8 MAAHAD AL-SAHARA
HELIOPOLIS
TEL. 02/2291 5757
FAX 02/2291 7077
www.baronhotelsegypt.com

Nahe der Airport Road in einem nördlichen Vorort von Heliopolis gelegen, blickt man von dem Hotel auf die bizarre Hindu-Architektur des Baron's Palace (Baron Empain war 1903 der Gründer der Stadt Heliopolis). Das Hotel liegt günstig zum Flughafen und bietet sich für Geschäftsreisen an.

126 AE, DC, V

GOLDEN TULIP HOTEL. FLAMENCO

$$$

2 GEZIRA AL-WUSTA
ZAMALEK
TEL. 02/2735 0815
FAX 02/2735 0819
www.flamencohotels.com

Einfaches, aber komfortables Hotel in einer der lebhaften Seitenstraßen im Westen von Zamalek. Von den Zimmern zum Fluss blickt man auf die vielen Hausboote, die am Ufer des Nils festgemacht sind. .

157 Alle gängigen Kreditkarten

HOTEL. LONGCHAMPS

$$$

21 ISMAIL MUHAMMAD ST.
ZAMALEK
TEL. 02/2735 2311
FAX 02/2735 9644
www.hoTEL.longchamps.com

Das Longchamps ist ein nettes Hotel (im selben Gebäude wie das Horus House weiter unten) und wartet mit einer hübschen Terrassenbar über den Dächern von Zamalek auf. Alle Zimmer haben Klimaanlage und breite Doppelbetten. Internetzugang vorhanden.

22 MC, V

NOVOTEL CAIRO AIRPORT

$$$

CAIRO AIRPORT
TEL. 02/2291 8520
FAX 02/2291 4794
www.novotel.com

Dieses Flughafenhotel bietet sich besonders für einen Kurzaufenthalt an, oder wenn man einen Flug am frühen Morgen gebucht hat. Alle Sehenswürdigkeiten und das Zentrum der Stadt liegen weit entfernt.

207 Alle gängigen Kreditkarten

COSMOPOLITAN

$$

1 IBN TAALAB ST.
DOWNTOWN
TEL. 02/3392 3845
FAX 02/3393 3531

Das imposante Jugendstil-Hotel von 1910 wurde renoviert und modernisiert. Einige Zimmer sind aber davon nicht betroffen und somit immer noch sehr einfach eingerichtet, sodass Sie sich den Raum zeigen lassen sollten, bevor Sie sich für einen Aufenthalt in diesem Hotel entscheiden.

84 Alle gängigen Kreditkarten

GARDEN CITY HOUSE

$$

23 KAMAL AD-DIN SALAH
DOWNTOWN
TEL. 02/ 2794 8400
FAX 02/2794 4126
www.gardencityhouse.com

Preisgünstiges, aber charaktervolles Hotel nördlich des Tahrir Square genau hinter dem Semiramis Intercontinental. Es hat bereits bessere Zeiten gesehen, aber die Angestellten sind sehr freundlich. Oft trifft man hier Akademiker und Archäologen, die an der American University zu Gast sind.

38 Keine

HORUS HOUSE

$$

21 ISMAIL MUHAMMAD ST.
ZAMALEK
TEL. 02/2735 3634
FAX 02/2735 3182
www.horushousehotel4t.com

Dieses kleine, familiäre Hotel befindet sich im vierten Stock eines Apartmenthauses in einem sehr grünen Ortsteil von Zamalek. Es ist ein wenig abseits der von Prospekten bekannten Sehenswürdigkeiten Kairos, aber hier befinden sich viele kleine Boutiquen, Cafés, Bars und einige der besseren Restaurants der Stadt. .

35 AE, MC, V

HOTEL. HUSSEIN

$$

AL-HUSSEIN SQ.
ISLAMIC CAIRO
TEL. 02/2591 8089

Dies ist eines der beiden Hotels im historischen Viertel

des islamischen Kairo. Die Einrichtung dieses Hotels ist eher zweckmäßig, aber es liegt direkt am geschäftigen Al-Hussein-Platz und am Khan al-Khalili, was allerdings auch einen hohen Geräuschpegel mit sich bringt.

56 Keine

WINDSOR

$$

19 ALFY BEY ST.
TEL. 02/2591 5810
FAX 02/2592 1621
www.windsorcairo.com

Dieses Haus ist im Kolonialstil gehalten, da es sich um einen britischen Offiziersclub aus der frühen Phase des 20. Jahrhunderts handelt. Sehr stilvoller Eingangsbereich mit knarrendem Lift aus Holz und der Barrell Bar, einem der besten Lokale für einen Drink nach einer Sightseeingtour. Die altmodischen Zimmer sind zwar charaktervoll, neigen oft aber schon dazu, schäbig zu wirken. Prüfen Sie deshalb die Zimmer, bevor Sie hier einchecken. Reservierungen sind empfehlenswert.

55 Alle gängigen Kreditkarten

PENSION ROMA

$

169 MUHAMMAD FARID ST.
DOWNTOWN
TEL. 02/2391 1088
FAX 02/2579 6243

Dieses einwandfrei geführte Haus ist bei weitem das beste unter den preisgünstigen Hotels in Kairo. Es befindet sich im obersten Stock eines alten Apartmenthauses im Zentrum der Stadt. Die hohen Räume haben Holzfußböden und Ventilatoren. Außerdem gibt es einen wunderschönen Frühstücksraum. Reservierungen sind unbedingt erforderlich.

32 Keine

RESTAURANTS

THE GRILL

$$$$

SEMIRAMIS INTERCONTINENTAL HOTEL
DOWNTOWN
TEL. 02/2795 7171

Kairos bestes Restaurant für Fleischspezialitäten befindet sich im Semiramis Intercontinental Hotel (siehe S. 359). Es bietet besten Service und einen wundervollen Panoramablick auf den Fluss. Darüber hinaus hat es eine der besten Weinkarten des Landes.

19–23.30 Uhr.
Alle gängigen Kreditkarten

JUSTINE

$$$$

FOUR CORNERS COMPLEX
4 HASSAN SABRY ST.
ZAMALEK
TEL. 02/2735 1647

Als eines der besten französischen Restaurants in Ägypten ist das Justine schon seit langer Zeit beim diplomatischen Corps in Kairo beliebt. Reservierung empfehlenswert. .

12.30–15 Uhr und 19.30 bis 23 Uhr
Alle gängigen Kreditkarten

THE REVOLVING RESTAURANT

$$$$

GRAND HYATT CAIRO
RODA
TEL. 02/2365 1234

Dieses französische Toprestaurant im 41. Stock des Hyatt (s. S. 358) rühmt sich das höchst gelegene Restaurant im Nahen Osten zu sein. Der Blick über Kairo und den Nil ist einfach himmlisch.

19–1 Uhr. Alle gängigen Kreditkarten

VILLA D'ESTE

$$$$

CONRAD CAIRO
1191 CORNICHE AL-NIL
BULAQ
TEL. 02/2580 8000

Dieses sehr elegante und empfehlenswerte italienische Restaurant befindet sich im ersten Stock des am Nil gelegenen Conrad International Hotel (siehe S. 357). Hier sind erstaunlicherweise keine Mobiltelefone erlaubt – eine Seltenheit, aber eine Wohltat in Kairo.

19–24 Uhr
Alle gängigen Kreditkarten

PREISE

HOTELS

Preiskategorien für ein Doppelzimmer ohne Frühstück: .

$$$$$	Über 1150 LE
$$$$	690–1150 LE
$$$	350–690 LE
$$	170–345 LE
$	unter 170 LE

RESTAURANTS

Preise für ein Drei-Gänge-Menü ohne Getränke:

$$$$	Über 200 LE
$$$	115–200 LE
$$	55–115 LE
$	unter 55 LE

DER BESONDERE TIPP

ABU AL-SID

Eines der luxuriösesten Restaurants in Kairo ist sehr orientalisch eingerichtet: viele Polsterkissen, Messinglampen und mit Pailletten übersäter Nippes. Manche Gäste sitzen mit gekreuzten Beinen an niedrigen *tabliya*. Wählen Sie zwischen traditionellen ägyptischen Gerichten, wie z. B. *sharkassiyya* (Hühnchenbrust mit Walnusssauce), *sayadiyya* (Fisch mit Tomaten, Zwiebeln und rotem Reis) oder *molokhiyya*, einer grünen Suppe mit Kaninchen. Reservierung erforderlich.

$$$

57 26TH OF JULY ST.
ZAMALEK
TEL. 02/2735 9640

11–14 Uhr Alle gängigen Kreditkarten

ARABESQUE

$$$

6 QASR AL-NIL ST.
DOWNTOWN
TEL. 02/2574 7898

Vertrauliche und exklusive Atmosphäre. Das Arabesque mit Zugang durch eine Kunstgalerie ist bei ägyptischen Filmstars beliebt. Vollendete kontinentale Küche wird mit landestypischen Spezialitäten wie Kebab oder Taube verbunden.

12–16 und 19.30–24 Uhr AE, MC, V

LA BODEGA

$$$

157 26TH NAHE JULY ST.
ZAMALEK
TEL. 02/735 6761

Ungewöhnliches Restaurant mit Bar und Cocktail-Lounge in fabelhaftem Dekor. Die Karte ist umfangreich und beinhaltet sowohl internationale Speisen als auch Gerichte aus dem Mittleren Osten. Die Auswahl an Alkoholika gehört zu den besten der Stadt.

12–1 Uhr Alle gängigen Kreditkarten

CITADEL VIEW

$$$

SALAH SALEM ST.
AL-AZHAR PARK
TEL. 02/510 9150

Eines der schönsten Restaurants in Kairo, vor allem die Terrasse an einem lauen Abend. Die Küche ist libanesisch und ägyptisch und köstlich zubereitet.

11–24 Uhr Alle gängigen Kreditkarten

KHAN AL-KHALILI RESTAURANT/NAGUIB MAHFOUZ COFFEE SHOP

$$$–$

5 SIQQAT AL-BADESTAN
KHAN AL-KHALILI
TEL. 02/2590 3788

Dieses Café-Restaurant tief im Basar Khan al-Khalili steht unter der Leitung der Oberoi-Hotelgruppe. Nach dem ägyptischen Nobelpreisträger benannt, werden hier gute Sandwiches und Snacks serviert. (Es hat auch die einzig akzeptablen Toiletten weit und breit.) Das angeschlossene orientalisch eingerichtete Restaurant bietet östliche und internationale Gerichte.

10–2 Uhr Alle gängigen Kreditkarten

MAZMAZA

$$$

LE PACHA 1901 BOAT SARAY
AL-GEZIRA ST.
ZAMALEK
TEL. 02/2735 6730

Eines von vier ausgezeichneten Restaurants an Bord eines restaurierten Schiffs vom Beginn des 20. Jahrhunderts, das bei der 6th October Bridge vor Anker liegt. Die Spezialität sind *Mezze*, kleine ägyptische, libanesische und türkische Gerichte.

19–2 Uhr
Alle gängigen Kreditkarten

THE MOGHUL ROOM

$$$

MENA HOUSE OBEROI
PYRAMIDS RD.
GIZA
TEL. 02/3377 3222 EXT. 6840

Eines der besten indischen Restaurants im Mittleren Osten. In diesem üppig dekorierten Raum werden neben alkoholfreien Getränken auch italienische und französische Weine angeboten. Im selben Hotel befindet sich auch das Khan al-Khalili mit ägyptischer Küche in einem Speisesaal, der einen schönen Blick auf die Pyramiden bietet.

12.30–15 und 19.30 bis 0.30 Uhr Alle gängigen Kreditkarten

LA PIAZZA

$$$

FOUR CORNERS COMPLEX
4 HASSAN SABRY ST.
ZAMALEK
TEL. 02/2736 2961

Das großzügige italienische Wintergarten-Restaurant mit schönem Blick über den Gezira Club bietet schmackhafte Suppen, Salate und Pasta. Besonders zur Mittagszeit ist dieses Restaurant meist gut besucht.

12.30–0.30 Uhr
Alle gängigen Kreditkarten

ANDREA

$$

59-60 MARYOUTIA CANAL
GIZA
TEL. 02/3383 1133

In der Nähe der Pyramiden gelegen, bietet sich dieses äußerst beliebte Gartenrestaurant an. Es hat sich auf gegrillte Hähnchen und Wachteln spezialisiert, die mit einer Auswahl von Mezze und heißem Fladenbrot serviert werden, das ebendort in einem großen Lehmofen gebacken wird.

12–0.30 Uhr Keine

L'AUBERGINE

$$

5 SAYYED AL-BAKRY ST.
ZAMALEK
TEL. 02/2738 0080

Beliebt bei ägyptischen Trendsettern und Auswanderern. Es ist außergewöhnlich für Kairo, dass hier auch vegetarische Gerichte auf der Speisekarte stehen. Das Angebot wechselt

ständig, ist aber ein Mix aus allen möglichen Gerichten.
12–2 Uhr. AE, DC, V

CAFÉ RICHE
$$
17 TALAAT HARB ST.
DOWNTOWN
TEL. 02/2392 9793
In den 90er Jahren renoviert, bietet dieses Lokal aus der vorrevolutionären Zeit traditionelle ägyptische Kost. Hier hängen die Porträts vieler ägyptischer Berühmtheiten. Das Lokal ist bereits zur Frühstückszeit geöffnet und gilt als Stammkneipe vieler Intellektueller.
8–24 Uhr AE, MC, V

CHANTILLY
$$
11 BAGHDAD ST.
HELIOPOLIS
TEL. 02/2290 7303
Dieses Restaurant mit Bäckerei gehört der Swiss Air. Hinter dem Haus liegt auch noch ein schöner Garten.
7–24 Uhr Alle gängigen Kreditkarten

CRAZY FISH
$$
22 MARYOUTIA CANAL
GIZA
TEL. 02/3388 6288
Neueröffnung nahe des Siag Pyramids Hotel bei den Pyramiden. Dieses Restaurant hat sich auf Fisch spezialisiert, hat aber auch Fleisch auf der Speisekarte, wie z. B. *kofta*, Kebab oder Hühnchen. Es ist bei Reisegruppen sehr beliebt. .
9–1 Uhr AE, MC, V

SAMAKMAK
$$
24 AHMED ORABI
MOHANDISEEN
TEL. 02/3302 7308
Exzellentes Fischrestaurant versteckt zwischen Wohnhäusern im Westen Kairos. Als Vorspeisen werden frittierte Kalamares oder Shrimps angeboten. Die Gäste wählen die Hauptspeise aus dem Fang des Tages, der auf Eis ausgelegt wird. Erfrischender hausgemachter Limonensaft, aber auch Bier. Hier kann man sogar Wasserpfeife rauchen.
10–4 Uhr Alle gängigen Kreditkarten

ABU TAREK
$
40 CHAMPOLLION ST.
DOWNTOWN
Das wahrscheinlich beste *kushari*-Restaurant in Kairo – es gibt hier nichts anderes (siehe S. 357 u. S. 385). Bestellen Sie sich eine große (*kebir*), eine mittlere (*metawasit*) oder eine kleine Portion (*sughayyar*). Als Dessert wird exzellenter kalter Reispudding (*roz bileban*) serviert.
24 Std. geöffnet Keine

ALFY BEY
$
3 ALFY BEY ST.
DOWNTOWN
TEL. 02/2577 4999
In diesem kleinen, altmodischen Restaurant hat sich seit der Eröffnung in den 30er Jahren wenig verändert. Es ist auf einfache ägyptische Kost, insbesondere gegrilltes Fleisch, spezialisiert. Wählen Sie zwischen *kofta* (würziges Fleisch, am Spieß gegrillt), Kebab, Lammkoteletts oder gegrillter, mit Getreide gefüllter Taube.
13–1.30 Uhr Keine

EGYPTIAN PANCAKE HOUSE
$
AL-HUSSEIN SQ.
Der Pfannkuchen der Ägypter wird als *fiteer* bezeichnet und besteht aus einigen Lagen Blätterteig. Es ist interessant, dem Koch bei der Zubereitung zuzuschauen, wenn er den Teig bearbeitet und um seinen Kopf schwingt. Es gibt pikan-te pizzaähnliche *fiteer* mit Eiern, Tomaten, Oliven oder Fleisch in jeglicher Kombination oder süße *fiteer*, die mit Zucker oder geraspelter Kokosnuss überzogen werden. Für weitere Beläge sind der kulinarischen Fantasie keine Grenzen gesetzt.
24 Std. geöffnet Keine

PREISE

HOTELS
Preiskategorien für ein Doppelzimmer ohne Frühstück: .

$$$$$	Über 1150 LE
$$$$	690–1150 LE
$$$	350–690 LE
$$	170–345 LE
$	unter 170 LE

RESTAURANTS
Preise für ein Drei-Gänge-Menü ohne Getränke:

$$$$	Über 200 LE
$$$	115–200 LE
$$	55–115 LE
$	unter 55 LE

DER BESONDERE TIPP

FELFELA
Die günstigen Mahlzeiten haben das Felfela sowohl bei Touristen als auch bei Einheimischen beliebt gemacht. Probieren Sie *fuul* (gehackte Bohnen) mit Knoblauch, Öl, Eiern und Tomaten oder *fuul hosnia*, die mit Sahne und Eiern im Ofen gebacken werden. Bestellen Sie ausgiebig von den *baba ghanoug* (gehackte Auberginen, ähnlich wie Mezze), *hummus* (Kichererbsenpaste), *tahina* (Sesampaste) oder *Falafel*,

alles mit Brot serviert. Es gibt gegrillte Fleischspezialitäten, wie z. B. Taube. Hier wurden Baumstämme zu Tischen umfunktioniert; es gibt Aquarien und Vögel in Käfigen. Es wird Bier ausgeschenkt.
$
15 HODA SHAARAWI ST.
DOWNTOWN
ALSO 27 CAIRO-ALEXANDRIA HWY.
GIZA
TEL. 02/2392 2833
8–24 Uhr Keine

MAISON THOMAS
$
157 26TH OF JULY ST.
ZAMALEK
TEL. 02/2735 7057
Mehr als alle anderen Restaurants in Ägypten mit einem europäischen Delikatessenladen zu vergleichen. Hier gibt es Pizzas, gefüllte Baguettes und ein Frühstück am Morgen.
24 Std. geöffnet Keine

UMGEBUNG VON KAIRO

SAQQARA COUNTRY CLUB
$$
SAQQARA RD.
BADRASHEIN
TEL. 02/3381 1282
FAX 02/3381 0571
Dieses kleine, komfortable Hotel befindet sich auf dem Lande inmitten von Palmen. Es hat einen schönen Pool im Stil einer Lagune. Die Lage eignet sich bestens für Ausflüge nach Sakkara, Memphis und Abukir. Sie benötigen hierfür allerdings einen eigenen Wagen.
20 Alle gängigen Kreditkarten

ZAD AL-MOSAFER
$$
TUNIS, LAKE QARUN
FAYOUM
TEL. 084/682 0180
Neue rustikale Öko-Lodge in Fayums Künstlerkolonie am See. Das Restaurant serviert exzellente frische Fischgerichte.
13 Keine

DAS NILDELTA & SUES

ISMAILIA

MERCURE FORSAN ISLAND
$$$
GEZIRAT AL-FORSAN
TEL. 064/391 6316
FAX 064/391 8043
www.accorhotels.com
Großes und modernes Haus in grüner Umgebung am Timsah-See. Von hier aus hat man einen schönen Blick über den See. Privatstrand.
138 AE, MC, V

GEORGE'S
$$
11 THAWRA ST.
TEL. 064/391 8327
Kleines Fischrestaurant mit viel Atmosphäre an der Hauptstraße von Ismailia. Seit der Eröffnung 1950 wurde hier nicht viel verändert.
12–23 Uhr
AE, MC, V

PORT SAID

HELNAN PORT SAID
$$$$
ATEF AL SADAT ST.
CORNICHE
TEL. 066/332 0890
FAX 066/332 3762
www.helnan.com
Großes, aber schon alterndes Hotel direkt am Strand, nur wenige Gehminuten nördlich des Zentrums. Von dort aus blickt man auf die Mündung des Kanals ins Mittelmeer. Neben vielen anderen Angeboten hat das Hotel einige Restaurants und einen Nachtclub. .
202 AE, MC, V

SONESTA PORT SAID
$$$$
SULTAN HUSSEIN ST.
TEL. 066/332 5511
FAX 066/332 4825
www.sonesta.com
Bescheidenes Hotel an einer der Hauptstraßen. Viele Zimmer bieten einen Ausblick auf den Kanal. Vornehmlich für Geschäftsreisende.
110 Alle gängigen Kreditkarten

HOTEL DE LA POSTE
$
42 GOMHURIYYA ST.
TEL./FAX 066/322 4048
Das alte renovierte Haus im Zentrum der Stadt wird von seinem griechischen Besitzer gut geführt.
44 Keine

AL-BORG
$$
CORNICHE
In diesem sehr bescheidenen Strandrestaurant werden nur beste und frischeste Fische und Meeresfrüchte serviert. Spezialität des Hauses ist eine leckere Meeresfrüchtesuppe.
12–24 Uhr Keine

NORAS SCHWIMMENDES RESTAURANT
$$
PALESTINE ST.
TEL. 066/332 6804
Wenn Sie einmal über den Sueskanal fahren wollen, sollten Sie an der 75-minütigen Flussfahrt teilnehmen, die auch Mittag- bzw. Abendessen beinhaltet. Dabei werden ausnahmslos Meeresspezialitäten angeboten.
15–20.30 Uhr Keine

ALEXANDRIA

HOTELS

AL SALAMLEK PALACE HOTEL

$$$$$

MONTAZAH PALACE GARDENS
TEL. 03/547 7999
FAX 02/547 3585
EMAIL: SALAMLEK@SANGIOVANNI.COM

Ehemaliges königliches Jagdhaus, das sich inmitten schöner Gärten gleich neben dem Sommerpalast des ägyptischen Präsidenten befindet. Von den opulent eingerichteten Zimmern hat man einen schönen Blick auf das Meer. Zwei Restaurants und ein Kasino auf dem Gelände. Strand in der Nähe.

20 DC, MC, V

DER BESONDERE TIPP

CECIL HOTEL

Das berühmte Hotel wurde 1929 im eleganten maurischen Stil gebaut. In Laurence Durrells „Alexandria Quartett" ist dies der Rückzugsort von Justine. Im Zweiten Weltkrieg das Hauptquartier des Britischen Secret Service. Prominente wie Noel Coward und Somerset Maugham finden sich im Gästebuch. Das Hotel, das jetzt zur Sofitel-Gruppe gehört, hat viel von seinem alten Charme behalten – wie den zentralen schmiedeeisernen Lift –, bietet aber Fünf-Sterne-Service. Das chinesische Restaurant hat einen sehr guten Ruf, und die Monty Bar ist ebenfalls sehr empfehlenswert.

$$$$

SAAD ZAGHLOUL SQ.
TEL. 03/487 7173
FAX 03/485 5655
www.sofitel.com

83 Alle gängigen Kreditkarten

HELNAN PALESTINE

$$$$

MONTAZAH PALACE GARDENS
TEL. 03/547 4033
FAX 02/547 3378
www.helnan.com

Die kompromisslose Architektur dieses modernen Hotels lässt alles andere auf dem Areal des Montazah Palace verblassen, bietet aber wunderbare mediterrane Ausblicke.

222 Alle gängigen Kreditkarten

RENAISSANCE ALEXANDRIA

$$$$

544 AL-GEISH AVE.
SIDI BISHR
TEL. 03/549 0935
FAX 03/549 7690
www.marriott.com

Die meisten Zimmer dieses modernen, nicht zu großen, bequemen Hotels bieten Meerblick. Es liegt recht nah dem Königlichen Juwelen- und dem Mahmoud Said Museum.

171 Alle gängigen Kreditkarten

SHERATON MONTAZAH

$$$$

CORNICHE
MONTAZAH
TEL. 03/548 0550
FAX 02/540 1331
www.starwoodhotels.com

Das Sheraton befindet sich in dem östlichen Vorort Montazah, von wo aus die Palastanlagen und das Meer zu sehen sind. Gleiches gilt für die Caesar Bar. Restaurant und Disko.

296
Alle gängigen Kreditkarten

METROPOLE

$$$

52 SAAD ZAGHLOUL SQ.
TEL. 03/484 0920
FAX 02/486 2040

PREISE

HOTELS

Preiskategorien für ein Doppelzimmer ohne Frühstück: .

$$$$$	Über 1150 LE
$$$$	690–1150 LE
$$$	350–690 LE
$$	170–345 LE
$	unter 170 LE

RESTAURANTS

Preise für ein Drei-Gänge-Menü ohne Getränke:

$$$$	Über 200 LE
$$$	115–200 LE
$$	55–115 LE
$	unter 55 LE

Dieses Hotel aus der Zeit der Jahrhundertwende wurde kürzlich neu renoviert und ist sehr komfortabel. Das Metropole ist zentral gelegen, und die meisten Räumen haben Meeresblick. Im Trianon-Teehaus gibt es ein gutes Frühstück; Sitzplätze im Freien.

66 Alle gängigen Kreditkarten

CRILLON HOTEL.

$$

5 ADIB ISHAQ ST.
TEL. 03/480 0330

Das beste unter den günstigen Hotels ist auf mehrere Etagen eines Apartmenthauses in der Innenstadt verteilt. Einige Zimmer haben große Fenster, die einen schönen Ausblick auf den Hafen erlauben, andere sind weniger attraktiv. Begutachten Sie die Zimmer, bevor sie einchecken.

36 Keine

HOTEL UNION

$$

164 26TH OF JULY ST.

TEL. 03/480 7350
FAX 03/480 7350
Günstige Übernachtungsmöglichkeit. Manche Zimmer mit Blick auf das Meer und den Hafen, andere haben ein Bad, manche haben beides. Schauen Sie sich die Zimmer an, bevor Sie einchecken.
37 Keine

RESTAURANTS

CHINA HOUSE
$$$
CECIL HOTEL
SAAD ZAGHLOUL SQ.
TEL. 03/487 7173
Im Dachrestaurant des ehrwürdigen Innenstadthotels werden schmackhafte kantonesische Gerichte serviert. Der Blick auf den Hafen ist fantastisch. Nur windige Nächte empfehlen sich nicht für einen Besuch.
11–23.30 Alle gängigen Kreditkarten

DER BESONDERE TIPP

QADOURA
Wenn Sie in Alexandria sind, sollten Sie einmal in einem Straßenrestaurant Fisch essen. Das Qadoura z. B. liegt in einer Seitenstraße in Richtung der Festung Qaitbey, nur einen Häuserblock vom Meer entfernt. An den Tischen vor der Tür rumpelt die Straßenbahn vorbei. Sie wählen den Fisch, der auf Eis gelagert ist, selbst aus. Es gibt keine Speisekarte. Seebarsch, Seebarbe, Meeräsche, Blaubarsch, Seezunge, Tintenfisch oder Shrimps gehören zum Angebot und Sie sagen dem Kellner, wie Sie Ihren Fisch zubereitet haben möchten. Eine Auswahl an Mezze gehört zu jedem Gericht. Es gibt auch Wein und Bier.
$$$
33 BAIRAM AL-TONSI ST.
ANFUSHI
TEL. 03/480 0405
24 Std. geöffnet V

SAMAKMAK
$$$
42 QASR RAS AL-TIN ST.
ANFUSHI
TEL. 03/480 9523
Der Name leitet sich von dem arabischen Wort für Fisch, *samak*, ab. Es ist müßig, darüber zu spekulieren, ob das Samakmak oder das Qadoura besser ist. Das Samakmak hat wegen seiner Besitzerin, einer berühmten ehemaligen Bauchtänzerin, einen höheren Bekanntheitsgrad.
10–2 Uhr. MC, V

SANTA LUCIA
$$$
40 SAFIYYA ZAGHLOUL ST.
TEL. 03/486 4240
Die Bedienung in Alexandrias exklusivstem Restaurant ist sehr formell. Obwohl es früher einmal glamouröser war, hat es immer noch ein empfehlenswertes Angebot an überdurchschnittlich guten, mediterranen Gerichten.
12–16 und 19–2 Uhr.
AE, MC, V

BA'ASH
$$
SAFER PASHA ST.
ANFUSHI
TEL. 03/480 2815
Die Safer Pasha gehört zu den schönsten Straßen der Stadt und wird gesäumt von Restaurants, die mit ihren Grills unter freiem Himmel aromatische Gerüche verbreiten. Die meisten Lokale sind rund um die Uhr geöffnet, aber die beste Zeit, um hierher zu gehen, ist der späte Abend. Das hier ansässige Ba'ash bietet fantastische Taubengerichte an, das Abu Ashraf (Tel. 03/481 65 97) in Haus Nr. 28 hat einen guten Ruf, was Fischgerichte betrifft, und das Muhammad Hosni (Nr. 48) serviert exzellentes Fleisch vom Grill.
24 Std. geöffnet V (nur im Abu Ashraf)

ELITE
$$
43 SAFIYYA ZAGHLOUL ST.
TEL. 03/486 3592
Favorisiertes Restaurant der Intellektuellen und Künstler, als es hier vor 1952 noch eine entsprechende Szene gab. Unter der langjährigen Leitung von Madame Christina herrscht eine lässige Atmosphäre. Es ist das einzige Lokal in Alexandria, in dem man bei einem Bier das Leben auf der Straße beobachten kann. Das Essen ist zufriedenstellend, aber nicht beste Küche.
11–24 Uhr Keine

MALEK AL-SAMAAN
$$
ATTAREEN ST.
ATTAREEN
Achten Sie auf ein kleines Schild mit einem Vogel, einer Wachtel. Denn in diesem rauen, mit einem Baldachin überdachten Hinterhofrestaurant wird nichts anderes serviert. Es gehört zu den ungewöhnlichsten Restaurants in Ägypten.
20 Uhr bis spät in die Nacht
Keine

L'OSABUCCO
$$
14 HORREYA AVE.
TEL. 03/487 2506
Dieses kürzlich eröffnete, schicke Restaurant mit Bar steht unter derselben Leitung wie die Aubergine in Kairo. Im unteren Stockwerk werden Drinks serviert, oben kann man bei Kerzenlicht essen. Das wechselnde Angebot ist innovativ und umfassend – von Falafel mit Lachs bis zum Cajun-Hühnchen.
12–24 Uhr AE, DC, V

ATHINEOS
$

21 MIDAN SAAD ZAGHLOUL
TEL. 03/486 0421

Konditorei und Café in einem ist dieses altmodische griechische Restaurant, eine Institution in Alexandria. Während Sie Ihren Kaffee trinken, fühlen Sie sich in die 1930er Jahre zurückversetzt.

12–24 Uhr Keine

CAP D'OR
$

4 ADIB ST.
NAHE SAAD ZAGHLOUL ST.
TEL. 03/486 5177

Vornehmlich eine Bar von sehr gutem Rang, aber es gibt hier auch erstklassige Snacks aus Meeresfrüchten wie beispielsweise Garnelen oder Calamares.

12–2 Uhr Keine

HASSAN BLEIK
$

18 SAAD ZAGHLOUL ST.

Das libanesische Restaurant befindet sich hinter einer kleinen Konditorei. Es wirkt etwas einfach, aber das Essen wird köstlich zubereitet. Sie sollten auch den wundervollen Sofianopoulo Coffee Store nebenan besuchen.

12–18 Uhr Keine

MUHAMMAD AHMED
$

17 SHAKOUR PASHA ST.
DOWNTOWN
TEL. 03/487 3576

Das wohl beste Restaurant für *fuul* und Falafel. Es gibt aber auch Omeletts und gebratenen Käse sowie alle üblichen Salate und Dip-Beilagen. Sie können Ihre Speisen hier oder außer Haus verzehren. Dieses Restaurant befindet sich eine Straße westlich der Safiyya Zaghloul Street, nördlich des Saad Zaghloul.

Keine

DIE LIBYSCHE WÜSTE

OASE BAHARIYYA

INTERNATIONAL HOT SPRINGS HOTEL.
$$$

BAWITI
TEL. 02/3847 2322

Fünf Kilometer außerhalb der Oase an der Straße nach Kairo gelegen, wurde dieses Drei-Sterne-Bad an einer schwefelhaltigen Quelle gebaut, die therapeutische Qualitäten haben soll. Fitnessraum, Sauna und Restaurant.

27 Keine

AL-BESHMO LODGE
$$

BAWITI
TEL./FAX 02/3847 3500

Die einfachen Hütten, um einen Hof gruppiert, befinden sich neben einem Palmenhain, der von der Al-Beshmu-Quelle bewässert wird. Einige Hütten sind mit Klimaanlage und Bad ausgestattet, andere haben einen Ventilator und gepflegte Gemeinschaftswaschräume.

25 Keine

OASE DAKHLA

MEBAREZ HOTEL
$$

MUT
TEL./FAX 092/782 1524

Modernes, massives Hotel am Rande von Mut. Einige Zimmer erscheinen etwas schäbig, aber sie haben eine Klimaanlage und die Bäder sind einigermaßen sauber. Angemessene Preise.

29 Keine

MUT INN
$$$

MUT
TEL. 092/792 7982
FAX 092/792 7983
www.solymaregypt.com/mutte

Kleiner Komplex, bestehend aus einer lachsfarbenen Villa, sechs Chalets und drei Segeltuchzelten. Er liegt an einer heißen Quelle ein etwas außerhalb von Mut, dem Zentrum der Oase, und steht unter derselben Leitung wie das Pioneer's Hotel in Kharga.

11 Keine

AHMED HAMDY
$

MUT
TEL. 092/782 0767

Winziges Restaurant unter freiem Himmel an der Hauptstraße durch die Oase in der Nähe des Mebarez Hotels. Es gibt keine Speisekarte, nur zwei Tagesgerichte, die mit Salat und Bier serviert werden. Das Essen ist immer frisch.

12 Uhr bis spät in die Nacht
Keine

OASE FARAFRA

AL-BADAWIYA SAFARI & HOTEL
$$–$$$

PREISE

HOTELS

Preiskategorien für ein Doppelzimmer ohne Frühstück: .

$$$$$	Über 1150 LE
$$$$	690–1150 LE
$$$	350–690 LE
$$	170–345 LE
$	unter 170 LE

RESTAURANTS

Preise für ein Drei-Gänge-Menü ohne Getränke:

$$$$	Über 200 LE
$$$	115–200 LE
$$	55–115 LE
$	unter 55 LE

TEL. 092/751 0060
www.badawiya.com
Dieses geschmackvolle Hotel aus Lehmziegeln gehört beduinischen Brüdern (die auch ein Hotel in Dakhla besitzen) und wird von einer Schweizerin geleitet. Es gibt unterschiedlichste Räume – von Schlafsälen bis zu Suiten mit eigenem Wohnzimmer. Alles ist sehr preisgünstig. Die Besitzer organisieren Wüstensafaris mit Jeeps oder mit Kamelen. Sie sollten weit im Voraus buchen, weil das Hotel und die Safaris sehr beliebt sind.
32 Keine

OASE KHARGA

PIONEERS
$$$
GAMAL ABDEL NASSER ST.
TEL. 092/792 7982
FAX 092/792 7983
www.solymaregypt.com/pioneer
Postmoderner, flacher Hotelkomplex. Das Pioneer's ist neben dem Adrere Amellal in Siwa die einzige Luxusanlage in einer ägyptischen Oase. Die zentrale Poollandschaft kann von schönen Terrassen aus eingesehen werden. Mit Bar, Café und Restaurant. Auf dem Programm stehen Wüstensafaris. .
102 Keine

KHARGA OASIS HOTEL
$$
KHARGA OASIS
TEL. 092/792 1500
FAX 092/792 1611
Dieses moderne, hoch hinausragende Hotel hat einen einladenden Palmengarten mit Terrasse. Die Zimmer sind komfortabel. Sie haben meistens einen Balkon zum Garten hin und sind mit Klimaanlage und eigenem Bad ausgestattet.
30 Keine

MARSA MATRUH

BEAU SITE
$$$$
CORNICHE
TEL. 046/493 2066
FAX 046/493 3319
www.beausitehotel.com
Zwischen den vielen kühlen Betonblocks, die dieser mediterranen Stadt wenig zuträglich sind, sticht das Beau Site hervor. Das Haus steht seit den 50er Jahren unter der Leitung einer einzigen Familie. Persönliche Atmosphäre, komfortable Zimmer, Privatstrand und sehr gutes Restaurant.
170 AE, MC, V

OASE SIWA

DER BESONDERE TIPP

ADRERE AMELLAL
19 Kilometer außerhalb von Siwa gelegen, ist dies eines der schönsten Hotels Ägyptens. Es liegt im Windschatten eines Kreideberges an einem See am Rande der Wüste. Die Hütten sind nach ökologischen Aspekten aus Lehmziegeln und Palmenstämmen gebaut. Der Komplex wirkt wie ein richtiges Dorf. Hier gibt es keine Elektrizität. Bei Nacht wird die Anlage durch Kerzen und Fackeln erleuchtet. Eine römische Quelle in einem angrenzenden Palmenhain dient als Swimmingpool. Die Preise verstehen sich inklusive aller Mahlzeiten (biologische Gourmetspeisen), Getränke und Exkursionen zu heißen Quellen in der Wüste.
$$$$$
SIDI JAFAR
TEL. 02/2736 7879
FAX 02/2735 5489
www.adrereamellal.net
32 AE, V

SHALI LODGE
$$$
SIWA TOWN
TEL. 046/460 1299
FAX 046/460 1799
Dieses kleine Hotel aus Lehmziegeln befindet sich in einem Palmengarten in der Nähe des Marktplatzes. Die Zimmer gruppieren sich um den zentral gelegenen Pool.
7 Keine

SIWA SAFARI PARADISE
$$$–$
TEL. 046/460 1590
FAX 046/460 1592
www.siwaparadise.com
Dies ist eine Drei-Sterne-Anlage in einem Palmengarten in der Nähe des Amun-Tempels. Hier können Sie zwischen verschiedenen Unterkünften wählen: luxuriöse Bungalows mit Klimaanlage, Fernseher und Kühlschrank, günstigere Bungalows ohne Klimaanlage oder landestypische Hütten.
54 Einige Zimmer AE, V

AROUS AL-WAHA HOTEL
$$
SIWA TOWN
TEL. 046/460 2100
Obwohl die äußere Erscheinung nicht vorteilhaft ist, handelt es sich hierbei doch um ein komfortables Haus im Zentrum von Siwa. Die Zimmer mit eigenem Bad sind sehr gepflegt und haben fließend Warmwasser. Es gibt zwar keine Klimaanlage, aber dafür Ventilatoren.
20 Keine

MITTELÄGYPTEN

ASSIUT

ASSIUTEL. HOTEL
$$
AL-THAWRA ST.
TEL. 088/231 2121
FAX 088/231 2122
Dieses Hotel ist von ortsbedingter mittelmäßiger Qualität.

Es befindet sich aber in exzellenter Lage am Fluss und von den Zimmern hat man einen schönen Ausblick.

28 Einige Zimmer
Keine

MINYA

MERCURE NEFERTITI & ATON
$$$
CORNICHE AL-NIL
TEL. 086/233 1515
FAX 086/232 6467
Das einzige erwähnenswerte Hotel in der Stadt ist diese Vier-Sterne-Anlage am Nil nördlich des Zentrums. Das zentrale Gebäude hat einen Fitnessraum, einen Swimmingpool, Tennisplätze, eine Bar und Restaurants..

96 AE, MC, V

SOHAG

MERIT AMOUN HOTEL
$$
EAST BANK
TEL. 093/460 1985
FAX 093/460 3222
Der große Vorteil dieses Drei-Sterne-Hotels ist das Restaurant, denn im mittleren Ägypten ist es einigermaßen schwierig, gute Speiselokale zu finden. Sie sollten sich auch das nahe gelegene Cazalovy Hotel, anschauen, das über einen ähnlichen Standard verfügt, aber nur halb so teuer ist.

28 Einige Zimmer
Keine

LUXOR

HOTELS

DER BESONDERE TIPP

AL-MOUDIRA
Das extravagante Boutique-Hotel in der Wüste wurde auf traditionelle Weise mit Lehmziegeln gebaut, erinnert aber eigentlich an italienische Villen. Die Zimmer sind um verschiedene Höfe gruppiert, von denen jeder unter ein anderes Motto gestellt ist. Auch die alten Türen und schmiedeeisernen Balkone verleihen dem Hotel eine besondere Note. Das Hotel ist bei weitem die schönste Anlage in Luxor.
$$$$$
DABAIYYA
WEST BANK
TEL. 012/325 1307
www.moudira.com

54 Alle gängigen Kreditkarten

MARITIM JOLIE VILLE LUXOR HOTEL & RESORT
$$$$$
KINGS ISLAND
TEL. 095/227 4855
FAX 095/ 227 4936
www.jolieville-hotels.com
Auf einer eigenen Insel im Nil, vier Kilometer südlich der Stadt liegt das beste Hotel in Luxor, was die Lage, den Service und die Ausstattung anbelangt. Die gut ausgestatteten Zimmer mit eigener Terrasse befinden sich in Bungalows gleich neben einer üppigen Bananenplantage. Es gibt mehrere Restaurants mit ausgezeichnetem Angebot, darunter das am Fluss gelegene Sherezade Terrace (siehe S. 370), und zwei Tennisplätze. Die Gäste können Feluken (traditionelle Segelboote) mieten. Es gibt sogar einen kleinen Zoo und einen Kinderspielplatz.

326; 21 Bungalows
Alle gängigen Kreditkarten

DER BESONDERE TIPP

WINTER PALACE HOTEL
Dieses großartige alte Hotel wurde für die europäischen Aristokraten gebaut, die zu Beginn des letzten Jahrhunderts ins Land strömten, um das alte Ägypten zu entdecken. Das Haus gehört mittlerweile der Sofitel-Gruppe, ist renoviert und bietet allen modernen Komfort. Die eine Hälfte der Zimmer hat Blick auf den Nil, die andere auf den herrlichen Garten. .
$$$$$–$$$$
CORNICHE AL-NIL
TEL. 095/238 0425
FAX 095/237 4087
www.sofitel.com

356 Alle gängigen Kreditkarten

HILTON LUXOR RESORT & SPA
$$$$
KARNAK ST.
TEL. 095/237 4933
FAX 095/237 6571
www.hilton.com
Von dem vier Kilometer nördlich der Stadt gelegenen Hotel erreicht man die Tempelanlage von Karnak besonders gut. Es gibt einen Shuttle-Service ins Zentrum und zu den

PREISE

HOTELS
Preiskategorien für ein Doppelzimmer ohne Frühstück: .

$$$$$	Über 1150 LE
$$$$	690–1150 LE
$$$	350–690 LE
$$	170–345 LE
$	unter 170 LE

RESTAURANTS
Preise für ein Drei-Gänge-Menü ohne Getränke:

$$$$	Über 200 LE
$$$	115–200 LE
$$	55–115 LE
$	unter 55 LE

anderen Sehenswürdigkeiten. Die Anlage verfügt über alle gängigen Einrichtungen eines Luxushotels.

261 Alle gängigen Kreditkarten

HOTEL MERCURE CORALIA
$$$$

CORNICHE AL-NIL
TEL. 095/237 4944
FAX 095/237 4912
www.mercure.com

Dieses attraktive Hotel befindet sich in vortrefflicher Lage zwischen dem Tempel und dem Museum von Luxor direkt am Nil. Die Zimmer an der Vorderseite haben einen fantastischen Blick auf die andere Nilseite.

314 Alle gängigen Kreditkarten

SHERATON LUXOR
$$$$

KHALID IBN AL-WALID ST.
TEL. 095/237 4544
FAX 095/237 4941
www.sheraton.com

Der Nachteil dieses Hotels ist die Lage drei Kilometer südlich der Stadt, die viele Taxifahrten nötig macht. Es besitzt aber einen wunderschönen Garten direkt am Nil und ausgezeichnete Hoteleinrichtungen. Außerdem werden täglich Yachtexkursionen zum Tempel in Dendara angeboten.

290 Alle gängigen Kreditkarten

SONESTA ST. GEORGE
$$$$

KHALID IBN AL-WALID ST.
TEL. 095/238 2575
FAX 095/238 2571
www.sonesta.com/luxor

Dieses stilvolle Hotel ist erst ein paar Jahre alt. Die gute Lage direkt am Nil entschädigt für die relativ weite Entfernung zur Stadt. Es ist bekannt für sein japanisches Restaurant, welches nicht nur Hotelgästen offensteht.

224 Alle gängigen Kreditkarten

PYRAMISA ISIS HOTEL
$$$

KHALID IBN AL-WALID ST.
TEL. 095/237 0100
FAX 095/237 2923
www.pyramisaegypt.com

Dieser luxuriöse Hotelkomplex mit Blick auf die Anlegestelle der Nilkreuzfahrtschiffe befindet sich inmitten von Gärten direkt am Nil. Er liegt 1,5 Kilometer vom Zentrum entfernt und hat ein chinesisches und ein italienisches Restaurant mit exzellentem Essen, mehrere Pools und für Sondereinsätze einen Hubschrauberlandeplatz auf dem Dach.

480 MC, V

EMILIO
$$

YOUSEF HASSAN ST.
TEL. 095/237 3570
FAX 095/237 0000

Mittelklassehotel mit herrlicher Dachterrasse im Stadtzentrum. Von hier aus ist der Tempel von Luxor und die Fähre zum Westufer gut zu erreichen. Alle Zimmer haben eigene Bäder und eine Klimaanlage. .

101 AE, MC, V

GADDIS HOTEL.
$$

KHALID IBN AL-WALID ST.
TEL. 095/238 2838
FAX 095/238 2837

Das Gaddis, 1,5 Kilometer südlich der Stadt gelegen, bietet angemessene Preise für stilvolle und saubere Zimmer. Es gibt einen kleinen Pool, drei Restaurants und eine Bar.

55 Einige Zimmer MC, V

HOTEL EL-GEZIRA
$$

BAYARAT AL-GEZIRA
WEST BANK
TEL./FAX 095/231 0034
www.el-gezira.com

Die Zimmer dieses einfachen, modernen Hotels am Fähranleger zum Westufer schauen alle auf den Fluss. Sie sind mit Bädern und einer Klimaanlage oder Ventilatoren ausgestattet. Im Restaurant im obersten Stock des Hotels wird hervorragende ägyptische Kost serviert.

11 Einige Zimmer Keine

NUR AL-GURNA
$$

BAYARAT
WEST BANK
TEL. 095/231 1430

In einem Palmenhain am Westufer erbaut. Der Innenhof ist mit Lehmziegeln gepflastert. Die Zimmer sind mit einheimischem Kunsthandwerk und Stoffen dekoriert.

9 Keine

PHARAOH'S HOTEL
$$

BAYARAT
WEST BANK
TEL./FAX 095/231 0702

Das Pharaoh's, zwischen dem Ticketbüro und dem Tempel von Medinat Habu gelegen, ist das beste Hotel am Westufer. Die Zimmer sind entweder mit Klimaanlage oder Ventilatoren ausgestattet, einige haben Bäder oder Blick auf den Tempel. Zum Hotel gehört ein netter Biergarten.

29 Einige Zimmer Keine

AMUN AL-GEZIRA
$

BAYARAT AL-GEZIRA
WEST BANK
TEL. 095/231 0912
FAX 095/231 1205

Familienbetrieb in einer Seitengasse am Westufer oberhalb des Fähranlegers. Die Zimmer haben Ventilatoren und Bäder. Sie sind in einwandfreiem Zustand. Es gibt eine wunderschöne Dachterrasse und einen kleinen Garten. Zu den zufriedenen Gästen zählen viele Archäologen.
12 Keine

RESTAURANTS

MIYAKO
$$$
SONESTA ST. GEORGE HOTEL
KHALED IBN AL-WALID ST.
TEL. 095/238 2575
Japanisches Restaurant mit *Teppanyaki*-Grill, an dem bis zu zehn Personen Platz haben. Sie können dem Koch bei der Zubereitung des Essens zuschauen. Stilvolle Einrichtung. Das Essen ist gut, aber dabei handelt es sich nicht um echte japanische Kost.
19–23 Uhr. Alle gängigen Kreditkarten

SHEREZADE TERRACE
$$$
MARITIM JOLIE VILLE LUXOR HOTEL. & RESORT
KINGS ISLAND
TEL. 095/237 4855
Auch Nichthotelgäste dürfen den Hotel-Shuttle zur Kings Island nutzen, um im Sherezade ihr Mittag- oder Abendessen einzunehmen. Serviert wird auf einer wunderschönen Terrasse mit Blick auf den Nil. Dies ist der mit Abstand reizvollste Ort, an dem man in Luxor unter freiem Himmel speisen kann. .
Alle gängigen Kreditkarten

JAMBOREE RESTAURANT
$$
SHARIA AL-MONTAZA
TEL. 095/235 5827
Dieses freundliche von einem britischen Ehepaar geführte Restaurant, bietet ägyptische und europäische Gerichte. Es ist bei Touristen sehr beliebt und der kleine Bereich im Tiefgeschoss füllt sich schnell. Die schattige Terrasse oben ist perfekt, um sich nach einem Sightseeing-Vormittag bei einem Lunch und einem kühlen Bier zu erholen.
Keine

LA MAMA
$$
SHERATON LUXOR
KHALID IBN AL-WALID ST.
TEL. 095/237 4544
Pasta, Pizza und viele andere italienische Gerichte werden hier im Hotelgarten neben einem Teich mit Enten und Pelikanen serviert.
12–23 Uhr AE, MC, V

TUTANKHAMUN RESTAURANT
$$
BAYARAT AL-GEZIRA
WEST BANK
TEL. 095/231 0118
Aam Mahmoud, ehemaliger Koch eines französischen Grabungsteams, führt dieses Restaurant unter freiem Himmel nahe des Fähranlegers. Es gibt keine Speisekarte, nur einige Tagesgerichte, darunter meistens *tagens* (Eintopf in einem Tontopf zubereitet). Hierzu gibt es Salate und andere Kleinigkeiten.
Keine

KING'S HEAD PUB
$
KHALID IBN AL-WALID ST.
TEL. 095/237 1249
Ein typisch englisches Pub. Er ist nach Echnaton benannt, der hier einen Tudorhut trägt. Das Essen reicht von Pommes Frites bis zu einem besonderen Sonntagslunch mit Roastbeef und Yorkshire Pudding. Dartspiele und Billardtische tragen zur authentischen Pub-Atmosphäre bei.
12–24 Uhr Keine

PREISE

HOTELS
Preiskategorien für ein Doppelzimmer ohne Frühstück: .

$$$$$	Über 1150 LE
$$$$	690–1150 LE
$$$	350–690 LE
$$	170–345 LE
$	unter 170 LE

RESTAURANTS
Preise für ein Drei-Gänge-Menü ohne Getränke:

$$$$	Über 200 LE
$$$	115–200 LE
$$	55–115 LE
$	unter 55 LE

RESTAURANT MUHAMMAD
$
NEXT TO THE PHARAOH'S HOTEL.
BAYARAT
WEST BANK
TEL. 095/231 1014
Der Besitzer Muhammad Abd al-Lahi bereitet in seinem Lehmziegelhaus einfache ägyptische Mahlzeiten zu, wie z.B. Hühnchen, Kebab, Ente und *molokhiyya* (eine klebrige, grüne Suppe).
12–22 Uhr Keine

SÜDLICH VON LUXOR

ABU SIMBEL

SETI FIRST ABU SIMBEL
$$$$
TEL. 02/2736 9820

Eine teurere Alternative zum staatlichen Nefertari Hotel. Das Seti First, gebaut im nubischen Stil, liegt auf einer Halbinsel mit Blick auf den See.
138 Alle gängigen Kreditkarten

NEFERTARI HOTEL.
$$$
TEL./FAX 097/240 0508
Das Nefertari mit seinem von Bäumen beschatteten Pool ist das preiswertere von nur zwei Hotels in Abu Simbel. Es ist auch etwas näher an den Tempeln gelegen.
120 AE, MC, V

ASSUAN

MÖVENPICK RESORT ASWAN
$$$$$
ELEPHANTINE ISLAND
TEL. 097/230 3455
FAX 097/230 3485
www.moevenpick-hotels.com
Der hässliche Turm des Mövenpick beherrscht die Skyline von Assuan, aber die Gäste können hier alle Annehmlichkeiten eines Fünf-Sterne-Hotels genießen, und das auf einer herrlichen Insel im Nil. Der Pool am Fluss ist ebenfalls wunderbar.
244 Alle gängigen Kreditkarten

DER BESONDERE TIPP

OLD CATARACT
Opulente maurische Villa inmitten wunderschöner Gärten auf einer steinigen Klippe oberhalb des Nils. Es ist vermutlich das romantischste Hotel in ganz Ägypten. Es stammt aus der Zeit, als reiche und berühmte Herrschaften aus Europa in Assuan überwinterten. Agatha Christie schrieb hier Teile ihres Krimis „Tod auf dem Nil". Die meisten Zimmer haben einen fantastischen Nilblick. Der Speiseraum hat palastartige Ausmaße mit großen Bögen. Der schönste Platz ist allerdings die Terrasse, wo man bei einem Drink beobachten kann, wie die Sonne hinter den Wüstenbergen verschwindet.
$$$$$–$$$$
ABTAL AL-TAHRIR ST.
TEL. 097/231 6000
FAX 097/231 6011
www.sofitel.com
131
Alle gängigen Kreditkarten

AMOUN ISLAND HOTEL.
$$$$
AMOUN ISLAND
TEL. 097/231 3800
FAX 097/231 7190
Kleines Inselhotel unter der Leitung des Club Med. Eine alte königliche Jagdhütte steht im Zentrum der Anlage. Die Zimmer sind einfach, aber alle haben Blick auf den Fluss und die Gärten sind beeindruckend. Kleine Motorboote fahren die Gäste über den Fluss.
50 MC, V

NEW CATARACT
$$$$
ABTAL AL-TAHRIR ST.
TEL. 097/231 6000
FAX 097/231 6011
www.sofitel.com
Es mag ein großes, hässliches Hotel sein, aber seine Gäste kommen ebenso wie im benachbarten illustren Old Cataract Hotel in den Genuss des Gartens, des herrlichen Pools und der fantastischen Aussicht. Das New Cataract verfügt über zwei Restaurants und eine ansehnliche Bar.
144 Alle gängigen Kreditkarten

BASMA
$$$
ABTAL AL-TAHRIR ST.
TEL. 097/231 0901
FAX 097/231 0907
www.basmahotel.com
Das Basma ist ein etwas unpersönliches Hotel südlich der Stadt neben dem Nubischen Museum. Die Zimmer sind aber komfortabel und bieten einen guten Ausblick. Freundlicher Service und angemessene Preise. Restaurant und Bar vorhanden.
200 AE, MC, V

CLEOPATRA HOTEL.
$$$
SOUQ ST.
TEL. 097/231 4003
FAX 097/231 4002
Saubere und komfortable Zimmer mit Klimaanlage und Bad. Einige können aber auch etwas düster sein. Auf dem Dach des Hotels befindet sich ein Pool. Das Hotel befindet sich in der Marktgegend nahe dem Bahnhof.
109 AE, MC, V

HAPPI HOTEL.
$$
ABTAL AL-TAHRIR ST.
TEL. 097/231 4115
FAX 097/230 7572
Nur eine Straße von der Corniche entfernt, direkt an den geschäftigen Marktstraßen im Stadtzentrum. Die Zimmer haben Klimaanlage und eigene Bäder. Gegen eine geringe Gebühr kann der Pool des nahe gelegenen Cleopatra benutzt werden.
64 Keine

HOTEL. KEYLANY
$$–$
SOUQ ST.
TEL./FAX 097/231 7332
Günstige, aber ausgezeichnete Übernachtungsmöglichkeit. Das Hotel befindet sich inmitten des Marktviertels und hat Schlafsäle sowie neue Doppelzimmer mit eigenem Bad. Es gibt einen Pool auf dem Dach des Hotels. Internetzugang.
28 Einige Zimmer Keine

RAMSES HOTEL
$$
ABTAL AL-TAHRIR ST.
TEL. 097/230 4000
FAX 097/231 5701
In diesem preisgünstigen Hotel sind die Zimmer zwar alt und in manchen Fällen ein wenig schäbig, aber sie haben eine Klimaanlage, Bad, Kühlschrank und Blick auf den Nil.
112 Keine

1902 RESTAURANT
$$$
OLD CATARACT HOTEL.
ABTAL AL-TAHRIR ST.
TEL. 097/231 6000
In einem beeindruckenden Speiseraum unter einer hohen, gewölbten Decke werden französisch inspirierte Vier-Gänge-Menüs angeboten. Wenn das Hotel ausgebucht ist, bleibt das Restaurant manchmal den Hotelgästen vorbehalten.
19–24 Uhr Alle gängigen Kreditkarten

ILE AMOUN
$$
AMOUN ISLAND
TEL. 097/231 3800
Nicht nur Hotelgäste sind in diesem Restaurant willkommen, in dem es am Abend ein hervorragendes Fisch- und Fleischbüfett mit Mezze und Salat gibt. Kostenlose Bootsfahrt zur Insel; der Anleger befindet sich vor dem Büro der EgyptAir an der Corniche.
19 Uhr bis spät in die Nacht
Alle gängigen Kreditkarten

NUBIAN RESTAURANT
$$
ESSA ISLAND
SÜDLICH DER ELEFANTENINSEL
Ein Essen in diesem Restaurant ist ein nubisches Erlebnis. Ein Dreigängemenü beinhaltet z. B. einen Fleischeintopf, der in Tongefäßen gekocht wird. Während des Essens geben nubische Gruppen Musik- und Tanzvorstellungen. Kostenloser Bootstransfer vom Al-Dokka Anleger gegenüber dem Telecom-Gebäude.
19–24 Uhr Keine

AL-MASRI
$
AL-MATAR ST.
TEL. 097/230 2576
Dieses Lokal in einer Nebenstraße des Suk bietet nur Kebab und *kofta* an. Das Fleisch wird mit Brot, Salat und *tahina* serviert. Das Restaurant ist bei einheimischen Familien sehr beliebt. Die Wände sind mit schönen Dekor-Fliesen geschmückt.
12–24 Uhr Keine

ASWAN MOON
$
CORNICHE AL-NIL
TEL. 097/231 6108
Das Aswan Moon ist das beste in der Reihe der Bootrestaurants. Das Essen in diesem Restaurant ist einfach und gut: Suppe, Kebab, Hühnchen, einige vegetarische Gerichte. Die einheimischen Feluken-Kapitäne treffen sich hier gerne auf ein Bier.
8–24 Uhr Keine

ROTES MEER & SINAI

DAHAB

HILTON RESORT
$$$$
DAHAB BAY
TEL. 069/364 0310
FAX 069/364 0424
www.hilton.com
Dahab ist beschaulicher als Sharm el-Sheikh und Naama Bay. Das Hilton Resort ist hier das neueste und beste Hotel. Die meisten Zimmer, die sich um eine künstliche Bucht gruppieren, sind weiß gestrichen und haben eine gewölbte Decke. Schöner Strand mit Wassersportmöglichkeiten.
163 Alle gängigen Kreditkarten

NESIMA HOTEL & TAUCHZENTRUM
$$$
MASHRABA
TEL. 069/364 0320
FAX 069/364 0321
www.nesima-resort.com
Die gewölbten Zimmer sind einfach, aber komfortabel; einige haben eine Klimaanlage. Vom großartigen Pool mit Saftbar schaut man auf den Strand. Das hoteleigene Tauchzentrum hat einen guten Ruf. Deshalb kommen oft Tauchergruppen in dieses Hotel.
51 MC, V

EL GOUNA

SHERATON MIRAMAR
$$$$$
AL-GOUNA RESORT
TEL. 065/354 5606

PREISE

HOTELS
Preiskategorien für ein Doppelzimmer ohne Frühstück: .

$$$$$	Über 1150 LE
$$$$	690–1150 LE
$$$	350–690 LE
$$	170–345 LE
$	unter 170 LE

RESTAURANTS
Preise für ein Drei-Gänge-Menü ohne Getränke:

$$$$	Über 200 LE
$$$	115–200 LE
$$	55–115 LE
$	unter 55 LE

FAX 065/354 5608
www.sheraton.com
Das Sheraton Miramar wurde von dem renommierten Architekten Michael Graves entworfen und ist eines der herausragenden Hotels des Landes. Das pastellfarbene, postmoderne Gebäude hat in dieser Wüstenumgebung eine beeindruckende Ausstrahlung. Der Service ist außergewöhnlich gut: Es gibt u. a. auch 25 »Palastzimmer«, in denen Sie von einem Butler bedient werden.
338 Alle gängigen Kreditkarten

DAWAR AL-UMDA
$$$$
KAFR AL-GOUNA
TEL. 065/354 5060
FAX 065/354 5061
Dieses überschaubare Hotel ist im traditionellen Stil mit Gewölben und Lehmziegelmauern gebaut. Die Gäste haben Zugang zu den Einrichtungen anderer Hotelanlagen wie beispielsweise zu einem Golfplatz oder Wassersportangeboten.
64 Alle gängigen Kreditkarten

HURGHADA

HURGHADA INTERCONTINENTAL
$$$$$
NEW HURGHADA
TEL. 065/346 5100
FAX 065/346 5101
www.ichotelsgroup.com
Die prächtigste Anlage in diesem Ort verfügt über Zimmer mit Blick auf die Gartenanlage und die großzügige Poollandschaft. Privatstrand, gutes Tauchzentrum, andere Wassersportangebote sowie zahlreiche Bars und Restaurants.
244 Alle gängigen Kreditkarten

JASMINE VILLAGE HOTEL.
$$$
NEW HURGHADA
TEL. 065/346 0460
FAX 065/344 6441
www.jasminevillage.com
Ganz im Süden der langgestreckten Reihe von Hotels in Hurghada befindet sich dieses Familienhotel im Bungalow-Stil. Es verfügt über ein renommiertes Tauchzentrum mit eigenen Booten, gute Wassersportangebote, einen kleinen Zoo und einen Kinderspielplatz.
460 Alle gängigen Kreditkarten

TRITON EMPIRE HOTEL
$$
MUSTASHFA ST.
AL-DAHAR
TEL. 065/354 9200
FAX 065/354 9212
www.threecorners.com
Das Betongebäude ist zwar äußerst unattraktiv, es befindet sich aber in guter Lage an der belebtesten Straße in Hurghada (Al-Dahar). Gäste haben Zugang zu einem Privatstrand, der nur ein paar Gehminuten entfernt ist. Das Hotel hat mehrere Restaurants und Bars, davon eine direkt am Pool.
366 Alle gängigen Kreditkarten

BIER KELLER
$$
IBEROTEL ARABELLA
SIGALA
TEL. 065/354 5086
Dieses Lokal, das eher eine Bar als ein Restaurant ist, bietet jeden Abend ein spezielles Menü an (Kalbsschnitzel, Schmorbraten oder Kohlrouladen mit Salzkartoffeln). Hier geht es ein wenig rauer, aber lustig zu.
12–24 Uhr Alle gängigen Kreditkarten

FELFELA
$$
SHERATON ST.
SIGALA
TEL. 065/344 2410
OR 065/344 2411
Diese Filiale der Kairoer Restaurant-Kette mit stets beliebtem ägyptischen Essen (siehe S.363) liegt direkt am Roten Meer.
8–24 Uhr Keine

PORTOFINO
$$
GENERAL HOSPITAL ST.
AL-DAHAR
TEL. 065/354 6250
Dieses außergewöhnlich gute italienische Fischrestaurant bietet Spezialitäten wie Fisch in Steinsalz gebacken. .
12.30–0.30 Uhr AE, MC, V

YOUNG KANG
$$
5 EL SHEIKH SEBAK ST.
AL-DAHAR
TEL. 065/354 6623
Probieren Sie zur Abwechslung doch einmal dieses beliebte und gute chinesisch-koreanische Restaurant in der Nähe des Touristenbasars von Al-Dahar.
12–23 Uhr Keine

NUWEIBA

DER BESONDERE TIPP

BASATA
Basata ist das ägyptische Wort für „Einfachheit" und das ist die Philosophie dieser ältesten ökologischen Anlage Ägyptens, die in den 80er Jahren von Sherif Ghamrway gegründet wurde. Die Bambus- und Lehmziegelhütten stehen an einem schönen, abgelegenen Strand etwa 24 Kilometer nördlich von Nuweiba. Im Herzen der Anlage befindet sich eine Gemeinschaftshütte mit Küche und Lounge.

Lebensmittel werden gestellt; die Gäste kochen selbst. Alkohol, Fernsehen, laute Musik und Gerätetauchen sind verboten, um die „New-Age-Atmosphäre" nicht zu stören.
$
RAS AL-BURQA
TEL. 069/350 0480
FAX 069/350 0481
www.basata.com
16 AE, MC, V

QUSEIR

DER BESONDERE TIPP

MÖVENPICK RESORT QUSEIR

Die Anlage zieht sich fünf Kilometer nördlich der Stadt um eine aquamarinblaue Bucht. Die meisten Zimmer liegen in hübschen Steinbungalows. Von der Poolanlage können Sie direkt aufs Meer schauen und große bunte Fische bewundern. Viele Freizeitangebote für Kinder.

$$$$
SIRENA BEACH
AL-QADIM BAY
TEL. 065/333 2100
FAX 065/333 2128
www.moevenpick.com
175
Alle gängigen Kreditkarten

QUSEIR HOTEL & RESTAURANT

$$
138 PORT SAID ST.
TEL./FAX 065/333 2301
Die blitzsauberen Zimmer mit Steinwänden und Holzbalken liegen in einem restaurierten osmanischen Bau mit Holztreppen direkt am Wasser. Einige Räume haben Klimaanlage, eigene Bäder gibt es nicht. Das Restaurant im Erdgeschoss hat sich auf Meeresfrüchte spezialisiert..
6 Alle gängigen Kreditkarten

SHARM AL-SHEIKH

RITZ CARLTON RESORT

$$$$
RAS UMM SID
TEL. 069/366 1919
FAX 069/366 1920
www.ritzcarlton.com
Die herrlichen gut ausgestatteten Zimmer dieses Hotel an einem Kliff haben entweder Blick auf das Meer oder auf die Berge (die letzteren sind etwas günstiger). Es gibt eine Gartenanlage mit Pools, Wasserfällen und Brunnen, einen Privatstrand mit einem Riff und einen Golfplatz. Das Restaurant La Luna zählt zu den besten Ägyptens (siehe S. 375).
307 Alle gängigen Kreditkarten

SOFITEL. CORALIA SHARM AL-SHEIKH

$$$$
NAAMA BAY
TEL. 069/360 0083
FAX 069/360 0085
www.sofitel.com
Eines der besten Hotels im südlichen Sinai. Es befindet sich am nördlichen Ende dieses Feriengebietes und von den Zimmern im maurischen Stil hat man einen umwerfenden Blick über die Bucht. Das Hotel hat drei Pools und eine stattliche Anzahl Bars und Restaurants.
302
Alle gängigen Kreditkarten

SANAFIR

$$$
NAAMA BAY
TEL. 069/360 0197
FAX 069/360 0196
Im Herzen von Naama Bay gelegen, von Geschäften, Bars und Cafés umgeben und nur einen Steinwurf vom Strand entfernt, zählt dieses Hotel zu den älteren der Stadt. Es ist allerdings gut gepflegt und bietet insbesondere für jüngeres Publikum ein reiches Abendprogramm.
74 Alle gängigen Kreditkarten

AMAR SINAI

$$
RAS UMM SID
TEL. 069/366 2222
FAX 069/366 2233
Auf der felsigen Landzunge, die die Buchten von Sharm el-Sheikh und von Naama trennt, befindet sich dieses Hotel, das wie ein ägyptisches Dorf gestaltet wurde. Swimmingpool, Whirlpool und orientalisches Café sind vorhanden. Von einigen Zimmern aus hat man einen herrlichen Blick. Moderate Preise.
91
Alle gängigen Kreditkarten

PIGEON HOUSE

$$–$
NAAMA BAY
TEL. 069/360 0996
FAX 069/360 0995
In dieser Region gibt es wenig preiswerte Unterkünfte. Das Pigeon House gehört in dieser Kategorie zu den besten. Es verfügt sowohl über Zimmer, die sich in sehr einfachen Hütten mit Ventilatoren und Gemeinschaftsbädern befinden, als auch über komfortablere Zimmer mit Klimaanlage und eigenem Bad. Außerdem gibt es ein Lokal im Stile eines Strandcafés. Das Meer liegt gut 15 Gehminuten entfernt.
68 Einige Zimmer
Keine

LA LUNA

$$$$
RITZ CARLTON RESORT
RAS UMM SID
TEL. 069/366 1919
Eines der besten Restaurants Ägyptens unter Leitung des Kochs Marco Aveta, der einige Zutaten direkt aus seinem Heimatland Italien bezieht. Er serviert Pasta, Steaks und

Meeresfrüchte, die das Wasser im Mund geradezu zusammenlaufen lassen.
Nur abends Alle gängigen Kreditkarten

BUA KHAO
$$$
SHARM HOTEL.
NAAMA BAY
TEL. 069/360 1391
Dies ist ein Ableger des preisgekrönten Restaurants in Kairo, das sich auf thailändische Kost spezialisiert hat. Schöne Einrichtung und freundliche Bedienung umrahmen ein Essen, das fernöstlich gewürzt ist.
12–24 Uhr Alle gängigen Kreditkarten

AL-FANAR
$$
RAS UMM SID
TEL. 069/366 2218
Einheimische Taucher bevorzugen dieses Restaurant, weil es sich nicht im Zentrum des Treibens befindet, aber doch direkt am Strand. Es gleicht einem Beduinenzelt, wo man aber in Alkoven auch zurückgezogen essen kann. Es wird hauptsächlich Fisch in ausgezeichneter Qualität angeboten. Dazu gibt es kaltes Stella-Bier.
10.30–24 Uhr MC, V

DANANEER
$$
SHAMANDOURA SHOPPING CENTER
NAAMA BAY
TEL. 069/360 0321
Beliebtes Restaurant über dem Benetton-Geschäft. Es ist einfach, aber mit *mashrabiyya* (geschnitzte Holzfenster) sehr ansprechend eingerichtet. Auf der Speisekarte stehen Meeresfrüchte und traditionelles ägyptisches Essen.
12–24 Uhr Alle gängigen Kreditkarten

SAFSAFA
$$
OLD SHARM MALL
TEL. 069/366 0474
Eines der ältesten Restaurants der Stadt. Es liegt sehr ungünstig etwas abseits der Küste und ist sehr klein (nur acht Tische). Trotz dieser Nachteile sollten Sie sich die frischesten und besten Fische und Meeresfrüchte der Stadt zu einem günstigen Preis nicht entgehen lassen.
Keine

SINAI STAR
$
DOWNTOWN MARINA
Das anspruchslose Restaurant wird von einem einheimischen Scheich geführt. Es gibt keine Speisekarte, aber normalerweise sind Shrimps, Kalamares, Red Snapper sowie Hummer gebacken, geräuchert oder frittiert zu bekommen. Dazu wird brauner Reis, der nach Nüssen schmeckt, und frischer Salat als Beilage serviert.
12–24 Uhr Keine

IM INNERN DES SINAI

ST. CATHERINE'S TOURIST VILLAGE
$$$$–$$$
ST. CATHERINE'S VILLAGE
TEL. 069/347 0333
FAX 069/347 0325
Steinbungalows an einem felsigen Berg, ungefähr 1,5 Kilometer vom Katharinenkloster entfernt. Die Zimmer verfügen zwar alle über eine Klimaanlage. Aber nicht alle haben ein eigenes Bad.
118 AE, V

AUBERGE ST. CATHERINE
$$$
ST. CATHERINE'S MONASTERY
TEL. 069/347 0353
FAX 069/347 0543
Diese einfache Unterkunft ist ein Teil des Klosters und war ursprünglich für die Verpflegung und Unterkunft der Pilger vorgesehen. Sie wurde kürzlich renoviert und hat jetzt 150 Betten in Einzel-, Doppel- oder Dreibettzimmern mit Halbpension.
52 V

SOMA BAY

SHERATON SOMA BAY RESORT
$$$$
TEL. 065/354 5845
FAX 065/354 5885
www.sheraton.com
Neue Ferienanlage, die ca. 50 Kilometer südlich von Hurghada, die von diesem enorm großen Hotel dominiert wird. Es ähnelt einem alten ägyptischen Tempel. Es stehen alle erdenklichen Hoteleinrichtungen inkl. eines 18-Loch-Golfplatzes zur Verfügung.
310 Alle gängigen Kreditkarten

Einkaufen

Die besten Einkaufsmöglichkeiten bietet der Basar, Suk genannt. Hier werden Waren im Überfluss angeboten: Gold- und Silberschmuck, Baumwollstoffe, Alabasterfiguren, Kupfer- und Messingwaren, Musikinstrumente und mit Perlmutt verzierte Holzschatullen.

Der größte Suk ist der Khan al-Khalili, ein 500 Jahre altes Labyrinth im Herzen des alten islamischen Kairo. Aber es gibt ähnliche Basare in Alexandria, Assuan und Port Said.

Der auf den Basaren genannte Einstiegspreis für die Waren liegt generell hoch, aber man erwartet von Ihnen, dass Sie den Preis herunterhandeln (außer bei Kunsthandwerkern mit Festpreisen). Nehmen Sie sich Zeit, zu feilschen, aber bleiben Sie immer freundlich. Wenn Sie mit dem letzten Angebot unzufrieden sind, gehen Sie einfach weiter.

Tipp: Eine arabische Redewendung, die Sie sich merken sollten, ist *la shukran* (nein danke). Damit können Sie sich z.B. der Straßenhändler entledigen.

Antiquitäten

Antiquitäten, die älter als 100 Jahre sind, dürfen nicht ohne Genehmigung der Ägyptischen Altertümerverwaltung mitgenommen werden.

Seien Sie vorsichtig beim Kauf von Antiquitäten aus dem alten Ägypten. Das meiste, was den Touristen angeboten wird, ist alles andere als alt. Zum Beispiel bestehen die schwarzen Basaltfiguren, die an vielen Grabstätten in Luxor verkauft werden, lediglich aus bemaltem Gips. Auch „alte" Skarabäen sind oft aus alten Knochen neu geschnitzt.

Die Suche nach antiken Gegenständen, die weniger als 100 Jahre alt sind, ist lohnender. In der Hoda Shaarawi Straße im Zentrum von Kairo und in der 26th of July Street in Zamalek gibt es einige Antiquitätengeschäfte, in denen das Stöbern viel Spaß macht. In Alexandria befindet sich im Attarine-Bezirk ein Gewirr enger Gassen mit höhlenartigen Läden, die über und über mit alten Möbeln, Beschlägen, Gemälden und sonstigem Krimskrams gefüllt sind. Viele dieser Sachen wurden den Händlern von reichen ausländischen Familien verkauft, die während der Revolution von 1952 aus dem Land flüchteten.

Kunstgalerien

Viele der gewerblichen Kunstgalerien bieten Werke von einheimischen Malern, Fotografen oder Bildhauern meistens zu recht erschwinglichen Preisen an.

Ebdaa Art Gallery
17 Aswan Sq., Mohandiseen
Tel. 02/3345 22 63

Mashrabia Gallery
8 Champollion St.,
am Tahrir Sq.,Kairo
Tel. 02/578 44 94

Townhouse Gallery
Hussein Pasha St., an der
Mahmoud Bassiouni ST.,
Stadtzentrum Kairo
Tel. 02/575 80 86

Bücher

Es gibt viele exzellente Bildbände von allen Sehenswürdigkeiten und eine breite Palette erstklassiger Fachbücher von den Pharaonen bis hin zu den ägyptischen Moscheen. Die American University in Cairo Press (AUC) hat eine außerordentliche Auswahl guter Bücher verlegt, die man im ganzen Land, aber natürlich auch in Kairo finden kann. Die AUC Press hat viele englischsprachige Titel im Programm. Mit deutschen Übersetzungen ägyptischer Schriftsteller, etwa Nagib Machfus, sollten Sie sich aber lieber zu Hause eindecken.

Viele Fünf-Sterne-Hotels haben einen kleinen Buchladen, wo außerdem eine Auswahl internationaler Presse angeboten wird, die nur wenige Tage alt ist.

Aboudi
Tourist Bazaar, Corniche al-Nil,
Luxor
Tel. 095/237 33 90

AUC Press Bookstore im Stadtzentrum
AUC Campus, Tahrir Sq.,
Kairo-Zentrum
Tel. 02/2797 53 77

Diwan Bookstore
159 26th July St.
Zamalek, Kairo
Tel. 02/736 25 98
Buchladen im amerikanischen Stil.

Ezbekiyya Book Market
Ezbekiyya Gardens, Midan Ataba,
Stadtzentrum Kairo
Antiquarische ebenso wie neue Bücher, viele in Englisch.

Gaddis
Corniche al-Nil, neben dem Winter
Palace Hotel, Luxor
Tel. 095/237 21 41

Lehnert & Landrock
44 Sherif St., Stadtzentrum Kairo
Tel. 02/2393 53 24
Drucke von Schwarzweiß-Fotografien aus dem Ägypten des frühen 20. Jahrhunderts.

L'Orientaliste
15 Kasr al-Nil, Stadtzentrum Kairo
Tel. 02/575 34 18
Antiquariat (Drucke, Karten oder Fotos) das sich auf Ägypten und den Mittleren Osten spezialisiert hat.

Teppiche und Decken

In Ägypten werden im Gegensatz zu Marokko und zur Türkei wenig Teppiche hergestellt. Häufig findet man allerdings braun-beige gestreifte Beduinendecken aus Kamelhaar. Diese werden in kleinen überdachten Gassen südlich der Al-Guri Moschee gegenüber dem Khan al-Khalili im islamischen Kairo verkauft sowie bei einigen Kunsthandwerkern, die weiter unten aufgelistet sind. Erwähnenswert sind die Produkte aus der Schule von Wissa Wassef, dessen Kunst- und Lehrinstitut sich an der Straße nach Sakkara befindet. Die Teppiche, Decken und Wandbehänge, die hier hergestellt werden, zeigen folkloristische Szenen in den Tönen beige, braun und grün.

Wissa Wassef Art Centre
neben dem Salma Motel,
Saqqara Rd., Harraniyya, 4 km südlich der Al-Ahram St., Kairo
Tel. 02/3381 57 46

Kleidung

Baumwolle ist das wichtigste Anbauprodukt Ägyptens. Ein Großteil geht in den Export, doch werden hier auch immer noch hochwertige Baumwollprodukte zu günstigen Preisen verkauft, wie z.B. Hemden, Blusen oder Hosen. Insbesondere empfiehlt sich das **Safari**, dessen Filialen in allen großen Einkaufsstraßen und in einigen Hotelanlagen zu finden sind. Die **Galerie Hathout** im Zentrum Kairos bietet u.a. hochwertige Bettwäsche. Hier werden ausschließlich ägyptische Produkte verkauft, wie z.B. wunderschöne bestickte Bettlaken, aber auch Tischdecken oder Küchenhandtücher.

Im mittleren Ägypten auf der gegenüberliegenden Nilseite von Sohag befindet sich das Dorf **Akhmim**, in dem es eine lange Webertradition gibt. Der Legende nach sollen die Pharaonen in Leichentücher aus Akhmim-Seide gewickelt worden sein. Die Stoffe werden mit Blumenmustern oder im Paisley-Stil in vielen, kräftigen Farben hergestellt. Sie werden in der Akhmim Gallery in den Arkaden des Old Winter Palace in Luxor verkauft.

Besonders exotisch ist die Ausstattung der Bauchtänzerinnen mit ihren hauchdünnen Röcken, perlenbesetzten Hüftschals, Schleiern und paillettenbestickten Oberteilen. Mehrere Warenhäuser haben sich darauf spezialisiert. Am berühmtesten ist aber das Studio von Amira al-Kattan, wo Kostüme auf Bestellung angefertigt werden. Einige Händler sind am Nordende der Muski-Straße in Kairos Khan al-Khalili zu finden.

Kairo

Amira al-Kattan
27 Basra St., Mohandiseen, Kairo
Tel. 02/3349 03 22

Galerie Hathout
Mustafa Kamel Sq.,
Stadtzentrum Kairo

Safari
10 Lotfalla St., Zamalek, Kairo
Tel. 02/2735 19 09

Kunsthandwerk

Im Khan al-Khalili und in den anderen Suks kauft man gängige Souvenirs, aber um hochwertige Handwerksprodukte zu erstehen, sollten Sie in Spezialgeschäfte gehen, von denen sich viele in Kairo befinden.

Kairo

Al-Ain Gallery
73 Hussein St., Doqqi
Tel. 02/3349 39 40
Hier werden die aufwendigen Lampen aus Metall des Designers Randa Fahmy verkauft, aber auch Schmuck von Azza Fahmy sowie diverse Stoffe aus Akhmim und Decken von der Sinai-Halbinsel.

Al-Khatoun
Sheik Muhammad Abdu St.,
Islamisches Kairo
Tel. 02/2514 71 64
In einem osmanischen Haus hinter der Al-Azhar-Moschee verkauft Al-Khatoun schmiedeeiserne Möbel, die in einem Dorf bei Kairo hergestellt werden, sowie Wandbehänge, Glas und Lederwaren.

Egypt Crafts Center
27 Yehia Ibrahim St., Zamalek, Kairo
Tel 02/2736 5123
Hier können Sie Beduinenteppiche und Stickereien vom Sinai und aus der Libyschen Wüste, handgeschöpftes Papier aus Muqattam und Schals aus Oberägypten kaufen.

Nagada
8 Dar al-Shifa, Garden City, Kairo
Tel 02/2792 3249
Ein Lieblingsgeschäft der Auswanderer in Kairo. Nagada ist eine Schatztruhe voller handgewebter Textilien aus Oberägypten, Schmuck, Keramik und anderen Kunsthandwerksarbeiten.

Khan Misr Touloun
17 Ahmed Ibn Tulun St.,
Islamisches Kairo
Tel. 02/2365 22 27
Diese Galerie eines Franzosen bietet Kunsthandwerk aus ägyptischen Dörfern und Oasen, wie z.B. Truhen, Geschirr, mundgeblasenes Glas, Tonfiguren, Tücher und Kleidung.

Nomad
14 Saraya al-Gezira St.,
Zamalek, Kairo
Tel. 02/2736 19 17
Das Nomad hat sich auf Schmuck und traditionelles beduinisches Kunsthandwerk sowie Bekleidung spezialisiert. Es liegt im Erdgeschoss eines Appartementhauses mit Blick über den Nil.

Luxor

Egypt Crafts Center
Manshiyya St., Luxor
In diesem Kunsthandwerkszentrum werden Produkte ägyptischer Dorfbewohnerinnen angeboten.

Sinai

Aladin
Camel Hotel, Naama Bay
Tel. 069/60 07 00 App. 355
Dieses Geschäft hat sich auf Beduinen-Textilien und schönes ägyptisches Glas spezialisiert.

Bedouin House
Dorf St. Katharin, Sinai
Tel. 069/345 01 55
Beduinische Frauen verkaufen hier Kunsthandwerk wie z.B. Stickereien, Perlenschmuck und kleine Steinmetzarbeiten.

Schmuck

Ägyptens Gold- und Silbergeschäfte konzentrieren sich auf das Zentrum des Khan al-Khalili. Der Schmuck wird nach Gewicht bezahlt, mit einem kleinen Aufschlag für die Verarbeitung. Die Tagespreise für Gold stehen in der *Egyptian Gazette*. Beliebtestes Souvenir ist eine Silberkartusche, auf der ein Name in Hieroglyphen eingraviert wird.

Weit origineller sind die individuellen Schmuckstücke der Künstlerin Azza Fahmy, die Aspekte der ägyptischen Geschichte und Kultur in ihre Arbeit einfließen lässt. Sie werden in der Al-Ain Gallery in Kairo (siehe oben Kunsthandwerk) und in der First Residence Mall (Tel. 02/3573 76 87) verkauft. Wenn Sie sich für Beduinen-Schmuck interessieren, besuchen Sie das Nomad (siehe oben, Kunsthandwerk) oder gehen Sie auf den Donnerstagsmarkt in Al-Ariah auf dem nördlichen Sinai (siehe S. 333).

Einkaufspassagen

In größeren Städten wie Kairo und Alexandria werden Einkaufspassagen immer beliebter. Für Touristen sind sie vor allem wegen der angebotenen günstigen Baumwollbekleidung reizvoll. Mit ihren Klimaanlagen bieten die Passagen Schutz vor der Hitze, außerdem gibt es hier immer Restaurants und auch Kinos.

Die Top-Adresse unter den Passagen ist die **First Residence Mall** in Giseh, dem Vorort von Kairo. Sie befindet sich in den First Residence Towers. Hier sind u. a. Gucci und Louis Vuitton vertreten. Etwas weiter entfernt liegt in Nasr City die elegante **Citystars Mall**, die mit ihren internationalen Modegeschäften und Restaurants bei reichen Ägyptern sehr beliebt ist. In die **Ramses Hilton Mall** neben dem Ramses Hilton Hotel im Zentrum der Stadt geht man am besten, wenn man günstige Kleidung und Schuhe kaufen möchte.

Citystars Mall
Off Tariq al-Nasr, Nasr City, Kairo

First Residence Mall
Giza St., Giseh, Kairo

Ramses Hilton Mall
Abdel Moniem Riad Sq., Kairo

Papyrus

Papyrus kann man überall in Ägypten kaufen. Meistens handelt es sich aber um schlechte Kopien der pharaonischen Wandmalereien. Sie sollten dafür nicht viel Geld ausgeben. Künstlerisch hochwertigere Papyri werden in den Galerien der besseren Hotels verkauft. Wenn Sie mehr über die Herstellung von Papyrus erfahren wollen, dann sollten Sie in Dr. Ragab's Papyrus Institute gehen. Hier gibt es eine große Auswahl an Papyri, und Sie bekommen stets ausführliche Informationen über die Papyri, die Sie gewählt haben.

Eine sehr gute Alternative in Kairo ist das **Delta Papyrus Centre** in der Al-Muizz li-Din Allah Straße, das im Islamischen Kairo liegt. Es befindet sich über einem Schuhgeschäft im dritten Stockwerk. Achten Sie bitte im ersten Stockwerk auf das gelbe Schild.

Dr. Ragab's Papyrus Institute
Nile Corniche, Doqqi, Westkairo
Tel. 02/3571 86 75

Parfüm

In Ägypten werden viele der Essenzen hergestellt, die z.B. für französische Parfüms benötigt werden. Im Basar Khan al-Khalili ist man deshalb an der Quelle berühmter Düfte. Reine Essenzen kosten zwischen 10–30 LE pro Unze. Billigere Substanzen sind meistens mit Alkohol oder Öl verdünnt. Sie werden oft in verzierten Fläschchen verkauft, die ein schönes Mitbringsel sind.

Souvenirs

In den Suks in Ägypten gibt es jeden erdenklichen Schnickschnack. Es werden aber auch attraktive Abgüsse von Ausstellungsstücken aus dem Ägyptischen Museum angeboten oder Skarabäen und Schmuck nach altägyptischen Vorbildern. All dies gibt es im Khan al-Khalili.

In dem größten Basar Kairos werden auch originellere Mitbringsel verkauft, wie z.B. mit Intarsien versehene Backgammon-Spielbretter. Kaffeekannen und -tassen aus Kupfer oder Messing gibt es auf dem **Kupfermarkt**. Manche Touristen mühen sich damit ab, die sperrigen Wasserpfeifen, *sheeshas*, aus dem Khan al-Khalili nach Hause zu transportieren, aber denken Sie daran, dass Sie dafür Tabak und die tönernen Tabakschälchen benötigen.

Gewürze

Im Khan al-Khalili und in den Suks in Luxor und Assuan bekommt man die besten Gewürze. Es gibt sie in allen erdenklichen Farben und sie duften wundervoll. Im Allgemeinen sind sie frischer, von besserer Qualität und günstiger als die Gewürze, die bei uns zu haben sind. Schauen Sie nach Schwarzem Pfeffer *(filfil)*, Kreuzkümmel *(kamoon)*, Safran *(zaafraran)* und nach Hibiskus in Form von lilafarbenen, getrockneten Blättern. Wenn Sie diese kochen, durch ein Sieb gießen und süßen, haben sie *karkadeh*, einen Aufguss, der mit Eis getrunken wird.

Freizeit & Unterhaltung

Ägypten bietet eine Bandbreite von Freizeitmöglichkeiten, angefangen vom Tauchen, Segeln, Fischen und Golf über Ballonfahrten, Bird-Watching bis hin zu Wüstensafaris mit Geländewagen oder zu Fuß. Im Bereich der Unterhaltung außerhalb von Kairo verlassen sich die Reisenden auf ihre Hotels. In Kairo jedoch findet man ein vielfältiges Unterhaltungsangebot wie Kino, Musik und Bars. In der Zeitschrift *Egypt Today* findet sich ein Veranstaltungskalender für Kairo und anderswo.

FREIZEIT

Freizeitangebote haben sich in Ägypten lange Zeit auf den Tauch- und Wassersport beschränkt. Um mehr Abwechslung zu schaffen und die Attraktivität des Landes als Reiseziel zu steigern, haben viele Reiseunternehmen in Zusammenarbeit mit den ägyptischen Behörden neue Angebote erarbeitet. Einige Agenturen und auch Privatleute bieten seit kurzem Wüstensafaris an und führen somit Touristen erstmals in die faszinierenden Landschaften aus Sand.

Unerwartet groß ist das stetig wachsende Interesses am Golfspiel, denn es handelt sich hier nun einmal um ein Land, in dem es äußerst heiß werden kann und wo es an Frischwasser und kultivierbarem Land mangelt. Trotzdem forciert das ägyptische Ministerium für Tourismus die Entwicklung des Landes als Zielort für Golfreisen. Viele Golfplätze wurden während der vergangenen Jahre eröffnet, weitere Anlagen sind in Planung.

Ballonfahrten

In Luxor gibt es mehrere Anbieter für Ballonfahrten über die Sehenswürdigkeiten des Westufers. Die Kosten liegen bei etwa 1430 LE, ein Champagnerfrühstück inbegriffen. Reservierungen werden in allen größeren Hotels oder aber auch direkt angenommen (siehe S. 268).

Balloons Over Egypt
Tel. 095/237 0638

Hod Hod
Tel. 095/227 11 16 oder
012/585 70 28

Magic Horizons
Tel. 012/226 1697 oder
010/568 8439
www.magic-horizon.com

Bird-Watching

Ägyptens strategisch günstige Lage an der Nahtstelle dreier Kontinente und sein überreiches Ökosystem eignen sich hervorragend als Rastplatz für Zugvögel. Vögel wie Reiher oder Sperlingsvögel, die in Europa brüten und in Afrika überwintern, ziehen im Herbst und Frühling durch Ägypten, durchs Nildelta, den Golf von Sues und das Rote Meer, um in den Oasen zu trinken, ihre Fettdepots wieder aufzufüllen und sich auszuruhen. Man kann diese Vögel auf eigene Faust beobachten (siehe S. 155) oder sich in die Obhut von Experten begeben. Hier eine Auswahl von Anbietern:

Egyptian Birding Tours for Independent Travelers
Tel. 02/2360 8160
E-Mail baha@internetegypt.com
Mindy Baha el Din war in den letzten zehn Jahren zusammen mit Thomas Cook führend im ägyptischen Tourismus speziell für Vogelliebhaber. Die Touren sind für Einzelreisende oder kleine Gruppen konzipiert.

Travel Egypt
4015 Nine McFarland
Dr. Alpharetta, GA
Tel. 877-778-3497
www.travelegypt.com/
egyptbirdingtour.htm
Travel Egypt bietet von November bis März im Wochenrhythmus von Führern begleitete Fahrten durch Kairo, Fayum, Luxor, Assuan und den Sinai an. Kombiniert wird das Bird-Watching mit Ausflügen zu den beliebtesten Sehenswürdigkeiten von Ägypten.

Wings: Birding Tours Worldwide
1643 N. Alvernon, Ste. 109
Tucson AZ
Tel./888-293-6443
www.wingsbirds.com/tours
Bietet eine zweiwöchige geführte Tour im Frühling an und kooperiert mit seinem britischen Pendant Sunbird. Es geht durch Kairo, das Sues-Delta, den Sinai, Luxor und Assuan. Höhepunkte sind Vogelparadiese ersten Ranges und archäologische Stätten. Die Tour beginnt in London. Anreise und Rückreise von und nach London sind im Preis enthalten.

Wüstensafaris

Ägyptens beeindruckende Wüstenlandschaft gehört zwar zu den größten Schätzen des Landes, wird von den Touristen aber selten bereist, weil diese abseits gelegenen Gebiete schwer zu erreichen sind. Allerdings bietet eine wachsende Anzahl einheimischer Veranstalter vermehrt Ausflüge auf den Sinai und in die weit eindrucksvollere westliche Wüste an. Es gibt Ausflüge von bekannten Ferienregionen aus in die Wüste, die nur einen halben Tag dauern. Die wirklichen Safaris mit Geländewagen nehmen drei oder vier Tage in Anspruch. Übernachtet wird dann in Zelten (weitere Vorschläge siehe S. 205).

Auf dem Sinai führen einheimische Beduinen die Touristen aus Naama Bay, Dahab und Nuweiba ins Landesinnere. Die Ausflüge dauern meistens nur einen halben Tag und bedürfen nur einer kurzen Anmeldung an der Hotelrezeption. Ebenso werden auch vom Dorf St. Katharin aus herrliche Ausflüge von Beduinen-Führern angeboten (siehe S. 335). Der wohl beste Anbieter auf dem Sinai ist Abanoub Travel mit Sitz in Nuweiba. Das Unternehmen bietet Touren für etwa 200 LE pro Person inkl. Verpflegung an. Kamelsafaris kosten 57 LE mehr.

Abanoub Travel
Tel. 069/352 02 01
Fax 069/352 02 06
Um die spektakulärste Landschaft zu sehen, muss man aber in die westliche Wüste zu den Oasen reisen. Viele Hotels in Siwa, Farafra und Dakhla organisieren Expeditionen über einen oder mehrere Tage, wie etwa das Al-Badawiyya Hotel (siehe S. 366) in Farafra. Die beduinischen Brüder, denen dieses Hotel gehört, bieten Touren durch die westliche Wüste und andere Gegenden Ägyptens an. Auch in Dakhla organisieren sie Wüstentouren (siehe S. 205).

Amr Shannon
Tel. 02/2518 68 94
Amr Shannon ist ein Künstler, der seit mehr als 20 Jahren mit kleinen Touristengruppen Exkursionen in die Wüste unternimmt. Man benötigt eine eigene Campingausrüstung und einen Geländewagen. Shannon hilft bei der Besorgung aller Utensilien, die Sie für die Tour benötigen. Die Kosten liegen pro Person bei 1700 LE am Tag. Die Ausflüge werden das ganze Jahr über angeboten, allerdings sollten Reservierungen rechtzeitig erfolgen.

Egypt Off-Road
Tel. 012/174 5462
www.egyptoffroad.com
Dieses Unternehmen wird vom Zugereisten Peter Gaballa geleitet und kann sich bereits einer langjährigen Erfahrung in der Organisation von Wüstenexkursionen in die Große Sandsee und auch in die Gilf al-Kabir rühmen.

Tauchen

Das Rote Meer ist ein Taucherparadies mit wunderbar klarem Wasser, in dem es vor Arten nur so wimmelt. Tausende von Touristen werden jährlich von diesem Naturwunder angezogen. Die Tauchzentren konzentrieren sich auf die südliche Spitze der Sinai-Halbinsel. Dahab, Naama Bay, Sharm el-Sheikh und speziell das Gebiet rund um den fantastischen Ras Mohammed National Park sind bekannte Tauchdestinationen. Auch Hurghada am Roten Meer ist unter Tauchern sehr beliebt. Erfahrenere Taucher zieht es dagegen mehr in den Süden zu den weit verstreuten Tauchbasen bis hin nach Marsa Alam, wo um küstennahe Inseln die besten Riffe zu finden sind.

Die meisten Tauchclubs bieten den Touristen die Möglichkeit, die Unterwasserwelt zu erforschen. Fast jedes große Hotel am Roten Meere verfügt über eine eigene Tauchbasis. Hier werden Anfänger- und Fortgeschrittenenkurse angeboten sowie Expeditionen für erfahrene Taucher. Einige Clubs haben sogar Tauchsafaris zu abgelegenen Revieren im Angebot, die einen Tag oder auch zwei Wochen dauern können. Die Ausrüstung wird gestellt. Die meisten Clubs verfügen über sehr gutes Equipment und haben professionelles Personal – aber nicht alle. Deshalb sollten Sie Ihre Tauchschule und Ihren Tauchführer sorgfältig auswählen. Die Preise unterscheiden sich nicht sehr voneinander, aber Sie sollten sich bei der Wahl der Tauchbasis ohnehin nicht nur von den Kosten leiten lassen. Die meisten Touristen organisieren ihre Tauchaktivitäten vor Ort. Wenden Sie sich z.B. an die folgenden Tauchzentren, wenn Sie sich schon vor Antritt der Reise informieren wollen.

Unter www.red-sea.com finden Sie eine Liste von Tauchzentren.

African Divers
Sharm el-Sheikh/Naama Bay
Tel./Fax 069/366 48 84

Aquanaut Blue Heaven Hurghada
Tel. 065/344 08 92
www.aquanaut.net

Camel Dive Club & Hotel
Sharm el-Sheikh/Naama Bay
Tel. 069/360 07 00
www.cameldive.com

Divers International
Dahab, Hurghada, Sharm el-Sheikh/Naama Bay
Tel. 069/360 08 65
www.diversintl.com

Oonas Dive Club
Sharm el-Sheikh/Naama Bay
Tel. 069/360 05 81
www.oonasdiveclub.com

Red Sea Diving College
Sharm el-Sheikh/Naama Bay
069/360 01 45
www.redseacollege.com

Red Sea Diving Safari
Tel. 02/3337 99 42
www.redsea-divingsafari.com

Angeln

Der Nassersee ist sicherlich der beste Ort in Ägypten zum Angeln. Die schlickreichen Tiefen dieses künstlichen Sees bringen Fische von enormen Ausmaßen hervor, insbesondere den Nilbarsch, der hier sogar bis zu 100 Kilo erreichen kann. Für einen Angelausflug auf dem See benötigt man professionelle Unterstützung, da der See nicht leicht zu erreichen und das Ufer völlig unbesiedelt ist. Zwei Gesellschaften bieten entweder Bootsfahrten oder Landsafaris an:

The African Angler
Tel. 097/230 97 48 oder
097/233 09 00
www.african-angler.co.uk

Lake Nasser Adventure
Tel. 012/104 02 66 oder
012/104 02 55

Weitere Infos zu diesen beiden Gesellschaften siehe S. 311.

Golf

In letzter Zeit entwickelte vor allen Dingen Ägyptens neureiche Oberschicht Interesse an diesem Sport. Neuerschließungen in der Wüste am Rande Kairos verfügen jetzt oft auch über einen Golfplatz und es gibt nicht weniger als drei „Golf Villages" entlang des Desert Highway zwischen Kairo und Alexandria.

Al-Gouna Golf Course
Al Gouna Resort, am Roten Meer
Tel. 065/354 97 02
www.elgouna.com

Dreamland Golf Resort
6th of October City,
Kairo-Alexandria Desert Highway
Tel. 02/3855 31 64
www.dreamlandgolf.com

Jolie Ville Golf Resort
Sharm el-Sheikh
Tel 069/360 32 00
www.jolieville hotels.com/
golf_welcome.php

Luxor Royal Valley Golf Club
Tel. 095/238 05 22

Mirage City Golf Club
Kairo-Alexandria Desert Highway
Tel. 02/3412 50 41/43
http://golf.jwmarriottcairo.
com/golf

Pyramids Golf & Country Club
Kairo-Alexandria Desert Highway
Tel. 02/3335 36 88

Segeln

Ein Highlight auf einer Reise nach Ägypten ist eine Nilfahrt mit einer Feluke. Diese kleinen Boote mit Lateinsegel fahren seit Jahrhunderten über den Fluss. Sie sind häufig in Grabmalereien dargestellt. Boote und Bootsführer kann man überall entlang des Nils auf Stundenbasis mieten, von Kairo bis hinunter nach Assuan. Obwohl ein Sonnenuntergang auf dem Nil in Kairo ein schöner Abschluss für einen Besichtigungstag ist, ist Assuan doch noch der bessere Ort, um sich gemächlich über den Nil treiben zu lassen. Sie können hier ein Boot mieten, um einen Nachmittag oder einen Abend lang von Insel zu Insel zu segeln. Sie sollten vor Antritt der Fahrt immer Stundenpreise aushandeln. In den örtlichen Touristeninformationsbüros teilt man Ihnen die gängigen Preise mit.

Reisende mit mehr Abenteuerlust haben die Möglichkeit, zwei oder drei Tage lang auf einer Feluke von Assuan nach Edfu zu segeln. Entlang der Strecke werden Sehenswürdigkeiten wie z.B. Kom Ombo besucht. Die Lebensmittel werden vor Beginn der Fahrt auf dem Markt gekauft. Die Nächte verbringt man auf dem Boot oder auf einer Insel. Auf dem Boot herrscht ein sehr einfaches Leben ohne Komfort, aber eine solche Fahrt wird eine bleibende Erinnerung sein. Von Edfu aus können Sie mit dem Bus zurück nach Assuan oder weiter nach Luxor fahren.

Die Feluken nehmen zwischen sechs und acht Passagiere auf. Eine Fahrt nach Edfu kostet ca. 115 LE pro Person, aber auch hier lässt sich handeln. Es muss außerdem eine kleine Gebühr für eine Registrierung bei der Polizei entrichtet werden, und auch die Lebensmittel müssen selbst bezahlt werden. Bei der Touristeninformation werden erfahrene Kapitäne empfohlen.

Hermes Travel
Tel. 02/3303 51 05
Fax 02/3345 47 11
Hermes Travel bietet 15-Meter-Yachten mit fünf Doppelkabinen für Fahrten über den Nasser-See an. Sie können hiermit nicht nur alle Tempel am Ufer des Sees besuchen, sondern auf Nachfrage auch nach Wadi al-Alagi in der östlichen Wüste fahren, um von dort mit Geländewagen durch die Wüste nach Berenika zu gelangen. Die Preise für diese Fahrt liegen pro Person um 300 LE am Tag.

UNTERHALTUNG

Außerhalb Kairos, insbesondere in Luxor und Assuan, beschränkt sich das abendliche Unterhaltungsprogramm für Touristen auf die Angebote der Hotels. In vielen größeren Hotels gibt es am Abend Folklore- oder Bauchtanzveranstaltungen. Meistens ist eine Bar vorhanden, manchmal auch eine Disko. In Kairo aber gibt es eine lebendige Kulturszene mit vielen Film- und Musikveranstaltungen, Nachtclubs und Bars. Landesweite Veranstaltungshinweise findet man in dem Monatsmagazin *Egypt Today*, das auch in den Hotels verkauft wird.

Bars,Cafés & Clubs

Die meisten Ägypter sind Muslime und trinken deshalb keinen Alkohol. Alkoholische Getränke werden meistens nur dort ausgeschenkt, wo Touristen verkehren, also in den Bars der Hotels und in besseren Restaurants.

Kairo

After Eight 6 Qasr al-Nil, Stadtzentrum, Tel 02/2574 08 55.
Hier wird's jede Nacht bei Live-Musik sehr voll.

Bullseye, 32 Geddah St., Mohandiseen, Tel. 02/3761 68 88
In diesem englischen Pub kann man Darts spielen.

Cairo Jazz Club, 197 26th of July St., Mohandiseen,
Tel. 02/3345 99 39
Jeden Abend werden hier Jazz-und Blues-Konzerte gegeben.

Absolute Casino al Shagara, Maspero, Corniche al-Nil, Tel. 02/2579 65 11
An Wochenenden recht voll, und man hört überall die Clubmusik; in der Woche ein ruhiges Plätzchen zum Erholen.

Deals, Sayed al-Bakry St., Zamalek, Tel. 02/2736 05 02
Hier kann man eine ruhigere Nacht verbringen.

Harry's Bar, Marriott Hotel, Saraya al-Gezira, Zamalek, Tel. 02/2735 88 88
In diesem Pub mit Karaoke und DJs werden Sie viel Spaß haben.

Purple Imperial Boat, gegenüber vom Marriott Hotel, Zamalek, Tel. 02/2736 57 96
Gehobener Tanzclub auf einem Schiff mit House- und Retro-Groove einer Liveband.

Le Tabasco, 8 Amman Sq., Mohandiseen, Tel. 02/3336 55 83
In dieser Trend-Bar mit Restaurant treffen sich die ruhigeren Nachtschwärmer.

Alexandria

Cap d'Or, 4 Adib St., an der Salah Salem St., Stadtzentrum, Tel. 03/487 51 77
Bar mit Fischsnacks.

Monty's Bar, Cecil Hotel, 1. Stock, Saad Zaghloul Sq., Tel. 03/480 72 24
Diese Bar wurde nach General Montgomery benannt.

Spitfire Bar, 7 Bursa al-Qadima St., an der Saad Zaghloul St., Stadtzentrum, Tel. 03/480 65 03
Eine Bar für Skipper und andere Seefahrer.

Luxor

King Dude, Gaddis Hotel, Khaled ibn al-Walid St., Tel. 095/238 28 38
Karaoke-Veranstaltungen.

King's Head Pub, Khaled ibn al-Walid St., Tel. 095/237 12 49
Ein englischer Pub mit Darts, Billard und Snacks.

Mars Bar, Venus Hotel, Youssef Hassan St., Tel. 095/238 26 25
Hier gibt es Bier vom Fass, Satellitenfernsehen, einen Billardtisch und westliche Pop-Musik.

Pub 2000, Khaled ibn al-Walid St.
Die Happy Hour zieht viele Gäste in diesen englischen Pub.

Assuan

Aswan Moon, Corniche al-Nil, Tel. 097/231 16 108
Je länger die Nacht, desto lebhafter wird es in dem Restaurant.

Isis Hotel, Corniche, Tel. 097/231 52 00
Jede Nacht Diskothek.

Royal Restaurant, Pub & Coffeeshop, Corniche al-Nil
Bier, Snacks, Internet und Satellitenfernsehen.

Rotes Meer & Sinai

Bus Stop Bar & Disco, Sanafir Hotel, Naama Bay, Sinai, Tel. 069/360 01 97
Das lebendigste Lokal der Stadt.

Café Bedouin, Sharm Panorama, Naama Bay, Sinai
Kein Alkohol, aber romantisches Lokal für einen Tee und eine Wasserpfeife.

Hard Rock Café, Naama Bay, Sinai, Tel. 069/360 26 65
Rock-Memorabilien und Burger.

Papa's Bar, New Marina, Sigala, Hurghada, Tel. 010/512 90 51
Kürzlich zum neuen Yachthafen umgezogen. Sehr beliebte Bar bei Tauchern und in Ägypten lebenden Ausländern.

Peanuts Bar, Market Place Complex, nahe dem Three Corners Hotel, Ad-Dahar, Hurghada
Laute Bierkneipe, 24 Stunden geöffnet.

Pirates Bar, Hilton Fayruz, Naama Bay, Tel. 069/360 01 36
Diese Bar mit vielen kleinen Lichtern auf einer Terrasse ist unter Tauchern sehr beliebt.

Bauchtanz

Die besten Tänzerinnen treten in den Nachtclubs der Fünf-Sterne-Hotels in Kairo auf. Das Haroun al-Rashid Club (Semiramis Inter-Continental Hotel, Garden City, Kairo, Tel. 02/2795 71 71) und das La Belle Epoque (Grand Hyatt Cairo, Roda, Kairo, Tel. 02/2365 12 34) konnten Tänzerinnen wie Dina, Lucy oder Fifi Abdou verpflichten. Pro Person zahlt man ca. 280 LE, Büfett inklusive. Erst um 2 Uhr in der Nacht erreichen die Veranstaltungen meistens ihren Höhepunkt und sie enden nicht vor Sonnenaufgang. Die Tänzerinnen in den anderen Hotels und Touristenrestaurants sind zwar nicht so vollkommen in ihrer Darbietung, dafür sind diese Vorstellungen auch preisgünstiger.

Casinos

Die meisten der Fünf-Sterne-Hotels in Ägypten haben ein Casino. Sie müssen am Eingang allerdings ihren Ausweis vorzeigen, da der Zugang für Ägypter verboten ist. Der Einsatz beträgt mindestens einen US-Dollar. Aber auch andere große Währungen werden angenommen. Gepflegte Kleidung ist erforderlich.

Kinder

Ägypten ist ein sehr kinderfreundliches Land und die Einheimischen haben immer ein nettes Wort für die Kleinen. Allerdings gibt es wenig

Freizeitangebote speziell für Kinder. In Kairo befindet sich das bei Kindern beliebte Pharaonic Village (siehe S. 127). Ein Ausflug in den Zoo (siehe S. 126f) ist nicht sehr aufregend. Aber im Gegensatz zu vielen anderen Zoologischen Gärten ist es hier erlaubt, die Tiere zu füttern. An den Pyramiden kann man auf Eseln und Kamelen reiten.

Folkloretanz

Als Teil der Abendunterhaltung bei Tisch gibt es vor allen Dingen in vielen oberägyptischen Hotels und Touristenrestaurants Folkloredarbietungen.

In Luxor kann man die schönsten Vorführungen im Fellah's Tent im Maritim Jolie Ville erleben (Krokodilinsel, Tel. 095/227 48 55, Fax 095/227 49 36, Eintritt ca. 258 LE) und jeden Samstag im Sheraton bei der Nubischen Nacht (Khaled ibn al-Walid St., Tel. 095/237 45 44, Eintritt ca. 200 LE). Die Darbietungen beinhalten auch Bauchtanzvorführungen sowie den Nubischen Stocktanz, bei dem die Tänzer durch das Aneinanderschlagen von Stöcken einen Kampf vortäuschen. Die Preise verstehen sich immer inklusive eines Büfetts, die Getränke sind allerdings extra zu zahlen. Auch im Nubian Restaurant in Assuan (Essa) (siehe S. 372) wird der Stocktanz aufgeführt, hier wird aber kein Eintritt verlangt.

Auch an Orten wie dem städtischen Palace of Culture (17 Corniche al-Nil, Tel. 097/231 33 90) in Assuan und der Kairoer Sayyid Darwish Concert Hall (Gamal ad-Din al-Afghani St., nahe der Al-Ahram St., Giseh, Kairo, Tel. 02/560 24 73) finden folkloristische Vorführungen statt (siehe auch Sufi-Vorführungen auf S. 101).

Musik

Klassische westliche und arabische Musik wird vor allen Dingen im Kairoer Opernhaus (Tahrir St., Gezira, Kairo, Tel. 02/2739 81 44) auf der Insel Gezira aufgeführt. Hier treten sowohl internationale als auch einheimische Künstler auf. Abendgarderobe ist bei diesen Veranstaltungen obligatorisch. In der kleinen Halle finden jeden Abend kleine Ensembles, Quartette und Solisten ihr Publikum. Hier gibt auch das Cairo Symphony Orchestra von September bis Mitte Juni jeden Samstag Konzerte.

Besonders in der Zeit des Ramadan gibt es im islamischen Kairo Musikabende und Theatervorstellungen, und zwar im House of Zeinab Khatoun (Mohamed Abdu St., Islamisches Kairo, Tel. 02/2510 41 74) oder im Al-Guri Complex (Al-Azhar St., Islamisches Kairo, Tel. 02/2510 08 23, siehe S. 91).

In Alexandria organisieren einige ausländische Konsulate im Sayyid Darwish Theater (22 Horeyya St., Alexandria, Tel. 03/486 56 02) gelegentlich klassische westliche oder arabische Konzerte.

Im Palace of Culture in Assuan treten manchmal nubische und andere einheimische Musiker auf.

Ton-und-Lichtshow

An vielen Sehenswürdigkeiten werden Ton-und-Lichtschauen angeboten. Während über Lautsprecher Geschichte und Legenden der Monumente ertönen, werden die Bauten von Scheinwerfern illuminiert. So bietet sich auch die Gelegenheit, diese beeindruckenden Stätten einmal bei Mondschein zu erleben. Ton-und-Lichtschauen werden an den Pyramiden, dem Tempel von Karnak in Luxor, am Philae-Tempel in Assuan und in Abu Simbel angeboten. Wann diese Veranstaltungen stattfinden, ist entweder vor Ort oder über www.sound-light.egypt.com zu erfahren.

Sportveranstaltungen

Der ägyptische Nationalsport ist Fußball, und kein anderer Sport lässt die Emotionen so hochkochen. Bei großen Spielen sind die Straßen wie leergefegt, weil die Fußballfans in den Kaffeehäusern das Match im Fernsehen verfolgen. Die beiden besten Clubs kommen aus Kairo (Ahly und Zamalek) und das Lokalderby ist der alljährliche Höhepunkt. Die großen Spiele werden im Cairo Stadium im Nordosten der Stadt ausgetragen. Es ist wegen der großen Nachfrage sehr schwierig, Karten zu bekommen. Wenn Sie sich zu den Fußballfans in den Kaffeehäusern gesellen, werden Sie auch einen unterhaltsamen Fußballnachmittag verbringen.

Squash hat auch eine ansehnliche Anhängerschaft. Selbst der ägyptische Staatspräsident Hosni Mubarak betreibt diesen Sport. Zum Al-Ahram International Squash Turnier kommen jedes Jahr Teilnehmer aus aller Welt. Sie spielen auf verglasten Courts direkt neben den Pyramiden. Die Pyramiden sind auch der Start und das Ziel der jedes Jahr im Oktober stattfindenden Pharao-Rallye, bei der Geländewagen und Motorräder elf Tage lang durch die Wüste jagen.

Sprachführer

Arabisch ist die offizielle Landessprache, aber in der Schule wird auch Englisch unterrichtet und vor allem in touristischen Gebieten sprechen die meisten Einheimischen ein wenig Englisch. Aber wenn Sie probieren, etwas Arabisch zu sprechen, so wird dies mit Sicherheit gern gesehen. In der folgenden Liste sind die arabischen Wörter in phonetischer Schreibweise wiedergegeben. Wörter oder Buchstaben in Klammern deuten auf Abänderungen hin, wenn Frauen sprechen oder angesprochen werden.

Allgemeines

ja *aywa, naam*
nein *la*
bitte *min fadlak (fadlik)*
danke *shukran*
nichts zu danken *afwan*
Hallo *salaam aleikum*
Antwort *aleikum al-salaam*
Auf Wiedersehen *maa al-salaama*
Guten Morgen *sabaah al-kheir*
Antwort *sabaah al-nur*
Wie geht's? *izzayak (izzayik)*
Danke, gut. *kwayyis(a) al-hamdulillah*
So Gott will *inshallah*
Keine Sorge *maalish*
morgen *bukra*
morgen früh *bukra sobh*
übermorgen *bade bukra*
heute *inharda*
Entschuldigung! *ana aasif (asfa)*
Ich verstehe nicht *Ana mish faahem (fahma)*
Ich kann kein Arabisch *Ana mish aarif (arfa) arabi*
Geh weg! *imshee*
Lass mich in Ruhe! *bass kifaaya*
nicht/genug *balesh*
langsam/Schritt für Schritt *shawaya shawaya*

Notfall

Hilfe! *al-haooni!*
Diebe! *haraami!*
Polizei *bulees*
Krankenhaus *mustashfa*
Wo sind die Toiletten? *feyn el-twalet?*
Mir geht es schlecht *ana ayyaan(a)*
Wir brauchen einen Arzt *ayzeen duktor*

Einkaufen

Geschäft *dukkan*
Markt/Basar *souk*
Ich möchte... *ana eis(a)*
Ich schaue nur *ana batfarrag bass*
Was kostet...? *bikam?*
Darf ich? *mumkin?*
Das ist zu viel *da ketir awi*
Wechselgeld *fakka*
Haben Sie Kleingeld? *maak fakka?*
Kein Kleingeld *maafish fakka*
gut *kwayyis*
schlecht *mish kwayyis*
groß *kebir*
klein *sughayyar*
heiß *sukn*
kalt *baarid*
viel *kitiir*
wenig *olayyel*
hoch *foq*
runter taht
mehr *kamaan*
genug *kefaya*

Verkehr

Straße *sharia*
Platz *midan*
Halten Sie hier *hina kwayyis*
geradeaus *ala tuul*
links *shimel*
rechts *yemeen*
neben *gamb*
hinter *wara*
Ticket *tazkara*
warten *istanna*
Wo ist...? *fein el...?*
Wie viele Kilometer? *kaam kilu?*
Flughafen *mataar*
Schiff *markeb*
Brücke *kubri*
Bushaltestelle *mahattat al-auto-bees*
Auto *sayara*
Kirche *kineesa*
Botschaft *sifaara*
Hotel *fonduk*
Krankenhaus *mustashfa*
Museum *mathaf*
Postamt *busta*
Bahnhof *mahatta*

Zahlen

0 *sifr*
1 *wahid*
2 *itneyn*
3 *telaata*
4 *arbaah*
5 *khamsa*
6 *sittah*
7 *sabbaah*
8 *tamanya*
9 *tisah*
10 *ashara*
11 *hidaashar*
12 *itnaashar*
13 *telataashar*
14 *arbaatashar*
15 *khamastaashar*
16 *sittaashar*
17 *sabbahtaashar*
18 *tamantaashar*
19 *tisahtaashar*
20 *ashreen*
21 *wahid waashreen*
22 *itneyn waashreen*
30 *telaateen*
40 *arbaheen*
50 *khamseen*
100 *maya*
200 *mitayn*
1000 *alf*

Essengehen

Was ist das? *eh da (di)?*
Rechnung *al-hisab*
Die Rechnung, bitte. *al-hisab lau samaht*
Frühstück *iftar*
Abendessen *asha*

Speisekarte

baba ghanoug Püree aus gegrillten Auberginen, mit tahina, Olivenöl und Knoblauch
falafel (taamiyya in Kairo) Pürierte dicke Bohnen sowie Gewürze zu Bällchen gerollt und frittiert
fisiikh Salziger, getrockneter Fisch
fuul Dicke Bohnenpaste in einer Brottasche
gibna Käse
gibna beyda weich und weiß, wie Feta
gibna ruumi Hartkäse, gelb und scharf
hummus Kichererbsenpaste mit Olivenöl
kellawi Nieren
kibbeh frittierte Pastetchen aus Lammhack, Bulgur (Weizenschrot) und Pinienkernen
kushari Reis, Makkaroni, schwarze Linsen, gebratene Zwiebeln und Tomatensoße
labneh käseartige Joghurtpaste, die oft stark mit Knoblauch oder Minze gewürzt ist
mashi gefüllte Gemüseblätter, meist gefüllt mit Hackfleisch, Reis sowie gehackten Tomaten und Zwiebeln, gut gewürzt
shwarma Brot, gefüllt mit Lamm oder Huhn vom Spieß, das mit gehackten Tomaten gebraten wurde
tahina Sesampaste
zeitoun Oliven

Hauptgerichte

bamya Okraeintopf mit Tomaten, manchmal auch mit Lamm
fatteh gekochtes Lamm oder Huhn mit Brot oder Reis in einer Soße mit Essig und Knoblauch
firakh Huhn, normalerweise am Spieß gebraten
kebab gegrillte Fleischspieße, meistens Lamm
kofta kleine Hackfleischröllchen, aufgespießt und gegrillt
haman Taube, meistens mit Reis und Gewürzen gefüllt
loubiah Eintopf aus grünen Bohnen mit Tomatensoße, anderen Gemüsesorten und Lammfleisch
molokhiyya gluinous zähflüssige Suppe aus *molokhiyya*-Blättern, oft mit Kaninchen serviert
samak Fisch
shish tawouk über offenem Feuer gegrilltes *kebab* aus mariniertem, gewürztem Huhn, Zwiebeln, Paprika und Tomaten
tagen im Ofen gebackenes Gericht mit Gemüse und/oder Fleisch

Fisch und Meeresfrüchte

barbuuni Seebarbe
buuri Meeräsche
gambaari Shrimps
istakooza Hummer
kaborya Krabben
kalamari/subeit Tintenfisch
muusa Seezunge
slamuun Lachs
tuuna Thunfisch

Süßspeisen und Desserts

atayif gefüllte, süße Crêpes, in Sirup getaucht
basboosa ein mit Zuckersirup getränkter Grießkuchen, oft mit Kokosnuss oder Orangenblütensirup aromatisiert
konafa Fadennudelgebäck mit Frischkäse oder Sahne
muhalabiyya Sahne mit Mehl oder gemahlenem Reis angedickt, mit Rosenwasser verfeinert und mit Mandel- und Kokosnussraspel garniert
Umm Ali Ägyptische Version des Brotpuddings: Gebäck mit Nüssen und Rosinen belegt, in Milch und Sahne eingeweicht und dann im Ofen gebacken

Obst und Gemüse

ananas Ananas
balah Dattel
batikh Wassermelone
bortuaan Apfelsine
fraula Erdbeere
gooz al-hind Kokosnuss
guafa Guave
khookh Pfirsich
kummitra Birne
limoon Limone
manga Mango
mishmish Aprikose
moez Banane
rumaan Granatapfel
tufaah Apfel
tiin Feige

Getränke

ahwa Kaffee
ahwa saasa ohne Zucker
ahwa mazbuut mit etwas Zucker
ahwa ziyaada mit viel Zucker
shai Tee
shai libton Tee aus dem Teebeutel
mayya Wasser
assir Saft
nibiit Wein
biira Bier
sahlab Milchgetränk mit einer pulverisierten Orchideenknolle angedickt, mit gehackten Nüssen und Zimt gewürzt
karkade aufgebrühte Hibiskusblätter, heiß oder kalt serviert
yansoon heißes Anisgetränk

Frühstück

aish Brot im Allgemeinen
aish baladi Vollkornbrot in großen runden Fladen
aish shammi helles Brot, wie Pita
beid Ei
ishta Sahne
laban Milch
zabaadi Joghurt
zibda Butter

Glossar

abu Vater von
ain Brunnen, Quelle
Aton Sonnenscheibe, von Echnaton als Gott verehrt
bab Tor oder Tür
bakschisch Trinkgeld
baladi einheimisch
bawab Portier oder Türsteher
bayt Haus
bir Quelle, Brunnen
birket See
bismillah im Namen Gottes
Buch der Toten alte Abhandlungen, auf die sich die meisten der Malereien und Reliefs in den Gräbern beziehen
burg Turm
calèche Kutsche
Corniche Promenade am Meeres- oder Flussufer
deir Kloster
eid Fest
Emir Islamischer Herrscher
fatwa religiöse Verfügung
fellaheen Landarbeiter, der größte Teil der ägyptischen Bevölkerung
feluke Segelboot
galabiya knöchellanges Gewand, das Männer und Frauen tragen
gebel Berg
gezira Insel
hajj Pilgerfahrt nach Mekka
hamman Bad
hantour Kutsche
Harem Bereich eines Hauses, der den Frauen (und dem Ehemann) vorbehalten ist
Hieroglyphen alte ägyptische Schreibweise, in welcher mit Bildern und Symbolen Gegenstände, Wörter oder Laute dargestellt werden
Hypostylos Säulenhalle
imam Vorbeter in einer Moschee
iwan Halle mit gewölbter Decke, die sich zu einem Innenhof, z.B. einer Moschee, öffnet
ka Geist oder Doppelgänger einer lebenden Person
Kalif islamischer Herrscher
Kanopenkrug tönernes Gefäß, in dem sich die einbalsamierten inneren Organe der mumifizierten Körper befanden
Karawanserei Rast- und Übernachtungsstätte
Kartusche länglicher Rahmen, der den Namen eines Gottes oder eines Königs in Hieroglyphenschrift trägt
khan andere Bezeichnung für Karawanserei
khanqah Sufi-Kloster
khedive ägyptischer Vizekönig unter osmanischer Oberhoheit (1867–1914)
Koran das heilige Buch des Islams
kuttab Koranschule
mammisi symbolisches Geburtshaus aus dem alten Ägypten
mashrabiyya mit Schnitzereien versehenes Holz; typisch für die islamische Architektur
masr Ägypten (auch: Kairo)
mastaba ägyptischer Begriff für Bank; eine Konstruktion aus Lehmziegeln über der Grabkammer, aus der später die Pyramiden entstanden.
Medrese Islamschule
mihrab Gebetsnische in einer Moschee; weist nach Mekka
minbar Predigtkanzel in einer Moschee
mulid Fest anlässlich des Geburtstages eines Heiligen
Muezzin Ausrufer, der fünfmal am Tag vom Minarett zum Gebet aufruft
Oberägypten das Land nilaufwärts, südlich von Kairo
Papyrus papierähnliches Material, das aus dem Mark der Papyrusstaude gewonnen wird
pasha osmanischer Titel für hochrangige Männer
Pharao alter ägyptischer Herrscher, streng genommen wurde diese Bezeichnung erst ab dem Neuen Reich verwendet, vorher sprach man von Königen.
Pylon monumentales Tor am Eingang eines Tempels
Pyramidentexte Malereien und Reliefs an den Wänden in den Räumen und in den Grabkammern der Pyramiden
qasr Palast
Ramadan der heilige Monat, in dem die Muslime zwischen Sonnenaufgang und Sonnenuntergang fasten
sabil öffentlicher Brunnen mit Trinkwasser
saidib Bewohner Oberägyptens
Sarkophag großer Sarg aus Stein, in den meist kleinere Särge aus Holz eingelassen wurden
Scheintür Attrappe einer scheinbar halb offenen Tür in einer Grabkammer, durch die der Geist des Pharaos gehen sollte
Skarabäus Der Mistkäfer war im alten Ägypten ein heiliges Tier und wurde auf Amuletten abgebildet; in der Hieroglyphenschrift stellt er den Sonnengott Re dar.
serdab Raum, in dem sich die lebensgroße Statue des verstorbenen Pharaos befand, sodass die verblichene Seele mit der Außenwelt kommunizieren konnte.
sharia Straße, wörtlich: Weg
sharm Bucht
Sonnenbarke hölzernes Boot, das sich in der Grabstätte des Pharaos befindet; mit diesem Schiff soll er seine Reise ins ewige Leben vornehmen
Stele mit Inschriften oder Figuren versehene Steinplatte
Sufi Anhänger eines mystischen islamischen Ordens, der die Einheit mit Gott sucht
Sultan weltlicher Titel für einen Herrscher oder König
tell Hügel, der eine alte Siedlungsanlage o.ä. bedeckt hat
umm Mutter von
wadi trockener Wasserlauf
wikala andere Bezeichnung für Karawanserei

Who's Who

Weitere Pharaonennamen siehe „Zeittafel der Pharaonen", S. 52f.

Al-Guri, Sultan Qansuh (gest 1516)
Der vorletzte mameluckische Sultan wurde in einer Schlacht gegen die Osmanen getötet; er hinterließ ein schönes architektonisches Erbe.

Amenophis III. (1390–1362 v.Chr.)
Unter dem Sonnenkönig erreichte das Altägyptische Reich während dessen 38-jährigen Herrschaft eine Blütezeit.

Belzoni, Giovanni (1778–1823)
Italienischer Schatzjäger, der das Britische Museum mit vielen wichtigen Exponaten für die Ägypten-Ausstellung belieferte.

Carnarvon, Lord (1866–1923)
Britischer Ägyptologe; Förderer und Partner des Archäologen Howard Carter bei der Entdeckung des Grabes von Tutanchamun (1922).

Carter, Howard (1873–1939)
Britischer Archäologe, der die größte und die am meisten gefeierte Entdeckung machte: Er fand das zum größten Teil intakte Grab von Tutanchamun.

Champollion, Jean-François (1790–1832)
Französischer Linguist, der den Code der Hieroglyphen knackte, als er den Stein von Rosette entzifferte.

Echnaton (1352–1336 v.Chr.) Pharao, der als Amenophis IV. den Thron bestieg und eine revolutionäre Phase in der alten ägyptischen Geschichte einleitete, indem er den monotheistischen Kult um die Sonnenscheibe Aton an die Stelle der alten Götterverehrung setzte.

Eugénie, Kaiserin (1826–1920)
Gemahlin von Napoleon III. und Kaiserin von Frankreich (1853 bis 1870). Sie war Ehrengast bei den großen Feierlichkeiten zur Eröffnung des Sueskanals.

Faruk (1920–65)
Er regierte als König von Ägypten von 1936 bis zur Revolution von 1952; hatte den Ruf eines Playboys.

Ismail Pasha (1830–95)
Nachkomme von Mohammed Ali, regierte von 1863–79; bewirkte die Modernisierung Kairos und saß den Feierlichkeiten zur Eröffnung des Sueskanals vor.

Kleopatra (69–30 v.Chr.)
Kleopatra VII., Königin von Ägypten und die letzte Herrscherin der ptolemäischen Reiches; Geliebte Julius Cäsars; wurde von den Römern unter Octavian besiegt, die Ägypten zu einer Provinz des Römischen Reiches machten.

Lesseps, Ferdinand de (1805–94)
Der französische Diplomat wurde durch den Bau des Sueskanals weltberühmt.

Machfus, Nagib (1911–2006)
Ägyptischer Schriftsteller, der im Jahr 1988 mit dem Nobelpreis für Literatur ausgezeichnet wurde.

Mariette, Auguste (1921–81)
Erster Vorsitzender der ägyptischen Altertumsverwaltung und Gründer des Ägyptischen Museums in Kairo.

Mohammed Ali (1769–1849)
Albanischer Söldner, der nach der Niederlage Napoleons in Ägypten an die Macht gelangte und eine Dynastie aufbaute, die erst 1952 gestürzt wurde.

Mubarak, Mohammed Hosni (geb. 1928)
Derzeitiger Präsident der Arabischen Republik Ägypten.

Napoleon Bonaparte (1769–1821)
Der französische Feldherr führte eine Expedition nach Ägypten (1798–1803). Militärisch gesehen war sie ein Misserfolg, aber sie war der Beginn der Ägyptologie als Wissenschaft.

Nasser, Gamal Abd el (1918–1970)
Charismatischer Armeeoffizier, der zu den Führern der Revolution von 1952 gehörte; ägyptischer Premierminister (1954–56) und Präsident (1956–70).

Nefertari (ca. 1300–1250 v. Chr.)
Gemahlin von Ramses II., häufig an seiner Seite dargestellt.

Nofretete (ca. 1380–1340 v.Chr.)
Gemahlin von Echnaton.

Ramses II. (1279–1213 v. Chr.)
Mächtigster Pharao des Neuen Reiches; errichtete einige großartige Monumente des alten Ägypten.

Sadat, Anwar es (1918–81) folgte Nasser als ägyptischer Präsident und unterzeichnete in Camp David den Friedensvertrag mit Israel; wurde ermordet.

Said Pasha (1822–1863)
Der Nachkomme von Mohammed Ali regierte von 1854 bis 1863 und gab die Genehmigung für den Bau des Sueskanals.

Thutmosis III. (1479–1425 v. Chr.)
Der „Napoleon des alten Ägyptens" führte erfolgreiche Kriegszügenach Palästina und Syrien.

Umm Kolthum (1904–75)
Die Stimme Ägyptens im 20. Jahrhundert; berühmteste arabische Sängerin, auch als Al-Sitt („die Dame") bekannt.

U-Bahn-Plan von Kairo

Register

Angaben in **Fettdruck** beziehen sich auf Abbildungen, GROSSBUCHSTABEN auf übergeordnete Themen.

I

J

K

Abbildungsnachweis

Umschlagvorderseite: (o) Steve Allan/iStockphoto.com, (ul) Essxboy/iStockphoto.com, (ur) Stephan Kerkhofs/iStockphoto.com; Buchrücken: Kenneth Garrett/NGS Image Collection; Umschlagrückseite: (von oben nach unten) Chris Coe/AA Photo Library, Paul Kline/iStockphoto.com, Wael Hamdan/iStock photo.com; 2–3, REZA/NGS Image Collection; 4, Steve Outram/Getty Images; 8, Chris Coe/AA Photo Library; 11, f1 online/Alamy; 12, Kenneth Garrett; 13, Art Directors & Trip Photo Library; 15, John Elk III; 17, George F. Mobley/NGS Image Collection; 18–19, David W. Hamilton/Getty Images; 20–21, Thomas Hartwell; 23, Bradleyireland.com; 25, Ramzi Hachicho/Shutterstock; 27, Library of Congress, #LC-USZ62-49521; 28–29, Kenneth Garrett/NGS Image Collection; 30–31, Kenneth Garrett/NGS Image Collection; 32, The Meeting of Anthony and Cleopatra, 1883 (Öl auf Leinwand), Alma-Tadema, Sir Lawrence (1836–1912)/Private Collection/ The Bridgeman Art Library; 35, Patrick Godeau; 36–37, The Battle of the Pyramids, 1810 (Öl auf Leinwand), Gros, Antoine- Jean (1771–1835)/Versailles/akg-images/VISIOARS; 39, Hulton Archive/ Getty Images; 41, Hulton Archive/Getty Images; 43, Kenneth Garrett/NGS Image Collection; 45, O. Louis Mazzatenta/NGS Image Collection; 48–49, Kenneth Garrett/NGS Image Collection; 51, John Elk III; 52, O. Louis Mazzatenta/NGS Image Collection; 54–55, Winfield I. Parks, Jr./NGS Image Collection; 56, Eye Ubiquitous; 59, Claudia Wiens/epa/CORBIS; 60, Patrick Godeau; 63, www.copix.co.uk; 65, John Elk III; 68, Kenneth Garrett/NGS Image Collection; 71, Robert Holmes; 73, Jürgen Liepe; 74, Kenneth Garrett/NGS Image Collection; 76, Kenneth Garrett/NGS Image Collection; 77, Mary Evans Picture Library; 78, Claudia Wiens/Alamy; 80, Peter Horree/ Alamy; 82, John Elk III; 84, www.copix.co.uk; 86, Pierdelune/Shutterstock; 88, Nabeel Turner/Getty Images; 90, www.copix.co.uk; 92, John Elk III; 97, Hugh Alexander/AA Photo Library; 99, Rick Strange/ AA Photo Library; 100, J. Morris/Axiom; 102, Anders Blomqvist; 103, Eddie Gerald/Alamy; 104, Worldwide Picture Library/Alamy; 106, John Elk III; 108, Hugh Sitton/Getty Images; 111, Gary Otte/Aga Khan Trust for Culture; 112, John Elk III; 114, Shariff Che' Lah/ Dreamstime.com; 116, www.copix.co.uk; 118, www.copix.co.uk; 120, Tibor Bognar/CORBIS; 122, Andrew Holt/Alamy; 124, Robert Partridge/The Ancient Egypt Picture Library; 125, www.copix.co.uk; 126, Gilles Mermet/akg-images; 128, Winfield I. Parks, Jr./NGS Image Collection; 133, Robert Harding Picture Library/Alamy; 134, Lilya/Shutterstock; 136, www.copix.co.uk; 138, www.copix.co.uk; 139, Hugh Alexander/AA Photo Library; 142, Kenneth Garrett/ NGS Image Collection; 144, Svetlana Privezentseva/ Shutterstock; 146, O. Louis Mazzatenta/NGS Image Collection; 148, Peter Clayton; 149, Victor R. Boswell, Jr./NGS Image Collection; 150, O. Louis Mazzatenta/ NGS Image Collection; 151, Vladimir Wrangel/ Shutterstock; 152, Rick Strange/AA Photo Library; 154, Richard Brooks/FLPA; 155, M. Jelliffe/Eye Ubiquitous; 156, Patrick Godeau; 158, Eye Ubiquitous; 159, J. Morris/Axiom; 162, Pavle Marjanovic/ iStockphoto; 165, Elie Rogers/NGS Image Collection; 166, www.copix.co.uk; 168, akg-images; 169, Library of Congress, G. Eric and Edith Matson Photograph Collection, #LC-DIG-matpc-14202; 170, www.copix.co.uk; 172, nagib/Shutterstock; 173, J. Morris/ Axiom; 176, Natthawat Wongrat/Shutterstock; 178, AFP/Getty Images; 180, Stuart Franklin/NGS Image Collection; 182, John Elk III; 184, Harry Gruyaert/ Magnum Photos; 187, Ahmad Hussein/AFP/Getty Images; 188, Petr Svarc/Alamy; 191, www.copix.co.uk; 192, Eye Ubiquitous; 193, Natthawat Wongrat/ Shutterstock; 196, Patrick Godeau; 198, John Elk III; 199, Rick Strange/AA Photo Library; 200, John Elk III; 202, Kenneth Garrett/NGS Image Collection; 204, Holger Mette/Shutterstock; 205, John Elk III; 206, John Elk III; 207, John Elk III; 208, John Elk III; 209, Peter Sanders Photography; 210, www.copix.co.uk; 212, www.copix.co.uk; 214, Werner Forman Archive/ The Egyptian Museum, Cairo; 217, Peter Clayton; 218, J. Morris/Axiom; 220, www.copix.co.uk; 221, J. Morris/Axiom; 222, J. Morris/Axiom; 224, J. Morris/ Axiom; 226, J. Morris/Axiom; 227, Kenneth Garrett; 230, Worldwide Picture Library/Alamy; 233, Stephen Studd/Getty Images; 235, Holger Mette/Shutterstock; 237, Richard T. Nowitz/NGS Image Collection; 238, Doug Scott/age fotostock; 239, Thomas Hartwell; 240, Mirek Hejnicki/Shutterstock; 242, J. Morris/Axiom; 247, Bradleyireland.com; 248, John Elk III; 250, Kenneth Garrett/NGS Image Collection; 252, www.copix.co.uk; 254, Anders Blomqvist; 257, Anders Blomqvist; 258, Norbert Schiller/Patrick Godeau; 261, Kenneth Garrett; 263, Anders Blomqvist; 264, Art Directors & Trip Photo Library; 265, Anders Blomqvist; 266, John Elk III; 269, John Ross/Robert Harding Picture Library; 271, Kenneth Garrett/NGS Image Collection; 273, Robert Harding Picture Library; 274–275, Painting by Christopher A. Klein, based on computer model by Walton Chan, Theban Mapping Project; inset art by David C. Fierstein; 276, Kenneth Garrett/NGS Image Collection; 278, Kenneth Garrett/NGS Image Collection; 279, Pierre Verdy/AFP/ Getty Images; 281, Kenneth Garrett/NGS Image Collection; 283, Kenneth Garrett/NGS Image Collection; 284, AP Photo/Supreme Council of Antiquities; 285, Korin Anderson; 289, Anders Blomqvist; 291, John Elk III; 292, Anders Blomqvist; 293, J. Waterlow/ Eye Ubiquitous; 294, daveparsons.com/iStockphoto; 299, John Elk III; 300, ostill/Shutterstock; 302, Styve Reineck/Shutterstock; 304, Patrick Godeau; 307, Sylvain Grandadam/Getty Images; 308, B. McGilloway/ Robert Holmes; 310, John Elk III; 312, Georg Gerster/ NGS Image Collection; 314, O. Louis Mazzatenta/ NGS Image Collection; 317, Bradleyireland.com; 318, Richard T. Nowitz/NGS Image Collection; 319, Rich Carey/Shutterstock; 322, Patrick Godeau; 324, Art Directors & Trip Photo Library; 326, Thomas Hartwell; 328, Bradleyireland.com; 332, Patrick Godeau; 334, Bradleyireland.com; 336, J. Morris/Axiom; 340, Thomas Hartwell; 341, Eye Ubiquitous; 342, Thomas Hartwell; 344, Eric Gevaert/Shutterstock; 345, www.copix.co.uk.

In der Reihe NATIONAL GEOGRAPHIC TRAVELER sind bisher folgende Titel erschienen:

ÄGYPTEN
ALASKA
AMSTERDAM
ARGENTINIEN
AUSTRALIEN
BARCELONA
BERLIN
BOSTON UND UMGEBUNG
CHINA
COSTA RICA
DEUTSCHE NATIONALPARKS
DOMINIKANISCHE REPUBLIK
FLORENZ UND TOSKANA
FLORIDA
FRANKREICH
GRIECHENLAND
GROSSBRITANNIEN
HAWAII
HONGKONG
INDIEN
IRLAND
ITALIEN
JAPAN
KALIFORNIEN
KAMBODSCHA
KANADA
KARIBIK
KRETA
KUBA
LONDON
MADRID
MEXIKO
MIAMI UND DIE FLORIDA KEYS
NEAPEL UND SÜDITALIEN
NEUSEELAND
NEW YORK
PANAMA
PARIS
PEKING
PERU
PIEMONT UND NORDWEST-ITALIEN MIT TURIN UND DEN ALPEN
PORTUGAL
PRAG UND TSCHECHIEN
PROVENCE UND CÔTE D'AZUR
ROM
RUMÄNIEN
SAN FRANCISCO
SANKT PETERSBURG
SHANGHAI
SIZILIEN
SPANIEN
STATE PARKS – AMERIKAS „KLEINE NATIONALPARKS"
SÜDAFRIKA
SYDNEY
TAIWAN
THAILAND
USA NATIONALPARKS
VENEDIG
VIETNAM
WASHINGTON, D.C.
Weitere Titel in Vorbereitung

Deutsche Ausgabe veröffentlicht von NATIONAL GEOGRAPHIC DEUTSCHLAND (G+J/RBA GmbH & Co KG), Hamburg 2002

5. aktualisierte Auflage, Hamburg 2010/11

Deutsche Übersetzung: Frank Auerbach, Tracey J. Evans, Helga Künzel, Reinhild Luk, Dr. Annegret Pago (Aktualisierung 2010/11)
Gesamtproducing: CLP Carlo Lauer & Partner
Satz: CDN MEDIA, Klaus Numberger
Druck und Verarbeitung: Mohn media – Mohndruck GmbH, Gütersloh

Printed in Germany
ISBN 978-3-86690-184-1

Titel der amerikanischen Originalausgabe:
National Geographic Traveler Egypt

Alle Angaben in diesem Buch wurden zum Zeitpunkt der Erarbeitung sorgfältig geprüft. Dennoch können sich natürlich Details ändern, und der Verlag kann für solche Änderungen, eventuelle Fehler oder Auslassungen keine Verantwortung oder Haftung übernehmen. Bewertungen von Hotels, Restaurants oder Sehenswürdigkeiten geben die Sicht der Autoren wieder.

Die National Geographic Society, eine der größten gemeinnützigen wissenschaftlichen Vereinigungen der Welt, wurde 1888 gegründet, um „die geographischen Kenntnisse zu mehren und zu verbreiten". Sie unterstützt die Erforschung und Erhaltung von Lebensräumen sowie Forschungs- und Bildungsprogramme. Ihre weltweit mehr als neun Millionen Mitglieder erhalten monatlich das NATIONAL GEOGRAPHIC-Magazin, in dem die besten Fotografen der Welt berichten. Ihr Ziel: *inspiring people to care about the planet*, Menschen zu inspirieren, sich für ihren Planeten einzusetzen.

Die National Geographic Society informiert nicht nur durch das Magazin, sondern auch durch Bücher, Fernsehprogramme und DVDs.

Falls Sie mehr über NATIONAL GEOGRAPHIC wissen wollen, besuchen Sie unsere Website unter www.nationalgeographic.de